U1018445

上海三联人文经典书库

编委会主任　陈启甸

主　　编　陈　恒　黄　韬

编　委　会　（以姓氏笔画为序）

于　沛　王　旭　王晋新　王晓德
王海利　王晴佳　卢汉超　刘　昶
刘北成　刘津渝　刘新成　向　荣
江晓原　宋立宏　张绪山　张　强
李剑鸣　杨巨平　杨熙楠　汪民安
范景中　陈　新　陈仲丹　陈志强
陈　淳　林子淳　林在勇　金寿福
侯建新　查常平　俞金尧　贺照田
赵立行　夏可君　徐晓旭　晏绍祥
高　毅　郭小凌　郭长刚　钱乘旦
黄　洋　彭　刚　彭小瑜　韩东育
魏楚雄

国家出版基金项目

上海三联人文经典书库

88

追寻事实：
历史解释的艺术

[美]詹姆士·韦斯特·戴维森 [美]马克·汉弥尔顿·利特尔 著

刘子奎 宋佳红 王菁 陈诗章 译

AFTER THE FACT: THE ART OF HISTORICAL DETECTION

上海三联书店

“十三五”国家重点图书出版规划项目
国家出版基金资助项目

追寻事实：历史解释的艺术
[美] 詹姆士 • 韦斯特 • 戴维森 [美] 马克 • 汉弥尔顿 • 利特尔 著
刘子奎 宋佳红 王 菁 陈诗章 译

After the Fact: The Arts of Historical Detection (6e)
By James West Davidson, Mark Hamilton Lytle
Copyright © McGraw-Hill Education (Asia)

All rights reserved. No part of this publication may be reproduced or transmitted in any form or by any means, electronic or mechanical, including without limitation photocopying, recording, taping, or any database, information or retrieval system, without the prior written permission of the publisher.

This authorized Chinese translation edition is jointly published by McGraw-Hill Education (Asia) and Shanghai Joint Publishing Company Limited. This edition is authorized for sale in the People's Republic of China only, excluding Hong Kong, Macao SAR and Taiwan.
Copyright © 2021 by McGraw-Hill Education (Asia), a division of McGraw-Hill Education (Singapore) Pte. Ltd. and Shanghai Joint Publishing Company Limited.

ALL RIGHTS RESERVED

总 序

陈 恒

自百余年前中国学术开始现代转型以来，我国人文社会科学研究历经几代学者不懈努力已取得了可观成就。学术翻译在其中功不可没，严复的开创之功自不必多说，民国时期译介的西方学术著作更大大促进了汉语学术的发展，有助于我国学人开眼看世界，知外域除坚船利器外尚有学问典章可资引进。20世纪80年代以来，中国学术界又开始了一轮至今势头不衰的引介国外学术著作之浪潮，这对中国知识界学术思想的积累和发展乃至对中国社会进步所起到的推动作用，可谓有目共睹。新一轮西学东渐的同时，中国学者在某些领域也进行了开创性研究，出版了不少重要的论著，发表了不少有价值的论文。借此如株苗之嫁接，已生成糅合东西学术精义的果实。我们有充分的理由企盼着，既有着自身深厚的民族传统为根基、呈现出鲜明的本土问题意识，又吸纳了国际学术界多方面成果的学术研究，将会日益滋长繁荣起来。

值得注意的是，20世纪80年代以降，西方学术界自身的转型也越来越改变了其传统的学术形态和研究方法，学术史、科学史、考古史、宗教史、性别史、哲学史、艺术史、人类学、语言学、社会学、民俗学等学科的研究日益繁荣。研究方法、手段、内容日新月异，这些领域的变化在很大程度上改变了整个人文社会科学的面貌，也极大地影响了近年来中国学术界的学术取向。不同学科的学者出于深化各自专业研究的需要，对其他学科知识的渴求也越来越迫切，以求能开阔视野，迸发出学术灵感、思想火花。近年来，我们与国外学术界的交往日渐增强，合格的学术翻译队伍也日益扩大，同时我们也深信，学术垃圾的泛滥只是当今学术生产面相之一隅，高质量、原创作的学术著作也在当今的学术中坚和默坐书斋的读书种子中不断产生。然囿于种种原因，人文社会科学各学科的发展并不平衡，学术出版方面也有畸轻畸重的情形（比如国内还鲜有把国人在海外获得博士学位的优秀论文系统地引介到学术界）。

有鉴于此，我们计划组织出版“上海三联人文经典书库”，将从译介西学成果、推出原创精品、整理已有典籍三方面展开。译介西学成果拟从西方近现代经典（自文艺复兴以来，但以二战前后的西学著作为主）、西方古代经典（文艺复兴前的西方原典）两方面着手；原创精品取“汉语思想系列”为范畴，不断向学术界推出汉语世界精品力作；整理已有典籍则以民国时期的翻译著作为主。现阶段我们拟从历史、考古、宗教、哲学、艺术等领域着手，在上述三个方面对学术宝库进行挖掘，从而为人文社会科学的发展作出一些贡献，以求为21世纪中国的学术大厦添一砖一瓦。

目 录

前　言 xi

这本书我们在25年前就已经开始酝酿并撰写序言，现在翻开此书序言依旧如此，探索历史就好比在一颗新倒下的铁杉树的年轮之中破译惊险传说那般。在第一版尘封的封面上印有我们两个的照片，那时的我们看上去很年轻，头发蓬松，看似好像很不体面的样子。（那时是20世纪70年代，需要用历史情境看待。）

等到第六版时，我发现我们的头发越发地稀少，但是我们的书却变得越发地充实，就好像铁杉树一样越发地茂盛。此书第一版共有十三章，等到第五版时扩充到十七章，而且不包括随着时间流逝而被删除的那三章，历史兴许是过去的，但是写作却走在前面，所以我们决定在这一版中更注重修改和完善。

我们希望这一版所呈现出来的章节更加有条理，更加易懂，同时也删去了一些不必要的章节，因为历史探索中往往有很多东西是比较凌乱的。修订的结果可能是让章节变得更短了，但是我们相信这样的修订会更加吸引读者，也会让内容更具可读性。在之前的版本中，我们加入了两章新内容，是在先前旧章节的基础上重写的，因此章节的总数还是十七章，并且这些章节也是按照美国历史的时间顺序来安排的。

《接触》是最新版的第一章，使用的是索托1539至1543年的远征材料，其目的是对备受争议的第一次接触的基本情形加以还原，这很困难，并且我们需要从一个更宽广的生态视角出发。考古学家在过去几十年中的发现也使得我们能够更好地在索托的作品中看到更多引人注意的变化，同时也使欧洲人与美洲人的最早相遇变得更加具体。这一章节也在我们先前有关生态学史的论文《隐形的先驱者》(The Invisible Pioneers)中出现过，新的章节也融合了之前章节的一些史料，也说明了新的学者怎样转向不同的角度。

xii 《静坐示威》是最新版的第十五章，运用早期民权运动的史料去验证这些社会运动发生的原因(经过、时间、地点)。1960年发生在格林斯博罗的午餐柜台事件可能只是一次自发的运动，但是最终却像野火一样蔓延开来。为什么这次的静坐事件激怒了这些民权运动的激进分子们，为何之前的示威者都没能将运动推向高潮？北卡罗来纳事件是否如许多史学家一开始所认为的那样是一次自发运动？随着时间的推移，这是否更多的是一次中断而不是延续呢？

第七章《疯狂的约翰·布朗》依然询问同样的问题："约翰·布朗是疯了吗？"运用动态心理而不是心理分析理论得出的是一个比较相似的结果，政治动乱很难说清究竟是谁疯了。

最后我们还梳理出了一个新的特辑"过去与现在"，这个特辑在书中部分章节出现。在特辑中我们将过去得出的结论与现在值得进一步探索的问题或主题联系起来。

除了精简和增加新的资料之外，我们发现运用网络资料也变得可行。最初的研究者先前使用于CD-ROM，现在已经重新设计并且已经在网上开通，在这个平台上，你可以找到更多的资料和图片，甚至可以获取之前版本中的章节。研究和写作中心也可以从最初的研究者平台上找到，这样可以帮助学生拓展学习技能，从而得出他们自己的研究成果，写出高质量的论文。

同时，我们也很感谢那些帮助我们修改这一版本的学者们。感谢那些对于我们新版章节写作提供帮助的人们，在此感谢卡罗来纳海岸大学的阿米莉亚·迪斯-基莱特(Amelia Dees-Killette)，亚利桑那州立大学的安德鲁·E. 巴尼斯(Andrew E. Barness)，阿肯色大学的安吉拉·M. 佩恩(Angela M. Payne)，东卡罗来纳大学的安吉拉·T. 汤普逊(Angela T. Thompson)，新墨西哥大学的安·F.

拉梅诺夫斯基(Ann F. Ramenofsky),南卡罗纳州立大学的卡门·V.哈里斯(Cavmen V. Harris),费尔蒙特(Fairmont)州立大学的肯尼斯·M.佩恩(Kenneth Miller Pennj),克拉福顿山学院的马里奥·A.佩雷斯(Mario A. Perez),阿肯克州威尔逊的汉普顿(Hampton)考古博物馆州立公园的马龙·梅迪(Marlon Mewdy),乔治梅森大学的马丁·B.科恩(Martin B. Cohen)退休了,北卡罗来纳州立大学的南希·米切尔(Nancy Mitchell),佛罗里达大学的娜塔莉·格雷厄姆(Natalie Graham),塔尔萨大学的雷蒙德·N.威尔逊(Romymond Nathan Wilson),阿肯色大学的W.弗雷德里克·林普(W. Frederick Limp)。

同时我们也很感谢麦格劳·希尔公司的编辑团队,包括尼科尔·布里奇(Nicole Bridge)和丹尼斯·怀特(Denise Wright),当然我们也很感激满怀热情的读者们,也很希望你们能对本书提出宝贵的意见和建议。

导　言 xiii

本书的初衷是希望能给阅读和学习历史的人带来更多的生机。作为历史学者，我们会被一些对过去事件持无所谓甚至是敌视的态度所干扰。为何还是有一些历史学者会认为探索历史能极大地激发好奇心，同时也有很多人会觉得历史是如此地缺乏时代性甚至是枯燥乏味的？我想如果我们能引导读者或者学生更好地去了解历史学家是如何对待和鉴别那些历史证据，他们又是如何提出问题并且探索问题答案的，我相信他们和我们一样也会被历史深深地吸引。

有时候往往一个简单的事件就能改变我们的偏见。有一天我们正在做另一个项目，看到邻居正在砍掉一棵有疾病的老铁杉树，当他的锯刀越锯越深时，我们开玩笑说这棵树应该生长于大萧条时期，“大萧条时期？”这位朋友咕哝着。“我想你们都是历史学家吧。”说实话，那时候在我父亲眼里我还什么都不是呢！

这棵树倒下之后，我们三个检查了树桩，锯树者说了一番让我们很吃惊的话。“这棵树是我们移民到这里时就开始生长的，”他指着一个年轮说，“1922 年。”

我们问：“你不数年轮怎么知道树的年龄呢？”

“是这样的”，他回答道，好像答案是那么地显而易见。“看树的中心部分，这里的年轮一串串很密集，应该有 60 到 70 年，并且都在一英尺以内，这说明当时还是一片森林。然后你看这些年轮忽然之间就变大了，那是因为我的父亲把这里清理了一下，这棵树就能获得更多的阳光，然后再往外看，这些树轮在两三年里又一次聚集在一起，那是因为尺蠖的关系。”

“尺蠖？”我们小心翼翼地问。

“是的，尺蠖，就是那种只有前腿和后背的昆虫。”他用手模仿尺蠖蜷曲的样子，跳行地经过树木中。“尺蠖非常令人讨厌，它们可以让树木致死。这大约是在战争之后（1949 或 1950 年）。”

xiv 他的手从树桩的中心轴向外划着圈，并且讲述着那些过去时光中所发生的事情。在我们回到家之前，我们知晓了这片土地之前所发生的很多事。

我们发现自己的邻居是一个串联历史的高手。过去所留下的证据就好像年轮一样，很容易就能被获取。但我们需要的是如何去看待这些证据，如何去解读、解析它们。更重要的是，对于这些故事背后的分析与解读和这个故事本身一样是有趣的。正如我们的邻居从这些无声的年轮中所描绘出来的东西那样地奇妙。

但不幸的是，我们的很多读者第一次接触历史是在学校的教科书上，而这些东西早已将对历史的分析和解读都删除了。教科书，正如它们的名字一样，目的是在概括知识，它们很少留有空间去说明这些知识是如何被获得的。因此研究历史的挑战就在于，这不仅仅是去阅读历史，而是去了解究竟是什么样的东西让如此多的历史学家为之着迷。为何不能将这些挑战通过一种具体的方式去交流说明？这是我们的首要目标。

我们也发现写历史在最近几年间变成了一件令人痛苦的事情，这是因为我们许多的历史学家改变了自己的原则，过多地去依赖那些已不纯粹的社会科学。不可否认，历史若不借鉴人类学、心理学、政治学、经济学、社会学以及其他一些领域学说的方法和理论，就会失去历史的现代实用性，毕竟这些领域的方法和理论的确可以给历史带来很多的借鉴。但是历史毕竟是植根于一种叙述传统，它不仅仅是对过去发生事件的概括和提炼，更是对情境独一性的获取。如果历史学家忽略了文学的重要性，那就是忘记了好的历史来源于好的故事这一原则，也就不会像许多伟大的历史学家那样获得那么多的读者的青睐。他们研究历史的历程就此悲伤地终结,也只能将这些知识讲述给自己听。

我们的第二个目的是希望能探讨一下美国历史学家的研究方法,并且试图让人文主义和科学主义在历史中找到合适的位置。为了获取这种方法,我们建议历史学家运用一套方法去发现新的证据资料,或者从原有的问题上发掘新的观点。同时,我们也会选取那些同故事一样具有吸引力的课题。

本书更像一本接近历史的学徒式的书,而非一本合成型的教科书。教科书更具综合性,范围也更加宽泛,它所阐述的内容更理性,也更具纲领性。但与之相反,学徒式的学习更多的是通过一种非正式的方法,他们从每天都有新任务的工匠那里学习专业技能。一位顾客需要一个青灰色的陶盆,工匠就会对陶盆进行制作,并且展示给学徒他们是如何浇铸模具的。顾客需要一个有雕花的陶盆,那么学徒就会学习到雕刻的技能。就兴时段而言,学徒式的教 xv
学方式通过关注某些特定的情境从而将大量的知识串联起来。

本书亦是如此,我们在书中讨论的正是历史学家这些年所遇到的一些具体问题。通过将单个故事整合在一起的方式,我们希望自己可以像工匠那样暂时停下来,通过历史证据,历史的观点或者逻辑的推论指出问题所在。有时候我们也会聚焦于所有的历史学家遇到的问题,不论他们各自研究的主题是什么。这些问题包括证据的筛选、历史的角度、资料的分析以及更广泛的历史理论的使用。或者我们探索的并不是所有历史学家都会遇到的问题,而是某一特定历史领域的共同特征,关于心理历史学的问题(比如摄影证据的使用),或者是在分析口述史时遇到的问题,又或者是在政治历史学中关于决策方法的价值衡量等等这类的问题。在这些方面,我们会让读者有一种间接的参与感,让他们在阅读历史的同时品尝研究历史的乐趣。

对我们来说,此书最大的成就在于这是一本功能性的书,是一本可以让学徒和巧匠获益的书。我希望我们的巧匠(也就是我们的历史学家)能在书中发现蕴含的东西,同时也能明白好的历史的定义究竟是什么。在我们选择那些历史事件时,我们很容易会被我们所尊敬的许多历史学家的研究吸引。同时我们也希望我们早期的很多研究能为其他学者所用。

xvi 对学徒来说，我们只不过是最谦逊的劝说者。我们也知道读这本书的众多读者中，只有一部分能成为专业的历史学家，但是我们依然期待着，虽然可能只有一部分读者对过去事件的研究报以兴奋之情，品味着其中的复杂。历史绝不是从掸去灰尘的档案中简单提取，并且将其认为“这就是真实所发生的”。相反，这是一种不辞劳苦的构建，并且是借助于假设、假说以及推论。历史的阅读者如果一味地拘泥其中，没有发现历史背后所隐藏的内容，那么就会错失对于真正原则性的精髓的把握。也就错过了质疑问题以及批判性地去看待他们所读之物的可能性。最重要的是，他们错失的是享受自我发掘历史的快感的机会。

序言：西拉·迪恩的离奇死亡 xvii

伦敦流言甚嚣尘上，盛传西拉·迪恩死于自杀，但是他“真正发生了什么”，也只有等待历史学家的探索与发现了。

撰写历史是收集人类知识最普遍的方法之一。然而熟知未必总会带来轻辱，但至少有时候会带来误导。我们总是会在一个相对幼稚的年纪接触到历史，而这些历史故事大都带有英雄主义的文化神秘感。在黄金书中，阿贝·林肯(Abe Lincoln)的形象如伐木巨人保罗·本扬(Paul Bunyan)般耸立，乔治·华盛顿(George Washington)刀砍樱桃树就如圣诞老人种植圣诞树那般成为一年一度的典礼。正是因为这种熟知，大部分学者学到的已是对过去事实的一种结论，而不是对什么是真真正正的历史的一种想法。更糟糕的是，很多人都觉得自己已经懂了很多，但是从来都不去发现自己究竟错过了些什么。

“历史就是过去发生的事”，这种说法几乎时刻存在。这一说法认为历史学家从所留存下来的历史记录中找寻过去，并且把所发现的结果带至今日，展现“过去真正发生了什么”。按照这种说法，这项任务是颇有难度的，尽管如此，历史学家认为它也是可以完成的，只要不曲解事实或者不对这些事实产生新的观点和新的研究角度。事实上，历史学家被视为连接过去与现在的信使，就如同那些优秀的信使那般，他们只是在毫无添加地传递信息而已。

而这种对历史通常意义上的理解其实具有严重的误导性。为了证明这一观点的误导性，我们决定用一个历史事件去具体说明，那就是西拉·迪恩（Silas Deane）之死。迪恩并没有出现在大多数的美国历史教科书中，他本人被认为是美国独立战争期间一名二流的外交家。但是他的死亡却可以被当作很好的例子，证明历史事件并不是将过去单纯地传递至现在。这一历史事件能很好地说明"过去发生了什么"与真正的历史之间是不同的。

xviii

过早的死亡

西拉·迪恩的职业生涯之初就如许多美国民众所向往的那样，一夜暴富。事实上，抛开他的事业终以一贫如洗来看，他很可能会名留青史的。

迪恩出生于康涅狄格州的格罗顿（Groton），是一个地位卑微的铁匠之子，铁匠对自己的儿子寄予了厚望，送他去了耶鲁大学，迪恩也不负众望，很好地把握住了属于他的机会。学完法律之后，他去哈特福德（Hartford）实习，之后与一个富裕的寡妇结婚，以此作为阶梯提升自己的社会地位，这个寡妇继承了她做生意的亡夫所遗留下来的财产，迪恩也就顺理成章地成为了一名商人。在他的第一任妻子去世之后，他与康涅狄格州前州长的孙女结婚了。

迪恩并不满足于做一名成功的商人，他开始进入仕途。他首先在康涅狄格州的联络委员会任职，后成为第一、二届大陆会议的代表，并且受到了高层领导的赏识，如本杰明·富兰克林（Benjamin Franklin）、罗伯特·莫里斯（Robert Morris）、约翰·杰伊（John Jay）。1776 年大陆会议决定派遣迪恩去法国，作为代表殖民地去海外的第一人，迪恩的任务是去购买独立战争中有大量需求的军事用品。几个月之后，富兰克林和阿瑟·李（Arthur Lee）也希望能与法国达成一个正式的联盟条约。美国使团终于在 1778 年与法国正式缔盟。

迪恩从铁匠之子成为美国全权公使，这一路走来极为不易。很多人都认为迪恩很有野心：一个集名声、荣誉、财富于一身的人。约翰·亚当斯在给一名记者的信中写道："你知道他的野心，他渴望命运的改变，他有一颗事业的心。这些性格特点通常都是很有用的，但也是需要提防及限制的，尤其是在像我们这样的政府中。”阿瑟·李更加怀疑迪恩的野心，也更提防他。他指控迪恩用自己的职务之便谋私，有人说这笔财富大约有 5 万美元。迪恩坚决否认这样的指控，大陆会议围绕他的行为展开了激烈的讨论。1778 年会议决定召回他们的全权代表，虽然没有一项有关迪恩的指控被证明是真实的。

“你知道他的野心，他渴望命运的改变，他有一颗事业的心。这些性格特点通常都是很有用的，但也是需要提防及限制的，尤其是在像我们这样的政府中。”约翰·亚当斯对西拉·迪恩的评价。

1781 年迪恩卷入了另一场纷争中，他写信给他的朋友说建议美国应该诉求和平，应与英国修
好。他的信件被拦截，并且被刊 xix
登在纽约保守党的一份报刊上，就在康华利(Cornwallis)将军在约克镇向华盛顿投降后不久。对于迪恩来说这样的时机已是再坏不过了。随着美国的胜利，任何人如果支持美国与英国修好的观点都会被认为是如同本尼迪克特·阿诺德(Benedict Arnold)一样的卖国贼。迪恩意识到自己将会在外漂泊，无法再回到美国，也没有人会再认同他。他也不能去英国，因为这样的话就等于确认自己就是个卖国贼。法国也是不能待下去的，因为他曾经浅薄地断言路易十六(Louis XVI)向美国提供援助纯粹是为了一己私利。在此四面楚歌之时，迪恩只好去佛兰德斯(Flanders)避难。

接下来的几年，迪恩郁郁寡欢，没有朋友，只有一点点小钱，他
在佛兰德斯一直生活到 1783 年，直到纷争渐渐淡去，他才敢移居
到英国去。迪恩在英国默默无闻地生活着，他开始酗酒，经常寄宿 xx
在一些妓女的家中。那时真诚对待迪恩的就只有爱德华·班克罗

夫特(Edward Bancroft)了，他也来自于康涅狄格州，是迪恩的学生，后来在与巴黎谈判结盟的时候成了迪恩的私人助理。警官班克罗夫特作为助理的身份看似是清白无疑的，但是大陆会议的成员都知道班克罗夫特其实是美国人的间谍，通过他美国才获得了英国内阁的作战计划。随着战争的结束，班克罗夫特回到伦敦，出于好心，他一次又一次地在经济上援助了迪恩。

> 唯一尚保持忠诚的朋友就是爱德华·班克罗夫特了。他是为美国人工作的间谍，在巴黎以"Deane"之名为人所知。

最后，迪恩决定不再居住在伦敦，1789 年他订了船票决定坐船回美国。当托马斯·杰斐逊(Thomas Jefferson)听到这一消息时，他写信给自己的朋友詹姆士·麦迪逊(James Madison)，信中写道："西拉·迪恩回国是想在美国度过余生，他在其他地方已身无分文，无法维持生活了。他的结局就是离开权力之后一种悲惨的后果。"

这个悲剧性的故事最后的结局是则讣闻。迪恩 9 月中旬登船出发，从伦敦泰晤士河进入大西洋，然而 9 月 19 日一场暴风雨的来临，使船不仅失去了锚，同时因寻找更安全的避难场所，等待暴风雨的过去而失去了航向。9 月 22 日，当迪恩与船长在后甲板一起行走时，迪恩忽然抱怨自己头很眩晕，胃里有一种翻腾感。船长立马把迪恩扶到了床上去。迪恩的身体状况变得越来越差，尽管他设法想说点什么，但是没有人能够听清他的话。睡意和无知觉感渐渐侵吞了他的整个身体，从第一次出现这样的症状到迪恩停止呼吸仅四个小时的时间。

以上就是对于西拉·迪恩的概述。这个故事看起来如此地清晰明了，但人们往往会以不同的方式去解读它。托马斯·杰斐逊认为迪恩不幸的事业正是"离开权力之后的结果"，而一家英国的报纸更具同情心地将迪恩的不幸归因于他错误地"相信自己的同胞，在没有获得补偿之前为他们效劳，因为在他之前没有哪个政治家被认为是一直有罪的”。不论是哪种解读方式，基本的故事应该是一样的，直到历史学家拼合成一份更完整的关于迪恩一生的记述时，一些基本的事实却变得扑朔迷离了。

比如，1789 年一个熟悉美国人信函的欧洲研究者发现，在迪恩死后的几周伦敦谣言四起。很多人都认为，迪恩是因为被自己的贫穷、疾病及不良的名声所迫，因此才选择自杀的。约翰·卡廷(John Cutting)，新英格兰的一名商人，也是杰斐逊的朋友，提及关 xxi
于迪恩自杀的谣言，“在船驶向美国之前他预先服用了大量的鸦片酊(鸦片的一种)，以确保自己能真正地走向死亡”。约翰·昆西·亚当斯(John Quincy Adams)听闻了关于迪恩之死的所有可能性，认为迪恩的死是“出于自愿且是自我安排的”。托马斯·潘恩(Tom Paine)，为广为流传的《常识》小册子的作者，也曾发布过关于迪恩的谣言：“卡廷告诉我，迪恩服用了毒药。”

如此一来，我们就面临一个很重要的问题。很显然，历史学家不能仅仅满足于信手得来的事实。他们必须在图书馆的各个角落里搜寻资料，并且要将信件进行整合，以求得到一个相对完整的历史事实。但是历史学家怎样才能知道他们所做出的研究是完整的呢？他们又怎么知道他们所研究的那些信件要比另一些信件更有价值呢？这些问题清楚地表明了我们之前对历史概念误解的核心所在。历史并不是指“过去所发生的事”，而是指对过去事件的一种筛选、分析，并且将其表述出来。这更像是一种构建，而不仅仅是分散存在于历史文献中的一些毫无生气的历史数据而已。

这种区分是非常重要的，这能让我们清晰地判断出历史事件是不是完整的。如果历史完全就是“过去所发生的事情”，那么关于西拉·迪恩就永远没有一个完整的历史故事，更不会有对于他生命最后几日的历史叙述了。与他死亡之前相关的大量事实包含在“过去”之中，但是这些不会都包含在历史记述中。

事实上，没有哪个历史学家会将所有过去的事件都包含到对历史的记述中去。以下是一些有关西拉·迪恩的历史资料的记载，但是哪些应该被包含到西拉·迪恩的历史记述中去呢？

迪恩被派去巴黎，目的是希望能与法国达成同盟协议。

亚瑟·李指控迪恩欺骗自己的国家并且从中谋取私利。

迪恩因其所写的一些信件而在美国遭到唾弃。

他只好漂泊在外，甚至挨饿。

在朋友的慷慨相助之下，他得到了一张去美国的船票，这是他最后一次自我救赎的机会。

在船再次能安全起航之时，迪恩因病死亡。外界传言是他自己结束了自己的生命。

富兰克林和亚瑟·李是去巴黎谈判的代表。

爱德华·班克罗夫特是迪恩的朋友但同时也是美国的间谍。

认识迪恩的人都说他是一个富有才华之人，但同时也野心勃勃，需要小心提防。

迪恩离开之前，他拜访了美国著名的画家约翰·特朗布尔(John Trumbull)。

波士顿班轮因为暴风雨而滞留了几日。

在迪恩生命的最后一日，迪恩早早就起床了。

xxii 他穿好衣服，系好鞋带，吃了早餐。

当他染病之时，他几次试图说些什么。

几日后他被下葬了。

上述几段材料不可能涵盖所有的事情，因为每行字的背后所隐藏的内容都是极其丰富的。你可能会意识到迪恩穿好衣服，系好鞋带，吃过早餐这段文字，但你也会思考他穿什么颜色的衣服？那天早上他是几点起床的？他早餐吃了点什么？他又是几时离开餐桌的呢？所有这些都是“过去所发生的事”，但是只有相对少量的内容可以被纳入到有关西拉·迪恩的历史记载中。

读者可能会不赞成我们过于强调对材料的筛选，当然，对材料的优良判断力可以证明哪些事实是重要的。谁会想知道迪恩衣服的颜色，或者他何时离开餐桌的呢？

但不可否认这些不赞成之声也是有其优点的。根据传统意义上的分法，以重要性为标准，上述材料分为三个部分。第一部分的内容所有的历史学家都会选用。第二部分内容包含了一些并不是很重要的信息，这些信息既可以被选用也可以被剔除（这些可能是有用的，比如说知道亚瑟·李和班克罗夫特的情况，但这些并非是很重要的）。最后一段材料要么过于详细，要么就是完全不必要，迪恩可能拜访过约翰·特朗布尔，但随后也拜访了其他人，为什么不包含拜访其他人的这些内容呢？因为波士顿班轮由于风暴延期的信息与西拉·迪恩的关系不大，即使不明文告知读者，他们也会自己推断出迪恩早上起床、穿衣、吃早餐这样的信息。

但是如果用常识去筛选材料的话，写出的历史会是平淡无奇的。事实上，如果对于西拉·迪恩之事我们所做的只是陈述的话，那么我们会错过很多精彩的片段。

幸运的是，一位有胆量的历史学家朱利安·博伊德（Julian Boyd）并不满足于传统的历史记述法，他阅读了有关西拉·迪恩职业生涯的所有已知资料，并且以不同于传统的视角进行了释读，例如：其一，迪恩不再拥有好运气，绝望地离开了美国；其二，他拜访了约翰·特朗布尔。第一句话看似是材料中有用的东西，但第二句话就感觉像是带偶然性的事件，那么这两段材料该如何整合呢？

为了知道这些，我们必须要知道拜访特朗布尔的信息来源，卡廷写给杰斐逊的那封信中提及了迪恩死于自杀的谣传信息。

> 班克罗夫特先生是一个很仁慈的人，在人际交往和事业上 xxiii
> 他很有判断力，他的船票已经订好，航程所需的物资也已经准备好。很显然，对于上船回国他并没有太多的不情愿。在特朗布尔先生家中寄宿的日子里我偶然地撞见了他，他看上去再好不过了。

我们现在可以更好地了解这两段材料应如何整合。正如朱利安·博伊德所指出的，这两段材料是没法整合的。第一段材料中迪恩是绝望的、沮丧的、几近挨饿的；第二段材料中指出，他看上去“再好不过了”。用心的历史学家会对这看似矛盾的材料无所适从，所以他们会猎取更多的材料。朱利安·博伊德发现在康涅狄格州及纽约历史学界出版的史料中有迪恩自己书写的信件。

一封信是写给迪恩在美国的姐夫的，迪恩的姐夫答应他会为他支付回国费用并且也愿意去为他接风，这些事那几年都没有人愿意为迪恩做。另一封信中表明了迪恩在回国之后的计划。他在英国看到了新蒸汽机的模式，所以他想在美国开个磨坊。他同朋友们说过关于从尚普兰湖到圣多伦斯河开辟运河之事，以促进贸易事业的发展。早在1785年迪恩就曾为其运河开辟之事竭力争取支持，他甚至煞费苦心地计算建造运河的费用（假设一人挖掘，每日可挖6英尺深，8平方英尺，那么2933天就可挖长1英里、宽20英尺、深8英尺的运河）。很显然，迪恩对未来充满希望。

> 迪恩真的绝望透顶，从而结束了自己的生命？还是渴望寻找机会，洗刷自己的罪名？

迪恩也相信对于其法国之行的争议终会平息，他给在美国朋友的信中写道：

> 我请求公平公正的调查（关于我的纷争）已将近十年的时间……也许会对于我的命运及人格有个公正的判断。你可以想象，若不是这种信念的坚持，在如此之长的时间内我会饱受焦虑与悲痛的煎熬，我希望现在是时候让这一切落幕了。

在另一封寄给华盛顿和杰伊的信中他不断地表明自己的清白。这些信息使得上述两段材料变得更令人困惑，如果迪恩是绝望的、泄气的，那么他为何会对回国建造运河与磨坊一事又抱有如此的激情呢？如果他真的相信那段“焦虑与悲痛”的时段即将落幕，那么为何他会自杀呢？当然迪恩很有可能情绪上有戏剧性的转变。

也许对于未来的绝望取代了对于未来的憧憬，也许突然一瞬的 xxiv
绝望之情让他结束了自己的生命。但是在另一段“不重要”的信息，也就是第三段材料中，又让这个假设变得很难让人接受。迪恩的船离开伦敦后，离岸耽搁了超过一周，假定迪恩决定服用过量鸦片酊自杀，那么他又是从哪儿弄来这种毒药呢？肯定不是从船上医生那里索要得来的，他一定是在伦敦就已经买好了，随后带上船在身边藏了一周以上。如果说迪恩是碰巧在绝望时购买的毒药，那为何他要等上一周才服用呢？若他的绝望之情并不是一瞬的感觉，那我们又如何解释他信中的乐观之情呢？

仔细分析这些看似不相干的材料，我们会发现更多有关西拉·迪恩字面之外的东西。这可以让我们对重建迪恩信息的职业生涯保留更好的判断，也可以让我们尽可能多的获得关于他的信息，这也就说明调查收集并不仅仅局限于迪恩本身，也包括他朋友及其他相关人物，比如本·富兰克林、亚瑟·李和爱德华·班克罗夫特。因为在本书序言中对迪恩所熟知的每个人都进行详细描述是不可能的，所以我们只选取了他的一位朋友——班克罗夫特。

西拉·迪恩的朋友

爱德华·班克罗夫特生于西部的马萨诸塞州，他的继父是一家名为“葡萄果穗”的酒店的老板，受人尊敬。班克罗夫特是一个很聪明的孩子，他的父亲希望把他培养成为一名医师。和其他很多孩子一样，爱德华不喜欢父亲为他安排的一切，决定远航出行。与其他孩子不同的是，班克罗夫特充分利用了这次远航机会。他的船停靠在了巴巴多斯(Barbados)岛，班克罗夫特成为殖民地苏里南(Surinam)也就是圭亚那地区的一位外科医生。殖民地总督保罗·温特沃斯(Paul Wentworth)很喜欢这个年轻人，允许他使用自己的私人图书馆进行学习。在这里班克罗夫特遇见了另一位医生，而这位医生也教会了他认识这一地区的热带植物和动物。1766 年班克罗夫特返回新英格兰，第二年又去了伦敦，他对苏里南的野生动物了如指掌，并且出版了一本名为《论南美圭亚那地区的自然历史》(*An Essay on the Natural History of Guians in South America*)的书。这本书被很多学者所接受，特别是书中所写的有关电鳗发电的描述，在当时这一得到没有描述并承认。

因班克罗夫特 25 岁就能出书，并且其电鳗实验也引起了当时在伦敦做电学实验的富兰克林的注意，富兰克林与班克罗夫特相交，并且将他介绍给其他在当时很有影响力的同事认识，不仅仅是哲学家，还有富兰克林在任职宾夕法尼亚州议会秘书时所结识的
xxv 很多政客。班克罗夫特第二次去苏里南更多地是研究从植物中获取染料，此次研究的成功使班克罗夫特成功入选为皇家学会的一员。与此同时，富兰克林于公于私都在不断引领班克罗夫特参与到政界中去。班克罗夫特为托马斯·杰斐逊的《英属美洲民权概观》(*A Summary View of the Rights of British America*)的小册子写了一篇深受欢迎的评论稿，并且班克罗夫特也与富兰克林及其他投资者一起想要取得俄亥俄河沿岸土地的许可权。

从这一角度看，我们大概可以勾勒出班克罗夫特的事业生涯而无需提及西拉·迪恩。常规思维告诉了我们有关班克罗夫特早年的行迹、他的科学性研究、他在苏里南结识了一些朋友等，但是关于他与迪恩的信息却很少。故事要从 1776 年 6 月班克罗夫特收到一封迪恩的信件开始。(常识性的东西再一次被证明是错误的，我们会一点点揭开原因)

1776 年班克罗夫特收到了迪恩的信，信中告知班克罗夫特的老朋友迪恩不日将抵达法国，目的是来做一些私人的生意。难道班克罗夫特真的有兴致从英国到法国的加来(Calais)，为的只是与老朋友叙叙旧？这样的邀请信让班克罗夫特充满了好奇，他知道迪恩，早在 1758 年迪恩就成为了他的老师，但他并不是非常了解迪恩。为什么迪恩会在此时写信给他并且暗示碰面呢？班克罗夫

特从其他地方了解到一些信息后，大概猜到这其中所蕴含的意思了。无论如何，他写信告诉这位“老朋友”，他会尽一切可能与迪恩在加来碰面。

我们知道，迪恩此次去法国的目的其实是寻求法国军事上的支持。在费城的富兰克林告知大陆会议秘密通信委员会，迪恩联系班克罗夫特为的是希望得到英国的作战计划。班克罗夫特一直和他在英国结识的官员保持着良好的关系，因为他不是一个感情用事的激进爱国者。所以 7 月迪恩就在加来和班克罗夫特碰面了，两人达成协议。班克罗夫特作为迪恩在巴黎的私人助理，在英国时就是美国的间谍。

后来事实证明迪恩的安排是很有效的。从法律上讲，迪恩可以从大陆会议购买到的军事武器中获取一定数量的佣金，但是却越出了界限。他和班克罗夫特利用他们与法国官员之间的关系，开始从法国运输货物谋取私利。比如，迪恩有时会让装满货物的船只从法国出发去美国，也从不明示船上的东西究竟是公家还是私人的货物。如果船只安全抵达目的地，他就会说船上的货物都是私人的，如果英国海军截获这些货物之后，他就会说这些都是政府的物资，而后让政府承担这部分损失。

迪恩还在其他方面利用班克罗夫特在法国政界的关系。他俩在伦敦保险市场投机，伦敦保险市场在 18 世纪就相当于赌博场所，任何人只要对未来可能发生的事下注，就有可能获得一笔保险 xxvi
金。比如，承保人会对法国与英国开战作出相关的赔率保险，承保人可以就这一预测投入自己想要投入的资金数，比如 1000 英镑，如果说法国开战的赔率是一比五，那么承保人就会获得 5000 英镑的保险金。这样的赌注也发生在政坛上，哪支军队赢得了哪场战争，决定了哪些政客就此下台，甚至哪些领袖就此结束政治生涯。

很明显，谁能提前知晓内部的消息，比如，法国会和英国开战的内部消息，谁就能获得丰厚的财富。这也就是班克罗夫特和迪恩决定做的事。迪恩负责游说法国和英属美殖民地结盟，这样英国就不得不向法国宣战。班克罗夫特一旦得知法国和美国结盟的消息之后，他就会在公众知晓这一消息之前立刻赶往伦敦投注保险金。两人随后会平分这部分钱，这些钱大约价值 10 000 英镑。和大多数的赌徒一样，最终迪恩失去了他的赌金，陷入了困境中。

> 迪恩和班克罗夫特都靠内幕消息发财，在伦敦保险市场的投机也是他们的发财之道。

历史学家知晓这些是因为他们现已可以利用有关迪恩、班克罗夫特及其他人的相关资料。了解他们两个人的人缺乏这样的优势，但是他们也会怀疑背后的交易。亚瑟·李就指控迪恩和班克罗夫特参与了伦敦保险市场这件事（迪恩也反指李也参与到相同的赌博游戏中去）。后约翰·亚当斯也表露了对班克罗夫特的厌恶之情。亚当斯是这样形容班克罗夫特的：

> 一个干涉者进入股票市场后，经常性地深入其中，成为幕后代理人和股票经纪人。并且会听到所有的新闻和轶事，无论对错，无论是秘密的还是广而告之的，会发现其中如获利一般的乐趣。这个人带着一个女人住在法国，他就是班克罗夫特。在餐桌上他大肆饮宴，无论是在餐桌上还是宴后他总是满嘴地狂妄放荡。

由于班克罗夫特所有这些令人怀疑的恶癖，以及像李还有亚当斯这样的怀疑者，有一件事几乎当时所有的人都没有怀疑，直到一个世纪后历史学家从英国官方公布的信息中才得以确认——爱德华·班克罗夫特是一个两面派的代理人。

1776 年 7 月底，在他成为迪恩的私人助理之后，班克罗夫特回到英国与他在苏里南的朋友约翰·温特沃斯会面，温特沃斯在伦
xxvii 敦任职于英国的情报组织。温特沃斯很快就发现了班克罗夫特作为间谍的价值所在，因此就将他推荐给了政府的两位大臣认识。他们很快劝说班克罗夫特交出美国同法国交涉的报告。如果班

克罗夫特愿效力于英国政府，他就会终身获得每年200英镑的养
老金，英国也只愿意在有价值的信息上付出这么多。在班克罗夫
特的帮助下，政府大臣很快就知道了美国代表团去法国的意图， xxvii
甚至是在大陆会议确认迪恩安全回国的消息之前。

最终，班克罗夫特发现他可以在法国的宫廷上直接将信息传递给英国大使。为此，他会写一些名为“勇敢”的无可疑的信件，并且署名为“B. Edwards”，然后在同一张纸上用一种只能用英国斯托蒙特（Stormont）大使的特殊显像剂浸湿之后才能看到的墨水书写有关的信息。班克罗夫特会在每周二早上将信件放在一个密封瓶中，后将瓶放到杜伊勒里（Tuileries）宫南边阶梯下一棵树旁边的洞中。斯托蒙特大使会将回信放在相同阶梯旁的另一棵树旁。通过这样的方式，斯托蒙特大使就不需要再从英国等待已过滤好的情报给他了。

那么美国人是不是会怀疑班克罗夫特其实是个两面派呢？亚瑟·李就曾经说过他有证据说明班克罗夫特的叛国行为，但是也从来没有拿出过像样的证据。况且，众所周知李就是这样一个怀疑一切的人。富兰克林在巴黎的时候还和班克罗夫特及迪恩一起居住过，他有理由怀疑和美国使团很近的某人泄露了机密，特别是在斯托蒙特大使和英国的报刊报道出令人窘迫的真实性指控，指控法国对美国的援助时。法国本来就是想秘密援助美国的，因为其想尽可能拖延与英国开战，但是富兰克林也深知，法国开战才能让美国更好地受益，所以他也没有阻止消息的泄露。他说：“如果我确认我的哪个随从是间谍的话，不应该免除他的职务，相反从某个角度来说我还很喜欢他。”因此，法国提醒富兰克林要更小心地处理他的文件，富兰克林当然说好的，他会处理这些事的，但是机密仍然在泄露中。可能富兰克林已经怀疑班克罗夫特和迪恩参与了伦敦的保险市场，但是没有证据说明班克罗夫特就是个两面派。

那么迪恩呢？他可是比谁都更能靠近班克罗夫特的，我们没法证明他给班克罗夫特透露过什么秘密，但是他和班克罗夫特在另

一层面上肯定是有密谋的。况且，富兰克林已经开始调查秘密泄露的源头肯定是很接近美国使团的一个人。朱利安·博伊德指出：迪恩很直接地表明，他所认识的人绝对不是一个间谍。就能让班克罗夫特解除嫌疑了。如果班克罗夫特愿意在伦敦保险市场上帮助迪恩，那么迪恩也就会愿意在班克罗夫特与英国的交易游戏中助他一臂之力。

xxviii 杜伊勒里宫南面的阶梯成了班克罗夫特和斯托蒙特大使互通信息之地。俯瞰这个王家宫廷有着如此壮观的花园，就如一个现代的观察者所言："宫殿看起来是如此之大，有着太多令人意想不到的秘密角落和阶梯，这里的设计精细，不能即刻辨认出花园的样子，精确的空间距离，花园中的树也有着特定的形态，被笔直的路分开。"

班克罗夫特和迪恩比起来应该算是幸运的。当迪恩备受责骂，并且被驱逐出国之时，班克罗夫特回到英国仍然受到了美国人和英国人的尊重。但他也是绝路逢生，英国政要(尤其是国王)并不是很相信班克罗夫特，有一次他就差点被认为是叛国者，因为他的上级怀疑他与约翰结识，约翰是那个试图让英国海军葬身火海的精神失常者。但是班克罗夫特去了巴黎，渐渐等待事态平息，等到战争快结束之时他又回到了伦敦，这时他的养老金已经涨到每年1000英镑了。在迪恩去世之时，他又开始做了很多的科学实验，为的是希望议会能给他的提炼染料的新方法给予垄断性的盈利。

以第二种方式看待迪恩之死

讲述了这么多之后，还是回到我们故事的开端：1789 年 9 月迪恩之死。现在我们已经有了更多的资料去叙述这一事件。因为写历史就要求对信息进行分析和筛选，首先让我们回顾一下我们 xxix
调查所得出的一些结论。

我们知道迪恩参与了不可靠的个人冒险投机，这样的投机行为被大陆会议认为是不道德的行为。我们同时也有理由怀疑迪恩是知道班克罗夫特是英国间谍的。将我们所知迪恩之死的证据整合之后，我们可以知道迪恩自杀是因为在他声称自己是清白的背后，他明白自己如国会所指控的那样是有罪的。另外有证据表明另一个迪恩自杀的新的可能性动机。

但是这样的结论也产生了一些问题。首先，迪恩从来都没有向任何人承认过自己所做的错事，在其所有的信件中和所有可能的文件中都没有。但是这也不能就此证明他是清白的，即使他自己相信自己是清白的。但是通常对自己说谎比对自己的朋友说谎来得更容易一些。也许迪恩一直欺骗自己说自己是无罪的，告诉自己在一个有影响力的位置上，为自己争取额外的小小福利也是自己应该有的权利，而且自己相较于他人也没有超出权限。当然他的私人文件能够让我们得出这样的结论。如果迪恩相信自己是无辜的，或者说正确的，那么他又何来动机去自杀呢？进一步看，这样的结论也没有解开先前我们调查之初的疑问。如果说迪恩是因为感到自己有罪所以选择自杀的，那么为什么这样的罪恶感要在十年之后才出现呢？如果说他自己是突然感到罪恶的，那么为什么要等到船已经开出一个星期之后才服用鸦片酊呢？为什么要在死亡来袭之时还要起床并和船长聊天呢？

> 历史写作牵涉到分析、选择的工作，故此，对调查而来的结果，我们需加以评估。

因此，所有的事情还都不是板上钉钉的事，我们必须要对自杀的理论提出疑问。什么证据可以证明迪恩是自杀的呢？伦敦的谣言。潘恩听到这样的消息是通过商人卡廷，而且卡廷在写给杰斐逊的信中指出迪恩的自杀是因为“班克罗夫特的怀疑”。那么我们怎样知晓迪恩之死的细节呢？船长写了一篇报告，但是由于某种原因未被保存下来。有份被保存下来的记述说是班克罗夫特写的，并且后来在报纸上又刊登了未署名的讣告。那么这些究竟是谁写的呢？很有可能是班克罗夫特整理的，因为他是迪恩最好的朋友，并且肯定也被很多对迪恩之死很好奇的人询问过。现在，这里有一大串的信息，所有这一切要回归到我们这位平易近人的班克罗夫特身上。那么1789年他的处境又如何呢？

我们知道班克罗夫特每年都会获得1000英镑的养老金，为的是嘉奖他做英国间谍期间的忠诚表现。我们也知道他希望议会能给予他制作染料的垄断性的专利。在伦敦过着放荡生活的他的旧友迪恩突然决定要回到美国去了，并且说要开始一段新的生活。把自己放在班克罗夫特的角度去考虑，对于这样的想法你可能只
xxx 有一点点的紧张吗？这样一个不幸的人，现在决定重新站起来并且想回到美国去洗刷自己的恶名。那么迪恩将怎样去洗刷自己的罪名呢？讲出他在巴黎所有的一切？将他那些年在外所写的记录本呈交给国会？如果迪恩知道班克罗夫特是一个两面派的间谍，他会说出来吗？如果迪恩提及约翰之事，如果迪恩知道班克罗夫特与英国达成的密谋，那么又会发生些什么呢？十年前，班克罗夫特就曾被怀疑过。当然，战争的仇恨已经慢慢消散，但是即使他能免于死亡，那么议会还会把染料的专利权给一个卖国贼吗？议会还会每年给他1000英镑的养老金吗？迪恩住在伦敦的好处就是班克罗夫特能监视他，但是越过大西洋之后，谁又会知道迪恩会说出些什么呢？

不得不承认：如果你是班克罗夫特，你怎么可能只会有一点点紧张呢？

我们不得不去考虑，就算再不情愿，当迪恩走上波士顿班轮的

时候他并没有想死的意愿。但是如果说班克罗夫特想要谋杀迪恩的话，那么该怎么谋杀他呢？在迪恩死的时候班克罗夫特根本就没有在船上，而且那时他已经超过一个星期没有见过迪恩了。这是个很好的杀死迪恩的犯罪现场，班克罗夫特还是依然如此得聪明。我们从卡廷的信中可以知道，班克罗夫特"在处理人际关系和做事方面极具人性且有公平的判断力"。班克罗夫特自己也写信给杰斐逊说他自己去看迪恩时也常常给他鼓励，给他药物和钱好让他维持生存。正如班克罗夫特给卡廷的暗示中说，迪恩是死于鸦片酊的，那么也有可能是医生开给他的"药"中就是可以混合得出鸦片酊的。这样做的话，要比混合一些其他的致命化学物质要容易得多，我们也可以得出迪恩在上船之前并没有服用，而在上了船之后才服用。但是这样的结论也仅仅是推测而已，因为我们没有实质的证据证明我们的推测是真真切切发生的。

但是我们可以确定一件事，这一发现也是很有趣的，那就是不可否认，班克罗夫特是毒药方面的专家。

虽然他自己从未宣传过这件事，迪恩死的时候，在伦敦也很少有人会记起这样一个事实。但是20年前，历史学家已经开始回忆了，那时班克罗夫特曾经给苏里南写过一本自然史。在那个时候他不仅研究鳗鱼放电，研究染料，同时也研究那个地区的有毒的物质，比如说箭毒。他曾对此做过很深入的研究，他回到英格兰后还带了一些箭毒的样本回去，他把这些东西存放起来，任何感兴趣的人都可以用这些标本做科学研究。

另外，班克罗夫特不仅在研究有毒物质方面是个专家，而且他还懂得怎么去利用这些有毒物质。他曾在他的书中用很大的篇幅写到过土著人经常会预备好这些毒药，用很少的剂量，就可以造成 xxxi
一种慢性但是致命的伤害，将毒药与其比较相似的小麦粉混合在一起，有时会被他们用作复仇之用，既容易被忽略，也容易被遗忘。通过这样的复仇方式，能伪造出一些不被人察觉的伤害，甚至可以先表现出友谊，这样就可让自己的被害对象完全打消疑虑和不安。当这些起效果时，在一些节日中，他就会邀请他的被害对象一起饮酒，并且会先干为敬，以打消他人的疑虑，然后就会将事先藏于指甲中的毒药，暗暗在酒中下毒。

20 年后班克罗夫特忙于研究他从苏里南带回来的染料。那他是不是也有机会继续研究毒药呢？

除非有新的证据出现，不然我们也不能完全断定这一推论。历史学家通常都是要去研究一些可能性，而不是确定性，所以我们也留有余地让你们自己去得出西拉·迪恩之死的结论吧。

但是确定的是，无论 200 多年前的迪恩究竟发生了什么，都不可能在没有历史学家的参与之下得出什么确定性的结论。做过去的信使还是远远不够的。无论是好是坏，历史学家总是无可避免地留下他们的研究印记：通过一些枯燥的事实提出一些有趣的问题，把一些毫无联系的主题联系到一起，转换和重新整合证据使它们具有连贯性。过去并不就是历史，原始材料才是。怎样去处理和塑造这些原始材料就是本书的中心论点。

拓展阅读

xxxii 历史学家朱利安·博伊德(Julian Boyd)提出在波士顿班轮上上演过一些犯规的把戏，他在他的三篇成系列的文章中有所说明。文章名为“Sail Deane: Death by a Kindly Teacher of Treason?” William and Mary Quarterly. 3rd ser. 16 (1959): 165 - 187, 319 - 342, 515 - 550。爱德华·班克罗夫特的双面间谍身份在 1890 年才被坐实。他跟英国方面的联系可从 Paul L. Ford 的 *Edward Bancroft's Narratire of the Objects and Proceedings of Silas Deane* (*Brooklyn*, NY, 1891)中了解到。当然，更多关于班克罗夫特年轻时的事从他生动的文章中也可略知一二，参见 *Essay on the Natural History of Guriana in South America* (London, 1769)。

博伊德谋杀论一直被斯廷奇库姆(William Stinchcombe)所质疑，在他的“A Note of Silas Deame's Death”一文(*Wicliam and Mary Quarterly*)中有所体现。斯廷奇库姆表示，与博伊德所说相反的是，迪恩回到美国所面临的并不是富有希望的未来。如果迪恩回到美国之后仍然继续沉沦下去的话，那么自杀的理论再次变得更具可能性了。D. K. Anderson 和 G. T. Anderson 在 1984 年 *New Enyland Quarterly* 第 62 期中的一篇文章"The Death of Silas Deane"一文中提出了第三种观点。安德森他们向一些药物学的权威人士调查取证，得出迪恩可能长期患有痨病，后死于突然中风或者其他一些突发性疾病。

1 # 第一章　接触

1539 年，埃尔南多·德·索托(Hernando de Soto)冒险来到北美寻找印第安王国，这要比之后来探索的欧洲人早了一个多世纪，那么在第一次接触后的多年中发生了哪些不为人知的故事呢？

这便是埃尔南多·德·索托为他最后的安息之地所设置的规定，正如他的最终遗愿一样：在西班牙赫雷斯德洛斯卡瓦列罗斯(Jerez de los Gabelleros)的圣米格尔(San Miguel)教堂范围内，建造一个小礼拜堂，这里就是德·索托成长的地方。该教堂耗资 2000 达克特(译者注：之前流通于欧洲各国的钱币)，并有装饰童女马利亚无玷始胎的圣母雕像的圣殿。他的坟冢被上等的黑色绒面呢罩覆盖，其底部有圣地亚哥(Santiago)骑士的红色十字架勋章。在一些特定的场合，圣坛上放置着黑色的天鹅绒和德·索托的盾徽。以 12 000 西班牙金币的高薪聘请了一个牧师来为德·索托及他的父母和妻子每周做 5 次弥撒。在他下葬的当天，为他做 30 次弥撒，为无玷始胎的圣母做 20 次，为圣灵做 10 次，为炼狱中的灵魂做 60 次以及其他的一些弥撒。每年给予他的妻子伊莎贝尔150 000 西班牙金币，以供应她所需，给予他的三个遗孤同样数额的钱，以便他们帮助他的妻子，也会让人铭记德·索托的善良与财富。

1539 年 5 月 10 日，这些指示都被书写、记录和见证。八天后，德·索托在 600 名随从的陪同下离开了古巴的哈瓦那，前往一个被西班牙人称为佛罗里达的未知大陆。此次远征是为了搜寻黄金、宝物、名望和权力。

以下是德·索托在三年后去世并被埋葬在3000英里之外的经过：

他最终的目的地位于一个印第安酋长的家里。随着远征军的
到来，原来居住在村庄的人已经逃离。村庄的周围有高高的栅栏
围着，旁边有一条大河，印第安人称之为塔马利苏（Tamaliseu），而
西班牙人则称之为里约圣埃斯皮里图（Rio del Espiritu Santo）。如
今，我们都知道，它就是密西西比河。殖民者最喜欢定居的地方也
就是现今阿肯色州的麦克阿瑟镇。但德·索托并不知道他究竟在
何处，只知道一个大概的名称。他确定，这条最大的河流必将流入 2
那个大海湾——墨西哥湾。但离海湾到底有多远，又有谁知道呢？

即使是那些很注重历史着装的艺术家们，也以为德·索托远征队伍一行人穿着远征一开始所装备的行头，但经过陆地上艰苦跋涉的几年，大多数远征人员都开始靠印第安人的毯子或动物皮毛存活下来。

他的远征军衣衫褴褛。他们只能通过占用印第安人所储存和种植的食物得以生存下来。他们一开始就这么做的，经历了三年时间的闯荡来寻找想要侵占的帝国，大多数德·索托的远征军不再穿他们一开始所带来的衣服了。从现代的远征军画作中可以看出，远征军一开始的着装有头盔、像背心一样的皮革开衫、马裤（译

者注：裤脚束紧长及膝部的裤子）和靴子。但是到了1542年4月，当地的衣物开始改变许许多多这样的着装。“用印第安毯子来制作宽松的外套和袈裟”，远征军的一员说，“还用鹿皮来制作一些开衫、衬衫、袜子和鞋子，用熊皮制作一些非常优质的斗篷，它们的防水效果特别好”。一位职位稍高的骑士补充道：“穿着当地很短的毛毯衣服，衣服两侧对开，皮肤裸露在外，没有帽子，光着头，赤着脚，还没有马匹和鞋，背着一个圆盾和一把没有鞘的剑，在这样的条件下感觉是极其寒冷的。”

在密西西比流域安营扎寨似乎是德·索托所有决定中的明智之
3 举。紧接着，他派遣侦查人员去山脊的南部寻找大海湾。同时，他给基瓜拉姆（Quigualtam）的首领送去了一封信，基瓜拉姆是该流域一个非常强悍的酋邦。可能是因为感知到当地人多势众的威胁，他在信中称自己不是一般人，是“太阳之子”，需要得到尊敬，并要求基瓜拉姆的首领来拜访他。他给前来接洽的首领看了一面镜子，这是印第安人以前从来没有见过的东西，由于角度的原因，德·索托的脸便出现在了镜子中。他声称，镜子中的影像是他的神力。这影像很快地在印第安人的视野中掠过，然后他要求来接洽的首领把交谈的所有内容都带回去传达，并警告他们不许欺骗他。

经历过一周的跋山涉水，侦查人员归来，却没带回任何有关海湾的可靠消息。仅凭徒步继续前行几乎是不可能的，如果造船，又对下游的河流情况摸不清，万一有瀑布也会阻断他们前行。经历了一系列的搜寻、困顿以及不停的冲突，德·索托对到达大海感到希望渺茫，越发悲伤……在这样的情绪下，他生病了，因发烧而卧病在床。更糟糕的是基瓜拉姆首领的答复，他从来没有拜访别人的习惯，德·索托应该去拜访他。新来的人如果真是“太阳之子”，那请他把河里的水蒸干，首领就会相信他。

德·索托非常愤怒，如果他没生病，一定会率领武士去抓获那个首领。他命令一支分遣队去袭击附近的村庄，恰好这个村庄的头领也非常讨厌他。西班牙人毫不留情地蹂躏着居民点，奴役男人、女人和小孩。基瓜拉姆将会被袭击的谣言此起彼伏。“危险即将来临，必须全神贯注地盯着他们的一举一动。”

> 在那片土地上迷路的危险……是明摆着的。

由于德·索托病危，便放弃了一开始的命令。第二天，他便去世了。“在当时他已经生病的情况下，几乎没有得到任何一丝安慰。”一位同伴回忆说，“财富虽然提高了他的地位，但也可能会让他从更高的地方掉落下来”。另一位同伴对他的评价貌似更加不留情面：“当首领深陷困境时，如果无法像他所预期的那样想出办法，那么他只能带着病痛走向死亡。”

新上任的远征军首领是路易斯·莫斯科索（Luisde Moscoso），他认为绝不能让印第安人知晓德·索托的死，尤其是考虑到索托曾吹嘘过自己为不死的“太阳之子”。夜深人静之时，他让人在小镇的入口附近埋葬了德·索托的遗体。但印第安人意识到，哪也不见德·索托的踪迹，并在小镇入口附近发现有翻新的土壤。在另一个夜幕降临的夜晚，莫斯科索命令将德·索托遗体挖出来，然后偷偷地运往一艘独木舟中。把遗体用毛毯包裹好，并在船上放满沙子，然后驶向密西西比河中，进行水葬。

德·索托要求在他死后，在西班牙为他建立一座纪念教堂，红十字架安放在黑色绒面呢上，举行数百次的弥撒。临死前，德·索托写了一份新遗愿，莫斯科索完成了德·索托的这个遗愿，他收集了远征队残余的衣服，并且拍卖了他们首领的重要资产：4 名印第安奴隶、3 匹马和 700 头猪。

在下面的部分，我们还会详细地说一下这些猪。 4

构造与重建

在美洲历史上，埃尔南多·德·索托的死比西拉·迪恩的死更让人熟知，但他们的死都是非常有意义的历史见证。通过挖掘围绕着迪恩死亡的事实，我们会进一步理解，历史并不仅仅只是过去发生

浪漫视角下德·索托的葬礼，在《美国人民故事：四个世纪的足迹》(*Foot prints of Four Centuries：The story of American people*)中的描绘(1894年)。

了什么，而是重新创建的过程，用那些未成熟的历史史料来塑造故事。正如德·索托的故事所展示的那样，我们需要挖掘更深层次的东西。我们不仅仅要构造历史，还需要不断地按照需要去重新构造，它需要通过不断地重新组建和重新创建来实现。

怀疑主义者反对经常性地重新设计历史这一概念。反对经常以与教科书相关的形式出现。作为历史学家，我们两个已经收集了许许多多关于美洲历史的研究。这已经是我们对本书的第五次修订，当我们提及我们正在修订一个文本，通常我们都是迷茫的。除了增加一些篇幅来更新故事外，还需要做些什么？是的，调查工作使故事结合在了一起。但历史学家需要数十载，甚至几个世纪来对这些主题缝缝补补，并使之成为一体。无论如何重建，历史本身是不会发生改变的。

5 事实上，历史学家追溯的越久远，定期重新评估的需求越大。人们迫切地想要知道东西半球之间第一次邂逅的故事，没有什么比此更显而易见。

按照传统，美洲历史似乎是从第一次接触算起，为什么这么算就不得而知了。一千两百多年前，人类已经居住在美洲这块土地上了。伸展你的手臂，并把从肩到手指之间的距离比作人类到达西半球居住的时间，那么，1492 年哥伦布的抵达便如同你食指的第二个关节处。在大多数美洲历史文本中，描述所有发生在哥伦布之前的人类活动："从你的肩到你手指的第二个关节"占了 20 页，"其他部分或手指的其他部分"(1492 年之后的 500 年)，占了 980 页。

为什么如此不平衡？其中一个原因，从大体上说，这一次接触标志着美洲尤其是北美记载历史的开端。第一次有书面文献记录的历史事件，我们可以从中发现很多详细的信息，或者说它将会被发现。

在过去半个世纪里，历史学家已经开始意识到，他们观察历史事件的视野太过狭窄。考古学家通过长期的挖掘，为文字记录稀缺的我们提供了大量证据。随着遗址不断被发现，它们显著的成果已经开始应用于发现历史、分析历史和比较历史中。考古学家在有文字记录的阿兹特克(Aztec)和玛雅文字系统中也取得了进展，并在奥尔梅克(Olmec)和萨波特克(Zapotec)挖掘出了碑文。即使在没有书面文字记录被发现的北美，考古学家也已经重建了人们的日常生活、打猎和农业生产、村落的结构以及社会，甚至宗教信仰。他们已经在依据证据做研究，这些证据来自陶器碎片、动物骨骼、坟墓遗址、建筑残骸甚至是花粉和种子样本。

接触的时代使一系列复杂的生态相互作用，改变着美洲。

同等重要的是，历史学家已经开始把人类文化放在更广泛的自然背景下进行考察。他们已经意识到，人类历史不仅仅只是人的历史。传统的主题，如政治、战争、经济、文化，以一个庞大的自然设定来完成，这个设定既是物理的、地理的也是生物的。生态系统是定义一个范围的术语，这个范围是指生物体及其环境之间的关系网络，而生态学则是研究它们之间的关系的学科。在这些术语中，接触的时代调动一系列复杂的生态相互作用，并逐渐使美洲发

生了翻天覆地的变化，而欧洲人、非洲人和亚洲人开始迁移到这个半球。大西洋和太平洋就像栅栏一样，将其他世界的生态系统和西半球生态系统分隔开来。随着1492年这个“海洋栅栏”被打破，
6 迁移开始了，这种迁移不仅仅只是人种上的迁移，也包括植物和动物的迁移。事实上，动植物也确实比人类更早、更频繁地开始迁移，它们的到来也是生态系统转变的根本途径。到最后，便有了微生物的出现——疾病的开始，其传播速度惊人且是致命的。

将第一次接触的故事记录下来，这样的记录是很有价值的，也是极其复杂的，分类也非常困难。德·索托进入北美具有关键意义（他的进入，通常被称作 *entrada*）。他和他的同伴最早遭遇当地的文化冲突，尤其是和东南方内部之间的文化冲突。此外，在德·索托远征之后，直到17世纪70、80年代，欧洲人才回到自己的国家。德·索托的到来正如拉开序幕一般，揭示了人类以及动植物生态学在美洲东南部登陆的惊人表现——在一个多世纪后再次下降。因此，历史学家和考古学家已经获得了远征队的相关记录，为了更清楚地了解美洲的确切情况，我们不能仅了解接触的时代，还要了解在这之前发生的故事。

进入未知的世界

1500年德·索托出生于西班牙的埃斯特雷马杜拉（Extremadura），这是一个贫困的地区，其困苦的条件迫使许多有雄心壮志的年轻人去海外追寻他们的梦想和财富。巴尔沃亚（Balboa）是远征队的一员，于1513年伴着太平洋的美景穿过巴拿马海峡，从埃斯特雷马杜拉省被保释出来后，来到这里。埃尔南·科特（Hernán Cortés）同样如此，他于1519年来到墨西哥，进入阿兹特克帝国。德·索托到达卡斯蒂利亚-德尔奥罗（Castilla del Oro，现在的巴拿马）时，年仅14岁。因其命令口吻的说话风格，很快就被冠以“队长”的绰号。鉴于他的胆识，很快他就通过战胜巴拿马和尼加拉瓜而获得了金银财宝，但更多地是从奴役和袭击印第安人中获取财富。

当德·索托30岁时，科特已经通过屠杀阿兹特克人和洗劫他们的财物而获得了财富和地位。另一个埃斯特雷马杜拉人——弗朗西斯科·皮萨罗(Franasco Pizarro)，把目光投向了位于南美洲的刚被发现的印加文明。1531年，德·索托加入了皮萨罗组建的由168人组成的军队，并成为拥有马匹的排头兵。尽管印加帝国拥有由8万人组成的正式的先锋军队，但皮萨罗还是大胆地迎战了印加帝国皇帝阿塔瓦尔帕(Atahualpa)。当两个领导者正面对抗时，德·索托出演了他自己的戏剧性戏份。他坐在马背上，直接朝阿塔瓦尔帕冲去，并恐吓他。早在几千年前，马就已经在美洲灭绝了，因此这些庞然大物一开始就让印第安人感到畏惧。当德·索托的马愤怒地发出哼声时，他进一步逼近，弄乱了阿塔瓦尔帕额间戴的仪式性的流苏。在加农炮、骑兵、长矛和宝剑的大胆突袭下，皮萨罗分散了恐惧的印加人的注意力，并将其皇帝劫为人质。然后，皮萨罗要求印加人用满屋子的黄金和白银来赎回他们的皇帝阿塔瓦尔帕，阿塔瓦尔帕遵照要求做了，皮萨罗兑现承诺，释放了他，德·索托共享了这笔赎金。

这样的征服更加刺激了德·索托，他决定让“队长”这个称号 7
实至名归。德·索托回到了西班牙，在皇帝查理五世的祝福下，去征战新的大陆，这次是去北方。虽然，一些引人注目的关于佛罗里达的探险都失败了，但随着幸存者陆陆续续地回来，关于富裕和财宝的流言逐渐散播开来。带着君主的祝愿，德·索托启程前往古巴。直到1539年5月，他的船只才抵达佛罗里达海岸，经过一番搜寻他们找到了可以登陆的深水港。

这600多欧洲人在寻找海湾的过程中看到了什么？茂密的红树林一片接着一片不断蔓延着，有一些有70英尺高，高耸而缠绕的根茎让他们很难靠岸。不久后，许许多多的烟雾弥漫着整个海岸，如汹涌波涛般直冲云霄。印第安人发现了新来的人，用火作为信号以起到警示的作用。

海岸的内陆，东南部的环境和现在我们所看到的有点像。在我们的想象里，我们一定知道，没有高速公路、建筑和桥梁，就不会有太过明显的人为的痕迹。除了佛罗里达，大陆的东南部已经很少有湖了，在现代，这里已被建成许多的大坝。尽管德·索托到达时的气候比如今更冷，而且已经持续超过了一个世纪，森林实际上已经经过演化，以便应对几个世纪前就已经很热的气候。在那些年里，盛行的西风把植被都风干了，这些植被通常也会被雷击火灾所吞噬。在许多区域，只有树才能抵制火的侵袭，主要是长叶松、湿地松和火炬松，它们在切萨皮克湾(Chesapeake)的东南部的每一个尽头都有分布，并经过佛罗里达的大部分地区向西蔓延至密西西比。这样的原始植被在如今已经很少见了。

野生动物的平衡和森林中的树木是不一样的，包括凶猛的狼和美洲豹在内的许许多多动物在当时都是很普通的。现在的一些鸟类都已经开始灭绝，包括明亮色调的卡罗来纳州长尾小鹦鹉(北美本土唯一的一种鹦鹉)和象牙喙啄木鸟(站起来有 1.5 英尺高)。

大陆看起来如此不同还有另外一个原因。如欧洲人所看到的，是印第安人在许多方面已经形成并改变过的。火是其中最主要的方式，因为对美洲土著居民而言，它的作用远远大于通过制造“烟”来进行交流。韦萨·德巴卡(Cabeza de Vaea)，一位西班牙探险家，早于德·索托十年来到美洲，他注意到了得克萨斯伊格纳兹(Ignaces)印第安人，并认为：

> (他们)用一个火把，在平地上生火，既驱赶蚊子，也可以把他们所食用的蜥蜴之类的东西从土里驱赶出来。采用同样的方式，他们捕杀鹿，用火把鹿包围起来，然后使动物觅食的草地越来越少，从而迫使动物去印第安人想让它们去的地方觅食。

在加利福尼亚州，草的种子是一种非常重要的食物，印第安人会烧掉田地上的残有物来提高产量。在大西洋沿岸，印第安人用火来限制矮灌木丛的生长。最后剩下的森林都如公园一般，有大且宽广的间隔树林、极少的灌木和大量多汁的草。

欧洲人很难理解印第安人在生态圈中所扮演的角色。在接下 8
来的两个世纪里，随着他们深入到美洲北部，他们不断地遭受野生动物的袭击。“海鱼的富足程度超出人们的想象”，一个早期马萨诸塞湾的移民者记录，“除非我亲眼看见，否则我不太可能会相信这是事实。”在弗吉尼亚，英国殖民者涉水时发现，有时他们的马蹄竟然还可以踩死鱼，足以见得河里的鱼量之丰富。主管人员托马斯·戴尔（Thomas Dale）曾在一张网里捕捉到 5000 条鳟鱼。

鱼这么多，就可以想象得到野生动物会有多么丰富了。在弗吉尼亚，拍打着翅膀的鸭、鹅、黑雁和水鸭所发出来的声音（像水上的一场巨大风暴一样），候鸽（一种于 1914 年被猎杀灭绝的鸟类）的数量多得令人惊愕。著名的博物学者约翰·詹姆斯·奥杜邦（John James Awdubon）于 1813 年在俄亥俄河岸边观察到了一大群候鸽，如乌云密布一般挡住了太阳。“几乎黑压压的一片，它们飞奔向前，像波浪和有角度的线条一样，以不可思议的速度下降并横扫整个大地，垂直往上飞，从而像一个巨大的塔，当在高处时，交织在一起像一张网一样，并继续扭成线，然后类似于一个巨大的蛇圈。”到了晚上，“成千上万的候鸽，飞落得到处都是。这是一个充满混乱和骚动的场面。我发现，即使是朝着离我最近的人呼喊，看起来都无济于事”。

在哺乳动物中也存在类似的故事。成百上千的红鹿和小鹿汇聚在弗吉尼亚海岸，灰色和黑色的松鼠吃掉了殖民者收获的大量谷物，以至于 18 世纪宾夕法尼亚的人一年就猎杀了 60 多万只松鼠。约有 5000 万头野牛在大草原上漫步。一些野生动物已经迁徙东边，远离肯塔基州。有一些甚至被迫迁移到了弗吉尼亚的波托马克河（Potomac）流域。“叉角羚的数量可能已经超过水牛；海狸在东部森林的溪边生长，洛基山附近也有；灰熊随处可见”，19 世纪早期的一个山林人如是说道。

因此，1539 年德·索托和他的随从进入这一地区时，看起来有许多不一样是有原因的，这些原因包括变化的气候、更加不同和丰富的生物种类以及印第安人对环境的改变。

但当欧洲人进入美洲时，他们几乎立刻开始对他们所面临的生态系统进行改变。这些欧洲人带来了他们自己的动植物，这些对美洲来说都是外来的。他们把美洲的物种同时也引进到自己的家乡。历史学家阿尔弗雷德·克罗斯比（Alfred Crosby）将这个持续的进程命名为“美国哥伦布大交换”。许许多多引入美洲的物种都是经过深思熟虑的，农作物诸如在家乡特别受欢迎的小麦和葡萄，西班牙人难以想象他们的生活没了面包和酒是否能生存下去。在加勒比海，欧洲人进口了柠檬、橘子和无花果。从加那利群岛引进的香蕉树数量已经翻番，在这个岛上可以看到丰富得令人惊异的香蕉树。同样，欧洲人带回了美洲的马铃薯、玉米、西红柿、花生和黄豆。在后来的几个世纪里，无论是从爱尔兰到意大利还是到中国，农作物对农业来说都是革命性的。

9 其他进口到美洲的则是偶然的了，比如种子通过折叠衣服的箱子或泥土或粪便的迁移。许多这些欧洲的植物很快就传播开来，那是因为美洲的植物在数千年的生存竞技中已经被孤立，也被拥有强大生命力的欧洲物种所淘汰。有一些植物传播太广以至于如今通常被视为土生土长的植物，肯塔基州莓系属的牧草就起源于欧洲，同样还有蒲公英、雏菊、白三叶草、豚草和车前草，最后一种植物被新英格兰印第安人称为“英国人的脚”，因为只要有殖民者去过的地方似乎就有它的踪影。

相较火器而言，德·索托的马匹在战略上更有优势，因为印第安人从没见过它。

我们已经对欧洲动物如何定居于西半球有了一个大概的了解。德·索托的马紧靠着阿塔瓦尔帕，西班牙人意识到他们的马匹惊吓到了他们的敌人印第安人，因此德·索托带了 200 匹马去佛罗里达。为了避免动物恐慌和方便饲养，马的腰部被缠上帆布皮带，用帆布皮带从甲板下的天花板吊下来，从而使得它们蹄与蹄之间在盖板上保持一定的距离。一登上岸，士兵们就手持 15 英尺长的钢铁剑和长矛骑上了马。印第安人步行是不可能跑得过这些持枪骑兵的，他们最安全的自保反应就是逃向沼泽，在那里，马儿们都挣扎着想要找到一个躲避物或植被厚实的地方。

很快，印第安人的惊讶和害怕转变为勇敢和狡黠。德·索托的马中首次有一匹死于印第安人发射的弓箭，弓箭带着强劲的力量飞速而出，刺穿了马匹用紧织物制成的盔甲，并撕裂了马鞍，弓箭的三分之一都刺进了马的血肉中。就眼前来看，虽然德·索托和其他新来的人在战略上占有了优势，但最终，印第安人占有了那些离群的马，并学会了不用马鞍驾驭*。

德·索托也带来了一些大狗，以此来恐吓印第安人。在加勒比海，征服者已经驯服了狗。德·索托在那里的第一个主人是卡斯蒂利亚-德尔奥罗的统治者，当有人越狱时，他会用狗来追捕犯人。在佛罗里达州，狗会在激战中攻击他们的敌人印第安人，或者追赶那些受伤的战士，并咬伤他们（一些狗装备有尖锐或者金属的项圈，从而保护它们自己因受攻击而窒息）。在行军中狗也确实证明了其作用：它们敏锐的听觉和嗅觉都有效地帮助了西班牙人防御突然袭击。

后来，德·索托带来了一群猪，一种有效提供热量的物种。当它们被屠宰后，身体的80%都是可以食用的，而牛或者羊，却只能食用其中的50%。在行军中，猪可以放养，它们可以自己觅食。和如今的圈养猪不一样，它们是黑色或者灰色的，并有着长腿和长鼻子。它们会使用锐利的獠牙来保护自己，并且生长迅速。在加勒比海，早期的探险家有时会留几头猪困在一个小岛上，但几年回去以后发现那里的猪已泛滥成灾。不可避免地，其中一些逃走了并进入了大自然。“今天，丢失了许多猪。”德·索托的记录者如是写道，在过河时它们逃跑了，还有一些印第安人潜入远征军的营地，

---

* 直到19世纪，科曼奇族（Comanche，北美印第安人）的骑手在友好的竞争中表现很完美，美国骑兵的一支部队很丢脸地发现他们优秀的肯塔基州的母马被小马打败，科曼奇族骑手骑在没有马鞍的马上带着嘲讽和可怕的表情对他的美国敌人挥着手，并说着“快来啊”。

德·索托死时，陪伴远征军的猪有 700 多头。这种动物对远征军来说是补充蛋白质的有效途径。但它们来到北美后的重要性似乎引发了一连串意想不到的后果。

将猪偷回去煮来吃。

进入森林

为了了解德·索托在大陆的影响，历史学家尝试追踪他的路线，但这不是一项简单的任务。当西班牙人 1539 年登陆时，他们几乎不了解北美的地理情况。1514 和 1521 年到达佛罗里达和加利福尼亚海岸的远征军相信，这些区域是岛屿，就像古巴和伊斯帕尼奥拉岛（Hispaniola）。即使我们知道德·索托登陆的地方（还存在非常激烈的争议），但他路上旅行的记录却非常模糊。例如："9 月 23 日，星期二，统治者和他的军队离开纳皮图卡（Napituca），并到达了鹿河。"没有印第安地图或手稿标明纳皮图卡在什么地方，远征军也没有遗留相关的任何记录。就"鹿河"这个名字来说，它也仅仅只是西班牙人发明的名字，之所以这么命名，是因为印第安人把一些鹿带到那里。

11 记录偶尔会提到距离方面的信息："从帕塔法（Patofa）到埃斯皮里图桑托岛（Espiritu Santo）港口，有大约 350 里格左右的距离。"但这条信息带来了新的疑惑，因为在西班牙，一里格可能代表"legua

Legal”,大约 2.6 英里,或者它也可能代表“Legua común”,将近 3.5 英里。根据当时所使用的度量方式,350 里格可能有 910 或 1225 英里。

物理特征的描述提供了线索:有关山脉的描述,“茂密的松树林,非常低洼的沼泽”。虽然欧洲人定居在那个区域 100 年后,像纳皮图卡这样的名字已经没有人知道,但其他的名字还在延续。阿巴拉契是德·索托到达的第一个有重要意义的地方,这个名字也是后来法国人以遭遇的印第安人命名的,它接近如今的佛罗里达州的塔拉哈西(Tallahassee)。人类学家约翰·里德·斯旺顿(John R. Swanton),作为 1936 年重构德·索托路线的联邦委员会的牵头人,明确地假设了“印第安人遭遇了德·索托……同样的地点保留下来,到了 17 世纪后期、18 世纪早期,英国和法国探险家商人到访过这些地方。”

在过去的 300 多年里,学者们假设了至少十多条可供选择的远征军路线。直到 1936 年斯旺顿的联邦委员会想得到一个确定的答案,尽管困惑依然是很明显的。

直到 20 世纪 80 年代,斯旺顿的路线仍然是公认的选择。考古学家查尔斯·哈德森(Charles Hudson)利用正在进行的考古研究开始重新评估。在斯旺顿认为可能沿德·索托路线分布的印第安遗址,新的挖掘将一些问题彰显了出来。库萨(Coosa),1540 年西班牙访问过的一个繁荣的酋邦,考古学家在斯旺顿假设的遗址上发现了印第安人安居点,但没有遗留物能追溯到 18 世纪以前。学者们进一步了解了印第安文化是怎样形成和发展的,通过研究村庄的布局、陶器风格和其他的一些证据,让一切变得更加清晰,斯旺顿不应该假定印第安部落在 1800 年生活在这里,那么 1500 年也生活在相同的地点。

这当然非常有意义,我们应该把记录历史的理论考虑得更全面一些。想象一下 1539 年,德·索托到达佛罗里达的那一年,站在曼哈顿的海岸线。那个岛被称为“舍伊施比”(Scheyischbi)、“海洋的边缘地带”,是德拉瓦(Lenape)印第安人生活的地方。100 年后,殖民地以新阿姆斯特丹而闻名，被荷兰统治。直到 1739 年，它已经成为纽约，由英国人统治。过去的 300 多年里，曼哈顿的变化天翻地覆！由于 16 世纪东南的印第安人还未曾被熟知，那么人类学家、考古学家和历史学家就容易推测，切罗基人（Cherokees）或阿巴拉契人（Apalachees）于 1739 年在那里的某个地方生活着，同样的种族几个世纪以前就居住在那里了。如果我们没有发生改变的证据，我们为什么假定事情从未发生呢？也许只有人类的本能才能做出如此的假设。

直到 1997 年，哈德森坚信他对德·索托远征的叙述更加精确，不过，他提醒人们注意，事实上，对于这条线路任何推定的地点，他是没有十足把握的。远征军极可能在佛罗里达西海岸的坦帕（Tampa）湾登陆，经历了 1539 年的夏天和秋天，他们的路线向北方和西方转移，并到达了阿哈伊卡（Anhayca）的阿巴拉契镇。这个遗址位于现在的塔拉哈西[译者注：美国佛罗里达州首府]，这是在所有重建路线中极少数的一个被学界认可的位置

随着远征军不断深入内陆，欧洲人和美洲土著人之间衍生出一种混合关系，这种混合包含了友谊、虚假的友谊、猜疑和绝对仇恨。德·索托的目的毕竟就像科特和皮萨罗一样，是为了侵占富裕的印第安帝国。每次只要他一进入一个村庄，他面临的最重要的问题就是，该地区是否存在一个拥有金银财宝的权贵，当地的首领是否愿意提供食物给他的 600 多远征军。这和增进信任之类的问题不一样。

13 有时，印第安人确实给过玉米、南瓜或其他食物，以及衣服或铜饰品给远征军。在其他的一些居民点，双方的关系却是以敌对开始的，他们与西班牙人兵戎相见。有时，整个村落都会逃进森林，直到他们从新来者的表现中获得好感才会重新出现。德·索托会派遣骑兵去俘虏能找到的人，然后要求俘虏去召集当地的首领，当他的要求得不到满足时，他就会在附近继续搜索，直到找到首领为止。然后他再以该首领为人质，以确保他们能安全地通过这个地区。

这种小铃铛只有 $1\frac{3}{8}$ 英寸宽，在证实德·索托东南路线过程中起到了一定作用。尽管 600 多欧洲人在行军途中一定留下了痕迹，但直到近期，考古学家依然只是发现了极少数可以和欧洲人产生关联的物品，可以肯定的是它们都来自 16 世纪的欧洲。这种小铃铛是在被誉为“小埃及”的考古学遗址西北的乔治亚州发现的，它是西班牙人在 16 世纪所特有的用在马身上的，如同德·索托带来的一样。其他的欧洲人工产品来自不同的遗址，包括弓箭心、马蹄铁、铁钉和剑。当然，仅凭一件从某个特定地方所找到的手工艺品并不意味着德·索托肯定到过那里。也有可能是印第安人从附近或更远的地方带到这里的。虽然如此，这些零碎证据仍然被查尔斯·哈德森及其他研究者用来定位德·索托的路线。

西班牙人迷恋于十字弓和原始步枪——“火绳钩枪”，但这些武器在战争中的优势并不明显。对十字弓或者步枪来说，它们都需要时间来填充弹药，而在这段时间里印第安人可以用强大的弓发射六到七支箭。一个典型的样本也许有五英尺高，像人的手腕一样粗。阿巴拉契的射手为了刺穿西班牙人的盔甲，他们需要强有力地发射箭，它们可以穿刺进入树木六英寸深或完全地射入马的身体中。

印第安人很少会向陌生人宣布他们的意图。印第安人的代表带着礼物来拜访，通常主要目的是为了评估西班牙人的军事防御力量，并伺机发起攻击。有时，会有人为了保护真正的首领而假扮成首领来拜访。

在许多谴责征服者的活动中，正如西班牙牧
14 师巴托洛梅·德拉斯·卡萨斯（Bartolomé de Las Casas）提供的信息所显示的，大多是由于印第安人的不合作导致的。来自于拉斯·卡萨斯的这幅画表明在一些可怕的场景中也可以被发现。

印第安人的指引可能故意误导远征军进入沼泽或茂密的甘蔗林。当德·索托意识到这些欺骗时，他会掉头回去，并无情地剁掉指路者的手、鼻子或直接把他扔去喂狗。战士从不畏惧，并假装不介意这样的惩罚。而首领通常会对西班牙人表示轻蔑："于我而言，你就是一个职业的流浪汉。"有人引用当时的话如是说：

> 像你们这种从一个地方游荡到另一个地方，通过抢夺和谋杀那些对你们毫无冒犯的人来生活的人我是不可能以礼相待的。我保证会和你一战到底，打到你投降为止。我不会和你正面交锋，我只会偷袭并出其不意地攻击你。

15 在德·索托占领阿巴拉契镇之后，他在这里过冬，阿巴拉契族逃跑了。但他们不断地骚扰德·索托，在远处伏击西班牙人并烧毁西班牙的住处。1540年春天，德·索托继续向北，朝着更富裕的名为"科菲塔切基"的王国进军。途经现在的乔治亚州，他们穿过了萨凡纳河，并抵达了现在的南卡罗来纳州，要求400名印第安搬运工沿着路从一个酋邦到另一个酋邦。在科菲塔切基，一些首领乘坐着独木舟来拜访他，其中还包括一个重要的女首领，这个女首领在这广袤的居住区域有着极大的权力。不久后，另一个重要的女性出现了，她被西班牙人称为“科菲塔切基夫人”。她来时坐在用一块白色布遮着的轿子里，走的时候坐在有很多装饰的仪式型独木舟里。

让德·索托高兴的是，这位女首领为他制作了一份礼物——一大串如榛子般大小的珍珠。而他对闪耀着黄光的石头和白色的石头也很感兴趣，他告诉她，他指的其实就是黄金和白银。该女首领命令手下带来这样的礼物，但这些“黄色”和“白色”的石头最终被证实仅仅只是一些铜和云母。赠予了珍珠后，这位女首领还为他指路，那是一个坐落在高耸地方且受保护的建筑，在那里有一些贵族的尸体放在棺材里。虽然那里臭气熏天，但那里的珠宝数不胜数。在里面小的草编篮子里装满着数百珍珠。在该女首领的指引下，德·索托抢夺了其中将近两百磅的珠宝。

此外，这位女首领还提供给了远征军一半村庄的领地，让他们安营扎寨。虽然科菲塔切基展现出来的面貌和德·索托曾拜访过的许多城镇一样，但却更加繁华和精致。在广场的中心有一个或多个高地，上面是村落首领居住的地方。黄玉米是密西西比文化的中心。玉米的耕作在公元800年后就在东南部迅速地传播开了，玉米的大量生产也养活了更多的人。在德·索托来此之前，这些居民点在首领的带领下更加团结在一起，他们的首领影响着许许多多的村落。科菲塔切基的首领分布在从卡罗来纳山一直到桑堤河的大西洋沿岸的各个地方“在100个盟友中，我们可以看到，她是最顺从的”，一个编年史作者如是写道。其中的“大贵族”管辖着大部分首领，每一个统治者都被称为“米克”(mico)。在最低级的贵族当中，有一种小贵族被称为“奥拉塔”(orata)，他只能掌管一个或极少数村落。

德·索托远征军中的大多数人认为，他应该从这个地方开始殖民。这里的印第安人似乎比他们遇到的其他人更“有教养”——也就是说，他们展现出了服务和取悦西班人的欲望。由于远征军以其一贯的方式侵占科菲塔切基所储存的事物，这使得那样的想法并没有持续太久。当拉塞诺拉（La Señora）决定逃离时，德·索托抓住了她并以她为人质，继续向北进军她的领地，经过了沃特里（Wateree）河和卡托巴（Catawba）河的峡谷，穿过了阿巴拉契亚山脉的南部——一座非常粗犷和高耸的山脉。他们与其他人的遭遇模式有规律地不断地重复着：问候、馈赠、短暂的和平，到最后的冲突。在基亚哈（Chiaha），一个想法进入德·索托的脑海，他要求30
16 位印第安女人成为他远征军中男人的奴隶（他们的目的不是想象中那么正派）。在库萨，那里的首领再次现身在一幅担架上并命令自己的子民为西班牙人腾出空房间，最终，德·索托将这个首领囚禁了起来，这个城镇也慢慢消失了。

这幅现代的科菲塔切基重建图，展现了密西西比河流域村落的典型结构，其中广场的中间有两个固定的高地，其中一个是用来给村落首领居住的。

德·索托遇见了一个重要的名叫塔斯卡卢萨（Tascaluza）的首领，他的身高比许多西班牙人要高出1.5英尺。

在这个村镇的第二个季度，他遇到了塔斯卡卢萨，一个重要人物，他是当时一个很有地位的首领，居住在现今阿拉巴马州蒙哥马利市附近。西班牙人对这个区域印第安人的身材感到惊异：他们十分高大，塔斯卡卢萨“就像一个巨人”，拥有大长腿，比德·索托高一个半头。塔斯卡卢萨接待了欧洲人。在迎接仪式上，他坐在广场中的高地顶上，德·索托的中尉路易斯·莫斯科索使用了当初德·索托在为皮萨罗与印加人交锋时相同的计谋，路易斯·莫斯科索坐在马背上，围绕着广场以向该首领显示威风。塔斯卡卢萨假装表现得很淡定，甚至要求让路易斯·莫斯科索带他一起骑马。对于矮种马来说，他太高了，所以当他坐上去时，腿几乎已经碰到地面了。

在德·索托展示着马术的同时，塔斯卡卢萨在广场里向他们展示着舞蹈，这使他们想起了西班牙农民式的欢迎方式，如此的表演
让他们也感到很愉悦。然后德·索托要求印第安人帮他们搬运行 17
李，甚至还需提供给他们女人。塔斯卡卢萨拒绝并置之不理。但经过一番不愉快之后，他也勉强接受。塔斯卡卢萨向德·索托承诺给予400多名搬运工，其中包括德·索托要求的女人也在城镇的附近待命，来自马尼拉的送信人带来了栗子调味玉米面包。

马尼拉确实被一排矮栅栏防御起来了，尽管欢迎会充满了祝福，但广场上的房子都把印第安战士给隐藏好了。西班牙人和印第安人之间激烈的言语交锋导致一场混战，在混战中一个印第安人的手臂被打断了。瞬间塔斯卡卢萨的手下一涌而出。虽然德·索托怀疑有陷阱，但他还是和十几个人一起进入了戒备了的村庄，结果发现自己被包围了。他勉强突出了重围，但却在此过程中失去了一些手下。与此同时，印第安人还屠杀了许多马匹，并将里面所有由400多名搬运工搬来的行李都打劫一空。德·索托失去了所有的衣物、食物、物资，甚至还有那两百多磅的珍珠。紧接着的战斗持续了一整天，大约5000名印第安人掩藏在村子里的栅栏后向西班牙人射箭，发出来的箭密集得如倾盆大雨一般。最终，德·索托穿过了栅栏，并点燃了茅草屋，在烟雾与火光中，战斗还在继

续着。塔斯卡卢萨的手下竭力劝他撤退，也许他那么做了，或者他被杀害了——记录并没有提到这些。栅栏被破坏，西班牙的骑兵便有了绝对优势。在付出了巨大的代价后，胜利终于降临。22 名士兵遇害，148 名战士受伤，大量衣物被掠夺，冬天就要来了。德·索托的手下准备发动兵变。

许多人都想向南前进去往海湾，离开佛罗里达去别的地方。但德·索托不想在既没了钱财也没有帝国供他剥削的时候撤离。经历了同样徒劳的挣扎，一年又这么过去了。1541 年春天，在西边，密西西比河流域，也就是现在的阿肯色州和奥萨山(Ozark)，最终他们又遭遇了一群凶残的印第安人——图拉(Tula)，一个用手和牙齿与西班牙人战斗的部落，从而促使带着仅有的 350 名幸存者的远征军不得不返回到密西西比。在寒冷雨水和飘荡的雪花中，德·索托经历了刺骨的寒冬，终于回到了阿尼尔科(Anilco)附近的定居点。1542 年的冬天，在那里，德·索托去世了。

即使这样，远征军依然痴迷于在下一年继续无意义的探寻，试图通过大陆路线去墨西哥。1542—1543 年冬天，远征军回到了密西西比，建造了七艘船，利用河水来创造机会。春季时，开始涨洪水了，船也自由地浮了起来，而基瓜拉姆的印第安人也正在等待，印第安人想要伏击远征军。

在现代美国人的想象中，印第安人的独木舟并不像某种流行的粗制滥造的桦皮舟。它们是厚重的独木舟，空心的，形似一棵庞大的树。1541 年 5 月，当印第安人第一次与德·索托相遇，其首领带来了有 200 只船的舰队，每条船上有六七十人，每艘船的末端有华
18 盖庇佑着指挥官。那些人身上都涂抹上了红色的赭土，独木舟的两边都插有五颜六色的羽毛，手握弓箭。大多数船只都带有羽毛、盾牌和旗帜，拥有十分漂亮的外形。

他们的作战能力让他们显得更加可怕，7 艘西班牙船只能供远征军向下游逃窜至大海。基瓜拉姆让大约 100 艘独木舟继续向前，船员们大声地欢笑和呐喊。当莫斯科索派遣四到五条西班牙独木舟去会面时，一些印第安人从他们的船上跳进河里——一边游

一边将西班牙的独木舟弄翻，其他一些人则依然在自己的独木舟上以防被西班牙人弄翻。在这次遭遇中，11 个西班牙人遇难。西班牙大型船也不能来援助他们，因为现在河水的流向使他们被冲到了下游。在接下来的一天里，基瓜拉姆乘胜追击，箭依然密如雨下，他们一边唱着歌一边嘲讽着，“如果在陆地上，鸟和狗是西班牙人的食物，那么在水里，他们将使西班牙人变成鱼的食物”。

这种状况一直持续到了下游，印第安人绝不会采用肉搏，但他们会从岸上所驻扎的地方蜂拥而上。西班牙人一进入一片新的领地，就会有一组新的战士代替之前的战士参与到战斗中来。“这场类似的战斗和冲突……持续了十天十夜。”一位编年史记录者如是解释道。他也许夸大了攻击的程度，但直到远征军抵达墨西哥湾时，无论是划桨还是战争的缘故，他们的人均已精疲力竭。大概又用了一个半月的时间，于 1543 年的夏季，他们到达西班牙的居民点墨西哥帕努科河流域。

311 名幸存者感谢上苍的庇佑，有一些人甚至开始思考他们是否应该留下来建立一个殖民地。又过了数百年，有一些西班牙远征军探测到了北美的边缘地点，虽然没有欧洲人到达人口稠密的基瓜拉姆内陆和阿尼尔科的领地，但是许多农业村庄带着它们的广场和高地文化开始在密西西比河流域传播开来。仅仅只有法国探险家勒内·罗伯特（René Robert）和骑士德·拉萨尔（Sieur de La Salle）于 1682 年乘坐独木舟顺流而下，抵达这一海湾。

> 当拉萨尔划着船桨去向密西西比时，那些每条装载 60 名战士的独木舟又在何处呢？

除拉萨尔的叙述之外，几乎所有人对同一个村庄的叙述都不一样。法国人一路上所看到的印第安人村落不到十个，在两百英里范围内，甚至一个村落都没有，“一个人影也没有，让他们倍感孤独”，19 世纪的历史学家弗朗西斯·帕克曼（Francis Parkman）在其旅行记述中这样写道。拉萨尔写道，“在空旷的河岸边有一群群野

牛在游荡，但是，那个区域传播开来的村落去哪了，人口密布的城
19 镇又在哪？是德·索托的手下虚构出来的吗？基瓜拉姆的核心力量在哪？其他重要的领地又在何处？那些被描绘成带有华盖的军舰又在何方？他们的战士是否在河上不断地掠夺了另一群新来的人？”

1543年，成千上万的印第安人遍布各地。而1682年的那个地方，似乎只有极少数人。两种不同数据的历史记录让人无所适从。所有的印第安人到底都去了哪里？

有关数字方面的疑问

为了解释那样的差异，历史学家不得不回答关于人口的基本问题。当欧洲人第一次进入北美时，当地的土著居民有多少？从德·索托远征军的数据来看，数百种不同的文化在大陆的许多地区都传播开了，但却没有任何有关人口的正式普查的书面记录。历史学家要如何才能开始计算本地人与外来文化接触之前时期的人口？

有一种理论，根据早期欧洲的探险家和移居者的有效评估来进行搜集、调整并计算出平均数。通过对一个又一个地区的研究，研究人员可以汇总出在欧洲人到达时，与印第安人总数相接近的数字。20世纪早期，人类学家詹姆斯·穆尼(James Mooney)，于1928年发布了他估算结果，他认为当地人与外来文化接触之前时期北美的人口接近110万。十年后，人类学家阿尔弗雷德·克罗伯(Alfred Kroeber)的评估为100万，或者更少。“穆尼评估的数量不高也不低”，阿尔弗雷德宣称。数十年内这些数字都广泛地得到认可，也记录在了许多美国的历史教材内。

但是如果我们检查保存在史密森尼(Smithsonian)博物馆中穆尼的原始记录，我们会发现在穆尼评估的数字公布之前，他就已经去世。据未明确说明的原因显示，发布这些数字的人通常会减少百分之五到百分之十。此外，穆尼的数字并不一定是他所认为的

真实反映了当时人口数量的数字或许仅仅是基本理论的最小值。在大多数情况下，他的原始记录都显示出一个更大的数字，但他应该会很谨慎地去减少以确定最终的数字。

例如，1674 年，传教士丹尼尔·古金（Daniel Gookin）试图计算出新英格兰的本地人与外来文化接触之前这一时期的人口数量。为了实现这个想法，他向印第安人的长老询问，在欧洲人到达之前，打一场仗每个部落所能召集到的成年男性的数量，长老得出的最终数量为 18 000。假设每个强壮的男性拥有三到四个女伴、孩子或老人，古金推算出新英格兰的人口数量大概在 72 000 到 90 000之间。他的这个数字被 19 世纪的一位叫作约翰·帕弗瑞（John Palfrey）的历史学家记录下来，帕弗瑞将数字降低到大约 50 000，而原因却未曾提及。穆尼将数量降低了大约 25 000 或五分之一，也就和历史学家帕弗瑞所做的一样。

当然，评估是多种多样的。就马萨诸塞州的印第安人而言，部 20
长爱德华·约翰逊（Edward Johnson）于 1654 年推断出，该部落有 30 000 名健壮的男人——是古金推算数量的六倍，古金当时声称该部落只有 5000 人。穆尼嘲讽约翰逊的数字高得离谱，同时也不接受古金推算的数字（古今通常喜欢夸大数目），马萨诸塞州的战士约 1000 人，这一数量只是古金用自己的方法估算出的成年男子的数量，而这是半个世纪后白人到达新英格兰后的数量。穆尼并没有作出解释，他可能认为古金关于他自己时代的信息比由上了年纪的首领提供的数字更精准，而作为首领他当然会更希望把自己的部落描述得更强大一些。

也许古金的数字确实反映出了他通常喜欢夸大的习惯。但当以如此不精准的估算作为开始时，我们可以怀疑后续是否会受这些估算的影响。为什么穆尼、克罗伯和帕弗瑞总是减少估算出的数值，而不是增加呢？部分原因是否是因为他们都认为那样的社会不太可能容纳那么庞大的人口？帕弗瑞毫不掩饰地表现出对印第安文化的蔑视，“这些人在人类文明中的地位比较低”，他这样写道。虽然，“他们一天可以跑 80 到 100 英里”，但他们深陷于这种

"无止境的劳动中"。

阿弗烈·克罗伯规避了像帕弗瑞那样明显的种族歧视。他犹豫要不要接受许多16、17世纪观察者所估算的较高数据。他这样解释说，印第安社会通常具有疯狂的、无止境的、连续耗损的战争的特点，这导致了部落人口规模无法扩大。克罗伯承认在北美东部大陆，印第安人大批量种植了玉米，因而促成了大量人口的产生。他辩称，大西洋沿岸的印第安人为"务农的猎人"，并非真正的"农民"。"每一个男人和他的妻子都为他们的家庭种植作物。人口保持稳定，过量的种植无法实施，无论经济和社会利益，还是人口数量的增长，都无法谈起。"

"人口保持稳定"使克罗伯的观点像一个圆圈，因为他并没有相关资料表明人口增长还是减少。他推断，人口数量一直保持稳定，因为印第安人时常战斗并缺乏扩张的能力。尽管我们已经看到，德·索托充满渴望的远征军穿越了东南部，他们连续不断地依靠印第安人的盈余物资。但克罗伯似乎忽略了那些和他的假设不吻合的证据。

确实，评估出新英格兰过去的人口数量呈急剧下降的趋势，这种模式在这个半球的其他地方也不断上演着。20世纪早期，有学者在西班牙人印第安人数的基础上打了折扣，西班牙人估算中部和南部的人口在400万到600万之间。用现代的方式计算，有一个学者解释道，"古代的理论大都是推测，推测出来的数字通常都是被夸大了的"。但是提出这类假设的人并没有实实在在的证据去说明数字有被夸大的存在。

21 直到20世纪70年代中期，许多人类学家和考古学家提出，保守的估计存在严重的缺陷。他们试图寻找更加准确的理论来计算人口数量，通过分析某个小区域的详细信息来推算出一个大地区的数字。在挖掘考古学遗址中，一个村落有多少广场或广场上有多少避难所？村落延伸的范围有多大？确定为居住场所的遗址沉积得有多深和多广？还有用来储放丢弃了的贝壳、骨头和垃圾的建筑又有多深多广？村落广场上的高地通常要经历几十年才能盖好，新房子通常建立在旧房子的基础之上，对建筑物遗址的详细分析有助于通过更广泛的角度研究人口密度。

另一种方法是映射即从已知到未知的映射。这是穿透时间的映射之旅，这种做法被称为“回溯”。正如历史学家丹尼尔·李克特(Daniel Richter)的解释：

> 学者采取一种文化模式，他们需要为这种模式撰写材料或者直接的证据，并将在时间上向更早的时期进行推断(“上游”)，一个没有这类证据存在的时期。因此，如果我们知道17世纪的美国土著居民居住在某种特定的房子里，如果14世纪考古学遗址展示了符合那种风格的房屋类型的模式样品，我们就可以相当明确地说，早期的人们住在那种类型的房子里。所拥有的信息太少，但却非常值得信赖。我们也可以假设，如果这种房屋符合17世纪某个家族的情况，那么它在14世纪时大抵也会是如此，如果我们知道17世纪制作陶瓷器皿的是女性，我们就可以推测出之前的世纪应该也是如此。但回溯的时间越久，我们所能找到的与之相关的证据就越少。

“回溯”是一种具有独创性和价值极高的技巧，在摆脱绝望时至少还是有一点用的。

“回溯”是一种具有独创性和价值极高的技术。但是坦白地说，至少在部分程度上，它是人们在走投无路时才采取的方法，它需要抓住每一个毫无价值的东西。

通过上面的例子，我们发现“上游”并不适用于斯旺顿重建德·索托路线的努力。通过追溯18世纪的居民点，他错误地推断出，相同的印第安部落在一个世纪或者更早之前居住在同样的地方。其他一些考古学家，尤其是西南部的，从19、20世纪普韦布洛(Pueblo)关于印第安居所的信息中计算出早期的人口密度。“这不是一个意外”，该方法在西南部已经流行起来，考古学家安·拉梅诺夫斯(Ann Ramenofsky)指出，是因为：

> 一些土著居民幸存者延续到了20世纪，他们赞同空间连续性存在于史前和历史种群之间的假设……如果20世纪居住在那里的居民数是7，那么可以根据这个假设推断出13世纪的人口数量。

22 她指出，这样的假设也有可能低估了居民人口数量。另一方面，使用村落遗址来估算人口数也可能导致过高的估数。许多印第安部落都分布于两到三个不同的地点，这取决于活动区域或不同季节水果所处的地点。三个不同的居民点并不一定代表三个不同的部落。

直到20世纪70年代，足够多的研究成果证实了在本地人与外来文化接触之前时期的人口估数明显太少了。北美和南美的人口是800万到1400万。最新的研究成果显示，数量大约在5700万到1.12亿之间，其中500万到1000万住在墨西哥北部。如果这些数据都是正确的，那么1492年哥伦布登陆伊斯帕尼奥拉岛时，与西班牙拥有600万到1000万人口相比，那里的居民大概在700万到800万之间(当时英格兰的人口只有500万)。阿兹特克首都特诺奇蒂特兰(Tenochtitlán)城估计有16.5万到25万的居民，比当时欧洲最大城市的人口还要多，如君士坦丁堡、那不勒斯、威尼斯、米兰和巴黎。事实上，1492年的美洲比西欧的人口要多。

对北美的东南部地区，现在更多的研究成果(包括拉梅诺夫斯的研究成果在内)显示，在德·索托和拉萨尔进入这片土地之时，当时的人口数量下降了百分之八十。那样的下降是巨大的，德·索托在进军北美的过程中破坏了十多个社会群体。在行军路线途中，有几千印第安人死于战争。被远征军奴役的印第安人经受着营养不良和严酷的条件，同时在西班牙人掠夺了他们的食物的情况下，其他的印第安居民只能忍饥挨饿。但就百年里人口降低了百分之八十来说，这些悲剧仅仅只是冰山一角。这中间到底发生了什么呢？

细菌的迁移

当德·索托的中尉在科菲塔切基搜集珍珠时，阴影中曾出现过一道不同颜色的闪光，“一种像绿宝石一样的好东西”，他将其带回给了德·索托。“我的主人，”他建议道，“别告诉别人，这可能是这里的某种珍贵的石头或珠宝。”但当这颗“绿宝石”被带到阳光下后，经确认，它是由玻璃制成的。那就更加令人疑惑了，印第安人完全不知道如何制作玻璃。在那里，德·索托的手下发现了其他的一些玻璃粉，这些甚至更加引人注目，就像诵经用的念珠一样，结论很明显：这些是西班牙的商品。

这件事情没有花费太长时间就找到了答案，按照印第安人的说法，沿着卡罗来纳，从科菲塔切基只有两天的路程就能到达海洋。1526 年，一支由卢卡斯·巴斯克斯·德·爱琼（Lucas Vázquez de Ayllón）带领的探险队，在温遥海湾（Winyaw）登陆，并在那进行了商品贸易。这些玻璃粉很有可能是其中的一些商品。关于科菲塔切基，德·索托的手下还注意到了一些别的事。这一地区的许多
城镇都是荒芜的，广场中生长着杂草和树。当被问及此事时，印第 23
安人说，两年前曾发生过一场巨大的瘟疫，很多居民都因此丧命。

是不是无意中通过这些玻璃粉将疾病带来的呢？并没有证据可以证明此事。它有一定的争议性，传染病仅仅是两年前流行开来的，而爱琼则是在 12 年前拜访那里的，时间间隔太久，貌似很难将两者联系到一起。另一方面，学者们还注意到，欧洲的疾病席卷整个西半球是在 1492 年之后。

在 1492 年之前，美洲土著居民未曾得过天花、麻疹、疟疾或黄热病。他们的祖先数万年前来到美洲时，迁移将他们与一些主要的疾病阻断开来。为了生存，带病毒的微生物需要足够庞大和密集的人口来寄生，以免逐渐失去宿主。因此大型城市或任意一个

大型团体(军队、学校)都是主要的疾病集聚地。从亚洲迁徙至美洲的人们,以小团体为单位,加之寒冷的气候形成了一个天然的屏障以防止病原生物的入侵。很显然,印第安人并没有受到像在欧洲或亚洲那样导致人口急剧减少的流行病的影响。

欧洲人和亚洲人时常面临疾病的威胁,例如天花,因此有较强的免疫能力。对于天花这种疾病,防御措施需要从小时候开始(那时候身体可以更好地建立免疫力)。到了 16 世纪,当疾病再次爆发时,大部分的欧洲成年人都已经有了免疫系统的保护了。

> 对于未受保护的人口,“处子之地”染上天花或其他疾病都是致命的。

1620 年,最初的移民者到达新英格兰,他们发现了优良的农业生产场地和荒芜的村庄,和德·索托在科菲塔切基遭遇到的情形极为相似。接触最初的移民者的印第安村庄的死亡率高达 95%,早期的殖民者经常发现被狼挖出来的尸骨一堆一堆的,被太阳晒白了的骨头也随处可见。最有可能导致这个问题的可能是早于最初殖民者到达美洲的欧洲渔民,他们带来了水痘这种疾病。

更有记录表明,在德·索托时期,科特之所以能占领阿兹特克帝国的大部分土地,是由于天花在其首都特诺奇蒂特兰城大肆传播导致的。当西班牙人进入被占领的城市时,街道、广场、房子和场地都遍布了尸体,以至于难以通行。这样的恶臭,让科特感到恶心。而且学者们已经意识到,在南美,德·索托和他的指挥官弗朗西斯科·皮萨罗通过疾病获利,这使得印加居民点被摧毁的时间早了约六年时间。据西班牙一位编年史作者所言,“一场浩大的瘟疫天花爆发(大约在 1524 或 1525 年),太过严重以至于大约 20 万人死于该疾病,它
24 几乎传播到了王国的每一个角落。”(皮萨罗之所以大获全胜,是因为敌人已经被疾病削弱了气势,内战和领袖的死亡接踵而至)。

包括穆尼在内的人类学家也开始意识到这些疾病,但他们并没有考虑到如此严重的流行病会对总人口的减少造成多大影响。在

因水痘而生的脓疱和产生的疼痛是极其恐怖的。在他们的描述中，拉科他人(Lakota Sioux)用螺旋这个符号来表明染上这种疾病后的疼痛之剧烈。

东南部，有一个问题依然存在。除了在科菲塔切基时提到了疾病，德·索托对四年生活的记录里只有三次提到了印第安人的疾病。如果把疾病的大肆传播导致当地人口急剧下降归咎于德·索托，那为什么他们没有提到这些呢？

一开始，在症状第一次显现前，所有疾病都有一定的潜伏期。由于德·索托一直都在行军途中，这样的症状可能会显现于他们在离开某个区域之后。除了这种方式以外，德·索托的男人也通过性，传播梅毒之类的疾病，在科菲塔切基或其他领地，如果他们忙于这种行为"超出合适的范畴"那么天花同样也会以此种方式被引进来。事实上，流感病毒在形成之前，可以在干燥的环境下存活好几年。

帕特里夏·加洛韦（Patricia Galloway）和安·拉梅诺夫斯基（Ann Ramenofsky）指出了另一种传播方式。他们认为疾病在人口稠密的地方迅速传播，在家畜中，疾病也同样如此蔓延开来。疾病
25 也会通过动物传播到人身上，和现在发生的流行感冒一样，例如亚洲家畜紧挨着人的住所，从而导致疾病开始传播。

我们知道，其中一些从西班牙来的人进入了这片广阔的土地。据相关记载显示，印第安人偶尔也会去偷西班牙人的猪来作为食物。“当人类成为构成疾病的唯一容器”，加洛韦和拉梅诺夫斯基记录道，“传染的趋势迅速开始，并持续了一个短暂的时期。来自非人类的传染通常在存活得更久，而且在动物身上也可能未表现出可观察的严重症状。”换句话说，猪可能看起来是健康的，但它实际上已经开始传染疾病给人类了。

再者，猪天生属于食腐动物，它几乎什么都吃，坚果、老鼠、甚至是人类所产生的垃圾。这就增加了疾病被寄生传染的可能，尤其是德·索托远征军冬天露营，卫生条件极其恶劣。像旋毛虫病一类的疾病，很可能已经随着猪传染开了，随着猪被宰杀并食用，饮用水也随之被污染。同时，也可能损毁印第安人的玉米，从而减少了印第安人的食物来源，如此所产生的危害，对剩下的弱者来说，让他们更容易染病。

因此，尽管这140年的鸿沟是无声的，但学者们已经了解了印第安社会遭到如此大破坏的大概原因了。在德·索托之后几十年，登陆美洲大陆边缘地带的西班牙人远征军，将其他流行病也传播开了。尽管通过坟墓检测一直很难查出死因是不是疾病，但考古学家已经找到了与之相关的证据。许多骷髅残骸都保留在单独的沙床上，这样，它就很可能是万人冢。在后来的几个世纪里，引起了美洲土著居民对疾病影响的重视。在19世纪，随着越来越多的贸易商和拓荒者穿过北美大平原，不少于27次流行病摧残着这个大陆：13次天花、5次麻疹、3次霍乱、两次流行性感冒，以及一种白喉毒素、猩红热和疟疾。50%到90%的人口都受此影响，死了

很多人。

这些案例也证实了疾病不仅在肉体上摧残着人的健康，也摧残着文化基础。对 13 到 40 岁年龄阶段从未得过这类疾病的人来说，这些疾病都是致命的。这些受害者大多都是健康的青壮年，他们都是社会经济的主要贡献者，如猎人、农民、食物采摘者。

在社会方面，这种摧毁也是极其严重的。由于男性战士遭受那些疾病的侵害，无论对白人还是印第安人来说，都很难抵抗敌人的攻击。在新英格兰，随着瘟疫的流行，他们的勇气衰减，一名移民者说道，“他们的面容是沮丧的，看起来也是充满恐惧的”。在南卡罗来纳州的查尔斯顿(Charleston)附近，一名印第安人告诉移民者，他们当地人自从移民地建立后，已经忘记了他们的大多数传统，虽然他们保留了自己的节日，能说出来有哪些节日，但却不知道节日的起源，这是因为他们的先人都已经去世了。

26

一个生态伊甸园

与德·索托 140 年前的探险截然不同的是，拉萨尔对密西西比的描绘更加详细。印第安人的广场和高地文化已经消失，印第安人口数量也已经急剧减少。哥伦布的探索，使得欧洲的动植物传入美洲，它们在这片土地上已有近两个世纪了。不仅猪和马进入了美洲大陆，密西西比河下游的印第安人用西瓜、石榴、桃子、梨和苹果招待了拉萨尔，这些水果都是由欧洲人带到美洲的。1682 年这些植物是以何种途径被带到密西西比河流域的我们不得而知，据考古学研究表明，有可能是印第安商人在墨西哥北部与那里的西班牙人交易后带回来的。

再一次提醒一下，历史是关于变化以及相关区域联系的，历史学家已低估了变化的数量，在历史的长河中，他们所假设的印第安社会是稳定的。而最近的主要研究表明，破坏性与不间断性是本地人与外来文化接触之前这一时期的重要组成部分，到 1492 年以后变得更快，通常形式都是变化莫测的。

最后再举个例子。印第安人并不是以欧洲人带来的猪为中心，而是以美洲的水牛（这片广袤土地的主人）为中心。拉萨尔记录了野牛成群结队地在密西西比河边缘的大草原上吃草，这和弗朗西斯科·帕克曼的记录相吻合。500万头野牛很可能曾在北美漫步，这可能是17世纪移民者在最东部的弗吉尼亚州的波托马可河附近遗留下来的。它们可能是其中一个导致欧洲人把美洲描绘成拥有丰富野生动物的伊甸园的原因，这个伊甸园是野生动物的天堂。

奇怪的是，在此140年前，德·索托远征军穿过了北美东南部，从密西西比到阿肯色州，再到奥萨山，4000英里的整个行军路程中竟然没有提到遇见过一头野牛。水牛是遍布各地的，在行军至最西部时，西班牙人曾尝试寻找"牛"（当时野牛还没成为一个公认的词语），但却一头都没发现，只有水牛藏在西部的印第安人的居民点。拉萨尔所看到的那些野牛到底去了何方？

> 当人类人口数量急剧下降时，野牛的数量反而增加，这是一个巧合吗？

在1682年印第安人口数量急剧下降之后，野牛的数量增加，这是否是个巧合？许多生态学家认为，恰恰是由于捕食这些动物的人类人口数量的下降，从而导致野牛数量的增长。该区域生态模式不应该呈现出静止的状态。对野牛来说也一样，它们的历史也会发生天翻地覆的变化！

27 我们之前曾经提到，大陆很富饶："欧洲人所遇到的不计其数的鱼、海狸、松鼠和野禽"，这样的描述是基于我们早期写于1985年那版著作上的。关于野牛的最新研究显示，大批量的野牛并没有在1492年出现，我们关于那一时期景象的描述是不实的。事实上，我们所提供的有关野生动物在本地人与外来文化接触之前这一时期的富饶的证据均是基于"上游"理论的基础。河里到处是鳟鱼、大量的猎鸟、海狸和松鼠，这些都是早期定居者所记录的，这一

在 19 世纪早期，奥杜邦曾描绘了在深色的天空下有一大群候鸽在飞翔，仿佛乌云密布一般。但我们可否用“回溯”这个理论可靠地推断出本地人与外来文化接触之前这一时期：“鸽子的数量？最近，一些生态学家已经开始质疑这一假设。

点是可以确定的。但这里的“早期”指的是 17 世纪，也就依然是在哥伦布之后的 100 多年。“一大群候鸽在空中翱翔，仿佛乌云密布一般”，这些描述出现在 1813 年奥杜邦的描述中，在奥杜邦 300 年前也是这样吗？不同的情况是否适用？

如果印第安人在 1500 年就开始猎杀候鸽并开始食用它们，考古学家就期待能在挖掘古旧遗址时发现候鸽的骨头，但很难发现。“与欧洲人的接触以某种方式改变了生态动力学，以至于让拥有庞大数量的候鸽消失”，考古学家托马斯·诺依曼（Thomas Neumann）推测道。在欧洲人到来之前，印第安人在北美的人口密 28
度是很大的，这使得候鸟的数量比较稳定。1813 年，欧洲人口大量涌入，是生态系统遭到极大破坏的一个突出征兆。

确实，我们这个物种——人类，已经成为生态系统中关键的捕食者。就像拱门当中一块重要的基石一样，人类捕食者在食物链的顶端，影响着下面的一大群动植物。以候鸽为例，它们吃森林中树上掉下来的果实——橡树的果实橡子、山毛榉坚果、榛子和栗子。奥杜邦描述了候鸽如果飞落到地面上，就像毁灭性的瘟疫一般，不留一丝踪迹。在加拿大，它们的存在就是一种威胁，魁北克主教于1703年下令将候鸽逐出境！由于印第安人的饮食中，橡子是主要食物，因此这些候鸽和人类抢夺食物。以橡树果实为食物的火鸡、浣熊、鹿和松鼠也一样如此。诺依曼注意到，和候鸽不一样的是，这些“竞争者”的骨头在遗址的挖掘过程中有规律地出现。印第安人通过捕食他们的竞争者，以确保能有更多的橡树果实供他们自己食用。

不仅如此，印第安人还用以下方式减少那些物种的数量。他们通常在春季猎杀怀孕了的母鹿，这样使得鹿无法通过繁衍来增加数量。对火鸡也同样如此，他们通常在它们可以下蛋前将其猎杀。在19世纪的加州，相关记录显示有丰富的海獭、甲壳类动物、灰熊、麋鹿和羚羊，但这些数量的膨胀似乎都在早期流行病摧毁人类这个捕食者之前。

一些考古学家对这样的发现表示质疑，且提供的证据稳稳当当地获得了认可。如果是真的，那么新的假设是否可以证明，我们有关接触之前的美洲的概念将呈现出一番完全不同的面貌。许多欧洲殖民者发现了丰富的野生动物，但这并不是美洲历史开端之前的一部分。移民穿过大西洋来到美洲，一大批人口作为最直接的结果，它确实是二年新的发现。

所有的历史学家都在自己的描述中寻找变化与延续之间的平衡。有一些体系坚持了数个世纪，慢慢地逐渐进化和发展。但在接触的竞争时期，变化是戏剧性的，甚至是灾难性的。1491年后的几个世纪里，遍及整个西半球的人口数量下降了50%至90%左右，生态系统发生了改变。伴随“哥伦布大交流”改变了整个地球的面貌，德·索托和他的随从们在科菲塔切基和阿巴拉契这些消失了的世界中留下了惊鸿的一瞥，就像一面在不安处的窗户，猛烈地相互作用点燃了那些变化。

不可避免的是，这些重建还在继续。无论我们喜欢与否，历史

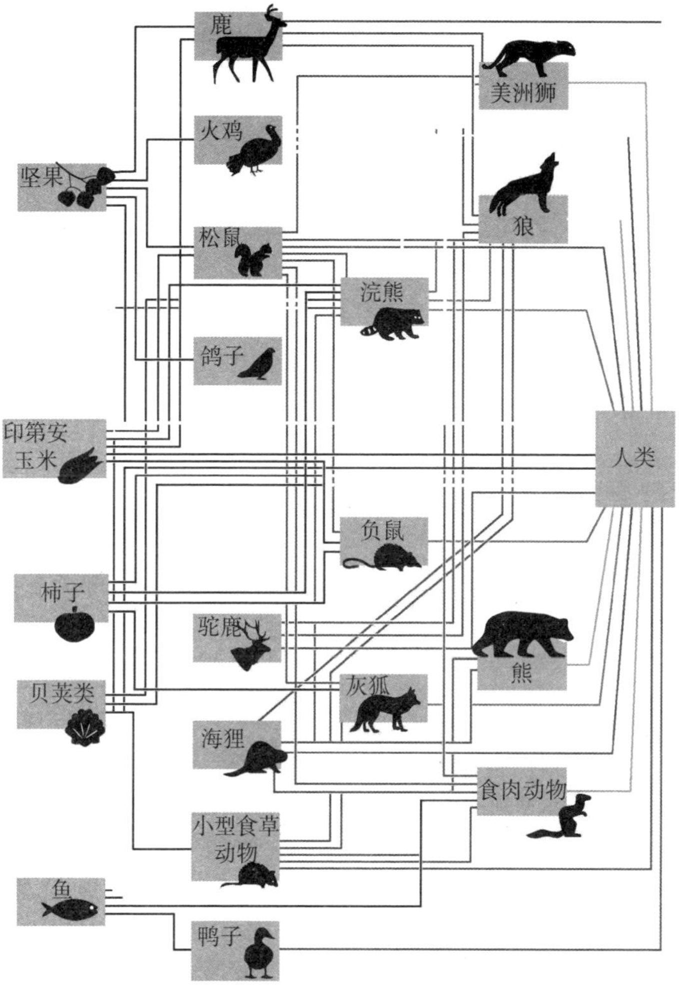

该图显示了人类作为关键捕食者处于食物链的顶端。由于印第安 29
人依赖橡树坚果和玉米，所以他们对限制其他竞争者争夺食物很感兴趣。(选自 **Thomas Neumann, "The Role of Prehistoric People in Shaping Ecosystems in the Eastern Onited states" in Charles E. Kay, ed,** ***Wilderness and Political Ecology; Aboriginal Influeences and the Original state of Nature*****, Salt Lake City ,2002, p. 156**。)

的调查和重建从未停下它的脚步。我们所熟知的 16 世纪的美洲，或者谦虚地说，我们认为我们所熟知的美洲，它现在的样子和 20 年前是不一样的。毫无疑问，我们需要修订自己的认识。

30 ## 拓展阅读

Chavles Hudson 的*Knights of Spain, Warriors of the Sun Athens*(GA,1997),提供了最好的关于德·索托行军和他与东南诸多印第安酋邦之间的冲突的记录。四个主要或接近主要的关于叙述远征军的材料来源都得以幸存。详情参见 Lawrence A. Clayton, Vernon Jemes Knight Jr.， Edward C. Moore,编著的*The De Soto Chronicles: The Expedition of Hernando De Soto to North America in 1539—1543*, 2 vols .(Tuscaloosa, AL, 1993)。想了解更多有关印第安文化在接触前后期的概况,请参见以下著作:Charles C, Mann 的*1491: New Revelations of the Americas Pefore Colwmbws*(New York ,2006)。查尔斯·C.曼恩的作品对于有关接触时期的争论有很好的论点。由帕特里夏·加洛韦编著的有关德·索托远征军的论文集,尤其是 *The Hernanclo De Soto Expedition: History, Historiography, and "Discovery" in the Sowtheast*, new edition (Lincoln, NE, 2005),同样是一部杰作。

第二章　弗吉尼亚的好时光

众所周知，波卡洪塔斯（Pocahontas）救了约翰·史密斯上尉 31
（Captain John Smith）。然而，她真的救了他吗？对有关这一事件的“事实”，我们的了解有赖于围绕这些事实的立场。

显然，历史学家对史料简单的取舍行为往往会把“历史”与“过去”割裂开。对事件的重构显然异于事件本身。当历史学家从事研究时，史料的取舍只是他们一系列阐释活动中的一环。甚至是在研究的最初阶段，当历史学家还在搜集材料的时候，阐释和分析就势在必行了。这是因为，任何一个证据的意义往往并非乍看一下就能显而易见的。历史学家很快意识到“证据”（evidence）和“显而易见的”（evident）这两个词所指的意思极少等同。

要想重构一幅早期英国殖民者在弗吉尼亚的准确画面，历史学家显然难以从表面上采信任何文献。总体而言，早期的弗吉尼亚人是一群富有进取心的人。他们给美洲带来了第一个代表制议会，给英国带来了一种新的时尚恶习（抽烟）。在他们的帮助下，奴隶制作为一种生产制度在北美建立起来。他们的这些所作所为给历史学家提出了一些令人迷惑不解的问题。若不经过大量的研究，这些问题的答案将始终无法在现存原始文献中找到。

比如，以约翰·史密斯上尉的事为例。他是一个著名的弗吉尼亚人，非常有魄力，他不仅能书写历史，还能“创造历史”。史密斯写了一本书记录弗吉尼亚这个新兴殖民地的历史，命名为《弗吉尼亚通史》（*A General History of Virginia*），于1624年出版。他记录的历史大部分都是基于他作为一个目击者的直接认识。1606 年，史密斯 27 岁，正值精力充沛的年龄，他参加了伦敦弗吉尼亚公司派遣的探险团队。而且，在指导新兴的詹姆斯敦（Jamestown）殖民地处理各项事务中，他也起了关键性的作用。

然而，对史密斯提供的证据，我们不能不经过基本的判断就加以接受。最明摆着的问题就是，他说的是真的吗？如果我们相信他自己的说法，那么这位上尉一定过着一种具有相当惊险传奇色彩的生活。在加入弗吉尼亚探险队之前，作为一名富有的士兵，他已然在中欧就卷入了一系列纷繁复杂的密谋之中。在那里，他为了支持匈牙利贵族，参加了孤注一掷的勇猛战斗，最后被土耳其人俘虏。此后，他就成了一个年轻的“高贵小姐”的奴隶。这位小姐
32 有一个很罗曼蒂克的名字，叫霞兰莎·特拉伽比珊德（Charatza Tragabigzanda）。这位鬼迷心窍的公主深深地爱上了史密斯，但是她那暴虐成性的兄长经常侮辱、折磨这位上尉，以至于史密斯终于有一天忍无可忍，拿起一只球拍敲碎了公主的兄长的头，然后明目张胆地逃跑了。后来他抵达英国，顺利地和弗吉尼亚公司签约。

他在弗吉尼亚的奇遇简直是层出不穷。当殖民地的管理委员会在詹姆斯敦争吵不休的时候，史密斯外出执行一项考察任务。欧洲人最初与切萨皮克湾周围许多印第安人部落的联系就是通过他建立起来的。他还从这些印第安人那里带回了一些殖民者亟需的玉米。后来，他被一小伙印第安人俘虏，这些人忠诚于当地印第安人部落首领波瓦坦（Powhatan）。面临死刑之前的史密斯再次赢得了一位美丽公主的爱，这位公主就是波瓦坦的小女儿波卡洪塔斯。

在多大程度上我们能够相信这次充满浪漫色彩的冒险经历呢？从史密斯上尉描述的语气来看，他不属于那种不露锋芒的人（在记述他的冒险业绩时，他把自己比作罗马将军儒略·凯撒）。确实，有几位 19 世纪的学者，包括亨利·亚当斯在内，都曾质疑过有关史密斯从印第安人那得救一事的叙述。亚当斯指出，在史密斯最早出版的记述弗吉尼亚殖民地的作品中，并没有波卡洪塔斯的故

事。亚当斯认为，史密斯可能是后来才在《弗吉尼亚通史》中插入这一情节的目的是为了提高他的声誉。

然而也有其他历史学家支持史密斯，菲利普·巴伯（Philip Barbour）便是其中之一。在对比现存匈牙利和英国的记载，进行仔细核查之后，巴伯发现史密斯的叙述大体是准确的，比如人名、地名以及日期都是准确的。史密斯宣称，在他的匈牙利朋友埃伯斯波特（Ebersbaught）勋爵和基塞尔（Kisell）男爵发动的那场夜袭中，他运用一套独具匠心的照明信号配合他的朋友作战。尽管没有任何记载提到史密斯，但是这场袭击确实发生过，由两个匈牙利人指挥，一个叫西吉斯蒙德·埃比斯瓦德（Sigismund Eibiswald），另一个叫雅各布·基塞尔（Jakob Khissl）。同样，虽然记载中并没有提到名为霞兰莎·特拉伽比珊德的公主，但这个名字可能是由于史密斯对希腊语 koritsi（意为女孩）Trapedzoûndos（意为来自特拉勃森[Trebizond]）的错误发音。有可能，当史密斯试图弄清他的新欢的身份时，某人只是简单地回答 koritsi Trapedzoûndos，即一个“来自特拉勃森的女孩”。

然而，即使我们承认史密斯所言不虚，但仍然还有些重要问题有待解决——这些问题也是所有历史证据都共有的。承认史密斯所言不虚，只是意味着承认他所记录的确实是他所见到的。这种限定可不是无关紧要的，和所有的目击者一样，史密斯是从自己的立场来看待事件的。比如，当他描述切萨皮克湾印第安人的习俗时，他是站在一个 17 世纪英国人的立场上去描述的。在他的每一个观察背后，都有一整套他认为理所当然的态度和观点。他的描述不可避免地会受到个人经验和教育程度的限制，或者因为他缺乏经验和教育而存在局限性。

我们举一个假设的例子，如果史密斯上尉记述的不是印第安人 33
的风俗，而是波士顿红袜队（Red Sox）与纽约扬基队（Yankees）之间的一场棒球赛，那么这些局限性的严重性就清晰可见了：

> 不久，他们把我带入一个大会场，那里聚集的人数之多是

我前所未见的。他们在户外的一个大草地上集合，其中体格最高大的20人跑向场地，每个人都穿着色彩鲜亮的短上衣和马裤，他们胸前都精巧地绣上了字母，头上戴着深海军蓝的有帽舌的帽子，尽管我不知道这是什么帽子。他们的一个首领站在场地中央，随心所欲地把一个白色的球用力扔给另一个首领，后者所穿的服装颜色不同。不知是出于偶然，还是出于技巧，球飞过来，极其接近这个人，却没有伤到此人，但有时候他会用一根木棍击球，给球重重一击后，会扔下木棍，然后跑开。这些动作最终以相同的方式继续下去，极其冗长乏味，难以详述。但是，那些人却群情激奋，大声咆哮尖叫，似乎非常开心。

显然，如果史密斯为《纽约邮报》撰稿，他会是个糟糕透顶的作者(我们甚至都不知道扬基队是否赢了比赛)。但是，在做出任何结论之前，让我们先比较一下对这场假设的棒球赛的描写和史密斯对他被俘虏后场景的真实描写(史密斯以第三人称写作，将自己称为“他”或“史密斯上尉”)：

最后他们把他带到美罗诺克摩可(Meronocomoco)，面见他们的皇帝波瓦坦。在一团火前面有一张像床架一样的座椅，波瓦坦坐在上面，裹着一件浣熊皮做的大袍子，浣熊尾巴都还悬挂在上面。在他左右各坐着一个看上去16到18岁的女孩。屋子两边各站着两排男人，他们身后站着同样多的女人，这些人的头部和肩部都涂成红色。许多人头上都装饰着白色的鸟绒毛。每个人的脖子上都戴着一大串白色珠子。当他进来走到国王面前时，所有的人都大叫一声。阿帕玛塔克(Appamatuck)王后给他端来水洗手，另一个人拿来一簇羽毛而不是一条毛巾给他擦手。在他们极尽所能用其野蛮的方式招待他之后，开始了漫长的商议。最终的结果是，两块大石头被带到波瓦坦面前。然后，数不清的手伸向他，把他拽到石头前，将他的头搁在上面，拿好棍子，要打烂他的头。波卡洪塔斯，国王最宠爱的女儿，在百般恳求无果之后，为了救他的命，她把他的头搂在自己怀里，将自己的头放在他的头上。随即，皇帝愿意饶他不死，但是需要给皇帝缴纳短柄斧，向公主赠送钟、项链以及铜币。

如果我们之前没有读有关棒球赛的描述，我们就不会很清楚史密斯在此告诉我们的信息是多么地少。确实，任何读过史密斯所写之书的人，都会对他大量的细节描写印象深刻。这是因为我们和史密斯一样，都不了解 17 世纪切萨皮克湾印第安人的仪式。

“拿着棍子，要打烂他的头。波卡洪塔斯——国王最宠爱的女儿，为了救他的命，她把他的头搂在自己怀里，将自己的头放在他的头上。”这个美人救英雄的浪漫故事就这样流传下来。但是，从波瓦坦的角度来看，这一事件是否只是一种接纳仪式，意在建立一种政治联盟？

34 相当自然地，几乎是不假思索地，我们采纳了史密斯的观察角度，看待这一事件的立场和他一样。这种立场让我们忽略了那些史密斯没有回答的问题。那些印第安人把头部和肩部涂红，头戴白绒毛，他们这么做的原因到底是什么？对此，正如对那些被描述为身着鲜艳服装、胸绣字母的棒球选手一样，我们所知甚少。

对流传至今的史密斯的叙事体裁进行一番考量，会更能说明问题。这个上尉直到命悬一线的最后关头，才被国王最宠爱的女儿救下来。对这一场景我们是否似曾相识呢？对此，我们确实并不陌生，它和史密斯得到特拉伽比珊德公主垂怜的故事如出一辙。同样重要的是，由于19世纪的人对这类浪漫传奇的喜好，这种故事在我们的民间传说中已经占据了一席之地：出身高贵的女子搭
35 救一名英勇的普通百姓。史密斯讲述的故事刚好是我们爱听的类型。

如果我们把史密斯的叙事立场放在一边，转而从波瓦坦的立场来考察同样的事件，会怎么样呢？这个印第安人的首领领导着一个阿尔冈奇语系的印第安人联盟，这些印第安人分布在切萨皮克湾周围。他对这一地区的各部落首领的控制力度因人而异，所以有一些部落拒绝向他纳贡，还有一些更偏远的部落也并不忠诚于他，有的甚至还是他的敌人。

波瓦坦威胁要实施的“处决”实际上是一种接纳仪式吗？

在这种形势下，史密斯来了，还带来了一个新的奇异的白人部落，这些人刚刚跨大西洋而来。以一种事后之明，我们将欧洲殖民者的到来视为彻底改变了北美洲的重大事件。但是，从波瓦坦的立场来看会是怎样呢？来了一群新人，确实有点奇特，但是在维持他自己的政治平衡方面，他可能会衡量这些人的价值。他应该将这些新来乍到的人视为同盟，还是应该视为敌人？一些历史学家和人类学家已经提出，波瓦坦对待史密斯的方式其实是一种仪式化的接纳礼，而史密斯所谓的处决其实是一种开场仪式，其中这位

上尉象征性地受辱和屈服。一旦史密斯通过了考验，证实了他是无惧死亡的英雄，波瓦坦就会乐意接纳他为附庸。正如史密斯自己所言，波瓦坦决定要这个俘虏给他缴纳短柄斧，向波卡洪塔斯赠送钟、项链以及铜币。

波瓦坦后来的行为也显示，他开始将史密斯视为这个新的英国盟友部落的首领。两天之后，波瓦坦告诉史密斯“他们现在是朋友了”，史密斯应该回到詹姆斯敦，并且带回“两杆大枪和一个砂轮”。这就如同其他印第安盟友向波瓦坦纳贡一样。作为回报，波瓦坦会给史密斯土地，并且待他如自己的儿子一般。

对史密斯的被俘和接纳的这种阐释肯定只能是推测性的，但是，根据对阿尔冈奇语系的印第安人行为方式的历史学和人类学研究，这种推测是合理的。如果我们不将史密斯提供的有用信息与我们今天所看到的他的叙事立场分离开，我们就可能对这种阐释视而不见。

某个人的立场会如何铭刻在他所叙述的事件之中，理解这一点是相当容易的。但是，让我们来看看一位职位很低的书记员所记录的一项重要证据。这个人草草记下的东西成为历史原始文献的主体。下面的选文来自弗吉尼亚全体议事会的记录以及总督的公告：

> 我们希望并且要求亚伯拉罕·珀西先生(Mr. Abraham Persey)，“海角商人”(Cape Marchant)，从今往后要注意，不管是现金收购还是实物交换，收购本地烟草的价格必须是特优品每磅3先令，二等品每磅18便士，这是你们必须遵照执行的命令。每人必须种植两英亩玉米(从事本行业的手艺人除外)， 36
> 违者处以罚没玉米、烟草以及为殖民地服劳役一年的惩罚。任何人都不得用干草熏烤烟叶，因为这剥夺了可怜的牲口的饲料，而且根据经验，熏烤烟叶也没有什么益处。

与史密斯的描述形成鲜明对照的是，以上选文给我们提供了少量信息。要理解这些信息，我们需要对所发生的事件有更多的认识。史密斯力图详尽地描写印第安人的仪式，因为这个仪式是他从未见过的。弗吉尼亚全体会议对于烟草价格和玉米种植都了如指掌，所以政策不需任何解释就公布了，正如棒球分数表一样，简单列出一行："扬基队 10，红袜子队 3"在这两种情况下，符号如此简明扼要，叙述如此简洁，以致初出茅庐的历史学家可能会认为其中没有任何立场，只有赤裸裸的事实。

即使是"赤裸裸的事实"，也含有立场。

但事实上，每一种陈述都有一个确定无疑的立场，我们可以将之归纳为以下几个简单问题：(1)扬基队赢了吗？赢了多少？(2)烟草的价格是 3 先令？18 便士？还是多少？(3)殖民者用干草来做什么？等等。这些立场是如此显而易见，甚至都不值一提。只可惜，我们无意之中仿佛受到引导，认为这些观点是思考事实的唯一方式。因为明显的立场往往显得无关紧要，我们很容易认为信息不重要而将其忽略。

但是，设想一下，如果将事实与立场剥离开，会怎么样？实际上，如果我们对事实提出一个截然不同的问题，又会怎么样？从棒球比赛得分之中，历史学家可能获得很少的关于 20 世纪美国的信息。但是，如果通过比较 20 世纪 50 年代与 70 年代的比赛结果，他们至少可以发现纽约巨人队已经变成了旧金山巨人队，布鲁克林道奇队则去了洛杉矶。如果历史学家了解更多一些关于棒球联会会员权利的经济含义，他们可能会从中推断出西海岸经济与文化地位的上升。同样，通过烟草价格或者玉米种植方面的证据，历史学家也可以推断出 17 世纪弗吉尼亚的经济与文化状况。

运用这一方法，历史学家从殖民地时期的弗吉尼亚选取了一些文献，清除掉其中的原始立场，重构了一幅关于弗吉尼亚社会的画面。他们的研究表明，这个新生的殖民地的生活，比大多传统的描述所认为的都要更加贪婪、残酷和致命。伦敦投资者的远大理想与切萨皮克的浅水港口之间发生了某种偏差。计划中，弗吉尼亚将要被建设成荒原中一个富饶的、有多种经营的定居点，结果却变成了一个单一种植烟草的地方，这让生活变得痛苦、粗野而且短暂。弗吉尼亚本来是希望效仿英国的传统制度，结果却发现自己建立了一种截然不同的人身奴役制度。

37

濒临毁灭的殖民地

英国殖民地在大西洋沿岸立足并不容易，而弗吉尼亚的情况则尤为艰难。在殖民地建立的最初十年，殖民者投入了 75 000 英镑，2000 名左右的殖民者被派遣到这块史密斯所谓的“富饶幸福的乐土”。史密斯还说，“普天之下再没有比这里更适宜人类居住了”。然而，到头来，在弗吉尼亚殖民地的努力不亚于一场彻头彻尾的灾难。

当然，多数弗吉尼亚公司的成员也是这么认为的。1606 年，詹姆斯国王授予一群伦敦商人特许状，这些人被起初被称为“首次殖民弗吉尼亚的伦敦城投资者和殖民者的司库和公司”。后来更常见的称呼是弗吉尼亚公司，它准许商人和绅士入股，集资赞助在弗吉尼亚的探险事业。殖民者可以获得当地的财富，比如金、铁之类，也可以种植贵重的作物，比如葡萄(用于酿酒)，或者桑树(用于制作丝绸)。詹姆斯国王是一个痴迷养蚕的人，他甚至捐赠了一些自己精心饲养的蚕。最后的收益将用于偿还公司的花费，投资者会收获丰厚的回报，殖民者也会财源滚滚，而英国也可以在美洲获得一个具有战略价值的据点。

想法倒是美妙无比，现实却完全是两码事。1607 年 4 月，在历经四个月的艰苦航行之后，最初的 144 名殖民者中只有 105 人到达了切萨皮克湾。在詹姆斯敦选择作为边界贸易站的地方是块沼泽地，这里的水不卫生，印第安人也不太友好。在第一个炎热潮湿的夏季结束之时，又死了 46 个人。1608 年 1 月，当第一艘补给船运来 120 个新移民的时候，第一批移民中只有 38 人尚在人世。

失败的原因部分在于殖民地的治理制度。一个主席领导着一个13人的委员会，而且只是名义上的领导。委员会的成员拒绝接受监督，并且彼此争吵不休。1609年，一份新的特许状授予总督全权。但是当另外600名移民从英国启程后，风暴袭来，拆散了船队，最终只有400人在9月成功抵达，这些到达的人群龙无首。史密斯上尉，作为在团结殖民地方面曾发挥决定性作用的老将，被派遣运第一艘驶回英国的船。随着冬天的临近，争吵又开始了。

似乎没有人种植了足够多的玉米度过寒冬。殖民者更愿意用食物和印第安人交换生活用品，或者是强占，甚至偷窃，如同德·索托在70年前所做的一样。印第安人知道英国人要依赖他们维持生活——知道只要他们一走了之，就足以让这些新移民因饥饿而屈服。当几个士兵偷偷地到土著人那里寻找食物的时候，其他殖民者很快就发现他们的同伴被杀死了，“塞满食物的嘴永远地闭上了”，印第安人以此奚落那些想来偷食物的人。

38 他们是如此瘦骨嶙峋，看上去如骷髅一般。

随着冬天一天天过去，剩下的猪、鸡、山羊、绵羊和马都被吃光了，殖民者开始吃狗、猫以及鼠类动物。境况是如此令人绝望，以至于有一个人杀死自己的妻子，用盐腌制，吃掉了一部分，直到殖民地领导人发现了他的罪行，并将他处死。1610年5月，当代理总督托马斯·盖茨(Thomas Gates)和船队其他人员从百慕大艰难抵达时，在弗吉尼亚只有60名殖民者历经寒冬幸存下来。这些人瘦得皮包骨，哭喊着“我们饿呀，我们饿呀”。

尽管以上场景如此惨不忍睹，我们可能还会认为在一个新生的殖民地，最初几年的光景就应该是这样的。但是，随着时间流逝，殖民者数量似乎仍无长进。在首次登陆十年后，来了另一位总督塞缪尔·阿戈尔(Samuel Argall)，他发现詹姆斯敦无异于荒野中的一个难民营：“濒临坍塌的房子不过五六间，教堂倒了，围墙破烂了，桥梁断裂了，水井污浊了。他们把一个仓库当作教堂，在市场、街道以及所有空地都种上了烟草。”1607 年以来，共有 2000 名左右的殖民者被派遣而来，活下来的仅有 400 名。其中的乐天派——约翰·罗尔夫(John Rolfe)他认为：“我们发现殖民地(蒙主恩典)的情况非常好。”在刚刚发表了自己的道美之词之后，话锋一转，在给家里人写信时说道，“建筑、要塞和船只都破败了，这些东西都极度匮乏”。在时隔十年之后，这可不是一个能体现进步的报告。

在英国，投资者沮丧地眼睁睁看着公司的努力付之东流，埃德温·桑兹(Edwin Sandys)就是其中之一。桑兹不像托马斯·史密斯这样的大股东那么财力雄厚，在弗吉尼亚的投资只是这些大股东的诸多投资之一，他们的投资还有东印度公司、列凡特的贸易以及莫斯科公司。如果弗吉尼亚公司不能立即分红，他们还等得起。而桑兹和他那些捉襟见肘的追随者迫切要求迅速改革。1619 年，他们成功地选举桑兹当上公司的司库，桑兹第一次大权在握，着手对陷入失败的殖民地进行彻底改革。

弗吉尼亚的乌托邦蓝图

桑兹知道要想成功，他必须为公司吸引新的投资者，为殖民地吸引新移民。然而，弗吉尼亚公司已是负债累累，殖民地事实上已经分崩离析。为了吸引殖民者和投资者，桑兹抛出了公司存量丰富的商品——土地。

在建立殖民地的最初几年，弗吉尼亚的土地都归公司所有。但在土地上耕作的殖民者在公司里享有股份，但是即便如此，他们并不能从自己的劳动中直接获利。所有收益都直接进入财库，只有有了利润才能分红，但是利润从来都是子虚乌有的事。1617 年，公 39
司改变了政策。老殖民者，即 1616 年春之前来的人，每人可以分得 100 英亩土地。自由人即刻就可以拥有自己的应得份额，而那些身为公司仆役的殖民者，只有等劳务合约期满之后才可以得到属于他们的土地。

桑兹为了吸引投资者，也承诺给他们地产。他们每买一股股份，公司就给予他们100英亩土地。更重要的是，桑兹还承诺给每个投资者额外的土地，只要他们为佃农付路费，以此吸引移民。每资助一个佃户去弗吉尼亚，投资者可以额外得到50英亩土地。这种土地分配被称为“人头权”，因为是按照资助移民弗吉尼亚的人头数给予的。当然，如果老殖民者愿意投资，他们也可以得到100英亩土地，他们每为一名移民支付路费也会得到额外的50英亩土地。桑兹相信这种激励措施可以为公司吸纳资金，也会推动移民进程。

由此，私有财产在弗吉尼亚出现了。这一策略得到诸多宣传，被认为是拯救殖民地的事件，甚至连小学生都耳熟能详。一名殖民者说，“以前，当我们这些人集体劳动、平均分配的时候，我们非常乐意旷工、怠工。但是现在我们为自己干活，一天就可以干好以前一周也难以干好的活”。然而，需要明白的是，公司仍然拥有共有土地和股份，以期从中获利。因此，公司的股东有望通过两种途径赚钱：通过出售耕作公司土地的仆役的劳动所得，或者直接从他们新近获得的土地中获利。

当然，还有其他的私人投资渠道。到1616年，公司已经授权某些商人独家经营殖民地的日用品供应，期限是四年。“仓库”之名就是这样的，补给船被派到弗吉尼亚，在那里，它的代理人，一个被称为“海角商人”的人，出售物品，换取当地物产。1620年，公司取消了仓库的专营权，允许其他投资者运送补给船。

桑兹及其朋友也努力将殖民地建设成一个更宜居的地方。1609年以来，殖民地的统治一直借助军事管制法，现在，公司改变了这种治理方法，创立了一个立法委员会。只要得到公司的批准，委员会颁布的法律就具有效力。公司所属各个定居点的居民都可以选举两人作为其议员，或曰代表。1619年会议召开，这是英属殖民地的首个代议制机构。

这是美国民主革命道路上迈出的第一步，历史学家已经强调了其中的意义。但是殖民地的居民可能也认为同样重要的是：公司
40 终于找到了一种治理方式，让他们不必为了维持政府机构而缴纳重税。同样，解决办法在于土地，公司用土地支付官员薪水。总督

得到3000英亩土地以及耕种土地的100佃户，司库得到1500英亩土地和50佃户，依此类推，似乎人人都能获益。官员们不再靠掠夺百姓得到薪水，殖民者摆脱了一切税赋、一切负担，分成制佃户在和公司官员分享利润七年之后，就可以得到他们耕作的土地。约翰·罗尔夫(John Rolfe)满怀热情地说，“如果公司贯彻了其政策，那么我们可以不加掩饰地说，在弗吉尼亚，我们是世上最幸福的人”。

1619年，随着改革就绪，公司的业务也如火如荼地开展起来。新投资者送了数十个佃户去他们的种植园劳动；公司派遣仆役去耕种官员们的土地；在全英国发行的彩票募集了资金，以及征募五金商、葡萄种植者以及吹玻璃工。弗吉尼亚公司的记录显示，移民规模前所未有。历史学家只要对公司记录有一点仔细研究和核查，就会发现，在桑兹开始改革的时候，殖民地的人口有700左右，此后派遣的移民大约有3570名。

这可能真是个鼓舞人心的记录。只可惜，三年之后的1622年，殖民地的人口总数仍然只有700名左右。

记录中的数据清楚表明：3500名弗吉尼亚人失踪了。

数据就在记录中，大家可以去数一数。重要的是，1622年，大约3500名弗吉尼亚人消失了。没有几个人回到英国，毕竟，大多数人都无法负担回程的旅费，也没有几个人迁徙到其他殖民地。我们知道347名殖民者的死因，他们死于1622年印第安人的一次袭击。但仍然还有3000多人去向不明，唯一的解释似乎就是他们都死了。

是什么人，或者是什么事，导致了3000名弗吉尼亚人的死呢？失败如此惨重，以致公司领导层都心怀忧虑不愿公开宣布。直到1624年公司事实上已经自行破产，国王才听说此事，因此撤销了公司的特许状。面对这一骇人听闻的事件，虽然只是由几个数据形成的一个梗概，历史学家不得不提出几个问题。在一个社会中，到底什么样的原因会导致死亡率高达75%—80%？这么高的死亡率真是令人惊奇。相比之下，普利茅斯(Plymouth)殖民地的第一年，也是最糟糕的一年，死亡率略低于50%，而在14世纪那场肆虐英国的瘟疫中，死亡率可能介于20%到45%或50%之间。

直接原因显而易见，殖民地根本无法支撑这股移民的新浪潮。尤其是桑兹急于增加弗吉尼亚的人口，送来的移民中有非常多的人，随身携带的食物极少，甚至根本什么都没有带，无法度过他们收获自己所种植物之前的那段困难时光。另外，住房也紧缺，在伦敦的公司不断央求殖民地的总督为这些新移民建造更多的临时性的客栈，而殖民地总督的答复却是恳求公司派出新移民的同时也要运送更多的供应品来。

41 疾病也夺去了一些人的生命。殖民者很早就发现弗吉尼亚并非是个适宜居住的地方。对新移民而言，第一个夏天是如此令人难以忍受，以致它被称为“适应期”。对那些幸存下来的人而言，致富的机会大大增加了。但是危险一年到头都存在，尤其对那些因长途或饮食不良而身体虚弱的人，更是如此。伤寒的爆发很可能是因为井水被污染，还有一些人死于疟疾。

这些显而易见的因素确实可以在很大程度上解释这种高得惊人的死亡率。然而，即使考虑到伤寒与疟疾的严重性，但是为什么死亡率甚至比瘟疫最惨重的年份还要高呢？为什么过了十多年詹姆斯敦殖民地仍然无法自给自足呢？

要想自给自足就需要殖民者种植自己的口粮，当时最主要的口粮是玉米。历史学家由此提出一个简单的问题：种植玉米需要投入多少劳动？稍微看一下记录就可以证实人们的猜想：最初几年，没有哪个弗吉尼亚人曾费心留下有关农业的论述。但是，对信件和公司记录进行一番搜寻后还是可以发现一些零零星星的数据。弗吉尼亚人发现，印第安人一年中只需要花几天工夫照料玉米，而且他们往往还能有剩余产品卖给弗吉尼亚人。殖民地的一个牧师报告说，在一周的空闲时间，他和另外三个人种植的玉米足够他们吃四个月。其他的资料显示，48个小时的工作就足够种植一年所需的玉米。即使考虑到这可能有点夸大其词，但是很显然种植玉米所需劳动量相对而言是非常少的。

然而，如果种植玉米是件很容易的事，而玉米又是人们赖以为生的东西，那么对我们之前见到的文件，历史学家又该如何理解呢？这个文件就是1618年阿戈尔总督的公告：“每个人都必须种植两英亩玉米（以手艺为生的工匠除外）。”这也不是最后一次颁布这部法律，17世纪20年代重申这部法律，直到50年代，这部法律一直时不时地被重申。

让人费解时是，为什么需要用一部法律命令弗吉尼亚人种植玉米？每个人都在挨饿，但种植、收获仅仅需要几周时间，政府为什么还要命令殖民者种玉米？

饥肠辘辘的殖民者必须被强制种玉米？

结论似乎清楚了：弗吉尼亚必须强制种植玉米。

如果我们重新审视1617年阿戈尔总督对詹姆斯敦的凄凉场景所做的描述，原因会更加清楚。教堂倒塌了，栅栏破烂了，桥梁断裂了，饮用水被污染了。描述中的一切都显示，殖民地土崩瓦解了，除了一件违和的事——“野草”丛生的街头。栅栏与建筑物可能因疏于打理而破败，但绝对不会因为疏忽而使得市场、街道以及所有空地都种上了烟草。和玉米不同，烟草需要精心种植，它在街头巷尾蓬勃生长绝非偶然。

一旦我们清除掉其中原有的叙述视角，我们从总督提供的证据
中就可以得知，当殖民者情愿任由殖民地瓦解的时候，他们积极地 42
在任何他们所能找到的空地上种植烟草。

早在1613年殖民者就知道烟草是可以出售的。很快，出货量急剧上升，从1616年的2500磅增加到1617年的18839磅，到了1618年达到了49518磅。一些英国买家将烟草作为一种药品，但大多数买家只是出于吸烟的快乐。桑兹和其他许多绅士认为种植这种“可恶的野草”是一种罪恶，并竭尽所能阻止人们种植。但是他们的反对，如同要求种植玉米的法令一样，都没有什么成效。烟

草在弗吉尼亚生存下来。

弗吉尼亚早期殖民者将烟草销往英国以及荷兰。图示的是17世纪早期的一块陶瓷，上面画的是一个荷兰吸烟者在尝试这个新玩意，试图使烟雾从鼻子出来。吸烟这个新的习惯开始流行起来，而且有点声名狼藉，导致欧洲对弗吉尼亚烟草的需求量大增，不仅致使价格上涨，而且使殖民地的人开始疯狂地种植这种利润丰厚的作物。

繁荣之乡弗吉尼亚

弗吉尼亚的记录中充斥着诸如烟草出口量的统计数据：装船多少磅？1619年“优等”烟草的价格是多少？多少移民到达了这块美好的新大陆（the *Bona Nova*）？这些统计数据是类似于棒球比赛得分的证据，它们由一位书记员出于乏味的原因记录下来，就是为了记录日出、日进。然而，一旦历史学家出于自己的目的盘查这些事实，他们就会获得一幅有关弗吉尼亚的令人惊奇的生动画面。历史学家埃德蒙·S. 摩根（Edmund S. Morgan）在对这一场景进行重构时，恰当地称弗吉尼亚为“美洲第一个繁荣的地方”。

因为弗吉尼亚欣欣向荣。虽然烟草这一销路好的商品不像金银那样魅力无穷，但是社会动力学运作的方式是相同的。发财致富的诱惑导致社会的不稳定，在这样的社会中，财富转手很快，经济建立在单一的一夕致富的经济作物的基础上，经济是失衡的，人的尊严的价值也甚微。

我们曾对玉米种植提出过一系列问题，如果我们对烟草种植也 43
提出相同的问题，那么，这一幅繁荣之乡的社会画面会更清晰。一个人一年能种植多少烟草？弗吉尼亚人能因此致富吗？

在17世纪20年代，上好的弗吉尼亚烟草只能卖一到三先令。这种价格浮动意味着，利润自然有赖于一个种植者一年的种植量。和玉米种植一样，记录中烟草的预估数值非常稀少。约翰·罗尔夫估计一年的种植量是1000株。另一个殖民者，威廉·凯普斯（William Capps）估计是2000株，他还指出他的三个男仆种植了3000株，他们的劳动力相当于一个半成年男子。凯普斯还指出，2000株大约可产500磅烟草，我们由此可以将烟草的数量从株数转化为磅数。

通过比较这些数据和其他估值，我们可以大体算出一个种植者的一次收获量可以卖多少钱。下表总结了一个或多个人一年之内的烟草种植量。圆括号里的数据计算了人均年产量，也计算了人均年收入，分别以卖价每磅一先令和三先令计算。

烟草产量与收入估算

种植者的人数	一年产量				
	株数	磅数	人均产量磅数	收入	
				1先令	3先令
一个（罗尔夫）	1000		(250)	12英镑	37.5英镑
一个（凯普斯）	2000	500	(500)	25	75
三个男仆（1.5人）	3000		(500)	25	75
四个人		2800	(700)	46.5	139.5
六到七人		3000—4000	(540)	27	81

数据来源：Edmund Morgan，*American Slavery*，*American Freedom*（New York，1975）。

上述估计数据显示，一个人的烟草年种植量从250到700磅不等，这种变化是可以理解的，因为有些种植者可能比其他人更勤劳；有些年份的天气可能更好，利于作物生长；也可能随着时间流逝，弗吉尼亚人找到了增产的方法。约翰·罗尔夫所做的估算较早，因此产量相对较低，即使根据他的估算，一个人以1磅的价格出售250磅烟草，他一年就可以获得12英镑。按照高的估值计算的话，如果烟草能够卖个好价钱，一个人一年总共可以获得140英镑。确实，有一封信提到，1619年丰收后，一个种植者卖了200英
44 镑。这种意料之外的好收成是非常少见的，但是，想想英国农民平均每年的收入不到3英镑，即使是最低的估值也是相当不错的。

出于另一个原因，这种收入也是相当不错的，因为这是一个种植者单独的劳动所得。在一个仆役、佃户以及学徒非常普遍的社会，如果弗吉尼亚人能够让他人为自己干活，那么他会收益颇丰。

回到基本的问题。一个英国人如何让他人为自己干活？答案是雇佣他们。他会订立一个协约，条款显示他给他们的报酬是什么，以及合同期限。具体条款因人而异，但大体可以分为几类。从被雇佣者的角度来看，佃户是更好的选择。土地所有者的土地需要有人耕作，而佃户愿意来耕作，期限一般是四到七年。作为报酬，佃户可以得到收获物的一半。而从土地所有者的角度来说，仆役则比较合适；主人仅仅只是为仆役提供食宿以及来到新大陆的路费，而仆役的劳动所得全归主人所有；学徒是另一类雇佣工，他们在弗吉尼亚往往被称为“使命号男孩”(Duty boys)，因为他们中的很多人是乘坐“使命号”来的。学徒期是七年，然后是七年佃户期。同样，主人只需支付他们的路费以及到弗吉尼亚后的食宿。

不需要多高深的数学知识，我们就能发现，如果一个主人为一个仆役支付的路费是10—12英镑，他有几个这样的仆役为他干七年活，大概只干两到三年，他准能大赚一笔。在1619年的好收成中，一个拥有六个仆役的主人的获利可以达到1000英镑。尽管这种情形可能是非常少见的，但并非是不可能的。桑兹为奖励拓殖而实施的“人头权”政策也有利于有钱人——每引进一个仆役，就

可以额外得到50英亩土地用于种植烟草。

> 殖民者竭尽一切资源种植烟草——弗吉尼亚的繁荣开始了。

诱惑是不可抗拒的，弗吉尼亚人开始穷尽殖民地的一切资源用于种植烟草。阿戈尔总督曾规定干草不得用于熏烤烟草，历史学家现在可以明白他的公告用意所在了——殖民者拿走了牲口亟需的干草（剥夺了可怜的牲畜的食物），由此扰乱了弗吉尼亚的经济。这种利欲熏心的做法甚至蔓延到了技术工人这一群体中，而桑兹引进这些人本是为了使殖民地的出口商品多元化。五金商很快弃业不干了，都“成了正直的好烟草商”。一些发展前景很好的工程，也是如此的遭遇，发回伦敦的报告宣称，“没有一项工程在进行，全都消失在烟雾之中了（意思是说全变成烟草了）”。繁荣景象在弗吉尼亚出现了。

不仅仅是种植者想要发财致富。不管怎么样，种植烟草的移民必须把烟草销往欧洲市场，如果他们自己不种植足够的玉米作为口粮，那么他们需要购买玉米，还需要尽可能多地购买可以让生活舒适的用品。其他人则也准备好要与这些种植者交易，他们也精明地计算着自己的利润。

其中一类移民比如亚伯拉罕·珀西，他经营着弗吉尼亚公司的 45
仓库，或曰货栈（store）。让我们回顾一下前文引用过的弗吉尼亚议会的决议，其中要求珀西接受特优烟草每磅3先令的价格，我们现在就可以理解为什么议会如此不满，以致颁布这样的规定。珀西对他自己的出售品要价很高，因为弗吉尼亚事实上没有货币，人们用烟草支付给珀西。烟草成为经济交换的媒介。如果珀西认为特优烟草每磅只值2先令，而不是3先令，这就等于他把自己的货物价格提高了50%。就这样，珀西的售价是伦敦投资者定价的两到三倍。不仅如此，那些他代理出售的补给品的回款，他从来没有付给公司，他才不愿操这个心呢。经营仓库的利润所得，桑兹以及其他投资者从来没有见到过一个子儿。

对记录再做一番搜寻就会发现，珀西利用他来路不正的财富，他将这笔钱再次投入到最吸引人的投资中，即资助仆役移民。我们之所以知道这些，并非珀西自告奋勇地承认，而是因为1625年的人口普查表明他拥有39名仆役，这在殖民地无人能及的。1628年他去世之后，留下的巨额财产，是弗吉尼亚前所未闻的。公司最终在1620年废止仓库的专营权，其他投资者也纷纷加入。他们很快发现卖酒比卖生活必需品更赚钱，因此弗吉尼亚的繁荣养肥了卖酒的人，也养肥了烟草种植者，而移民们却在挨饿，其中部分原因就是卖酒比卖食品利润更大。

想想弗吉尼亚的这种状况，想想这些从历史记录中推演出的基本经济生活结构，设身处地为那些佃户或仆役想想。他们的生活会是怎么样？成功的机会有多大？

仆役的处境非常糟糕。首先，他们的死亡率非常高。他们甚至可能活不过第一个适应期的夏季。即使他们活下来了，他们的主人也是要利用他们的劳动赚钱。他们本来就一贫如洗，根本无法保护自己免遭虐待。在英国，情况就不同了，农业工人一般都是在就业集市上找工作，他们的合同期只有一年，如果他们不满意就可以在来年改换门庭。但是去弗吉尼亚需要支付移民费用，而且只有签四到七年的合同，主人才会雇佣。到了弗吉尼亚，如果梦想破灭，他们又能怎么样呢？他们没有足够的钱跨洋渡海而来，更没有钱漂洋过海而回了。

“使命号男孩”还是些孩子，就更没有可能改善他们的处境了。在伦敦街头有一些流浪的孤儿，桑兹怜悯他们，把他们送到美洲，但他们在弗吉尼亚的生活前景亦是非常艰难的。弗吉尼亚种植者促使议会通过的一项法律，给他们又增加了一个威胁学徒的砝码。这项法律要求：学徒如果在学徒期犯罪，那么他们的学徒期必须再重头计算。当然，什么会构成犯罪，就全凭统治殖民地的委员会说了算。

有一个“使命号男孩”，名叫理查德·哈奇(Richard Hatch)，就出现在委员会面前，原因是他曾在一处私宅中，评论了不久前一个移民因犯鸡奸罪而被处决的事。哈奇说，平心而论，处死这个移民是错误的。就因为这点过失，他“从要塞开始，一路遭到鞭打，一直走到绞刑台，然后再一路被打回来，而且还被戴上颈手枷，最后的结果是失去了一只耳朵”。哈奇的主人是总督乔治·亚德利(George Yeardly)，尽管他的七年学徒期就快满了，但是他还是得从头开始他的学徒期。

佃户的情况可能要好些，但是对劳动力的需求同样会导致对他们的压迫。即使移民能够支付来弗吉尼亚的费用，但是到达之后依然无法养活自己，那他们还是毫无选择，只有受雇于人，成为他人的仆役。即便在合同期满之前，他们的主人死了，不管合法还是非法，总会有另外的主人跳出来，宣称他们是自己的仆役。当埃德温爵士的弟弟——乔治·桑兹，结束殖民地司库的任期时，曾迫使自己的佃户跟随他，尽管这些佃户已经是自由民了。其中一个人抱怨说，“他强迫我们为他干活，而不管我们愿不愿意，我们不知道如何改变这种状况，因为他的权势是如此之大”。

那些独立的小种植者，如果他们的收成不好，或者印第安人的袭击让他们拥有一个小型的偏远的种植园成为危险的事，他们也会面临被奴役的危险。威廉·凯普斯是边境地区的一个小种植园主，他要求委员会对他周边地区不友好的印第安人部落发动远征，但是被拒绝了。凯普斯愤恨不已地影射委员会中富裕种植园主可能会有的想法，他设想他们会说出下面一番话：

> 要我的人去参加远征，去一个人就意味着损失2000株烟草，那可是500磅呢。何况，他去干吗呢，跟着印第安人跑掉吗？我手下可能有10个，15个，或是20个人，我可以保护自己的种植园；那些人手少的人怎么能做到呢？让他们被打垮吧，这样他们就会为了自身的安全而加入到仆役的队伍中来。我想这就是我们这些有钱人的事。

还有奴隶制？

重构的这幅弗吉尼亚画面，上至种植园主，下至“使命号男孩”，说明在每个地方，劳动力都已经成为了一件值钱的亟需的商品。无力自保的移民会发现他们不断遭受到经济形势的压力，种植园主可以不经过仆役的同意就将其买卖、转让，甚至有时候用他们做赌博的赌注。约翰·罗尔夫承认，“人们怨声载道，控诉弗吉尼亚的总督、军官以及官员买卖人口，这在英国是绝对不可姑息的事”。一个英国人简洁明了地表达了这种愤怒：“我的主人阿特金斯(Atkins)把我像一个奴隶一样卖了150英镑。”

确实，在弗吉尼亚能够找到相当多的奴隶制因素：疯狂的繁荣刺激了对人力的需求；高死亡率促使幸存者漠视人的生命；仆役被
48 视如财产买卖。如果我们在理论上构建一个社会，其中，社会、经济的双重压力加速了奴隶制的建立，弗吉尼亚似乎很符合这个模式。然而，实际的证据并不能证实这个假设。

在弗吉尼亚的第一批非洲人是仆役还是奴隶？

在弗吉尼亚，我们所知的最早的有关非洲人的记录是1619年3月的一份花名册(20世纪90年代才被发现)。这份记录显示，32个非洲人(15男17女)为几个种植园主干活。但是，这些人是仆役还是奴隶？花名册没有说明。历史学家已经搜寻了法庭记录、财产清册、信件、遗嘱、教堂文献，即一切能够说明黑人身份的文献。但是，获取的信息非常少，这说明在殖民地的最初50年，来到弗吉尼亚的非洲人非常少。在这一时期的任何时候，非裔人口的比例从来没有超过5%。

而且，这些来到弗吉尼亚的非裔人的地位也是千变万化。1660年之前，他们有些人是终生为奴，而其他人则是作为仆役干活。还有些人获得了自由，或是赎买了自由。即使记录中的名字

1619 年约翰·史密斯写道:"大约 8 月底的时候,来了一名荷兰军人,卖给我们 20 个黑人。"上图作者是霍华德·派尔(Howard Pyle),19 世纪的艺术家,他对自己在服饰和布景方面的研究引以为豪。但是即使在此处,派尔所画的最早一批非裔美洲人的形象,反映的也是他曾见到的 18、19 世纪奴隶交易的场景,而这与 17 世纪的情况的差异是很大的。那些最早来美洲的黑人被卖为仆役,而不是奴隶。法庭记录显示,17 世纪 40 年代,至少有些黑奴被解放了,并且购买了自己的土地。

也可以提供线索,显示这些早期的非裔移民的复杂身份。18 世纪,当奴隶制完全建立起来的时候,种植园主控制了奴隶的命名,给他们取些小名,比如杰克或苏克(Sukey),或者取更具古典色彩的名字,戏谑地称之为凯撒或赫尔克里斯(Hercules)。但是,在弗吉尼亚的早期,非裔人往往都保留了他们自己的全名,比如伯夏·法南多(Bashaw Farnando)、约翰·格劳维尔(John Graweere)、以及伊曼纽尔·德里格斯(Emanuel Driggus)。这些名字往往折射出非洲沿海地区复杂的文化风貌,欧洲人以及背景各异的非洲人在此处杂居。还有些非洲人则融入了英国人的生活方式。有个人第一次出现在殖民地记录中时被称为“黑人安东尼奥”(Antonio a Negro)，后来改名为安东尼·约翰逊(Anthony Johnson)。“黑人弗朗西斯科”(Francisco a Negro)最终成了自由民弗兰克·潘恩(Frank Payne)。

只是到了17世纪60年代，弗吉尼亚议会才开始通过法律，将黑人与白人隔离，在法律上作为一种制度界定奴隶制。也就是说，非裔弗吉尼亚人在与白种弗吉尼亚人共同生活40多年后，他们的身份才在法律上被完全贬低。记录显示的事实让我们不得不重新审视之前的问题。如果说17世纪20年代，经济繁荣，如此适宜建立奴隶制，为什么却没有建立呢？

就此问题，历史学家的才华也无能为力。从当时的人那里，不论是约翰·罗尔夫，还是史密斯上尉，或威廉·凯普斯，历史学家都无法找到明确的解释。奴隶制是逐步在弗吉尼亚建立起来的。大多移民都没有考虑过，也没记述过这种历经数十年逐步形成的变化。即使是留下的记录基本上也无所助益。我们所能做的至多就是，根据重构的社会类型做出一些假设。

49 问题仅在于能否获得奴隶吗？或许是的。17世纪20年代，弗吉尼亚出现繁荣景象的时候，西印度群岛如巴巴多斯和圣基茨(St. Kitts)，也正在拓殖过程中。此地种植甘蔗，比烟草种植更亟需密集型的劳动力，对奴隶的需求极大，奴隶制发展得更加迅猛。如果从非洲来的贸易商只能带来那么多奴隶，如果巴巴多斯的市场比弗吉尼亚更好，为什么还要去切萨皮克湾呢？奴隶贩子可能觉得如此费力是不值得的，这是历史学家理查德·邓恩(Richard Dunn)的假设。其他历史学家和经济学家则认为，切萨皮克湾种植园主更喜欢用白人仆役，但是在17世纪70年代，从英国来的仆役数量减少，价格因此上涨。与此同时，西印度经济萧条，奴隶价格下跌，促使奴隶贩子向切萨皮克湾出售更多的奴隶。

根据弗吉尼亚长期的死亡率，埃德蒙·摩根指出了另外一种可能性。试想，如果你是一个四处寻找劳动力的种植园主，你可以买仆役,也可以买奴隶。仆役比奴隶便宜,当然,你只能役使他们七年时间,之后他们会获得自由。尽管奴隶更贵,但你可以终生奴役他们,也可以获得他们的后代的劳动力。长远来看,更贵的奴隶会是更划算的买卖。17 世纪 20 年代的弗吉尼亚情况到底是怎么样呢?任何人都可能随时死亡,仆役或奴隶有多大可能性活七年、五年、甚至仅仅只是三年?购买的任何人都可能很快死去,购买更加便宜的仆役不是更合理吗?

这是个聪明的假设,但是必须注意已发现的种植园记录中没有任何一项表明种植园主是如此设想的。已知的证据确实显示直到 17 世纪 50 年代,高死亡率才开始下降。只有当奴隶有利可图时,才会有法律正式确立他们的身份是合理的。不管原因如何,直到 17 世纪 80 年代和 90 年代,弗吉尼亚仍然是一个有奴隶的社会,而不是一个成熟的奴隶社会,诚如历史学家艾拉·柏林(Ira Berlin)所言,在成熟的奴隶制社会,经济与文化围绕着基于种族的奴隶制度运作。在 17 世纪 20 年代,弗吉尼亚的繁荣时期,奴隶制显然并没有兴盛。

在 1629 和 1630 年之间的某个时候,经济泡沫破灭了。烟草价格从每磅 3 先令狂跌到 1 便士。弗吉尼亚人竭尽全力试图扶植烟草种植业,但是,无论是限制产量,还是直接颁布法令,都无济于事。种植园主仍然有钱可赚,但是一夜暴富的可能性从此消失在烟雾中,桑兹以及其中一个绝望的投资者无疑会做如此评论。切萨皮克湾高度活跃的世界及其“摇钱树”(译者注:指烟草),并没有以同样的方式完全消失。 50

拓展阅读

Kareu Ordahl Kupperman 编著的 *Captain John Smith*: *A Selct Edition of His Writings*(Chapel Hill,1988)是史密斯船长的文献选集。在 William W. Fitzhugh 选编的 *Cultures in Contact*: *The Impact of European Contacts on Native American Cultural*

Institution, *A. D. 1000 - 1800*（Washington, DC.，1985）的第225—268页，Fredrick Fausz讨论了弗吉尼亚早期土著美洲白人的关系，并提出了自己的洞见。在*American Slavery*，*American Freedom*（New York，1975）中，Edmund S. Morgan天才般地再现了在弗吉尼亚的繁荣国家。Ira Belin在*Many Thousands Gone*：*The First Two Centuries off Slavery in North America*（Cambridge, MA，1998）、Allan Kulikoff在*Tobaco and Slaves*：*The Development of Southern Cultures in the Chesapeake*，*1680 - 1800*（Chapel Hill，1986）中讨论了弗吉尼亚奴隶制的发展演变。Anthnoy Parent Jr.在*Foul Means*：*The Formation of a Slave Society in Virginia*，*1660 - 1740*（Caphel Hill，NC，2003）中声称，种植园主们非常清楚地知道，在17世纪晚期的弗吉尼亚，他们正在建立的是奴隶制度。

过去和现在：奴隶制消亡了吗？

一个名叫恩隆（Enung）的奴隶又饿又累，她看到外面有一个陌生人在灌木丛附近。她的主人也不在周围，所以她走出房间，身上穿着主人给她的破衣服。她来自于地球另一端的大陆，只知道几个英文单词。当她出来时，男士看到了她，对她骨瘦如柴的模样感到吃惊，然后她说了她记得的一个词："炸面圈"，又重复了一遍"炸面圈"。

这个男士是这里的园丁，他从运货马车后备箱里拿出六个炸面圈给她。

这并不是队长约翰·史密斯（John Smith）所描述的棒球比赛的小说情节。这是在长岛一个美丽的城郊发生的真实故事。恩隆是一个印度尼西亚人，被两个印度人带到美国，他俩想雇她和另一个女人来尝试虚拟奴隶制。这两个仆人被要求睡在橱柜里，整日缝补和打扫，给的吃的很少，而且五年里除了扔垃圾不准出房门。

奴隶制在 1926 年被正式废除，由联合国颁布《禁奴公约》。然而人权组织估计现今有 27 000 000 多人被奴役，也就是说在暴力威胁下无偿劳动。CIA 估计 14 500—16 000 个身处如此境况的人被带到美国，多数情况下这些人是因为欠债成为奴隶的。性奴隶是另一种泛滥的情况，还有一种是被承诺的丰厚薪资骗来偏远地区的，比如矿区，受骗者在恶劣环境下很难逃跑，但也有比较好的郊区，比如恩隆所在的。

是什么原因使得奴隶制延续如此之久，即使它已被判定为非法。这些因素与 17 世纪鼓励奴隶制的因素相同吗？

52 第三章　扑朔迷离的塞勒姆巫术案

1692 年的巫术事件是怎样发生的？历史学家对这一悲剧事件的心理和社会背景的研究揭示了令人意想不到的答案。

如果历史学家致力于重建，他们必然会做出某种与建筑师同样的决定。在他们开始工作之前，必须要确定他们工程的规模。会占用多长时间的土地？一年？五十年？还是数个世纪？如何定义或限定主题？奴隶制在弗吉尼亚出现的故事或许可作为一个适当的大话题。它跨越 60 年，涉及数千移民和整个殖民地，而且该话题之所以大是因为其所涉及的内容和主题。奴隶制的出现肯定可以作为美国发展史的一个中心部分，与理解同一时期的美国毡帽相比，理解这一点需要更为宽广的视野。不可否认的是，该主题既广泛，又有重大意义，历史学家因为对这个问题感兴趣愿意花大量精力去研究它。

历史学家的时间是有限的，所以所涉及事件涵盖的时间越长，用于研究这一事件的时间就越少。相反，研究的范围越窄，历史学家就会在更大程度上沉浸于这一时段详细的历史事件之中。敏锐头脑的历史学家致力于研究一个明显较小的主题，可能会发现一些重要性超出他所研究的主题范围之外的内容。

1692 年的塞勒姆事件就是这样一个缩影，这一点绝大多数美国历史专业的学生都很熟悉。巫术就发生在新英格兰的这个小村子里，并伴随村庄中人们的生活达 10 个月之久。因为巫术这一插曲在时间和空间上都表现出清楚的边界，也很好地展示了一个老

套的故事是如何经由深入的小规模历史研究转化而来。传统观念
认为，塞勒姆事件的爆发与小村庄每天的日常生活是不同的。即
使被贴上巫术的标签，也仅仅意味着它被看作是一个流行性的、与 53
社区正常运作相异的事件。据推测，巫术事件的突然爆发源于一
些疾病的侵入。

在过去的十多年里，历史学家非常详细地研究了该事件带来的影响。在研究过程中，他们发现了隐藏于塞勒姆事件背后的一个更为复杂的精神世界模式。他们的研究也表明，巫术事件与村民的日常生活是息息相关的。换句话说，历史学家的技艺为 1692 年的事件提供了一定的心理和社会背景。

塞勒姆村的巫术

塞勒姆村令人困惑的可怕经历始于 1691—1692 年冬该村牧师塞缪尔·帕里斯(Samuel Parris)的家。帕里斯九岁的女儿贝蒂(Betty)和他的侄女阿比盖尔·威廉姆斯(Abigail Williams)患了一种奇怪的病，她们“被某种看不见的东西袭击了，她们的手臂、脖子和背部一会这样一会又那样，最后又恢复原状……超出了癫痫病或自然疾病影响的范围”。后来的事实(不一定可靠)表明，这种症状是在几个女孩想要占卜她们未婚夫会是什么样的情况下出现的。这个话题本来就是她们感兴趣的，没有占卜用的水晶球，她们用一个白色的生鸡蛋来代替，并把它悬挂在一杯水上面。在实施咒术的某一时刻，意想不到的事情发生了。其中一个女孩认为她的玻璃杯中出现了“一个类似棺材的幽灵”，这是一个危险的预兆。最小的女孩贝蒂开始抱怨说感受到掐、刺和如刀割般的疼痛，她感觉就要窒息了。在随后的几周里，超过三个女孩表现出同样的症状。

无论造成这些女孩病症的原因是什么，如同被他请来观察这些奇怪行为的牧师和医生一样，帕里斯牧师对此深感疑惑。有一个医生暗示说可能是巫术造成的。帕里斯的一个邻居玛丽·西布利

(Mary Sibley)，建议采用新英格兰的民间方子来检查是不是巫术。西布利说服帕里斯家的奴隶约翰·印第安(John Indian)和他的妻子蒂图芭(Tituba)，用黑麦粉和那些受折磨的女孩的尿液做成一块给狗吃的“女巫蛋糕”。巫术理论认为，如果狗也遭受了如那些女孩一样的痛苦，就证明她们是被巫术所折磨。

这一试验让女孩们感到更害怕，她们的症状进一步恶化。大人们非常惊恐，他们强迫女孩们说出谁是折磨她们的巫师。孩子们指认了三个施巫术的人，于是，正式逮捕令发布，1692 年 2 月 29 日，三个巫师被逮捕。对于相信实施巫术是犯罪的 17 世纪的新英格兰来说，明显是应该采取行动的。如果女孩一直受到折磨，那么惩罚那些实施巫术的人是必须的。

54 莎拉·古德(Sarah Good)、莎拉·奥斯本(Sarah Osbourne)这两个被逮捕的女人在村子里本来就不受欢迎。第三个被逮捕的人是帕里斯的印第安奴隶蒂图芭。蒂图芭可能是帕里斯到加勒比旅行时购买的，她可能来自南美、佛罗里达或乔治亚海群岛。当村子里的地方法官开始审问之时，古德愤怒地否认对她的指控，她暗示是奥斯本罪有应得，奥斯本否认这一控诉。但当蒂图芭承认实施了巫术的时候，这种情况突然就改变了。一份于八年后公布的审判记录表明，在愤怒的帕里斯牧师刑讯逼供后，蒂图芭最终承认自己是巫师。出于某种原因，她说有四个女人和一个男人参与了折磨女孩，其中就包括古德和奥斯本。“他们打那些女孩”，蒂图芭报告说，“女孩们躺在我面前，他们对我说，如果我不打这些孩子，他们就会惩罚我。”这个故事得以继续下去，接着出现了幽灵，包括黑色和红色的老鼠、一条黄色的拥有像女人头一样的狗，有个全身都被毛覆盖，即使脸上也都是毛的东西。午夜，女巫来了，她们在那集会并计划袭击塞勒姆。

> 在新英格兰的第一个 70 年期间，很少有巫术遭到法庭审判。那些巫术很快就会被处理，但塞勒姆事件则完全不同。

第一，蒂图芭描绘了其他几个女巫和一个男巫，尽管她不能指认他们。村民认为只要这些巫师仍逍遥法外，他们就不能安稳。女孩们继续指认，现在不只是流浪者，还包括各种各样的村民，其中有一些还是令人尊敬的教会人士。这些新的巫师连同蒂图芭、古德、奥斯本，都被投入监狱。4 月底，生活在缅因的前牧师乔治·伯勒斯(George Burroughs)也被认为是巫师而被逮捕。

一旦被告拒绝承认有罪，法官就会寻找确凿的证据。所发现的巫师所有的巫毒娃娃、大头针等物件都被认为是他们有罪的证据。而且，如果巫师与某人有约定，一般而言，他会有一个实际的表示忠诚的标志。在塞勒姆审判中，犯人常常因为他们身上的任何不正常的记号而受到检查。

除实际的记号外，法官认为巫师的邪恶意愿就是让受害者遭受折磨。这类巫术一般通过超自然的方式加害，也就是所谓的邪术(Maleficium)。例如，村民莎拉·盖奇(Sarah Gadge)证实说，她曾经拒绝古德在夜晚到她家借宿。盖奇说古德开始对她抱怨和责骂，并对盖奇说，如果盖奇不让她进去，她将会受到惩罚……第二天早晨……有人说，盖奇家的牛突然不正常地死了。

法官还认可他们所说的“幽灵证据”，受害者们说，在他们受折 55
磨期间看到了幽灵般的女巫。为了证实这些幽灵与被控的女巫之间存在联系，法官们在审判室不断抽打她们并在审判时观察她们。“你为什么要伤害那些女孩?”在一次典型的审判中，一个法官问奥斯本。奥斯本回答说，“我没有伤害她们”。审判报告接着说：“上面提到的那些孩子都面对面地对她提出指控，她们都受到伤害、折磨和酷刑，她们如果不按照奥斯本所说的那样做，奥斯本就会殴打她们。”

幽灵证据面临的问题是不能得到其他人的证实。只有受害者看到过幽灵的样子，这样的证据一般而言是会引起争论的。对欧洲和新英格兰的神学家来说，应谨慎对待幽灵证据。毕竟，对魔鬼来说，扮作清白之身而使混乱的局面愈演愈烈不正是最好的方法吗？但在塞勒姆，法官们认为幽灵证据是最重要的，当他们起草诉状的时候，几乎所有的控告都指向在预审期间原告所展示的幽灵折磨。

6月2日，特别法庭建立，这是巫术爆发后第一次开庭，审判对象是布里吉特·毕晓普（Bridget Bishop）。在塞勒姆发生争辩前，许多村民已经怀疑毕晓普从事巫术活动。她很快被判有罪，八天后，在附近的断头台上被绞死，绞死她的地点就是现在著名的女巫山。6月29日，法庭再次开庭，宣判五人有罪。瑞贝卡·诺斯（Rebecca Nurse）就是其中一个，她被发现是无辜的，但审判长驳斥了陪审团的裁决，并竭力让陪审员们改变看法。7月19日，诺斯和另外四个女人一起，被送上绞刑架。诺斯祈祷法官有与她一样的灵魂，直到最后一刻，古德仍对审判她的人极为蔑视。"我不是女巫，但你却是一个男巫。"她对牧师说，"如果你判我死刑，上帝也不会饶恕你。"

控告继续进行，随着网撒得越来越大，越来越多受到控告的人不得不对这场危机做出反应。一些人（其中大多数都非常富有）都躲起来了，直到迫害的狂潮消退。农场主贾尔斯·科里（Giles Cory）的妻子玛莎（Martha）也被认为是女巫而被处死，他拒绝接受陪审团做出的判罚。传统观念认为，对藐视法庭判决的惩罚是施以严酷刑罚，被罚者被夹在两块板子之间，然后放上沉重的石头，直到他承认无罪或有罪。虽然这种惩罚在马萨诸塞是非法的，但法庭仍然对科里实施了这种惩罚。科里被沉重的石头慢慢挤压而死亡，但他并没有妥协，他最后的一句话是"再压重些吧"。

一些被告承认有罪，对法官们而言，这是最令人满意的解决方
56 法。清教徒最引人注目的品德是宽恕别人，他们不会为自己的目的去惩罚别人。如果一个作奸犯科者为他或她自己的罪恶而真诚地忏悔，清教法庭常常会减刑或暂缓判决，塞勒姆的巫术审判也一样（与欧洲的大多数审判不一样，在欧洲，承认是巫师会被法庭判处死刑）。但宽恕政策有无法预见的后果，那些遭到错误指控的人很快认识到，如果他们不承认，他们可能被绞死。如果他们承认有

罪，他们可能逃脱死亡，但必须提供他们犯罪的详细细节并指认其他共谋以表现真诚的忏悔。承认有罪的诱惑必须非常大，而且一旦这样做，还会牵扯到无辜的人。

由于面临这样的压力，检举网络不断扩大。8月，法庭审判了六个人，其中五人被判处绞刑。酒馆老板的妻子伊丽莎白·普罗克特因为怀孕而被暂缓执行死刑，法庭不愿意牺牲一个无辜的小孩的生命，但她的丈夫约翰却未能幸免。9月，另外八个被告被送上绞刑架，超过一百名女巫嫌疑犯仍被关在监狱。

随即来自各方面的压力也不断增加，迫使法庭停止审判。法官纳撒尼尔·索顿斯托尔(Nathaniel Saltonstall)在执行第一次死刑后因为面临抗议而被迫辞职。与此同时，殖民地的头面人物日益不安。虽然他们公开支持审判，但私下里，他们给法官写信，要求他们谨慎从事。10月初，殖民地最受尊敬的一个传教士英克里斯·马瑟(Increase Mather)公开发表了有另外十四名强烈谴责使用巫术证据的牧师签名的布道书。马瑟声称，以幽灵为据判处一个人有罪是邪恶的源泉，实际上是撒旦借他的口说出自己的话。在马瑟看来，这个风险是灾难性的。他说，“十个被怀疑为巫师的人逃跑也比一个无辜的人被处死更好”。

殖民地总督威廉·菲普斯(William Phips)相信马瑟的说法，他认为审判做得太过了，因此，他禁止逮捕更多的人并解散法庭。1693年1月，一个新成立的法庭接手处理剩余的案子，几乎所有的被告都被宣判无罪。继而，菲普斯下令对已被法庭判处死刑的三名女巫暂缓执行死刑，并于4月释放了所有在押囚犯。至此，塞勒姆事件结束。

简要地说，对我来说，这作为巫术故事已经很多年了。无论正确与否，这个故事已经成为美国历史不可磨灭的一部分。犯罪现场与事实的惊人吻合、戏剧性的法庭调查、坚称无罪的滔滔雄辩，所有这一切都为塞勒姆平淡无奇的历史投下阴影。

事实上，这一插曲并不具有代表性。巫术流行在新英格兰并不是一个严重问题，在其他殖民地也是一个小问题。类似的迫害在

欧洲更普遍，甚至达到令人害怕的地步。塞勒姆二十个人的死亡
57 仍然是发人深省的。在现代欧洲的早期，重大的巫术事件已经在相当程度上减少了，即使如此，因巫术而被判处死刑的人仍在40 000到60 000之间。

现在，从这一单一而孤立的事件中发生了一件奇怪的事情。很自然地，塞勒姆村的故事作为一出戏剧而一再被讲述。审判前后每一天的历史、小城镇的口角、围绕牧师和土地进行的争吵等，已经过去很多年了。塞勒姆的混乱并非发生在真空中，它们可能确实像流行病，但它们不是那种由来自波士顿的、沿着满是车辙的道路被带到小村子的池塘微生物所造成的流行病。因此，历史学家的首要任务是抓住巫术事件这一主要线索并探寻它们是如何被织进新英格兰社会的巨大结构中。塞勒姆村非常小，因此每个村民都能被辨识。我们能够知道谁拥有多少土地、每个村民所缴纳税赋的数量、人们在星期天所听的牧师布道的内容。如此一幅更丰富的、非常吸引人的新英格兰生活图景就会呈现在我们面前。

不可见的塞勒姆

荒谬的是，历史学家重建的塞勒姆生活并非实在的，被那个时代的牧师称之为"看不见的世界"。魔鬼、仆人、巫术和幻术共同形塑了17世纪的新英格兰。对塞勒姆的大多数村民而言，撒旦正生活在他们生活之中，是超自然的存在，它可能以人的面目出现，与他们讨价还价，甚至与他们达成协议。据说顺从于它的男人和女人拿他们的灵魂做交易，以换取特别的力量或好处：金钱和财富，或报复他人的能力。

一般的民间故事都把巫术看作是简单的邪术问题。例如，莎拉·盖奇相信，正是在一场敌对的冲突后，古德施巫术杀死了她家一头母牛。1587年，一位非常怀疑巫术的英国牧师乔治·吉福特(George Gifford)很好地描述了这种怀疑情绪的增加。

> 一些女人与她的邻居发生激烈争吵，紧接着就出现一些大的伤害案……接着就出现了怀疑。几年之后，同一个女人与另一个人发生不快，她也得了瘟疫，这就引起了所有人的注意。这一事件于是四处传播开来，W妈妈是个巫婆，她实施魔法后，古德曼家的猪就奇怪地死了：要不然，他就会成为一个瘸子。
>
> 这样，对许多人来说，W妈妈开始变得非常可恶和可怕。她的邻居什么都不敢说，但在他们心里，他们希望绞死她。很快，另外一个人生病了，并日益消瘦；他没胃口又失眠。邻居们前来探望他。“嘿，”一个人说，“你有没有怀疑一些奇怪的 58
> 事情：你从未对W妈妈感到生气吗？”一个真正的邻居说他很久以来就不喜欢这个女人。

相信巫术只是充满魔法和奇迹的世界观的一部分——魔法可以为掌握特有知识的人所操纵。

在早期的现代世界，对巫术的怀疑越来越厉害。占卜者可以预见未来：像马蹄铁这样的东西可以带来好运，地震和彗星出现是上帝在发出警告。拥有超过常人的超自然知识的人被称为“狡诈的人”，在村民生病的时候，可以请他们看病，他们还为对自己即将到来的商船航程感到担心的商人占卜，或预测妇女即将分娩的婴儿性别。

尽管很容易说出此类信仰的大致内容，但很难想象相信这样奇迹的一个塞勒姆村民会有怎样的行为举止。有如此信仰而与我们不同的人，通常不会像我们想象的那样以他们应该行事的方式行事。多年来，研究巫术的历史学家一直面临着重建塞勒姆人内心世界的挑战。

托马斯·哈钦森（Thomas Hutchinson）是最早研究塞勒姆

巫术事件的人之一，1775 年，他出版了一本关于新英格兰早期历史的书，哈钦森并不相信巫术。随着 18 世纪的到来，受过良好教育的人很少像过去的人那样。因此，他首先面临的一个问题，控告者的动机是什么。如果巫师从未向任何人保证什么，那如何解释控告者的行为？与哈钦森同时代的一些人声称，被施了巫术的人正遭受着“影响他们想象的身体上的折磨”。哈钦森不同意这种说法：“仔细研究一下，整个事件可能是一个骗局，事件最初源于几个小女孩，她们最初可能什么都没想，而仅仅是为得到同情和迁就，而由于害怕受到大人的责骂就继续装下去。”查尔斯·阿珀姆（Charles Upham）牧师于 1867 年发表了对这一事件的两卷本的研究成果，他同样归咎于那些女孩。“在剧院表演都不及她们在吃惊和恐慌的统治者面前表演。”他辛辣地说。

实际上，历史记录确实提供了一些可能是假冒的证据。当伊丽莎白·普罗克特（Elizabeth Proctor）被指控为巫师的时候，她的一个朋友作证说，他曾看见一个受折磨的女人大声尖叫：“那是普
59 罗克特的妻子！”但当屋子里的人指出这个女人的说法是明显错误的时候，她没有再坚持，只是说“她是在做游戏，他们一定是在做游戏”。

另一个饱受折磨的女人玛丽·沃伦（Mary Warren）在停止发脾气后，宣称“受巫术折磨的人不过是在假装”也就是说，他们只是在伪装。但紧接着，其他控告者开始说玛丽的幽灵正在折磨他们。当让她作证的时候，玛丽再次发作，她说她既不看，也不听，还不说。审判记录继续说：

> 后来，她突然站起来，尖声叫喊，噢！我很遗憾，我很遗憾，她双手绞在一起，在乱发一通脾气后，就开口讲话，但她很快就咬紧牙关，继而，陷入狂怒之中并大声叫喊，上帝救救我！噢！上帝救救我！
>
> 在一通大声叫喊之后，我会说的我会说的，但又昏倒了。

在叫喊我会说之后，她说，他们确实那样，他们确实那样。接着，再次陷于狂怒中。

在略微恢复之后，她叫嚷说我会说，他们把我带到这，接着她再次昏倒，于是，她被带离法庭。

这一场景是非常折磨人的。当面临来自其他女孩迫使她回到以前作为受害者之一的角色的压力的时候，玛丽・沃伦准备忏悔。在接下来的几周里，法官们一再询问玛丽，结果她的病又发作了，她再次加入指控。这样的证据表明，女孩们可能一直在表演。

当然，理论离开特定的环境是不能解释的。如果这些女孩只是在表演，其他许多证人作证说看到了巫师施加的巫术，那么我们对此如何解释呢？一个叫理查德・科曼兹（Richard Comans）的村民报告说，在他的卧室发现了毕晓普的幽灵。毕晓普紧靠他躺着，"如此压迫导致他不能说话、不能动，也不像正睡在他旁边的妻子那样清醒"。科曼兹与那些并非女孩们亲密朋友的证人明显没有搞阴谋的理由，历史学家又该如何解释他们的行为呢？

> 这些"受到折磨"的女孩就有意以牺牲长辈为代价，从中取乐吗？

即使一些受到折磨的女人有怪异的行为，也很难解释为有意识的欺骗。想象某些假装的病症是很容易的：在房间四处游走，大声叫喊并不断发出呼呼声，看起来魂飞魄散。但其他的行为又是极为清醒的：她被夹住，不断受到击打，差点因窒息而死，激烈扭曲以致需要几个成年男人才能按住。即使是无辜的受害者也为如此行为而深感震惊。瑞贝卡・诺斯就站在一旁见证了这一切，她吃惊地看着致使她遭受控告的"令人惋惜的病症"。一个检察官问："你认为这些受折磨的人是自愿的或是不由自主的吗？"诺斯犹犹豫豫回答说：

60 “对此，我很难说我是怎么想的。”检察官询问的其他人都给予了类似回答。如果不是因为你的折磨，那么是什么困扰着这些女孩？“我不知道。”你认为她们被施加了魔法吗？“我不能这么说。”你认为使她们痛苦的是什么呢？“那非常不一般。”

“不一般”——历史学家认为没有必要假设存在超自然力量。长期以来，精神病学研究几乎使我们认为以下情况是理所当然的：人们基于自己也不理解的一些原因做出某种行为，情感问题明显可能是造成身体机能失调的潜在原因。甚至理性心理学者，托马斯·哈钦森和查尔斯·阿珀姆拒绝任何模棱两可的说法。要么是塞勒姆的女孩们被巫师所折磨，要么是她们在说谎。但由于真正相信魔鬼和女巫，因此，塞勒姆事件根本不能理解为失去控制的谎言游戏，而应该作为一个非正常心理学案例，在人群这个层次加以研究。

> 对转换性癔症的研究表明，情感问题明显可能是造成身体机能失调的潜在原因。

20世纪的学者更倾向于接受这种医学模式。实际上，最先提出这一建议的人是小儿科医生欧内斯特·考菲尔德（Ernest Caulfield）。“被告不是骗子或让人讨厌的人或诈骗犯，”他在1943年写道，“她们不是冷血的恶棍，她们只是一群得了最糟糕的心理疾病的孩子，生活在对生命和她们的不朽灵魂的恐惧中。”她们想象自己被魔鬼的代理人追赶，意在折磨甚至谋杀她们，即使锁紧大门也不能保护她们。研究其他文化中的巫术的人类学家注意到，巫蛊可能造成创伤，严重者足以致死。澳大利亚一个土著发现自己遭受巫蛊：

> 而目瞪口呆……他的双颊发白，他的眼神变得呆滞……他努力发出尖叫但却发不出声，所有人都看到他口吐白沫。他的身体开始颤抖、肌肉不由自主地扭动。他摇摇晃晃倒在地上，

> 他昏厥过去；但很快他看起来万分痛苦，好像要死了一样。

此后，这样的受害者常常拒绝吃东西，并丧失了对生活的任何兴趣，最终走向死亡。虽然没有塞勒姆人因受巫术而死亡的记录，但人类学家的研究表明，在一个社会中，值得注意的反应是他们相信自己的巫术。*

历史学家查德威克·汉森（Chadwick Hansen）把巫术受害者的行为与被精神病学家称为“转换性癔症”的神经官能症进行了对比。

神经官能症是一种行为障碍现象，其行为往往是避免或转移难 61
以忍受的焦虑。一般而言，焦虑的人往往通过有意识的行动或思想来处理情感问题。如果一般的应对方式不起作用，则潜意识将发挥作用。癔病患者会把他们内心的忧虑转换为诸如失明、中风、窒息、不省人事或疼痛等外在病症。应该指出的是，根本无法找到造成这些症状的器官病变原因。在瘫痪或由视神经出现问题而导致的失明期间，神经系统没有任何问题。身体失能可以从心理上找到原因。癔病发作的方式与塞勒姆受折磨的女孩的表现有惊人的相似之处。

法国内科医生皮埃尔·珍妮特（Pierre Janet）在 1907 年出版了有关癔病的经典著作——《癔病的主要症状》（*Major Symptoms of Hysteria*），该书认为癔症的特点是开始的时候，下腹部以下身体的一部分感到疼痛或产生奇怪的感觉：

> 从腹部开始，它会上升并扩散到其他器官。例如，它常常会扩展到上腹部（位于胃之上的区域）、胸腔，最后扩展到咽

---

* 一件因为巫术而死的事件发生了，丹尼·威尔金斯（Danel Wilkins）坚持约翰·威拉德（John Willard）是巫师而且诅咒了他。威尔金斯生病了，几个被恶灵折磨过的女孩被召集在他床边，她们说她们看到威拉德的恶灵在折磨他。医生不会触碰这个病，因为认为这是超自然的。不久，威尔金斯就死了。

喉。这是一个相当有趣的形式，它很久以来就被认为是癔症的特点。犯病者会感到比自己实在的大小要大得多，会感到异物正阻塞在她的咽喉，自己行将窒息。

我们大多数人遇到过最后一种症状的轻度状态即众所周知的“如鲠在喉”。与此相比，癔病的肿块或癔病球则严重得多，它同时伴随着痉挛——头向一个方向或另一个方向摇动，眼睛紧闭或惊恐地睁开，嘴扭曲着。

伊丽莎白·布朗(Elizabeth Brown)把这些症状与另一个受巫术折磨的人的症状进行了对比：

当(女巫的幽灵)到来的时候，就像一群小鸟在啄食她的双腿或用坚硬的翅膀来回刺她，接着这种疼痛侵入胃部，她感到极为痛苦地被钉住，她像正在分娩的妇女那样嚎叫，这种痛苦感上升到咽喉，就像一个鸡蛋卡在咽喉，接着，她摇动她的头，并说，女巫你差点让我窒息了。

在过去的几十年里，对癔病的诊断取得很大进步。但欺骗问题不能轻易解决。学者伯纳德·罗森塔尔(Bernard Rosenthal)曾再三查看塞勒姆事件记录，他坚称，癔病和欺骗纠缠在一起。例如，对于受到折磨的苏珊娜·谢尔登(Susannah Sheldon)，我们做了什么样的证词呢？

苏珊娜·谢尔登被控制在威廉·肖(William Shaw)的房子里，她的双手呈十字交叉被捆绑起来，我们挑断绳索才使她的手放松开来。当她从惊恐中恢复后，她对我们说，是古德·达斯汀(Good Dustin)捆住了她的双手，在两周内，先后四次被那样捆住。前两次是达斯汀捆的，最后两次是莎拉·古德捆的。

19世纪妇女救济院的一个受癔病折磨的病人。内科医生J. M. 沙尔科(J. M. Charcot)负责该门诊部,他花了大量时间研究神经官能症。注意图中交叉的双腿,非常像塞勒姆事件中一些女孩的症状。

由于恐惧而痉挛是一回事,但手腕被幽灵捆绑四次是另外一回事。除非我们相信存在看不见的幽灵,唯一合理的解释是苏珊娜·谢尔登的一个同伙捆住了她的双手。同样,德奥达·劳森(Deodat Lawson)牧师虔诚地相信存在巫术,他在1692年3月说: 62

> 当一些受到控告的人在公开审讯的时候,他们的手腕被一根细线紧紧地绑在了一起,如果不剪开,就很难抽出双手。还有一些受到控告的人的双臂被捆住,并被挂在一个吊钩上,其他人不得不拖走他们,而其中一些人可能还没有断气。

罗森塔尔说,结论肯定是相似的。"那些'受控告的人'是否自己采取了这些行动或是否从他人处获得帮助还不能下结论,但毫 63

无疑问，这样精心策划的行动是故意让人认为那些受到控告的人参与了欺骗，但癔病或幻觉理论无法解释那些人为什么被绑住，无论是在法庭上还是被吊在挂钩上。"这样的证据表明，癔病和欺骗对这一复杂行为都发挥了部分作用。

至于那些被指控为巫师的人，法庭的判决给了他们极大的压力，因为法庭宣布，认罪就值得宽恕，而拒不承认巫术就是有罪。实际上，法官们似乎不想接受否定的答案。约翰·普罗克特抱怨说，当他的儿子受审讯时，"因为他不承认自己有罪，他们就牢牢地捆住他，直到血从他的鼻子涌出，他们就这样折磨他 24 小时，如果有一个人比其他人更仁慈，也就不会没有人同情他"。

一个大约 17 岁的年轻女子莎拉·丘吉尔(Sarah Churchill)就曾面临类似的压力。很显然她屈服了，承认自己是女巫。不过很快她就有了另外的想法，她大哭起来，捶胸顿足，把她的手伸向她一个年长的朋友莎拉·英格索尔(Sarah Ingersoll)。"我问她哪儿感到不舒服。"英格索尔说：

> 她回答说她毁了自己。我问她如何毁了自己。她说她和其他人都撒谎了，她说，她曾与邪恶的布克(Book)有关系，虽然她从来没有那样做。我告诉她，我相信她曾与邪恶的布克有关系。她哭叫着回答说不！不！不！我从未这样做。我又问她，是什么让她说这样做了。她回答说，因为他们威胁她，并说要把她扔进地牢，让她和伯勒斯先生呆在一起。就这样，她数次跟随我的思路，并告诉我说因为替自己和他人掩盖真相而毁了她自己。我问她为什么不说出真相。她告诉我说，因为她在里面这么长时间，她不敢站出来。她还说，如果她告诉诺伊斯(Noyes)先生(一个进行调查的牧师)她曾经有一次与布克联系，他也会相信，但如果她告诉他事实，即使她重复 100 次说与布克从来就没有关系，他也不会相信她。

这样的恐惧心理有多个来源。可以相信，对不可见世界的恐惧使村民十分担心他们的生命与灵魂。当法官拒绝接受无辜者抗议的时候，他们实际上面临同样恐怖的压力，迫使被告撒谎以逃避惩罚。当巫术情节为村庄数百个人所知的时候，毫不奇怪，不同个体的行为方式是各种各样的。

可见的塞勒姆

在探讨了塞勒姆的心理动态后，假设爆发这种现象的原因已经
得到相当好的解释。把现代癔病的症状与 17 世纪的巫术症状放 64
在一起进行比较，会发现它们很相配，这是相当令人兴奋的，潜心阅读审判记录以便把撒谎和癔症表现区分开来。由于减少了对我们所掌握的事实的探究，也就遗漏了塞勒姆事件中未被探究的其他重要侧面。

> 如果我们从社会背景而不是个人背景审视巫术事件，我们会发现什么呢？

首先，迄今为止所进行的调查，处理的都是个人层面而不是社会层面的争议。无论出于什么原因，在塞勒姆和其他城镇，大约有 150 个人受到巫术指控。为什么这些人会被挑选出来？有什么共同的原因或理由解释为什么是他们而不是其他人遭到指控？只有在仔细审视他们的社会背景后才能回答这个问题。

需要对塞勒姆村的社会背景进行审视的另一个因素是癔症本身的性质。癔症患者对环境影响非常敏感，充斥于记录中的证词表明，很多时候，当年轻的女孩看见她们根本不能分辨清楚的某个人时，如果有成年人暗示说是巫师，她们就会说是巫师。"它是古德·克罗伊丝(Good Cloyse)吗？它是瑞贝卡·诺斯吗？"如果是真的，就足以证明需要跳出严格限于个人动机的考察路径，转而着重考察社会环境。

这样做，合乎逻辑的第一步就是寻求相关性，或探寻可以解释他们行为的群体的共同特点。原告都是教徒、被告都是非教徒吗？

原告都是富有且值得尊敬的、被告都是贫穷且品行不端的人吗？历史学家收集各种材料，随机对它们进行汇编并寻求它们之间的对应关系。

从前面提到的两个社会特征是否是教徒和是否有财富出发，根据原告和被告审判记录，历史学家就能编制清单。按照清单，他们就能开始核对教会记录，以确定清单上的哪些人是教徒。或者他们能检查税收记录，以核对谁担负的税率最高，进而确定哪些村民最富。土地转移也有记录可查，包括哪些村民拥有最好的土地。当某个成员死亡时，其个人财产目录就可以制作出来，至少，历史学家会有某个人死亡时的财产记录，即便不是1692年的。其他一些记录可能也会提到贸易或职业，这也将会提供与财富和社会地位有关的一些线索。

如果对塞勒姆地区进行如此全面的考察，很快你就会发现自己无法进行下去了。即便，最初几个被指控为女巫的人不是教徒，但很快，在财富的拥有方面也表现出同样的情形。虽然蒂图芭、莎拉·古德和莎拉·奥斯本都相当贫穷，但随着巫术事件的扩大，商人和富裕的农场主也遭到指控，采取相互关联性进行分析的方法失败了。

65 随着两个历史学家保罗·博耶(Paul Boyer)和斯蒂芬·尼森鲍姆(Stephen Nissenbaum)的到来，这种无以为继的局面结束了，他们受到启发，重新采用前人的研究方法。一百多年以前，查尔斯·阿珀姆根据自己对巫术事件的研究，绘制了一幅非常详细的塞勒姆地图。他仔细检查了该镇的各种记录，确定了老房子的实际位置，这使他对塞勒姆绝大部分村民的住宅有了更好的了解和认识。博耶和尼森鲍姆在他们的原告和被告清单上对每一个村民的住宅进行了标记，结果非常令人震惊，这可以从原书第66页的地图中看到。

村子里共有14个人被指控为女巫，其中12人住在村子东部。村民中有32个成年人作证指控被告，其中有30个住在村子西部。“换句话说，”博耶和尼森鲍姆说，“被指控为女巫的人和那些指控他们的人分别住在村子的两边。而且有29个村民公开用某种方式为被告们辩护，其中24人住在村子东部。通常他们与被告是关系很亲密的邻居”。这一发现让两个历史学家异常兴奋，就像阿基米德从他的浴缸里跳出来并高呼“我找到了”一样。

这一发现只是进行研究的开始，村民之间存在分裂，但并没有揭示除了一般的地理上的分裂外还存在什么样的分裂。于是，博耶和尼森鲍姆开始研究村子本身的历史，把他们的研究时段推到1692年以前。他们开始调查长期以来为历史学家所认识但从未把它们与塞勒姆巫术审判事件联系起来的社会环境：塞勒姆村与它的社会母体——塞勒姆镇之间的不稳定的关系。

塞勒姆镇居民点的布局遵循了新英格兰大多数沿海城镇的布局模式。最初的定居者都在中心周围建造房子，并在周边的乡村开垦农田。当一个定居点发展起来的时候，它周围的土地很快就会被完全占用。由于房子离中心点越来越远，离中心点较远的居民就会发现到教堂参加其他公民活动是非常不方便的。在这种情况下，他们试图建造独立的村子，拥有他们自己的教堂、税收和选举的官员，并获得承认。

这样一来，麻烦就出现了。居住在市镇中心区的居民根本不愿 66
意让居住在外围的居民脱离并独立。只有市镇的每个居民纳税才能供养市镇教堂的牧师、维护道路和照顾穷人。如果一个大的村庄被分裂出来，税收就会流失。而且居住在市镇外围的居民不再会承担共同的负担，例如在夜晚护卫市镇。因此，居住在市镇中心区的居民一般会反对居住在外围的居民的任何分离运动，这样的纠纷是新英格兰生活的固有特点。

塞勒姆镇也采用了这种模式。它的第一批居民居住在延伸到马萨诸塞湾的一个半岛上，在那里，他们从事殖民地贸易。1668年，除中心之外，已有四个外围区域分离出来变为独立城镇。现在，居住在紧邻塞勒姆镇中心的西部的“塞勒姆农夫”要求获得同样的待遇，“塞勒姆市民”自然坚决反对。1672年，马萨诸塞殖民地通过立法，允许塞勒姆村建造自己的教堂，但在其他方面，塞勒姆村仍依靠塞勒姆镇。塞勒姆镇仍向塞勒姆村征收赋税、负责选择治安官员和安排村里的道路维修。殖民地的记录包括村民不断抱怨税率、巡逻和边界裁决等。

这里是东西分裂——塞勒姆村和塞勒姆镇之间的分裂。但在博耶和尼森鲍姆的地图上，这条线却从村子中间穿过，是什么造成了村民之间的分裂？

有许多原因，记录表明其中主要的原因是牧师的选择。塞勒姆村建造好自己的教堂后，1673 年，决定让詹姆斯·贝利（James Bayley）做牧师。随后一些经常去教堂的教徒很快就开始抱怨，贝利没有定期参加他的私人祈祷。在选择贝利做牧师前，并没有与教徒们商量。在一系列的请愿和反请愿之后，贝利于 1680 年离开了，乔治·伯勒斯被选为牧师。三年后，在另一场争吵中，伯勒斯也离开了。德奥达·劳森继任牧师，他担任牧师的四年多时间里一直伴
67 随着争斗。最后，塞缪尔·帕里斯在 1688 年后担任牧师，他任期时同样充斥着愤怒而激烈的争斗，1696 年，他的反对派拒绝用征收的税收支付他的工资，从而最终成功地令他失业。

这种操作看来还是令人困惑的，但博耶和尼森鲍姆认识到，教堂记录和请愿与反请愿一样，对理解当地的分裂和冲突是非常关键的。当把参与不同场合争吵的人员清单进行比较时，博耶和尼森鲍姆发现，那些支持詹姆斯·贝利的人一般也支持乔治·伯勒斯并反对另外两个牧师。相反，支持德奥达·劳森和塞缪尔·帕里斯的人就是反对贝利和伯勒斯的人。这就是联系以上述争吵为基础划定的两份清单上的人，与 1692 年的原告和被告的分类高度一致。

这样，塞勒姆巫术案就突然呈现出了一种全新的面貌。它没有表现出戏剧性的中断，即某一时刻在村子的某一个地方突然出现，然后又同样突然地在 10 个月后消失，而是一直持续了近 20 年的争吵。

68 在分裂背后隐藏着什么呢？证据之一表明，塞勒姆镇和塞勒姆村之间更大的分裂反映在村子本身。东部的村民与塞勒姆镇保持了足够的联系并延续了他们的附属地位，但村子西部的人主张完

全分开。博耶和尼森鲍姆争辩说，分裂已超出单纯的地理界限而表现出生活方式的不同。塞勒姆镇正成为新英格兰的主要商业中心之一，它以正在日益增长的商人阶层为豪，而这些商人的财富很快就足以建设更好的高楼大厦。相比而言，位于西部的塞勒姆农夫更传统：他们过着自给自足的农村生活，简朴而节约，他们对依靠信贷和进行投机性投资的商业习惯更为怀疑。更糟糕的是，塞勒姆农夫发现自己的境况越来越不好。村庄里可用的土地日益减少，而且相比东部平原的土地，村子西部的土地要贫瘠得多。

看看那些站在被告席上的巫师和他们的辩护人。许多人都生活在伊普斯威奇(Epswich)路沿线，它途径村庄，是一条旅行和商业的主要通道，包括木匠、锯木工、鞋匠和磨坊主在内的一些商人在沿线开店。当然，也有为旅行者而建的小旅馆。沿伊普斯威奇路沿线居住的人并不都是富人，他们中的大多数都与塞勒姆镇和外面的人有商业联系。他们是小型企业家而不是农场主，居住在伊普斯威奇路沿线或靠近伊普斯威奇路的 21 个村民中，只有两人签字申请加强与西部的联系，有 13 人签字申请加强与东部的联系。小旅馆主约翰·普罗克特被认为是巫师而被绞死，他的妻子伊丽莎白也未能逃脱。

博耶和尼森鲍姆对村子状况的还原表明，可以用另外一种替代方式来看待塞勒姆巫术审判案。传统叙述都把塞缪尔·帕里斯和他的支持者作为村子的领导者，他们用暴力手段恐吓无辜的村民并控制了审判。当然，帕里斯和他的支持者在 1692 年获得了胜利，但从长远看，他们似乎一直在为一场注定失败的战役而战。如果博耶和尼森鲍姆是对的，则塞勒姆审判是一群感到其农村生活方式正受到日益崛起的塞勒姆镇重商主义威胁的村民进行的间接而极其痛苦的抗议。

博耶和尼森鲍姆研究的突出之处是把塞勒姆个人的遭遇置于更大的社会背景下进行考察。尽管他们所绘的地图并不是唯一能被绘制的地图，他们所设想的联系也不是唯一存在的联系。博耶和尼森鲍姆关注的焦点是塞勒姆村，但正如巫术审判的势头表明，这种狂热的举动甚至扩散到附近的一些村子。1692 年夏，好几个疯狂的塞勒姆女人应邀到安多佛（Andover），由此产生的指控导致将近 40 个安多佛村民被逮捕。一个月后，在渔港格洛斯特
69 （Gloucester）发生了一次较小规模的类似事件，在那里，有 6 人被逮捕。塞勒姆的许多被告被控与格洛斯特有联系，所有这些人都由处理塞勒姆案件的同一个法庭审判。

考虑到这种情况，全面勾勒陷入困境的农民群起反对正在崛起的重商主义更加困难。格洛斯特只是一个渔港，而安多佛也是和塞勒姆村一样的农村，没有塞勒姆镇那样的商业先辈。如果正在崛起的重商主义不是唯一或首要的影响塞勒姆事件的社会因素，那么具体因素是什么呢？

> 在缅因边界发生的“印第安人——白人”的新的暴力冲突给许多受巫术折磨的女人留下很深的印象。

历史学家玛丽·B. 诺顿（Marry Beth Norton），探讨了塞勒姆审判与新英格兰爆发的与印第安人的战争之间的联系。1676 年的菲利普王战争多年来一直留在当地人们的记忆中，让当地居民对边界沿线的局面焦虑不安。紧接着在 1689 年爆发了被当地殖民者称为“第二次印第安人战争”的新的暴力冲突。1692 年 1 月，正当人们就巫术开始争辩的时候，从约克、缅因传来消息说，印第安人大肆屠杀当地居民。实际上塞勒姆审判案中的许多原告就曾亲身经历了那些恐怖冲突。作为主要原告之一，梅西·刘易斯（Mercy Lewis）两年来亲眼看见她的母亲、父亲、姊妹和兄弟在印第安人的袭击中丧失。

通过分析审判记录，诺顿发现，巫术控告的数量在 1692 年 4 月突然增加。这正好是阿比盖尔·霍布斯（Abigail Hobbs）被带到法庭的时间，之所以被带到法庭，是因为她对正在蔓延的危机漫不经心、根本不当回事。（据说，她曾自吹“不害怕任何事”，因为她已向撒旦“出卖了自己的身体和灵魂”。）17 世纪 80 年代末，霍布斯在缅

因边界曾生活过一段时间。在回答法官充满敌意的提问时，她承认曾在卡斯克湾(Casko)与魔鬼签订契约。这样，她很快就转变为一个热情的控方证人。在她承认前的4月17日，只有10个人被控使用巫术。而在此后的七周，总共有68人被控使用巫术。阿比盖尔·霍布斯和梅西·刘易斯的供词使缅因许多人遭到起诉，他们之中就有令人尊敬的牧师乔治·伯勒斯，在许多人看来，他是巫术阴谋的罪魁祸首。诺顿声称，由于边境遭到袭击，恐慌大量滋生，这使塞勒姆巫术案超出了17世纪新英格兰普通巫术审判的界限。

除害怕印第安人“魔鬼”外，控告者可能还对持不同信仰的人感到害怕吗？多年来，在殖民地居于支配地位的公理会教友，对教友会信徒传播的异端邪说感到非常担心。在17世纪50年代和17世纪60年代，马萨诸塞湾殖民地曾在波士顿绞死4个教友 70
会传教士，其他一些教友会信徒则受到鞭打而被投入监狱，或被驱逐出马萨诸塞殖民地。教友会派的教义主张每个人都有他或她自己的神圣灵光，上帝可直接与个人对话，而在公理会信徒看来，这根本是一种邪恶的念头。更令人不安的是，教友会信徒热情地相信，当他们拥有圣灵时将会“颤抖”，其行为与塞勒姆巫术案中受害者的表现非常相像。1689年，波士顿的牧师科顿·马瑟(Cotton Mather)曾警示说“恶灵会让人进入教友派”。

到1692年，公理会教友不再有权迫害教友会教徒，因为马萨诸塞新宪章保证宽容所有新教徒。当然，很多普通百姓仍然怀疑，在埃塞克斯(Essex)县，塞勒姆和格洛斯特是教友会教徒最大的集聚区。安多佛村的情形也一样，逮捕似乎与教友会教徒联系在一起。瑞贝卡·诺斯是一个在许多方面都广受尊敬的虔诚基督徒，她曾把一个教友会教徒的孤儿带到自己家。小旅馆主约翰和伊丽莎白·普罗克特的家里也有许多教友会教徒。

“仅仅是女人”

博耶和尼森鲍姆以及其他历史学家在巫术社会地理学的基础

上努力探寻各种现象之间的联系，他们发现了另外一个令人震惊的联系，即巫术和性别之间的联系。

在被指控为巫师的 178 个塞勒姆人中，超过 3/4 是女人，而在被指控的男人中，被指控的女人的丈夫、儿子或其他亲属又超过一半。对塞勒姆以外的巫术案中被指控的人进行考察，就会发现这种性别差距进一步扩大。17 世纪新英格兰被指控为巫师的另外 147 个人中，82%是女人。在实际进行审判的案例中，有 34 个女人遭到审判，相比而言，被审判的男人只有 7 个。在遭到审判的女人中，53%被判有罪，只有 2 个男人被判有罪，被判有罪的男人占 29%。在所有不仅被判有罪而且被处死的人中，女人与男人的比例是 15∶2。

当历史学家卡罗尔·卡尔森(Carol Karlsen)仔细检查这些审判记录时，她发现官方倾向用不同的方式对待受指控的男人和女人。法官和牧师常常向女人施加压力，迫使她们承认犯罪。在新英格兰的案件中(塞勒姆除外)，当女人在压力下承认与撒旦约定时，她会遭到《圣经》律令规定的各种处罚。但当男人受到指控时，则很少对他们施加压力以迫使他们承认犯罪。实际上男人承认犯罪常常不会被接受。1652 年，约翰·布拉德斯特里特(John Broadstreet)承认与撒旦定约，但法庭却认为他是撒谎而只判处受鞭刑和罚款 20 先令。1674 年，克里斯托弗·布朗(Christopher
71 Brown)承认与魔鬼交谈，但法庭拒不接受他的说法，认为这与事实不符。

为什么被指控为巫术的女人比男人更多呢?

上述证据表明，总的来说，在 17 世纪大多数的新英格兰人的潜意识中，女人是巫师，而男人自称是巫师则很少有人相信，为什么是女人呢?

卡尔森声称，答案部分在于女人在文化中扮演的角色。马丁·路德和其他宗教改革家都认为，清教徒把母亲的作用提升到超过圣洁的修道院生活的程度，他们把女人看作婚姻中的合作伙伴和助手。即便如此，清教徒仍然保留了婚姻中明显的等级观念，他们把家庭看作是微型社会，丈夫是统治者，他的家人应遵从他的意愿。“一个真正的妻子应把她的服从看作是她的光荣和自由”，马萨诸塞总督约翰·温思罗普(John Winthrop)说。

妻子的不平等地位在法律中也得到了反映：在法律中，妇女被称为已婚女子——她的身份只是她丈夫的附属物。因此，她无权买卖财产、提起诉讼或被诉，也无权签订合同。同样在新英格兰，在遗产继承权上，男性也处于主导地位。丈夫可能分给他的妻子财产——实际上，法律要求他至少把他财产的 1/3 留给他的妻子。但只有“在她自然的生命周期”期间，她才“享有”这些财产。她不能浪费或挥霍它，因为在她死后，它会被传给她家族的遗产继承人。当然，女儿也可能继承遗产，但如果她们已经结婚，则遗产属于丈夫。如果一个年轻女人没有结婚，财产通常为她保留着，直到她结婚。

只有一种女人，即未再婚的寡妇才有相当的经济权力。这样的女人被称为单身女子。她确实有权起诉、签订合同和买卖财产。当再婚的时候，寡妇有时候会要求她的新丈夫签订婚前合同，保证妻子可以把婚前财产作为她自己的财产。在男人居于统治地位的新英格兰，这些财产保护措施使单身女人十分引人注目，她们不适应处理事务的普通方式。

因此，在清教徒社会中，女人一般处于从属地位。同时，许多被控为从事巫术的妇女在某种程度上不处于从属地位。她们拒绝接受陈规旧习，这就威胁到传统的社会秩序，因而非常可能以从事巫术颠覆活动的罪名而受到控告。

如果一个女人的职责是平静地服从处于统治地位的男人并以隶属男人而感到光荣，那么相当多的女巫是拒绝接受规定角色的。我们已经清楚塞勒姆村人认为莎拉·古德的“抱怨和责骂”杀死了一头母牛，审判记录充满了类似指控。

通常，臭脾气更容易面临险境。在经济意义上，在遭受指控的 72
女人中，单身女人以其所占的高比例而引人注目。在其遗产继承

年长的女人——尤其是那些据说拥有草药和药剂知识的年长女人，在美国和英国常常被怀疑为从事巫术。这幅1622年的英国画是对年长女人的典型而刻板的描绘。画中被怀疑为女巫的女人名字叫詹纳·迪布尔(Jenner Dibble)。据说，她照顾一只名叫吉布的大黑猫达40年。

方式可以根据现存记录进行重构的124个女巫中，多达71人(57%)生活在或曾生活在没有男性继承人的家庭。另外14个被控女巫是没有兄弟或儿子继承她们财产的女巫的女儿或孙女。考虑到新英格兰人口中单身女人的比例，实际数字至少是这一比例的两倍。而且，在塞勒姆巫术案被处死的女人中，超过一半已经继承或将要继承自己的财产。这一统计数字解释了为什么围绕巫术发生的争吵会如此经常地以妇女为中心。

令人困惑的网络

早期现代世界，包括新英格兰殖民地，具有不确定性和不可预测性，当然，也充满机会。其中也有诸多不可预测的悲剧，巫术对看起来可能无法解释的不幸事件提供了一种解释途径。

与占卜师或巫医不一样，历史学家力图按照自然科学的方式探寻原因和结果之间的可验证的、理性的联系。当然，人们仍渴望有简单而清楚明白的解释。我们都希望把一系列杂乱无章的事件整合起来,从而呈现出一幅完整而明晰的画面,这使我们像阿基米德一样大喊“我找到了,我找到了”——类似转换性癔症!或大喊“我找到了,单身好女子”——来自新的商业经济所产生的压力!

正如历史学家对有关塞勒姆巫术事件爆发的关系之网的详细
考察,大多数人都相信,导致这一事件爆发的原因是多重的且不是 73
单一的。曾勾勒出教友会教徒与女巫之间联系的克莉丝汀·赫尔曼(Christine Heyrman)断言:“导致社会紧张的任何单一因素都是不可分解的”。伯纳德·罗森塔尔则声称,“任何单一因素都不可能解释一切”。引发塞勒姆巫术案的因素并没有在新英格兰其他地区引发同样的事件这一事实表明:塞勒姆的不幸事件在相当程度上是心理和社会因素罕见地结合在一起的结果。

当然,塞勒姆村主要以土地为生的那部分人不会有意识地设计审判,以惩罚他们的商业竞争对手或教友会邻居,也不是男性清教徒发动一场精心策划的战争来反对女人。但是,与巫术有关的无法言喻的因素确实提供了一个解释框架,正是这些因素扩大了村民的焦虑情绪并成为了人们关注的焦点。当对小范围内年轻的女孩的控告扩大和争论席卷整个塞勒姆镇时,村民中长期以来存在的争吵和偏见很自然地就在讨论中迸发出来。人们的宗教信仰、商业习惯、梦想和对生活的幻想就像一株正在蓬勃生长的植物的庞大根系一样,错综复杂地交织在一起并相互作用。通过坚持不懈的研究,把他们的解释限制在一定时间和空间范围内的历史学家是能够解读感情、动机和社会结构的密码的,正是它们提供了塞勒姆事件中那些人为何会被送上绞刑架的线索。

74

拓展阅读

David Hall 的 *Worlds of Wonder: Days of Judgement* (New York, 1988)对巫术何以发生提供了极为精彩的介绍。Chadwick Hansen 的 *Witchcraft at Salem* (New York, 1969)对原告变得歇斯

底里进行了最详细的描述。Bernard Rosenthal 在 *Salem Story*：*Reading the Witch Trials of 1692*（New York，1993）中声称，有意识的欺骗发挥了某种重要作用，最关键的是原告的有意识的欺骗。Paul Boyer 和 Stephen Nissenbaum 在 *Salem Possessed*：*The Social Origins of Witchcraft*（Cambridge，MA，1974）中运用社会史方法清晰分析了巫术的起源，尽管其他历史学家对商业利益是巫术事件发生的主要催化剂的观点持怀疑态度。关于对战争和印第安人袭击的焦虑，Mary Beth Norton 的 *In the Devil's Snare*：*The Salem Witchcraft Crisis of 1692*（New York，2002）提供了权威的研究。因为注意力大都集中在审判上，所以记住这一事实，即大多数殖民者对巫术事件的态度是模糊的，这一点非常重要。关于有益的比较研究，参见 Richard Godbeer 的 *Escaping Salem*：*The Other Witch Hunt of 1692*（New York，2004）。

75

第四章　宣布独立

事实真的胜于雄辩吗？当分析《独立宣言》这类文献时，历史学家有时需要留意古老的谚语："看我所做，非我所言"。

好的历史学家和魔术师一样，都有一双灵巧的翻云覆雨的手。在这两种职业中，技巧掩饰了大部分过程。如同魔术师的活板门、镜子以及其他暗藏的道具，第一手材料是历史学家完成任务必不可少的。但是，历史学家的技艺越高超，就越有可能让读者聚焦于历史场景本身，而非证实性的文献。

与当下盛行的做法不同，首先我们要做的是，不厌其烦地让读者注意那些有待解决的证据问题，然后再看其已被精炼过的历史叙述。然而，迄今为止，我们尚没有对一份单一的文件展开细致的剖析。乍看之下相对简单的工作，诸如搜集、检验、分类，也会变得非常复杂。

在前面两章，我们研究了地区（弗吉尼亚）和村庄（塞勒姆），现在，让我们进一步缩小研究范围，转向对一份文件的研究。这份文件比大多数文件更重要，尽管内容简短，只需几分钟就可以读完，它就是《独立宣言》。

在美国历史上，《独立宣言》是最为著名的文件之一。它由托马斯·杰斐逊起草，在第二届大陆会议上通过，为了世界的福祉而出版，在无数次充满爱国主义的演讲中得到热情赞扬。今天，它陈列在国家档案馆的圆形大厅，装在一个充满氦的玻璃容器里，以防止氧化。小学生都知道，1776 年 7 月 4 日，大陆会议发表《独立宣言》，由此宣布了殖民地的独立。几乎每个人都见过的约翰·特朗布尔(John Trumbull)的画，上面所画的场景就是大陆会议成员在这一天签署誊写在羊皮纸上的《独立宣言》。

因此，研究起点是再熟悉不过的事。然而，即使是在解析基本事实方面，仍然还有很多问题需要证实。杰斐逊是在什么情况下起
76 草了《独立宣言》？什么人、什么事，或其他的什么文献影响了他？

五人委员会(亚当斯、谢尔曼、利文斯顿、杰斐逊和富兰克林)将他们的作品呈交给约翰·汉考克，大陆会议主席。出自约翰·特朗布尔的画作《独立宣言》。据说，当汉考克在正式誊写的版本上落下优雅的签名后，他说了一句话："好了，英国人不戴眼镜就可以看清我的名字，现在可能会把悬赏我人头的赏金从 500 英镑涨到 1000 英镑了。"

只有这些问题得到了更为细致的解答，我们才会清楚，上面所列举的那些"事实"是不是骗人的或是错误的。但是当我们试图回答关于《独立宣言》的一些基本问题时，仍然会感到迷惑不解。

文献的诞生

1776 年 5 月，托马斯·杰斐逊带着两名奴隶侍从，乘坐一辆四轮马车，前往费城，这是一个绅士该有的派头。他很快就成为弗吉

尼亚代表中的一员，参加第二届大陆会议。莱克星顿和康科德(Concord)的战斗已经打响了一年，大陆会议仍然在争论不休，争论的问题在与是否该平息与英国的冲突。在很多地方，独立的呼声很高，但绝非任何地方都如此。显然中部的殖民地最不愿意独立，尤其是宾夕法尼亚，这里的温和派仍然希望与英国和解，比如约翰·迪金森(John Dickinson)。

这种审慎的态度令那些更激进的代表愤恨不已，尤其是马萨诸 77
塞的约翰·亚当斯和塞缪尔·亚当斯。这两个人从大陆会议开幕就寻求独立，但是却发现事情进展非常缓慢。约翰抱怨说，美洲是“一个笨拙的庞然大物，就像一支在护航之下行驶的巨大舰队。最敏捷迅速的船不得不等那些最缓慢最迟钝的船”。杰斐逊也支持独立，但他并不像亚当斯兄弟那样喜欢政治斗争。当马萨诸塞的代表在大陆会议中活动的时候，杰斐逊也会认真地听取意见，记笔记。杰斐逊 33 岁，是最年轻的代表，这无疑导致了他的谦逊。私底下，他与朋友的交谈会更随意，身体放松，漫不经心地斜躺在椅子上。他与其他代表交往甚好。

代表们时不时地在为独立争得唾沫飞溅，直到 5 月底，杰斐逊的同僚，理查德·亨利·李从威廉斯堡(Williamsburg)来了，他决定要促使大陆会议尽快采取行动。6 月 7 日，星期五，根据弗吉尼亚的指示，他在大陆会议上提出了以下决议案：

> 这些联合的殖民地要成为，而且也应该成为，自由、独立的国家，它们从此解除对英王的一切效忠义务，它们与大不列颠国家的一切政治联系要而且也应该完全断绝。
>
> 要得到外国援助，这是当前刻不容缓的最有效措施。
>
> 应该准备联合的计划，呈交给各殖民地代表审核和认可。

星期六以及星期一，温和派与激进派再次针对条款展开了争论。大陆会议的秘书，查尔斯·汤普森(Charles Thomson)，在他的会议记录中，谨慎地记下了“某些决议”被“提出和讨论”——承然，这所谓的某些决议是极其叛逆的。

尽管如此，人们还是倾向于激进派。当宾夕法尼亚的代表詹姆斯·威尔逊(James Wilson)宣布他已经做好准备投票支持独立的时候，大陆会议立刻行动起来，任命了五人委员会"起草一个与上述决议内容相同的宣言"。在秘书汤普森的会议记录的现代版本(《大陆会议杂志：1774—1789》[Journals of the Continental Congress：1774－1789])中，此后发生的事件，至少在框架方面，是清楚可循的。根据记录，我们可以了解到1776年6月11日，大陆会议任命了由杰斐逊、约翰·亚当斯、本杰明·富兰克林、罗杰·谢尔曼和罗伯特·利文斯顿组成的"五人委员会"，负责起草宣言。但接下来的两个多星期，汤普森的记录却对此事只字不提。6月28日，星期五，记录显示委员会"带来草稿"。

7月1日，星期一，大陆会议将自己变成"全体委员会"，这样，可以自由讨论一些敏感问题，而不需要留下有关争论与分歧的官
78 方记录(汤普森的日志没有记录委员会的活动)。7月2日，全体委员会向大陆会议"汇报"，其实只是走过场，此时大陆会议就是全体委员会。日志只是记载了理查德的决议在正式的议程中"被读"，"得到通过"。

> 事实表明，约翰·亚当斯挑选了一个错误的日子庆祝美国的独立。

因此，官方文件清楚显示，大陆会议是在7月2日表决通过了独立的决议，而不是7月4日，其内容就是理查德·亨利·李在6月7日的提议。当约翰·亚当斯在7月3日给他的妻子阿比盖尔写家信时，他热情洋溢地预言："7月2日将会永载史册，是美洲历史最值得纪念的时刻。我非常相信，后人将会把这一天视为每年中最重大的节日进行庆祝……届时，从大陆的这一边到另一边，会有声势浩大的游行队伍，张灯结彩，礼花鸣放，还有各种表演，游戏和体育活动。这个庆典从今往后每年都会举行，直到永远"。

事实表明，亚当斯选取的燃放烟火的日子是错误的。尽管大陆会议已经与英国正式斩断了联系，解释这一行动的宣言还是没有被通过。7 月 3 日和 4 日，大陆会议再次以全体委员会的形式召开。只是到了此时，正式的宣言才呈交上来，并且被通过，送去印刷。汤普森的日志记载说，“根据大陆会议的指示，前述宣言被指示誊写，由下述代表签名……”这就是大家都熟悉的正式文本：“正式誊写的”羊皮纸文稿（用整洁的大写字母写成），开头是醒目的“1776 年 7 月 4 日，大陆会议”，结尾部分是大陆会议主席的签名。他的签名是如此龙飞凤舞，以致我们今天还说把我们的约翰·汉考克写到纸上。主席的签名之下，是 55 位其他代表的签名，他们的签名就不那么张扬了。

如果汤普森的日志关于《独立宣言》的记载以 7 月 4 日的记录结束，那么小学生们关于《独立宣言》的记忆不会被破坏。但是日志此后的记录显示，《独立宣言》极有可能是在 8 月 2 日签署的，而不是 7 月 4 日。让人摸不着头脑的是，8 月 2 日并不是所有的签名者都在费城，部分代表可能直到 10 或 11 月才签名。

因此，历史学家初步调查的结果就是：（1）大陆会议宣布独立是在 7 月 2 日，而不是 7 月 4 日；（2）大多数代表在正式誊写的羊皮纸文献上签名是在 8 月 2 日；（3）《独立宣言》的签署者并没有共聚一堂，尽管他们都出现在约翰·特朗布尔的画中。在确定一份有关文献的基本事实方面，历史学家非常容易和约翰·亚当斯感同身受。亚当斯在晚年追溯往事时，感觉非常困惑：“我们该如何看待历史？在不到 40 年的时间里，那些尚在人世的目击者能够记得的事情都是如此地众说纷纭。”

然而，即使弄清楚了基本事实，有关《独立宣言》的诞生仍然有诸多重要问题有待解答。尽管它是杰斐逊起草的，五人委员会的
贡献是什么呢？如果代表们在 7 月 3 日和 4 日的会议讨论中对杰 79
斐逊的草稿做了修改，那么他们修改的目的是什么？历史学家会非常有兴趣知道在完稿中哪些部分是最有争议的，流传至今的草稿会给这些问题做出非常有价值的解答。

早在那些主要参与者还在世时，就开始搜索有关《独立宣言》起草的准确信息。大约在签名后 40 年，杰斐逊和约翰·亚当斯都想要厘清事件发生的顺序。亚当斯回忆说，和蔼、圆滑的杰斐逊建议亚当斯起草初稿。“我不起草。”亚当斯回答说。

“你应该做这件事。”杰斐逊坚持说。

“噢，不！”

“你为什么不做呢？你应该做这件事。”

“我不干。”

“理由很充分，”亚当斯一一道来，“理由一，你是弗吉尼亚人，而弗吉尼亚人在这件事情上应该一马当先。理由二，我是个令人讨厌的人，不受人信任，也不受人欢迎；而你就完全不同了。理由三，你可以写得更好，胜过我十倍。”

“那好吧，”杰斐逊说，“如果你决心已定，那我就尽我所能吧。”

在杰斐逊一方，当他回忆这件事时，完全没有提及这种踢皮球行为。在 1823 年写给詹姆斯·麦迪逊的信中，他很肯定地说，“五人委员会碰头……他们一致要求由我一人起草，我同意了；我完成了草稿，但在向委员会汇报之前，我把草稿分别送给富兰克林博士和亚当斯先生过目，征求他们的修改意见……你现在可以看到我手上的原稿，上面有富兰克林博士和亚当斯先生的手迹，他们的修改就写在原稿的字里行间。他们的改动之处仅两三处而已，而且主要是文字上的改动(即，遣词用句上的改动，而不是实质内容的改动)”。

如此，很好。杰斐逊的原稿保存在国会图书馆，他在上面亲笔签字“最初草拟的草稿”。的确，这份草稿比杰斐逊所说的还要“草稿”。诚如历史学家卡尔·贝克尔(Carl Becker)所言：

> 一个爱追根究底的学生初次见到这份草稿，很可能会大吃一惊，甚至会甚感失望，如果他原本希望看到的不过是一份“初稿……富兰克林博士和亚当斯先生亲笔落在字里行间的改动”。比如，他会发现，仅仅在第一页，除了亚当斯和富兰克林的改动之外，还有多达 19 处的改动、补充以及删除。乍看之

> 下，这份文件在他看来似乎是令人迷惑不解的，有很多词语被划去了，在行间补充书写的内容非常之多，还有整段整段的文字被用括号括起来了。

这些改动使得这份草拟的草稿非常难读，但是更加值得读。因为事实是，杰斐逊继续在这份草稿上记录了此后对《独立宣言》的一系列改动，不仅有亚当斯和富兰克林的改动，而且还有 7 月 3 日和 4 日大陆会议在讨论期间所做的改动。 80

杰斐逊草拟了《独立宣言》的草稿，这幅 1897 年的插图显示他正在自己的居所里把草稿内容读给富兰克林听。1883 年，他的房子还在，但与隔壁装了壁炉的四层楼的房子相比，就相形见绌了。

由此，通过仔细的比较和重建，我们能够准确理清对一份至关重要的文件所做的一系列修改，从它开始起草的时候，到委员会的修改，再到大陆会议的讨论与进一步完善，直到最后正式誊写在羊皮纸上，成为后人所熟知的样子。这些修改可不是轻微的修改。最终，大陆会议大约删除了杰斐逊原草稿四分之一的内容。就在 1776 年那改变历史命运的三个星期内，各色人等，包括杰斐逊自己，总共做了 86 处修改。

阐释的策略

在对《独立宣言》成文的背景进行一番概览之后，历史学家应该尝试更为复杂的阐释任务。在阐释的方法上，历史学家最有可能出现分歧。要确定一份文件的历史意义，就需要将之置于更为广阔的诸多事件的背景下。当然，做这件事的方法并不是唯一的。如果真存在一个单一的方法，那么历史学家对过去的重构将会同一化，历史也将变得相当乏味。另一方面，至少有些阐释的策略是历史学家所共有的，这一直有助于得出有价值的结论。

接下来，我们要讨论的是一系列阐释《独立宣言》的策略性路径。这些路径绝非理解《独立宣言》的独门秘籍，但它们确实是可供历史学家选择的方法。

首先，这份文件是要读出来的，以让人理解其字面上的意思。这一步可能显得太显而易见以致不值得一提，但其实不是这样的。事实上，大多历史学家都从一个特定的、而且可能有局限的视角审视一份文献。比如，外交史家研究《独立宣言》时，可能关注的是它在缔结与法国的正式联盟方面所起的作用。研究政治理论的历史学家则会倾向于关注独立在理论上的合法性。这两个研究视角都是合理的，但是因为一开始就有这种特定的研究取向，历史学家很容易对这份文献产生先入为主的成见，他们也可能只会留意那些为他们所需的证据。

因此，一开始，让我们把一切特定的问题放置一边，以一个乐意倾听、不加鉴别的读者的身份走进《独立宣言》，这是有意义的。我们只提一些最为基础的问题。这份文献是怎样谋篇布局的？它的核心观点是什么？可以简要概括为几点？

美洲十三个联合邦的一致宣言[1]

① 以下内容的翻译参考了国内译本及相关研究成果。

在人类事务的发展过程中，当一群人必须解除其与另一群人之间的政治联系，并且依照自然法则，获得其应有的独立和平等之地位，成为世界列国之一员，出于对人类公意的尊重，必须宣布他们不得不独立之原因。

我们认为下述真理是不证自明的：人生而平等，造物主赋予其若干不可剥夺的权利，其中包括生命权、自由权以及追求幸福的权利。

为了保障这些权利，人们才在他们之间建立政府，而政府之正当权力来自被统治者的同意。

任何形式的政府，只要有违上述目的，人民就有权利改变或废除它，并建立新政府；新政府赖以奠基的原则，得以组织权力的方式，都要最大可能地增进民众的安全和幸福。诚然，出于慎重考虑，不应当因为轻微和一时的原因就改变成立多年的政府。过去的一切经验也都说明，任何苦难，只要尚能忍受，人类都宁愿忍耐，而无意废除他们久已习惯了的政府来为自己伸张正义。但是，当虐待与侵犯的行为罄竹难书，当这些矢志于同一目的的行为清楚表明：政府的图谋就是要置人民于绝对的专制统治之下，人民就有权利，也有义务推翻这个政府，并为他们未来的安全建立新的保障——这就是这些殖民地过去逆来顺受的情况，也是它们现在不得不改变以前政府制度的原因。当今大不列颠国王的历史，是一再损人利己和强取豪夺的历史，所有这些暴行的直接目的，就是想在这些邦建立一种绝对的暴政。为了证明所言属实，现把下列事实向公正的世界宣布。

他拒绝批准对公众利益最有益、最必要的法律。

他禁止他的总督们批准迫在眉睫的法律，要不就把这些法律搁置起来等待他的同意；一旦这些法律被搁置起来，他就完全置之不理。

他拒绝批准其他便利广大地区民众的法律，除非那些人民情愿放弃自己在立法机关中的代表权；但这种权利对他们有无法估量的价值，只有暴君才畏惧这种权利。

他把各地立法机构召集到既不方便、也不舒适且远离公文档案保存地的地方去开会，其唯一的目的是使他们疲于奔命，顺从他的意旨。

他一再解散各殖民地的议会，因为它们坚定果敢地反对他侵犯人民的各项权利。

在解散各殖民地议会后，他又长时间拒绝另选新议会。但立法权是无法被赶尽杀绝的，由此这项权力在民众手中并由他们来行使；其时各邦仍然险象环生，外有侵略之患，内有动乱之忧。

他竭力抑制各殖民地增加人口，为此，他阻挠《外国人归化法律》的通过，拒绝批准其他鼓励外国人移居各邦的法律，并提高分配新土地的条件。

他拒绝批准建立司法权力的法律，借以阻挠司法机关的建立。

他控制了法官的任期、薪金数额和支付，以此让法官对他惟命是从。

他建立多种新的衙门，派遣蝗虫般多的官员，骚扰我们人民，并蚕食民脂民膏。

在和平时期，未经我们立法机关的同意，他就在我们中间驻扎常备军。

他使军队独立于政府权力之外，并凌驾于政府权力之上。

他同一些人勾结，把我们置于一种与我们的体制格格不入、且不为我们的法律认可的管辖之下；他还批准这些人炮制的假冒法案，来达到下述目的：在我们这里驻扎大批武装部队；用假审讯来包庇他们，使那些杀害我们各邦居民的谋杀者逍遥法外；切断我们同世界各地的贸易；未经我们同意便向我们强行征税；在许多案件中剥夺我们享有陪审团的权益；以莫须有之罪把我们递解到海外去受审；在一个邻近地区废除英国法律的自由制度，在那里建立专横政府，并扩大它的疆界，企图使之迅即成为一个样板和得心应手的工具,以便向这里的各殖民地推行同样的专制统治;取消我们的特许状,废除我们最宝贵的法律,并且从根本上改变了我们的政府形式;废止我们自己的立法机构,宣称他们自己在任何情况下都有权为我们立法。

他宣布我们已不受他的保护,并向我们开战,从而放弃了他对这里的统治。

他在我们的海域大肆掠夺,蹂躏我们的海岸,焚烧市镇,荼毒生灵。

此时他正在运送大批外国雇佣兵来完成屠杀、破坏和肆虐的勾当,这种勾当早就开始,其残酷卑劣甚至在最野蛮的时代也难出其右。他完全不配做一个文明国家的元首。

他强迫在公海被他俘虏我们的公民的同胞充军,反对自己的国家,与亲朋好友自相残杀。

他在我们中间煽动内乱,并且竭力挑唆那些残酷无情的印第安人来杀掠我们边疆的居民。众所周知,印第安人的作战方式是不分男女老幼,一律格杀勿论。

在这些压迫的每一阶段中,我们都曾用最谦卑的言词请求救济,但我们一再的请愿所得到的答复却是一再的伤害。这样,一个君主,在其品格已打上了十足暴君的烙印时,便不配做自由人民的统治者。

我们不是没有顾念我们的英国同胞。我们一再警告过他们,他们的立法机关企图把无理的管辖权横加到我们的头上。我们也提醒过他们,我们移民并定居来这里的状况。我们曾经呼唤他们天生的正义感和侠肝义胆,我们恳切陈词,请他们念在同文同种的份上,弃绝这些必然会破坏我们彼此关系和往来的无理掠夺。对于这种来自正义和基于血缘的呼声,他们却也同样置若罔闻。迫不得已,我们不得不宣布和他们分离。我们会以对待其他民族一样的态度对待他们:战时是仇敌,平时是朋友。

> 因此，我们，集合在大陆会议下的美洲联合各邦的代表，为我们各项正当意图，吁请全世界最崇高的正义：以各殖民地善良人民的名义并经他们授权，我们极为庄严地宣布，这些联合一致的殖民地从此成为、而且是名正言顺地成为自由和独立的国家；它们解除效忠英国王室的一切义务，它们和大不列颠国家之间的一切政治关系从此全部断绝，而且必须断绝；作为自由独立的国家，它们完全有权宣战、媾和、结盟、通商和采取独立国家理应采取和处理的一切行动和事宜。为了支持这篇宣言，我们怀着深信神明保佑的信念，谨以我们的生命、财富和神圣的荣誉，相互保证，共同宣誓。

作为一份论证周密的政府文件，《独立宣言》可以非常清楚地分成几个核心部分。第一句话就开宗明义地向读者宣布了该文件的意图。北美的殖民地已经宣布了它们的独立，现在要把“促使它们分离的缘由”公告天下。

然而，接下来的缘由可不是一点点。它们一般可以分为两个部分：第一个部分是阐述革命在理论上的正当性；第二个部分是列举
84 了一系列苦楚，这些苦楚证明革命是有道理的。因为第一个部分阐述的是一般的、“不证自明”的道理，这部分内容是最广为传颂的。“人生而平等”，“不可剥夺的权利”，“生命权，自由权与追求幸福的权利”，“被统治者的同意”——这些原则意义深远，远远超越了 1776 年夏天殖民地的具体情形。

但是《宣言》用了更大的篇幅列举英国方面的行为，大陆会议斥之为“罄竹难书的虐待与侵犯”，图谋“将美洲人民置于绝对的专制之下”。《宣言》也承认革命不能轻率行之，因此，接着声明英国的统治不仅仅给美洲人民带来了困难，而且充斥着“一再重复的伤害”，其结果是“绝对的专制”。《宣言》宣称，威胁美洲人民最厉害的不是某个单个的措施，而是国王蓄谋已久的阴谋，他要剥夺“自由人民”的各种自由。

在最后一部分，《宣言》转而叙述殖民地的反应。此处内容吸

纳了7月2日通过的理查德·李的决议案。结尾内容则是签名者庄严地以自己的生命、财产以及神圣的荣誉起誓，支持新政府。

在对《宣言》进行了这一番简单明了的解读之后，历史学家就不大可能脱离具体语境、曲解某个段落，也不会对这段内容夸大其词，以致忽视了文件的其他内容。然而，就文件本身而言，解读“字面意思”也可能会歪曲文件的重大内涵。毕竟，意义存在于文本赖以诞生的场景中。因此，历史学家必须要致力于将证据置于具体的语境之下。

在一定程度上，通过探寻哪些内容是文件应该说而没有说的，我们可以建构文件的语境。当杰斐逊回到他位于费城郊外的两层楼的居所，将一张便携式的写字桌放在腿上，提笔写字时，对于写什么，他肯定有诸多的选择。然而，现代的读者只是看到了最终的完稿，往往容易认为这份文件就是杰斐逊深思熟虑的自然成果，甚至是必然成果。情况可能如此，但是，历史学家需要思考的是，如果情况并非如此，会怎么样呢？杰斐逊和大陆会议应该宣布而没有宣布的东西会是什么呢？

> 十年前，与宣布脱离大不列颠的大陆会议截然不同，“反印花税法会议”就不希望提出脱离大不列颠。

让我们看看大约十年前的一次殖民地集会，即“反印花税法案会议”所通过的一个宣言，我们就会更容易明白大陆会议和杰斐逊所疏漏的东西是什么。和杰斐逊起草的《独立宣言》一样，这份宣言斥责“印花税法案”是不公正的，一开头也列举了一些一般的原则。下面，看看前三条内容，注意其中与《独立宣言》的差异之处。

（1）陛下在殖民地的臣民，与所有王国内出生的臣民一样，忠诚于大不列颠的国王；也服从德高望重的大不列颠议会，此乃殖民地人民应有的本分。

（2）陛下在殖民地的臣民，与所有王国内出生的臣民一样，享 85
有与生俱来的权利和自由。

(3) 不经过人民的同意不得对其征税，或者由其亲自表达同意，或者由其选出的代表代为表达。此乃英国人毋庸置疑的权利，这对一个民族的自由也是至关重大的。

1765 年“反印花税法案会议”所强调的权利与 1776 年截然不同。上述决议宣布殖民地人民享有“大不列颠王国内所有臣民”应有的“与生俱来的权利和自由”。他们拥有“英国人毋庸置疑的权利”。在杰斐逊起草的《宣言》中没有任何地方提到了英国人的权利，以将之作为反抗国王行径的正当理由。相反，《宣言》充分演绎了上述决议中一笔带过的内容：内在于“一个民族的自由”之中的自然权利。而不管这个民族是英国人还是其他人。

从强调英国人的权利转而强调自然权利，这是由于政治局势的变化。1765 年，美洲人民在不列颠帝国的体制内寻求救济。他们援引自己作为英国臣民的正当权利，这是符合逻辑的。但是，1776 年，《独立宣言》断绝了与母国的一切联系。如果殖民地已经不再是大不列颠的一部分，援引英国人的权利有什么用处呢？因此，“造物主”“赋予”所有人的自然权利成为最为重要的权利。

《独立宣言》的另一处疏漏也引人注意。在它所列举的一长串冤情之中，没有哪一处提到“议会”，而“反印花税法案会议”所通过的第一个决议中就提到了议会。由于引发革命的冲突就是源于对议会征税和管理殖民地事务的权力的争议，这种疏漏就尤其令人吃惊了。《糖税法案》《印花税法案》《汤森税法》《茶税法案》《强制法案》，以及《魁北克法案》，所有这一切都将议会置于冲突的风口浪尖上。《独立宣言》只是在讲到国王的行为时隐晦地提到了立法机关的措施，而不是将之归于议会的行为。诚然，这么做会是一个极大的疏漏：在抨击议会的滥用职权时，杰斐逊非常间接地控诉说，国王伙同“一些人”(即议会)，“把我们置于一种与我们的体制格格不入、且不为我们的法律认可的管辖之下；他还批准这些人炮制的假冒法案”。

显然，这种疏漏的原因，和杰斐逊避而不谈“英国人的权利”的原因是非常类似的。在 1765 年的“反印花税法案会议”上，实际上所有的美洲人民都愿意赋予议会对殖民地一定的管辖权。当然，这并不是说即使美洲人民无代表权，议会也有权对其征税，但是，至少议会管辖殖民地贸易的权力是没有受到质疑的。因此，这次会议宣布议会应该得到“应有的服从”(决议一)。

1775年，更加激进的殖民者不愿意赋予议会任何管辖殖民地的权力。他们已经开始明白早些时候一位小册子作者所说的：“立 86
法权和征税权一样可以易如反掌地毁灭”美洲人民。关闭了波士顿港口的《波士顿港口法案》就不是一项征税法案，它也没有僭越任何传统的权利。然而，议会照样可以利用这一法案剥夺美洲人民的自由。

尽管到1775年，诸多殖民者已经完全否认了议会的权力，但是大多数人还没有要求独立。那么，如果不是通过议会，殖民地如何与英国保持联系呢？唯一的联系就是国王。殖民地有自己的立法机构，但是，他们和所有英国臣民一样都共有一个君主。因此，当与英国决裂的最后时刻到来时，《独立宣言》谨慎地将所有罪责都推到国王头上。这就是需要斩断的联系。

因此，《独立宣言》中没有说的东西和它申明的东西一样重要。只要想想任何一出戏剧中的演员都有多种选择，历史学家就可以明白这些隐晦不语的前提的重要性。

一部文献可以通过重构其话语背后的思想世界而被人理解。在德·索托的探险事迹中，在弗吉尼亚奴隶制度的问题上，以及塞勒姆的巫术案中，我们已经看到，在多大程度上，史学研究需要完成的任务就是要根据支离破碎的记录重构整个社会。重构文献背后的思想世界也要经历同样的过程。

然而，这种重构的必要性往往被忽视了，因为英语语言的语境在过去两百年已经发生了变化，而且还不仅仅只是显而易见的变化。比如，如果杰斐逊读了以下计算机杂志的选段，他会做何理解？

Macworld假日礼品指南。又是一年假日购物狂欢季。

Macworld 给您带来最好的购物选择……有高保真的 CD，还有海量存量的 CD-ROM，里面有百科全书，还有虚拟天象仪，甚至还有特别为小朋友准备的美术工作室。

首先，杰斐逊会被“高保真的 CD”以及“CD-ROM”之类术语弄得莫名其妙，因为它们出自一个他完全陌生的世界。然而，除了这些明显不能理解的词语外，上文节录中有些词语可能看起来是熟悉的，但实际上也具有欺骗性，因为随着时间的流逝它们的含义已经发生了变化。杰斐逊很可能知道天象仪（planetarium），尽管他可能更熟悉 18 世纪更常用的词太阳系仪（orrery），他应该也认识虚拟（virtual）这个词。但是他知道虚拟天象仪（virtual planetarium）吗？今天所说的虚拟实境（virtual reality），对于杰斐逊则是不知所云，除非他对计算机革命有相当多的了解。

更重要的是，看看“又是一年假日购物狂欢季”这句话。杰斐逊对其中的每一个词都是熟悉的，但是围绕这些词的世界对他来说则是他完全陌生的。要想理解这句话，他就必须要明白在很大程度上，圣诞节已经演变成了一个重大的商业事件，几乎不再具有任何类似于 18 世纪的庆祝仪式了（当然，在约翰·亚当斯时代，在清教的新英格兰，人们甚至可能对庆祝圣诞表示不悦，斥之为天主
87 教的迷信活动）。或者是为了使语言更为微妙：与 20 世纪 50 年代的杂志不同，这个选自 20 世纪 90 年代的杂志节段甚至都没有直接使用圣诞节这个词。这种有意的遗漏背后的社会原因肯定会引起杰斐逊的兴趣，因为这说明：一个文化多元化的国家对平等以及政教分离等问题的敏感。但是，除非杰斐逊知道美国社会演变的方式，他是不可能清楚暗含在语言中的微言大义的，而在我们看来这些都是相当显而易见的。有时，同样的文字在不同的世纪有不同的意思。

同样的道理，对 20 世纪的读者而言，18 世纪的文献可能也是一样的，表面看来意思是浅显易懂的，但其实这种浅显易懂是具有欺骗性的。当杰斐逊写道，所有人都由“造物主赋予了某些不可剥

夺的权利”，包括“生命权、自由权，以及追求幸福的权利”，其中的含义似乎是清楚的。但是，诚如评论家和历史学家加里·威尔斯（Garry Wills）所坚持认为的，“要想理解任何一部远离我们这个时代的文本，我们必须重组这个文本背后的世界。要尽一切可能，这个文本最初的受众的原有观点，他们的品味，他们的阅读范围，所有这些都要尽可能地得到复原”。

就重构杰斐逊的世界而言，历史学家一般都同意卡尔·贝克尔的观点：这个世界的核心在于约翰·洛克的政治哲学。洛克的《政府论两篇》（1690 年）提出，一切政府本质上都是个人基于人性的法则而订立的契约。洛克推测，如果除去人类社会日积月累所形成的一切法律和习俗，人们会发现自己处于“一种完全的自由状态，可以随意支配自己的财产和人身，只受自然法则的约束”。但是，洛克也提出，由于总会有人违反自然的法律，抢劫、谋杀或犯下其他罪行，人民必定会联合起来，订立一个契约，同意建立政府以维持人类社会的秩序。而且，正如人民一致同意使自己被统治，如果统治者成为暴君，“随心所欲地对待所有臣民”，人民也可以推翻政府。

杰斐逊的同僚亨利·李在后来评论说，杰斐逊起草《独立宣言》时完全“照搬了洛克有关政府的论述”。然而，尽管洛克非常重要，洛克的作品也只是启蒙传统的一部分，该传统在 18 世纪得以发扬光大。杰斐逊和许多欧洲哲学家一样相信人类事务也应该像自然界一样得到精确研究。艾萨克·牛顿曾在 17 世纪 80 年代运用数学公式推导有关万有引力、光学以及行星运动的法则。和牛顿所做的一样，杰斐逊时代的哲学家期望对人类心智做量化的研究。

在今天看来，这种尝试的结果似乎是离奇的，但哲学家做起这类研究来可是很认真严肃的。加里·威尔斯认为，相比洛克，苏格兰启蒙思想家对杰斐逊的影响更大，尤其是弗朗西斯·哈奇森 88
（Francis Hutcheson）的影响最大。1725 年，哈奇森试图将道德这种难以捉摸的概念予以量化研究。研究结果就是一串等式，其中

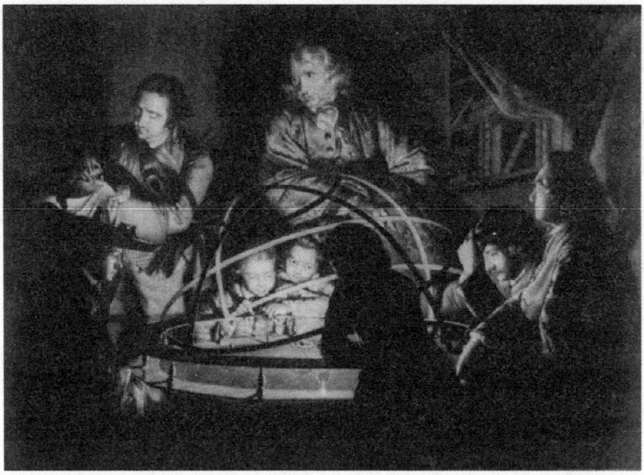

1768 年雕版图上的太阳系仪，描绘了行星围绕太阳运动的轨迹。杰斐逊以及其他启蒙思想家推论，如果自然秩序内部的关系是可以被发现的，那么为什么不能绘制出人类心智的关系图呢？

各种品质用简化的字母代替（B 表示仁慈，A 表示才干，S 表示自爱，I 表示趣味），并置于合适的关系之中：

$M=(B+S)*A=BA+SA$；因此，$BA=M-SA$，而且 $B=M-SA/A$

杰斐逊对量化也充满同样的热忱，他一再称赞美洲的天文学家戴维·里滕豪斯（David Rittenhouse）以及他的太阳系仪。这是一个太阳系的机械模式，其传动装置复制了地球、月球以及行星的运动。作为一名有身份的种植园主，杰斐逊也乐于运用分类法和观察法。他推论说，如果发现自然秩序之中的许多关系是可能的，那么，根据其中的规律，农民可以更好地耕作和收获。即使在入主白宫后，杰斐逊仍然关注华盛顿的市场，并且记录下当季 37 种不同
89 蔬菜首次上市的日子。

威尔斯认为，杰斐逊对“追求幸福的权利”的构思也是以同样精确的话语进行的。弗朗西斯·哈奇森曾提出，一个人的行为可以通过带给他人多少幸福来衡量。他说：“最好的行为就是能够给尽可能多的人带来最大幸福。”根据启蒙科学，幸福是可以被量化

的，因此，政府的行为就可以这样来衡量：政府是否妨碍了公民按照自己合宜的方式追求幸福的权利。因此，在杰斐逊看来，“对幸福的追求”这一提法不仅仅只是表述了一种模糊的希望：美洲人民从此有望幸福地生活。他的用语表明他相信：一种政府科学，如同农业科学和天体力学一样，可以逐步在人类进步的历程之中占据一席之地。

请注意，杰斐逊从未明确表示，他在起草《独立宣言》时依据的是苏格兰的道德哲学。这是加里·威尔斯的重构，其根据就是一些间接的证据，比如杰斐逊藏书中有弗朗西斯·哈奇森的作品，以及杰斐逊读大学期间他的老师们讲课的主题，甚至还有更具普遍性的证据，如当时社会上流传的观念和观点。不管威尔斯的研究是否令人信服，他研究的方法是历史学家普遍采用的。通过理解文献赖以产生的思想背景，我们可以理解文献本身。

事实胜于雄辩吗？

然而，这种过于倚重思想传承关系的做法，诸多历史学家并不认可。当然，历史学家可以讨论“传播中”的思想以及杰斐逊从中吸收的思想。但是，这种方法可能会忽视杰斐逊位于费城的居所外面的嘈杂世界。到1776年6月，大陆会议已经发动了战争，每天都有许许多多的事情需要处理。就在理查德·亨利·李递交独立决议案的那个早上，大陆会议的代表需要处理在南卡罗来纳的征兵事宜。还有，某个奥斯瓦德先生（Mr. Oswald）的伊文工厂（Eve's Mill）所生产的弹药质量不佳，引起的抱怨也需要代表去处理。几天后，代表们得知英国舰队已经驶离哈利法克斯（Halifax），前去袭击纽约。大大小小的事件使得杰斐逊和其他代表们都无法安安静静地坐下来，仔细推敲一份文件。

因此，要理解《独立宣言》，我们必须将其放在当时所发生的事件的背景下。“在杰斐逊起草《独立宣言》的前夕，他在思考些什么呢？”近年来的一位传记作者约瑟夫·埃利斯（Joseph Ellis）问道。

“答案是无可争议的，他并没有在思考洛克有关自然权利的理论，
也没有思考苏格兰的道德哲学。他正在思考的是弗吉尼亚的新宪
法。”在整个 5 和 6 月，信使不断地给杰斐逊带来威廉斯堡的消息。
威廉斯堡是他所称的自己的“国家”的首府，在这里，6 月 12 日的时
候，弗吉尼亚会议正式通过了其殖民地宪法的前言，起草人是乔
90 治·梅森。“人人生而平等独立，享有某些天赋的不可剥夺的权
利，”梅森写道，“……其中包括生命权和自由权，获得以及保有财
产的权利，追求以及获得幸福与安全的权利。”

这些话传到了费城。随后，杰斐逊动笔写下了那不朽的信条：“人生而平等，造物主赋予了其某些不可剥夺的权利，其中包括生命权、自由权以及追求幸福的权利。”这前后的时间间隔不到一周。这并不是要揭露杰斐逊是个剽窃者，因为他写的内容实质上是对梅森的改进。这也并不是要否认约翰·洛克以及弗朗西斯·哈奇森对杰斐逊（以及梅森）的思想的影响。但是，通过比较杰斐逊与梅森的措词，我们可以非常清楚地得知：杰斐逊是多么地受到周围事件的影响，而不是受到他书房里的藏书的影响。

确实，事实往往胜于雄辩。但还有问题。尽管有这句关于事实的谚语，我们所讨论的还是话语，不管是杰斐逊的话语还是梅森的话语。这句谚语的核心在于我们不能总是采信话语的表面意思——因为事实往往揭示真实的情感。大陆会议（或者，在这件事上，殖民地居民本身）可能会有一些宣布独立的理由，而这些理由他们并没有大声宣布出来。但是，我们不必为了承认这一点而否认《独立宣言》中的真情实意。

想想奴隶制这个令人烦恼的话题，它与一个宣称“人生而平等”的文件尤其有关联。《独立宣言》庄严地拥护人类的自由，但事实上，大陆会议的代表，包括杰斐逊自己都是奴隶主。这其中的矛盾之处已经是人所共知。同样矛盾的是，宣称人人平等却拒绝让妇女享有平等的公民权。

尽管在今天看来，指出这些矛盾之处似乎已是陈词滥调，但它们仍然值得一遍又一遍地指出来。确实，美国的大部分历史都可

以被视为努力实践“人生而平等”全部含义的过程——不论是在南北战争期间，还是在1848年塞内卡（Seneca）瀑布大会上，都是如此。在一场大规模的流血冲突之后，南北战争终于结束了奴隶制。在妇女的呼吁下，塞内卡瀑布大会通过了《情感宣言》，主张性别平等。这一主旋律也可以贯穿到19世纪晚期民粹主义和进步主义的运动，这场运动反对大商业集团的垄断权力，也可以贯穿到20世纪有关公民权以及平权行动的争论中。两百多年来，《独立宣言》的意义一直吸引着民众，以后也会继续如此。

因此，让我们回到关于行动的观点，审视奴隶制在《独立宣言》中令人好奇的出现方式。乍看一下，奴隶制在《独立宣言》中似乎压根就没有出现。唯一间接提及奴隶制的地方是在文件列举的一长串苦楚之中，其中大陆会议指责英王“煽动内乱”——这其实就是间接地说英王煽动奴隶起义，反抗其主人。这几个字在文中一笔带过，以致我们几乎不会注意到它们。

但在杰斐逊的初稿中，奴隶制可不是这样轻描淡写地一笔带过 91
的。他对奴隶制的讨论不只是一个装饰音而已，而且是他列举的一长串对英王不满的高潮部分：

> 在杰斐逊起草的初稿中，关于奴隶制的内容要比最后的完稿中多。

> 他对人性本身发动了残酷的战争，侵犯那些从未冒犯过他的遥远地方的人们的最为神圣的生命权和自由权，将他们虏获，贩卖到地球的另一边为奴，或者使他们在途中就悲惨地死去。这种海盗式的战争，即使出于异教徒之手也是可耻的，竟是大不列颠的基督徒国王所为。他决意要开放买卖人类的市场，他滥用了他的否决权，对于任何试图禁止或限制这种可恶交易的立法，他都加以反对。他的恐怖行径还不止这些，他现在又煽动这些人武装起义反对我们，这些人通过屠杀他曾强迫

> 过的人，来赎回他曾剥夺的自由：因此，通过杀戮另一些人的生命来偿还他对这些人犯下的罪行。

这段话既能说明问题，又令人惊奇。首先，它说明杰斐逊其实是非常清楚现实中的奴隶制与《宣言》中的高尚情感之间是矛盾的。他不止一次，两次指出这一点。他承认，奴役非洲黑人侵犯了“最为神圣的生命权和自由权”。还有奴隶制等同于“犯下了剥夺人的自由的罪行”。然而，在承认这种不义之举时，他将之归罪于英王！杰斐逊的指控是基于以下事实：18世纪，弗吉尼亚的立法机构数次通过一项关税，以抑制奴隶的输入。立法者这么做并不是出于人道主义的动机（尽管这些动机也偶尔被提及），而是由于弗吉尼亚殖民地的奴隶人数激增。输入太多非洲黑奴会降低家养奴隶的价格，而弗吉尼亚的种植园主则想出售这些家养奴隶。然而，英国政府则不断地否决这些法律——因此，英国国王“滥用否决权”反对限制奴隶贸易。而在美洲方面，乔治亚以及南卡罗来纳的白人则往往乐意让奴隶贸易继续，许多新英格兰的商人也是如此，因为他们的收入有赖于奴隶贸易。

谴责国王奴役美洲黑人，这就够牵强附会了。杰斐逊居然还笔锋一转，强烈谴责国王解放了美洲黑人。1775年11月，忠于英王的弗吉尼亚总督邓莫尔（Dunmore）宣布：任何离开主人为国王而战的奴隶都可以获得自由。这被称为《邓莫尔宣言》，它激怒了许多白人爱国者。因此，对这种释放忠于国王的奴隶的邪恶“罪行”，杰斐逊认为英王乔治应该负责。

92 对杰斐逊的这段话，大陆会议的代表有何感想，没有任何记录留存至今。但是，他们的行为能够说明一切。在定稿中，杰斐逊的这一大段话消失了。唯一留下来的只有对国王“煽动内乱”的谴责。很可能是由于大陆会议认为杰斐逊的逻辑太勉强，经不起舆论的考量。言多必失，少说为妙。

宣布自由

然而，少说不等于不说。大陆会议没有删除关于“内乱”的谴责，这说明该事件还是个敏感问题。各邦各镇自己也颁布了许多宣布独立的宣言，这些宣言都大力谴责《邓莫尔宣言》。马里兰人抗议说，奴隶“被宣布解放，受到怂恿逃离，而且还得到训练，被武装起来反抗其合法的主人”。宾夕法尼亚人则抗议说，英国人鼓动“黑奴杀戮自己的主人”。北卡罗来纳人也几乎一字不差地重复了这种观点。此类抱怨如此之多，这就有问题产生了。暂且不管白人有关奴隶制和自由的态度如何。非裔美洲人的行动在多大程度上影响了《独立宣言》的起草？

从表面判断，这个问题似乎无法回答。1776 年，生活在殖民地的黑奴大约有 40 万，他们没有留下任何的决议或宣言，因为这基本上是不被允许的。然而，《独立宣言》对英国煽动美洲黑奴的谴责，让我们想起：19 世纪 50 年代蓄奴派以及 20 世纪 50—60 年代的分离主义者也都有过类似的抱怨。蓄奴派和分离主义者也都谴责“外部煽动者”鼓动南部黑人争取自己的公民权。在 18 世纪，更常用的表述是“煽动叛乱”。“报纸上充斥着意图引发人们恐惧的内容，”一位义愤填膺的南卡罗来纳人在 1775 年写道，“甚至孩童满嘴谈论的都是大屠杀和被煽动的暴动。”不仅孩童如此：南卡罗来纳的第一届地方会议就表达了其对“煽动起来的暴乱的恐惧”。北卡罗来纳人也警告说，“在这个四处骚动不安的年代，完全有理由担忧奴隶会受到我们一贯的敌人的煽动和鼓励而爆发起义”。

英国人“煽动”了暴动吗？或者英国人只是利用了非裔美洲人自己要争取自由的决心？正如历史学家西尔维娅·弗雷（Sylvia Frey）已经指出的，在《印花税法案》之后的十年间，奴隶叛逃、起义、抗议的事件激增，尽管他们成功的可能性几乎没有。1775 年，
“自由之子”在查尔斯顿游行，高呼“自由！自由和加盖印花！”不 93
久，奴隶们组织了自己的示威游行，反复喊叫“自由！”种植园主亨

利·劳伦斯(Henry Laurens)相信这场骚乱只是对白人行动的“彻头彻尾的模仿”，但该事件还是使许多南卡罗来纳人感到恐慌。

完全有理由更加仔细地审视弗吉尼亚的事态，这些事促使邓莫尔总督发表他的公告，承诺任何忠于国王的体格健全的奴隶都可以获得自由。在他发表这个公告之前的六个月，他曾查扣了弗吉尼亚的军火，以防止叛乱者得到它们。就在那时，“一些黑奴……要求加入他的队伍，拿起武器投入战斗”。邓莫尔的反应是什么呢？他命令奴隶们“该干嘛干嘛去”，并且“极其愤怒地威胁这些奴隶，休得再重提这种要求”。另一方面，爱国者的军队则谴责邓莫尔没收军火是为了“解除人民的武装，以削弱他们镇压奴隶暴动的力量”。听到这一指控后，邓莫尔变得“极其愤怒”，而且威胁要“解放黑奴，踏平威廉斯堡”。

换言之，在这场棋局中，是黑奴而不是邓莫尔走出了第一步。邓莫尔根本就没有乐意接受奴隶的提议，反而是予以拒绝——直到爱国者对奴隶暴动的担忧促使他权衡获得黑人武力支持的好处。同样，马萨诸塞殖民地的总督托马斯·盖奇(Thomas Gage)将军忠诚于英王，他在1773年收到“大量黑人”递交的五份不同呈请，这些呈请都提出：如果他解放他们，他们就会为他作战。在1774年，托马斯·盖奇总督再次收到这样的呈请。“目前为止一切太平”，阿比盖尔·亚当斯写信安慰她的丈夫约翰，他正在参加第一届大陆会议。

1775年，在卡罗来纳和乔治亚的许多地方，奴隶骚动已经是普遍现象。查尔斯顿俨然就是“一座有军队驻防的城市”，一位观察者报告说，因为民兵日夜在大街上巡逻，“以防止黑奴有任何敌对行为”。一个名叫托马斯·杰里迈亚(Thomas Jeremiah)的黑人，是港口的导航员。他被逮捕、审讯，并被处以绞刑和火刑，其罪名是策动暴乱，而且这一暴乱还将会得到英国海军的支持。这一事件说明白人的担忧是有道理的。杰里迈亚告诉其他黑人：“很快就会发生一场大的战争”，“这场战争会帮助可怜的黑人”。根据詹姆斯·麦迪逊的说法，另一群奴隶在弗吉尼亚“聚集，并且选举了一个领袖，只等英国军队一到达，他就会指挥他们行动”。这一阴谋被揭穿，而且被粉碎了。南卡罗来纳和乔治亚的沿海岛屿，以及英国海军的舰艇，都吸引着渴望自由的奴隶。这些奴隶并不是受到“蛊惑”，一个军官报告说；他们“到来的时候就像自由民一样，要求得到保护”。在他那里，“自告奋勇前来的就有近 500 人”。

这些人以及其他被奴役的非裔美洲人的行动，影响了英国官方以及殖民地革命者的行为。英国人，比如邓莫尔，仍然不愿意激起全面的反叛。然而，他们发现，仅仅是暴乱的可能性就足以构成心 94
理上的威胁。如果南卡罗来纳人不停止对英国政策的反对，盖奇将军威胁说，“那么，你们的粮食和靛青可能会被黑人而不是白人带到市场上”。在殖民地这一方，南部的白人殖民者则不遗余力地镇压叛乱，并且压制任何关于叛乱的消息。大陆会议的两个乔治亚代表告诉约翰·亚当斯，奴隶的社交网络可以以“一两周内数百英里”的速度传递消息。麦迪逊也很清楚在自己的殖民邦讨论黑人密谋的危险，他警告一位朋友说，“明智之举是不仅镇压这类事，而且还要封锁此类消息”。对邓莫尔总督在邻邦弗吉尼亚的宣言，马里兰地方政府的看法也是类似的，还立刻宣布马里兰与弗吉尼亚的水陆通信都是非法的。但是，消息总是不胫而走。“本邦黑人的傲慢无礼行为如此严重，”一个东岸地区的马里兰人报告说，“以致我们有必要解除他们的武装，就在上个周六，我们都还是喜欢他们的（原文如此）。我们收缴了八杆枪，一些刺刀和剑，以及诸如此类的东西。”

因此，非裔美洲人的行动促使大陆会议的代表们最终做出了独立的决议，尽管《独立宣言》对此几乎只字不提。通过争取自由的斗争，奴隶们促使英国人利用他们作为与殖民地斗争的一张牌。诺斯勋爵（Lord North）预计英国军队会开往佐治亚，1775 年与卡罗来纳人的交战会取得成功，尤其是由于“我们都清楚危险的局势……源于黑奴的数量巨大，而白人居民则只占很小的份额”。

美洲人民自己也是由于知晓这一局势，最终走向独立。乔治亚的代表告诉约翰·亚当斯说，他们的奴隶非常渴望起义，如果“1000 名英国正规军在乔治亚登陆，指挥官宣布解放加入军队的黑奴，那么两周之内就会有两万人(来自乔治亚和南卡罗来纳)加入他的队伍”。詹姆斯·麦迪逊非常担心邓莫尔勋爵,他警告说,奴隶暴动“是殖民地的唯一软肋;如果我们被打败,那么我们就会如同阿喀琉斯一样,被知道这唯一秘密的人击垮”。华盛顿也意识到了这种危险,必须速战以打垮邓莫尔。他在 1775 年 12 月警告说,“否则,他的军队会如同滚雪球般越滚越大”。尽管南部的代表想要阻止黑人加入大陆军服役,华盛顿改变了主意,转而支持他们参军,因为他认识到战争的结局有赖于“哪一方首先把黑人武装起来”。直到最近,鲜有历史学家认可非裔美洲人在独立中所发挥的作用。

事实确实胜于雄辩——确实往往是这样。然而,比起缔造者间或有些矛盾的行为,《独立宣言》中的话语和思想更为持久。杰斐逊的一生都体现了这种矛盾。在废除奴隶制这件事上,除了林肯,杰斐逊比其他任何总统的贡献都要大。他不仅

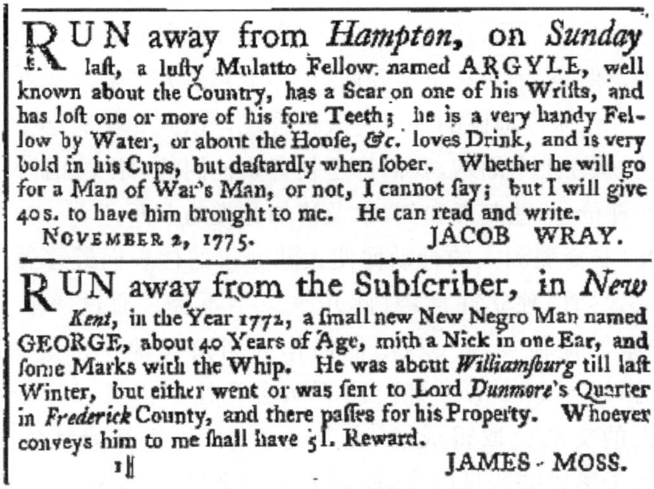
RUN away from *Hampton*, on *Sunday* laſt, a luſty Mulatto Fellow named ARGYLE, well known about the Country, has a Scar on one of his Wriſts, and has loſt one or more of his fore Teeth; he is a very handy Fellow by Water, or about the Houſe, &c. loves Drink, and is very bold in his Cups, but daſtardly when ſober. Whether he will go for a Man of War's Man, or not, I cannot ſay; but I will give 40s. to have him brought to me. He can read and write.

NOVEMBER 2, 1775. JACOB WRAY.

RUN away from the Subſcriber, in *New Kent*, in the Year 1772, a ſmall new New Negro Man named GEORGE, about 40 Years of Age, with a Nick in one Ear, and ſome Marks with the Whip. He was about *Williamſburg* till laſt Winter, but either went or was ſent to Lord *Dunmore*'s Quarter in *Frederick* County, and there paſſes for his Property. Whoever conveys him to me ſhall have 5l. Reward.

JAMES MOSS.

奴隶逃跑后,奴隶主一般会在报纸上刊登告示,悬赏将其捉回。根据这类寻奴启事推测,奴隶往往是逃去投靠亲友。但是,
95 1775 年 11 月,《弗吉尼亚公报》(*Virginia Gazette*)上刊登的启事则表明,奴隶主认为他们的男性奴隶逃去参加邓莫尔勋爵的军队,或是加入了英国海军(“军队中的某人”)。

写下了《独立宣言》中大胆的措词，而且在他的推动下，1787年的《西北条例》中有一条就是反对奴隶制的，这成为后世努力阻止奴隶制扩张的一个典范。然而，尽管如此，终其一生，他的生活都仰赖于黑奴的劳动。显然，他与其中一个名叫莎莉·赫明斯(Sally Hemings)的女奴保持着性关系，尽管如此，直到临终，除了赫明斯的五个家人，其他奴隶他都没有释放，包括莎莉，也没有获得自由。

一部文献可以超越其诞生之初的矛盾，这一点就有赖于亚伯拉罕·林肯极具说服力的阐释。1857年，林肯强调说，建国者宣称“人生而平等”：

> 这并不是声称当时的所有人都能享有这种平等，这显然是不符合实际情况的。他们的意图是为一个自由社会奠定基本准则，这个准则为众人所熟知，得到众人的尊重，它令众人时常渴望，也时常为之努力，即使从未完全实现，但是在不断接近目标，因此不断扩大和加强其影响，还可以增进世界各地各种肤色的人们的幸福和价值。

“为了支持本《宣言》，”杰斐逊在结尾处写道，“我们谨以自己 96
的生命、财产和神圣的荣誉，相互担保，共同宣誓。”这可不是无用的虚假之词。许多代表都是极不情愿地走向了独立这最后一步。如果战争失败，他们面临的将是绞刑。即使战争获胜后，许多代表的财产也在战争中荡然无存了。杰斐逊试图调和奴隶制与自由之间的矛盾，这种做法在本质上是有瑕疵的。但是，承认这一点，并不会给革命的准则蒙上任何不光彩的阴影。同样，承认黑奴在推动有关独立的争论中的作用，更加不会给革命抹黑。他们在行动中也冒了一切风险，他们的行动就是无言的宣言。他们中的很多人也利用了生命权、自由权以及追求幸福的权利。

97

拓展阅读

Carl Becker 的 *The Declaration of Independence：A Study in the History of Political Ideas*（New York，1942）至今仍是对《独立宣言》引人入胜的介绍。在 *Inventing America：Jefferson's Declaration of Independence*（New York，1978）中，Garry Wills 对文件的背景进行了深入的分析。许多州和地方政府发表了自己的宣言，Pauline Maier 在 *American Scripture：Making the Declaration of Independence*（New York，1997）中对此进行了专门研究。Maier 也解释了在革命后的半个世纪里《独立宣言》是如何从相对默默无闻转变为美国历史“圣经”的。Sylvia Frey 在 *Water From the Rock：Black Resistance in a Revolutionary Age*（Princeton，1999）中，概述了非洲裔美国人在革命期间的行动。关于非洲裔美国人的叛乱与《独立宣言》的关系，参见 Sidney Kaplan 的“The Domestic Insurrections of the Declaration of Independence”，*Journal of Negro*
98 *History*，61（1976）：243－255。

第五章　重要物证

财产可以界定我们吗？对日常事物的研究揭示了早期共和国时期的社会正由习惯性原则向基础性原则转变。

这里有一个无声的证人，和本章节所提到的那些一样。它现存于马萨诸塞州，迪尔菲尔德(Deerfield)的纪念堂博物馆中。博物馆的准确估计是：该物体是1820年在新英格兰的某个地方被铸造的。经测量，其高为21英寸，占地18英寸。这一时期几乎所有美国人的房中都有这个物体。那么人们对它的用途有什么猜测？ 99

这个木箱的作用或许是贮藏，如果是这样的话，就必须储存那

些体积较大的材料，否则就会从木架的中间掉下来。难道有一个精巧的设计由壁炉的木头加以支撑？这并没有特别的实用性，而且无论在水平抑或垂直方向都很难将木材堆叠成一个箱子。另外，在新英格兰的冬天烧掉大量的柴火所产生的作用远远大于这些木箱。

同样，仔细观察这个物体，在背面的容器里横放着一块木头，看起来像是一个壁架。这会是做什么用的呢？

实际上，屋主将很重要的物品储存在这个容器（各种各样的容器）中，并非只是一些木柴。在 19 世纪初期，美国人将这一设计视为“照看婴儿的工具”，或者作“高脚凳”，父母用它们来帮助婴儿站立，从而防止他们摔倒。这个小的壁架可以让孩子坐下来休息。带轮子的工具也有这样的作用，但也存在一些缺点，因为当孩子使用它们时会摔倒在地上。如果家中正像平常一样生火做饭或加热食物，那么这一特征的危险之处就不言而喻了。新罕布什尔州亨尼克（Henniker）的记录使其更加清晰。在 1790 年到 1830 年期间，一个小镇就有七个儿童死于牵扯到热水、汤和炖菜的事故中，或者死于类似的家务劳动，比如煮沸的肥皂。这一期间，在亨尼克，还有另外两个孩子跌落火中被烧死。以上这些并不包括轻伤者，即那些幸存下来的孩子。

这种婴儿用具只是数百种物件之一，但是在早期共和国时期（18 世纪 80 年代至 19 世纪 20 年代）的美国家庭中起着重要作用。许多物品尽管留存于当代，但是对今天的我们来说仍然很陌生。（学步婴儿即使使用带轮子的学步车，走起来也会摇摇晃晃，如果父母忘记关注楼梯的门，那就很容易酿成悲剧）正如前面章节对不
100 断变化的背景的研究（例如“追求幸福”），关于材料主体的环境也发生着变化。如果历史学家能够理解先前那些伟大或渺小的美国人，那么他们不仅需要依靠《宣言》所提出的抽象的观点，也应该考量材料主体的环境——日常生活的物品。

极热和极寒决定了早期共和国时期的家庭生活。

热，一个塑造事物轮廓的变量，我们往往想当然地认为它是一个完全工业化社会的东西。但是保暖，尤其是在新英格兰严酷的寒冬中，在许多方面塑造着物体的环境。来自马萨诸塞州纽伯里波特（Newbury port）的莎拉·埃默里（Sarah Emery）回忆道：1820年至1821年的冬天，“在生火之前，瓷杯上结着霜，这些热茶融化了它们；在发光的宽阔的厨房壁炉前，清洗完的餐具又冻结到一起”。早期共和国时期，大多数家庭只有一个中心壁炉，而且房子越老，看起来就越大越透风。17世纪的壁炉宽为2—3码——这个宽度足够使人进入——宽大的烟囱使大部分的热量从屋中流失。在这样一个低温的状况下，长椅就像是“厨房摆件”，为我们构造了一幅面对火以及坐在它们面前享受其庇护的草图（注意到这些延伸到楼梯的高靠背，它们能够使坐着的人的腿部保暖）。

虽然有火，但如果主室是通风的，那么其他房间也会非常寒冷。从墙和窗户的缝隙中也会吹进风。艾布纳·桑格（Abner 101
Sanger）在1793年12月19日的日记中写道，他花费了很多时间来清理房间中的积雪。睡在阁楼的孩子并不惊讶于地板上的积雪以及由于呼吸而在毯子上结出的冰霜。一些人尽可能将他们的床移到暖和的房间，即壁炉的前方，但是他们不得不担心火花会点燃他们的被子。和二楼烟囱连接的房间或者阁楼也很温暖，用来储存食物：苹果、南瓜、洋葱、土豆、萝卜和啤酒。然而，伴随温度的一直下降，正如日记作者在1788年的日记中写到的，"人们的脚在阁楼就像是被冻住一样"。地窖会更好地保存食物，它的温度要高于零度。

对于那些能够支付相关费用的家庭，那些挂在四角上的床帘就像是一个帐篷，能够起到保暖的作用。同时，兄弟姐妹或者夫妇住在一起也可以相互取暖。确实，在当时，若是一个人单独睡觉会被认为是件很奇怪的事情。一个学徒在他的日记中写道，曾多次寻找夜间伴侣："昨晚我和艾伯特·菲尔德(Albert Field)一起睡觉，我今天晚上必须寻找另外一个人同睡避免单独睡觉。"许多新英格兰居民将他们的房子排成一列，在每个秋季来临之前加厚墙壁用来保护他们的地窖。他们利用树叶、鞣料树皮、秸秆、沙土，甚至是动物的粪便。

历史学家将人们日常生活中的婴儿用具、地窖和床帘视作物质文明的一部分。那些将此作为专业的历史学家也意识到这一时期美国人的生活经常受到天气的影响。如果一个妇人要纺羊毛，难道她要丈夫或者儿子将纺纱机搬到暖和的屋子吗？(康涅狄格州，格拉斯顿伯里[Glastonbury]的茱莉亚·史密斯[Iwlia Smith]确实这样做了，因为她知道只有这样，她的手指才会更灵活)哪种树木能够提供良好的柴火，储存物品的最佳时间是什么时候？(山核桃和桦树的木材最适于烘烤，而冬季积雪下的树枝则适于做雪橇)

重构人类的物质文明需要勤奋以及想象力。我们可以通过检查阁楼上的物体或者收集最早使用这些物品的人的后代的资料来获取相关信息。开篇所提到的婴儿用具，来自1960年的纪念堂博物馆，它的标签为"18世纪谢尔顿·豪(Sheldon Home)夫人的家庭长期使用的早期婴儿用具"。但是经过检测这个婴儿用具的113颗钉子，博物馆发现其中的100颗是一种"方钉"，在1820年之后
102 才被广泛使用。因此，这个婴儿用具应该出现在19世纪早期，这也就是说传统的继承也经常是不准确的。物质文明研究的学者采用更广泛的记录和物理分析将留存下来的物品置于当时的环境中

进行鉴别。

我们已经获得了某些证据的来源。历史学家采用已过世房主的留存物来重建塞勒姆村庄的社会生活。这些历史学家将每一个房间的旧物列出来——不仅是家具的主要部件，还有一些小物件，尽管它们的价值不大。这些物件也不是长期在屋主那里存放，若是屋主长期患病，那么他在死前会将一些财产交予其他的亲属。除了镜子、银器之外，我们还需要把哪些东西列一份清单呢？然而，必须通过足够的房屋，才能得到一定的模式。

比如我们提及的床帐，非常昂贵，但这仅仅是富人才消费得起吗？历史学家经过调查得出结论，在 18 世纪 70 年代的城镇中，至少有一半的家庭使用床帐。尽管花费较高，但是所取得的温暖使它物有所值。其他的文件记录包括家庭账本，标记了日常的花费，尤其是购买，甚至包括木头燃烧的时间。另外，还有许多不可思议的记录，比如富裕的房主会拥有火灾保险的单据，还会在不同时间内记录壁炉的详细信息（有些房间会在最冷的月份内关闭，因为它们在取暖方面花费太多并产生很多麻烦）。当然，日记也只是具体描述日常的生活而已。

然而我们会忽略一些细节，比如在 1820 年左右，出现了烧制的黏土。人们对其作用有何猜想？我们应该意识到它若作为喝水的杯子就太大了。我们可以把它称为精美的“便壶”，在那个时代，厕所（室外）建在和住宅有一定距离的地方，并且十分不便，尤其是在午夜和冬天。研究物质文明的历史学家简·尼兰德（Jome Nylender）指出，先前所提到的策略均是为了保暖，坦诚自己在便壶一事上她的信息不足：

> 便壶列在少数的库存中，但是它们明显不在其他列表当中。考虑到那些经常被考古学家发掘的资料以及人们对泻药 103

的强烈依赖(这一时期的美国人)，这看起来似乎是他们日常生活中重要的护理。然而，人们很难将习俗和它们的作用联系起来……艾布纳·桑格的日记提供了两个明显的日期：1794年6月7日，他购买了一个便壶，并于1778年11月19日修建了一个厕所。或许这就是差异所在吧。

改善的余地

如果桑格的后代不把他的便壶当作传家宝，这个必然很容易理解。确实，令人惊奇的是许多便壶和其他的物件是在选择过程中幸存下来的物品。如果你突然死了，你的财产会有多少被保留和流传下来？或许有价值的照片或信件会被保留下来，但是程序老旧、还需要拨号的老电脑呢？厨房的洗碗布或者来自麦当劳的波卡洪特斯(Rocahontas)的不倒翁，这个难道不会在清洗中损坏？许多的物质文明很有可能会消失在垃圾场，仅仅因为剩下的东西又老旧且破损，或者在别人眼中已失去了本身的意义。

然而在现实生活中，实物都会消失，但却会在画中或图片中体现，这便成为历史学家的图像档案。例如，我们可以从约翰·刘易斯·基梅尔(John Lewis Krimmel)的画中看到早期共和国时期多样的物质文明。基梅尔是一个来自费城的德国移民，是早期美国风俗画画家之一——描绘普通生活，而不是正式的肖像画或者绘画重大的历史事件。基梅尔记录了熙熙攘攘的游行和挤满人群的选举会，在室内，他描绘婚礼和旅社的场景。在下一页看到的《绗缝嬉戏》，描绘了一些妇女在完成一天工作之后的画面。一位妇女从框架中将线剪断，其他人仿佛在庆祝任务的完成。这儿可能有一场舞蹈，因为那里有一位黑人小提琴手。

这个房间充满了真正的物质文明的宝藏。我们试图采用这一时期牧师的方法检查这幅画，即呈现出《圣经》中的一段文字，然后再一个接一个地用诗句提升(或者说精心制作)。但是在开始前，让作者自身去体会绘画更有用，让他带一支笔和一些纸记录下显示在《纺缝嬉戏》显示的物质文化。《纺缝嬉戏》中每条被褥上的花 104
纹都描绘了当地人的生活状态。

首当其冲，可以先从被褥本身说起，因为上面所缝制的图案风景如画，描绘了新生共和国早期的淳朴生活。在当时，缝纫作为女性的工作，几乎是每个年轻女孩自能拿起缝针就必须学习掌握的技能。新泽西州纽瓦克(Newark)的哈里特·基德(Harriet Kidder)在她的日记中不无骄傲地记录下了她女儿凯蒂(Katy)的缝纫技能："她几乎独立缝制完成了自己的被褥……她缝制处理了每块布，将它们排列在一起呈长条状然后缝在了一起。"在一个月后凯蒂五岁生日之际，基德一家甚至为这条被褥的完工举行了庆祝派对。根据基德 1847 年的日记所述，当时的孩子到了五岁，基本上普遍都具备了缝制完成一条被褥的能力。

与其说拼缝起来的被褥是旧习俗的象征，不如说它代表了工业革命的先声。

但最值得注意的是当时的时间。因为到了“1847 年”，人类社会早已进入 19 世纪中叶。早在殖民时期，被褥缝制就已不再是人生中不可或缺的组成部分，何况到了 1820 年。或许在今天看来，对资源的循环利用是一种美德。将废弃的旧布碎料拼接在一起缝制出一条布毯，是一种非常节俭的生活行为。但回到 19 世纪 20 年代，对多数美国人而言，用这种方式去缝制被褥是相当奢侈的，因为这首先需要有花纹的布料充当材料，而这种布料在几乎整个 18 世纪都属于进口奢侈品。在当时，多数衣服的原料都是家用

105 纺织品呢。有趣的是，用这种“乡下”的方式来制作生产被褥，后来还成为工业革命的副产品，这使低成本且有花纹的纺织品变得唾手可得。

在美国建国初期，制作被褥并不复杂，当时的人还没开始用不同布料或有装饰花纹的材料来制成被褥。因此，在一本 1780 年的日记中所提到的所谓“被褥”，实际上更有可能指的是一件用独特的交叉式针法缝制而成的女性衬裙。如图所示，自 18 世纪下半叶起，以亮红为色且带有雅致花叶的设计在前开襟长裙风靡的年代已初具雏形。

而毯子通常由两大块内附隔热衬料的布组成，隔热衬料则采用粗羊毛或亚麻布（亚麻纤维），再用交叉式针法将这三层布料缝制完工。毯子可见的外侧通常选用羊绒线制成且柔软光亮的有光呢，而看不见的里面则是简朴的家用纺织呢。在克里默 1813 年前后的画作中，被褥更像是以单色纺织品而非拼装组成的形象出现的。

《绗缝嬉戏》所折射出的社会本质，具有殖民年代和 19 世纪两者产物的特质。面对着艰苦而孤独的工作（尤其在人员稀少的乡下），美国人想方设法地聚在一起聊以慰藉。这些新英格兰人称其为“交替工作”，即人们依自己的空闲情况相互帮助完成工作。鲁丝·罕肖（Ruth Henshaw）于 1789 年在她的日记中是这么记载的，

在她的朋友谢莉(Sally)前去逗留的两天里,她们"一边纺纱一边唱歌"。后来随着越来越多的人加入这种聚会并以庆祝来标志工作的完成,这种工作方式也被称作"嬉戏",而制作被褥仅仅只是社交活动的诸多借口之一。于18世纪60至70年代居住在长岛的艾斯特·库珀(Esther Cooper)记下了她几次前往参与"纺纱嬉戏"活动的经历,后来她丈夫西蒙还提议举办了一场"劈柴嬉戏",而妇女们则"忙于为这些工作中的男人下厨"。

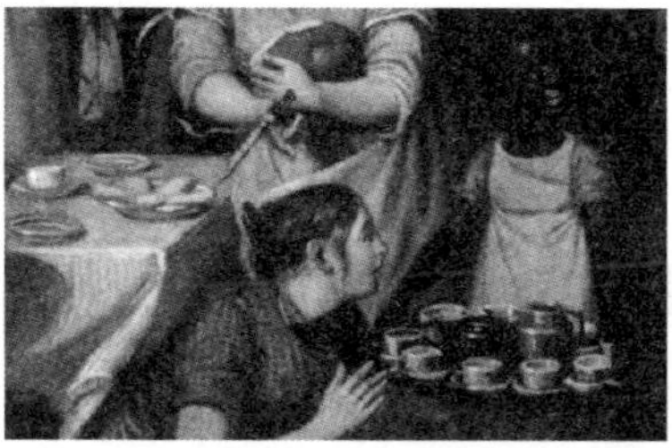

如上文所述的被褥制作,绝未成为"嬉戏"内容的唯一工作。史学家洛雷尔·撒切尔·乌尔里希(Laurel Thatcher Ulrich)对康涅 106
狄格州女孩贝蒂·福特(Betty Foot)的日记进行了研究,并对她从1775年1月至5月在日记中所提及的工作内容进行了数据统计并总结如下:

> "纺纱"和"针织"(译者注:在贝蒂的日记中)都被提到过23天,"缝纫"15天,"梳理(羊毛)"13天,如制作被褥、梳麻针排(分离亚麻纤维)、绕线、卷尾等一系列其他工作被提到过5天。贝蒂独自完成纺织工作只有一次,是在1775年3月7日,"我在家完成了莫莉(Molly)的绒线长袜,并修补了韦尔奇(Welch)女儿们的两条女式礼服,我从中得到了一先令六便士。纳碧(Nabby)去挤牛奶的时候,我向她挥了挥手"。在贝蒂提及"针织"的15篇日记中,有9次她也为别人"修补"了女式礼服。

克里默的画作本身就反映了多种多样的嬉戏活动。画上有位妇女跪在地上并把左臂搁在针线篮上，而我们可以从画作下方的前景中再找到至少两个类似的缝纫工具筐。

再看画作的另一角，有个年轻的黑人侍者拿着一个上置茶杯和茶碟的托盘（详情参见上图油画），左侧的桌布上还有餐盘和餐巾。在今天看来，这些都不足为奇；但在当时，这些可都暗有所指。18世纪殖民时期的餐饮习惯仍相当原始，尤其在乡下和贫民间更是如此。一位医生于1744年记录下了他在旅途中经过萨斯奎哈纳(Susquehanna)河时，一个摆渡船工提供给他的一餐饭食：

摆渡工一家吃的鱼盛放在一个又脏又深的木盘子里，他们直接用手"剥鱼皮鱼鳞和其他一切东西"。

> 这位摆渡船工和他的家人吃的鱼被放在一个非常简朴的盘子上，上面没有任何酱料。他们邀我共食，但我说我没有胃口。他们不但不用桌布，盛放食物的木盘子不但深还非常脏，而且他们用手直接拿鱼吃、用手剥鱼皮、用手剥鱼鳞，一切都
> 107 是直接用手。刀、叉、勺、餐盘、餐巾——他们一概不用，我估计他们家里根本没有这些东西。

即使到18世纪末，餐饮习惯仍相当原始。根据马萨诸塞州达克斯伯里(Duxbury)的塞斯·斯佩拉格(Seth Sprague)对早餐的回忆，"我父母取食自一个脸盆，而我和两个姊妹取食自另一个脸盆"。佛蒙特州索尔斯伯里(Salisbury)的约翰·维克斯(John Weeks)仍记得当时的就餐习俗，"将一个可盛放六夸脱餐肴的餐盆放在桌子中央，六个甚至以上的孩子每人一个汤勺围站在它边上，这种就餐虽简朴但为了健康，大家还是一同从中分取玉米粥或牛奶"。"玉米粥"(Samp)是由玉米粉烹制而成的糊粥的纳拉干(Narragansett)印第安人的说法，它与当时相当普遍的炖菜、汤、布

丁、麦片粥等餐肴齐名，而借助汤钵这样一个“全能型”的食物盛器来享用这类餐肴则相当方便，因为它既能用来喝汤，又能用来盛放需要汤勺才能食用的半流质餐肴。早期的汤钵通常是用陶制成的，比如下图所示的这个1690年前后进口自英格兰的汤钵。然而1750年后，白镴和银制的汤钵的使用则更为普遍。本杰明·富兰克林在他的自传里回忆道，他太太为他增添了新的餐具，因为她认为“她的丈夫应该和他其他的邻居一样，配拥有一把银制汤勺和一个瓷碗。这是(银制)餐盘和瓷器第一次出现在我们家”。

鉴于餐饮习惯在19世纪初的发展盛行，克里默对颇显礼仪的瓷杯、瓷盘和餐巾的描绘所折射出的，是他费城的“工作嬉戏者”老乡对自己有教养的骄傲心态，而画中的那方桌布也标示着精致和优雅。如若细看，则会发现那块桌布的边缘有着时髦的流苏。当时，许多美国织布工都会为手工麻布加上流苏。可惜的是，克里默这幅油画的细致度尚不足以显示里面是否确有银器。尽管我们几乎可以猜想画中人理应是使用银器的，但我们无法确定这些宾客是否会像法国人和英国人一样，认为用叉完成送食比用刀更能表现教养礼节。根据一本19世纪30年代的礼仪指南手册，“如果你觉得我可以像美国人一样，用他们那种特殊的方式用餐……那你还不如贪图方便再偷点懒，直接用右手拿(餐刀的)不锈钢刀刃(切割食物)，也许以这种方式你也能切割得灵巧漂亮，也许以这种方式你也能把食物切成小块而不会在进食时塞满整张嘴。当然你也可以直接用双唇含住刀刃，不会有人认为你这么用餐是没教养的”。

另外一种精致的就餐方式就其本身而言是克里默图画里左边的碗柜。通过碗柜的窗户可以看到陈列着许多瓷器，客人也可以借此欣赏到主人家的富裕以及优雅的品位。柜门的设计在1813年显得非常的独特，他没有采用铰链式的内关门设计而是把门划向了一边，这种设计在碗柜的容纳性方面很有优势。碗柜在储藏

108 家中较有价值的物品时起到非常重要的作用——尤其是女性的值钱物品。与其他财产一样，碗柜本身能在家族中被传承下去并且其本身也有收藏价值。

这样一个美得令人惊奇的传家宝就是这个最初属于马萨诸塞州哈德利（Hadley）的汉娜·巴纳德（Hannah Barnard）的碗柜，在1710年后的10年内，其设计反映了在斯普林菲尔德（Springfield）附近康涅狄格河地区传统的木匠技艺。碗柜木匠们在木头上雕刻并绘制图案，包括在伯纳德碗柜上层鲜蓝色可转动的柱子。大约250件1680年至1740年制造的“哈德利五斗橱”或者类似物件留存了下来。把拥有者的名字的大写刻在物件上是很不寻常的，但在126件类似的五斗橱中，有至少115件上刻有拥有者的首字母缩写。一个典型的图案是两朵郁金香花瓣与一大片树叶（在里面能够看见汉娜·巴纳德名字的首字母），在郁金香下面有一个倒心型和钻石形的图案，半圆形与缠绕的藤蔓的图案与抽屉两边侧面相接。

此外，哈德利五斗橱展示了一种命名模式。巴纳德是汉娜的娘家姓，尽管五斗橱很可能是作为她的嫁妆而被制造的。同样地，大部分在哈德利五斗橱上的首写字母都是用的娘家姓，只有六个橱柜刻有夫妻双方的名字。从另一方面说，橱柜与女方家属的联系远远大于男方。其原因就劳蕾尔·乌利齐（Laurel Ulrich）所记录的是因为橱柜里面的物品大部分为女性所拥有——亚麻布，锦缎餐巾，绣花样本——这些都是通过家族中的女性代代相传，从母亲到女儿。在讨论殖民时期女性地位的时候，我们可以看到法律对待男性与女性是不同的。有关继承的情况是这样子的，传统意义上“真正的”财产——林地、土地、房屋、谷仓与其他不动产——由男性
109 继承。因为这些财产是不可移动的，它很难从一个地方转移到另外一个地方。

相比之下，在女性结婚之后，她从娘家搬到丈夫家里并跟随了丈夫的姓氏。她的财产在法律上被认为是“可移动的”——也就是可以跟着她转移的财产包括饲养的动物和个人财物比如碗柜与碗

柜内的物品。就如乌利齐所观察到的,这种财产的分割方式并不是中立的。“在这样的体系里面,女性本身变得‘可移动’,这改变了她们的姓也很可能因为从一个男性为首的家庭转移到了另外一个而改变了她们的身份。”在1813年,当克里默绘画《绗缝嬉戏》的时候,汉娜·巴纳德的碗柜仍然被她的后人使用着,距离她的年代已经有一个世纪之久。直到汉娜的曾孙女汉娜·巴纳德·黑斯廷斯·凯洛格(Hannah Barnard Hastings Kellogg)因为不得不长途跋涉到加州的时候,才不得不舍弃了这个碗柜。在移动性不断增长的年代,即使是“可移动的”也有它们的局限性。

> 女人的财产往往是“可移动的物品”,这种财产可随女方嫁人而移动。

仔细观察在《绗缝嬉戏》这幅画右下方有一把躺在地板上的扫把。这把扫把比18世纪80年代大部分家庭中使用的扫把高级很多。老式的小枝叶扫把只能清扫树叶、泥土块和灰尘而无法清扫细尘。考虑到这种扫把的局限性,细心的主妇会把余下的细尘用干净的白沙掩藏起来并且排成比较好看的人字形形状。“白色的地板上撒上干净的白沙……把会客厅点缀得雅致无比”,一位生于世纪之交1800年左右长于费城的妇女回忆道,然而一些农民开始使用一种细杆的蜀黍(后来被称为“高粱”)来制作可以清扫细尘的扫把。这在克里默的绗缝中似乎出现得很多。到19世纪30年代已经售出了数以万计这样的扫把。

在克里默房间内的右上角有一座高大的落地钟,大约有六英尺高——也是其主人好品位的表现。在合众国最初的几年里,这样的落地钟只有富裕家庭的人才能买得起。美国的钟表是匠人用手工打造,每年生产的“机芯”不超过十个。为方便搬家,买方想找个储 110
物柜工匠为他做个箱子。到了1813年,艾利·泰瑞(Eli Terry)和其他工匠已经可以在一年内制作出能经受多次迁移的箱子,并且钟表产品越来越小且甚至能放入仅20英寸高的箱子里,而且新制成的钟表也更为便宜。在之后的几十年中，这些钟表因为美国的北方船员而变得更随处可见，急切的美国人巴不得在房子甚至简陋的船舱里也要加上些许精致的点缀。

随着物质文化的丰富，这些钟表背后所透露的是拥有者的社会阶层和地位。克里默油画中的钟不仅是一枚精准的计时器，更是身份教养的象征。对美国的城市人来说，将一天的时间细分至小时和分钟自然是有必要的；但对农村的节奏来说，白昼与黑夜本身已具有同等的划分一天时间的作用。农民光凭看看窗外，就对一整天的时间了然于胸，而且通常他们的时间判断还划分得挺准确。19 世纪 30 年代，一位伊利诺伊州的农民将日出前的时间划分为至少八个分段：距日出很久、距日出不久、日出即将到来、日照将至、日照出现、黎明前、黎明将至、(终于)黎明到来。在许多钟表盘面
111 上的时间数字更是验证了这种对自然世界节奏的把握，此处图中不仅显示了时间而且在钟面之上也估算了月亮的当前阶段。当满

月出现会为夜间旅行和工作提供更好的光线。同时，时钟出现在每家每户反映出了工作和社会项目对于准时的需求增加。一位马萨诸塞日志记录者记录下1830年一场雪橇滑行派对上美好的时光，“他们唱歌，来回奔跑，歌声动人。喝着热咖啡，在九点半的时候回去了”。克里默的钟是环境中的一部分，向上追溯，指向过去18世纪后期的世俗文化，也象征着未来工业时代每天按照小时被严谨地分割了。

美国精髓

至此，我们一点一点地理清了物质文化——依靠一件一件地理清每件事物在日常生活中的显著影响。但是时钟案例传递给我们一条关于时间的信息，物质文化时刻都在变化。我们可以看到，纳缝，在1840年和1780年就有着不同的含义。如果物质文化一直在进步，那么对其的研究或许可以帮助我们归纳一部更广泛的美国社会进化史。

《绗缝嬉戏》揭示了什么长期趋势？回想下绘纹的盘子和餐巾纸，回想下渡船工的一家和内科医生一起晚饭，那些75年前的东西。对比这两种晚餐的方式，更多礼节性的习惯开始出现。进化不是简单地从1744年的“暴行”到1813年的“文明”行为的过程。一些1744年的人们觉得吃饭没有银器和餐巾纸是一种粗鲁的行为，还有刀叉，很明显这些都来自上层社会。

因此，精髓的传播包括习惯的传播从社会精英到美国的中层阶级——那些年中层阶级逐渐变成了美国社会中独特的一部分。历史学家理查德·布西曼（Richard Bushman）把这个过程追溯到几百年前，变化是逐渐发生的，而且经常是率先出现在市区，在那里文化影响的传播更加容易。它们也会出现在工业化发展的地区，英格兰和大西洋地区，而不是西南部，但是那些地区也展现出了变化的标志。

礼貌的行为是模仿国王、皇后和贵族的。经过了一个世纪，以

“礼貌之书”之名出版的一套准则指南是从整个错综复杂的准则中挑选出来的。《礼貌的准则》(*Rules of Civility*)1671年在法国出版，解释了那些在社会最高层的男女的行为，假定在荣誉最高的地方，无论是在一个房间(离门最远的房间)还是在马车(后座)或是在卧室(只有床)。规则之中最细微的排序行为：比较低等的阶级
112 中的仆人永远不会敲贵族的门，只会去抓！这类准则是极端的18世纪的美国，但是乔治·华盛顿年轻时从一本类似的礼貌书中找来的座右铭是“陪同那些比自己教养更好的人时，只能在被询问时再站直脱帽回答”。

随着这些规矩越来越清晰，礼貌的行为明确规定了牵扯一些事物的正确行为，比如门、马车座位，还有床。脱帽表示尊重——不仅在华盛顿时期，也在克里默时期。《绗缝嬉戏》中写到客人很有礼貌地将帽子翻过来。我们也能发现瓷器、桌布和钟都变成了文明的象征物。有一样东西被遗漏了，毯子——意料之中，因为1813年的时候这类装饰品很稀有。在1770年大多数的美国人觉得用这个盖住木地板很奇怪，小毯子则被当作床单。

以现代的眼光来看，毯子可能值得买，作为礼貌行为的物件。但是在1813年(以及更早的时候)有很多不用毯子的理由，比如，在外面走路鞋子上的泥和脏东西很容易就弄脏了毯子。但是随着时间流逝，在铺过的路上和圆石路和人行道上泥土越来越少。1824年小说家丽迪雅·西格妮(Lydia Sigourney)根据自己的经验撰写了一个故事，是关于一个农民看到客厅地板上有毯子感觉很困惑的故事。他尽量不让自己把毯子弄脏，他在房子的边缘工作直到被桌子拦住。“我必须踩在毯子上”，他抱歉道。当被告知那毯子就是用来踩掉脏东西时，他回答说：“我从来没有看到过毯子放在地上，我们都是晚上盖在身上的。”

> 正确“优雅的”礼仪甚至详细规定了人应该怎样对待门、马车座位、床之类的事物。

优雅的潮流还包括有礼貌的事物的普及，例如装饰物出现在大布景上。因此我们不仅仅要观察事物本身也要观察它周围的空间，这也是检验美国家庭稳步进化的一部分。

最早期的房子是很初级的。大约 1/3—1/2 甚至更多的在 17 世纪造的房子的门都是直接通往主房间的，这是从中世纪的大厅学来的。在这面墙的对面是一个巨大的通风的火炉，是厨房的两倍大。该世纪后期，房子趋向于在一楼有两个房间，二楼有两个房间。在一楼的另一个房间被称作接待室，但是在功能上它是最好的卧室，父母睡在里面，同时也会有很多有价值的家具，如床和衣柜。另外睡觉和储藏的空间都在二楼，附有一个梯子或楼梯，后者堵住缝隙防止主卧的热量流失。窗户只有两平方米大，也是为了保暖，保证黑暗笼罩。人们更喜欢玻璃的，但是更多的房子是用油 113
布的，这样可以透进更少光。

在 18 世纪，普通人继续住这种房子，但是能支付得起费用的人会要更宽敞的在英国流行的房子。门不再直接通往中央房间，而是有优雅的走廊和楼梯。楼梯不再是隐蔽的或墙缝中的了，楼梯成为受人欢迎的入口。主厅，那个之前又是吃，又是烧，又是睡的多功能的空间，变得更加正式和完善，有时被定义为“娱乐厅”。墙的木板被粉刷或贴墙纸取代，天花板也完善了，椽子看不见了。角落更加优雅，还有护墙板——及腰的高度，保护墙壁不被椅子划伤。房间更加明亮，1710 年的新潮吊窗比过时的平开窗提供了更多的光线，18 世纪的上流人士在晚上用新的更加干净的鲸油蜡烛去点亮他们的房间。

在 18 世纪末，房子因为取暖而改变。本杰明·托马斯(Benjamin Thomas)，一个马萨诸塞人众所周知的伯爵，将传统的壁炉重新设计得更小了，更少的风流入，但是更高效了。他的火炉放在壁炉中可以让更多的热量辐射到房间。更小的火炉让烧饭变得不方便，但是自从有了新家和更多的空间，厨房被挪到了房子后面的一个单独的房间里。地窖，尤其在南方殖民地，是在主屋后面的一个副屋里。(克里默画中的家就有一个小的厨房。)

舒适是变化的根本原因，也不仅仅是实用性，最新的建筑学反映出殖民的贵族越来越会享受。绅士的传统定义是他不用工作就能让自己和家人过得很好。花在客厅家具上的钱越多，最贵的房间——客厅的实用性就越低。每天吃饭、纺织、烧饭，或者睡觉都不能在客厅完成。庄园的设计者说了一个故事。随着18世纪的进步，越来越少的大房子会把床放在客厅里。取而代之的是茶几、椅子，陈列着最好的瓷器的橱柜。环境好的房间不仅仅局限于客厅了，二楼也具备了吃饭或者喝茶的功能，这也是开放的楼梯和走廊很重要的一个原因。“楼底必须完全开放地展现出来，”英国的建筑权威建议道，“否则会让人视线模糊，看上去就像这个房子没有楼层。”历史学家威廉·托马斯·欧迪（William Thomas O'Dea）指出蜡烛使用的增加不是因为对光线有更多的需求，而是生活方式的进化——主要的东西要融合环境并且展示出来。

114 事实上，欧迪和布西曼都强调在新的设计中融入戏剧的元素。殖民贵族把自己视为这个社区中的领导人，他们迫切地想在更高的平台上展现自己的领导力，乔治·华盛顿从礼仪之书中复制的最大段的内容证明了这一点：“没有其他的噪音，只有你自己手指和脚趾敲击的声音。”华盛顿的视野特别地高，但是所有的贵族都意识到“其他人在场的时候”他们必须行为端庄。“无论你在哪里，都要想象自己是遵守”18世纪流行的女性手册。“当你的行为一直被其他的会议成员监督着，这将使你严以律己，你必须保持警戒。”

有了这些态度，贵族的房子被设计成展示贵族和他们的财产的一种有利的方式。参观者走过走廊，通常有很好的背景画，壮观的官邸的外墙都会被粉刷或者加上石砖，和那些饱经风霜的没有粉刷过的房子形成对比。穿过前院或花园，客人进入了壮丽的大厅走廊，被带领进入点燃了数十支蜡烛的房间，光线在银盘、烛台、盘子上反射，墙上的镜子、擦亮的椅子和桌子放大了空间和亮度。这些房间里的活动和普通人玩的没什么不同——打牌、喝茶、跳舞，是那些装饰的优雅体现出了不同。那些物件、空间和景观使他们的居所光彩照人。

中产阶级的物质身份

在共和国早期，绅士和优雅的女士的品位逐渐被美国低收入和低地位的美国人所接受。改革的进程中出现了独特的“中层阶级”，此语特指那些提高了生活水平和生活习惯的人，他们周围的物件也都受身边人的影响。正如理查德·布西曼所指出的，这个过程不仅仅是模仿。改革本身也在进步因为中产阶级的生活要求他们这样生活。

不像绅士那样，中产阶级还要工作。餐具、瓷器、毯子和钟都很想买，但是这些都不便宜。哪里有钱去买它们呢？1810 年的人口普查揭露了一个答案，因为它影响了美国的职业和工作习惯。 115
农村家庭和城市居民通过家具制造和纺织品制造有了额外的收入，如克里默画的带有流苏边的桌布和新款的扫帚。腾齐·考克斯（Tench Coxe）写了一个普查的概要，提到家庭纺织机的衣物制造给女人提供了舒适和快乐，给男的留下了做农活的空余时间。随着南方种植园的发展，1793 年伊莱·惠特尼（Eli Whitney）发明了棉纺机，棉花的产量增多了。唐希望家庭制造业可以增加，并“提供给每个勤劳的女性一个工作岗位，在家务不占用她时间的时候工作”。

> 绅士的住房空间着眼于展示财富和地位；新中产阶级的住宅则是重视隐私的庇护。

现在的结构正是克里默规划中最重要的，它实际上反映了休闲和工作之间的冲突的力量。另一方面，这个房间展示了很多改革的标志，还有对凌驾于更古老、更简单的生活之上的一种渴望。是工作，而不是娱乐，并且提供了娱乐的根本理由，无论能取得多少乐趣，娱乐是必需的。例如在缅因州，近 90%的家庭制作的衣服都是有很多种类的。超过一半的家庭有织布机，织衣服产业进入那些家庭，家庭中的男性原来是制革工人、造船工人、细木工和铁匠。有些在调查中被称为绅士的也发现制作衣服有利润。

衣服每家都不一样，有些是只做出来给家里人穿的衣服、裙子和裤子。有些家庭更加有想法。“我妈妈会和其他的妈妈交换工作，她们会在衣服中加入棉和亚麻缝制一种粗斜纹布给工厂里的男孩穿，或当爸爸夏天的工作服。”玛丽·帕尔默·泰勒(Mary Palmer Tyler)回忆道。从这条信息中，我们可以更加清楚地知道衣服制造包含着一种交织的关系，即家庭和朋友间的交换。在18世纪早期，越来越多的工厂坐落在郊区。在1810年的调查中有600多家工厂，洗羊毛线为纺织做准备。超过110个棉纺织工厂卖线给女人，让她们可以在家里织，然后女人会把织好的衣服再卖给工厂。因此初期的家庭工厂是辅助工厂，中层阶级的客厅依旧是工作和娱乐的地方，只不过加了纺织轮子和织布机等其他机具。

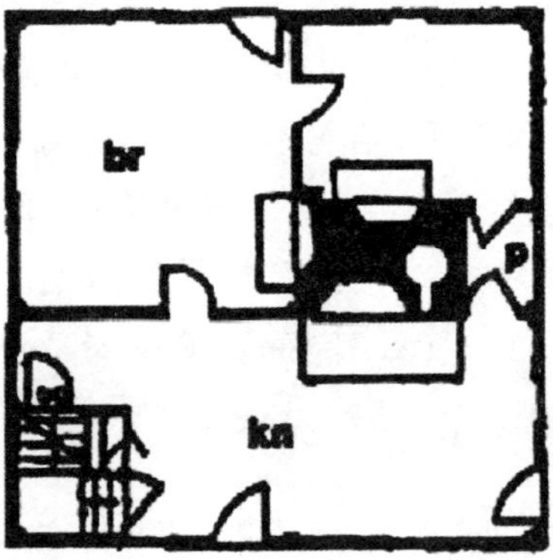

但是随着大规模的工厂如洛厄尔(Lowell)工厂在1820年建立。便宜的衣服大量出现，而家庭工厂很难做到这一点。这十年直到1830年工作区域和家庭的分离更加清晰。农夫的女儿开始
116 在工厂工作，而不是呆在家里帮妈妈做衣服拿到市场去卖。新英格兰部长说，“从母亲—女儿到水—溪流的能量变换”引起了“一次家庭生活的完整变革”。对中产阶级来说，家不再是工作场所，而是工作日以外的休息场所。女人主要是在家里管家，而男人在工

作一天后回来享受舒适和休息。在 19 世纪，历史学家称之为“受追捧的生活方式”开始动荡。

历史学家可以描述出这些物质轮廓在个人家庭历史中的变化，它们被模仿和改进了好几年。当老史德桥村（Old Sturbridge Village）将铁匠爱默生·比克斯比（Emerson Bixby）的家从马萨诸塞州巴里（Barre）迁到如今的博物馆之地时，变化的外墙和油漆和墙纸记录了那时的变革。1870 年的居所仍是原来的模样，呈现出没有特色的三间房布局，后面是厨房，前面有客厅和卧室。客厅包括了主人之前睡过的一张床。虽然前门通往那个房间，至少墙纸和椅子和刷成蓝色的护墙板还是值得称赞的。保留了一些布局，主人不仅吃睡在客厅，厨房的楼梯也是隐蔽的，保持着原来的风格，有一个中央烟囱为每个房间的壁炉服务。一个小的储藏柜用来储存杂物。总之，虽然很多 18 世纪客厅里的功能被介绍过了，但 1807 年的大多数房子还是和 17 世纪的房子有着相同的功能。

117

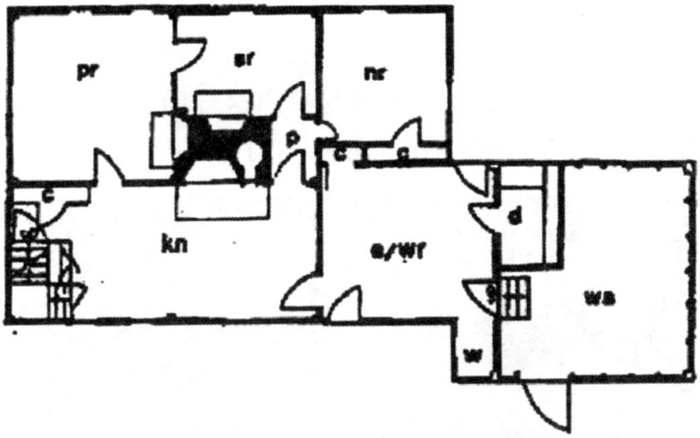

1845 年比克斯比完成了一系列的改革，房子的尺寸和房间的家具都发生了变化，但从扩大的房屋面积就可以看出，很多功能还在。增加一个中央楼梯和前厅不容易，所以还是通过厨房走到二楼，客厅功能更加完善。出去的门被移走了，用窗户来替代。一楼增建了一扇门给比克斯比夫妇使用，这样他们的床可以从客厅移过来。里面的墙用泥灰全部粉刷了，所有的房间不是有墙纸就是有时尚的灰色油漆。

> 一个精致的家逐渐有了令人赏心悦目的房前草坪，住户也不再将垃圾扔出窗外。

外层也很引人注目，比克斯比将原来粉饰的墙面装上了新的隔板，并刷成白色，白色在18世纪中期很流行。（没有用到砖来装饰时，18世纪的屋主们喜欢黄色或沙色甚至是黄褐色或绿色。）同样，房前的草坪也很有美学元素。我们知道，考古学家从老史德桥博物馆挖掘出原始的房子，在1840年前的岩石层被保存下来，有很多被发现的废弃物：破的盘子、灰、食物残渣。垃圾很容易就从窗户扔出去了，反映出没人在乎房子的外面。然而，在1840年后，垃圾桶通常被放置在房子后面了。

我们不是很确定，但是如果是这样的话，比克斯比会加一个篱
118 笆在院子周围就讲得通了，就像很多中产阶级做的那样。同时期的建筑师也建议用灌木丛装饰房子和美化外观。和那些开放展示的18世纪公馆一对比，我们很容易得出这样的结论：这些中产阶级的房子更像是避难所，逃离公众喧嚣的避难所。

看完这些住房环境的改变，最后让我们再看一幅客厅里的雕刻，它大约在《纺缝嬉戏》之后的15年完工。通过分析克里默画中的内容，花点时间去归纳这些材料其中表包含的文化。你注意到什么不同了？你会怎样把这些和社会转变联系起来呢？

就家具而言，大量的东西被淘汰了。首先，关于尺寸：火炉和窗户的尺寸。前者是变得越来越小，后者变得越来越大。不再烧木头而是用煤代替，煤最初是城市居民使用的。《纺缝嬉戏》中地上是明显没有地毯的，其他东西也值得评论：壁炉架上的钟、地球仪、布料、脚凳、窗上的灯、前景中的花瓶，给我们留下调查和猜测的空间。

也许更多有意思的问题我们尚未发现，一个苏格兰场（Scotland Yard）的警察有一次问著名的夏洛克·福尔摩斯，有没有赛马踪迹的线索。"注意力要放在午夜时狗奇怪的动静上"，夏洛克回答说。警察说，"狗在午夜什么都没做"。"这就是奇怪的地方"，夏洛克 119
说。在《纺缝嬉戏》中我们看到很多的东西都和客厅里的人的工作活动有关系：编框、织布、扫地、打磨椅子。1831年的版画看不到这些，工作不能在客厅做。此外，橱柜上不会放满碟子，为什么？是什么被替代了？

版画中的人们形象可以告诉我们，在克里默的作品中描绘了很热闹的社会场景，房间里有13个人。但是在这个家庭中只有3个人。版画《没有学校像家庭学校一样》（*There Is No School Like the Family School*）的画家，描绘出了一堂关于在家里应该做什么的道德课的场景。我们看到的是一个核心家庭而不是庞大的家庭：只有父亲或者母亲和女儿。相比之下，在克里默的画中，祖父坐在火炉旁，或许还有三个兄弟姐妹，以及他们的母亲坐在火炉的左边。随着年轻的共和国越来越向城市化农业气息越来越少，普通家庭的人数开始减少。在农场，一个大家庭会有更强的经济感，男孩开始帮助父亲，女孩帮母亲缝纫，做家务。另一方面，城区的中产阶级开始意识到教育是找到好工作和拥有舒适生活的关键，因此大家庭中教育的费用越来越高。

最终，让我们比较一下版画中的中产家庭改革和18世纪建筑中反映出的改革。18世纪末的富裕，房屋这个主体被设计成可以看见公路的那种。“领导阶层”这个概念1830年已经不适用于广大中产阶级了。所以越来越多的人喜欢那些在50年前只有上层阶级才拥有的消费品，对娱乐的关注越来越深入人心。卡尔弗特·沃克斯(Calvert Vaux)，1850年顶尖的建筑师，把客厅作为一个公用的休息室，这个定义和之前传统的客厅截然不同，传统的客厅是整洁的，门一直都是关着的：

> 它是为什么准备的？为每天的日常生活准备的吗？哦，不是的，尽管它在这方面可以胜任有余。是为一周用一次吗？也不是——它是为聚会之用。因此这个视角极佳的房间就成了摆设，只为保持一个传统的好格局而不是让人感到高兴的存在，所有这些都荒唐至极。也许在一座大别墅里，除非没有空间，不然应该空出一个只用作陪伴相处的地方，哪怕不是位置、视线极好的，每天也是开心的。

随着时间流逝，沃克斯关注家庭生活的房屋概念为大家所推崇。那也是爱默生·比克斯比所想的，实际上他邻居们的房子或多或少都有他革新房屋的影子。其实比克斯比是一个典型的“与自己社会地位匹配”的人。

120

定义我们自己

最终，物质文化的研究渗透到我们每日的生活中，历史学家和考古学家发现很多东西都逐渐消失了。物质文化会导致很大的问题。一个德国材料学家的癖好是萝卜青菜，各有所爱。如果我们打破这种说法：人们建立自己身份的理念，他们会变成谁取决于他们日常所用的东西。早期改革中的中产阶级意识到他们应该成为谁，应该如何行为举止。他们的改革意识有不同的形式，工作的人成为 18 世纪社会的最佳展现形式。

物质文化帮助我们追踪改革初期从农业社会到工业社会的第一步的踪迹。这个故事已经是老生常谈了，但是通常都是聚焦在那些工厂的增加和它们的大规模生产上。我们简称它为工业革命。

聚焦于普通人之间的物质相互作用，我们的视角就发生了变化。在改革初期也就是美国工厂化初期，第一家工厂还没有取代在家工作。当爱默生・比克斯比在巴里做铁匠的时候，他的妻子劳拉(Laura)和他的三个女儿帮助母亲编织帽子，做衣服卖给工厂赚钱，同时，他们从出售农场的奶酪黄油中获得收入。

> 历史学家谈论“工业革命”，在这场革命中，人们开始更辛勤地工作，从而能够挣钱购物。

换言之，在工厂占据美国经济大头之前，普通人工作很辛苦，为了多赚点钱买奢侈品，比如把以前的陶土碗换成瓷器，比如“富兰克林的老窖”。历史学家开始意识到这种转变的重要性，这个转变指的是 18 世纪在英国美国发生的“消费者革命”。用这些经济学家的暗喻，取代工业改革的讨论(这场革命开始提供新的货物给购买者)，历史学家越来越多地将 18 世纪早期开始的工业革命挂在嘴上，工业革命期间，人们开始喜欢银器，他们工作更加努力，回到家，为了生产和采购那些消耗品。物质文化为理解中产阶级的 121
改变和市场经济提供了重要的内容。

物质文化的统一性不仅是集体的也是大规模的，不仅是小的也是个人的。比我们想到的更多，也许，我们生活的品位就来源于我们的物质世界：一个熟悉的马克杯在我们的手里代表着每天早上我们的热咖啡，舒适的椅子。物质文化像流行病，新的物品都逐渐变得必不可少，旧的物品关联性越来越少，虽然有些我们还是很珍惜。我们会像汉娜・巴纳德那样珍藏橱柜多久？我们赞叹伊丽莎白・沙克尔顿(Elizabeth Shackleton)传承下来的物品，这个英国女人在1779年时离开了她居住多年的房子，因为他的儿子托马斯在结婚时继承了：

> 这天我清空所有属于我的书架、衣柜和梳妆台，这些都是我温柔可敬的父母给我的，它们由亨利·查特伯恩在12月8日花1750美元所打造的。我非常珍视它们但我要把这些给我亲爱的儿子托马斯·帕克(Thomas Parker)。

当然，吃不是他们生活的全部，甚至我们造的、做的，买的也不是。但是仔细想想这些事情也揭露了我们的生活和物质文化是多么地息息相关，和前人的生活是多么地息息相关。

122

拓展阅读

Jane C. Nylander 的 *Our Own Snug Fireside*: *Images of the New England Home*, *1760 - 1860* (New York, 1993)用一种迷人的方式介绍当时的物质文化。历史学家利用日记与物质文化去阐述日常生活的绝佳案例来自 Laurel Thatcher Ulrich 的 *A Midwife's Tale*: *The Life of Martha Ballard*, *Based on Her Diary*, *1785 - 1812* (New York, 1990)。关于《纺缝嬉戏》的作者，更多的论述可以查阅 Anneliese Harding 的 *John Lewis Krimmel* (Winterthar DE, 1994)。要在网站上使图画的色彩再现，可以在谷歌图片网站输入"纺缝嬉戏"。老迪尔菲尔德的纪念堂博物馆有一份网络档案(http://www.old-deerfield.org/museum.htm)包含了数百件日常用品并可以很容易地在网上查阅到。

Richard L. Bushman 的 *The Refinement of America*: *Persons*, *Houses*, *Cities* (New York, 1992)，在大背景下宏伟地呈现了当时的物质文化，如 Laurel Thatcher Ulrich 的 *The Age of Homespun*: *Objects and Stories in the Creation of an American Myth* (New York,

2001)。关于17世纪晚期的消费者革命,可参见John Brewer和Roy Porter主编的*Consumption and the World of Goods*(London,1993)。T. H. Breen的*The Marketplace of Revolution:How Consumer Politics Shaped American Independence*(New York,2004)也加入了很有用的资料。有关美国市场经济的创建,可以关注Winifred Barr Rothenberg的*From Market-places to a Market Economy*(Chicago,1992)与Stuart M. Blumin的*The Emergence of the Middle Class:Social Experience in the American City,1760—1900*(New York,1989)。

123

过去和现在:信息革命的内涵

你一定觉得这是陈词滥调,没有经历过的人很难理解这个东西。对历史学家来说,对立面往往是对的:即使你没有经历过你也必须去理解。

这种对物质文化的探索是看几十年后的变化,看工业革命如何影响美国人的生活。不像法国革命那样扭曲,工业革命的变化是逐步的。生活在其中,人们很难感受到变化,每天一点点地变化着。

在过去的十几年中,世界已经在信息革命的中期了。虽然它巨大的轮廓让我们很难分析,但在这章中我们可以用和之前一样的过程来分析:分析物质文化的发展。1990年固定电话很巨大,砖块一样的移动电话是高科技设备。20年后,手机已经发生变化了。非洲的马赛人及在乡下村落的菲律宾人现在都有智能手机了。它可以用来拍照、作地图定位器、发信息、玩游戏、打电话。

下面列举一些很时髦的改变:唱片机、书、动态影片、信件、电报、打字机。每件都曾被用来传递信息,每件都经历了数十年的演变。LP变成了CD又变成了MP3文件,信件变为传真变为E-mail。这些使人们的生活发生了翻天覆地的变化,不仅在商业、劳动力、家庭、朋友圈方面发生了变化，还在文化传播方面产生影响。

你可以试着在那个时候待几分钟吗？然后感受下童年时候的感觉。工人从信息改革中得到了更多的好处还是坏处呢？网络是强制推广了民主文化还是专制文化呢？

124

第六章　杰克逊和特纳的边疆理论

我们运用的理论决定了我们所问的问题，是否我们正着眼于一个新领域的终结或者其他许多新领域的开展。

在1893年夏天，典礼、欢笑、表演者充斥着芝加哥。可预见的是，大批人群涌入露天市场来一探究竟。布法罗·比尔（Buffalo Bill）的牛仔主题表演与往常一样因驯马牛仔带来一片欢呼声。旅行者惊讶地看着一张完全用腌菜做成的巨大的美国地图。展示在他们面前的还有一架指向叶凯士（Yerkes）天文台的巨大望远镜；一台连接着芝加哥和纽约市的长途电话；以及一艘四层楼高的远洋渡轮的横截面。大道乐园（Midway Plaisance）吹嘘着自己鲜活生动的异国展览：爱尔兰农民在干草上生火煮土豆，阿拉伯蒙面的妇女和戴头巾的长者占领了自己的村庄。与此同时，爱斯基摩的王子驾驶着狗拖雪橇穿过温暖如夏的土地。

四处忙乱的原因是因为在芝加哥举办了世界哥伦布博览会，这一活动表面上是为了庆祝哥伦布发现美洲大陆400周年。但实际上，这个展览会是骄傲的芝加哥人向世人证明他们不光是猎野物的屠夫，同时也向世界上任何一个国际大都市展示了自己。考虑到展览会在近六个月接待了超过1200万的参观者，这一城市成功地证明了自己。

为了使展览会被更多的人知晓，相关人员还举行了几场学术会议，包括世界历史学家和历史系学生会议。因此在7月12日，好奇的游客有幸（或不幸）从大道乐园大受欢迎的食人尸乐队的鼓声中得以抽离，转而参观有五位历史学家展示他们研究成果的芝加哥艺术学院。在炎热的夜晚，报告被读了一遍又一遍，引发了从“中世纪英国的著名起义”到“伊利诺伊州和威斯康辛州的早期采矿”的讨论。那些有着坚强意志、没有被前面四篇演说说服的人们，发现了一个穿着有僵硬衣领的服装、站起身准备发表另一观点的年轻人，他的论文标题为“美国历史上边疆理论的重要性”。

125 这个年轻人名叫弗雷德里克·杰克逊·特纳（Frederick Jackson Turner），是来自威斯康辛州一所大学的历史学家。在场的听众无一可以预想到他的论文会引发四代人的学术和历史争论。造就特纳这一新奇前沿理论的并不是他对任何之前未知事实的发现，而是一个新理论的提出。这一理论赋予了之前的历史事实一种完全不同的领悟。

理论的重要性

特纳的理论只是历史学家用于为之前混乱时代带来秩序的众多理论概念中的一个。然而到目前为止，这本书避免了对术语“*理论*”的直接讨论。现在是时候做弥补了，因为理论是历史学科的一个重要的组成的部分，它深刻的影响了历史学家开展工作的方式。的确，如果历史不仅仅是它自身所表达的“过去”也是对自身的重建的话，那么理论就可以被认为是提供了建造建筑物的必要蓝图。

从一个层面上来说，*理论*可以被简单定义为假设。从这个意义上说，这是解释了两条或以上事实之间关联的分析。在塞勒姆女巫审判案期间，确定的“被折磨的”小镇居民，其行为虽表现得暴力却始终如一。在历史学家总结出这些行为可能是由神经质行为的症状引起的之前，他们不得不接受转换型癔症是有效的理论解释这一概念。鉴于塞勒姆的记录并未提供这一解释，理论做到了。

从更广泛的意义上看，*理论*可以被定义为赋予整个学科以系统思维的一组定理。当我们说到“造波机理论”或“疾病的基因理论”时会以这种方式使用这一术语。在通常情况下，小规模的理论概念是理论大框架的一部分。转换型癔症只是神经症分类下众多行为症状的一部分。反过来，神经症这一概念只是被现代心理学接受的身体理论的一小部分。物理学家、化学家和其他自然科学家通常用数学公式去总结他们的理论，但在社会学家和人类学者中，定理变得没有那么数学化反而更加灵活。即使这样，当历史学家在讨论“民主理论”或“经济增长理论”时，他们仍然会用一组连贯的原理去解释特定的事件。

由于历史学家是全面研究一个事件或一段时间的历史。所以通常包含不止一条而是多条理论。研究早期弗吉尼亚州的历史学家会借助经济学（作为集资手段的合资企业的发展），社会学（肤色对奴隶制兴起的影响），心理学（造成白人和黑人之间摩擦的原因），等等。广义地说，历史理论包含了从数据处理能力到政治观点以及人类自然哲学的一整个历史学家要学习的范围。它源于正式的教育、阅读，甚至是与同事朋友在学术上的随意交流。

126

1893 年，这一年特纳在世界哥伦布博览会上发表了他的论文，同时也在美国约翰·霍普金斯大学的研讨室向历史系的学生展示了这一理论。在桌子最前面的是赫伯特·巴克斯特·亚当斯（**Herbert Baxter Adams**）教授，他提出美国民主的根源可以追溯到英国或欧洲。特纳在霍普金斯大学表达了对西部兴趣缺失的怨怼，他发表意见说：“我所知道的在这里的任何一人都不在研究，或者意识到阿利根尼山脉背后的国家。”

> 当小规模的理论被用来解释特定的困惑时，大理论通常是历史学家在深入一个特别主题前会考虑的一部分。

广义来说，它遵循了叫作“大理论”的理论，这在历史重建中起到了很重要的作用。当小规模的理论被用来解释特定的困惑时(为什么奴隶制度没有在1660年前的弗吉尼亚州被确立?)，大理论通常是历史学家在沉入一个特别主题前会考虑的一部分。大理论鼓励历史学家去观注特定的问题而非其他，它趋向于挑选出有检验价值的特定研究领域或者排除掉不相关或无趣的部分。因此，任何进入历史研究领域的人——不论是外行还是专业的研究人员——都需要意识到大理论是如何发挥它的作用的。在美国历史上，弗雷德里克·杰克逊·特纳珍贵的边疆研究理论是最能说明这一影响的。

特纳以一个他在1890年发表的统计调查中找到的简单却令人吃惊的事实开始了他在芝加哥的演讲。统计调查报告中写道：“一直到1880年，这一国家都有开发的先例，但现在未被开发的地区
127 分裂成了不同的部分以至于那里不能被说成一条边疆线。”特纳将这一“事件”——越过边疆——称为一个“历史性的时刻”。对他来说，它是很重要的理由“一直到现在为止，美国的历史在很大程度上是大西部殖民的历史。一个地区自由土地的出现、持续的衰退以及美国西部大开发的发展，解释了美国的发展。”

特纳显著的主张，的确是一个宣言，多次挑战了盛行很广的基于史实的智慧。特纳时期的学者所研究的课题更偏向于大西洋沿岸。他们把东方(特别是新英格兰)看作美国文化真正的孕育地。超过阿巴拉契亚山脉范围的发展不是被忽视了就是被草率地对待了。成长于威斯康辛州波蒂奇(Portafe)农村地区的特纳在威斯康辛大学获得了他的本科文凭，他厌恶以上那种态度。

另外，主流的奖学金几乎一直关注于政治和宪法的发展。“历史是过去的政治，政治代表历史”的标语出现在特纳拿到博士

学位的约翰·霍普金斯大学讨论班的墙上。与此相反，特纳的这一政治观点忽视了社会、文化和经济历史的广大的轮廓。他认为，那些辛苦研究那些领域的历史学家会发现是特别的前沿的物理和文化情况，而不是东边城市塑造了美国人的性格。

边疆理论对美国人性格的影响被早期的观察者以一种偶然的方式意识到了，但特纳却尝试进行一种更为系统的分析。为了做到这点，他将查理·达尔文的进化理论这一科学性的大理论赋予了在他生活的时代更突出的地位。然而当达尔文发表对自然世界进化的解释之时，特纳却认为美国是一个研究文化进化的理想场地，他认为，美国的前沿理论将人类带回了一个原始的自然阶段。随着对文化困境的脱离，逐渐发展的进化过程会重新被制定。戏剧性的是，特纳重新为他的听众创造了顺序：

> 荒地控制了殖民者，它让一个欧洲人开始对穿衣、工作、工业、工具、旅行进行思考。它把欧洲人带离有轨电车并带入桦树。它脱去欧洲人文明的服装，让他穿上打猎装和软帮鞋。它将欧洲人放入切罗基族人和易洛魁人的小木屋，并他周围围上印第安人的栅栏。不久之后他学会种植印第安玉米，用尖木棍犁地，他哭诉无休止的战争，手拿传统的印第安风尚的战利品。简言之，一开始边疆的环境对欧洲人来说太恶劣了，他必须接受荒地所提供或所毁灭的情况，因此他自己适应了种植印第安的却并跟随印第安的路线。他逐渐转换了荒地，但产出的结果并不是古老的欧洲……事实是这里有了个新产物即美国。

128

> 特纳坚持认为："这一民族历史的真实角度不是大西洋沿岸而是大西部。"

特纳认为从原始的边疆到文明城镇居民的进化并不止出现一次而是随着边界西移屡次出现。每一次，移居者都摆脱一些欧洲人的行事方法，一种更与众不同的美国文化逐渐出现。这就是为什么一些东方历史学家的观点如此反常的原因：他们固执地追溯美国根源于英国的政治制度或根源于中世纪的德国城镇组织。特纳坚持认为："这一民族历史的真实角度不是大西洋沿岸而是大西部。"从边疆影响的一般表述方式来看，特纳推断出循环的进化过程产生了几个特定的特性，其中最主要的是民族主义、独立和民主。

特纳认为民族主义引发了先驱者打破大西洋沿岸的地理和文化身份：美国人对新英格兰以及贵族种植园经营者对南方低洼海岸这一"混合和融合"地区，被很清晰地在美国和南方人越过山脉移居以及德国人和其他北欧人与英国人合作开发土地的中部州展示出来。一种新的文化在那里得以发展，拥有民族倾向的团体洲际间的迁移变得平常——一个逐渐融合的想法和机制的发展，以达尔文的"异体受精"来隐喻。

据特纳说，先驱者同样促进了独立，第一批英国殖民者依靠自己家乡的土地来获取物质商品。但随着对西部的进一步开发，英国人扩大供给的过程变得更为困难。前沿城镇逐渐自给自足，东部商人不断地向西部人提供美国的而不是英国的产品。经济体系由此变得更为美国化也更为独立。

用特纳的话说，更为重要的是先驱者的个人主义促进了民主和民主制度。特纳认为荒地促进了复杂社会的产生并使之成为基于家庭的一种原始组织。这一趋势表达了对控制以及任何直接控制的厌恶，因此西部人反感英国和议会或卡罗来纳州沿海的种植者对他们的未被表现出来的征税。先驱者同样打破了代表东方和欧洲大部分社会境况的社会差别。考虑到边疆的社会是流动的，贫穷的农民和商人也确实在一夜之间变得富有了。当我们把社会阶层差别与简单的生存必需品放在一起比较时，社会差别就消失了。

特纳甚至认为随着"自由土地"的不断供给，西部鼓励了东部民主的产生。先驱者如安全阀门一样行事，他们在瓦解社会前逐渐把潜在的不满来源排除出去。“无论何时东部的社会状况趋向明确,无论何时资本家趋向于压迫劳工或者政治限制趋向于阻止民主自由。对先驱者而言总有一个可以逃入自由的出入口……人 129
们不会接受很低的收入以及永久的社会附属关系,当以这片被承诺给予的土地及平等地位作为代价时。”

这一让人们平等的过程的结果便是造就了美国人一个新特性。特纳在介绍边疆先驱者特性时是很有说服力的:

> 劣等、力量、敏锐和好奇的结合;实际、别出心裁的思想转换,快速找到权宜之计;对物体的熟练把握,在影响目标上缺少艺术感却是强有力的;永不停止的、强健有力的力量;主导性的个人主义,为好事或坏事服务,加之与自由一起发生的繁荣和茂盛——所有这些都是边疆先驱者的特性或由于边疆先驱者的出现所唤起的特性。

特纳讲给他的芝加哥听众听的不仅仅是赫克托·圣约翰·德·克雷夫科尔(Hector St. John de Crèvecoeur)在1778年说的“新兴美国人”,而且是对新兴美国人如何产生的系统解释。

完全可以说特纳的芝加哥听众没有在读文章时意识到这是一篇大师之作是值得诟病的。但从某些方面说,解释听众的疏忽与通过之后的历史学家对边界论点的显著接受做出解释相比更为容易。不可否认的是,特纳的论点是新鲜且富有创造性的。但他自己也承认,一篇论文要有需加以研究和检验的假设。在这当中,特纳证明其在本质上是不可能的。虽然他喜欢一连好几天寻找档案,但是他发现写作是一件难以忍受的累人工作。

结果是,特纳只在有影响力的《大西洋月刊》和其他杂志上发表了杂志文章。但是这些文章和数不清的演讲以及一群热情的学生被证明足以推动特纳的知名度。出版商涌向威斯康辛州去寻找这一有名的历史学家的书。特纳凭着错误的乐观,和四家出版商签订了发行八份手稿的合同,但没有一份得以最终发行。唯一他完成的并得以发行的书（1906 年的《西部崛起》[*The Rise of the West*]）是通过编辑艾伯特·布什内尔·哈特（Albert Bushnell Hart）的疯狂努力实现的。他用甜言蜜语诱惑、哄骗、威胁来达到想要的结果。哈特在这之后谈论说："这应该被刻在我的墓碑上，我是世界上唯一一个从特纳那里争取到足以被归为相当有分量的书稿。"

为什么成功了？明显不是他那未被发行的详细研究。成功是由于他大理论的吸引力。后来的评论家将特纳这一研究说成是不严密的模糊的课题，但这些缺陷被口才和宏大的规模所抵消。特纳慷慨激昂地说："美利坚合众国就像是社会历史重大的一页。"然后继续在大陆范围的层次展示历史。他的假设对历史学家的诱惑更像是一个统一的领域理论对自然科学家的诱惑一样——就如同物理学家弗里曼·戴森（Freemom Dysan）所说的是
130 一整套等式，这会"解释在自然中所有发生的事……一个解释所有事也没有解释任何事的统一原理"。在相似的（尽管没那么巨大的）风格下，特纳的理论成功抓住了历史学家的想象力。"一片自由土地区域的出现、它不断的衰退以及美国人向西部的开发解释了美国人的发展。"这一提议包罗了一个历史学家想要的所有东西！

> 反对特纳的人抱怨他对"边疆"的定义是很模糊的。这是一个地理上的地方？安全阀门原理？还是一种进程所提供的特征？

这一理论从它的解决方法上看同样也具有包容性。现今用于历史研究的社会科学技术是如此相似，让我们忘记了特纳坚持统一搜索工具的才华。他认为这超出了政治，将地理、气候、经济和社会因素与政治事件联系在一起。特纳不仅提出了这个统一理论，还提供了一个焦点即边疆，因为这些东西的改变在研究室里是可以被研究的。特纳的这一新理论成功地颠覆了东部历史学家的

传统研究方法。

等到1932年特纳去世的时候，一系列对他理论的讨论开始了。一些批评家指出边疆理论严重减少了英国传统在民主和文化方面上的贡献。另外也有人攻击特纳对于“边疆”的模糊定义。(这是一个地理上的地方？一种类似于捕手、牧人或者先驱者的人？又或者是一个欧洲特性被抛弃而美国特性形成的过程？)还有一些评论家怀疑边疆对东部来说是“安全阀门”的概念。几乎没有欧洲移民是真正在边疆定居的；如果有些事确实发生的话，那么便是人口数据显示有更多的农民迁进了城镇。

但是为了我们自己的目的，关注这些争论是会被引入歧途的。无论特纳正确与否，他的理论在很大程度上影响了其他历史学家的研究。为了理解这一影响，我们需要看特纳的一般命题是如何被他和其他人应用在特定主题上的。

特纳认为对这一课题研究很出色的人是安德鲁·杰克逊(Andrew Jackson)。[*] 在历史人物中，杰克逊与约翰·史密斯船长一样，是在生活的舞台上昂首阔步的人物。此外，杰克逊的胡言乱语将他直接带入了美国历史的主旋律中。正如他的部队给他起的“老希科里”(Old Hickory)的昵称一样，他将渴望土地的先驱者带入了美国的东南部，取代去了东密西西比的当地美国人，将西班牙人从佛罗里达州驱逐出去，然后将英国人从新奥尔良击退。作为总统，他开展了对美国“怪物”银行的抗争，将自己置于美国人长期争论经济力量在民主中所扮演角色的漩涡中心。更为重要的是， 131
他被看作是普通民众心中的政治冠军。他的职业使他无法避免大理论所提出的许多问题。

那么，特纳的边疆假设是如何塑造杰克逊的历史感知的？他职业中的哪些特征鼓励他去研究呢？

---

* 同名氏纯属巧合，特纳的父亲，安德鲁·杰克逊·特纳生于1832年，跟再次参选的杰克逊总统同名。

杰克逊：一位（名誉败坏的）边疆民主党人

对弗雷德里克·特纳来说，安德鲁·杰克逊不仅仅是“西部的偏爱之一”，他就是“西部”自己。特纳想用这个来表达特纳的一生都在精确地跟随边疆演变的脚步，在这其中，东部的文化被完全脱离并被“内部有异议的、国家主义的民主”所替代。

杰克逊的父母是苏格兰籍爱尔兰裔，他们加入了18世纪宾夕法尼亚州的移民浪潮。他们不断西进直到碰到阿巴拉契亚山区人，然后他们向西南渗入卡罗来纳的边远地区。这就是特纳在文章中所说的“融合”过程。特纳也向人们展示了向边疆迁移的人们是如何摆脱更高的社会组织，离开了作为血缘延续媒介的家庭的。安德鲁·杰克逊甚至被那样的社会所拒绝。他的父亲在他出生前就死去了，他仅有的两个兄弟和母亲在战争中死亡。安德鲁在17岁离开了在沃克斯华（Waxhaw）的家，然后再也没回去过。事实上，尽管他是一个没有家庭的人，但他并不是一个没有呆过边远地区的人。

杰克逊一开始搬到了北卡罗来纳州索尔兹伯里市的一个城镇，和兴致高昂的年轻朋友一起，白天学习法律，晚上进行金属乐队活动。在酒吧间喧闹、和年轻女性一起参加活动、午夜过后出去玩，有人曾说他是“曾经住在索尔兹伯里市的人中最喧闹的、好斗的、会骑马的、会玩纸牌的、搞恶作剧的”。

1788年，不受束缚的杰克逊抓住了成为北卡罗来纳州西区检察官的机会，这一地区一直延伸到密西西比。那里的边疆土地如今就是田纳西州，杰克逊希望可以打响自己的名声。当他居住在纳什维尔（Nashville）时，在头几年就解决了四分之一到一半的关于他家乡的法庭案件。他用特纳的把“劣等和力量”与先驱者的个性结合在一起的方法来执行正义。当一个被激怒了的被告冒犯杰克逊来表达他的不满时，杰克逊用事实证据来打败他。还有一次，在杰克逊被委派成为田纳西州新设立的区的高等法院法官后，他在一次开庭前离席去召唤被告,包括治安官和武装队在内的任何人都不敢做这件事。被审问的人叫拉塞尔·比恩(Russell Bean),他威胁要射击"十英尺内的第一只臭鼬",但当杰克逊来到法庭外喊叫的时候,比恩克制了自己。他说:"当我看向杰克逊的眼睛时,我 132
看到了很尖锐的眼神,这是别人所没有的。所以我对自己说,是时候克制自己了,我做到了。"

拓荒者杰克逊:正如在1817年的自传中所描述的,拉塞尔·比恩向法官杰克逊投降。特纳写道,"如果亨利·克莱是西部所偏爱的人之一,那么安德鲁·杰克逊就是西部本身……"这是有争议的,民族主义的内部民主的象征。

总而言之,杰克逊看似是一个边疆民主党人的合适人选。特纳在1796年杰克逊在国会的选举中这样描述他的特征:

> 在国会上所出现的这个拓荒者是有大事发生的预兆。他骑了800英里到达了位于华盛顿附近的费城。加勒廷(Gallatin,他自己是宾夕法尼亚州西部的人)在杰克逊走入议会大厅时生动地形容他是"高瘦、长相粗野的人、长发,一条用鳗鱼皮系上的发辫垂在身后,穿着奇异,他的礼貌和举止就像那些粗糙的住在边远地区的人"。杰弗逊之后向韦伯斯特

(Webster)证实："他的情绪管理是很糟糕的。当我是参议院主席时，他是一个参议员。由于他鲁莽的性格，他从来都不能发言。我曾见过他多次尝试，但通常都因愤怒而语塞。"最后代表他领导着的先驱者在政府中找到了一席之地。这个身高六英尺的边疆地区的人，是个笨拙，下巴突出，有时蓝眼睛会闪耀的人；这个易怒冲动的爱尔兰籍苏格兰移民后裔的领导者；这一老练的决斗者和随时做好准备的斗士；这个有争议的、激烈的、亲自从事西进运动的化身，终于在政治中找到了一席之地。

133 这是特纳给出的最好的修辞评价，他把所有支撑他理论的突出的个人细节都罗列了出来。但是他并没有写一本完整的传记，因此他将大部分对杰克逊的议论局限在几个段落的细节中。

特纳的学生里有一位在研究的道路上走得更远。当哈佛将特纳从他家东面的威斯康辛大学吸引过来时，托马斯·珀金斯·阿伯内西(Thomas Perkins Abernethy)恰好在其中学习。阿伯内西认为为了检验边疆理论，就必须将它放在一个有更多细节的层面上。他感觉在这方面之前的历史学家还不够科学。他认为，"科学是通过对样本的检验来学习的，然后客观真理是通过对典型的研究来发现的。"与此相反，"历史主要是通过国家单元来研究的，这一领域太宽广以至于不能做到精细检查"。但是特纳提出了一个对西部各州来说完美的"样本"。它在它刚开拓的日子里脱离了北卡罗来纳州，这是这个国家第一个获得"区域"地位(territorial states)的地方；然后安德鲁·杰克逊从它未开垦的定居地走了出来。为什么不在这更狭窄的范围内追踪边疆的发酵影响呢？阿伯内西着手在自己的著作《田纳西：从边疆到种植园》(*From Frontier to Plantation in Tenessee*)处理这一问题。

他同样也从他的老师那里学到了技巧。特纳强调作为西部一个关键因素的自由土地的作用。阿伯纳西同意土地是"美国早期的最主要的财富形式"，然后他认真学习了田纳西州大片土地在政治上的争议。他下定决心透过政治舞台的表面观察潜在的经济和地理的考虑。

特纳采取的就是这样的技巧，但产生的结果却不是特纳的结论。《田纳西：边疆到种植园》一书是专门讨论费雷德里克·杰克逊·特纳的，但该书却直接反驳了特纳对西部历史的乐观说法。

随着阿伯内西开始揭开卡罗来纳-田纳西政治交织起来的密网，同时，他发现了不只非法居住的拓荒者和"内部民主"的自耕农民对西部的土地感兴趣，偏向文明东部安逸生活的富裕投机者同样认为一旦移居者进入阿巴拉契亚山区来寻找田产，草木丛生的、未经耕作的土地价值便会飞涨。

对土地的争夺反映了北卡罗来纳立法机关奇怪又矛盾的行为。在战争期间，通货膨胀困扰该州的原因在很大程度上是由于当缺少资金时，立法机关会不断发行自己的纸币，纸币的价值随之骤然下降。战后，立法机关通过宣告所有的债务人都要用硬币（即用金币或银币）或者同等价值的纸币来重新偿付债务这一事项来紧缩开支。举例来说，现行汇率设定一美元银币或金币的价值等同于 400 美元纸币，那么当一个人欠 10 美元时，债务人就会欠 4000 美元的纸币。事实上，立法机关一直在否认它的钞票并宣称只有金币或银币才是一种可被接受的交换方法。

只有立法机构设法将该州的财政放在一个稳定的基础上，这一 134
举措才会有意义。但阿伯内西注意到在相同的会期中，立法机关会扭转局势并采取一个新的纸币管理举措——印制 10 万美金。当你在尽力摆脱老的东西时又为什么会发行更多的纸币呢？

阿伯内西也注意到了地产局会开门办事，售卖西部的土地，但也仅仅在特定的条件下。提出要求者必须走入森林并标记一些初步的边界，然后返回并去指定的地产局登记。

> 边疆似乎并不像特纳所说的单纯由民主党主导，而更像是阿伯内西提出的由富有的投机者主导。

阿伯内西总结道，这一情况几乎不能证实特纳的边疆民主概念。首先，谁到头来会有能力购买新的土地？肯定不是非法居住的人或者自耕农民——他们中没有几个人可以实现规划土地的需求，返回东部登记，进行官方测量并最终进入。反而是东部的土地投机商包括州议员进入土地领域赚大钱。作为最出色的投机商之一，威廉·布朗特（William Blount）在工作上阐明了这一过程。作为一个州的立法者，布朗特帮助撰写了新的土地法。同时他雇佣了一名樵夫向西走并划出大量的分界线。布朗特在自己这边登记要求并为土地付钱。

有时候购买土地的钱是旧的纸币，他们从那些无法证明拥有这些土地的穷人手里以很低的价格购买到了土地。但是立法机构同样允许以新纸币的面值来购买土地。这难道只是布朗特成为立法者提议新的纸币发行方式这一巧合吗？阿伯内西不这么认为。

阿伯内西并没有证实特纳对强硬民主的说法，而是构思了一幅"自由的"田纳西州土地为已然有力量的人们提供财富的画面。布朗特将整个西南部地区都用作他的猎场，他把他在土地上投机得来的利益都装满口袋。在他惊人的野心或贪心的胃口中产生了包括上千英亩的土地掠夺。然而只是全国范围内诸多此类人中的一个。阿伯内西总结道："在那些日子里，美国很大程度上是由不动产的投机者运作的。"

安德鲁·杰克逊在1788年进入了这个对任何人开放的国家，但阿伯内西文章的新架构将他的职业置入了新的亮点中。让我们将特纳对杰克逊对费城的开拓行动的描述和阿伯内西对杰克逊草率地到达田纳西州的说法进行比较。阿伯内西说："这是习惯
135 使然。"

> 杰克逊到达了琼斯伯勒（Jonesboro）……带着挂包、手枪、信号枪和猎犬骑着一匹良驹，带着另一匹马。这对一个奋斗的年轻律师来说是很齐全的装备，随着时间的推移，他通过买女奴增加装备……杰克逊仍然找到时间从事赛马这一他最喜欢

> 的运动,他和怀特斯蒂尔·艾弗里(Waightstill Avery)之间进行了一场不流血的竞争,后者是那时北卡罗来纳州西部最有名的律师。所有这些很清晰地表明这位年轻的男士将自己在这个世界上的形象定位为一位"绅士"。拓荒者通常是用拳头而不是手枪来决斗的,而且相比礼貌更自豪于体力。尽管杰克逊看上去像是一个典型的西部人,但在内心里他是一个贵族。

杰克逊以更实质的方式加固与社会上层人物的联系。特纳将杰克逊的做法写作是一个"检察官——一个更需要勇气和决心而不是法律智慧的职位"。边疆律师之业更为需要而特纳忽视提及的是收集债务的本领,因为杰克逊经常代表致力于弥补借款的债权人。在他第一个月的法律实践中,他提出了70条对拖欠债务的债务人的令状。这一积极的行动很快被威廉·布朗特注意到了,他在这时被委派为新成立的田纳西区域的管理者。他和杰克逊成为了紧密的政治盟友。

同样的,杰克逊也有投机的眼光,但却几乎毁了他。像布朗特一样,他也在田纳西州土地上付了钱,他买了孟斐斯(Memphis)未来之城5万英亩的土地。1795年,杰克逊第一次到了费城,目的是卖掉孟斐斯的土地来获取利益。很少有费城人愿意购买,但是杰克逊最后与另一个布朗特的密友大卫·艾莉森(David Allison)成交。艾莉森不能以现金付款,所以他给了杰克逊本票。反过来,杰克逊用本票购买了他想在田纳西州开的交易站的物品。

在杰克逊回家不到一个月,他便得知大卫·艾莉森破产了。更糟糕的是,既然杰克逊签署了艾莉森的本票,艾莉森的债权人便跟着杰克逊了。他们写道:"我们利用这早期的机会来让你知道我们几乎不期望得到他给我们的钱,然后我们就要从你这拿到我们的钱。"杰克逊承认这一财政上的噩梦把他"带入了深渊中"。为了摆脱这一情况,他被迫投机更多。从这里购买大量土地,在那里卖掉。兑现交易,获取少量收益,投资更多土地,把新土地换成另一买家的本票,等等。直到1824年他才解决了混乱中的最后债权。

很明显的是，阿伯内西相信，相比一个忙忙碌碌的边疆民主党人的任何浪漫遐想，杰克逊为了不动产而奔忙的事实更值得我们重视。尽管对边界理论的攻击是如此具有毁灭性，阿伯内西对特纳的欣赏却是真实的，毫无疑问，这是因为他的这一理论在很大程度上指
136 导了他的研究工作。

绅士杰克逊：托马斯·阿伯内西认为杰克逊在田纳西州的历史证明了“财富是如何在边界上升为最重要事务的，以及如何结合他们的影响和共同利益进而控制经济立法的。有时他们觉得做一些明显的民主让步是必须的，例如扩大选举权或降低进政府机关的门槛。但是随着他们一手否决标准作业程序，他们成功地在其他更模糊的经济立法领域保持得很好”。对杰克逊贵族形象的描绘是由托马斯·苏利（Thomas Sully）完成的。

我们很容易总结一个理论的价值唯一依赖的就是它的事实。然而即使特纳的假设在很多指向上有错，它却提供了一个刺激阿伯内西研究重要历史问题的中心，即西部土地政策的含义，环境对性格的影响，民主的社会和地理基础，所有这些主题都被历史学家

忽视了。

换句话说，理论所提出的问题和它提供的答案是一样重要的。 137
在这个意义上，它完成了在自然科学中相同的功能。科学历史学家托马斯·库恩证明了一个旧的科学理论在为替代它的理论指明方向上是多么不可缺少。随着旧式理论被验证，注意力自然而然地转向了问题领域，即结果不是旧式理论所预料的地方。库恩指出："新理论只出现在知道自己准确想指望什么并意识到有时出错的人身上。"阿伯内西有能力识别在田纳西州的政策上产生了一些"错误"，但这只是因为特纳的假设告知他需要被问的问题以及寻找答案的地方。

杰克逊：工人的朋友

然后，理论事实上可以通过限制一个历史学家的视野来做到使他变得敏捷(即对准重要的问题和数据)。然而，它坚持推论出这个一个结论：权衡是在这游戏中产生的。如果一个理论是关注特定问题的话，它必定会导致一个历史学家忽视其他的事实、趋势或主题。理论的局限性既可以是积极的也可以是消极的。

阿伯内西对特纳的否认阐明了这一问题。尽管这两个历史学家得出了对杰克逊完全相反的结论，他们进行了对特纳理论框架的争论。杰克逊具体化了民主、独立的西部吗？特纳认为是。但阿伯内西却否认。然而两人都接受了这一理论的前提即西部的影响是决定性的。

这一结论可能对限制在田纳西州政策领域的研究同样有用，但杰克逊继续在新奥尔良州的斗争中变得全国闻名并在1828年被推举成为总统。他赢得了所有西部沿岸各州和宾夕法尼亚州的选票，他还在纽约州得到了多数选票。在那里他加强了与政治派别奥尔巴尼(Albany)执政团的有经验的东部领袖马丁·万·布伦(Martin van Buren)的联盟关系。

这样的事实唤起了人们对特纳的理论所忽视的某些东西的注

意。作为一个国家领袖，杰克逊在东西部和城市农村中都交了很多朋友。历史学家小亚瑟·施莱辛格(Arthur Schlesinger Jr.)认为阿伯内西和特纳都过度强调了杰克逊的西部根源，并决定调查杰克逊民主联合的东部来源。成果是 1945 年的《杰克逊时代》(*The Age of Jackson*，1945)，这是一项强调东部城市工人阶级对杰克逊民主影响的全面的研究。

在某种程度上，施莱辛格的理论研究方法是被他的成长环境所影响的。他在马萨诸塞州剑桥的文明社区度过了童年，在那里他的爸爸老亚瑟·迈耶·施莱辛格(Arthur Meier Schlesinger Sr.)在哈佛从事历史的教学工作。不同于弗莱德里克·杰克逊·特纳，老施莱辛格强调城市社会和文化在美国生活中所起的作用。他的文章《美国历史上的城市》("The City in American History")鼓舞了
138 一代研究如工业劳动和移民的这些特有的城市问题的学者。施莱辛格随后大方地表明这一文章"没有力图毁坏边疆理论而是替代了一个平衡观：一种对在冉冉升起的美国文明中的国家和城市的欣赏"。然而，老施莱辛格的兴趣明显是在城市中的。

年轻的施莱辛格如此欣赏他父亲以及他的工作以至于他在 15 岁时把姓名从亚瑟·班克罗夫特·施莱辛格改成了小亚瑟·迈耶·施莱辛格。在有名望的菲利普斯艾克赛特(Phillips Exeter Academy)学院学习后，亚瑟在哈佛大学出色地得到了本科和研究生学位。正是他聪明的训练致使施莱辛格完成了这本书。

> 如果城市为安德鲁·杰克逊提供了民主堂的劳工力量，那么为什么"边疆民主"如此重要呢?

《杰克逊时代》这本书也反映了在 20 世纪 30 年代一系列流行的态度与热点，这些将施莱辛格与特纳在世纪之交与许多人共享的进步观念区分开来。30 岁的他发现国家陷入了如此严重的不景气中，以至于让许多美国人对传统的经济运行系统感到失望。阶级斗争理论，劳资冲突在学术界变得流行起来。作为富兰克林·

罗斯福的一位热心支持者，施莱辛格绝不接受共产主义者留下的教义，但他确实相信阶级斗争在与特纳强调的地区纠纷相比较的美国历史上起到了更大的作用。

考虑到施莱辛格的背景，他的研究以杰克逊职业生涯迥然不同的方面为关注焦点。它描绘了作为一个自然领袖的老希科里，尽管他来自西部，却被各行各业的劳动者即城市“表演者”和自耕农民所拥护。施莱辛格提出，杰克逊主要的政治任务是“为了非资本家团体、农民和东、西、南方的工人的利益，专控制主要是东部的资本家团体的力量”。施莱辛格很清楚地表达了和特纳观点的不同：

> 基本的杰克逊思想很多来自于很好理解了商业力量的本质以及强烈反对它的东部地区。杰克逊的民主让边疆的拓荒者人数激增，将充满对大商业的反对而且有乡村偏见的粗暴的人带入政府，然而这个传说并不能解释那些更为复杂的事实。杰克逊的民主更像是这个阶段中商业社会和其余保证自由资本主义国家的社会团体的持久冲突。

因此，《杰克逊时代》一书针对的是被特纳学派完全忽视的人
们即工人阶级的领袖、广泛的劳工运动以及民主政治家想要将工
人带入杰克逊团体轨道的努力。阿伯内西生前将杰克逊视为土地 139
的投机者，但这一看法因杰克逊和美国第二银行的激烈斗争而改
变。在这一斗争中民主领袖表达了和工人建立联盟的愿望。施莱
辛格总结道：“在银行斗争中，工人阶级逐渐将杰克逊视为他们的
领袖并把杰克逊的团体视为他们的团体。”

像特纳一样，施莱辛格遭受了批评的冲击。其他的历史学家提出大部分杰克逊的所谓工人支持者实际上是中高层领导人他们引导工人们的情绪，来为自己的目的服务。同时，许多身处真正的工人阶层的人们拒绝支持杰克逊。但再一次，对我们现在的目标而言重要的是注意施莱辛格的一般问题是如何改变他的研究方向的。施莱辛格再一次说，杰克逊有名的内阁和富兰克林·罗斯福的“顾

工人的拥护者杰克逊：小亚瑟·施莱辛格写道："杰克逊的民主说明拓荒者的激增，将充满对大商业的反对而且有乡村偏见的粗暴的人带入政府并不能解释那些事实。"普通大众（被杰克逊有教养的对手称作"出版者"）在1837年白宫庆典上享受大奶酪，奶酪的气味徘徊了数月。

问"有显著的相似并不是巧合。富兰克林·罗斯福猛烈抨击大萧条时代的"经济保皇党"，在很大程度上，杰克逊攻击"怪物银行"引发
140 经济恐慌与此可谓不谋而合。《杰克逊时代》于1957年在《罗斯福时代》（*The Age of Roosevelt*）后出版也不是巧合。施莱辛格可能更为明显地表现了他的政治和经济哲学，以至于没有学者可以脱离他的框架。无论如何，理论不可避免地限制并聚焦了历史学家的观点。

杰克逊和新西方历史

也许正是因为施莱辛格有一颗热爱政治的心，我们被迫考虑这个概念可能更麻烦。术语"理论"意味着一个历史学家，像一些科学家在实验室，遵循严谨、合逻辑的方式，抛开所有争议去研究过去曾有的含义。但就施莱辛格而言——不管你喜不喜欢，他每天的

事务显然影响他研究安德鲁·杰克逊的方法。就此而言，特纳最初的边界理论是时代的产物。毕竟1890年的人口普查引起他的注意，因为它宣称边界本质上是没有的。特纳所受的农村、中西部的教育一贯鼓励他和受东部教育的历史学家在解释美国民主上的有所不同。事实上，特纳是第一个认识到当代事务的推动力的。“每个时代都参照在当时最主要的情况来重新书写过去的历史”，他在1891年评论道。

历史学家的理论概念受到一种现代主义困境的污染，包括一些历史学家。“当下今的人，在书写历史上没有历史学家可以脱离自己的经验”，一位学者抱怨道，他显然是不满意别人可能认为他不会被当代的“激情、偏见、假设、全神贯注、事件、危机和紧张所影响”。可以肯定的是，他对重建过去不应该以现今的想法去颠覆过去的想法是正确的。然而，无论是好是坏，也许我们应该说，历史理论塑造了它们所影响的现代。时事是逃脱不了的，只有通过谨慎自律，利用现在的视角去扩大理解而不是减少理解。对现时观念工作的案例研究可以在那些最近重新调查了特纳那一领域的历史学家身上发现。他们的运动被称为“新西方历史”。 141

> 对于历史学家帕特里夏·利默里克来说，那个看起来无伤大雅的“自由之地”是一个巨大的摇曳的红旗。

在社会剧变的20世纪60至70年代，这一代历史学家是新的西部历史的先锋。这个新纪元也是非裔美国人为人权和平等进行革命的年代，无论印第安人在寻求部落领地和部落权力或者是奇卡诺(Chiceno)移民劳工联合起来寻求公平的工作环境。在这些年里，女权主义者联合起来想要得到平等待遇，同时一项环境运动质疑起美国人生活中盛行一种把经济增长等同于社会进步的观念。这些寻求改变的力量挑战了传统的思维方式，不论历史学家是否变成了社会运动者，很多人开始重新审视他们对历史的观念。对西部历史学家来说，这些年以全新的方式让人们大开眼界。

让我们回到特纳的中心论点：自由之地的存在会导致其持续的衰退，并且美国移民的向西行进解释了美国的发展。对历史学家帕特里夏·利默里克(Patricia Limerick)来说，那个看起来无伤大雅的“自由之地”是一面巨大的摇曳的红旗。六七十年代的动乱使得以“自由”称呼这片土地的不正当手段变得更明显了。在构建一个能发挥作用的假设时，历史学家忽略了不方便的事实，那就是这片土地并不是空的，它已经被占领了。正如帕特里夏所说，印第安人用这片土地打猎抑或种植自己的谷物。按照白人农民的利益重新分配这些土地需要剥夺印第安人对这片土地的占有权，并且还有印第安人本身，这个过程并不简单。帕特里夏《征服的遗产》(*The Legacy of Conguest*)一书的标题直接诠释了这一点。征服使得这片土地变得“自由”，因为这片土地已经在未经允许的条件下被占领了，或者是在半信半疑的情况下象征性地支付了一点补偿。

想一下另外一个从特纳书中摘取的词组“美国殖民西化的进步”，他想要在本质上把边界看成是一维的。他想表达的是，美国人继承了英国人，向西前行跨过了“野蛮”，逐渐演化为一个新的民主社会。但是对野蛮的意识是一个理论上的构建，含糊地否认了任何除了英裔美国人之外任何无主之地文化的存在。六七十年代的新声音，印第安人、拉丁人、非裔美国人，促使历史学家意识到北美的边界是有多种文化和多种方向的。西班牙移居者开始向北移动，从中美和加勒比海移动到佛罗里达州、得克萨斯州、新墨西哥州和加利福尼亚。19 世纪中期过来的中国和日本移民从西往东跨过了太平洋来到加利福尼亚。对各种印第安部落自身来说，边界线在欧洲人踏足之后没有定下来的时间里，朝各个方向变化。

特纳对那部分地区的文化融合没什么兴趣，这是西方历史希望修正的缺陷。“那些遭到入侵并且受制于西方的民族应在地区历史中有一席之地。”唐纳德·沃斯特(Donald Worster)在 1989 年说
142 道。“直到最近，很多西方历史学家表现得好像西部在白种人到来之前是一片空白，或者说一次性把之前的人清理干净了，以至于历史学家只要持白人观点就好。”但是沃斯特暗示说 20 世纪 70 到 80 年代

的年轻一辈通过自身意识到多元文化的观点。他们取代了特纳的不定向性的边界观点，把西部描绘成“现代史上人们付出最激动人心的努力的地方之一，在欧洲扩张和帝国主义扩张之后，世界第一个多种族、多元文化的社会开始建立起来”。来到西方城市的新人经常会发现这里相比纽约、巴黎或者莫斯科会有更多的外国语言。

历史学家对安德鲁·杰克逊的态度很难在经过现代的变化后保持不变。甚至在新西方历史开始流行之前，历史学家已经开始重新评估杰克逊的职业生涯。对历史学家迈克尔·罗金(Michael Rogin)来说，在骚乱的70年代写了有关杰克逊的文章，老希科里对西方的具体化的理论相对于特纳的理论来说完全不同。杰克逊把西方描绘得比较简单，因为他对把印第安人从他们的家园赶走是乐意的。“历史学家没能把印第安人摆在杰克逊生活的中心”，罗金争论道，“他们从每个角度解释了杰克逊的时代，除了印第安人的破坏，这一点实际上是历史上发生的。”

罗伯特·雷米尼(Robert Remini)在他写的关于杰克逊的传记里面举了一个相似的例子，第一版在1977年发行。随着时间的推进，杰克逊引导了迫使印第安人签订割让大面积土地条约的活动。当他在担任田纳西州自卫队的将军，后来在美国军队担任将军时，他一直在做这类事情。在他提出要对克里克(Creek)的印第安人发动战争，“Creek Red Stick”中剩余的人(杰克逊正在对战的人)撤退到佛罗里达，希望能继续他们的战斗。因为“红棍”克里克印第安人的敌人割让土地，他转过头来从他的印第安盟友手中要求了2300万公顷，反而和他们签订了条约。害怕政府撤回这一项厚颜无耻的行动，他要求建一条新的边界线，并且把土地尽快卖给移民者。“这个国家越快买进越好”，他在另一个场合这样建议总统候选人詹姆斯·门罗。印第安人土地相当于田纳西州的1/3、阿拉巴马和佛罗里达的3/4、佐治亚和密西西比的1/10，肯塔基和北夫罗来纳1/6之和。

当然，杰克逊的参与征地并没有随他的军事生涯结束。作为总统，他倡导将余下的12.53名密西西比河以西的印第安人驱逐到更西边，留出数以百万公顷的广阔土地来发展棉花王国。在总统的敦促下，美国国会制定的政策在1830年开始了对掀起了印第安人的清洗运动。在收购方面，雷米尼评论说，“这不是牵强地说，今
143 天美国的辽阔版图很大程度上是因为安德鲁·杰克逊的意图和努力”。

> 通过借助“中间地带”这个暗喻，理查德·怀特突出强调了一个中间情形，即白人既不能完全号令印第安人，又不能忽视印第安人的存在。

具有讽刺意味的是，没有一个新西部历史学家根据近期学术论著的观点，对杰克逊进行重新分析。在某种程度上，这种关注不够的现象的出现是因为青年学者更愿意关注横穿密西西比的西部，忽略了安德鲁·杰克逊曾经漫游过的领地。然而，在此所涉及的不仅仅是地理重心的差异。在许多方面，关注杰克逊，以他为中心进行研究并不能解答新西部历史学家所提出的诸多问题。在白人和印第安人各自在边疆沿线拥有显著势力的时代，迁移开始前出现了文化融合。然而研究盎格鲁征服者的行为并不能给我们提供太多关于文化融合的相关信息。

新西部历史学家中有一个人，理查德·怀特（Richard White），写了一部命名非常富有暗示性的《中部地带》（*The Middle Ground*），书中研究了17和18世纪五大湖湖滨的边疆问题。怀特认为，经年累月对边疆的探讨一直以文化对比为基础，且总是意见不一。与他们的做法相反，怀特更倾向于强调这是一个进行中的文化大融合的过程。通过借助“中间地带”这个暗喻，他突出强调了一种中间情形，即白人既不能完全号令印第安人，又不能忽视印第安人的存在。白人需要印第安人作为他们的盟友、交易伙伴、性伴侣、友邻。只有过了边疆，中部地带才会完全陷落，同时伴随着白人态度的强硬化，并重新将印第安人视为异族、外来入侵者等。

从这个视角来看，杰克逊和其肃清印第安人的政策似乎仅仅是

一个压抑的终结，结束了日益复杂的中部领地，使它不再被人遗忘。1780至1820年间的旧西南地区——杰克逊游历过的中部地带，是一个多元文化相互交融的地区。该地在200年里见证了印第安、法国、西班牙、英国文化显著融合的过程。西班牙以其在佛罗里达的基地为依托，积极寻求与印第安人通商。在此期间，有许多印第安人与白人通婚。例如，商人亚历山大·麦吉利夫雷(Alexander McGillivray)就不是白人，但他的名字就可能让人误解他是欧洲白人，实际上，他是一个克里克印第安人首领。在他的引导下，1784年他的人民与西班牙签订了盟约。他父母的联姻也正反映了中部地区遗留的混合文化，他的母亲是法裔克里克人后代，父亲是苏格兰商人。

非裔美国人的存在也为旧西南地区的混合文化增添了一种新元素，与印第安人通婚的白人商旅是切罗基人、克里克人，及其他部落中最早一批清除棉花种植园，转而使用奴隶的群体。通常这些奴隶是逃亡的人，印第安人利用这些奴隶良好的技术来模仿白人种植园主。非裔美国人知道如何纺纱、编织、做马蹄铁、维护枪支，还能充当翻译。讽刺的是，随着少数切罗基人建立了类似于美国立宪制的政府构架，他们也建立了类似于美国内战前南部地区盛行的奴隶法。

这个契卡索(Chickasaw)的印第安女孩的优雅发式和时装代表了安德鲁·杰克逊时代在中间地带旧西南边疆的文化关系的复杂性，这个女孩是成千上万迁到密西西比河以西领土上的人中的一个。 144

塞米诺族(Seminole)印第安人也有奴隶，虽然他们给了作为奴隶的这些“黑塞米诺族印第安人”更多自治权。当他们逃离西班牙或美国种植园到达塞米诺的土地时，塞米诺允许新人住在独立的村庄，那里经常远离他们的印第安老板。为了被允许种植作物，黑塞米诺族印第安人将收获的一部分支付给他们的主人——实际上就是分成制。如果如唐纳德·沃斯特所说，新西方历史的诱惑包括沿着边界追寻一个多元文化的混合的过程，那么，相比一味重复安德鲁·杰克逊作为印第安斗士的传统故事，中间地带人类的话题更能引起人们的注意。

经过这样一个宏大历史理论的演变之后，“真实”的安德鲁·杰克逊会是什么？怀疑论者可能会得出这样的结论：不是一个而
145 是四个老希科里漫游在杰克逊式美国的景观中，即作为边疆民主党的杰克逊、作为贵族农场主和投机者的杰克逊、作为工人朋友的杰克逊、作为印第安领地接受者的杰克逊。对历史理论的运用似乎带领读者进入一种貌似沼泽的历史相对主义中。在那里没有真正的杰克逊，只有那些想到去符合特定历史规则的人。

但这观点过于悲观。这起因于对这一章节的必要强调，不能只关注大的理论而不是评估每一种小情况下的优点。我们强调的理论提供了一个引导研究人员的注意力，使他注意重要区域的调查，这是一个有利的方面，但最初的理论只是开始。理论可以也正不断被考验着。有时旧学说被抛弃并被新的取代。在这一潮流下哥白尼确实取代了托勒密。另一方面，一些理论经历着检验或仅仅经过完善更符合事实。在其他情况下，旧理论被包含进更复杂的框架中。牛顿力学在今日的世界仍然适用，但这已经被发现是爱因斯坦提出的广义相对论的一个特例。

历史理论将可能从未达到它对立面的精细程度。在某种程度上，部分的自然科学这样的精度仍然是我们所达不到的。因为历史叙事寻求具体、独特的事件链。这些事件永远无法以科学家在实验室里重复实验的方式被复制。任务的复杂性无疑将确保我们的解释仍将是切题的，不论是同期所涉及的正面或负面的东西。在所有人中，历史学家应该第一个承认他们是被自己时代的潮流所塑造的。

但那不意味着历史学家必须放弃描述和解释客观现实的可能

性。在当前我们的历史景观的例子中，我们看到了需要纳入一个更全面的框架的杰克逊人格和事业的各个方面。这就像是瞎子描述大象的不同部位的老故事一样：大象是足够真实的，但描述是部分的和支离破碎的。弗雷德里克·杰克逊·特纳所写的与一个模糊的杰克逊式的风格有关。事实上这是一个对特纳来说和“民主”和“个人主义”一起出现的东西。在另一方面，阿伯内西关注的是杰克逊在田纳西州的职业生涯中所发展出的材料和阶级联盟，他几乎没有关注管辖的年份。施莱辛格所做的恰恰相反：他只是在1824年后学会了杰克逊的模式。他相比名义上的领袖更为关注杰克逊式的运动。20世纪60年代和70年代的历史学家已经用一个有争议的文化空间取代了特纳想象的边界线。那些历史学家中充满了像杰克逊一样的“平常人”以及特纳不会想到的更多民族的人。

对杰克逊的美国来说，这是一个统一的领域理论吗？可能已经 146
有了对这一理论的大概描述，但是决定性的任务还有待于未来的某个特纳去解决。现在很明显可以知道的是尽管特定的理论持续被修改或驳回，但理论却会一直伴随历史记录出现。如果没有理论，研究者便不能从无数的事实中挑选出需要的；他们不能从偶然事件中分离重要的事实；他们也不能专注于一个可处理的问题上。阿尔伯特·爱因斯坦很简洁地表达了这一命题。他总结道：“是理论决定了我们可以观察的东西。”

147

拓展阅读

Frederick Jackson Turner 的重要文章再版于 *The Frontier in American History*（New York，1920）。他也写了 *The Rise of the New West*（New York，1906）。特纳的生活和工作的最佳记录是由 Ray Billington 所写。他是最近的一位研究特纳的重要专家，参见他的 *Frederick Jackson Turner：Historian，Scholar. Teacher*（New York，1973）和 *The Genesis of the Frontier Thesis*（Sam Marino，CA，

1971)。一种截然不同的观点可以在 Richard Hofstadter 所写的 *The Progressive Historians*：*Turner*，*Beard*，*Parrington*(New York，1968)中看到。除了 Thomas Abernethy 的 *From Frontier to Plantation in Tennessee*(Chapel Hill，NC，1932)我们还可以参见 *Dictionary of American Biography* 中阿伯内西所写的杰克逊小传。Arthur Schlesinger Jr. 的 *The Age of Jackson*(Boston，1945)在历史学家当中激起了许多讨论，相关情形在 Edward Pessen 的目录学著作 *Jacksonian America*：*Society*，*Personality*，*and Politics*，Rev. ed.(Homewood，IL，1978)中有很好的总结。有关杰克逊在政治图景中的地位，可参见 Harry L. Watson 的 *Liberty and Power*：*The Politics of Jacksonian Ainerica*(New York，1990)一书中的评论。

有关新西部史观点的阐述，参见 Patricia Limerrick 的 *The Legacy of Conquest*：*The Unbroken Past of the American West*(New York，1987)；Donald Worster 的 *Under Western Skies*：*Nature and History in the American West*(New York，1987)；Donald Worster 的 *Under Western Skies*：*Nature and History in the American West*(New York，1992)；William Cronon，George Miles，和 Jay Gitlin 编著的 *Under an Open Sky*：*Rethinking America's Western Past*(New York，1992)。Richard White 的 *The Middle Ground*：*Indians*，*Empires*，*and Republics in the Great Lakes Region*，*1650－1815* (New York，1991)为我们展现的堪为新方法的最佳范例之一。最后，如欲理解理论在科学与历史中的地位，Thomas Kuhn 的 *The Structure of*
148 *Scientific Revolutions*，Rev. ed.(Chicago，1970)会让读者受益匪浅。

第七章　疯狂的约翰·布朗

约翰·布朗(John Brown)是一个英勇的烈士吗？这个白人在种族歧视的社会里为了奴隶而奉献了自己的生命。或者说他是一个推崇恶意的暴力并将国家推向了本来可以避免的悲剧中的狂人吗？

既然这种尝试已经失败，弗吉尼亚州州长——亨利·怀斯(Henry Wise)，担忧他将如何处理约翰·布朗。在约翰·布朗领导攻击哈珀斯渡口(Harpers Ferry)和它的联邦军火库之后，州法院判定他犯有叛国罪、谋杀罪和煽动奴隶起义罪。现在他被囚禁在查尔斯镇的监狱里，摆在他面前的是绞刑。在1859年11月的前几周，怀斯的办公室里堆满了信件。部分废奴主义者宣称他们集结了一批军队去解救最伟大的废奴主义者。支持奴隶制度的作家们威胁要处死那些侵入弗吉尼亚州并带有发动奴隶起义计划的人们。像许多南方人一样，怀斯担心布朗只是许多废奴主义狂热分子中的第一个，而那些人准备发动反抗南方及其奴隶制度的战争。因此他告诫弗吉尼亚人要拿起武器去保卫自己的州。

怀斯州长认为宣称布朗精神错乱会保证其一定的政治优势。

然而在成千上万的通讯记者之间，许多北方人谴责布朗的暴力行为，并把他的这种作为当作一种过失。纽约市市长费尔南多·伍德(Fernando Wood)敦促怀斯同意宽恕布朗，避免因他的死刑加深由于奴隶制问题而引起的激愤。其他作家也呼吁怀斯要仁慈对

待布朗，并且他们中的大多数人认为布朗只是单纯地发疯。怀斯将他收到的信件分为两堆："值得斟酌的意见"和"无足轻重的废话"，那些声称布朗精神错乱的信件被归到第一堆。怀斯认为宣称布朗精神错乱会保证其一定的政治优势。与其让布朗成为一个英雄或烈士，还不如让他成为一个被人同情或蔑视的对象。

毫无疑问，布朗试图在哈珀斯渡口让人们去探寻他的理智的这一做法是十分愚蠢的。有两个月的时间，他的 21 人队伍躲在城外
149 的农场里，他们都是理想主义者，在单调乏味的等待中将他们联结在一起的是对布朗的信任和对奴隶制的仇恨。这支队伍由 5 个黑人和 16 个白人组成，其中包括布朗的 3 个儿子：欧文（Owen）、奥利弗（Oliver）、沃森（Watson）。在偷袭前夕，布朗才告诉他们最终的计划。多年来，布朗一直抱着要给奴隶制猛烈一击的想法，他计划通过迁居到哈珀斯渡口进而占领整个镇以及它的联邦军火库。一旦他的队伍聚集好武器后，近郊的奴隶就会涌来加入他的军队。在当地民兵集结之前，布朗的武装力量可以逃到附近的丘陵，在那里，他们可以进行游击战直到奴隶制度被废除，所有的奴隶不再受这种制度的奴役为止。

秋天的空气中弥漫着阵阵寒意，伴随着丝丝细雨的降落，主战派走在前往哈珀斯渡口的漆黑道路上。三个人在后面管理物资和武装那些参加战斗的奴隶。一阵死气沉沉的寂静覆盖着这个坐落在丘陵处的小镇，这里距华盛顿特区 60 英里，是雪兰多河（Shenandoah）和波托马克河的交汇处。这里是由小农场和相对较少的奴隶构成的区域。大概军火库和军械厂的存在解释了之所以选择这个地区作为其开始活动的地方的原因。

这次袭击开始时很顺利。其中两个袭击者切断了该镇连接东西部的电报线路。其他人占领了联邦军械库并俘获了一批人质，包括乔治·华盛顿的曾侄孙刘易斯·华盛顿。袭击者和华盛顿的奴隶一道挥舞着普鲁士腓特烈大帝赠予华盛顿的指挥剑。对布朗来说，一个黑人挥舞着这把剑会成为他进行自由和种族平等运动的有力表征。不久，炮火声震醒了整个镇子的居民。在众人疑惑

之时，教堂的钟声鸣响了整个南方白人的警报——奴隶起义！上午时刻，匆忙加入民兵和武装的农民将布朗及其队伍围困在巴尔的摩至俄亥俄铁路间的机房里。布朗的一个儿子牺牲了，另外一个奄奄一息地躺在他身边。喝醉酒的人挤满了整个街道，扬言要报仇。当袭击的消息传到华盛顿时，布坎南总统立即派遣罗伯特·李上校率领军队平定这次起义。

约翰·布朗，男人的行动：在1856年领导堪萨斯波特瓦特米（Pottawatomie）大屠杀后，布朗蓄起胡须以掩盖他的外貌。他光芒四射的西部男人行动者的形象给他的东部废奴主义支持者留下深刻印象。这一形象并没有因为布朗总是在长统靴里放一把猎刀和在自己旅馆的房间里设置围栏预防支持奴隶制度的人的袭击而受到损害。

约翰·布朗领导的反奴隶制起义在36个小时之后走向失败。无论怎样，这场袭击都是完全失败的。因为没有一个奴隶站起来加入布朗的军队。起义者中有十人死亡或重伤，其余的人或逃脱或被俘。虽然布朗受了重伤，但还是奇迹般地活了下来。由于突击部队指挥官错误地佩戴了装饰剑，所以在刺杀布朗的时候断成了两半，给布朗留下了虽然疼痛但不致命的伤口。其他七人在袭击中被杀，九人受重伤。

大多数历史学家认为哈珀斯渡口起义是美国内战的导火线，正如波士顿惨案引发了美国的独立战争。在这样一个激愤不断上升、彼此严重怀疑，而且废奴主义者和少数奴隶制度拥护者之间存在着不可调和的矛盾的环境下，布朗和他的队伍点燃了战争的导 150
火线。他们采取行动并为此洒下鲜血的时候，并没有让南北双方有退路。人们愤怒的呐喊声淹没了要求妥协的声音。在整个北方，联邦政府、法律和秩序的拥护者普遍指责布朗以及他的暴力手段。像亚伯拉罕·林肯、史蒂芬·道格拉斯和威廉·西沃德

(William Seward)这样的北方政治领袖也公开反对布朗。1860年，共和党就此通过了一项政纲旨在谴责哈珀斯渡口起义。与此同时，一群卓越的学者们却向他投以崇高的目光。他在审判时表现出的威严以及对信念的坚持激励着亨利·大卫·梭罗，并将他作为一个英勇的行动家为之做辩护。拉尔夫·瓦尔多·爱默生宣称这些袭击者为“圣徒……这些殉难者，如果他们是圆满的，就会使绞刑架像十字架那样荣耀”。报社编辑霍勒斯·格里利(Horace Greeley)称这场袭击为“一个疯子的行为”，而且，他除了受到最高的钦佩之外一无所有。

151 来自北方的温和的声音消失了，然而，所有南方的火爆的废奴主义者和共和主义者都有可能成为像约翰·布朗那样的人。不管他们如何看待奴隶制问题，整个南方的愤怒民众攻击了北方人。各个地方奴隶起义的阴影增加了人们的恐惧感，而且这种骚动加强了分裂主义者的力量，他们主张彻底消除北方的影响才是南方的出路。

狂热者的动机

怀斯州长会如何对待这个引起众多愤怒的人呢？约翰·布朗预料到他不切实际的圣战所卷起的一场暴力旋风吗？在这个问题上，当时的人和历史学家有着不同的看法。布朗本人留下了一个关于目标的不清楚且充满矛盾的记录。对他的队伍以及弗雷德里克·道格拉斯，还有先前的奴隶和黑人废奴主义者来说，布朗明确表明他的意图就是引发一场全面的奴隶起义，他所有的准备都是为了这个目标。为了这个任务，他武装来到哈珀斯渡口，并选择军械库作为袭击的目标，毫无疑问他是要为奴隶们提供装备。但是通过几个月的准备工作后，布朗不断告诫那些资助他的计划的人，这场袭击也许会失败。如果是那样的话，他告诉他们，他仍然希望这一举动会分裂这个民族从而导致区域性的危机接踵而来，进而彻底摧毁奴隶制。

从监狱到法庭，布朗提供了明显相互矛盾的解释。除了他所筹集的武器之外，他表明这次袭击是他之前进行地下铁路工作的延伸。他不断否认他的目的是引发暴力行为或煽动奴隶起义。“我要求在这是推行一个我认为十分公正的举措，”他对一个心存疑惑的报社记者说，“并不是针对煽动者或是暴徒，而是去帮助那些遭受极其不公正待遇的奴隶。”来自俄亥俄州的国会议员克莱门特·法兰迪加姆（Clement Vallandigham）询问布朗是否预备一场奴隶起义，这个衰老的人回答道，“不是的，先生，我也不希望这样。我打算不时地把他们聚集起来，然后让他们获得自由”。在法庭上，当布朗命悬一线时，他再次否认任何暴力的意图。他追求的只是扩大其解放奴隶的运动。

布朗相互矛盾的证言引起了人们对他的队伍及其动机的猜测。难道布朗在被捕之后相当理智且深谋远虑地改变了自己的故事？

约翰·布朗，不切实际的理想主义者：“这个老白痴——越快绞死他并摆脱他就越好。”芝加哥报纸的编辑给亚伯拉罕·林肯的信如是说。同时代的许多人也认同漫画里的形象，即布朗是个愚蠢的梦想家。当然，布朗也有其他理念。“我认为你是一个狂热分子”，在布朗被捕后，南方一个局外人士这样说。“我认为你是一个狂热分子，”布朗回击说，“‘上帝要使人灭亡，必先使其疯狂’，而你已经疯了。”

他当然知道自己的殉难能够在多大程度上促进废奴运动。在行刑前，他给妻子写信道："一定要尽力推进我毕生追求的事业。"在另一方面，或许布朗深受他所谓的正义的影响，即他欺骗自己去相信他
152 的行为并不是煽动者或暴徒，而是决心要帮助那些饱受苦难的奴隶。

"可怜的老头儿"，共和党总统候选人萨蒙·蔡斯(Salmon Chase)批评道，"他被自己的空想所欺骗是多么的可悲！"

然而对每个美国人来说，认为他要么是一个深谋远虑的起义者，要么是名副其实的解放者。倘若是自欺欺人，认为他是烈士，则还有一些人认为他精神失常，那么该如何解释这 18 个人对联邦军火库以及弗吉尼亚州这种没有希望的攻击，而且这个州没有大量的奴隶，那些废奴主义者也没有在这里出现？但是只有一个疯子(引述自格里利)就能够策划这场几乎没有任何尝试的疯狂方案吗？

约翰·布朗于 1859 年 12 月 2 日被处决，但这并未平息对其精
153 神状况的争论。布朗已经成了南方和北方地区斗争的一个标志。因此个人推动力的问题也开始和历史学家对关于地区以及社会冲突的根本原因的解释结合起来。约翰·布朗是一个英勇的烈士吗？这个白人在种族歧视的社会里有勇气为了他的黑人兄弟和《独立宣言》的原则而奉献了自己的生命？或者说他是一个情绪失常的狂热者，企图通过肆意的暴力将国家推向本可避免的悲剧中？

> 对于每个认为布朗是名副其实的解放者的美国人，倘若是自欺欺人，认为他是烈士，则还有一些人会认为他是精神失常。

在 20 世纪中期，布朗是个冲动的狂热者的观点也越来越为人们所接受。约翰·加勒特(John Garraty)在一份流行的调查报告中将布朗描述为"疯狂的人"而不是绞死他因为"可怕的行为……如果将他送往精神病院会更加明智"。艾伦·内文斯(Allen Nevins)在除奴隶制以外的问题上持中立态度——布朗应该表现得更清晰和理智。"但是在想要通过猛烈的一击彻底消灭奴隶制的意愿这

一特殊问题面前，”内文斯认为，“精神病学者[精神分析学家]会将他的偏执……或者是他的妄想定义为致使他不负责任的原因。”

布朗传记的作家史蒂芬·奥茨(Stephen Oates)在1970年承认布朗在许多方面并不“正常”。然而，奥茨认为精神失常既不能充分证明也不能通过任何实质性的方法来解释布朗的行为。奥茨承认布朗有着“易怒的性格”而且对奴隶制非常执着。他同样说道，布朗是个以自我为中心的、傲慢的父亲，是一个被疾病和痛苦折磨的愚蠢的人，并且认为自己是上帝派遣的革命者。

话虽如此，奥茨认为之前认为布朗精神失常的历史学家必须将布朗战斗的背景考虑在内。若是认为他精神失常，奥茨辩驳说，“那就是忽视他对美国黑人的极大的同情感”。而且，他补充道，“如果给他贴上脱离‘现实’的‘疯子’的标签那就是忽视了他对于这次袭击的敏锐的洞察力——无论成与败，都造成了地区间的动荡”。最近，大卫·雷诺兹(David Reynolds)和奥茨看法相同，提出了令人信服的观点即布朗是一个心智健全的人。雷诺兹把和精神失常相关的这种“偏执”看作“以上帝和美国民主之名来推翻奴隶制度的强烈愿望”。使布朗与众不同的并不是他对奴隶制的激烈反应——大多数废奴主义者都有这种激情。但是他们几乎都是种族主义者，而布朗相信种族是绝对平等的。在19世纪50年代，即使是废奴主义者也认为这种观点是疯狂的。

既然对约翰·布朗心智是否健康的问题有这些相互矛盾的观点，那么调查更多和他精神状态密切相关的证据就显得更加有意义。作为最后的策略，布朗的律师，劳森·博茨(Lawson Botts)，呈交了来自布朗的朋友及熟人的19份证言，打算证明布朗的精神具有不稳定性。而这个证明明显看起来是我们要开始调查的地方。 154

约翰·布朗，自由的殉道者：
奥萨瓦特米(Ossawatomie)的布朗，他们让他去死；
瞧，一个可怜的母亲奴隶和她的孩子紧紧地靠在左边，

那么勇敢，他的蓝色的眼睛变得温柔，严峻的脸庞也变得温和，
他在那些揶揄他的人中间停下来并亲吻黑人小孩！

根据报纸对这一事件的大量报道，约翰·格林默·惠蒂埃(John Greenleaf Whittier)写下《奥萨瓦托米的布朗》的诗(1859 年 12 月)。布朗确实亲吻了他喜欢的一个白人看守的小孩。但布朗同时对这个看守表示，他更愿在他最后一刻跟这个可怜、悲伤的奴隶母亲和她的孩子在一起”，而且说，“会使绞刑架的画面更完整”。

在这些证言中出现了两种主要的观点。第一种观点是许多人
155 证明布朗家族有明显精神失常的范例，尤其是在他母亲这一方。

除了他外祖母及众多的叔叔、婶婶和表兄弟姐妹外，布朗的妹妹，他的兄弟萨蒙(Salmon)、他的前妻戴安丝(Dianthe)和他的儿子

恐怖分子约翰·布朗：James P. Doyle 是波特瓦特米被布朗杀死的人之一，他妻子 Mahala Doyle 作证说："他说，如果有人阻止他和他所认为对的事情，他会像吃早饭那样冷静去结束这个人的性命。他的行为表明他确实做到了。他常常焦躁不安，看起来他从不睡觉。他就像一个恶魔。"

弗雷德里克、小约翰都拿出了他神经混乱的证据。另一种观点即一些辩护者描述他们看到的布朗本人有些不稳定的状态。几乎所有人承认他是彻底的宗教主义者并且在奴隶制问题上会变得很激动。少数人将布朗的精神失常归结为他这几年的商业失利。那些"疯狂的"商业计划以及他对其坚定的追求，使他的一些朋友相信他"神志不清"而且"偏执"。

一些老熟人认为布朗在堪萨斯州的那些有争议的活动使他变得失常。1856 年 5 月，拥护奴隶制度的武装力量攻击了反对奴隶制度的小镇——劳伦斯。作为反击，布朗率领一帮人（包括他的四个儿子）在午夜袭击了定居在波特瓦特米河的支持奴隶制度的人们。尽管波特瓦特米的居民并没有参与这次攻击，但是布朗的人在他的指挥下用大刀砍死了五个人。"波特瓦特米"布朗，人们在经过那个恐怖之夜后开始这样称呼他，布朗也成为一个由于其暴力行为而被谴责同时又因其反抗拥护奴隶制度的武装力量所表现出来的勇气而令人尊重的人。但是对布朗来说，堪萨斯只是他摧毁南方奴隶制度这一宏大计划中的一个阻碍。

许多朋友证明布朗在 1859 年波特瓦特米谋杀之前，就已经精 156
神错乱。布朗和其父亲共同的朋友 E. N. 西尔（E. N. Sill），承认他曾经相当同情布朗去攻击堪萨斯州支持奴隶制的家庭的计划。"但是从他的古怪之处来看，"西尔回忆道，"我认为当布朗被委任这项任务时就成了危险的人。"仅仅在奴隶制问题上承认布朗是精神失常的，这一主意正是由西尔提出并随后被艾伦·内文斯所采纳。他声称，“我对在审判中涉及奴隶制的问题上没有自信”，“在这个问题上毫无疑问……他确实正如国家其他精神病院的病人一样狂热”。大卫·金（David King）在布朗堪萨斯的经历后与其交谈时，观察到“在奴隶制问题上他很疯狂”，而且布朗认为自己是“上帝手中用来解放奴隶的工具”。

这些证明似乎支持哈珀斯渡口事件是精神失常的结果这一观点。然而即使这样，从事件发生到现在，人们并不接受这样一个结论。面对这些书面陈述，州长怀斯认为布朗应当接受州立精神病院院长的检查。经过深思熟虑后他改变了主意。怀斯认为布朗神智正常甚至极不情愿地赞赏布朗“不屈”的精神。州长曾描述布朗为“我见过的最具冒险精神的人”，并解决了关于理智的问题。怀斯判定“他是一个头脑清醒、勇敢、坚毅和简单率直的人”。但是这并没有阻止州长将布朗和他的同伙们看成“荒唐、恶毒且暴力的罪犯”，而且他们被处以绞刑是罪有应得。

不管怎样，布朗本人不接受任何关于他精神失常的说法。他承认他的家族中存在精神失常者，但他拒绝将这一问题当作“一个悲惨的假象和托辞”。他声称，“精神的失常对自己的心智几乎没有判断力”。他本人对精神错乱并没有概念，因此，他回绝了“任何在这一问题上进行辩解的尝试”。对他来说，这个事件是神圣且意味深远的。奴隶制是建立在无道德且违宪的基础之上，导致一个公民阶级去攻击另外一个。在具有威胁的情况之下，虽然这种行为被社会定义为不合法的——阴险的行为、谋杀、盗窃或者叛国——但也可能被认为是在最高尚的道德准则下所进行的。

历史学家有充分的理由去怀疑博茨提供的证据的可信度。签署这份证明书的都是布朗的朋友和亲人，他们希望怀斯州长能够饶他一命。难道他们并没有夸大布朗家族精神病患者的情况从而使其理由更具说服力？在他攻击哈珀斯渡口之前，大多数人都不重视其狂热的行为。同样重要的是，没有一个人受过医疗培训或有相关的经历，他们并不具有专业的知识去判定布朗或其家族成员是否具有精神失常的现象。只有一份来自医生的证明书，像那时的大多数医生一样，他在精神评估方面没有特殊的作为。布朗家族中的多数精神病患者仅仅是一系列的不正常行为而已。

正如怀斯州长所理解的，关于布朗的精神问题更像是一个政治 157
和法律还有医学的问题。来自北部和南部的温和派试图去维护联邦，希望减缓哈珀斯渡口事件带来的分裂的影响。如果布朗被判定为精神失常，人们就会视其为怪人而不是某些北方人称赞的殉难者或者是令南方奴隶主畏惧的废奴主义者先驱。他们的言论即南方只有脱离联邦才能获得安全，远离暴力就没有什么效力。甚至那些反对奴隶制度的共和党也试图和布朗激进的行为撇清关系。在1859年国会选举中，民主党试图劝说选民，哈珀斯渡口事件的发生很明显是因为共和党的“不可抗暴力”主义和“高于法律”的废奴主义学说所引起的。为了撇清关系，共和党人不断地将布朗发布的袭击归因于他的精神失常。

很明显这些证明书在判断布朗精神状况是否健康方面不能提供令人信服的依据。但是一些历史学家认为布朗的生活方式证明他精神是不稳定的。的确，即使是最仁慈的作家也必须承认布朗搞砸了他所试图去做的事情。在搬去堪萨斯州之前的那些年里，布朗尝试做过制革、牧羊、测量、赶牛和推销羊毛制品，但是这些都失败了。在1852年，他在四个不同的州经历了15次商业上的失利。债主一直缠着他。“他在堪萨斯州做出越轨行为前的那些年，”约翰·加拉蒂(John Garraty)总结道，“布朗曾经是个流浪者、盗马贼和骗子，数次的破产者，他所尝试的一切都是失败的。”

但是这些证据也需要慎重考虑。在布朗经商期间，美国经济处于繁荣与萧条的交替循环中。许多勤奋的企业家尽管付出了巨大的努力依然在经济大潮中破产。布朗在那些年的失败只能说明他没有经商的才能。他的计划总是考虑欠周，而且他太僵化以至于不能适应多变的商业形势。但是通过说明布朗是一个穷苦的商人而且他的大半生都做着愚蠢的决定，也很难证明他精神失常。如果在上述情况下，那许多美国的成年人都应该住进精神病院。

精神失常被广泛运用在刑事案件的辩诉中。通过论证在犯罪期间，当事人不能分辨对错或者没有能力去决定已经发生的行为，律师可以避免被告承担该行为产生的法律后果。为了证明布朗精神失常，正如博茨律师在法庭上所问，他声称布朗对他在哈珀斯渡口的行为所产生的后果没有理解能力。和怀斯州长一样，法院根据法律判定布朗应该接受审判。布朗或许不切实际地估计了他在哈珀斯渡口事件成功的几率，但是他反复陈述很明白自己这一行动产生的后果：如果被抓住，他将会被拘留并受到惩罚；大部分的
158 美国人会谴责他；尽管如此，他仍然认为自己是正确的。从法律意义上来看，布朗精神正常，而且很清楚自己的行为。他在法庭上充满激情和力量的言词为他赢得了整个北方的钦佩。

疯子抑或天才？

尽管法院的判决是准确的，但我们内心并不安。宣称布朗精神是否正常，除了他是否有罪之外，从本质上来说很难解释这个男人的行为。是什么驱使约翰·布朗去讨伐奴隶制呢？是由5个蓄谋已久的人沿着堪萨斯河去执行任务，还是率领21人的队伍到哈珀斯渡口并在民兵抓获他之前逃跑失败？大多数废奴主义者，尽管他们憎恶奴隶制度，但同时他们也是反战主义者。约翰·布朗是少有的暴力活动中的一员。从一般废奴主义者的角度来看，布朗并不是一个普通的美国人。那么我们该如何理解他那坚定的信念？

这时，我们以合理的动机为基础得到了有限的解释。如果仅仅通过涉及他公开表明的事情和毫无疑问的反对奴隶制度的意识来描述约翰·布朗，就忽视了他内心那种未被考虑的热情。这种假设的方法很容易使我们对其动机的表达太表面化。但是，像我们所看到的那样，在塞勒姆巫术案件中，这种无意识的动机在人类行

为中也发挥着重要作用。如果我们肯承认这个表面“正常”的人的行为有时会超出他自觉的表达范围，那么到底能在多大程度上理解布朗的这种动机呢？似乎只有历史学家的逻辑推理更接近现代心理学对人类个性评估的方法。

> 生活经历在主要精神疾病发展中所起的作用比遗传要小得多。

确实，历史学的一个分支已经将这种方法运用到各种各样的历史问题中。这种方法被称为心理史学，借鉴了由西格蒙德·弗洛伊德首创的精神分析学科的方法，这个奥地利医生在 20 世纪初提出了他的理论。精神分析学家和追随他们的历史学家将精神状态量身在受试者的生活经历以及造就他们的环境中加以考量。他们忽视了大多数精神病患者在很大程度上是遗传的。正如心理学家肯尼思·卡罗尔(Kenneth Carroll)指出，精神病学家通常认为，“生活经历在主要精神疾病发展中所起的作用比遗传要小得多”。

尽管布朗从未进行过心理检测，但是碰巧有充分的证据以一种自我引导的方式摆在我们面前。从那方面来看，这些证明书就呈现出新的意义。与其去好奇它们揭示了一种精神失常的模式，还不如我们去观测其行为模式是否与临床上确认的精神疾病患者的相同。精神病医生和心理学家把他们的规则制定成评价行为的准则即《诊断与统计手册——精神障碍》，它一般被称为 DSM－Ⅳ。DSM－Ⅳ提供了一个通过行为区分正常人和具有精神疾病症状的人的方法。

在这儿，疾病是一个关键词，因为它代表一种身体状况。从这 159
个层面上看，心理学家意识到他们所认为的病态的行为其实只是疾病的征兆而已。他们的诊断并不是依据个人的理解或者信念。通过调查、临床经验和观察，他们一致认同某些症状是和广泛确认的精神失常有关的。DSM－Ⅳ就是这些共识的合集，不像拥有关于个性的复杂理论的精神分析师，医学模式从不寻求病态学病症存在的原因，它们只询问为何其存在。

心理学家肯尼思·卡罗尔负责检查这些证明书。卡罗尔确认这些证明布朗精神失常的言论带有偏见以及主观性，并且具有一定的模式。起初，他们发现布朗当前的家庭和亲戚中存在大量的精神病患者。卡罗尔认为这些患者不能表明布朗也患有此病。但是，在他生活里出现的一些症状确实显示出他是一个精神病患者。

几乎所有的证明书都描述布朗是一个情绪波动很大的人，在许多问题上很僵化，易冲动，而且抱有不切实际的期望，他相信自己的观点是正确且正义的。布朗的连襟弥尔顿·拉斯克(Milton Lusk)形容他更乐意去做一些从未斟酌和思考过的疯狂的、孤注一掷的计划和冒险活动。他的表兄，吉迪恩·米尔斯(Gideon Mills)表明布朗曾“处于精神失常的状况，尤其是在他的理智由于某些原因处于僵化状态期间”。乔治·利奇(George Leach)在他还年轻的时候认识了布朗并成为他一生的朋友，解释道：“一旦某些事情使他的大脑陷入深思”，布朗就会变得“非常激动”并且“具有狂热的攻击性”。另外一个朋友说道：“在奴隶制问题上，他(布朗)是很疯狂的——他全副武装，而且觉得自己是‘上帝手中用来解放奴隶的工具’。”

难道这些人没有夸大自己的言论从而使法庭认为布朗不适合上庭受审吗？卡罗尔并不这样认为。所有签署证明书的人都没有提到奇怪的行为、疯狂的事件或者愚蠢的行为来加深他们的印象。诚然，卡罗尔没有发现任何症状和精神诊断相矛盾。另外，这些证明书也没有证据证明布朗有精神障碍、痴呆、幻觉或者
160 思维障碍。因此，卡罗尔认为布朗不是精神分裂症，他所表现出的强迫的、反复的行为也和强迫性精神障碍症无关。一些证人使用“疯狂的”这一名词，而这也正是卡罗尔所分析得出的。布朗是狂躁的或者是狂躁抑郁症患者，所以，他患有心理学上称之为躁郁症的病。

DSM-Ⅳ提供了一个非常有用的判断精神状况的标准，其中包括：

A. 有明显的行为反常的阶段，并且异常地升高、扩大，或者至

少持续一周的时间精神振奋。

B. 在情绪紊乱期间，出现三种（或以上）如下症状……已经达到明显的程度。

1. 过高的自我估计或夸大。

2. 睡眠时间减少。

3. 比平时更健谈，或者强迫自己进行谈话。

4. 思维飘忽或大脑快速进行主观体验。

5. 注意力分散（也就是，注意力经常被不重要或不相关的外界刺激所吸引）。

6. 增加有目的性的活动……或精神运动性激动。

7. 过度参加易造成痛苦的娱乐活动（比如，参加无限制的抢购、性轻率或者愚蠢的投资）。

就目前我们所知的布朗而言，我们对他的了解也许不全面，他的行为明显地体现了上述症状。他多次的生意失败，拒绝考虑他的朋友针对其计划提出的建议，他头脑中存在着上帝注定的任务的感觉，以及他可以长时间不睡觉的能力都是疯狂人格的因素。

他经常性地抑郁发作，那么，我们这份值得注意的文件就可以去探究布朗是否具有间歇性情绪抑郁。更好的是，这个文件不像证明书一样，表达的是他人的观点，它出自布朗之手。在布朗57岁时，他给13岁的男孩哈里·斯特恩斯（Harry Stearns）写了一封长信（哈里是布朗的一个最有钱的资助人的儿子）。在这封信中，布朗讲述了一个关于“他亲戚中的一个男孩”的故事，“为方便起见”，他称这个男孩为约翰。这个名字格外方便，因为他就是布朗本人。这封信是尚存的关于布朗童年时期的资料之一。这里引用了一些被省略的常规的传记资料。

我无法讲述约翰四岁前的生活，唯一值得提起的是他偷了住在家里的女孩的三根铜针。他母亲发现这件事之后，让约翰反思了一整天，之后又鞭打了他。他父亲在他五岁的时候搬到俄亥俄州，这个荒凉的地方遍布了野兽和印第安人。在这个历

程中，耕牛队占据了生活的大部分，他轮流去帮助一个比自己大五岁的男孩（被布朗父母所收养），而且认为通过赶牛和骑
161 马能够完成聪明的工作。有时他能够遇到非常大的响尾蛇，一些公司想要捕杀这些蛇。在1805年到达俄亥俄州时，有段时间他很害怕印第安人和他们的来福枪，但是这种恐惧感很快就消失了：他经常很有礼貌地去他们的地方闲逛，并从他们的对话中听到了些许琐事。他父亲学会加工处理鹿皮，六岁的约翰也处理了一块小雄鹿皮。或许他很清楚地记得处理鹿皮的整个过程，因此他能够随时处理自己的皮革，比如松鼠、浣熊、猫、狼和狗皮，而且还会鞭打皮毛，这会给他带来某些改变，也会使他仔细考虑用在其他方面。他六岁的时候游荡在荒凉的小山村中去寻找鸟、松鼠和一些野火鸡的巢。但是在这个时期，他被送到了多样化的学校，这在我朋友的早期教育中扮演了很重要的角色。也许你们在读这部分时会发笑，但这确实是约翰痛苦的累赘：他几乎没有什么财产。这是一个痛苦的开端，但却很有必要。因为关于规则的内容也是他随后需要经历的，希望这能够使他了解天父在从他手中拿走这点东西之前并没有赋予过他什么。在他六岁时，一个贫穷的印第安男孩给了约翰一只他曾经见过的黄莺。因此他想了很多并抚养了很长时间，但是最终这只鸟在它痊愈之前飞走了。他大概需要很多年来缓解这个伤痛，而且我认为他也偶尔为其哭泣。大概在五个月之后，他又抓到了一只正在撕掉尾巴的小松鼠，同时他自己也被咬了几口。然而他坚持养这只断尾的小松鼠，并成功地驯服了它，因此他很疼爱自己的宠物。但是这只动物也丢失了，不知是它自己走丢还是被杀了；在这一两年里，约翰很悲痛，如果可能的话，他试图在看到的所有松鼠里发现那只断尾的小松鼠。我必须告诉你布朗有些不好且愚蠢的习惯——说谎，他一般是为了使自己免于指责或者惩罚。他不能忍受责备，而且我认为他经常被鼓励要更加坦白，并使坦白成为弥补他错误的一种方式。他从没有对这些过错产生这么大的内疚

感，也没有（在今后的生命中）因为这样一个习惯进行长时间的挣扎。

约翰从不与人吵架，但是特别喜欢难度大和暴力的游戏，而且从不满足。约翰曾在学校待过一段时间，期间，他摔跤、滚雪球、跑、跳和打落破烂的羊皮帽，这几乎是他对于学校的限制和约束的唯一补偿。不用我说，这种上学的机会很少，而且他也没有奖学金。他宁愿在家里努力工作也不愿意去学校。在温暖的时节里，人们一般会看到他们空手赤足：穿着鹿皮短裤，肩上挂着一条皮革带子，有时也会挂两条。他最高兴的事 162
是被独自派往相当遥远的荒野地区，而且他经常沉溺于此，因此他在 12 岁的时候就已经带着牛队去过 100 英里之外的地方。他害怕受到非议，因此很乐意接受这样的工作。这是一个男孩的想法然而也是他的特点。

在他 8 岁的时候，约翰的母亲去世了。他完全不能忍受父亲娶了一个通情达理、聪明并且在任何情况下看起来都很值得尊敬的女人，他从不曾接受她，而且多年来一直为自己的母亲哀悼。这对他产生了不利的影响，虽然他生来喜爱女性，然而他却难以和不同的性别保持合适的关系，这种缺失在某些情况下证明了他的创伤。

1812 年美英战争出现的境况使他成为了一名坚定的废奴主义者，他宣布并发誓要永远与奴隶制作战。他在一位非常绅士的房主那住了一段时间，房主有一个活泼又聪明的男孩做奴隶，年龄跟他差不多大。对于这个小男孩，约翰在许多小事上都体现了善意。房东给了约翰一只很棒的宠物，把他和他的第一个伙伴叫到桌前，他所说和所做的每件聪明的小事以及约翰曾独自带着牛队去过 100 多英里之外的地方吸引了他们的注意；同时，这个黑人男孩（和他完全平等）穿着破烂的衣服，半饥半饱地处于冰冷的天气里，并被眼前所能看到的铁铲或其他东西殴打。这使约翰开始思考那些悲惨的、失去双亲处于绝望境地的童奴，他们没有父母的保护和抚养。约翰有时会想难道上帝是他们的父亲吗？

我不想告诉你们当约翰还是个小男孩时，发生在他身上的不幸的事儿。他父亲给了他一只小羊羔做礼物，它起初非常健康地成长，但最后却生病死掉了。这件事使他又进入了另一个悲伤期。他并不在乎金钱上的损失而感到伤心，而是他强烈真挚的依恋让他伤心。

约翰在他童年早期就被教导“敬畏上帝并遵从他的诫命”，尽管他经常对自己的美好未来产生疑问，但在那个时期他还是皈依了基督教并成为《圣经》虔诚的信徒。他非常熟悉这本书的内容，有着不同寻常的记忆。

我已经告诉你的事情正如我的建议一样：我希望你能从中做出选择，并把它们当作人生计划的一部分，同时我希望你
163 能有一些明确的计划。许多人看起来从不坚持自己的计划，但约翰不是。他非常坚持任何能够达到他所有目的的计划。因此，他能够对自己所从事的事情产生很好的影响。在许多情况下，他总是期望事业能取得成功。随着这种情绪的升高，他们对自己计划的正确性的这种意识越强烈。

在我提到的那个阶段，约翰得到了一些价值不高的小动物的所有权，但是他开始认识到未成年这个标签不太完美，因此他开始采用各种方法来获得更多独立和完善的财产权。其中一种方式就是用价值很小的东西和父亲进行交换。另一种是通过和其他人交换得到他父亲没有的东西。和年龄大的进行交换有时会很困难。

在15到20岁期间，他大部分时间在一个从事皮革贸易的单身住所里做厨师，有时也在他父亲建立的工厂里当领班。这一期间，他发现了自己的坏习惯，正如我前面提到过以及未曾提起的所带来的麻烦。他的意志迫使他勇敢地面对这些问题。但是他对商业的关注，在管理上的成功以及与伙伴和男孩们之间的和谐相处，使那些有智慧的老人愿意与他交谈。这些事例使他取得了那些他所尊敬的人的注意，也增强了他的虚荣心。他面

对成年人时充满自大、自信,也不再羞怯。他的小兄弟曾跟他提起过他的这些行为,并说道,“国王反对那些永不改变的人”。早期养成的习惯使他在之后的生活中以一种傲慢的或支配性的方式来说话。从15岁开始,他发现了学习的重要性,但是由于眼疾,他阅读和学习的时间很短。然而他通过书本学会了基本的算术和测量,在20岁之后差不多可以熟练的运用。

在寻求这封信中的心理上的迹象之前,值得我们注意的是这份文件让我们明确了什么。我们首先注意到的是布朗的宗教性,他的写作方式完全被《圣经》所影响。他是一个虔诚的清教徒,从小就被教导“敬畏上帝并遵从他的诫命”,成为了虔诚的《圣经》的信徒。这种宗教热忱在布朗的生活中是很常见的。然而,我们也应注意他那强烈的、不容置疑的信仰。他把早年失去的珍贵的事物看作“严厉的开端但却是必不可少的训练的课程”。是什么造成了布朗这一系列的不幸呢?归于上帝。“天父从他手中拿走这点东西之前并没有赋予过他什么。”那些没有认识到布朗强烈的加尔文主义的信念的人会认为他的这种宗教性源于精神错乱。大多数布朗的同龄人即使和他的信仰不同,也非常尊重布朗的信仰。

**慈爱的父亲约翰·布朗:布朗的女儿鲁思(Ruth)回忆说,“当我开始上学的时候,一天,我在凳子上发现一块印花布,虽然不大,但 164
对我来说却是珍宝。回家之前,我没有告诉任何人。父亲听了我的话之后说‘你知道这是哪个女孩的吗?’我说不知道。‘那你明天就把它带到学校然后找到丢失这块布的人。这虽是个小物件,但是你要记住,假如你丢了你很珍惜的东西,无论它多么微不足道,你都希望别人能够发现它并还给你’”。**

布朗的故事最吸引人的部分是:一个12岁的男孩是如何开始

反对奴隶制度的。他被那个黑人朋友痛苦的遭遇所震惊，这种不公平且充满歧视的待遇激起了约翰的愤怒，而他仅因为是白人就免于此难。这种清晰的、情绪化的经历似乎能解释布朗之所以痛恨奴隶制的原因。一篇文章说明了哈珀斯渡口袭击事件之后的动机，这个传闻正是这封信的主要证据。其他关于布朗儿童时期的资料被认为是前后矛盾的瞎扯，它们也许能够总结出一本关于布朗的传记，但没有一篇相关文章能够抓住布朗反对奴隶制度的渊源。

然而当我们仔细观察时，发现布朗关于被虐待的年轻奴隶的故事不足以解释他的动机。在一个以奴隶制为文化中心的地方，成百上千的白人男孩都有过这样的经历，即他们的黑人玩伴也遭受非正义的鞭打、侮辱，并被看作下等人。尽管如此，这些男孩最终
165 也成为奴隶主。再者，也许上述行为会引起人们对奴隶制的强烈反感（亚伯拉罕·林肯就是其中一员[*]），但没有人会像布朗一样在堪萨斯和哈珀斯渡口组织袭击活动。为什么布朗平凡的经历会给他带来这么强烈的感觉？

我们可以把认为与布朗童年经历不相关的那部分当作寻找他心理发展的线索来看，这样可能会找到问题的答案。那让我们回头来看，从他给哈利·斯特恩斯的信中找出布朗的废奴主义思想。这样做时，我们必须考虑布朗的每个故事、例证和评论，牢记 DSM-Ⅳ所概述的躁郁症患者的特点。在前一章节中，我们认识到历史学家对于一手资料是秉持着怀疑态度的，需要辨认出影响作者的个人观点和偏见。心理学理论则要求我们进一步怀疑，不仅要假设证据也许受到未阐明的动机的影响（比如布朗打算向哈利·斯特恩斯的父亲表达自己的真诚），更要把潜藏在布朗内心深处的那种强有力的动机考虑在内。

最重要的回忆就是不断重复失去亲人的悲痛。

* 年轻的时候林肯就被眼前新奥尔良拍卖奴隶的场景所触动。

初看起来，这个故事看起来像是要重新给读者讲述一个充满开创性经历的人生。布朗面对响尾蛇，友好的印第安人，还学会了鞣鹿皮，其他的细节也会在童年生活中留下烙印。难道他从来没有因为失去宠物而痛苦过？没有为自己完成赶牛和骑马的工作而感到骄傲？然而我们必须记住这些事情只是布朗童年经历的一小部分，对他接下来的50多年都产生了重大的影响。为什么布朗要单独保留这些记忆呢？这会暗含什么样的图像和主题呢？因为布朗很清楚地记得这些事情，所以我们暂且假设其是一种定义生活的经历。

最重要的回忆就是不断重复失去亲人的悲痛。布朗想起了他珍爱的黄莺、松鼠和他喜爱的羊羔。但是这些都不及母亲的去世给他所造成的悲痛。这封信体现了布朗对母亲深深的爱。让我们注意这些描述布朗母亲死亡的语句。“约翰成为一个没有母亲的男孩”，这句话他写得不简单、直白，但“约翰的母亲去世了”，这句话就把重点放在母亲而不是“失去母亲的孩子”上。

接下来就是对这些事物的哀悼期。对于那只黄莺，他回忆道，“这需要几年时间愈合伤口，我认为他经常为此哭泣”。他的宠物松鼠的走失也使他进入一个哀伤期。使读者惊讶的不是布朗的感情， 166
因为每个人都会有这种感觉。在布朗的事例中，则是长时间的强烈的悲伤。会使读者认为这是潜在抑郁症的征兆。尤其是在他的母亲的案例中，这是一种“永久的、彻底的”伤痛。布朗承认他从未爱过他的继母，而且“持续多年为自己的生母哀悼”。正如肯尼思·卡罗尔表明，躁狂症会当众表现出来，而抑郁症却更像是私人问题。因此，他的朋友和亲戚不会意识到这种问题。布朗在面对审判的情况下表现了“强烈的赴死意愿”而且并不试图拯救自己的生命。不管他是否患有抑郁症，将布朗诊断为躁狂症是没有必要的。但是，这会加深我们对这个人的理解以及他袭击哈珀斯渡口的动机。

这封写给斯特恩斯的信没有体现DSM－Ⅳ判断躁狂症的因素。一个主要的病症就是“过高的自我估计或夸大”。布朗承认自己的傲慢以及小兄弟对他的总结——“一个反对那些没有进步的人”。

根据布朗的弟弟所说，他可能是个专横的人。他“受到那些他所尊敬的人的喜欢，这增强了他的虚荣心。他面对成年人时充满自大、自信，也不再羞怯”。对于他所说的羞怯是很难界定的。然而他总是说“他会坚持他所着手做的任何事”，并说道，“他能够对自己所从事的事情产生很好的影响”。这明显地让我们认为这个人的一生被设定为无休止的商业失利和个人损失。这自然会被认为是“过高的自我估计”。正如下面所提到的，“在很多情况下他都习惯性地预料自己的事业会成功”。正如我们已经看到的，即使这一事件证明他一生的成功，但是哈珀斯渡口事件从一开始就注定是失败的。

回想那些证明书曾提到，布朗在面对相左的意见时不愿意改变自己的看法或计划。他宣称自己对胜利的期望应和“他们对计划的正确性的意识”相结合。这种由神授予的任务的感觉和布朗深深的宗教信念有关，但是这也体现出他的固执以及其他人夸大了他对真理的控制度。布朗承认在年轻时经常撒谎，为什么这样做？“避免自己受到指责和惩罚。”“他不能忍受责备。”总之，布朗承认他不能忍受批评。

DSM－Ⅳ的最后一个标准在他身上体现出来。布朗形容自己“尤其喜欢那些复杂的、粗鲁的游戏，而且从来不会满足”。“相比到学校学习提升自己，布朗更愿意摔跤、滚雪球、跑、跳和打落破烂的羊皮帽，这几乎是他对于学校的限制和约束的唯一补偿。”DSM－
167 Ⅳ提到精神运动性激躁（Psychomotor agitation）以及“过度参与会产生潜在的痛苦的后果的娱乐活动”。这也许意味着布朗的过度活动对自己或他人造成了伤害，以及学业失败并被赶出学校。

这些证据能够证明布朗的狂躁症吗？可能是这种状况。我们依然无法确定诊断的正确性。这些证据太零碎，因此我们不能得出一个确切的结论。我们只能说这些证据和狂躁症的症状是一致的。但是这又迫使我们去思考一个问题：如何让诊断结果更好地帮助我们解释约翰·布朗以及他的动机？许多历史学家，比如布朗的传记作家史蒂芬·奥茨争论道，如果给布朗贴上精神病的标签，那

严厉的父亲，约翰·布朗：布朗受到他具有严厉纪律要求的父亲欧文（左）的影响。然后他影响了他的儿子小约翰（右）。父亲约翰详细地记录着小约翰犯错的行为，并且针对每个错误对他进行鞭打，甚至将这些罪恶像财产一样地列举出来。

将是对他及其目的的最大伤害。这也降低了他对无论是奴隶还是自由人的非裔美国人的特别的同情。对奥茨以及大卫·雷纳德来说，布朗既排斥北方的废奴主义者，也反对南方的奴隶主。

心理学家也许会认为他的理由的正当性和他的精神健康是两个问题。精神疾病，他们坚持认为，“无论何时何地以及何种文化，168
这种众所周知、具有重要临床价值以及科学性的实体都保持着它们的完整性”。无论是19世纪50年代还是21世纪的弗吉尼亚，狂躁症的病症都是类似的。因此，最重要的问题不是布朗是否患有精神疾病而是他在袭击哈珀斯渡口时并没有狂躁症。卡罗尔的回答是“也许不是”。一个头脑正常的人不太可能在每次经商中都失败，四处游走去追随成功，并实施一个重大的解放奴隶的计划。正如卡罗尔所总结的，“也许布朗只是一个普通人”。但是我们所知的布朗，无论是成功还是失败，是一个疯子抑或圣人，总之不是普通人。历史上许多的英雄、艺术家也都曾处于布朗这样的精神状况下。认为他们患有狂躁症并不是贬低他们所取得的成就。我们承认他们在关键时刻将狂躁的力量转化为创造力。在这个过程中，他们迫使我们正视现实并将其推往新方向。结果不总是积极并富有建设性的，比如阿道夫·希特勒的所做所为。在创造成功的时期，并不能使天才们免于精神病发作的痛苦。美国著名的作家F. 斯科特·菲茨杰拉德(F. Scott Fitzgerald)，在他写作的时候几乎不喝酒。但他一旦失去灵感就会沉迷于酒精。

> 布朗强迫他的同代人鉴别他解放美国黑人活动的对与错。

对布朗来说也是这样。一旦他成功了，他就强迫他的同代人鉴别他解放美国黑人活动的对与错。他的暴力行为正如奥茨形容他所在的那个社会一样——暴力、非理性、荒谬。布朗狂躁的精神状况通过他彻底的宗教性以及对人类自由与平等的承诺表达出来，只要他的社会不解决信仰、政治理想和奴隶制之间的矛盾，他就不会平静。

最终，布朗反败为胜。他由于发疯和失去控制袭击了许多朋友和亲戚，这一行为迫使社会正视布朗关于历史性时刻的观点。哈珀斯渡口事件发生后，一些美国人开始思考他们的价值观和社会实际上是不是不道德和不正常的。然而，美国内战的爆发证明美国社会并不正常，它是如此失衡和分裂，它能够整合一切除了猛烈地清洗自身。如果说布朗的袭击是孤立的精神失常者的行动，那为什么能把整个一代人推向战争的边缘？为什么布朗这一代对哈珀斯渡口事件持有不同观点？正如C. 范·伍德沃德(C. Vann Woodward)所说的，人和事件并不重要，重要的是南北方的人如何
169 利用它们。爱默生和梭罗宣称这次袭击是神圣的，而一个火爆的南方人则谴责这一事件是整个北方的罪恶。

这些人在历史舞台上并没有引起什么注意。一种危机意识使和解成为不可能。在愤怒的相互指责中，双方都失去了理智，引起了公众的谴责并把国家推向了战争。在这样一个时期尤为如此，正如废奴主义者温德尔·菲利普斯(Wendell Phillips)的评论："很难分辨到底是谁发疯。"

拓展阅读 170

本章节的观点主要参考两部历史分析的作品。第一部是 David S. Reynolds 的 *John Brown, Abolitionist: The Man Who killed Slavery, Sporked the Civil War, and Seeded Civil Righis*（New York, 2005）。雷诺兹不赞同布朗精神失常的说法。Peggy A. Russo 和 Paul Finkelman 召集了一批学者重新研究约翰·布朗。他们编选的文集，*Terrible Swift Sword: The Legacy of John Brown*（Athens, Ohio, 2005），包括肯尼思·卡罗尔的论文"A Psychological Examination of John Brown"使我们了解了精神疾病。卡罗尔巧妙地将历史学和心理学的证据结合在一起。其他观点参见 Paul Finkelman 主编的 *His Soul Goes Marching On: Responses to John Brown and the Harpers Ferry Raid*（Charlottesville, VA, 1995, 10－40）和 Robert E. McGlone 的文章，他们从政治的角度考虑同辈人关于布朗心智的争论。麦格隆还发表了 *John Brown's War Against Slavery*（New York, 2009），它并没有列入本章节中。

早期关于约翰·布朗的一部有价值的专著，参见 Stephen Oates 的 *To Purge This Land with Blood: A Biography of John Brown*（New York, 1970）。奥茨持论公允，其观点富有学术价值，文字亦令人振奋。其他的专著包括 Jules C. Abels 和 Richard O. Boyer 的 171
研究成果，它们都在20世纪70年代出版。C. Vann Woodward 的文章"John Brown's Private War"是我们所能找到的有关袭击事件的最佳短论之一，见于其著作 *The Burden of Southern History*（Baton Rouge, LA, 1968）。有关布朗在堪萨斯州早期作为的详细叙述，参见 James C. Malin 的 *John Brown and the Legend of Fifty-Six*（Philadelphia, 1942）。有关布朗与其同谋者的关系，引人入胜的分析参见 Edward J. Renehan Jr. 的 *The Secret Six: The True Tale of the Men Who Conspired with John Brown*（New York, 1995）. Franklin B. Sanborn 的 *The Life and Letters of John Brown:*

Liberator of Kansas and Martyr of Virginia（1885）（Boston，1891）是一部更早的专著，它毫不掩饰对布朗的同情之心，其中收录了许多有价值的私人信件。有关袭击与审讯内容最全的材料集，参见R. M. De Witt 的 *The Life，Trial，and Execution of Captain John Brown*（New York，1859）。

第八章　源于社会底层的观点

口述证据给我们提供了一个如何了解最新获得解放的奴隶的方法。

远方的轰鸣声穿越了整个卡罗来纳海岸的湿地和盐沼地，划破了蓝色的天空。在蓄奴区，年轻的萨姆·米切尔（Sam Mitchell）惊奇地听着这声音。在临近的村庄波福特，种植园主约翰·卓别林也听到这个声音，然后立即冲向他的马车，以最快的速度返回种植园。一回到家，他便要求妻子和孩子们收拾行李，然后让他的奴隶们务必准备好平底船。他们要前往查尔斯顿。他需要八个男人充当划手。其中一个奴隶，萨姆·米切尔的父亲将这一消息告诉了在蓄奴区的妻儿。"没有船你是到不了查尔斯顿的，"他的妻子严肃地说道，"你从这后门出去，然后继续向前走。"小萨姆对这些喧闹感到困惑。没有云的天空怎么会有雷声呢？"儿子，这并不是雷声，"母亲解释道，"这是北方人来给我们自由了。"

1861 年 11 月，距萨姆特堡战事首发仅七个月，就已蔓延到了波福特。在自由之声穿越 1862 年路易斯安那的海湾和三角洲到 1865 年里士满的农场之前，这只是时间问题。当联邦把枪作为谈话工具时，成千上万和萨姆·米切尔一样的奴隶经历了这个终生难忘的时刻。自由来到了这个充满 400 万奴隶的国家里。

对大多数奴隶来说，那些穿着蓝色外套的是外国人，虽然他们有时也会质疑。许多南方奴隶主将北方的入侵者描述成穿着鲜艳色彩的人。联邦士兵中的一个来自田纳西州的奴隶说道，"他们头上长着长角，嘴里长着獠牙(尖利的牙齿)，眼睛瞪起来像头牛！他们简直像是古老的事物”。一个胆怯的密西西比的奴隶，直到联邦士兵摘下他的帽子并证明自己并没有角，才敢从树上下来。然而，许多奴隶都被这个谣言嘲弄了。“我们都听说了那些美国人，”一个来自卡罗来纳的奴隶
172 对他的监工说，“人们告诉我们他们有角和尾巴……当我看到他们的时候就应该跑。”但是一旦监工逃走，将种植园留给奴隶照看，说法就变了：“永别了，老家伙，永别了。没错，快逃吧……我们自然会尽力逃跑，而且我们知道那些北方人并不知道我们逃跑的路线。”

这个奴隶家庭居住在南卡罗来纳州波福特的种植园里，这个地方距 1861 年萨姆·米切尔听到北方军队枪声的那个种植园不远。照片摄于北方军队占领海岛地区后。

由于忠诚抑或对选择的惧怕使一些奴隶站到了他们主人的队伍。忠诚的奴隶将银制品藏了起来，并对那些北方人说他们离开的主人是支持联邦的，或者假装他们有传染病来吓跑那些劫掠的士兵。但是在很多情况下，忠诚和自由之间的矛盾常常使他们很苦恼。一对 60 多岁的佐治亚州的夫妇，非常镇定且不情愿地与谢

尔曼(Sherman)的军队打招呼。他们看起来宁愿留在主人身边也不愿加入联邦的军队。然而，当军队打算离开时，这个老妇人突然站起来，眼神凶猛，激动地对她丈夫说：“你还坐在这干什么？你认为我在这里等 60 年为的是什么？那扇门已经开了，我不会留下，而是去追随我的孩子，即使倒在路上我也不后悔。”

其他的奴隶毫不犹豫地选择了自由，确实是，他们很难抑制自 173
己的喜悦之感。一个妇女在给主人准备晚餐前无意听到了解放的消息，便以去附近小溪打水的理由离开。刚到那儿，在别人看不到的地方，她尽情释放着自己的感情。

> 我跳着、尖叫着，“荣耀归耶稣！我自由了！我自由了！荣耀归主，你来解救我们了，没有人能这样做”。我有些害怕别人听到我的话，于是我仔细观望，充满了对耶稣的赞美。

对于那些新解放的奴隶来说，世界仿佛完全颠覆了。富有又强势的奴隶主逃走了，获释的奴隶留在种植园里。这种状况可以从一个黑人士兵的经历看出，当他在自己守卫的监狱里发现之前的主人时，非常吃惊且兴奋。“你好，主人！”他愉快地叫着，“这次底层人民翻身了！”

重树自由民的观点

这场解放 400 万黑人奴隶的战争成为美国历史上的重大事件之一。然而这个故事叙述起来并不那么容易。若想真正理解新获自由的奴隶，或者称他们为“自由民”* 的个人经历和成功，历史学家必须依据这场戏剧中的中心人物的经历。他们必须重建自由民的观点。但是奴隶处于社会最底层，经济水平低下。正如黑人士

---

* 同时代的白人将获得解放的奴隶称作自由人。最近，历史学家提出了一个中性的词语——自由民，除了引用原始资料之外，我们将在本书中使用这个词语。

兵所说，他们是建造篱笆最下面的那根木头。由于一些原因，这种社会现状很难改变自由民的观点。

起初，大多数历史学家受到“上层”思想的影响，主要写作社会上层阶级的历史。历史学家不能在没有原始资料的情况下写作，总的来说，这些上层社会的人会留下更多的记录。当中上阶层有权利接受教育时，他们就易于出版回忆录，保存日记或者写信。作为社会的领导决策者，他们成为官方记录的主体。

从另一个社会角度看，关于普通人生活的记录很少。然而政治领袖将他们自己包含在一个又一个重大的事件中，好像那些农民
174 和劳动者的工作对历史进程的影响不大。

> 但是，在 20 世纪 70 年代这十年间，可以看到对普通人生活的兴趣越发浓厚。在第 2 章中，例如，我们可以发现，体会服务阶级的社会和经济地位是理解早期弗吉尼亚社会冲突必不可少的。

“离开这座围墙，否则我就用老亚伯的枪瞄准你，我很难将弹药收回。——现在底层人民翻身了。”许多昔日的奴隶用“底层人民翻身了”这幅图来表达内战带来的这种转换。这幅素描是由被联邦军队囚禁在马里兰州的波因特卢考特（Point Lookout）的联盟士兵创作的。

同样，在第三章，我们将目光转向普通农民紧张的社会局势去探索在塞勒姆巫术争论背后的联盟。

重建沦为奴隶的非裔美国人的观点是非常具有挑战性的。内战前，奴隶不仅不被允许学习读书写作，而且南部立法机关还通过奴隶法令禁止白人教他们。这项法律并不完全有效。少数在大种植园当司机的奴隶会学习读书和通信，这样他们不在场的主人就能向他们发送指示。一些黑人的牧师也是有读写能力的。然而，大多数阅读都是偷偷进行的，或者在他们

的主人或者其他白人看不见的情况下进行。在战争期间，一个名叫 175
斯夸尔斯·杰克逊(Squires Juckson)的有读写能力的奴隶非常急切地阅读报纸上关于北方胜利的消息，这时，他的主人突然出现并盘问他在做什么。这个吃惊的奴隶熟练地翻着报纸，傻傻笑着说："南方联盟军赢得了这次战争！"主人笑着并继续他的工作。

尽管大多数奴隶从不写信，保存日记，或者留下其他书面记录，这似乎只能从同时期的白人所保留的记录中去了解奴隶的生活。毕竟许多的信件、书、旅行者的记录和遗留下来的日记，大多是描写奴隶生活和战后自由民的经历。然而叙述角度的问题引起了很大的麻烦。美国白人关于奴隶制的有利点断然不是从生活在这种"特殊体制"下的奴隶的角度出发。

> 奴隶的命运取决于主人的权威，他们几乎不能表现自己真正的情感，如果这样做的话，那后果是非常严重的。

值得考虑的是，这些观察来自于那些和黑奴具有密切关系的白人，即他们的主人，并且，主人和奴隶的地位从本质上来说是不平等的。他们可能因为微不足道的冒犯而遭受鞭打；他们可能被贩卖，以及和家人、朋友分离。即使在"温和"的奴隶主下，他们也得按照要求进行劳动，这样才能获得食物和衣服。奴隶的命运取决于主人的权威，他们几乎不能表达自己真正的情感，如果这样做的话，那后果是非常严重的。

实际上，我们已经看到了一个奴隶欺骗主人的例子，即斯夸尔斯·杰克逊及其报纸的例子。仔细思考这个故事的来源，即使没有脚注表明这个信息的出处，阅读本章节的读者也会推断它来自有关杰克逊的史料记载而并非种植园主的（毕竟，种植园主确信杰克逊是不识字的）。试想一下，如果遗存下来的日记仅仅是种植园主的，那便会产生不同的看法。我们也许会看到类似下文的记录。

> 今天发生了一件有趣的事。当我去木料间处理一些事情时，遇见了我的奴隶斯夸尔斯。他看起来对那份老报纸很感兴趣，这使我很惊慌，直到我发现他反着看时才平静下来。“斯夸尔斯，你在这做什么呢，”我问道，“今天有什么新消息吗？”他看着我傻笑说，“主人，南方联盟军赢得了这次战争！”他这充满自信的表情让我感到很好笑。我希望我能分享他那种乐观的心态。

这个记录是虚构的，但是斯夸尔斯关于这个故事的说法使我们开始怀疑种植园主日记的真实性。例如，一个路易斯安那州的奴隶主对他们在圣诞节晚会上狂欢，明显没有意识到北方的突击小组已经劫掠了附近的一个小镇这件事感到吃惊。“我们在最后两
176 个小时观看黑人跳舞……他们度过了愉快的时光，无忧无虑，不必为明天操心。”显然种植园主从没想过他们之所以“无忧无虑地”欢

“他们享受欢乐的时光，无忧无虑，从不为将来打算。”这是路易斯安那州的种植园主描述的圣诞场景，它也出现在 1857 年弗兰克·莱斯利画报(*Frank Leslie's Illustrated Newspaper*)上一位北方记者的文章上。这幅图片反映了当时流行的人们对奴隶的欢乐及对命运无视的刻板印象，同时也表明了这一时期的社会束缚很难使南方的非裔美国人像对自己主人那样对北方解放者坦诚。

笑，是因为北方军队即将来临。*

战争残酷的现实迫使许多南方人去反思，他们对自己的奴隶知之甚少。通常，他们认为最忠诚的奴隶往往是第一个逃跑的。玛丽·切丝纳特(Mary Chesnut)的房子距苏姆特堡(Fort Sumter)不远，她已经理解不了奴隶脸上那茫然若失的神情。“我们不可能仅通过一句话或一个眼神就察觉到这些黑人奴仆的行为举止已发生了变化……你没法辨别他们是否听到了海湾(在苏姆特堡)那可怕的声音，尽管这些响声日夜在他们耳边响起……他们是如此地愚 177
蠢还是比我们聪明，沉默且有力量，等待时机的到来？”

我们很容易认为那些帮助有文化的黑人的北方白人也许会提供更精确，其关于自由民态度的记录。但这种假设是危险的。尽管北方所有的奴隶在1820年都获得了自由，但是种族歧视依然存在。反对奴隶制的人不仅强烈反对奴隶制，而且也不愿意让这些自由的人留在北方。北方的许多住宅以及交通设施都是分开的，以至于白人和黑人的社会交流比南方还要少。

> 无论是北方还是南方的白人，其关于美国黑人的记录，我们都应慎重对待。

因此，尽管有些联邦士兵特地对遇见的奴隶表示友善，但许多人还是反感甚至公开敌对非裔美国人。正如一个招募兵所说，多数北方人认为这场战争是为了保护联邦国家，并不是解放那些“可恶的黑鬼”。那些统领黑人兵团的白人长官也非常冷漠无情。当黑人拒绝接受低于应征时承诺的薪金时，一个长官训斥道：“任何人听到你们的所叫所唱都会惊讶于你们是如此地无知。”即使是传

* 读者在这一章节的开头就会发现，他们已经遇到一些发生在自己身上的欺骗行为。实际上，除了一些黑人士兵表明底层人民已经翻身，那些在开头引用的有关黑人和白人关系的例子也存在某些隐瞒和欺骗。值得指出的是，我们开头的事件并不来源于既定的事实。当我们回顾前几天完成的草稿时，才发现这些欺骗性的事件。

教士和其他有同情心的北方人来到占领的区域时，都要克服这种先入为主的观念的影响。费城的传教士劳拉·汤尼(Laura Towne)指出，“我看到一些妇女虽然长相平庸，但是回答问题很机智，这和我预想的完全不同”。因此，当我们在审议北方人的记录时也应当谨慎。

的确，敏锐的白人认识到无论是那些在战前独立的奴隶，还是自由民，他们都很容易受到新的征服者阶级的攻击。北方人查尔斯·诺德霍夫(Charles Nordhoff)指出，“一个刚被解放的奴隶会很精确地告诉你所想要听的”。

> 仔细盘问一个人是一个本质上很微妙的任务；如果你有机会问一个重要的问题，他会像罗盘针指向磁极一样准确去抓住这个问题的实质。假如你问敌人有5万人，那他确认其至少有这么多；若你认为他们不足5000人，那么他会嘲笑那些认为对方人数超过4500的想法。

战时长官塞缪尔·格里德利·豪(Samuel Gridley Howe)调查了自由民的状况，清楚看到了当时的情形。他争辩道：“这个黑人和其他人一样都想生活在真理之光下，但是他却将这种愿望埋藏在谎言之下，似乎只有这样，他的安全或者福利才能得到保障。其他事情也一样，越自由的人越诚实；而且只有那些完全自由以及无所畏惧的人才会更真实。”

另外，北方人发现由于对来自南方的非裔美国人的文化不了
178 解，所以推测自由民的观点是非常困难的。第一个困难就是简单的交谈，北方和南方的口音以及说话的语调都千差万变。因此，查尔斯·诺德霍夫指出，他经常有一种和“外国人”交谈的感觉。比如对于“我回去看一下”这一句话的表述，南北方就有差异。另一个传教士对他的学生说：“对于眼睛的广泛的说法。他问道耳朵最适合做什么，如果当他们说，‘你们的’，那他就完全不能明白他们的意思。”

如果你认为很难听懂黑人的方言，那么他们的文化和信仰看起来更深不可测。尽管大多数奴隶和北方人一样信仰基督教，但是他们崇拜的方式使许多保守的一神论者感到震惊。在教堂聚会之后，奴隶们经常会参加一个被称为“环嚷”的主要是唱歌和跳舞的活动，在活动中，领唱者会唱一串的歌，合唱团做回应，同时，人们跟着音乐有节奏地跳舞。随着活动的进行，音乐声音越来越大，舞蹈也越来越充满活力。一个传教士评论道：“这是我见过的最令人惊骇同时也令人同情的景象。”

尽管许多北方人想变得更具同情心，但是主要的障碍使他们很难完全领会自由民的观点。奴隶社会的本质以及存在的歧视现象，实质上很难让黑人和白人坦率地解决问题。

自由民的发声

然而从一开始，一些观察者认识到前奴隶观点的价值。如果少数的黑人会写作，那么他们的故事就会被记录下来并为人所知。有文化的编者将他们的口头证言转录下来，这样美国黑人就可以说出那些对他们影响最大的事件。

口头证据的传统是在解放奴隶之前就开始的。废奴主义者意识到这种原始证言抵抗奴隶制体系的重要性，他们将逃亡到北方的奴隶的故事记录下来并发表。在战争期间，国会成立了美国自由民调查委员会，负责收集那些可能对政府有所帮助的信息。

但是，在继美国重建之后的半个世纪的时间里，人们对保留黑人历史的兴趣降低了。一个临时的记者或者说是历史学家采访了以前的奴隶。黑人学校比如汉普顿（Hampton）学院中的教育人员，出版了回忆录。但是，大多数历史学家在写作重建时期时却忽略了他们，以及一般自由民的观点。相反，他们依托白人的记录，描绘了一幅局部的画面。

哥伦比亚大学的历史学家威廉·邓宁（William A. Dunning）的 179
观点或许是当时最有影响力的。他将自由民描述成一个稚气、无忧无虑的群体，并且没有意识到处于新地位的他们应负有的责任。邓宁写道："自由民对解放一词做了全面的理解，他们中的大多数抛弃了原来的住所，不再耕种农作物和照看家畜，甚至不提供食物，尽情地检验自己是否自由。他们在村庄里漫无目地游荡，但却很快乐。"同时，邓宁表明南方的白人"尽力去获得能源以维持他们自己以及先前奴隶的生命"。这就是在没有自由民观点的情况下推导出来的结论。

直到20世纪，才有系统的行动去询问黑人关于他们自身的经历。在20世纪20年代，人们对非裔美国人文化遗产的兴趣明显地提高，这主要是因为黑人学者的推动，比如，杜波依斯（W. E. B. DuBois）、查尔斯·约翰逊（Charles Johnson）以及黑人历史杂志的创办者和编辑卡特·伍德森（Carter Woodson）。这些学者努力去推翻邓宁所提出的模式化观念。此外，美国大学中的社会学家以及人类学家开始运用新社会科学的方法分析南方的文化。在20世纪30年代初期，纳什维尔的菲斯克（Fisk）大学和巴吞鲁日（Baton Ronge）南方大学的历史学家成立了搜集口头证据的项目。

> 大萧条时期促进一些机构去搜集以前奴隶的口述史料。

出乎意料的是，大萧条时期促进一些机构去搜集自由民的口头证言。其中一个是受罗斯福政府特许的机构——联邦作家规划（FWP）。这个机构起初是雇佣失业的作家及记者，汇编并发行四十八个州的文化导向。但是在民俗学家约翰·艾弗里·罗马克斯（John Avery Lomax）的指导下，FWP也组织了许多州的人员去采访以前的奴隶。

尽管罗马克斯规划的重点是收集黑人的民俗及歌曲，但是FWP给采访者的指令包括许多他们感兴趣的历史问题。如下的例子表明了计划的兴趣点：

在奴隶制时期你做什么工作？有工资吗？

你吃什么？它是如何做的？是负鼠？兔子？鱼？

有关押奴隶的监狱吗？你们见过贩卖奴隶或者拍卖他们的景象吗？

奴隶会因为什么受到惩罚？请告诉我们你所看到的。

你还记得带给你们自由的这场战争吗？北方人是什么时候到来的，他们对你们说了什么，做了什么？

这些采访取得的成果是显著的。超过2300条信息记录在FWP各州的办事处，经编辑后送往华盛顿，1941年整合后，以打印稿出版。在20世纪70年代，发行了19卷本的复印版。增补的资料，包括数以百计没有送往华盛顿的访问素材，另外包括22卷。180
这一系列材料最初的编辑本杰明·博特金（Benjamin Botkin）认识到这一集合的重要性。他评论道："这些生活经历已经尽可能将叙述者的话记录下来，构成了一整套无意识的证据或间接的资料来源。""第一次也是最后一次，大量幸存的奴隶（那时有许多已经去世了）以自己的方式讲述了自身的故事。"

然而，即使是博特金也意识到不能仅仅从表面判断这些叙述的价值，而应像许多原始资料一样，需要把它们放在当时的背景下去看待。起初，即使是19卷本的复印版，也只是从最初400万的自由民中抽取了一小部分进行采访所得的材料集。这种抽选的方法是否也会存在偏见？这让我们很快就想到地域的不平衡性。这些受访的奴隶是否都来自广阔的南方？通过计算来自各州受访奴隶的数量，我们发现仅仅有155名受访者是来自弗吉尼亚州、密苏里州、马里兰州、特拉华州和肯塔基州的非裔美国人，约占总人数的6%。然而在1860年，有23%的奴隶生活在上述各州。因此，这一材料集没有完全体现南方的情况。

> 这些采访文件有偏见是因为其集中于奴隶制下的幸存者，而不是那些死于严酷待遇的奴隶？

那年龄又如何？因为这些采访发生在1936—1938年，以前的奴隶都非常老了：三分之二的人已经80多岁了。老年人的记忆力会有多准确？内战已经过去了70年。常识告诉我们距离事件发生的时间越久远，一个人对细节的记忆就越模糊。此外，年龄可能使这些回忆产生偏见。历史学家约翰·布拉辛格姆（John Blassingome）指出，在1850年，奴隶的平均寿命低于50岁。那些幸存下来的年龄较大的人，很有可能是因为他们的待遇比一般奴隶的要好。如果是这样的话，这些记录反映的只是那些受难较轻的奴隶的情况。

同样，如果受访者在1936年都很老了，那么他们在内战期间还很年轻。几乎一半的人（43%）在1865年还不到10岁。75%的人低于15岁，而83%的人低于20岁。因此许多受访者是在他们的童年时期经历奴隶制。如果对孩子的奴役比成年奴隶要轻，那么FWP关于奴隶制的叙述就会偏于乐观。（另一方面，也有人认为儿童容易受到影响，有关好与坏的记忆也许被夸大了）

奴隶叙述中出现的失真或许比事例偏差更严重。采访者只要选择他们的问题，然后自定义这些信息的主题。即使是那些看起
181 来最单纯的问题也易于影响主体的反馈方式。以下面几个问题为例：

> 你在哪里听说这个工作？
> 你是怎样听说这个工作的？
> 那么你是看到这个招聘广告了吗？

每个问题都指向同一个问题，但是却会得到不同的答复。第一种说法（“你在哪听说……”）暗示采访者想要一个具体、简短的答案（“在就业中心”）。第二个问题，将“在哪”替换成“怎么样”，需要受访者提供一个较长的回复（“我已经四处寻找工作几周了，然后当我在职业介绍所……”）。最后一个问题表明采访者只需要受访者回答是或不是。

换言之，采访者经常和受访者交流他们想要的证据，回答的长短，甚至是回答者回答问题的方式。如果这种提示影响到日常的交谈，那么他们更能证明最重要的是受访者在涉及像奴隶制这样

饱受争议的话题，而且白人和黑人的关系依然很紧张。实际上，采访者最重要的暗示发生在谈话之前。采访者是白人还是黑人？在20世纪30年代的南方，种族关系依旧很紧张。数以百计的行为，使黑人意识到他们仍然被认为是低等的，而且他们还被严格的界限隔离开来。从1931到1935年，南方有超过70个非裔美国人因为非常小的罪名甚至没有犯罪而被用私刑处死。如果黑人罪犯想要被释放，他们就要被强迫签订对自身不利的劳动合同。佃农和其他贫穷的农民经常背负沉重的债务。

礼仪的问题反映出更严重的事态。南方白人并不注意黑人的地位，即使他们知道这些黑人的全名，也经常以姓氏或"男孩"、"阿姨"、"叔叔"等来称呼成年黑人。黑人需要称呼白人为"先生"或"女士"，即使在电话中也存在这种差别。如果一个非裔美国人打电话找邻镇的史密斯先生，接线员会问："他是有色人种吗？"如果回答是肯定的，那么她就会说："不要对我说'先生'，他对于我来说不是'先生'。"反之，如果一个黑人拨号者不称呼她为"女士"，她就拒绝为他拨通电话。

因此大多数非裔美国人反馈给FWP的白人采访者的信息是有所保留的。一个得克萨斯的黑人采访者说："许多黑人老人在谈真实的奴隶制时代之前都要把门关上。""如果门开着，他们会告诉你他们的主人是多么的美好"，一个来自阿肯色州有经验的黑人采访者塞缪尔·S. 泰勒(Samuel S. Tonylor)说。 182

"我说得太多了，为什么你们想要黑人的这些东西呢？你们问那些白人了吗？……他们不需要我来告诉他们。"这个佐治亚州的妇女，像FWP采访的许多人一样，依然居住在20世纪30年代的种植园里，那是她从小长大的地方。这个种植园依旧属于昔日奴隶主的后代。在这种情况下，对FWP采访者的怀疑是可预见的，即使采访者是黑人；如果他(她)是白人或这个社区的常住民，会加深人们对他们的怀疑。

她发现他必须让那些提供消息的人安心，而且这些消息不会给他们带来伤害。“我说得太多了”，一个受访者说道。“为什么你们
183 想要黑人的这些东西呢？你们问那些白人了吗？他们知道一切。他们比我知道的更多。他们不需要我来告诉他们。”

> 我说的太多了。为什么他们想要黑人的这些东西呢？你们问那些白人了吗？

通常采访黑人的那些白人和他们住在一个城镇而且是老熟人。一个黑人受访者告诉他的白人采访者(有些脱发)，“我还记着你光着脚在地上的场景，而现在你坐在这，头发有些光秃”。当另一个黑人和他妻子艾伦（Ellen）说话时，透露了一种更紧密的关系，“她很开心和白人护士有一段快乐的时光，她跟我说了好多次”。在这样一个环境下，非裔美国人很难直率地说话。一个老妇人很愉快地总结了当时的状况。“我知道你父亲、祖父和所有的人。亲爱的孩子，除了使你高兴我什么都不想告诉你。”

FWP所采用的方式引发了其他问题。带着些许的期望，我们没有使用录音机。采访者用笔记录了谈话的内容，以便之后描述这次会谈。在这个流程中，采访者通常会编辑他们的材料，有时会由于改进文字出现些许的变化，这样采访稿就不会大幅度地在各个主题之间跳跃，有些采访者也会把那些不相关或者有异议的材料剔除出去。

此外，没有专门标准来转录非裔美国人的方言。一些采访者煞费苦心地将他们的描述用正确的英文表达出来，因此地方口音和语调就消失了。但是大多数采访者试图提供一种特殊的黑人方言，确实取得了不一样的成功。一些事例的结尾处若更像典型的“黑人方言”，在那一时期是很受白人欢迎的。采访者若将受访者的叙述带些黑人的方言，那这些对话更容易在一开始就让读者接受。然而很少的采访者认为这种表达方式很重要，不一样的拼写，不同的口音，他们的谈话像来自美国另一个地区的美国人。就此而言，在“是”、“来自”、“的”这些词的发音上并没有区别。实际上，这些转录仅仅是文化制造者传达一些未说出的信息，在采访者的眼中，说话者来自文化及教育水平低下的阶级。最后，FWP发布了一系列的方言表达方式，规定了采访者应遵循的转录方式。

若要理解收集口述史料的困难，研究人员必须能够仔细评价所搜集的奴隶叙述的信息。即使是这样，初读者也很难领会不同的
采访者所传达出来的多样的答复。将这些观点带入特殊语境，会 184
帮助我们分析在研究过程中获得的奴隶所叙述的材料。下面是一篇关于苏珊·哈姆林（Susan Hamlin）的采访稿，她是一位来自查尔斯顿的黑人妇女。我们直接转自打印版。

对前奴隶的采访

6 月 6 日，我采访了之前是奴隶的苏珊·哈姆林，她居住在查尔斯顿亨丽埃塔(Henrietta)街 17 号。她坐在通向阳台的门前台阶上，当听到我向她询问时，她还以为我是福利办公室的人员，她曾经收到过停止援助的通知。我没有纠正她的这个想法，过了一段时间她开始怀疑我拜访的目的只是为了知道她曾是奴隶时的经历。在我们谈话中她提到了那个时期。“苏珊，为什么会有趣”，我对她说，“如果你很年长，那你可能会记得内战以及奴隶制时期”。“是的，女士，我是一个奴隶”，她说道，然后告诉了我下面的故事：

“有些事情对我来说就像发生在昨天，但是我现在 104 岁了，而且岁月不饶人，我已经不像以前那样记得所有的事情。我越来越老，你知道我在内战爆发时已经是一个成年妇女。我当时受雇于居住在大西洋街的麦克唐纳(McDonald)先生，记得当第一枪响起时，一颗炮弹正落在城市中。我一个月的工资是七美元，主要的工作是照看孩子，并不是带他们出去玩。但是我没有得到那些钱，这些钱归我的主人所有。”“你认为这是公平的吗？”我问道，“假如你的衣食都由他提供，他就不需要付工资？”“当然是公平的，”她回答道，“我属于他而且他也会照顾我。”

“在结婚之前，我的名字是苏珊·考尔德(Susan Calder)，但是我嫁给了一个姓哈姆林的人。我属于爱德华·福勒(Edward Fuller)先生，他是第一国家银行的主席。对他的人民来说他是一个很好的人，但是上帝带走了他。福勒先生是通过结婚获得奴隶的。他娶了米克尔(Mikell)小姐，她是一个居住在埃迪斯特(Edisto)岛的奴隶主，我们居住在埃迪斯特的种植园里。我不记得这个名字，因为当福勒先生成为银行主席后我们就来到查尔斯顿生活。他卖掉了种植园并对那些奴隶说他们可以和他一起去查尔斯顿生活，也可以留在岛上。我们有自己的选择，有些人来了，有些人留在那个地方，但是我的母亲和孩子跟随福勒先生来到查尔斯顿。

“我们居住在圣菲利普街，那个房子现在依旧在那儿，完好如初。我经常会过去转转，那些市民也还在那里，我们以前经常坐到一起喝着冷水，一边吃一边说笑。福勒先生有许多仆人，他把那些不需要的仆人雇佣出去。奴隶在后面有自己的房间，有孩子的奴隶有两个房间，没有孩子的则有一个房间，不用在里面做饭，只是睡觉。他们在楼下专为黑人准备的厅堂里做饭、用餐。我不了解奴隶制，但我知道所有关于奴隶制的人，他们对我很好。福勒先生是个好人，他的夫人为人也是极好的，他们对奴隶非常友善。看起 185
来福勒先生获得这些奴隶才能对他们好。许多黑人孩子也很爱他。你很难相信当他去世时，这些孩子哭喊着、大叫着，‘我们的主人死了，他死了，我们该怎么做?’我们告诉这些孩子即使哭，他也不会再回来了，但这些孩子却一直在哭。我们曾经称呼他为莫萨·埃迪(Mausa Eddie)，但是他的名字是爱德华·福勒先生，而且我确信他是一个好人。

> 他问了我各种问题。他问这问那，白人是不是经常这样做，但是福勒先生是个好人，他对所有人都很友善。

“一个月前有一个男人来过这里，他说他是政府派来的人，来了解有关奴隶制的事情。我给他的信息足以写一本书，但是他给了我什么？十分钱！他问了我各种问题。他问这问那，白人是不是经常这样做，但是福勒先生是个好人，我们都喜欢他，上帝保佑，尽管他已经去世，但我不允许别人再压迫他。你知道当他去世的时候小孩子又哭又叫，他是个好人。我告诉你当我们去主日学校时，他们会通过各种方式帮我们安排住处。我们也必须穿着得当，假如你从他身边走过，但你的穿着和他不相配时，他就会让你回去并告诉你的母亲你是否着装合体。他们也不会让你光着脚。我记得有一天我的母亲想让我把牛奶送给她住在街角的妹妹。我拒绝了，因为外面太冷，并说道：‘你怎么不让我穿鞋子就出去呢?’他听到我的话之后转过身来并笑着让我母亲从房子里找一双鞋子给我穿上，而且不能让他再看到我在这么冷的天气里光着脚。

“在战争开始后，炮弹飞过查尔斯顿，他带上我们所有人到艾肯(Aiken)避难。他们说必须在3月份离开佐治亚州，因为他们肯定3月份的查尔斯顿到处都是士兵。

“我母亲有六个孩子，三个男孩，三个女孩，但是只有我留下了，我认识的所有白人和黑人除了我之外都走了。我在这25年并没有生病，我离教堂很近，但我并不怀念以前的那些礼拜日，无论是白天还是晚上。我去任何我想去的地方，如果我想我还可以走着去巴特里(Battery)。福利机构曾帮助过我，但是现在关闭了，我不知道他们是否还会重开。当我去那儿的话，比伊斯特(Buist)和普林格尔(Pringle)小姐都会帮助我。”

“所有的主人都很善良吗?”我问道。她回答道：“你知道，像现在一样，有的人很友善，有些很刻薄；也会像现在一样有很多不道德的行为。我所认识的人都是好人。我看到很多恶行也听过各种各样的事情但是你不能确定它们是否属实。但是福勒先生是个基督徒。”

我的下一个问题是，“你认为如果黑人不离开非洲，他们的状况会好吗?”“不会的，女士，(强调地)他们是没有信仰的未开化的
186 人。我告诉你为什么我会这样认为。上帝创造了三个民族：白种人、红种人和黑种人，并将他们放在地球上不同的地区。难道非洲的无知者忘记了上帝？他们并没有信仰，然后上帝保佑并使白种人繁盛，让他们记住上帝，并让他们教导这些黑种人，即使是抓住并束缚他们。印第安人忘记了上帝，所以他们需要被教导，并且拿走了他们的土地。上帝保佑并使白人繁盛，他让红种人和黑种人处于白人之下，这样就可以教导他们尊敬上帝。他们智力必须正常，然后尊重上帝，记住上帝是公正的，因为他创造了你，他的儿子救赎并用他宝贵的鲜血拯救了你的生命。你计划那些你想要实施的暴行，并根据你的选择所尽力而为，但是上帝可能会改变他的想法，并对你做些改变，这种改变对于他来说很快(打响指)也很容易。当他束缚你并让你倒下，你就会开始相信他。”

“你知道我已经皈依上帝了。我在大伯特利教堂里，跪在一个

牧师前祈祷。我看到一个巨大的、黑色的东西在我的背上，它使我弯下去，肩膀向下，整个人拱了起来。我抬起头看到了荣光，我看到了非常漂亮的光，在这中间是救世主，他像死了一样悬挂在那里（伸开她的双臂）。我上前祈祷，而且我能感觉到锁链松开了，他在往下降落。我不知道他要去哪，但我看到了天空中的天使，并听到他们说'你的罪恶被原谅了'。我叫着也跌落下来。当我醒来时，我意识到我已经皈依，因为你从来没见过那种光线。我知道我仍是一个罪人，但是我相信主的力量，信靠他的圣名，我知道自己已经被拯救。"

"当奴隶的孩子出生时，她们会得到好的待遇吗？"我问道。"如果你想要鸡肥，那你应该喂养它们，"她笑着对我说，"如果你想让为你工作的人强壮，那你不仅要养他们，还要照顾他们。如果他的工作不值得你的花费，就会产生许多的暴行，像现在一样，有好有坏，无论白人还是黑人，这是他们的本质。如果他是好人，他会对所有人友善；如果他很刻薄，那么对所有人都是刻薄的。有时，孩子也会被父母出卖。这时，主人就会过来并问'珍妮在哪'，告诉他们给婴儿盖上衣服，并说我要他们。他将婴儿卖掉，同时母亲却在大声哭喊，你知道这是怎么进行的。通常他们会在母亲不在的情况下把婴儿卖掉。福勒先生从没有卖过我们，直到我们长大，也一直和母亲生活在一起，直到她去世。"

> 你知道我是一个混血儿，我的祖父是一个白人，我的祖母是黑白混血。我的母亲嫁给了一个黑人，所以我现在是这样的。我身上有两种血液，所以我要为双方争执。[1]

---

① 来源：采访者苏珊·哈姆林，亨丽埃塔街 17 号。苏珊和一个情况较好的混血家庭一起居住。这个姓氏是哈姆林而不是汉米尔顿（Hamilton），而且在她结婚之前的姓是考尔德而不是柯林斯（Collins）。我特别注意这个，并让他们拼写这些姓氏。我判断苏珊可能生活在 90 年代晚期，但是很出乎意料地活了下来。她现在已经 104 岁了。 187

这个谈话从一开始就引人怀疑。杰西·巴特勒(Jessie Butler)，这个白人记者提到哈姆林时一开始认为她是从福利机构来的，而且她也没有否认。巴特勒明显认为如果隐瞒真正的来访目的，或许她能更随意地讲话。但是这种隐瞒产生了相反的效果。哈姆林和其他受访的黑人一样，非常年老，不能工作，需要依靠慈善机构生活。如果巴特勒是从福利机构来的，那么哈姆林会尽她所能去讨好她。许多受访的黑人都表示采访他们的白人都和福利机构有关系。"你现在要问我吗？我很乐意回答"，一个受访者说道。"亲爱的，在我死之前给我点抚恤金吧，上帝会保佑你的……老板，你给这个老黑人带来十分钱了吗？"

另外，巴勒特的问题也是难以捉摸的。当哈姆林提到她会将照看孩子得到的钱给她的主人之后，巴特勒问道："你认为这是公平的吗？"哈姆林很快地回答道："当然是公平的。"哈姆林很清楚她所期望的是什么，尤其是在她回答了巴特勒的这个问题之后："假如你的衣食都由他提供，他就不需要付工资？"

那么这次采访使奴隶制看起来相对温和就不足为奇了。哈姆林大量叙述她的主人是个好人，以及她如何在冬天里有鞋子穿。当被问道是否大多数主人都很友善时，她表现得非常"公正"——"有些人很友好，有些人很刻薄"。她承认听到很多不知真假的事情。她也提到黑人儿童即使在母亲反对的情况下也是可以贩卖的，但是她说这是他们意料之中的。("你知道当母亲知道孩子被卖的时候，会大声哭喊")

同样具有奉承意味的画面就是哈姆林提到的种族间的关系。她解释道，正如印第安人一样，非洲的"黑人无知者"忘记了上帝；但是"上帝保佑并使白人繁盛"。因此将非洲人和印第安人置于白人的监督之下，"获得正常的智力，然后尊重上帝，记住上帝是公正的"。这些并不是拥护奴隶制的辩解者用来描述形势的话，但是他们的观点却是相似的。奴隶制的拥护者反复强调善良的欧洲人将非洲人和印第安人从缓慢发展的道路上带向文明的进程。

所有这些方面，让我们开始怀疑采访稿的内容。另外，文件中一些附加的线索也让我们感到困惑。哈姆林提到，一个月前有个男人来拜访她，他是政府派来了解奴隶制相关事宜的。明显她和杰西·巴特勒的会谈是她的第二次访谈。巴特勒特别注意了抄本末端姓氏哈姆林的拼写（"我特别注意到这个。"）。它是"哈姆林而不是汉米尔顿"，她最初的姓氏是"考尔德而不是柯林斯"。这些措词说明巴特勒在某些地方看到哈姆林被认为是"苏珊·哈姆林"。 188
如果之前有人采访过哈姆林，我们猜想，哈姆林这个姓氏会出现在最初的报告中吗？

当我们继续浏览这些叙述时，发现了答案。在巴特勒采访稿之后是一个名叫奥古斯都·拉德森的人对奴隶"苏珊·哈姆林"的采访。和巴特勒的采访进行比较后，奥古斯都·拉德森借鉴了其中的内容。如下就是打印版的收集稿：

101 岁的一个前奴隶
从 1863 年到现在从未握过手
当自由之枪响起时还在地上跪着擦洗

孩子，我已经 101 岁了，当我还是奴隶时所住的那个拥挤的房间，现在还住这里的就是我了。我的主人是福勒先生，他是第一国家银行的主席，除了我的父亲之外，我们都是他的奴隶。他有八个男人和一个有着五个女孩、六个男孩的妇女为他工作，而我们中的大多数都被雇佣出去工作。我们曾居住的房子仍旧在奴隶居住区，我会经常去看那座位于圣菲利普街的老房子。

我的母亲有三个男孩、三个女孩，他们工作都很卖力。霍普·米可尔（Hope Mikell），我最年长的兄弟，詹姆斯是一个鞋匠。我的主人的儿子威廉·福勒是一个砖匠，玛格丽特和凯瑟琳是照看孩子的女仆。

我父亲属于埃迪斯特岛的一个人，听父亲说，他的主人很是刻薄。我父亲是一个马车夫，他真正的名字是亚当·柯林斯，但是他使用了主人的姓氏。如果有天我父亲工作懒散的话，主人就会鞭打他。接下来的一天是周一，我父亲扛着树木走了四英里，但是却得到了和周日一样的殴打。他将他绑到树上，并将马松开以避免把他勒死。父亲之后到陆地上去接收来自查尔斯顿木场的船只。主人允许我的父亲去城镇办这件事儿，所以他可以不受盘问地乘船离开这儿。在他到岸之后，就在船上找了一个工作，这样他就能到达北方。他在船上负责起帆。他们搜遍了整个岛，并让猎狗去森林里搜寻，直到他们认为他可能溺水了。他主人的其中一个朋友被雇为纽约一个商店的职员，他们认出了彼此。他告诉我的父亲，他的主人认为他在死之前都不会回来了，所以他签署了释放我父亲的文件。当父亲的母亲去世时，他在主人儿子的允许下埋葬了她，他们保证他不会受伤害，但是他们为了留下他，改变了计划，因此他拿着斧子去工场，在那里，奴隶可以出售自己。但是他有记录在内，不能成为别人的奴隶。

189 人们总会做和现在类似的事情。像现在一样，有些人结婚而有些人只是同居。有一件事：牧师从来不说自己准备婚礼，也“不让任何人说”，因为这对夫妇今晚刚举办了婚礼，也许明天其中的一个就会被带走出卖。所有的奴隶都是在主人的房子里举行婚礼，先生和夫人在客厅里见证这场仪式。新娘通常穿上最好的裙子，但是如果他们负担不起的话，也会有一套不错的家具。你的主人和夫人都不会反对美好的事情。

> 我的主人并不出卖他的奴隶，但是他却残忍地鞭打克洛里(Clory)，直到浑身都是血。这是我所见过最残忍的打人场面，我认为她快要死了。

我一直记得克洛里，她是一个脾气暴躁的洗衣工，是一个有着漂亮头发的黑白混血儿。一天，夫人来到洗衣房，并发现衣服上有问题，但是克洛里什么也没说就把她扔到了门外。结果他们不得不请医生，因为夫人怀孕了，而且不到两小时孩子就出生了。克洛里不断请求要把自己卖出去，因为她并不想杀掉夫人，但是我的主人并不出卖他的奴隶。他们一直鞭打她直到浑身都是血。这是我所见过最残忍的打人场面。我认为她快要死了，但是她身体开始恢复，而且更加刻薄，因此我的主人决定把她租出去。她欣然同意，因为她痛恨这个家里所有的人。

当有奴隶被鞭打时，其余的奴隶都被要求观看。我看到妇女被吊在墙上鞭打，直到她断气了，他们才把她放下来。这于我来说真是一个可怕的经历。

那些美国人曾穿过整条街，尤其是大市场，去搜寻那些想要跑到他们称为“自由村庄”的奴隶。经常会有人失踪，但是没有人知道他们为何失踪。这些人都跑到北方了。

白种人是如此地厚颜无耻。他们来到印第安人的土地上并将其赶走，但是他们却不能将印第安人变成自己的奴隶。印第安人经常在树上向他们射有毒的箭。当白人无法让他们成为奴隶时，就到非洲将他们的黑人兄弟姐妹掳掠过来。然后他们说，“我们可以将他们混合起来，然后自己称王，这是唯一对付印第安人的方法”。

无论白天还是黑夜，你都能听到男人和女人的哭喊声，他们大叫着父亲、母亲、姐妹或者兄弟，因为他们在毫无预兆的情况下被卖掉。有些母亲被迫和自己唯一的孩子分开，人们经常因为哀恸而死。

一对夫妇晚上刚举办了婚礼，第二天早上主人就把他的妻 190
子卖了。她的母亲尽她所能在街上寻找那个白人妇女。她说，“该死的白人，这个混蛋把我昨晚才结婚的女儿卖出去了”。这个白人警告她如果不停下来的话，就报警，但是这个母亲却说道，“要么打我要么报警，我宁愿死也不再忍受这些”。然后警察在白人妇女的要求下将她带到了工厂，而那个黑人妇女发生了什么，我没有听说。

内战爆发前，我们被带到南卡罗来纳州的林肯，直到北方人到来我们才离开。当谢尔曼到来时，我们能看到天空中有球状的物体，炮弹落在我们院子的树上。当自由之枪响起时，我正在擦地，他们告诉我，我自由了，但我并不相信。

奴隶制时期的黑人妇女，仅仅给予她们分娩的时间。如果她们早上 8 点分娩，那么到了 12 点就要继续工作。

距我成为伊曼纽尔非洲卫理公会主教派教会的一员已有 67 年。穿过大锡安这条街就是教堂，它位于老伯特利堂前，而我住在城镇的另一端。

自从林肯在和助理握手时被枪杀，我就不再和别人握手了，即使在教堂，你知道有多少年了吗，我也不再相信亲吻能够原谅他人的恶意行为，因为我的主人被他亲密朋友的一个吻背叛了。①

苏珊·哈姆林和苏珊·汉米尔顿明显是一个人，然而在拉德森(Ladson)采访稿的结尾，我们却怀疑自己是否在听同一个人讲故事！奴隶主是仁慈的吗？我们没有听到有关老福勒先生的故事，只有对残暴鞭打的回忆——“她浑身都是血”。在巴特勒的采访中，哈姆林提到的那些残暴行为都是听说的(“你不知道这是真是假”)；但是在拉德森的采访中，她回忆的都是自己的经历(“我看到妇女被吊在墙上鞭打”)。

幸福的家庭关系？我们听到的是哈姆林的父亲因为不能忍受残酷鞭打而反抗和逃跑的故事，并不是冬天送鞋子的故事。我们听说的是家庭分离，并不是“你知道他们怎样”降低身份，而是那些痛苦的母亲，她们的孩子在未被告知的情况下就被带走了。我们听说的是一对夫妇晚上刚结婚，第二天，其中的一个人就被卖掉，他们被无情地分开。在巴特勒的记录中，奴隶的婴儿喂养得很好，而且得到不错的对待；但是在拉德森的记录中，母亲仅有几个小时

① 来源：采访来自住在亨丽埃塔街 17 号的苏珊·汉米尔顿女士，她已经 101 岁了。她已有 20 年没生过病，而且走起路来像 40 岁的人。她曾被主人雇佣给别人照看孩子，一个月的工资是七美元，但是要交给她的主人。

的时间生育，而后又要进行工作。

仁慈的白人家长式作风？这一次，哈姆林关于三个种族的故事给我们描绘了一个不同的道德现象。白种人是如此地厚颜无耻，他们将印第安人赶出自己的土地。为了带些赞美，她指出印第安 191
人"不能容忍"被当作奴隶。白人的动机并不是宗教性的，而是充满着扩张性和报复性："我们可以将他们混合起来，然后自己称王， 192
这是唯一对付印第安人的方法。"这两个采访稿，无论是语气还是内容都不相同，这让我们感到吃惊。

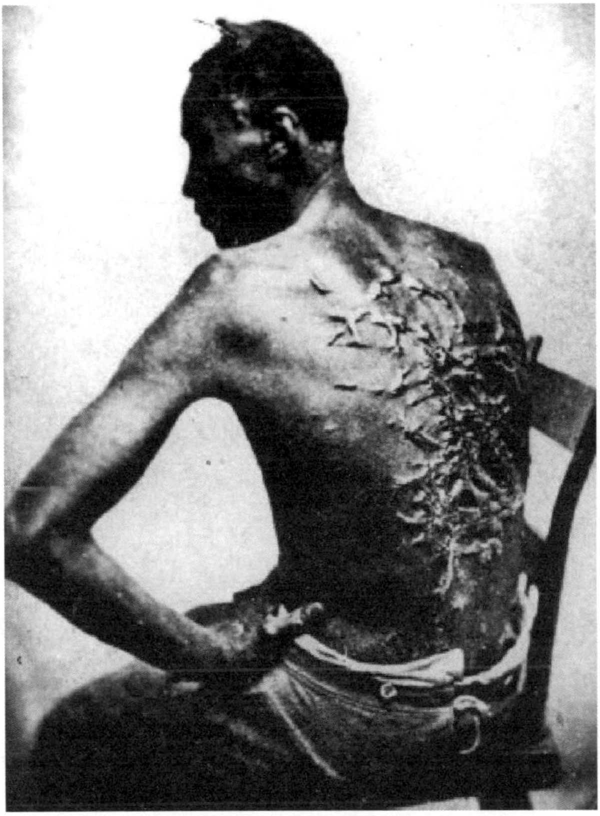

"当有奴隶被鞭打时，所有的奴隶都被要求观看……我有一些非常痛苦的经历。"这个奴隶背上的鞭痕被一个1861年跟随联邦军队的摄影师记录下来。

我们如何来解释这些不同之处呢？在对南卡来罗纳州的叙述中，奥古斯都·拉德森并没有提及自己的种族，但是内部的证明显示他是一个黑人。黑人通常会称呼白人“先生”、“夫人”或者“老板”，因此，如果苏珊·哈姆林称呼一个白人为“孩子”（孩子，我现在已经101岁了），那是充满疑问的。另外，这篇采访稿的内容对白人一直持批判的态度。如果拉德森是白人的话，那么苏珊·哈姆林绝不会说“白人是如此地厚颜无耻”，尤其是她在巴特勒采访中的避而不谈更能证明这点。她也不会清楚记得愤怒的母亲的咒骂（“该死的白人，这些混蛋”）。很难想象这竟是一个非常戏剧性的例证，即采访者是如何影响受访者回答的。

自由和欺骗

奴隶叙事的集合看起来并不是第一次出现这种未过滤的观点。实际上，像苏珊·哈姆林这样的访谈仿佛表明：调查自由民真正的观点，其结局注定是失败的。我们必须看到，首先，来自种植园主和其他白人的资料是令人充满怀疑的；其次，北方白人的资料也需要谨慎对待；最后，即使是非裔美国人的口述证据，也必须质疑，需要考虑这些信息是在何种环境下收集的。如果认为这些线索只要经过仔细侦察就不会产生偏见，那会将调查引向错误的道路。

我们不能低估这个问题的严重性，因为这是一个根本性的问题。我们可以试图承认这些不同程度偏差的存在来缓解现在的困境——有些叙述的欺骗性较低。比如，在苏珊·哈姆林和拉德森的交谈中，她对感情的描述肯定比对巴特勒的要准确。但是因为这样，我们就要否认巴特勒的采访吗？或许，苏珊·哈姆林的主人曾在寒冷的冬天给了她一双鞋。难道我们根据拉德森的采访就能判定这个年轻孩子对“友善的”福勒老先生并无感激之情吗？难道她在回忆过去时没有这种矛盾心理吗？在这一生中，无论是作为奴隶还是自由民，她都生活在这样一个世界里：和不同的人交流需要有不同的情感和解决问题的方式。难道我们能确信当她和拉德森交谈时，才能表达自己真实的感觉，而和杰西·巴特勒交谈时却是虚假的吗？我们如何能在这种极其紧张的社会状况下，得出有关“真实”的感情问题的客观结论呢？

193

> 种族主义和奴隶制的存在形成了一个社会想象：人与人之间的交往是建立在怀疑基础之上的，因此产生了很多经济诈骗。

若从这个角度考虑问题，则至少给我们提供了摆脱困境的办法。如果调查中大量的线索都具有“偏差性”——也就是扭曲了他们所设定的社会状况——那么这种广泛的失真也许是我们理解当时情境的一个方法。案例的证词是一种精确的失真，因为当时社会本身就是扭曲的。种族主义和奴隶制的存在形成了一个社会想象：人与人之间的交往是建立在怀疑基础之上，因此产生了很多经济诈骗，奴隶若想生存，就必须时刻警惕并让自己适应这种社会状况。

这种欺骗是相互性的，由双方演绎。苏珊·哈姆林让她有关过去生活的故事适应现在这一时刻，与此同时，杰西·巴特勒也让哈姆林相信自己是从福利机构而来。白人奴隶主将北方人描绘成长着角的魔鬼，而奴隶也扮演他们期望的角色，眼里充满恐惧，除非他们能够跑到联盟战线。

鉴于这种逻辑，你可能会简单将旧有的历史观念解释给他们。威廉姆·邓宁仅从表面理解白人提供的资料，认为这些黑人是欢快、天真的，而有见识的历史学家会重新阅读这份文件，剔除那些伪装的信息并揭示他是一个理智的、对日常业务很熟悉的奴隶。因为我们已经有大量的证据证明他们这样谨慎的欺骗是为了保护自己。

但是如果简单互换双方的看法，就大大低估了经济诈骗所带来的紧张。如果奴隶主和奴隶被迫生活在虚假或不真实的世界的时间越长，就越容易像别人一样将自己引入歧途。白人和黑人都参与到日常的欺骗中，有些必然是发自内心的，主要为了保持生活在一个可接受的、正常运转的社会假象之中。

当战争来临，这个虚幻破碎了，白人和黑人在生活中的各种欺骗也都暴露出来。对于白人奴隶主，真相通常是在这种情况下揭露的：当联邦军队到达一个地区时，奴隶们就会成群结队逃离种植园，尤其那些他们认为最忠诚的奴隶往往会制造混乱。“他和我年龄差不多，而且我经常待他为朋友并不是一个奴隶”，首先脱离自身阶级局限的种植园主说道。玛丽·切纳斯特(Mary Chesnut)，这个距苏姆特堡不远的女人曾尝试了解她的奴隶脸上茫然若失的神情，但却发现这是一件不可能成功的事情。“我们信任的乔纳森(Jonathan)背叛了我们”，她哀叹道，然而“克莱本(Claiboren)，这个被全世界怀疑的黑人坏蛋”却忠诚地保护着种植园。

194 许多奴隶主，当面对现实时，他们不愿承认在生活中扮演的欺骗性角色，因此就进一步欺骗自己。“这些贫穷的黑人不会伤害我们，除非是有人唆使”，一个来自乔治亚州的妇女说道。里士满报纸的一个编辑要求将揭露杰斐逊·戴维斯(Jefferson Davis)的奴隶“每天鞭打，直到他承认这些观念都是白人教给他的”。然而这场战争给其他人带来了痛苦的领悟。一个南卡罗来纳州的种植园主承认：“我们一直在欺骗中工作。我相信他们是满意、快乐的，而且和他们的主人紧密相连……但是如果他们真是这样的话，又为什么在他需要他们对抗敌人的时候逃走呢，到底谁才了解他们？”

对奴隶来说，他们对解放的消息有着不同反应，唯一不变的是仍受旧习惯的影响。我们已经看到佐治亚的一对奴隶夫妇对谢尔曼军队的冷漠，虽然到最后他的妻子不再约束自己。甚至一个仆人在偏远的小溪旁热切赞美自由时也非常谨慎：“我有点儿害怕，我四处张望害怕其他人听到我的声音。”尽管解放运动承诺这将是一个平等的社会，但是奴隶也会好奇这个新的社会结构是否能够完全代替原有的等级制度。只要自由民重建一个既不以欺骗为基础，又不根植于奴隶制时期那种虚幻的关系，这种转变就会发生——黑人能够在这个自由社会中占有一席之地。

当历史学家开始意识到收集奴隶叙述信息的重要性时，他们将这些证据和其他主要的资料联系在一起，去探究自由民是如何定义这种自由以及他们是如何摆脱旧有习惯束缚的。其中一个方法就是采用新的名字。作为奴隶，非裔美国人通常是没有姓氏的，他们一般使用主人的姓氏，那些身份低下的人的名字也是由主人随意取的。西塞罗、庞培和其他来自拉丁语和《圣经》的名字都是从玩笑中得来。而且无论奴隶是否有姓氏，他们总是随便地称呼其名。这种习惯是欺骗性语言的一部分，使人们产生了黑人是种植园主可怜的家属这样一种错觉。

因此，自由民都使用了新名字，断绝了和他们主人之间带有象征性束缚的关系。“许多人都要重新取名，”一个自由民回忆道，“他们给自己取一些知名人士的名字，有些人给自己取名为亚伯拉罕，有些人为林肯，还有一些是他们原来主人的名字。这在当时是一种潮流”。即使是以前忠于主人的那些奴隶也意识到了这种变化的重大意义。一个自由民对他的主人说道，“在你拥有权力的时候，你对我很好，而现在我将保护你不受那些黑人和北方人的伤害。如果你有什么需要的话，就招呼桑博(Sambo)，我的意思是招呼塞缪尔先生，这是我的新名字”。

正如自由民采用新名字作为其地位的象征，许多夫妻也重新举 195
办了正式的婚礼。在奴隶制时期，他们认为非洲人在道德上是低等的，所以家庭关系自然也被忽视。种植园主认为，黑人的感情是由一时的冲动和物质的欲望所主导，当奴隶家庭被迫分离并被出卖，这种自我欺骗使奴隶主的良心得到安慰。同样，许多种植园主为奴隶主持婚礼也非常不正式，仅仅几句话就宣布他们结为夫妇。“他连‘上帝在此，没有人会将你们分开’这样的话也不会说，”一个弗吉尼亚州的自由民说道，“他们仅仅说，‘你们现在结婚了’。”出于人的尊严，黑人夫妇会移到某地进行婚誓。同时也有一个现实的原因要求举行正式的仪式：当时盛传需要为符合要求的家庭提供军队抚恤金或者土地。

同样具有象征性的，就是昔日的奴隶可以自由出行。历史学家威廉姆·邓宁将这一事实用南部白人的视角解释为“无目标但却愉快的”游荡。佛罗里达州的牧师理查德·爱德华兹(Richard Edwards)明确地描述了这种移居或者出行的重要性：

> 除非你真正地离开原有的种植园，否则你不会感到真正的自由。只要你停留在这些房子里，就会感觉所有的人都是不自由的，所以，你只能不停地走，远离你所了解的老地方，去寻找那些你不知道的新世界，只有这样，你才不会再害怕。

一个昔日的奴隶回忆道，1865 年的春天和夏天，南方的道路上都是黑人，像是“蜜蜂在寻找栖身之所”。大多数的自由民有近亲和朋友，仅仅是离开一个种植园而到另外一个去寻找工作。但是相当多的人走向远方，有的定居在城市，有的向西迁移，或者在新的职业中创造财富。

> 这之中，所有孩子似乎在寻找他们的母亲，每一个母亲都在寻找她的孩子。

许多前奴隶的出行是为了寻找当年分散的家人，自由民“有一种强烈的情感，他们并不是闲逛，而是为了团聚”。通常，亲友的信息十分缺乏，在一些事例中，由于时间的久远，亲人很难认出彼此，尤其是那些从小就没有和父母生活在一起的孩子。

196 改变姓名或居住地、婚姻正式化、和亲人的团聚——这些行为说明了自由民想要摆脱奴隶制的束缚和欺骗。即使将这些行为认为是黑人自由的表现，但是依然存在很大的问题。解放运动能在多大程度上拓宽经济渠道并向非裔美国人开放？难道自由可以提供一个从社会阶梯往上爬的机会吗？自由民焦虑地看着变化的迹象。

通常认为接受教育是通向成功的道路。奴隶制已经通过虚构将黑人不能从教育中获利这一说法合理化。尤其是奴隶主大力阻止奴隶学习读书、写作和计算，所有的学习都是被禁止的。内战期间，当北方占领了卡罗来纳诸海岛后，种植园的负责人发现，迫使那些不愿工作的人去工作的最有效方法就是威胁他们要收走课本。“如果我们肯教这些黑人，他们会为我们做任何事情”，一个传教士说道。

战争结束后，当自由民局派了数以百计的教师到南方授课时，这些黑人学生则激动地聚集到临时学校中。课程经常在晚上进行，但是自由民也非常乐意。佐治亚州的自由民对他们的老师说："我们白天工作，晚上就会过来学习。"一些种植园主发现，他们若想保留自己的田地，就必须提供学校和教师。

"我的上帝，母亲，学习是一件多么伟大的事情啊！"一个自由民向他的白人教师说道。许多白人被这些昔日的奴隶渴望学习的热情所震惊。说自由民非常渴望学习是不准确的，弗吉尼亚州的一个学校负责人说道，"他们很疯狂地学习。"这些男孩来自南卡罗来纳州。

和教育一样重要的就是自由民一门心思耕作多年的土地。大多数奴隶都是农工，农业和他们息息相关，但是作为一个自由民，他们想得到创造自己财富的机会。独立的产权会打破黑人没有能力管理自身事物的谎言。但是没有土地的自由只能是另一种欺骗。"给我们土地，我们可以自己打理，但是没有土地那些奴隶主就能如他们所愿雇佣我们并使我们挨饿"，一个自由民说道。战争结束后，人们很兴奋，许多昔日的奴隶确信联邦会分配没收的南方联盟的种植园。因此，传言四起，即每个家庭将得到 40 英亩土地和一头骡子。"这种想法并不是没有错或者不重要"，一个白人观察者报告说，"但是任何人都应该有坚定的信念"。奴隶在主人的土地上工作了那么多年，却没有实际的报酬。这看起来是到了该做出公平补偿的时候了。另外，自从一些反抗联邦军队的南方种植园主逃跑以来，奴隶就已经获得允许照管这些被遗弃的田地了。

卡罗来纳海岸的海岛是最大的占领区域，在那里，年轻的萨
197 姆·米切尔(Sam Mitchell)听到了北方的枪声。早在1863年3月，自由民就已经从政府那购买没收的土地。然后在1865年1月，当威廉·谢尔曼将军完成向海岸毁灭性的进军后，他扩大了没收的区域。在他的第十五个特殊土地法令中，他命令从查尔斯顿北部到杰克逊维尔(Jacksonville)南部狭长的被遗弃土地应为自由民保留。这块土地将被细分为40英亩，以很低的费用出租。三年之后，自由民可以选择立刻购买这块土地。

198 这个命令是谢尔曼一个战略性的计划，为了解决在他前进途中出现的巨大难民问题。但是黑人普遍把这个命令和其他北方人许下的承诺当作重建政策。因此，当白人种植园主回到种植园时，他们发现黑人已经不再向他们鞠躬摘帽。南卡罗来纳的托马斯·平克尼(Thomas Pinckney)将他的奴隶召集起来，并询问他们是否愿意继续为自己工作。“当然继续工作，”他们愤怒地回答，“我们为自己工作，不再为白人工作。”平克尼问道，你们去哪里工作，你们并没有土地。“我们哪儿也不去，”他们轻蔑地说，“我们就在出生的这块土地上工作，它属于我们。”

尽管他们反抗，但是平克尼还是像大多数南方种植园主一样说服他们。重新分配南方土地仅仅得到了激进北方人的支持。撒迪厄斯·史蒂文斯(Thaddeus Stevens)在国会上提出了一个征用法案，但是它除了引起争论之外并未通过。约翰逊总统的调解政策得到了南方种植园主的赞同，并决定尽快实施这些措施。他要求自由民局主席霍华德(O. O. Howard)将军达成一个令黑人和奴隶主双方都满意的方案。尽管霍华德同情那些自由民，但是却不能误解总统命令的真正含义。

将军在10月份悲伤地返回了海岛并将一部分的自由民运到埃迪斯特岛。自由民怀疑这个坏消息，并且开始焦躁和难以控制，霍华德的讲话是徒劳的，没有取得任何进展，直到人群中的一个妇女倡导，“没有人知道我遇见过什么样的困难”，人们跟着唱起来，然

后得到了片刻的安静，这时，霍华德告诉他们必须放弃自己的土地。人们痛苦道："不！不！""为什么，霍华德将军，为什么你要拿走我们的土地？"一个强壮的男人喊道："你从我们这里拿走土地对政府来说永远是对的！你将它们给予我们的敌人！这不合理！"

在强有力的抗拒之后，非裔美国人极其不情愿地将土地归还给种植园主。无论自由意味着什么，它并不是对原来劳动力的补偿。在未来的日子里，重建也许会通过政治途径提供另一种自由。从1866年开始，国会中的激进分子已经制定了一份赋予非裔美国人选举权和政治权利的计划，然而得到机会的途径却被封锁。在解放后的前几十年里，当黑人回顾他们早期的经历，会觉得那是另一个已经消失的世界。伴随他们的种族压迫和日常欺骗太强大，以至于没有被战争彻底推翻。

"我曾一度认为自己很聪明发现了自由的缺陷"，来自密西西 199
比州的查理·达文波特(Charlie Davenport)回忆道。

> 我非常高兴能够听到："你不用再种棉花了。你可以扔掉锄头，随时随地去钓鱼。你也可以随心所欲地出去玩耍，而且没有主人会对你说，'查理，你必须在九点之前回来'。"我太愚蠢了，竟然相信这些言论。

这种感觉——最初对自由的欣喜以及之后达文波特理想的破灭——准确地反映了黑人的经历。自由来到了一个充满400万奴隶的国家里，以强烈又重要的方式改变了他们的生活。但是在战争结束人类束缚之后的这么多年，许多自由民不得不从社会底层发声。

200

拓展阅读

Leon Litwack 的 *Been in the Storm So Long*：*The Aftermath of Slavery*(New York，1979)一书在将奴隶叙述的证据整合起来重新

评估重建时期这一方面具有重大意义。它提供给我们一个非常优秀的关于战后自由民经历的介绍。Eric Foner 的 *Reconstruction：America's Unfinished Revolution*（New York，1988）一书是有关这一时期最权威的调查。Steven Hahn 的 *A Nation Under Our Feet* ：*Black Political Struggles in the Rural South from Slavery to the Great Migration*（Cambridge，MA，2003）一书拓宽了我们的视野。Ira Berlin 等编写的 *Remembering Slavery：African Americans Talk About Their Personal Experiences of Slavery and Emancipation*（New York，1998）一书，出现了从 FWP 节选的口头采访。这部作品集最大的特点就是包含了盒式录音磁带，并不仅仅是已知的对昔日奴隶的原始记载。最全的采访稿收集在 George P. Rawick 的 *The American Slave：A Comeposite Autobiography*（Westport，CT，1972）19 卷和增补版。深层次调查奴隶的叙述可参见 John Blassingame 的 *Slave Testimony*（Baton Ronge，LA，1977）。Paul D. Escott 的 *Slavery Remembered：A Record of Twentieth-Century Slave Narratives*（Chapel-Hill，NC，1979）一书，打破了以往仅采访农工、仆人和工匠的传统，而增加了对自由民的职业以及迁移人的目的地的描述。Heather Andrea Williams 的 *Self-Taught：African American Education，in Slavery and Freedom* 一书，详细介绍了黑人求学的愿望。

201

过去和现在：谁的口头史？

在 20 世纪 30 年代，约翰·艾弗里·洛马克斯（John Avery Lomax）和他的儿子艾伦（Alan）利用先进技术设备在磁盘上记录先前奴隶的口头历史。他们的磁盘是比较轻便的但是容量比较少：他们装载了 315 磅在车上的行李箱里。因为技术比较落后粗糙，大部分奴隶在口述时没有使用磁盘记录。先前的奴隶的呼声被记录在 CD 中，来自于 PaperlessArchives.com，存档给现在想要听他们叙述

的那些人。

历史学家现在面临一个不同问题——太多的材料。几乎任何人都可以记录和搜集过去的材料。通过故事集，例如，国会图书馆和国家公众无线电提供了永久性的移动的设备地址，让普通人记录他们自己的记忆。但是任何人都可以利用声音数字化来从事他们自己独立的计划。这些装置，比一组香烟盒更小，能够容纳100多小时的材料。思考一下洛 202
马克斯一家拿什么来处理这样精巧的装置。

那么，谁更适合口头历史采访的主题？联邦作者计划选择了奴隶，因为幸存者已经过世了。现在我们失去了经历第二次世界大战和朝鲜战争的那些人搜集的资料。如果足够快速的话，我们将失去那些经历了越南和市民权利运动的老兵。很明显的是，这个研究的主体越年长，编年的时间就可以延展得更长。90岁的老人回忆到他们的童年，能够提供关于20世纪20年代的个人经历，这个时候他们的父母也可以传递一系列的记忆，祖父母提到的故事也能追溯到内战。

但是口头历史在保存最近的经历方面是相当有用的。这些经历包括家庭或者历史学家对数十年之前的事情的回忆。“我们的父母强迫我们每天晚上读朝鲜语《圣经》。”在口头历史中，朝鲜裔美国人回忆起20世纪90年代时提到：“如果我们不能完成阅读，在学校的晚上我们有时就要熬夜到早上两点……我的小妹妹在纽约的巴纳德(Barnard)学院，现在不去教堂；她看不起那些教条，把这种思想体系看作男性沙文主义。后来，我和她的观点是一样的。我去了洛杉矶的朝鲜教堂，呆了一会，但是他们所讲的一些事情让我很反感。在教堂讲台前，牧师提到了希拉里·克林顿的一些事情，或者贬低‘女性化’。”这些同时期的故事都在希望创造一个吸引人的情节，就和洛马克斯一家记录80年前的事情一样。 203

第九章　回忆再现

照片既可以反映事情的真相，也可能会成为扭曲事实的工具。

漫步在曼哈顿的人们都会想起雅各布·里斯(Jacob Riis)。在19世纪末的美国，建房计划和社区中心都会以改革者的名字命名，用以区别充满罪恶的贫民窟。亚历山大·阿兰(Alexander Alland)是一名专业的摄影记者，他把大半辈子时间花在了纽约，这里是里斯曾经作为记者打击罪恶的地方。阿兰只知道里斯是一名改革家，但是对他摄影方面的信息一无所知。1942年，在二手书店浏览的时候，他找到了一本《另一半生活是怎样?》(*How the Other Half Lives*)。这本书是里斯写的，他用照片和网格来解释和证明城市贫民窟条件恶劣的观点，这些影像揭露了流浪在大街上无家可归的孤儿、拥挤在租房的房客、城市穷人在贫苦线上苦苦求存的现象。阿兰想要了解还有没有更多这样的照片，于是他设法联络到里斯最小的儿子罗杰·威廉(Roger William)，让他帮忙看看里斯家族的长岛家里还有没有遗漏相关的照片。不久之后，阿兰收到了一个盒子，盒子里有415张光滑的底片，326张幻灯片，192张印画。这些成为雅各布·里斯在纽约城市博物馆展览的重要资料。

罗杰·威廉在家族阁楼中所发现的图片到底有什么重要意义呢？历史学家已经有充分证据来证明他们可以重现里斯作为记者和社会改革家的生平经历。他写了多部关于纽约贫民窟的书，也写过移民生活的自传。现在的证据表明里斯为图片文献学做出了重要贡献。历史学家已经熟知路易斯·海因(Lewis Hine)的作品。

20 世纪早期，海因从事摄影工作，专门搜集童工、移民、城市工人资料。他供职于农村安全局，主要揭露了美国大萧条时期农村的贫穷和尘暴区的现实。

1973 年，阿兰出版《雅各布 · A. 里斯：摄影者和公民》(*Jacob A. Riis: Photographer and Citizen*)一书，这本书收录了许多里斯在其九十年以前的图片展中出现过之后从未再公开过的照片。它告诉读者里斯在摄影和社会改革方面都是一名先驱者。纽约现代 204 艺术博物馆图片影像的行政理事也认为里斯的摄影作品直观地反映了所发现的事物。里斯了解摄影者的习惯和他们的摄影实况，他就是这么工作的。里斯不关注自己能否创造艺术，不重视甄别这些到底是不是艺术他在意的是能否直观反映真相本身。总之，那位主任相信，无论里斯多无意，他都是一名艺术家。

> 他的信——我看过大多数——但从未提及照相机。

对历史学家而言，一些证据与所显示的事实是互相矛盾的。如果摄影对里斯很重要，那为什么他要瞒着他的家人把作品藏在阁楼呢？里斯的孙子也赞同这一点，“在与里斯通信的大部分信件中，没有一封提到照相机”。事实上，在《一个美国人的成长》(*The Making of an American*)这本书中，里斯详细地介绍了他的记者生涯和写作经历，但几乎没有提过他摄影方面的事。对他来说，摄影甚至连消遣娱乐都算不上。他解释道：“我用它超越自我。”对里斯而言，摄影不是一种职业，而是一种工具。里斯的摄影师身份对历史学家而言同样重要。他的摄影图片为历史研究提供了珍贵的资料，它记录了隐匿于城市背后的世界——19 世纪末，大部分中产阶级安于自己富裕的生活，对周遭的贫民生活和城市贫穷现象快速蔓延无动于衷。对贫穷和因贫穷衍生出来的问题，他们是“眼不见为净”。在传统资料中搜寻无获的历史学家能从里斯的图片资料中得到什么呢？他们能从里斯的图片中挖掘到 19 世纪晚期美国主要城市的更多生活信息吗？

在内战结束后的40年中，2400多万人口拥进了美国城市。其间，内陆区的农村人口增长了一倍，城市人口则增长了700%以上。1860年，16个城市人口已经暴涨为5万多。到1910年，已经有100多个城市达到这一数值。纽约则增长到了200万。城市不仅扩大了规模，还派生了城市少数民族文化。许多城市的新移民大部分来自国外，一部分来自美国农村。大部分城市在战前是差不多的，都有爱尔兰、德国的移民；在19世纪和20世纪之交，美国的主要城市迎来了大量欧洲北部和南部的移民。纽约再一次成为人口暴增突出的例子。到1900年，它的移民包括了大部分犹太人，和都柏林等齐的爱尔兰人，还包括更多生活在罗马以外的大部分意大利人和华沙以外的大部分波兰人。在同一个地方还杂居着罗姆人、斯拉夫人、立陶宛人、中国人、斯堪的纳维亚人和其他少数民族。

城市的生活质量也在发生变化。随着城市中心工厂越来越密集，富裕阶层和中产阶层则沿着新建的电车线和火车轨道拥入了相对安静、发展中的农村。一些有头脑的房产经纪要么细分名下物业，要么将其替换成比较多的物业大厦，这样就可以将更多的人
205 安置在最小的空间里。这样糟糕的卫生条件使得斑疹伤寒、猩红热、霍乱和其他传染病由街头转向了这些人口密集的地方。那些租房中几乎没有向外开的窗户；不到10%的建筑物内是没有管道水或者是自来水的。

城市贫困和在贫困中挣扎无果的故事，在19世纪和20世纪之交依然继续着，并为现代大众所知。因为几代社会工作者和新闻记者掌握了第一手关于贫民窟的资料，并愤怒地报道了他们所发现的社会真相。他们不仅将几代人搜集的数据、观察资料整理成文档，还将对了解到的个案加以描述，补充说明他们的数据。雅各布·里斯在这方面开创了先河。极少有书对社会政策的影响，可以跟里斯写的关于纽约下东区的手册《另一半生活是怎样?》相媲美。贫民窟恶劣生活的暴露引得美国上下一片震惊，此种情况急需进行整顿。正如历史学家萨姆·巴斯·瓦纳(Sam Bass Warner)所总结的，“在里斯之前无人对城市贫穷有如此全面的了解，以至于引

起了政治活动”。

里斯已经了解和找到了城市生活的第一手资料。1870 年，里斯 21 岁，他跟着那些贫苦的斯堪的纳维亚移民所汇成的潮流来到美国寻找机会。里斯并非出身于贫穷的农民家庭。相反，他的父亲是一名受人尊敬的中学教师，他的家庭属于富有的中产阶级。但是里斯对书籍一点兴趣都没有，他更喜欢木匠那种动手的活儿。在家乡，他不仅找不到工作，还被自己喜欢的女孩拒绝了，于是他动身来到了美国。

里斯曾经过着和成千上万移民一样的生活。在三年中，他一直在流浪和找寻理想中的新大陆。他在匹兹堡附近盖了一座简陋的工作房，在纽约北部地区设陷阱捕麝鼠，卖家具，做临时工，偶尔做做木匠。这些工作没有一个能使里斯感到满足或者有成就感。因为贫穷，里斯一度放低自己的身段去哀求纽约城外饭店的那些讨厌的人，还有，他曾一度被关在警察局数个晚上。他的健康每况愈下，几乎处于死亡的边缘，直到费城的丹麦领事把他从警局带走才算有了转机。那段时间，他的情绪非常低落甚至绝望，这种情况严重到几乎让他自杀。

> 对某些人可能是灾难，比如说那些没有在法庭受到审判的谋杀犯、纵火犯、抢劫犯。

他收集对某些人来说可能是灾难的新闻：“那些没有在法庭受到审判的谋杀犯、纵火犯、自杀犯、抢劫犯。”但里斯也非常善于自我推销。他最终在纽约找到了一份新闻助理的工作，将才能发挥在报道上。1877 年，他的事业方向发生了转折性的变化，在那一年他成为《纽约论坛报》(*New York Tribune*)警察板块的记者，他非常适合这份工作。里斯早期的流浪经历让他非常熟悉城市生活的另一种面貌。警察袭击他并把他带到了本德(The Bend)附近的警察总部，那里被里斯称为“纽约贫民的噩梦”，那是专门惩罚贫民的地方。每天他都搜集相关的新闻，在这一年中，警察展开了大规模拉

网式搜查，找到 4 万多个穷人，把他们强行带到工作车间和避难
206 所。晚上，里斯就跟踪他们，拍到警察“守卫”就在附近。里斯开始在那些移民的家里访问他们，在那里，他观察到他们在疾病和贫穷中不断挣扎，以求体面地生活。

作为《纽约论坛报》的记者，里斯继续深度报道了那些贫民窟悲惨的生活，因此他的生活每天在采访中度过。大部分记者采取了里斯年少时就喜欢的小说家查尔斯·狄更斯提到的策略，利用图片的细节和点缀重现社会争议。这样形象的例子让读者对在城市贫民窟产生的罪恶有了更为直接的认识。血汗工厂剥削女性的问题成为里斯所关注问题的一部分。一位工厂女性老职工在自家门口中风瘫痪的故事就揭露了这个问题。童工的困境不仅源于他们接受不了教育，还在于他们不会熟练地运用英语，这也有故事原型。里斯笔下的意大利小男孩彼得罗(Pietro)因为工作太累以至上夜校时都困到睁不开眼睛。感人的故事比一般的数字更能让人们了解贫民窟生活的艰难。他们也卖报纸，中产阶级读了这些故事之后既感到悲伤，又会为城市中存在另一种生活而感到不可思议。

但是里斯发现报纸的作用微乎其微。他的故事作品可能已经非常形象生动，但是似乎还没有生动到足以让其他人感到震撼而采取行动的地步。在 40 多年间，纽约当权者在消除贫民窟现象方面并没有做出标志性举措。截至 1890 年，里斯所抗议的贫民窟生活条件已经变得非常糟糕。下东区成为世界上人口最密集的地方——33.5 万人挤在十分之一平方英里的空间当中。最糟糕的情况是每平方英尺一个人。* 纽约因为贫穷而导致的死亡率远远高于美国和欧洲的其他城市。

在沮丧之下，里斯离开《纽约论坛报》后发表演讲，并写了一本《另一半生活是怎样？》。他想要为改革做一点事。这是因为大部

---

* 读者可以想到贫民窟移民就像一排排沙丁鱼并排站着的图片，他们只有很小的空间。读者一定记得在众多故事中租房空间的大小。这些数据涉及广场的大小，不是房屋占地面积。

分无同情心的官员并没有多做什么,公开言论更像是一直敷衍大众的标准答案。新形式让里斯把个案排版进关于城市衰落更为繁复的诉讼中。这就鼓励里斯寻找更多具体数据充实个案。最重要的是,里斯可以以此找到新证据。这些证据非常生动形象,具有戏剧性,大部分精彩的文学作品中的插图在比较之下都无法比肩。里斯用高速发展的技术将展现城市条件的图片整理成文。

就里斯和其他改革家的经验而言,里斯已经意识到图片资料会引起大部分移民的重视。1876 年,在里斯出版《另一半生活是怎样?》之前的 10 年间,他买下了立体感幻灯机,或者称为“魔法灯塔”,它能够使得图片在屏幕上播放。里斯用这个工具在布鲁克林、长岛旅行,吸引了很多观众来到漂亮的展览会场,展览会场得到了当地商人的赞助。通过这样的经历,里斯意识到,即使不使用语言或者文字表达的方式,图片展览照样可以吸引大部分移民。 207
从两个英文作家约翰·汤普逊(John Thompson)和阿道夫·史密斯(Adolph Smith)的经验来看,里斯清楚地知道可以利用图片这样强有力的武器来唤起民众普遍的愤怒。汤普逊和史密斯在他们 1877 年写的书中,谈论到伦敦贫民现象,并运用了大量的图片。正如他们所解释的“无可质疑的证词能够使我们直面伦敦贫穷,或许因为个人评价过低,或许因为夸张的个例的表面性的特质而退缩”。对里斯而言,他们的评论也是一种丰富的资料。这些图片能够充实《另一半生活是怎样?》,并反映当时的社会现象,但是即便这些研究移民问题的激进改革家固执地以文字插画发出大量的反对声音,腐败的政客并没有关注这些问题。毋庸置疑,图片的确能够真实地反映事实。

现实和影像证据

> 照相机捕捉到的仅仅是呈现在镜头前的目标——而没有任何其他的东西。

法国摄影先驱路易斯·雅克·达盖尔（Louis Jacques Daguerre，法国画家，达盖尔银版摄影法的发明者）在1839年声称可以将影像长久地放在铜质版上，在此之后，很多人就开始反复验证照相机是否真能记录现实。除此之外，这个媒体似乎也能够客观地反映事实，这引起了大众的注意。照相机透过镜头是在反映相关的事实，不多，也不少。照相机非常公允，很多人经常把相片准确记录的原始题材“等同于事实本身”。的确，这个新媒体的魅力之一在于它能清晰地展观美国或者世界的其他面貌。19世纪的美国人渴望用图像记录隐藏起来的万千事物。比如说跨密西西比河以西、欧洲、南太平洋这些地方记录得就特别少。几乎没有人能够拍下照片来满足人们对这些地方的好奇心。结果，大批人聚集到画家的画廊，比如阿尔伯特·比兹塔特（Albert Bierstadt）展示了他所了解的落基山脉的壮观景象。就像所有艺术家会将个人风格融入到作品之中，即便是比兹塔特，其画作也带有西部浪漫画派风格。

用照相机摄影正如它所应允的一样，没什么风格，它仅仅就是记录。相片几乎是还原真相，反映了那些看不见的事实，因此备受称赞。美国作家和医生奥利弗·温德尔·霍姆斯概括了流行的观点后指出，相机不仅仅是“现实的反映”，它更是“带有记忆的反映”。

毫无疑问的是，相机拥有前所未有的记录细节的能力，而画作却没有。然而从现代观点来看，更容易了解到相机所谓的客观性实际上是有限制的。任何一位现代业余摄影家都会大力赞同，相机在反映现实方面，也具有欺骗性。众所周知，图像可以仅仅透过
208 取景器就能够创造出来，可以包括一些客观的事实，也可以模糊一些客观的事实。历史学家的核心任务，就是证据的选择性问题。这影像的选择也依旧具有突出的重要性。

一旦选择了某种形式，我们开始对图片做简单的判断，这种情形慢慢地变得复杂了。在镜头力所能及的范围内，还不能够记录每一个细节，我们通过镜头迅速地拍出了相关细节比如特写镜头，那么背景细节就会变得模糊不清。如果瞄准了远距离主体的话，

早期笨重的摄影机使得只有专业人员才能接触摄影。实地摄影师不得不随身带上“黑屋子”，在那里他们可以准备放在相机盒子里的底片。在克里米亚战争时期，摄影家最早使用这个。在内战期间，马修·布雷迪（Mathew Brady）和他的助手们雇了相似的大马车。不久，他们就懊悔地发现，对敌方的炮兵部队和神枪手而言，像这样颠簸的“黑屋子”不幸地成为明显的攻击目标。

那么前景就变得不清晰。相机的技术问题限制了所能够拍摄的东西。如果我们关掉相机镜头的光圈（圆形的洞可以让光透过镜头），相机景深也在增长，镜头所能够达到的范围也就越来越广，所拍到的影像也越来越多。另一方面，如果摄影家希望将观众的注意力集中在某一中心主题的话，就会降低景深来排除不需要的细节。在讨论雅各布·里斯作品的时候，相机确实比较公正地记录 209
了实情，而没有许多歪曲的内容。里斯工作的时候没有以复杂的目光摄影，他也不知道那些林林总总的照相原则。他首要的目标不是以学术和艺术的眼光来记录现场，而是捕捉居镜头之前的主体，艺术喜爱方面则退居其次。

在 19 世纪 80 年代，拍照不是简单的事情。

在摄影方面，里斯的确开始有他的影响力，他很快地发现摄影最初的本质是需要避免处理艺术细节，这方面尤其体现在他的作品中。在19世纪80年代，拍照不是简单的事情。拍照过程的每一个步骤都需要克服难以逾越的障碍。第一步，摄影家必须要学着准备感光的化学材料，还要把它均匀地摊在透明的底片上。在工作中，他们不得不随身带着“黑屋子”，常常把笨重的物件搭在三脚架上。从笨重的相机盒子中拿出底片，还要放在化学制品中，并且需要把影像从底片上额外洗出来。这样复杂的过程需要有如最虔诚的信徒信教时那样的智慧和奉献精神。

幸运的是，化学、光学的进步和相片技术催生了新设备，即“侦探相机”。足智多谋的摄影家在拍的时候会把相机伪装成医生的包、“公文包”、“书”、“左轮手枪”、“马甲钮扣”——这些也是侦探相机的绰号。为了减少专业摄影家的负担，为了使抓拍成为可能，许多公司引进了雪茄大小的小相机。在相机需要重装以前，一些相机有12个底片可供使用。

乔治·伊斯门(George Eastman，1854—1932年，美国摄影技术领域的发明家)在他的柯达相机中进一步简化了摄影过程。柯达在1888年为大众引入了改良后的侦探相机；柯达还是第一个用感光乳剂线卷来代替透明底片的。只要25美元，有雄心壮志的摄影家就能买到一台装有100个摄影胶卷的相机。一旦底片曝光了，买家只要把相机还给卖家就好了。卖家在“黑屋子”里把轮轴都抽了起来并运送到伊斯门的制作工厂。只要再额外支付10美元，卖家就会给相机重新装上新胶片。伊斯门成功地减少了业余摄影家的负担，他们产品的广告口号是：“你只需按下按钮，我们就能完成剩余的部分。”

但是即便摄影技术进步了，也不能够克服里斯的困境。他得到了几个在健康部门工作的朋友的支持。而他们碰巧也是业余摄影家。他们打算一起出其不意地捕捉他们的目标。那意味着得在夜深人静的时候，偷偷摸摸地在本德活动，要带着正规摄影装备，还要带着笨重而原始的闪光灯。为了闪光的工作，要让极易燃的粉尘在盘子里蔓延开来，然后举起盘子，里斯在旋转装置里使空的胶片盒爆炸，以点燃粉尘。参与拍照的随行人员潜行到城镇数小时， 210
留下了引人注目的足迹，正如《纽约太阳报》所报道的：

房客挤在贝厄德大街(Bayard Street)的出租房内——“五美分一幅”

> 在街上昏昏欲睡的警察，低级酒馆里的常客，待在所谓小屋里的流浪汉和懒汉，和那些在纽约有精彩丰富夜生活的人对此感到又惊奇又恐惧。他们见到的是三四幅不同的景象：在昏暗中、在鬼魅阴森中、在野蛮神秘的活动中、在炫目的光线中。在那时他们听到了退后的急促脚步声，而在他们反应过来以前，神秘访客已经走了。

用了讲究的设备之后，一些不可预测的麻烦也随之而来。有时候噪音会让意想不到的事物觉醒，造成不必要的混乱。有一次运气不太好的时候，里斯要去“盲人胡同”(Blind Man’s Alley)给住在狭窄阁楼的五个盲男女拍照。当里斯的眼睛从闪光中恢复过来之

在《另一半生活是怎样?》原版中，17 幅图片作为模糊的网格画版出现，19 幅图片作为艺术家版画，例如“五美分一幅”这幅图。两幅图解的比较之后，问题迅速集中在里斯拍的相片所展现关注的内容，而图像解释得到底有多清楚。虽然大规模生产对这一问题始终没有确切的答复，直到 20 世纪才有改变，在那么长的时间内，里斯继续为他出版的其他书拍照。

后，他看见火焰蹿上了挂在墙上的破布。他感到非常害怕，他甚至能预见火苗会吞噬 12 块快散架的楼梯板——那是从阁楼通往安全地带的生路。他没有迅速逃离现场，而是用外套熄灭火焰，然后冲
211 到大街上寻求帮助。第一个到达现场的警察听了他的故事之后突然开始大笑：“难道你不知道那个是灰尘勺(Dirty Spoon)吗?”他回答：“在去年冬天它着了六次火，但就是没烧起来。”

墙上的灰尘非常厚重，可以盖住火苗。

在这样危险的情况下，里斯的相片非常精确地反映了现实，因为它并没有追求美感，在纪录片细节中它增加了所缺少的学术内容。比如，在第 210 页中，我们就见到了里斯在晚上的考察中拍下

的相片，那张“五美分一幅”照片拍下了众人挤在出租房的情况。里斯在《另一半生活是怎样?》中告诉我们，房间本身就不到“13 英尺”，在那样的地方“睡着 12 个男女，两三个住在凹室的架子床上，其他的睡在地板上”。图片中惺忪的睡眼和慵懒的四肢，能直接地体现出这张照片是抓拍的。为了把房客带到街上，里斯的确尾随了那个突击检查这种房间然后把租客赶到大街上的警察。照相机转向了那些不为人知的地方，反映了当时拥挤的人群、灰尘和混乱。这张相片可能并没有给人带来艺术的审美感受，而是体现了 212
丰富的细节，这对于充满好奇心的历史学家而言是最有用的。

例如，我们注意到烘房内的前面一直是放木柴的地方，底下堆了很多燃料。这个地方特别拥挤，很多小箱子和一大捆东西只能直接堆在烘房最高处。难道它们是在白天被从楼梯间搬到床上的吗？人们是不是在夜晚又把它们搬到大街上？锅碗瓢盆被放在了灶台旁高的架子上，这些床被最大程度地利用着，又如此脏，租客只能凑合着睡。这样的细节就被忠实地记录在《另一半生活是怎样?》一书中出版的网格画中。

即使雅各布·里斯的摄影作品缺乏艺术性，就传播的专业控制而言，它们也不能被错估图片中的内容。不管里斯的摄影水平有多低，他仍然具有重要的影响。他可以通过选择相应的图片细节表达所要传递的信息。即使是最没艺术细胞的摄影家，在他们所拍的每一张相片也会做出这样的带有解释意味的选择。

让我们看一下那些最没艺术感的相片吧——在美国大部分家庭中都能找到的普通家庭相片集。当乔治·伊斯门推销他的便捷口袋相机的时候，他已经清楚地意识到自己的产品有着广泛的市场吸引力。不仅仅是富人和贵族，中产阶级终于也能够记录他们自己的日常点滴了。“相片能记录生活点滴”成了柯达的广告词。

但是，家庭相册组成了一部宏大的“图片史”，他们仍然完全受到比兹塔特的浪漫风格或者其他艺术家那样的明朗风格的影响。大部分相册记录下生日、纪念日、假期这些日子中有纪念意义的活动。在不平凡的日子，有成功、有欢乐。照片还会记录父亲的退休聚会，但是不太可能会记录他每天一成不变的办公室生活。相片会记录迪斯尼的美景，但是不会记录他们在飞机场里苦苦等待的那些瞬间。在相片里，我们看不到生活里那些发生争执、争吵和单调乏味的点滴。

如果清新朴素的照片可以无意记录下家庭生活背后的故事，那么我们一定期望那些有意为之的相片可以进一步解释和证明它们所要表达的内容。这不是要使用相片编辑软件，而是通过相片能够完全传递其中的内容。内战摄影师马太·布拉迪(Matthew Brady)想要捕捉内战中可怕的大屠杀场景。为了实现这一想法，他毫不犹豫地把死尸拖到一处，就是为了能够摆成他想要的那种场景或达到拍摄效果。

“这张照片就是反映相片主人的生活。”在接下来的柯达广告宣言中，这两个男人很高兴地在摆姿势，一个拿着柯达的一款新相机，另一个拿着柯达另一款新相机拍下了这幅场景。就像“抓拍的”许多家庭相册一样，这些照片遵循庆祝历史的传统——成功、庆祝会和不寻常的时刻。这些人盛装打扮，是来自宾夕法尼亚州的游客，于1889年4月来到白宫外草坪观赏春光。

但是摄影家从表象反映的内容与通过漫画讽刺的手法来表现 213
的观点是完全不一样的。之后一届的政府摄影家们正处在美国20世纪30年代经济大危机下，他们也认为摄影是传达当时社会状况的工具。沃克·伊万斯（Walker Evans）、多萝西·兰格（Dorothea Lange）、本·沙恩（Ben Shahn），还有其他在农场安全局负责拍摄农场租佃客的摄影师，在表现现实主义方式、记录社会现实方面是最好的。然而，这些摄影师都已经对贫穷有了先入为主的概念，之后
才去寻找相关的素材。正如批评家苏珊·桑塔格（Susan Sontag）所 214
提到的，他们“会拍几打关于租客主题的相片直到拍到自己满意的照片——那些摄影对象的脸上出现的神情，正好为他们关于贫穷、光明、勤奋、本质、剥削现象、几何构造的观念提供了支持”。在建构一张相片的结构时，摄影家们总是为自己的主题施加某些准则。

因此，对任何系列的摄影作品——包括雅各布·里斯为他的书所拍摄的那些，我们都需要像解析文字那样来分析他们。我们欣赏仅仅引入完全的事实的相片。他们想要传递什么信息呢？在相片建构的表达内容上，阐述和没提到的前提到底是什么？具有讽刺意味的是，为了了解在里斯相片中所要表达的信息，我们必须阅读他的著作，对城市进行相应了解，以透视他所传递的观点和想法。

另一半的生活

雅各布·里斯是美国的一名移民，就像他所提到的移民一样。他曾体验人生的酸甜苦辣，历经贫穷和痛苦。然而，人生以一种奇妙的方式，让他得以作为社会改革家去走访贫民区，他带着相机走访了一户又一户人家。为了区分他本人的移民生活，在选择题材时，他选择与自己经历和所居住城市有一定距离的素材。

在某种程度上，里斯选择了与自己不同出身的移民，记录他们的生活，因为他也曾是一名移民。他来自中产阶层的家庭，即使饱受痛苦，但还可以轻易地选择记者作为自己的事业。事实上，里斯

在还是小孩的时候，就已经帮家里印周报了。直到里斯找到了一份与自己技能相匹配的工作，他发现一旦投入，还是很容易就实现那么多移民梦寐以求的目标——唤起了中产阶层的勤劳与热忱之心，以及身为美国人而不是新移民的荣誉感。

因为里斯原本是丹麦人，他的北欧生活经历让他难以关注19世纪八九十年代主要来自东欧、南欧的移民。正如大部分土生土长的美国人一样，里斯发现这些移民的习惯是令人反感的，而且不确定这些移民是否能真正学会美国传统文化的特质。里斯经常说一些故事来吸引自己的听众，这些故事都特别强调他的摄影作品中那些贫民窟租客的贫苦生活。有一个移民叫关颖，是一名饭店工人，有一天晚上他喝得酩酊大醉，吃了米糕后，做了一个梦，这个梦让他发现了自家地下室满是银币。关颖的发现，启迪了一些当地的商人，他们成立了"儿童太阳煤矿公司"（Children of the Sun
215 Mining Company）。企业家们保证，向大众提供所需的食物以寻找被隐匿起来的宝藏。对偏见的这类诉求导致历史学家山姆·华纳（Sam Warner）评论说里斯"直接根据相应的与丹麦的距离，决定每
216 个群体的蒙羞程度"。

里斯保留了对穷苦大众的同情心，并表示理解。他没有因为城市混乱而置若罔闻，找一处安静的房子远离城市喧嚣。相反，他无法对美国大众都需要关注的肮脏污秽置之不理。一方面，他对穷人的困境表示同情，这种矛盾的情绪弥漫在里斯的作品中。另一方面，他也意识到他们是贫民窟的环境影响的牺牲品。"在那些租房中，所有的事情都能诱发罪恶。"他写道。他努力区分那些恶劣群体，包括乞讨者、流浪者、妓女、小偷和那些以贫民窟为家的贫苦工人，因为他们别无选择。另一方面，里斯难以避免使用语言表达他对移民群体无法适应他认可的美国行为方式这一问题的不屑。

对地中海东南部的居民，里斯还是不理解。他观察到"乐天派"的意大利人"对住在猪圈非常满意"。他们不仅仅是"已经居于社会底层"，还打算一直这样过下去。他们成群结队地聚集在贫民窟，试图重温那种意大利最糟糕的生活方式。当意大利人找到更

“在高地摄影。”1872 年，威廉·亨利·杰克逊（William Henry Jackson）拍摄于特顿山脉。约翰·卫斯理·鲍威尔（John Wesley Powell）回忆道，当初在科罗拉多河下，他们艰难地操作着笨重的摄影机器。“相机摆在一个结实的盒子里，把它扛上山是相当重的，但其实它已经是化学底片盒，比起黑房的改良随身版轻得多了。”这条路灾难经常发生。“银盐溶液槽就曾出过故障。”鲍威尔的成员提到，“驮着照相机的马摔下了悬崖，跌在了相机上。具体结果不再进行描述”。

好的房屋，“不久，如果依照意大利人本性的话，他会把这个房子变得跟之前的一样差”。这些温和而又坚毅的灵魂“如果是全部的话，就学得慢”。他们对赌博和谋杀特别有热情：“意大利人的灵魂就在赌桌游戏中，并且在游戏结束之前，他的刀会时不时地亮出来。”这样的观察证实了我们对里斯的看法，他仅仅游历在贫民窟，因为他似乎仅仅是心存偏见但并没有相关客观事实来证明。

里斯认为，城市贫困的状况源于个人的罪恶。

《另一半生活是怎样?》打动读者的另一特质在于它基督教式的道德论调。里斯不是激进主义分子，也不是社会学家。他在书中反对城市贫穷中出现的个人犯罪行为——贪婪的房东、卑鄙的受贿者、贪污的官员、懦弱的穷人、普遍的冷漠。里斯对导致城市变化的经济因素知之甚少，但他从来没有想过对城市条件发展进行系统分析。他试图建立道德体系，希望其可以成为克服罪恶的工具，而且十分同意一些慈善的大厦房主的观点。“当人类只看到自己的贪婪时，他们如何来明白你所讲的上帝的博爱?”里斯赞同纽约人的观点，在所提到的预警中反对大灾难来临的言论：“另一批人会质疑我们城市的人口普查数字。”他警告道：“在工人大军中，成果将会是什么呢?”如果城市条件变得更糟糕的话，19 世纪七八
217 十年代的工人暴力事件就可能比比皆是。

罗姆人在他们的出租房中做雪茄。

在这些解释中，我们怎么来读懂里斯的照片呢？就像编辑家庭相册的制作人一样，他的个人兴趣会支配他书中图片的种类、风格。就像家庭相册一样，通过意识到相片的风格，我们可以更好地

理解里斯有意识地暗藏其中的信息；同时，我们还能超越图片所要表达的原始意图。

比如，里斯的基督教道德感让他更重视对稳定家庭的需求，这样的家庭是改善贫民窟条件的关键。在里斯的读者中有许多新教徒，他们认为家庭是宗教虔诚和道德的培养皿。每到晚上，经过一天的劳作，疲惫的父亲会回到温暖的家里，妻子在家里耐心地照顾孩子们。联系以上因素，我们已经仔细考查了“五美分一幅”的相片便有了更多的意义。公寓的杂乱和拥挤对许多来访者而言是比较骇人的，这样的环境对家庭生活的毒害更是令人震惊的。然而多数家庭集中在一栋楼里，因为里斯听到了隔壁婴儿的哭声。里 218
斯问道：“如何让一个在房间里拥挤着 12 个单身男女的家庭保持最起码的体面？”

让我们翻回到之前页面中的照片，这些照片能够更明显地反映家庭现状。中产阶层的新教徒看了里斯一天里所拍下的相片后同样感到很震撼。家应该是远离一天的嘈杂、浮躁、忙碌的避风港，然而工厂同样在侵袭着家庭。罗姆人中的流浪者拥挤在小房子里，屋子里还有生活中用的工具和食物。似乎每个家庭的情形都差不多，因为每个家庭里都有丈夫、妻子和至少一个孩子在工作。尽管小男孩对相机爱不释手，但他还是要继续扒拉他膝下的一堆烟草叶子。

房间里展现了这些人忙于挣钱养家的情景。房间里的家具都是用来做雪茄，而不是为了舒服享受或者工作之后生活用的。仅有的灯光在煤油灯里晃动着，从其他住房的两扇窗户中透视了些许微弱的光。然而里斯从照片中获得了更多其要传递的信息。这个内容强调了在纽约的波西米亚人(Bohemians)被剥削的惨况，这些人大部分从事雪茄制造，他们受雇于波兰犹太移民，在公寓里紧张地工作。

对比波西米亚人的家庭相片和另一不同类型的家庭相片，你会发现非常有趣。这些相片是另一个改革摄影家拍的，但是其作品仍然经常出现在《另一半生活是怎样？》这部书中。[*] 不同于前面相片中展示的制造雪茄的地方，在原书第 219 页上的照片展现了更郑重其事的家庭写照。意识到现场有相机，所以每个人都直接看向了镜头。也许正是因为摄影师答应为他们拍一张正式的家庭照片，他们才允许其进入他们的私人领地进行拍摄。孩子们被彻底地打理过一番，盛装出席——最大的儿子穿上他的衬衫，戴着领带，他的姐姐穿上了丝质的裙子，妹妹穿上了连衣裙。屋子里盘子堆成一堆，在这里，家用瓷器则被陈列在橱柜中，这可能是某次从欧洲旅行回来带的纪念品。

照片里的其他细节暗示了这个家庭比起之前照片中看到的家庭更懂得布置温馨的环境。我们看到左边是一个煤气炉，在煤炭和木头仍然被广泛用于加热和煮东西的时代，这是一个相对现代化的改善机制。可能这些人居住的房间曾经是体面人家的房子，只不过现在被房地产经济人划分成了复合式公寓。某些细节暗示了这种可能性。几乎很少租房有煤气，更别说门和窗户旁边有内置式橱柜和装饰过的柜子了。厨房和卧室的窗户没有任何遮挡作用，可以被外面看得很清楚。

219 对比下来，照片展现了屋里的拥挤，这并不是偶然的。假如摄影家仅仅想拍下家庭相片，那他本应该让家庭成员站在一起，站在镜头中央。然而，他却让他们待在屋子四周取景，这样相机就可以抓住室内的一切细节。我们看到的不仅仅是一个家庭，还有远远不能满足他们生活需求的环境。这里每一处空间和每一件家具的摆放都不只是为了同一个目的。厨房里有放在窗户前的洗衣盆和窗户后的洗衣板，这样看起来更像是洗衣店——这个洗衣盆也可以用来洗澡。白天，这里的床铺被当作沙发。为了保障一定的隐私，父母把床挤在了装有家庭财产的橱柜附近。7 个人挤在同一间房，

---

[*] 摄影家是杰西·塔柏斯·比尔斯(Jessie Tarbox Beals)，这幅照片摄于 1910 年。尽管这幅照片在《另一半生活是怎样？》第一版中没有出现，但是在纽约城市博物馆中，里斯将其收入陈列品中。

1910 年出租房里的房间。

这个房间的总面积也就 250 平方英尺不到。孩子的年龄在 1 至 12 岁之间。

这一相片反映的并不是典型的我们要寻找的城市移民贫民窟那样的状态。一方面，许多移民并没有拖家带口来到美国，当然大部分年轻人还是希望能够待足够长的时间，攒一笔小钱，回欧洲后可以改善他们的家庭生活状况。另一方面，移民家庭人数通常比中层、当地美国人多。这张相片并没有唤起美国读者的同情心，而 220
是加剧了大众的担忧——外来移民生育潮会威胁到美国社会占主导地位的白人新教徒。

与其他美国人一样，移民也对家庭生活感到骄傲。

现代记者可以从这张家庭照片中读到什么呢？总的来说，与其他美国人一样，移民也珍视家庭生活。坐在中间的父亲轻轻地抓住床沿，支撑着整个家庭。系着父亲领带的儿子象征着这个家庭对更好未来的希望。他的母亲也很宝贝地把婴儿护在臂膀上。事实上，每个因素都在强调这个家庭内在的美德，正如这也是美国的传统一样。这张照片传递了复杂的信息，相比反映贫民窟情况——它更体现了那些虽被迫挤在贫民窟狭小屋子里的人们却有着中产阶层式的理想。

这张照片是刻意为之的这一事实是否减损了它作为历史证据的作用？并不是。即使人们在镜头前表演，他们也会传递出自己的相关信息。很明显，要知道 7 个人住在一个狭窄空间里过着体面的生活，这一点都不困难。无论资源到底多么有限，观察者也不会忽略人们的骄傲感和对这个地方的印象。但是，仍然不确定的是，这个摄影师原本所要表达的内容到底是什么。这张照片可以用来激起资本主义的偏见，或者赞扬了家庭在移民群体中的力量。这些都是里斯在他的著作和相片中所要强调的内容。

里斯笔下都是一些缺乏家庭关爱的孩子，这些都是其摄影作品中常见的主题。他提到了维多利亚时期无邪的童年，所以明白那些无家可归的孩子，年轻的盗窃团伙，睡在胡同、贫民窟、空的地铁中的“街头阿拉伯人”更能触动那些中产阶级读者的心。在原文第 221 页上的三个“街头阿拉伯人”相片，乍看之下，似乎他们可能死了。再认真看，你就能感受到孩子们的无助和天真，他们在睡觉的时候并没有受到应有的保护。他们衣衫褴褛，赤着脚，这都表明他们生活困苦，缺乏父母的照顾。尽管生活如此艰辛，他们似乎仍然在争取温暖、归属感、慰藉。几乎每个有同情心的人看到这些照片都会有一些感触，都会对这个社会极少关心无辜的生命表示十分的愤怒！

里斯将他的同情心藏于镜头之中。他并没有站在那里向下拍那些男孩们。从上至下的拍摄角度在视觉上反映了摄影师对被拍者内心怀有优越感。但从地面上拍摄的话，观察者和被拍者都在同一水平面上。我们只是看向男孩们，而不会看轻他们。我们应该偶然从高处的小窗透视他们的生活吗？通过从其他角度拍摄，
221 里斯能够不戴着有色眼镜看待他们。

当然，我们知道里斯担心不久之后，这些“纯真的孩子”将会成

"街头阿拉伯人"睡在角落里

为偷盗集团的一员，偷盗集团漠视法律法规，不顾社会或者社会道德价值观。在原文第222页上第二张失去纯真的图片中，里斯试图说服这些偷盗集团演示他们"如何偷盗"，即抢劫一名躺在小巷里的醉汉。也就是说，里斯可以设定照片的内容，而照片的内容显示出摄影师和照片两者的关系，会让照片的主题更令人震撼。年轻人对自己的行为感到非常骄傲，他们也很满意自己可以通过相机向世人炫耀自己的违法行为。我们看到微笑和自鸣得意的满足挂在他们的脸上。其他成员(未拍摄入内)聚在一起享受这样新鲜有趣的状态。里斯的读者也相当清楚地理解贫穷是导致犯罪的根源，它使得孩子丧失了天真。

不仅千千万万的穷人家里拥挤不堪，公共场所也是人满为患。没有公园，没有宽阔的街道，孩子们被迫在肮脏的巷子里和垃圾堆里玩耍。成人没有体面的公共交际空间。在原文第223页中的大杂院的图片可以揭露嘈杂和人多的情况。作为贫民居住的地方，每一个开放的地方必须有多重作用。在一个又一个秋天，女人在 222
那里洗衣服，孩子在那里玩耍。火灾双逃生通道被当作阳台。在里斯的读者中，那些家里有个小院子，独立的洗衣店，附近有公园

赫尔(Hell)厨房的男孩们——“演示他们的骗局”

的人都会感恩他们的生活有条不紊。

然而再一次地，近距离的仔细观察会让我们重新考虑对照片的最初印象。我们可以看到，女人和孩子都参与了社区活动。他们把公共空间(尽管空间有限)当作大家一起活动的地方，每个人似乎在那里都有很重要的地位。所有的衣服象征着社会认可的清洁和体面。一些人把花盆放在单调的阳台上增添一点色彩和清新。我们最初的震撼也变成了一种更复杂的感觉。我们开始敬佩这些人艰苦耐劳的精神，这种精神能激励人们在困境中谋求出路。这条最初显而易见的信息最终变得不那么清楚了。

223 在原文第 224 页，在命名为“瓶子巷”(Bottle Alley)的照片中，里斯编辑了同样的主题，产生了同样的话题效果。在这样小的贫民窟，沿着不起眼的转弯处，我们仍然置身于公寓中。洗好的衣服挂在阳台上，一些孤独的人直直地看着镜头，被拍摄下来。白天，
224 他们的衣着显示出他们是失业大军中的一员，他们整日无所事事，

公寓院子

漫无目的地坐着,消磨时光。他们似乎忘记了周围的肮脏。对他们无感于自己的生活状态这种情形,我们感到无能为力。那些荒废的建筑、快要散架的楼梯,让我们嗅到了腐朽的气息。里斯要捕捉的东西很清楚,照片里也传递了贫穷的场景,这些信息全部都很清晰。

就像雅各布·里斯和他的相机想要证明的一样,这些照片不仅仅是"现实的镜子"。通过仔细的拆解和分析可以揭露每张照片背后的意义。当然,就表面而言,照片会为历史学家提供很多具体的细节。这样他们可以传递关于某个方面更多的客观证据。

瓶子巷

然而里斯在摄影上的相对不足并没有让他裹足不前，而是继续学习如何合理设定有丰富内涵的相片。视觉感的细节能够用来交流社会改革的内容，所有主观的、客观的意义。里斯并不只是简单地想要我们看到穷人或者贫民窟。他想要我们像他那样看待他所看到的。他的观点是那种虔诚的信徒应有的，而不是一个公
225 正的观察者应该具有的。

在这样的情况下，照片就像是双面镀银的“镜子”，捕捉使用者想要反映的内容和他主观的观点。透过暗室中昏黄的灯光，历史学家跟随指引，他们利用所有不管是简单的还是复杂的，不管是显而易见的还是难以捉摸的证据。一旦有证据被接受和证明了，历
226 史学家就可以在奥利弗·温德尔·霍姆斯对照片的定义中甄别正义的怜悯：假象就是“现实的表象掩盖似是而非的真相”。

拓展阅读

想要知道更多关于雅各布·里斯的《另一半生活是怎样？》的

读者，可以阅读他书中提到的1971年纽约多佛(Dover)版，其中包括100张照片和相关再版的插图。1970年，美国麻州剑桥大学出版社出版的《另一半生活是怎样?》由城市历史学家Sam Bass Warner做了精彩的介绍，但因为有限的图片而使出版一度受阻。Robert J. Doherty主编的*The Complete Photographic Work of Jacob Riis*在1987年于纽约出版，里面包含了更丰富的内容。里斯的作品也同样对源于1981年纽约出版的国际图像档案(the International Archives of Photography)的单片微型底片有帮助。Peter B. Hales编写的*Silver Cities: Photography of Urban America, 1839–1935* (Philadelphia, 1984)坐实了里斯在城市图集和社会改革方面的正统地位。

Bonnie Yochelson和Daniel Czitrom主编的*Rediscovering Jacob Riis: Exposure Journalism and Photography in Turn of the Century New York* (New York, 2007)评价里斯既是一个改革家，又是摄影师。里斯自传是在Roy Lubove编写、1966年于纽约出版的*The Making of an American*当中发现的。在Louise Waer编写的1938年于纽约出版的*Jacob A. Riis, Police Reporter*中记载了这部有趣而有丰富事例的传记；Edith · P. Mayer最近写的研究著作*Not Charity But Justice*中提到*The Story of Jacob A. Riis* (New York, 1974)亦可参考。美国最好的摄影师和批评家Ansel Adams在关于里斯的重要著作中做了序言。这部书就是Alexander Alland的*Jacob Riis: Photographer and Citizen* (Millerton, NY, reissued 1993)。

有些读者的摄影技术只限于像摄影专业公司广告词说的那样操作相机("你只要按下按钮……")，即便对于这样的读者，也有许多书对摄影设备、它的潜能、它的缺陷等方面的清晰的讨论。Susan Sontag在她于1977年出版于纽约的*On Photography*一书中，提到了许多有启发性的想法，尤其是在她的第一篇论文*Plato's Cave*中；最近，她又在2003年于纽约出版的*Regarding the Pain of Others*中思考了某些原有的观念。Beaumont Newhall于1964年在

纽约出版的 *The History of Photography from 1839 to the Present Day* 和 Robert Taft 于 1938 年在纽约出版、1964 年再版的 *Photography and the American Scene*，都是摄影艺术方面的翘楚。在 1958 年于纽约出版的 *Once Upon a City：New York from 1890 to 1910* 中可以看到纽约城市的博物馆所展示的东西与里斯的观点截然相反。

在像图片证史这样一个未被开发的领域，从事研究的最重要乐趣来自你的亲自调查。许多有历史记录价值的相片已经被记录在档，民众可以很方便地在国会图书馆（the Library of Congress）、摄影部门（Photography Division）、国家档案存图分支（the National Archives Still Picture Branch）查阅到。读者可以从国会图书馆下载其收藏的相关资料（网址是 http://memory. loc. gov），几乎所有读者都可以找到家庭相册、年刊、报纸、网址，还有其他可以做调查的
227 资源。

过去和现在：
为什么我现在看不见他们？

在 19 世纪 80 年代，人们对乔治·伊斯门柯达系统制作的奇迹，感到非常新奇。他们透过镜头，推开按钮，然后把相机拿出来送到伊斯门工厂冲洗照片。不久，他们就可以拿回他们的相机，还有一卷新的胶卷。没有沉重的工具、复杂的化学药品、挑剔的暗室。业余摄影师怎么也想不到 60 年后埃德温·兰德（Edwin Land）发明了宝丽来“兰德”（快速）快速相机（Polaroid “Land” Camera）。点击、捕捉、打开相机后背、顺利冲洗照片，你就能迅速拿到照片。快速相机回答了孩子向父母提出的疑问：“为什么我现在看不见他们？”

兰德能否超越以前的成就？1972 年它做到了，宝丽来 SX－70——一部即时的彩色相机。原本的兰德相机使用的是一卷胶卷，而宝丽来 SX－70 则用了一个胶卷暗盒，这个可以在拍照瞬间

自动成影。一名艺术评论家发表了自己的看法，“摄影即将发生的事情，往往会发现不可思议的秘密，相机像变魔术一样，在这个人眼中是这样，在那个人眼中是那样”。很多摄影师往往会抱怨他们没办法完全加洗照片。但是对警署摄影师来说，那一缺点反而变成了一种优势。他们拍摄了大量的照片或者拍下了犯罪现场，当这些嫌疑犯照片和现场照被呈上后，那些臭名昭著的律师再也不能否认这些照片的真实性了。

兰德奇迹持续了35年之后，宝丽来消失了，这促进了数码相机的出现。这些电子相机满足了既可以即时捕捉瞬间，又不可以太复杂的需求。如果这张相片你不满意的话，那么可以按下删除键，然后再次拍照而不浪费胶卷。数码相机可以微型化为手机的一部分，让几乎所有人能够在任何场所直接拍下新奇的事物，并跟远方的人们分享它们。

比如，在2004年4月末，美国电视新闻杂志 *60 Minutes Ⅱ* 报
道了在阿布·格莱布监狱（Abu Ghraib）中伊拉克犯人被羞辱的事
情。这些报道包括一些照片，它们显示了犯人们被摧残的照片。 228
这些犯罪照片是从哪里得来的呢？在阿布·格莱布监狱工作的狱
警习惯性地用他们的手机将照片传送给他们好事的朋友和家人。
这样的丑闻震惊了全国，也极大地讽刺了美国想要在伊拉克实现
人道主义关怀的宣言。但军队也得到了教训：法令禁止士兵将手
机相机带入伊拉克。这面“记忆的镜子”也能为我们生活中黑暗的
角落打开一扇窗户。 229

第十章　美国农业部检查

他们声称用的是一块块真材实料的猪肉，“除了那些尖叫的猪”。肉联厂商家或者威胁到公共健康的工厂被要求遵守公众守则吗？

我们所有的杂记随笔都在讲述一个故事，这一次也不例外。但是就其本质而言，我们现在的故事加入了大量的叙述性和象征性的元素。这个是政治传言，由许多政客进行了大量的补充，其他专门从事政治人物报道的记者也补充了大量数据。这就是说，它是由大量的、比较好的、粗糙的传说故事组成的。简而言之，这些超出现实生活的叙述有其存在的道理，我们应该对其细心推敲。但是让我先从这个故事开始，它与勇敢的总统、热忱的改革者、一些丧尽天良的政客领袖和许多猪肉、牛肉有关。它始于总统西奥多·罗斯福(Theodore Roosevelt)，据说他在这个故事中是个英雄。西奥多是不同寻常的人物，曾做过总统。罗斯福家族都鄙视那些政客，从来不鼓励自己的后代从政。但是西奥多跟他们的家族成员不一样，也没有像他哈佛的同期学生那样，他对所做的任何事情都满怀热情。西奥多做总统也是如此，一定要做到最好，不然不会离开白宫。

他的成功之路并没有那么顺利。在孩童时期，西奥多身体比较孱弱，患有气喘并近视。他需要花很多时间打沙包、做双杠练习、俯卧撑、打拳击以锻炼自己的身体，打拳赛，使自己的身体变得和自己内心一样强大。19 世纪 80 年代，他在西部从事牧场工作，他不得不改变自己花哨的东部“纨绔子弟”形象。很快，西奥多便能骑着马在春天闲暇时驰骋在达科塔（Dakota）的荒原、在炎炎夏日中高声歌唱、在冬天暴风雪里骑马出游，这让那些经验丰富的老牛仔都大吃一惊。他用拳头打架，还曾经持枪围捕亡命之徒。回到东部之后，他打网球的时候，也抱着这样的决心，他的记录是在某一天打了 91 场。1898 年，他带领骑兵穿过古巴，士兵都蹲低避免头部被流弹击中，这时他走在哨兵线上，并兴奋地用吹口哨来提升军队士气。作为总统，他建议他人言语亲和，手挥丈棒，即便后来据称他说话声音并不小。 230

西奥多·罗斯福一直是咬牙切齿和手拿中等大小的拐杖的形象。当他说话时，罗斯福一字一句掷地有声，慷慨激昂，又不像是普通英语那样的节奏。“每当我想起罗斯福演讲时，我总想起某个人手指轻敲的节奏。”熟识的人这样说道。

西奥多最喜欢说“好！”和“真高兴！”，总是以自己的方式说出，而不是轻声细语。

到 1906 年，西奥多如愿入住白宫并且很快地控制了局面。早在两年前，他就取得了极大的成就。其中，包括在结束日俄战争中发挥了重要作用而获得诺贝尔和平奖。但是西奥多从未满足于自己的成就而止步不前。2 月，一场风暴的来临，挑战了他作为整个国家和共和党领导人的能力。

《屠场》讲述了一个关于芝加哥肉类加工工厂的可怕故事。

《屠场》（*The Jungle*）的出版犹如晴天霹雳，打破了平静。这本书讲述了一个关于芝加哥肉类加工工厂的可怕故事。它的作者厄普顿·辛克莱（Upton Sinclair）不但是一名改革家，还是一名社会学家。那个时代大部分的美国人认为社会学家就是一群危险的人，他们的想法极端又偏激。尽管读者有怀疑，但还是不能够忽视《屠场》所提到的详尽细节。在那种经常提到的恶心条件下，制造商制作猪肉、牛肉时，在其中掺假，运送给美国成千上万的消费者。辛
231 克莱揭露道："早饭吃的香肠里面还混有掉在地上的肉屑。""储存室里太黑了，以至于看不清东西。"他这样写道。

1905 年，在工厂里屠宰的猪都要事先经过烫洗。他们声称用的是一块块真材实料的猪肉，"除了那些尖叫的猪"。如果把那些加在罐头里的"佐料"考虑在内的话，他们还可能认为是对的。虽然现代人看到这些，会被工厂肮脏的环境震惊，但这张照片却是为了宣传当时肉品加工业良好的加工环境而拍摄的。

> 但是有人直接拿手去触碰那些肉，从肉里掏出干的老鼠屎。这些老鼠屎是令人恶心的东西，这些工人拿那些有毒的面包屑喂老鼠，把它们都毒死了。然而这些老鼠、面包、肉都在同一个储藏室。这绝不是个杜撰的故事或笑话，这些肉被铲进马车里，即使他们看到了死老鼠，也不会把它们铲出去。

掺杂老鼠肉的肉就这样被送到了餐桌上。鸡肉罐头里也不是 232
鸡肉，仅仅是牛脂和牛肉碎末乃至牛肚。最令人震惊的是，辛克莱提到在烹饪间操作的员工不慎掉进锅里，经过几天的烹煮后，"除了骨头外，其他的都变成了猪油了"！

仅仅一个星期，震惊的公众就抢购了大约 2.5 万本《屠场》。大部分读者遗漏了这本书体现的社会方面的信息。辛克莱希望引起公众对那些不辞辛劳的人们生活条件的关注。相反，公众关注的是腐败的联邦肉类检察官虚假的声明，不卫生的屠宰场，有结核的牲畜以及那些制造商不道德的行为。

其中，西奥多·罗斯福总统是最愤慨的读者。很少有政治家像西奥多·罗斯福那么见多识广，有政治远见。西奥多·罗斯福可以全神贯注地阅读这本公布历史的书，每分钟 1500 个单词以上，书中的观点与他的执政观点不谋而合。罗斯福立马意识到公众的要求，公众要求政府在一些层面上——地方、州、联邦——清除肉厂。他邀请辛克莱到白宫谈话，尽管他不认可辛克莱社会主义论调式的悲观主义，他还是承诺"如果它们的确存在，如果我有这样的能力，你所指出的罪恶，都会被一一清除"。

罗斯福履行了他的承诺。在国会同盟者的帮助下，他迅速地起草了新的法案，并且配合了众所周知的大棒政策。仅仅过了四个月，在 6 月 30 日，他签字通过了《肉类调查法案》(*The Meat Inspection Act*)，禁止使用任何不健康的食用色素化学防腐剂，或者额外调料。这个法案提供了 300 万美元建立新的更全面的调查系统，在这个系统中，政府调查官到现场没日没夜地去宣布调查不适合人类食用的动物。印第安纳州的参议员艾伯特·贝佛里奇

(Albert Beveridge)是罗斯福进步运动在国会的同盟者，以总统的信誉支持新法案。“对他而言最重要的是，认清了我们将有一项非常有用的法案。”他告诉记者。美国人再次把罐头肉和香肠放到了餐桌上，在此之后又开心地吃了起来。至少事实似乎是这样的。

政治象征

你所读的故事都是真实的——就现状而言。它在传述过程中被加入了传奇色彩。毕竟政治是关于公众的事情，尤其在那个时代，公众对待他们的政治家有点像对待名流，结果导致国家政治的故事就像史诗般不可避免地发生了。在那样的情形之下，象征性的语言高度简化了复杂的现实。它通过以周密和易辨认的人和物代替虽然普遍却又复杂的状态，使得现实变得更容易理解。通过

纽约的老板威廉·特威德(William Tweed)活着的时候就被艺术化了。在19世纪后期，卡通人物成为人们表达政治观点的重要工具。在多样的象征场景中，人们能够轻易辨认出它们所代表的人物。特威德离开美国逃避刑罚，他在西班牙的一个偏僻的村庄被捕。西班牙警官是从托马斯·纳斯特(Thomas Nast)的卡通人物中辨认出他的。不过，绘画中象征性的方面消失不见了，他们以为自己逮捕的是一个儿童拐卖贩子。

这么做，象征物和象征语言成为政治领导人与其选民沟通的工具。有实力的政治家为引起公众强烈的注意力，普遍夸大他们对公众 233
所关心问题的关注程度。

美国杰克逊民主(Jacksonian)被现代人奉为在竞选中使用卡通形象的先驱。他们吹嘘候选人，老希科里(Old Hickory)，是美国西部传统的化身。在他们的支持下，杰克逊成为了不平凡的“平凡人”。作为总统，他反对美国第二银行(the Second Bank of the United States)，作为大银行，该银行被它的敌人做了恰当的标记。辉格党反对派迅速地发现了这些卡通形象的用处。他们提名热门候选人威廉·亨利·“蒂珀卡努”·哈里森(William Henry “Tippecanoe” Harrison)。他们的修辞运动采用了小木屋主题和其他合适的西部形象，虽然现实生活中，来自弗吉尼亚望族的哈里森居住在体面的大房子里。因此，在两个政治党派中，美国还塑造了
一系列的卡通形象，让复杂的政治话题为选民所熟悉和理解。 234

在19世纪晚期，卡通形象成为政治言论中的常客，并逐渐成熟，发展为政治漫画。早期的漫画家画出了当时老希科里与大银行抗衡的漫画。但是他们没有达到像托马斯·纳斯特等漫画家那样高超的水平，最后在内战结束后的繁荣时期出现了讽刺漫画家，比如托马斯·纳斯特，一周接一周地，报纸上刊登了一些极易辨认的卡通形象，纳斯特把大象画成了大佬党(GOP，共和党，或者大佬党)的形象，把驴画成了民主党派的形象。多亏了纳斯特和他的同行，我们才能对这些政治领袖有所了解。他们穿着花哨的衣服，就像是囚犯穿的条纹型囚服。我们了解了那些大托拉斯，或者贪婪的资本家，他们粗大的腰腹随身带着一袋银币。锯齿状的胡须，工装裤，疯狂的眼神就是平民党的写照。托拉斯站在大银行下，被画成了一只杀气腾腾张牙舞爪的章鱼，这个形象非常逼真。在他们那个年代，抓住了本质特征的漫画能够传递政治信息。

极少有能够超越西奥多·罗斯福的卡通形象的。他的主要特征有夸张的门牙，公牛颈，夹鼻眼镜，当然还有大拐杖也被画在里面。这些形象是漫画家抓住的罗斯福的主要特征，在他入住白宫

以前他很长时间供职于那个部门。他把自己扮成持枪的牛仔，或是穿着黑色长斗篷，以纽约警察委员的身份，攀上茶壶山（Tea Kettle Hill）。因此，在进步主义时期的政治运动中，就特征而言，我们能够很容易辨认出那些政治人物。画中有一处是这样的场景：罗斯福，一个警察，他手执大棒；或者辛克莱，他凶狠的眼神就像是偏激的政客。在另一处，在肉类调查的斗争中，站着牛肉托拉斯：阿默（Armour）、斯威夫特（Swift）和其他打包工人，他们都是“公众的噩梦”。

然而，正如我们已经提到过的，这样的卡通形象不可避免地简化了政治过程而变得失真。漫画家的表达方式，仅仅是黑白间以灰色作为渐变色。比较隐晦的是，这些形象在不同的情形和过程中都加入了个人的感情。单调无聊的机构（信托机构、政治机制、国会）因为人类的情感和设计变为有生命力的物体（张牙舞爪的章鱼、肉食性的老虎、粗声粗气的驴）。

结果在个体的影响下，我们将政治事件变成了可视化的设计。《肉类调查法案》的故事变成了罗斯福、辛克莱和他们政敌的故事。正如我们所见的，这些故事相当简单：(1)辛克莱的报道震惊了总统；(2)罗斯福决定改革肉类包装工厂；(3)罗斯福尽自己所能解决政敌和挽救消费者。

像这样的解释掩盖了残酷的真相。就像那些个人、群体，还有机构，经常出于复杂的动机，做出令人困惑的行为。一件事最后的
235 结果可能与参与者本身的意图相差甚远，类似于参与者的原始构图。结果，这些有象征意义的漫画没有充分解释政客如何将他们好的、不好的意图都转化成法律的过程。

而政治历史学家一定要细致地解读那些有象征意义的语言。
236 他们不可能简单摒弃或者驳斥影响政治的观点。同时，历史学家不可能让那些漫画形象掩盖那些阐述和解释政治事件的必要信息。假定罗斯福发挥了改革的作用，来限制包装公司滥用权利，但是他将自己的意图转化为政治机制，到底有多成功呢？参议员贝弗里奇高度赞赏新法案和总统为其保驾护航的行为，而其他调查

漫画家在罗斯福执政期间有了一席地位。这幅弗雷德里克·奥珀(Frederick Opper)画的漫画中,罗斯福当选副总统,重新安排了总统游行路线,这样,在1901年总统就职庆典游行中,威廉·麦金利(William Mckinley)总统被迫殿后。当然,罗斯福不仅秀了他从西方获得的大量战利品,还秀了他的牙齿,然而隐晦可见的是,托拉斯指出自己是"威利的爸爸"("Willie's Papa")。

团的改革支持者没有像贝弗里奇那么热情。"美国顾客和美国普通的农夫被忽略了,"参议员克努特·纳尔逊(Knute Nelson)在法案通过之后,稍微抱怨了下,"我一定要说我很失望……我回家的时候,就像是丧家之犬。"

事实上,在美国参议院,由杰出人才贝弗里奇自己和罗斯福在曼彻斯特的好朋友亨利·卡伯特·洛奇(Henry Cabot Lodge)领导的共和党,在罗斯福签字通过法案以前一直在为否定法案而努力。他们相信,正如纳尔逊所说,这个法案的意图是:第一步先安抚那些包装厂商;第二步安抚那些养牛的农户;第三步拓展海外包装的市场。总之,许多参议员把《肉类调查法案》看作包装厂商的胜利和改革的失败。这样的话,贝弗里奇的话便有了更深一层的象征意义,这个意义我们至今都无法估量。

所以历史学家为了揭露真相所隐藏的内容,并对真实事件的发展过程加以重视,必须将传奇故事和形象放在一旁。真相不可能都是正义战胜邪恶的俗套,结果可能是最合理但是并不让人满意的。政治历史学家的任务也包括捋清那些错综复杂的过程,比如,不管参与者的动机如何,他们所通过的法案反过来限制了他们的影响力。

《屠场》背后的混乱

《肉类调查法案》的推行始于 1906 年 2 月《屠场》的出版。随着故事的发展,包装厂商骇人听闻和毫无道德的行为比比皆是。然而尽管有 100 万读者读了《屠场》,我们还是可以合理地质疑这本书本身是否引起了如此广泛的讨论。无论怎么样,我们没办法了解 1906 年公众对辛克莱所揭露的真相持什么态度。但是,如果我们早点捅破肉类工厂的丑闻,我们就会发现《屠场》所揭露的在包装厂商中的那些恶心的事情,仅仅是冰山一角。

早在 19 世纪 70 年代,一些欧洲政府就开始禁止进口美国不卫生的肉类产品。数年之间,美国出口也在减少,欧洲也一直在严格控制数量。1891 年,为了重新赢得他们的海外市场,那些担忧的包装厂商成功说服国会通过了联邦肉类检查法案。联邦标志表明出口海外的所有肉类在被屠宰前都已经被检查过了。直到 1897 年
237 这些措施都非常成功,然而“不腐肉”的丑闻又出现了,工厂的不良行为重新激起了公愤。一些道德败坏的包装厂商为古巴战争中的军队提供腐肉和掺假的肉类。作为骑兵的领导人,罗斯福亲眼看到士兵不是死在有毒的肉上,就是死于西班牙的子弹。

罗斯福没有忘记这种他自己视为背信弃义的行为。1905 年,

他找到了惩罚包装厂商的机会。他命令司法部长根据《谢尔曼反托拉斯法案》(*Sherman Antitrust Act*)来起诉包装厂商。罗斯福总统也不齿那些包装厂商罔顾公众安全的行为。阿默、斯威特和其他人公开夸口道,他们用的是一块块真材实料的猪肉,“除了那些尖叫的猪”。罗斯福一听说审判以程序上的借口驳回诉讼,他表示极其气愤。他质疑包装厂商行贿,他让司法部长秘密发布消息揭 238
露牛肉托拉斯案例中的伪证。罗斯福不需要读《屠场》也知道他们对公众的恶劣态度,肉类巨头不负责任的行为是有罪的。而且,总统也意识到现存的肉类检查法案还有很大的改善空间。在这样的情况下,虽然国会拨款给那些检查部门,但这些钱不足以让检查部门正常执行工作。在有限的基金补助下,大部分检察官只能白天工作,让那些包装厂商钻了空隙,他们在晚上继续作恶。即使检查员在动物临死之前的检查中,发现了有问题的牲畜,他们也没有能力销毁。事实上,那些包装厂商在美欧政府监管下,仍旧将腐坏的肉类卖给其他厂商。

联邦政府事实上没有绝对的权力管理包装厂商。在政府机制中没有什么标准可以强制厂商服从规范。如果包装厂商不服从政府判决,检察官只能警告厂商他们会没收印章(在他们身上留下记号)。尽管法律的确限制了工厂,没有得到联邦政府的允许时就不能出口,但并没有相似的措施保护美国消费者的权益。在检察官认可了家畜屠宰肉合格之后,政府却没有进一步的措施保障工厂在其他方面的卫生条件。罗斯福意识到了这些缺陷并努力改善这些情况。

公众也对此产生了怀疑。辛克莱的指控在比较受欢迎的社会学期刊上已经公开。在他的研究中,辛克莱收到了《柳叶刀》(*The Lancet*)——一家顶尖的英国医学期刊提供的资料,也曾参与过早期调查肉类工厂的丑闻的。1905 年《柳叶刀》重新调查了肉类工厂。调查者发现了对工人和消费者都有危害的脏东西。与此同时,塞缪尔·默文(Samuel Merwyn)是一名比较著名的扒粪记者,也写了很多关于包装厂商肆无忌惮地贩卖带病菌的肉类的文章。

罗斯福和他的骑兵。罗斯福在美西战争结束后不信任包装厂商，那个时候，这些包装厂商专门供应美国军队食物，其中有些是腐烂的、掺假的肉类。滑稽演员芬利·彼得·邓恩（Finley Peter Dunne）曾经提到了这样的情况——跟毫无秩序的军队一样——他虚构了爱尔兰酒吧男招待杜利（Dooley）先生，就美国军队不可战胜的神话发表评论，"美国军队包括工程师、矿工、管道工、草坪专家，大约有48万人，被送去与西班牙打仗，随身携带着与死神一样的罐装食品"。

记者发现，公众对引起轰动的事件的好奇几乎到了一种无法满足的程度。

像默文一样的扒粪者跟政治讽刺漫画家有很多相似之处。在19世纪和20世纪之交，记者们发现公众渴望了解这些敏感事情。扒粪者的调查曝光了比较方便和容易认出的恶棍。大托拉斯集团、自私的政客或者贪婪的资本家都是邪恶的化身。这些恶棍跟雅各布·里斯所谴责的那些贪婪的地主没有什么区别。像里斯一样，扒粪者想要告诉美国民众，他们的社会到底出了什么问题，但是没有提出建议来解决这些问题。从某种程度上而言，他们揭露的罪恶现象，推动了改革家进行改革，唤起民众治愈社会疾病。基于一贯的揭露社会丑恶的态度，辛克莱指控了包装厂商的罪行，却没有提供任何详细的建议来清除肉类工厂。

但是，正如《屠场》在扒粪时代才能被理解一样，《肉类调查法案》也一样，它需要被置于进步运 239
动时代才能被理解。尽管辛克莱缺乏对问题的分析，许多美国人已经找到了公司肆无忌惮的根源，同时为政治做准备。罗斯福代表了许多激进的进步时代的改革家。他反对过分关注私人权利过分膨胀，支持常规的政府部门，信任政府民主的形式，坚持人道主义情感，自信他们有能力拥有理想的未来。

“快乐托拉斯的字母表”是弗雷德里克·奥珀（Frederick Opper）在1902年作的系列主题漫画。B代表了牛肉托拉斯。后面同样是托拉斯形象，虽然奥珀垄断了价格市场，而不是管理包装工厂的卫生状况。

改革派实际上是多样化的团体，试图将政府在所有层面上变为谋求社会公正的武器。他们包括农村改革家、优秀的政府和有道德的倡导者、经济审查委员、托拉斯反对者、政治自由主义者和保守党。坚信传统机制的罗斯福可能会反对改革家，但是他从来不是死硬顽固派，不思进取。“真正的保守党是坚持不会朝前看的。”他曾告诉改革派。

> 对道德的关注不仅促进了改革运动的发展，也吸引罗斯福支持进步主义运动。

改革运动也会伴随着道德的改善。这吸引了罗斯福支持进步主义。“他感觉，他的生活就是在苦苦寻道德。”在一本传记中他曾提到。20世纪早期的改革家认为他们身处罪恶之中，这不是他们经常提及的“公司肆无忌惮”。企业都要追求利益的最大化，所以铁路公司建造铁路，却丝毫不考虑完全没有在人行道做安全防范的危险性；
240 水厂没有设置避免伤寒症的相关防护措施。“这样的事情让公司变得像凶手一样，”历史学家戴维·西伦(David Thelen)写道，“这些显著的威胁让所有阶层联合起来；因为谁的孩子在交错的铁路线上都可能会不小心；任何人都有可能染上伤寒症，从而让生命安全受到威胁。”

芝加哥加工厂商率先拥有拆解流水线。活猪四肢都被绑在围栏上。这些猪的喉咙被割开，直至它们流血而亡，之后切开的一块块猪的肉随意摆放，被工人一点点地搬走，什么都没有留下，这极大地简化了加工过程。

这些问题尤其尖锐，因为快速增长的城市人口依赖这些食物。其他食品工厂也没有比肉类包装厂卫生情况好。例如牛奶供应商为了提高他们的利润，他们会稀释牛奶，会加入白粉、石膏、糖浆来调色和丰富口感。现在流行的小曲也反映了当时这些食品的生产过程：

你眼前见到的并非真实；
脱脂牛奶伪装乳霜；
猪油和肥皂是我们吃的芝士；

猪油就是车轴的润滑油。

结果是,公众已经对肉厂最糟糕的环境做好了一定的心理准备。加强肉类检查的运动是进步运动唤起愤怒的结果。因为肉类加工业正如罗斯福所说的,是万恶的托拉斯,肆无忌惮地威胁到美国所有民众最低水平的卫生健康标准。 241

然而我们一定还记得政治家是如何逃避黑人和白人问题的。那些改革家把包装厂商描述为虚伪的人了吗?为了公平起见,我们在做出公正判决之前,应该听听包装厂商的意见。一些包装厂商公开表示,完善的联邦检查是重建公众对产品信心的最好方式。J. 奥格登·阿默(J. Ogden Armour),一个以自己名字命名的肉类公司的负责人。这个人老是邀请公众来参观当地包装公司:"你们自己来看看讨厌的包装工人如何打包你们所吃的肉的。"但是他也坦白承认"没有包装商能够不经过政府检查,进行跨州和跨国贸易"。

然而对他们来说,包装厂商就像是罗斯福谴责的激进社会学家那样富于创新意识。在20年间,工厂基本上改变了美国人购买和吃肉的方式。然而,以前消费者仅仅从当地的屠户那里买肉,他们现在非常相信直接从包装商那里买下的肉。为了能让消费者买到放心肉,包装工人发明了屠宰流水线(拆解方式是一个令人印象深刻的不错选择),他们用冷冻车运输(肉制品)到全国市场。城市消费者能够从中获益,因为他们可以以低价买到更多种类的肉制品。

阿默做了号称牛肉产品的成本和利润的报价

小牛,1260磅@每英担3.25美元* (制成品为710磅牛肉)	40.95美元
屠宰、处理、腌制和冷冻等费用	1.75
运输710磅@每英担0.45美元	3.20
纽约销售费@每英担0.35美元	2.48
购买、处理和运输费用	−48.38美元

* 二十分之一吨。

续 表

在纽约降价销售 710 磅牛肉@每磅 52/84 美元	38.17 美元
（在纽约销售牛肉的净损失）	－10.21 美元
暗地销售 70 磅@每磅 0.09 美元	6.30
销售副产品	4.50
全部副产品消费额	10.80
全部交易净利润	0.59

242 材料来源：*Nature's Metropolis*：*Chicapo and the Great west* by William Cronon. Copyright © 1991 by william Cronon. 经 W. W. Norton & Company, Enc. 允许复印。

肉类加工厂商在很大程度上是成功的，因为他们利用“真材实料的肉，除了会尖叫的猪”。包装厂商会用另一种方式从当地屠户那里丢弃的肉牟取利润。正如历史学家所写的，“阿默建立起他的废料帝国”。对改革家而言，“这个就是无中生有制造出来的”。看原文第 290 页上的表格，你就能看出这些评论的意义是什么。阿默难道就贩卖那些加料的牛肉吗？每头他要蚀本多少钱呢？然而，包装厂商建造了化学实验室，它可以利用被冲入下水道的废料来制造产品。人造奶油、牛肉汤、刷子、梳子、大肠、硬脂（用肥皂和蜡烛做的）和胃蛋白酶（促进消化），都是他们的发明。他们甚至发现可以利用地上的骨头、干涸的血、动物四肢做成胶水。今天我们可能会鼓励包装厂商努力回收的行为，但是改革家误解了公司对利润的贪婪，忽略了公众健康。改革家认为包装厂商应该放弃贩卖所获得的很大一部分利润。

包装厂商的成功创意在《屠场》出版后就没有了。在辛克莱的影响下，成千上万的美国人改变了他们的饮食习惯。许多国家都禁止进口美国的肉类。工厂代表忏悔道：“公众信心的丧失是对我们非常非常大的伤害。”国内外肉类市场的缩减表明阿默只有提高检查水平才能挽救工厂。

因此，在这样的历史条件下，肉类检查的改革揭露了这样的事实。《屠场》表现得最为人所知——因而是最具代表性的——仅仅是发展过程中最为人所知的一件事。这必然会促使推动起草更严格的联邦法律。西奥多·罗斯福执政期间，主要政治领导人也在积极推动所有的事情，以期重建消费者的信心。

屠场的立法

为了宣泄民众的愤怒，政治家必须建立并完善相关法律。对历史学家而言，他们要透过国会的混乱踪迹发现真相，捋清是什么样的妥协让步和交易影响了最终的法案。立法的过程是持久的，少部分人有时会故意反对大部分人的意愿。立法专员得心应手地通过一些手段让参议员和代表推迟立法，直到法案破产。在推动立法的过程中，历史学家发现完善检查的支持力量并不像它最初表现得那么普遍。比如进步运动时期的改革，肉类检查比卫生标准问题更具话题性。许多较大的争议影响着个体参与者作用的发挥。比如罗斯福总统决定“以国家主权通过法案”反对那些有钱有权的黑心公司。当新增的《赫伯恩法案》(*The Hepburn Bill*)允许 243
政府快速建立各种机制，包括通过了《纯净食品和药物法》(*The Pure Food and Drug Act*)，新的肉类检查法案才能以公众力量凌驾于私人公司之上，发挥作用。

> 当时流行的货物出门概不退换原则(让买主小心)，把维持秩序的责任转嫁到消费者身上。

许多支持加强检查的人对罗斯福清扫行政权力的垄断行为并没有异议。流行的货物出门概不退换原则(让买主小心)，把维持秩序责任转嫁到消费者，而不是政府身上。1895 年，以 E. C. 奈特(E. C. Knight)为例，高级法院在政府层面对贸易做出了严格的限制。就包装厂商的利益而言，他们之所以同意调查改革是因为不管怎样，肉类工厂都会受到限制。放任自流只会让他们的工厂破产。因此，在普遍同意的表象之下，立法过程中依旧充满了矛盾和对立；而这些冲突不仅仅表现为反对主要的法律问题，还表现在对法律提案中似乎不是很重要的小细节吵嚷不休。

为了能够成功说服保守党接受罗斯福想要的法律草案，他需要比辛克莱所揭露的证据更多。农业部长杰姆斯·威尔逊(James Wilson)已经命令国内动物加工部门(the Bureau of Animal Industry)去调查，这个部门主要负责监督任务。但是威尔逊和罗斯福都怀疑这项调查不能“深入问题”。因此，他们要求劳工委员会(Commissioner of Labor)的查尔斯·P. 尼尔(Charles P. Neill)和纽约律师杰姆斯·雷诺兹(James Reynolds)进行独立的专项调查。双方都积极投入“正直的政府”行动中，尽管大家都不熟悉肉厂运作机制。一旦他们有报告，罗斯福就有足够的证据证明到底是辛克莱还是肉厂包装商才是真正的“罪犯”。

正如罗斯福所怀疑的，美国农业部门的调查洗白了美国国际银行。辛克莱非常夸张地描述公司的状况，把那些所谓的最差的条件普遍化了，调查者如此控诉。尽管他们支持改革，但还是攻击辛克莱的控诉是“存心找碴，蓄意误解真相”。

不同的是，尼尔和雷诺兹的调查则显示，事实上，包装厂商的生产环境远远不如辛克莱所描述的。官方报告描述：去往工厂的人行道满是黏液和粪便，工厂缺少必要的通风和通光条件。所有工具——传送带、动物刑架、砧板、桶——在污物和血液中都生锈坏掉了。肉废料要么被做成罐头，要么做成香肠被堆放在满是灰尘的地板上。地上的粗绳掺杂了大部分猪皮被做成了火腿。就像辛
244 克莱所控诉的，工厂里恶心的环境危害了工人和消费者的健康。

尼尔和雷诺兹的报告帮助罗斯福在政治上获得了攻击对手的主动权。如果包装厂商不思进取的话，他将会公之于众作为威胁。“我们必须用法律手段来阻止这些错误发生，这绝对是必要的。”他们警告道。他找到了同盟者，那就是印第安纳州的参议员艾伯特·贝弗里奇，他已经开始从事新的调查法案的推行。贝弗里奇，就像罗斯福一样，已经牢牢抓住了进步运动时期公司的痛脚。他也感觉到，他已经赢得了这场博弈的主导权，也得到了他渴望的肯定。在农业部门专家的帮助下，贝弗里奇在1906年5月中旬起草了法案。

他要求罗斯福公开尼尔和雷诺兹那份足以定罪的报告来争取参议院的同意。

那时，比较有政治经验的罗斯福尤其注意将语气放缓，进行警戒。总统本是一个持重的人，面对这种情形，也不得不慷慨激昂，呼吁公众，唤起人们的关注。与牛肉托拉斯不必要的对抗会妨碍他的政治行为。如果可以和平解决的话，为什么要白费力气呢？“这是有长远性的，”他向尼尔吐露心声，“而且还需要速战速决。”除此之外，他自己曾经也是大牧场主，不愿意伤害牧场主，其实这些人也毋须对包装厂商的丑闻负责。

包装厂商指出他们在抵制规范，私下承认自己的农场确实有问题。一部分人恳求尼尔先不要公开他的报告，允诺他们在 30 天内落实政府提出的合理要求。在那之后，尼尔和雷诺兹可以随意再去检查这些工厂。尼尔拒绝了，包装厂商路易斯·斯威夫特冲到了总统面前。他发现罗斯福对他提出的任何妥协和退让都无动于衷。斯威夫特确信总统一定会采用立法手段来阻止这些错误再次发生。

此时，贝弗里奇准备好了法案。1906 年 5 月 2 日那天，他在国会上向众议院提交了《农业拨款法案》（*The House Agriculture Appropriation Bill*）作为修正案。你或许会问：为什么这次重要的改革首次亮相是在这次众议院法案修正立法程序的场合？在这里，我们才开始见证立法过程是如何影响政治结果的。贝弗里奇意识到进行有效监督需要足够的资金。以前的国会一点一点削弱这个机制从而拒绝了为其提供必要资金。所以许多小型工厂从来都没有被检查过，晚上那些大型工厂也没有人去检查。因此，贝弗里奇建议从众议院《农业拨款法案》中拨出小额资金支付每头动物的检查费用。工厂需要的动物越多，对动物工厂局所支付的费用也就越高。但是因为宪法要求众议院新增所有资金账单，贝弗里奇必须赶在参议院之前修正众议院的账单，而不是单独行动。 245

贝弗里奇介绍了其他两个重要的变化。原先的法案无法强制包装厂商在罐头盒上贴上生产的日期或实际成分（比如，尼尔和雷诺兹发现被称为鸡肉罐头的产品里面一点鸡肉都没有）。新法律

在公众强烈抗议之后，肉类包装厂商努力塑造更好的形象并在整个生产过程中接受政府检查，打造更好的生产条件。事实上，这张动物死后检查的照片摄于 1906 年，在这里拿出这张照片完全没有代表性。

则要求商品贴上日期和确切标签。法律也授予农业部门比较大的权力推动建立规范工厂卫生标准的制度。检查人员也可以强制要求确保圈养动物的健康情况和屠宰后的卫生状态。如果有人不满的话，那么农业部门可以使用权力下最后的通牒。

然而贝弗里奇在 5 月提交的这部法案，与 1906 年 6 月 30 日罗
246 斯福签字通过的法案大相径庭。到了这时，每年 300 万美元的拨款代替了每头动物的小额费用。农业部门也不再有最后裁决权。这种权力在法案生效后，转移到了联邦法庭。然而，法案最后并没有提及要对肉类罐头贴上日期标签。肉类检查斗争的结果让参议员纳尔逊震惊。历史学家现在必须要解释的内容就是，那些手握王牌参与政治斗争的改革家后来为什么失去了优势地位。

事实上，一开始罗斯福和参议院的改革家在这场斗争中占优势。包装厂商起先尝试用自己改善的条件拖延贝弗里奇，然而参议员则以披露更多伤害性的丑闻作威胁拒绝了。他继续自己的计划，尼尔基于大牧场主和西部牧场参议员代表利益做简要的报告。这些人曾经都是肉类加工厂商在抵制过于严苛的联邦法规方面的重要同盟。但是面对公众即将出现的更多抱怨，他们为肉类和牲畜的利益所驱使，打了退堂鼓。贝弗里奇的修正案毫无异议地在参议院中通过了，没有一票反对。贝弗里奇雷厉风行地继续他"世界上最完美的检查法案"。

> 包装商根本不打算未经斗争就妥协。

罗斯福希望在参议院的大获全胜直接能够推动众议院迅速采取行动。但是包装厂商并没有打算妥协。在众议院中，他们有大量的支持者，尤其在重要的农业委员会。它的主席杰姆斯·沃兹沃斯(James Wadsworth)，纽约的共和党人，他本人也是一名牧场主后代。他把《屠场》看作是一本"可怕的，充满谎言的书"，暂时让总统失常而已。沃兹沃斯一直在反对，他可以依靠有"金发碧眼比利"(Blond Billy)之称的洛里默(Lorimer)的支持，他是臭名昭著的骗子，是委员会高级成员，是代表芝加哥包装厂商的共和党代表。贝弗里奇法案对洛里默而言就像是红旗激起了公牛的斗志："没有威利帮助的话，这个法案压根就不会出现在我面前。"

包装厂商们还有另一个更有力量的盟友——时间。国会夏季休会仅仅是六个星期。在天气变热之前，大部分政府官员会离开华盛顿避暑。在国会放假期间，公众极有可能会忘记《屠场》中描述的场景。随着人们的激昂情绪不再高涨，改革的压力也会减少。除非贝弗里奇公开了更多新丑闻，才能像之前一样激起人们的又一次愤慨。只要尼尔和雷诺兹的报告仍然没有公之于世，罗斯福就会保存起来，作为刺激人们反抗的武器。但是，到现在为止，贝弗里奇法案送到众议院，辛克莱开始变得没有耐性了。为了刺激

总统有所作为，他公开了更多可怕的细节。最后，他不想石沉大海，就泄露了尼尔-雷诺兹报告给《纽约时报》，全国报纸也争相报
247 道。失去了新闻的震撼价值，罗斯福也没有了把柄。

包装厂商认为后面的事情还会更糟。他们想要推迟贝弗里奇法案的推进，以这样的方式强迫改革家做出至关重要的让步。包装厂商提出，写标签需要严格化的要求，会让很多工厂放弃许多有名声的品牌。消费者会因为日期，对完美的健康的罐装肉类产生偏见。包装厂商不可能容忍农业部掌握如此大的权力。一名发言人宣称，这一步会对"理论学家、化学家、社会学家等控制我们的贸易，那些把自己生命都投入美国大工厂的建立和改善的人不再管理和控制贸易"这一情况产生影响。总之，包装厂商抗议政府部门滥用权力，没有任何的立法程序就剥夺了他们的财产。

尽管可能从更加有效的检查机制中获益，这些包装厂商还是反对征收对每头动物进行检查的费用。他们提到，使用不合格的动物肉的事情已经让他们每年支付了上百万美元。现在政府又建议让包装厂商承担检查费用的额外费用。考虑到他们的利润很少，即使一丁点钱对他们来说都举足轻重。但是，这样的争议也反映出包装厂商反对另外自费承担检查的理由。正如许多改革家所指出的，小头的费用（每头动物就是三至五美分之间）理所当然就加在消费者身上。但是有效的检查服务让厂商不得不放弃高利润、不健康的作为。比如，他们之前能够重新安排那些没通过检查的牲畜到其他工厂的其他部门。再加上，原先的法律让包装厂商慢慢破坏检查机制。只要这个方式减少了厂商的利润，国会委员会成员洛里默和沃兹沃斯就会以政府的名义减少美国国际银行的预算。强制停止检查，美国国际银行不可能有效地监察工厂。贝弗里奇每头收费的机制否定了这个可能性。类似的小问题会刺激产生或者破坏新检查机制的行为。

此时，包装厂商将这些情形陈情于国会，他们非常精明地把他们的争论点同时放在了他们所关注的其他方面的利益上。控制每年拨款扩大了白宫及其成员的许多政治影响。通过建立自费机

制，贝弗里奇缩减了白宫政府财政预算，削弱了国会代表的势力。其他传统私人企业的代表同意了严格的标签和日期的要求，承认了农业部对工厂的干涉权利。贝弗里奇无意强调其对手的观点，他夸口道，他的法案“比起以前的任何法案，前所未有地扩大了联 248
邦权利”。印第安纳州的代表 E. D. 库仑帕克（E. D. Crumpacker）警告白宫成员“参议院通过的肉类检查法案意味着美国工业行业最终会结盟”。

白宫的支持率越来越高，尼尔-雷诺兹的报告也有助于拔去毒牙，包装厂商变得越来越强硬。沃兹沃斯和洛里默在 5 月末引入了一部替代法案，其中取消了包装厂商反对的一些条款。日期不再被要求写在罐头上。他们恢复了年度拨款来代替每头牲畜所付出的检查费用。在另外两个修正案中，他们取消了在州之间运输未被检查的肉类的法案，还赋予生产厂商权利可以向联邦法庭上诉农业部门的任何立法内容。最后一条建议被证明是最具破坏性的。包装厂商向富有同情心的法庭上诉他们不喜欢的决定，他们与检查机制平起平坐。

沃兹沃斯-洛里默的替代方案激怒了罗斯福总统。“对于我而言，”他写信给沃兹沃斯，“每一次改变只会让事情变得更糟，最后结果将是毁灭性的；把贝弗里奇修正案中的好的部分都去掉了。”然后他威胁包装厂商。6 月 4 日，他把尼尔-雷诺兹报告送到了国会那里，语言犀利，希望能够呼吁建立严格的检查法案。

结果，罗斯福的所作所为并没有打垮包装厂商。洛里默从芝加哥的短途旅行及时赶回来，指责尼尔-雷诺兹的报告是“夸大其词”。阿默指控罗斯福是在“用他的权力败坏他们和他们贸易的名声”。当然，这些慷慨陈词都是常见的政治手段。双方都不妥协，而是继续战斗，都在指控对方的各种罪行。双方都声称是为了大部分公众、国家的利益而在英勇作战。他们与毫无利益关系的尼尔、雷诺兹合作来美化他们的行为。但是，就此而言，和解似乎是不可能的，于是就开始了谈判。毕竟双方是需要一部分法案通过，而不是没有法案限制。

罗斯福要求速战速决，白宫把贝弗里奇法案和沃兹沃斯-洛里默替代法案都交给了农业委员会。这样做之后，通过委员会机制很好地建立了复查立法过程。国会先建立委员会简化功能。一些更小的群体认为这些措施在向整个白宫或参议院推荐以前，应考虑他们这些小群体的特殊利益，而不是权衡所有人的利益。贸易法案被送去了委员会或者外国商会（Foreign Relations Committees），水利工程计划被送往水利工程委员会（the River and Habors Committee），农场法案被送往农业委员会。这些法案围绕不同类型的主题，由不同的委员会进行分类管理。所有法案最后一定要由制定议会规则的法律委员会通过，然后被分拨给基层进
249 行讨论或者进行修订。

然而如果委员会系统要有效率，它也能以不民主的方式不通过支持率高的法案。委员会能够取消或者修订某些关键建议或者拒绝法案送还基层进行讨论投票。白宫是通过敌人的据点贝弗里奇法案送往农业委员会。沃兹沃斯和洛里默都是该委员会的成员，为了以修正法案代替贝弗里奇法案，他们只能从同伴那里获得 18 张投票中的 10 张。白宫的其他成员从来没有机会为原始法案投票，即使大部分人支持这部法案。

沃兹沃斯和洛里默不遗余力地破坏贝弗里奇法案。他们通过举行委员会听证会开始了他们的攻击，听证会只邀请那些同情包装厂商的委员。听证会于 6 月 9 日结束，沃兹沃斯勉强获得了胜利，他的代替法案仅仅以 11 比 7 通过。四名共和党人很讨人厌，以尼尔和雷诺兹为目标被“恐吓”，他们就投票反对代替法案。总统了解沃兹沃斯造成的严重后果也爆发了，他认为新法案“情况很糟糕……如果他们还是故意阻止这些被抱怨的种种罪行，情况会变得更糟”。

尤其有两条建议激怒了罗斯福。农业部门已经建议如果拨款不够的话，作为退让，国会有权每年拨款，同时授予可信任的部门征收每头动物税收的权力。洛里默和沃兹沃斯坚持每年征收 100 万美元远远不够。他们又再一次将最终决定权从农业部门转移到

联邦法庭。

总统承认，包装厂商像其他人一样，有参与“合法的诉讼程序”的权利。但是他也相信，法庭复审应该会严格审核立法程序问题：委员们可以公平地决定吗？委员会授予法庭根据大量的问题进行立法的权力。“为了能够纯粹行政化，应该让农业部门的权力受到严格限制，”罗斯福告诉沃兹沃斯，“授权的屠宰场卫生标准不达标，授权给不卫生的产品，这对政府专家的裁决会产生影响，应该了解一下到底谁知道其中的条件和行政部门陈述的责任是否正确。”

沃兹沃斯不惧总统的怒火。“你错了，你错估了委员会法案。”他回答。他曾为了“总统责难白宫委员会代表的诚意和能力”而批评总统，同时声称他的替换措施是“完美的立法程序，对问题的解决会产生作用，甚至是能解决国会委员所提出的问题的完美法案”。洛里默也郑重宣布会继续反对总统。

除了一个重要的细节，所有互相攻击的片段不再引起历史学家 250
的注意——所有的反对者都属于同一党派。肉类检查的斗争使得受欢迎的强大的总统和他的参议院朋友处在白宫大多数共和党人的对立面。曼彻斯特的参议员亨利·卡伯特·洛奇（Henry Cabot Lodge）可能是总统最亲密的政治盟友，他们在政党内部的分歧也公开化，他公开指责他们的“贪心”让改革不能成功。白宫内的民主党派察觉到共和党派内部滋长的矛盾，他们在继续加深彼此的不和。他们坚持，贝弗里奇法案在白宫基层全部通过，即便在农业委员会还未得出投票结果。“独裁的”约瑟夫·坎农（Joseph Cannon）——一名独断的共和党发言人，因为立法的脱序而暂时恢复了他在党派的地位。

坎农现在是热门人选。在共和党内部产生的激烈争辩威胁到了党派内部的团结，无情地破坏了他所建立的政治帝国。他的个人和政治同情心为包装厂商和反对政府关于自由企业系统立法的保守党派铺路。但是他的力量，不仅仅来自对任何小集团的领导上，还来自他党内的所有成员。他的权力不稳，坎农试图找到某种方法来打破共和党改革家和保守派之间的坚冰。因为罗斯福也在党派合作上有利益，发言人打算去白宫面见罗斯福。总统在法律允许范围内做出了退让。他们同意让威斯康星州代表亨利·亚当（Henry Adam），一名农业委员会的中层委员，负责具体的工作细节。亚当签署了早期的和解方案，作为一名前食物委员会和纯净食物立法的斗士，他名声很好，紧随沃兹沃斯和洛里默的脚步。不久，亚当、雷诺兹和农业部门的律师起草了新法案。沃兹沃斯-洛里默的措施包括放弃公务员权力，增加肉罐头写上日期的建议，赋予信任部门征收费用的权力，取消法庭宽泛的审查权力。罗斯福称他们的措施“和贝弗里奇修正案一样好”。

法庭应审查哪些内容呢？

当坎农和罗斯福谈判的时候，沃兹沃斯和洛里默并不在华盛顿。他们回去后，起誓要扭转形势。但坎农不想让内部起纠纷，于是他催促农业委员会做出退让。沃兹沃斯和洛里默马上取消了可信任部门从亚当法案获得的征收费用的权力，尽管他们已经把拨款提升到300万美元，比当时的成本价格还要高得多。他们下一个目标是致力于取消对日期的要求，而保留了公务员的权力，明确提到检查官员有权力可以“日夜”检查工厂。

关键性的争议仍然存在。什么是法庭审查的范围呢？如果总
251 统取消参议院提出的给予相关部门“最后的”权力，沃兹沃斯是愿意放弃全面审查的要求的。罗斯福同意了马匹交易，它被历史学家巧妙地描述为“刻意地模糊手段”。换句话说，这个法案极力掩盖最后的权力是给这个相关部门，还是给了法庭。为了实现对检查水平的提升，罗斯福愿意让法庭进行公正的事实复审。他后悔放弃了写明日期的强制命令，但是没有想过这个问题的重要性，没想到它打乱了求之不易的妥协。罗斯福经常批评那些顽固分子去争取“一整条面包”，然而他们所希望的“半条面包”才是最好的。在总统的帮助下，整个白宫在6月19日那天通过了委员会最终的法案。

但是这场斗争还没有取得胜利，因为在参议院的贝弗里奇和改革家们还在继续他们的争斗，此举令两院陷入难解的困境中，直至休会。雷德菲尔德·普罗克托（Redfield Proctor），即参议院农业委员会主席，非常支持印第安纳州的参议员。即使因为风湿病几乎腿跛了，普罗克托还是留在了华盛顿以确保肉类法案能够顺利通过。就像贝弗里奇一样，他坚信消费者有权利知道肉罐头到底是保存了五天，还是五年。如果政府盖章需要自费，而这又免费为包装厂商做了广告，普罗克托认为应该由工厂，而不是纳税人来承担这笔费用。因此，参议院投票反对众议院法案，转而力挺他们所支持的法案。

过程而非事实再一次对结果产生了重要影响。众议院中两派对同一部法案持不同立场，他们开会解决矛盾。由于时间不充足，不足以展开讨论，罗斯福不得不介入。他先是敦促众议院成员重新考量日期和费用。他们坚决拒绝，罗斯福转而向参议院出席人员求助。普罗克托和贝弗里奇意识到，再次被拒绝意味着他们将彻底失败。6 月 29 日那天，在休庭之前，他们“为了确保更大的利益”，举白旗投降，参议院最终通过了众议院的法案。第二天，在罗斯福同意签署法案之后，1906 年《肉类调查法案》正式成为法律。

《屠场》背后

是时候开香槟庆祝了吗？尽管他们反对某些妥协，罗斯福和贝弗里奇最后签署了法案作为改革的胜利果实。即使历史学家让这种情况继续，他们也不知道如何选择，是接受罗斯福和贝弗里奇的热情，还是接受克努特·纳尔逊的失望？到底是谁最后赢得了立法的胜利呢？当然，老掉牙的法律被“不分昼夜”的检查机制代替，这鼓舞了改革家。他们开始检查跨州肉类贸易，给予那些部门实际权力建立卫生标准，为未来提供足够的资金。然而最后的法案没有包括每头动物检查费用的建议，也没有提到日期标签的事，

252 法案仍旧给予法庭最后的裁决权，而不是给农业立法部门这项权力。当国会通过法案时，罗斯福、贝弗里奇和纳尔逊迅速执行了法案中的相关规定。但是，在行政部门执行该法案和这项法案被法庭审核之前，任何新法律的真正影响仍然是不确定的。以《肉类调查法案》为例，未来的总统可以委派农业部门中对包装厂商持同情态度的行政人员。既定标准要么含糊其辞，要么太过宽松，如此，强力推行合适的卫生措施便没有可能。更重要的是，法庭可能要求罗斯福摊牌，要求对他们的权力进行全面复审。妥协让步可以维护罗斯福，还是证明"一半的面包"比没有更糟，在他们弄清楚这些问题以前，历史学家一定可以在这段时间里，了解新机制如何运转。

随着时间的推移，肉类检查随后发生的事情证明总统的退让策略是个非常聪明的做法。300 万美元的拨款已经足够支持"加强版"检查系统的运转。到 1907 年末为止，参议员威尔逊的报告中提到，更高效率的新立法程序能够大大减少运转成本。美国国际银行在第一年仅仅花了 200 万美元，虽然工厂数量增加，成本却下跌了。

罗斯福"刻意的模糊手段"是非常明智的。

罗斯福"刻意的模糊手段"是非常明智的。包装厂商对法庭检查机制没有任何反抗，直到十多年后，美国一直没有出现关于这个问题的较大案件。1917 年，在美国起诉卡达希包装(udahy)有限公司等的案件中，联邦判决肯定了行政人员的权威。他规定国会能够"授予权威给合适的行政官员起草有效的立法条款"。两年后，高级法庭限制了法庭复审的权力，而不是赋予更宽泛的权力。在法庭一致裁定休斯顿诉圣路易独立包装公司的事例中，法官约翰·克拉克(John Clarke)有关对肉类贴标签的决定是个"与事实有关的问题，承担做出决定责任的农业部门法律就是行政部门首脑所做的结论……此项法律不被法庭重新审核，法庭相当支持这项法律"。尽管那时的结果极少被质疑，在 13 年后，事实终于证明了改革家最后胜利了。直到1968年,另一批主要由拉尔夫·纳德(Ralph Nader)推动的改革家,提出了推动一个新运动来巩固检查机制。在21世纪,国家肉类的健康依然是公众关注的焦点。

关于肉类检查开展的政治争论提醒了历史学家,涉及经济政治权力分配关系的立法问题最终受经济和政治力量影响,政府的三支力量影响结果。但是投入并不意味着它们的作用是一样的。在这样的情形之下,政治智慧和受欢迎的行政人员在关键时刻影响政治过程的能力更大。罗斯福利用他的行政力量,他在共和党内的力量和他对公众的影响力,来平息双方的反对声音。贝弗里奇认识到,"如果总统不继续实施他的大棒政策,打击包装厂商和他们在众议院和参议院的代理人",那么面对广泛的公众义愤行为,国会是不会有所行动的。然而罗斯福最后获胜了,仅仅因为他意 253
识到在政治中妥协是司空见惯的。为了实现他更大的目标,他以不重要的部分为条件进行退让。

正如历史学家必须扩大他们的视野范围重视政府的三支力量在法律方面的影响,他们也必须建立法案。正如我们所发现的,肉类的丑闻在《屠场》公布以前已经存在一段时间。我们虽然几乎不理解新法律以何种形式发挥作用,但是发现大众一致要求更严格的检查。在法案通过过程中,我们发现在大众强烈要求进行广泛改革的呼声下,结果是否满意实质上体现了私人和公共机构在建立满意标准过程中产生了激烈的冲突。包装厂商没有放弃对生意的控制权,他们想要从新法案中获益。改革家则既有道德目标,又有政治目标。起先,他们也想要惩罚包装厂商不顾公众健康。其次,更重要的是,改革家声称想利用联邦政府的权力来管制"工厂肆无忌惮的行为"。然而高级法庭最后限制了权力,努力的成果仍然受到质疑,直到法案最后成功通过。

为什么《肉类调查法案》让贝弗里奇成功了而纳尔逊却失败了就显而易见了。这个结果对改革家和包装厂商而言都不是胜利。常见的是,只有在公众讨论的可见的物和人,在诉讼纠纷中和立法关键性过程中,发生争执,还有妥协,之后,政治机制才能取得成功。

工厂的恶行和总统的英雄主义形成的标志从我们的分析中淡化。但是就他们的作用而言，我们还需要更复杂的真相，来揭露影响政治过程的历史。

254

拓展阅读

本章主要浓缩了耶鲁大学城的早期历史：研讨会，在这里学生有机会通过第一手资料去重现历史。在那个研讨会上一些学生非常积极自发地查找了额外材料。其中尤为重要的是，他们发现，John Braeman 的“*The square Dend in Action*：*A Case study in the Grouth of* “*Nationat police dower*”论述了新的肉类检验的宪法法律所引发的问题。Braeman 等所写的那篇文章发表在 *Change and Continuity in Twentieth Century America*，vol. 1（OH，1964，34—80）。历史学家用了很长时间发现某些城市和生态学家参与了这一事件的讨论。William Cronon 的 *Nature's Metropolis*：*Chicago and the Great West*（New York，1991）提出工业文明的建立，把城市和乡村地区连接了起来。Cronon 虽然没在大企业实践，但通过芝加哥对移动装配线和冷藏列车数据包的创新认识到了变革的本质。像他一样，Michael McGerr 的 *A Fierce Discontent*：*The Rise and Fall of the Progressive Movement in America*，*1870—1920*（New York，2003）和 Elizabeth Sanders 的 *Roots of Reform*：*Farmers*，*Workers*，*and the America State*，*1877—1917*（Chicago，1999）中提出了经过调整的对商业和改革的观点。厄普顿·辛克莱的两本书反映了对社会丑事的揭露，即《屠场》（纽约，1906 年）和他自传性的 *The Brass Check*（Pasadena，CA，1919）。有关西奥多·罗斯福和围绕进步主义展开的争论，参见 George Mowry 的 *The Era of Theodore Roosevelt*（New York，1964）；Gabriel Kolko 的 *The Triumph of Conservatism*（New York，1964）；Lewis Gould 编辑的 *The Progressive Era*（*1973*）。另一部有用的二手文献是 Joel

Tarr 的 *Boss Politics*，其中探讨了“金发碧眼”洛里默的职业生涯。David Thelen 的“Not Classes，But Issues”第一次出现在 *Journal of American History* 1（September，1969， pp. 323－334）其中不但提供了大量他自己的看法，而且也回顾和促进了许多“关于进步主义的看法”。Dan rogers 的 *In Search of Progressivism*，*Reviews in American History 10*，*1982* 具有更新历史编撰的意义。Robert Crunden 的 *Ministers of Reform*：*The Progressives' Achievements in Modern American*，*1889－1920*（Urbana， IL ， 1982），对蔓延全国的改革有新的洞察。Walter Brasch 重新审视了辛克莱和其他改革者，参见 *Forerunners of Revolution*：*Muckrakers and the Social Conscience*（New York，1990）。

在这个案例中的文档都可以在图书馆中好好研究。一些报纸如 *New York Times*，*Chicago Tribune*，*Chicago Record-Herald* 和 *Chicago Inter-Ocean* 都报道了整个争议，然而芝加哥报纸的报道更深入。你能在 Elting Morison 等人身上了解罗斯福的许多想法，参见他们编辑的 *The letters of gheadore koosevelt*， vol. 5（cambridge，MA，1953）。阅览一些当代的杂志，包括 *Everybody's Magazine*，*The Lancet*，*Cosmopolitan*，特别是 J. Ogden Armour 的《打包者和人民》（*The Packers and the People*），*Saturday Evening Post*177，37（Marchlo，1900），按照 kolko 的理解，这是一份关键文献。我们能了解到有关肉类包装和其他丑闻事件的争议情形。 255

本章重点利用了政府文件。读者诸君可以参见 Congressional Record， 59th Congress， 1st Session； House Committee on Agriculture，59th Congress，1st Session，Hearings…on the So－called “Beveridge Amendment” to the Agriculture Appropriation Bill－H. R. 18537（Washington， DC， 1906）； Bureau of Animal Industry， Twenty－Third Annual Report（Washington， DC， 1906）； House Document 873，59th Congress，1st Session（June 1906），即尼尔-雷诺兹报告和罗斯福的说明信：农业委员会的少数派报告与多数派报告，收于 House Report 4935，pts. 1 and 2，59th Congress，1st

Session(June 14 and 15, 1906)和 House Report 3468, pt. 2, 59th Congress, 1st Session(June 15, 1906)。其余材料，参见 Roosevelt Pagers(Harvard University, Widner Library)和 Beveridge Pagers (University of Indiana)。

第十一章　萨科和万泽蒂 256

马萨诸塞州的团体“要求不要冤枉无辜”，法庭坚持说。或者说当要处死萨科和万泽蒂时，真实的情形是这样吗？

一战后的数年间，持械抢劫案层出不穷。令人焦虑的时期内，任何一个持有大量金钱的人总要小心谨慎。1919 年 12 月，一大帮强盗光天化日之下在马萨诸塞州的布里奇沃特(Bridgewater)打算抢劫。在短促的枪战之后，强盗空手而归，没有人受伤。弗雷德里克·帕门特(Frederick Parmenter)是南布伦特里(South Braintree)附近的斯莱特(Slater)和莫雷尔(Morrill)鞋业公司的出纳员，他经常乘车把装有工资的盒子送到底下的工厂。1920 年 4 月 15 日的下午，此时车子并没有准备好。他的老板雷克斯福德·斯莱特(Rexford Slater)就让他从办公室步行到工厂。所以，他和他的助手亚历山大·勃拉代力(Alessandro Berardelli)带着装了 15776.51 美元的两个铁盒出发了。

在半路上，一个男人从马路的一边走向勃拉代力，说了几句话后，突然向他开枪。帕门特急忙转身逃走，另一个强盗也开枪了，帕门特身受重伤。勃拉代力挣扎着站了起来，匪徒又朝他开了几枪，他死在了街上。一辆蓝色的别克车从停车场驶出。两个枪手和为他们把风的人跳上了车子，逃向了布里奇沃特。这次抢劫持续了一分多钟，为了防止追捕，匪徒沿途消灭罪证。当别克车开到了铁路十字路口时，守卫升起门。“举起手来，否则就在你身上开个洞。”匪徒警告道。守卫举起手，但他们还是开枪了。短暂的停留之后，他们就加速逃跑了。离布伦特里还有两英里，他们扔下了别克车，乘另一辆车逃跑了。

布里奇沃特警察局长迈克尔·斯图尔特(Michael Stewart)认出了在布伦特里歹徒作案的惯用手段。他揣测，实施了12月抢劫案的也是这同一伙外国人。斯图尔特决定严密调查一个名叫麦克·布达(Mike Boda)的意大利无政府主义者。由于不能发现布达的行踪，斯图尔特找到了布达留在了西蒙·约翰逊(Simon Johnson)车房里维修的车。根据斯图尔特的理论，无论谁来取车都
257 会成为两场犯罪的第一嫌疑人。

尼古拉·萨科和巴托洛米奥·万泽蒂，被指控为马萨诸塞州南布伦特里附近斯莱特和莫雷尔鞋业公司工资抢劫案的罪犯。警察让目击者去指认他们两个人，他们没有与嫌疑人站成一排，警察让他们作为抢劫犯站在房间的中间。

他的预测不久便有了结果。1920年5月5日，布达和其他三个意大利人去取汽车。约翰逊太太从旁边的门溜出去通知了警察，这四人没有等到她回来，布达和一个朋友里卡多·奥尔西尼(Riccardo Orciani)骑上摩托车离开了，这时，他们的同伴步行到了附近的电车站。他们看上去很紧张，到达半英里外的另一个车站。

他们乘电车去了布拉克顿(Brockton)。当有轨电车沿大街行驶时,警官迈克尔·康诺利(Michael Connolly)跟上去并逮捕了他们。他们问为什么,他简短地回答道:"嫌疑人。"

故事始于尼古拉·萨科和巴托洛米奥·万泽蒂,两个身份不明的意大利外侨,他们成为美国最具争议的一段历史之一的主人公。在他们被逮捕后一年多,陪审团慎重考虑了五个小时之后就判定他们犯了抢劫罪和谋杀罪。这么快就做出判定的确令人惊讶,尤其审判持续了七个星期,有160多名陪审员听审,这次审判引起了全国的注意。

争论并没有因陪审团的决定而停止。六年的上诉把小镇上的抢劫案和谋杀案变成了国际性的骚乱。意大利政府表示,还会持 258
续关注。成千上万的自由主义者、刑事律师、法律学者、民事自由主义者、激进分子、工人领导、杰出的社会学家和移民代表发言人,主张重新审判萨科和万泽蒂。同样,国家的法律、社会、学术、政治精英集合起来与此抗衡。

> 在纽约联合广场,1.5万人彻夜静立。同样的示威人群也在欧洲几个城市出现了。

这一事件在1927年4月9日达到了高潮。审讯法官韦伯斯特·塞耶(Webster Thayer)否定了八项上诉,判处萨科和万泽蒂在电椅里被电死的刑罚。他的做法引发了数月的抗议和政治活动。在查尔斯顿监狱(那儿关着这两个人)和波士顿州议会大厦里,萨科和万泽蒂的支持者在游行,收集请愿书。在抗议者和当权者之间紧张局势一触即发之际,骑着马的警察袭击了波士顿的人群,鞭打纽约大街上的人们,用棍棒将他们驱散出去。8月22日那天,在萨科和万泽蒂被处死前的早上,查尔斯顿监狱整军备战,严阵以待。为防止抗议者靠近,监狱广场四周都用绳子围起来,同时,还有800名全副武装的卫兵沿监狱围墙巡逻。在纽约联合广场,1.5万人彻夜静立。同样的示威人群也在欧洲几个城市出现。全部等待着有关所谓的“一个好鞋匠和穷鱼贩子”的命运的消息。

历史学家面对这些不同寻常的事件时会产生疑问：抢劫案和谋杀案怎么会成为国际性事件？生活在美国社会边缘的两名意大利移民怎么就使得备受赞扬的国家的立法机构成为众矢之的？或者正如一名杰出的法律教授那样，用生动的比喻提出的问题：

> 为什么对这两只“黄蜂”大惊小怪，这些人在数年后，甚至都成不了公民；谁还没有谦虚地学会我们的语言；谁不相信我们的政府施政的形式……谁承认自己是懒鬼，声称自己是和平主义者，但是为了他们所鼓吹的保护个人财产的目的，以致命武器装备，来反对他们所宣传的所有原则？

质疑法律证据

重新审查事件的律师可能这样回答这些问题：萨科和万泽蒂案件引发了人们对备受尊敬的盎格鲁-撒克逊司法体制的严重怀疑。更具体说来，许多法律学者宣称，审判和上诉程序未能满足最基本的公平性，特别是刑事案件中有些被告甚至性命垂危。

259 第一次争议萨科和万泽蒂的案件，起诉人似乎有充分的理由把这两个人列为“嫌疑人”。萨科和万泽蒂都手拿枪械。不仅仅是这样，萨科口袋里还有 23 颗子弹，万泽蒂还拿着猎枪壳。这两个人因为这些而受到质疑，审问时，他们还对自己的行为撒了谎。他们辩解道，他们不认识麦克·布达，也没有去车房取布达的车子。但是有可疑的行为是其中一个问题，证明萨科和万泽蒂在南布伦特里实施了谋杀案是另一个问题。警察和起诉人立马行事，确实没有紧随程序办事。

可以确定的是，1920 年警察被赋予了超越法律进行调查的权力。高级法庭在审理米兰达（Miranda，1966）案件和埃斯科贝多（Escobedo，1964）案件时，赋予犯罪嫌疑人保持沉默的权利，他们被告知他们拥有的权利，他们站成一列等待公平的辨认。然而 1920 年这些保证都是不存在的。即便这样，检察官弗雷德里克·卡兹曼(Frederick Katzmann)和局长斯图尔特在反对萨科和万泽蒂案件上表现出了不寻常的热心。他们在被询问的前两天均未被告知为什么怀疑他们进而逮捕他们。局长斯图尔特没有重复盘查他们关于抢劫案的问题，而是进行了关于他们的政治信仰和相关联的问题。检察官调查4月15日的案件有一些偏袒，即使他从来没有提到过布伦特里的案件。而且，警察让目击者辨认嫌疑犯时，并没有让嫌疑人排成一队让人辨认。他们强迫萨科和万泽蒂单独站在房间中央，摆出跟强盗一样的姿势。

随着调查的深入，调查的结果因为缺少证据慢慢站不住脚了。所有五个犯罪嫌疑人，除了万泽蒂，都证明他们在整个12月都没有去过布里奇沃特。尽管对嫌疑犯的财物进行了仔细搜查，甚至还搜查了嫌犯送回意大利的一只箱子。卡兹曼还是无法追踪到金钱，哪怕是在与嫌疑人相关的偏激政治群体中也找不到线索。指纹专家发现从别克汽车上搜集的指纹和从嫌疑人身上提取的指纹不匹配。

面对证据的疏漏，卡兹曼依然决定，第一，检举万泽蒂12月在布里奇沃特犯下抢劫罪；第二，判定萨科和万泽蒂4月在布伦特里犯下谋杀罪。历史学家不确定他为什么这么做，从他的同伴了解到他们供认不讳。检察官和检举人都有政治野心，卡兹曼也不例外。他自己的交际圈涉及从波士顿工薪阶层到哈佛大学精英的广大人群。在生意上取得成功之后，他从波士顿法律夜校毕业。在波士顿高级公司工作的经历让他对生活质量有了更高的要求，也渴望扩大他的事业范围。1910年，他继任了波士顿南部诺福克(Norfolk)县的检察官。观察者们认为他是“性情中人”，许多人都以强硬风格概括他在法庭上的表现。轰动一时的案件就像某种时 260
机转瞬即逝，比如南布伦特里的抢劫案和谋杀案，对没野心的检察官而言可能会浪费机会。除此之外，他有更强大的动力去争取。在他心里，他知道萨科是有罪的，同时自信万泽蒂也是如此。这两名无政府主义者威胁到了像他这样的人广开方便之门的那个社会。

在法官韦伯斯特·塞耶审判之前，1920年6月的布里奇沃特案件已经引起了争论，卡兹曼引用案例指控万泽蒂犯了抢劫罪。他仍然试图想要让陪审团意识到万泽蒂的无政府主义立场，说服他们宣判其有罪。随即对一名没有任何犯罪记录，没有伤害任何人，也没有偷窃任何财物的被告做出异常严厉的刑罚(判刑12—15年)。

这次定罪让卡兹曼有机会在戴德姆(Dedham)的城郊进行第二次审判。因为这次审判是高等法院的特殊会议，必须委派法官被委任去听审。塞耶法官询问他以前的同事、主审判员约翰·艾肯(John Aiken)给他分配任务，虽然他已经主持了万泽蒂先前的审判，不认为自己是公正的。然而第二次审判是让已经明确认为被告人有罪的法官审判。塞耶在法官席上的表现证明了他对案件结果有重要影响。不像卡兹曼，塞耶一路走来可谓顺风顺水。他被中产阶级父母送到私人学校和达特茅斯(Dartmouth)学院就读。1917年，一名达特茅斯学院的同学委任他作为法官，他修习了离婚案件。塞耶是有个性的人，他对国家有着鲜明的责任感和忠诚感。他曾评论无政府主义者，那些人会以暴力威胁到他热爱的国家。“噢！像这样的破坏性和革命性的教条是多么不幸，这触及了美国的宗教信仰。”萨科和万泽蒂并不是他第一次在法庭里所遇到的无政府主义者。当审判开始时，审判员会说：“安静，安静……上帝挽救马萨诸塞州的所有人。”这就是韦伯斯特·塞耶试图要做的。

在戴德姆，检察官卡兹曼将已有的证据分为三类：(1)现场目击者的证词；(2)专家进行的弹道测试，证明萨科的猎枪就是那把让勃拉代力致死的枪，万泽蒂则是在抢劫案中向勃拉代力开枪；(3)在逮捕前后，被告人逃避的行为也是“心虚”的表现。

但是，检举诉讼让二审进入困难时期。在现场目击萨科和万泽蒂的所有“目击者”中，玛丽·斯普莱恩(Mary Splaine)提到，从距离现场大约60英尺的斯莱特和莫雷尔厂房的一个窗户里看到了枪击。那个时候，她看到了一个不认识的男人以18英里的时速开着
261 车逃跑。在罪案发生之后，斯普莱恩难以描述任何强盗，但是一年后，她认出了萨科，非常详细形象地回忆起他“很大的”左手。她拒

绝撤回她的证词，即使最后证明萨科其实手很小。

路易斯·佩尔泽（Louis Pelzer）提供了证词，一听到枪声，他发现从窗户到犯罪现场至少要一分钟。他指出萨科是袭击勃拉代力的危险人物。但是，两名目击者对佩尔泽的证词产生争执。他们回忆到，一听到枪声，勇敢的佩尔泽立马藏在工作台下面——所以不能清楚地辨认罪犯。

第三名目击者，洛拉·安德鲁斯（Lola Andrews）提到，那天罪案发生的早上，她停在工厂附近，向在车下工作的黑发男人问路。她后来认出萨科就是袭击的人。但是同行的人，茱莉亚·坎贝尔（Julia Campbell）否认了安德鲁斯曾向车下的男人问话。坎贝尔作证说，安德鲁斯曾走近站在那里附近的苍白、病弱的男人。另外的目击者想起了同样的脸色苍白的人。第二个朋友起誓，安德鲁斯从警察局回来之后，他听到安德鲁斯说“政府把我带走了，让我去辨认那些人，我一点都不认识他们”。安德鲁斯否认自己是妓女，这也没有提高她的可信度。然而，在检察官卡兹曼的总结中，他告诉陪审，11 年后，作为检察官，他不像“以前……偏信类似于洛拉·安德鲁斯的目击者的言词”。

与卡兹曼含糊其辞的陈述相反，被告提出了 17 个目击者，有些是可以提供当天不在场的证据的，有些目睹了罪案，但没看到萨科或者万泽蒂。一名在波士顿担任意大利咨询处工作的官方人员证明了萨科的证词，他 4 月 15 日在波士顿申请护照。这名官员记得萨科是因为他试图用 10 英寸的照片作为申请护照的照片。“这样大的照片从来没有在护照上用过，”官员回忆道，“我拿着照片，把它给了咨询部门。我们讨论了这件事，还嘲笑了一番。我记得看过当时的日期……在便签条上的日历。”其他人也说，他们在那天的午宴上见过萨科。见到万泽蒂的目击者则提到，他们曾向前者买鱼。卡兹曼搜集证据想要说服陪审团，目击者没有任何理由把如此一般的事情与这特别的日期联系起来。

面对目击者矛盾的证词，弹道证据成为案子的决定性因素。

面对目击者矛盾的证词，弹道证据成为案子的决定性因素。为了证明谋杀罪成立，卡兹曼希望证明袭击勃拉代力的致命一枪来自萨科的枪。弹道专家经常分辨那些开火的弹道，弹道留下的痕迹，它们就跟指纹一样独特明显。两名专家，威廉·普罗克托和查尔斯·凡·埃姆博格(Charles Van Amburgh)认为这致命的子弹来自柯尔
262 特(Colt)手枪，并且可能与萨科的枪相似。但是卡兹曼的证人没有一个描述得清楚。“那把手枪持续开火。”普罗克托答复卡兹曼说。凡·埃姆博格也说得非常模糊：“我比较相信……那把枪开火了。”

不知为何，被告律师从来不理会这些模糊的证词。然而，他们的弹道专家绝对确定致命的子弹不是来自萨科的枪支。除此之外，他们还反驳检察官描述的讼词，在抢劫时万泽蒂拿走了勃拉代力的枪。在他被谋杀之前不久，勃拉代力去维修店修锤子时留下了他的手枪。维修店的记录虽然不是那么精确，但还是显示了那把枪是 0.32 的口径而不是万泽蒂拿着的那把 0.38 口径的枪。这些由勃拉代力太太证词提供支持，勃拉代力太太说，她的丈夫从来没有取回他的手枪。被告人反驳道万泽蒂枪上的锤球还没有修好。

在被告被逮捕时，为什么他们还拿着枪呢？

因为被告人驳倒了弹道证据，卡兹曼对案子存着“心虚”的印象。为了在众人面前证明嫌犯有罪，他还要向陪审团描述萨科和万泽蒂的行为在逮捕前后都如罪犯一样是畏畏缩缩的。这样卡兹曼让他的言论更具说服性。在被告被逮捕时，他们为什么还拿着枪呢？他们提到，他们在那天早上去捕猎。如果是那样的话，他们出发去取麦克·布达的汽车，在晚上为什么还拿着捕猎的武器和多余的子弹？“他们如此着急，”萨科和万泽蒂回答说，“所以他们忘记把枪放回家里。”但是卡兹曼继续攻击他们的辩解：“这两个人起先为什么对知道麦克·布达和已经去了车房这些事情要撒谎？”显而易见，这体现了他们的心虚。

为了解释萨科和万泽蒂的谎言，被告人律师只能提到关于他们的政治立场的争议。的确，这两个人以他们是无政府主义者为豪，拒绝承认任何政府的权威。他们认为资本主义比抢劫机制稍微好一点，仅仅是有钱有权的人剥削穷人。萨科和万泽蒂在工人罢工和劳工动荡时期非常积极地参与其中。结果，政府在 1919 年开始镇压这些偏激分子，警告他们。当警官康诺利(Connolly)逮捕他们时，两人也提到他们中了政府的圈套。被告的律师辩解道，他们行为闪缩不是因为他们是罪犯，而是因为他们是被检举和驱逐出境的激进分子。一旦被逮捕，萨科和万泽蒂害怕被警察持续盘问，继而就会查到他们的政治信仰。

被告以同样的理由解释他们在约翰逊车房的古怪行为。在他被逮捕前不久，万泽蒂与纽约的意大利国防委员会商议，要求调查跟他一样的无政府主义者——安德里亚·萨尔塞多(Andrea Salsedo)。 263
委员会仅仅知道萨尔塞多被司法部门拘留，成员们警告万泽蒂，他和他的朋友可能会被监禁或者驱逐出境。仅一周之后，全国的报纸报道了萨尔塞多从 21 层楼跳下摔死了。警察坚持说他是自杀，但是很多无政府主义者认为萨尔塞多是被谋杀的。在他死之前，他向政府泄露过其他无政府主义者的名字吗？如果这样的话，万泽蒂和萨科是非常危险的。在无政府主义者的书信往来中发现的任何人，不是被逮捕就是被驱逐出境。就是因为这个缘由，萨科和万泽蒂向法庭申诉他们去取回麦克·布达的车子：他们需要车子运走存在家里的激进宣传册子，他们不希望向警察供认他们的激进活动。

被告激进的政治行为被揭露之后，却没有改变陪审团对两个人的看法。他们的解释没有改变卡兹曼集中在心虚表征的总结陈词。法官塞耶在指控时也没有重视他们的解释。理论上，法官的指控会引导陪审团如何解释有问题的证据：从无关的证据中分离出相关的证据，建立起陪审团公正的裁决体制。但是塞耶对所有的事情富有同情心。在讨论弹道测试中，他错误地认为，卡兹曼的专家目击者辨认清楚萨科的猎枪是那把开出致命一枪的手枪。他没有费心重视，被告分析了检举人的证人是不可靠的。然而提到心虚的时候，法官才重视起来，变得健谈起来。他仔细检查了警察提供的证据并盘问了车房房主，却忽略了萨科和万泽蒂的解释。

律师和法律历史学家提到了其他的批评——在审判中过多的批评，法官和检察官都有偏见，被告律师搞得一团糟。不可避免的是，这些批评会影响历史学家进行讨论的方式，大部分集中在证明嫌犯有罪的争议上。与主流观点相反的是，法庭还没判定这个人是有罪还是无辜的。他们只是判定检举人是否收集了足够的证据证明嫌犯有罪。法官或许怀疑被告是有罪的，但是如果证据不足的话，法庭一定会将被告无罪释放。正如法庭所总结的，“公众利益要求无罪……检察官大部分的责任是为了不让无辜的人蒙受冤屈，也不让有罪的人逃避罪罚”。

因此，律师也集中在某些重要的问题上。对萨科和万泽蒂案件而言，这是生命处于危急关头的最重要的决定性要素。就普遍情形来说，律师相信法律制度会保障个人权利，他需要确保合适的法律检举程序，根据所建立的法律制度，这些证据才有用。与这些检举程序相一致的是，要有充分的证据证明被告有罪。某位律师提问道：“为什么所有人对萨科和万泽蒂案件这么大惊小怪？”大部分
264 人可能回答道：“因为这次审判有合理的怀疑不能证明嫌犯有罪，是一次失败的司法审判。”

无辜者免罪

到目前为止，我们在这些文章中考虑用史学方式来理解历史提供的比法律机制更广泛的证据。这些试图限制审判中证据的流动性。因为这些证据可以合理解释事实。法官得出结论一般会排除一些伪证，推断其中陈述的想法、动机、猜测和引起目击者得出模糊结论的问题。但是这些都是历史学家可以在研究中利用的信息来源。历史学家可以更大胆地推测，因为他们的结论不会让无辜的人入狱，或者让有罪的人无罪释放。例如，上诉法官拒绝被告人陈述。被告认为法官塞耶对萨科和万泽蒂的偏见影响了审判的结

果。他们支配了法庭外的那些言论，引导着舆论走向，不管多么不合适，也不能够对判决有所影响。相较之下，历史学家可以接受法官塞耶的偏见，无论他是在什么地方暴露了这种偏见。

历史学家得到了更广泛的证据，可能被引导去做律师没有做成的事——确定萨科和万泽蒂事实上在南布伦特里有没有犯下抢劫和谋杀的罪行。如果调查成功，至少可以平息纷争。然而那样的方法没有让我们突破律师的问题。我们仍然回到两个人身上——萨科和万泽蒂——一个中心问题是：他们是有罪还是无辜的？

> 历史学家的义务超越了犯罪和无辜问题。

但是，我们一定记得，历史学家面对这些问题时，他们的义务就是充分发挥被调查对象的作用来解释真相，而不是仅仅质疑嫌犯有罪还是无辜。他们必须超越萨科和万泽蒂案件，看到案件背后人们和周围群体的反映。政治问题会给这两个人的审判带来什么呢？法官塞耶，检察官卡兹曼，美国社会或者马萨诸塞州的陪审团代表，又代表了多少人的立场呢？到底是什么罪行让陪审团宣判被告有罪呢？在回答这些问题时，历史学家不仅要关注戴德姆法庭的案子，还要有更广阔的视野。总之，我们不可能仅仅通过证明被告有罪还是无辜，来回答我们的初始问题："为什么所有人都大惊小怪？"历史学家想要知道：为什么这样的案子会引起持续这么久的激烈争执？

了解 20 世纪 20 年代早期舆论状况的历史学家不可能不怀疑检举萨科和万泽蒂的那些人，更关注被告是谁和他们的信仰，而非 265
他们可能会做的事情。纵观美国历史，美国定期针对移民和外国政治思想，认为移民会威胁到"美国的生活方式"。即本土主义至少就是个问题，因为在 19 世纪上半叶美国开始了爱尔兰移民浪潮。直到那时，美国已经是继承英国传统的白人新教徒所控制的社会。信仰天主教的爱尔兰人的涌入和 1848 年德国政治避难者使得国家的人口变得多样化，移民威胁到当地美国人的幸福生活。

来自北欧的许多美国“老居民”害怕来自东南欧的移民以可怕的数量代替他们的社会地位。即使像对一战期间移民同情的乔治·克里尔这样的进步主义者，也变得充满敌意，把新移民看作“熔炉里的煤渣”。一些有名望的学者出版了他们的研究成果，这些可以证明“我们的日耳曼民族要优于阿尔卑斯山人、地中海人、黑人”。

战争中狂热的爱国主义精神在公民争取自由的运动中被广泛滥用。在波士顿驻扎的愤怒的军人破坏了社会党在1918年的和平游行。红色恐怖同样是不能容忍的，他们便对一名开枪射死了叫嚣的激进分子的被告人宣判无罪。印第安纳州的陪审团仅仅思考了两分钟，说：“美国已形同地狱！”

后来亚洲、地中海、东欧移民浪潮更加剧了他们的恐惧。

努力筛选这些“没有要求”的移民，许多本地美国人要求国会进行识字能力测试。尽管这场运动自19世纪90年代快速发展，国会在1917年通过这项文学要求。这幅卡通讽刺了此类的排他政策，但是在20世纪20年代这种限制压力继续增加，这在（由明尼苏达州代表提出）“真正100%的美国移民法”中有鲜明体现。

本土主义在国家发展的历程中起起伏伏。在繁荣期间，美国经常欢迎引入移民作为新劳动力的重要来源。比如在19世纪60
年代，许多加利福尼亚州人对中 266
国苦力的到来非常兴奋，如果没有中国苦力的话，横贯大陆的铁路线不可能快速地完成。19世纪70年代，随着国家挣扎在严峻的工业萧条中，曾经欢迎中国人的同一批加利福尼亚州的人则大声叫嚣着要求限制亚洲移民的数量。

一战后的时期被历史学家标记为“种族主义的20年代”，用来体现本土主义的高涨。许多因素能够说明它复苏的原因。一战暂时打断了移民潮。自19世纪80年代以来，移民数量大增，大部分是天主教徒和犹太人，有严重种族主义传统的国家。1914年，120万去美国的移民中有13.8万多是犹太人。在战争期间，1918年犹太移民数量跌至3672人（总计11万人），但是1921年增长到11.9万人（总计是80.5万人），1921年是不限制移民数量的最后一年。相似的情形也发生在意大利。19世纪70年代整个十年，大约不到
5万的意大利人来到了美国。当地人比以往任何时候都强烈反对 267
那些讨厌的外国人认为他们会破坏美国人珍视的社会体制，会拉低美国民族的素质，或者会以其他方式破坏美国原本的生活方式。

和平年代，经济的艰难过渡，进一步加剧了美国人对移民的愤怒。退伍老兵非常感激国家安排给他们预期的工作，然而，他们发

现还有大批失业的工人围在工厂门口。军队一夜之间摆脱了成千上百万士兵的负担。政府解雇了战时成千上万的工人，取消了价值成千上百万美元的私人贸易合同。随着经济下滑至谷底，美国当地人又再一次把目光投向了威胁到他们生活的新移民。劳工组织和其他传统的本地主义团体要求制订新的限制法律。

大部分商贸领导人没有心情讨论工人要求更高工资、改善工作条件和工会讨价还价这些问题。他们对政府在战时帮助有组织的劳工感到非常厌恶。现在，他们不但拒绝工会最温和的要求，还积极地破坏工人运动。保守党发起了全国性的运动，给每个有组织的劳工贴上标签，比如布尔什维克、红军和无政府主义者。他们称罢工为“反社会的罪行”“反政府的阴谋”“共产主义建立基地”。随
268 着制造市场的减少，雇主不得不与工人摊牌。罢工可以解决暂时解雇不必要的工人的问题。

在战后的劳工动荡中，激进分子只是发挥了极小的作用。大部分工会领导人像雇主所面对的狡猾的保守党人一样狡猾。反红军宣传运动的斗争仍然继续，他们将公众的立场转为反对工会。美国激进分子采用了十分明显的策略加深敌意。1917 年 10 月，布尔什维克党人建立起飘摇的政权，这重新点燃了渐弱的希望，同时令大部分美国人感到震惊。两年后，布尔什维克党人大胆地建立起第三国际挑起其他国家的革命。共产党人组织了在匈牙利和德国的工人运动，这让保守党人分外焦虑，尤其共产国际官员吹嘘花在德国身上的钱“与花在美国身上的钱没有可比性，他们把钱送到纽约想要在美国扩散布尔什维克主义”。在此之后，这相似的革命热潮可能会影响美国工人。

“……在美国传播布尔什维克主义”。

在经济苦难、劳工动荡、重新兴起的来自欧洲南部和东部的移民潮时期，美国人民的担忧膨胀起来。路易吉·加里阿尼(Luigi Galleani)，一名意大利移民现在定居英格兰，他的一系列无政府主

义行为，犹如在美国投了一颗炸弹。即使当局者没有及时地了解事实，加里阿尼的同伴在1919年4月邮寄了30个包袱给杰出的官员，包括首席检察官A.米歇尔·帕尔默(A. Mitchell Palmer)，高级法庭法官奥利弗·温德尔·福尔摩斯(Oliver Wendell Holmes)，国会成员市长，还有工业资本家约翰·D.洛克菲勒(John D. Rockefeller)和J. P.摩根(J. P. Morgan)。其中只有一个致命的包裹被引爆了(毫无怀疑之心的仆役拆开包裹，炸掉了他的双手)，但是在6月，在7个城市陆续发生一系列致命的爆炸案。最惊人的爆炸案炸掉了首席法官帕尔默家门前的一整段围墙。这个设备过早地爆炸，炸伤了前排蹲下的一些人。帕尔默在华盛顿的邻居富兰克林·D.罗斯福(Franklin D. Roosevelt)报了警。

美国的公众已经把这些行为算在无政府主义者的头上：1886年的海马基特(Haymarket)广场的爆炸案，还有1901年激进分子利昂·乔尔戈什(Leon Czolgosz)暗杀总统威廉·麦金利(William Mckinley)的行为。(“无政府主义者是人性的敌人，是人类的敌人。”由麦金利的继任者西奥多·罗斯福说出。)1919年爆炸案之后，首席检察官帕尔默迅速地做出了反应，尽力寻找他能在附近找到的激进分子，将搜索范围扩大到每个“潜在的谋杀犯或者是潜在的小偷”。大部分人仅仅是思想上的无政府主义者，从来没有对政府采取任何暴力措施。这对帕尔默一点威胁都没有，大部分人出生在国外，也同样唤起了他们的爱国主义热情：“透过他们狡猾的眼睛，看到残酷、疯狂和犯罪，从一些特征中比如歪脸、斜眉毛、畸形，可以正确确认罪犯类型。”

在一年多的时间里，帕尔默和他年轻的追捕红军的助手埃德 269
加·胡佛(J. Edgar Hoover)组织政府人员突袭人们的住宅、办公室、工会大厦、联合组织。袭击者极少重视公民的自由权或者宪法禁止非法搜查和没收。尤其在短短的一段时间内，出现了惊人的大场面，在33个城市中逮捕了4000多被称为破坏分子的人。这些被逮捕的大部分人中，尽管有些是无辜的，仍然被州政府官员非法扣留，有些是为了审判，有些是为了驱逐出境。警察让嫌疑人挤在狭窄的屋子里，屋子里没有足够的食物，也不卫生。他们拒绝嫌疑人拥有可被保释的权利，也可以得到人身保护权的法令。

公众很快对帕尔默夸大革命阴谋的故事感到厌烦。这件严重的事情没有任何证据。帕尔默预言，在1920年5月1日，激进分子试图推翻政府。由司法部门示警，当地警察和民兵全副武装严阵以待。但是5月就这么过去了，没有事情发生。但是，尼古拉·萨科和巴托洛米奥·万泽蒂的案件之后，监督机制有所改善。这两个被司法部门列为嫌犯的人，被送交检察官卡兹曼和局长斯图尔特那里。在5月恐怖的四天后，警官康诺利逮捕了这两个同伙。

萨科和万泽蒂符合当地人对外国人的描述。1908年，萨科在他17岁时到了美国。像许多其他的意大利人一样，他已经逃离穷苦家乡，但也没有想要定居美国。大部分年轻人计划待一阵，直到他们存够了钱再回到家乡，改善他们的家庭条件。即使出生在中产阶层的家庭中，萨科对底层劳工也并不陌生。他到美国后不久，便找到了一份稳定的工作，就在马萨诸塞州的米尔福德(Milfordr)附近的鞋厂。

萨科是外国工人在工厂中算足智多谋的那一类人，这种竞争力正是美国劳工所害怕的。虽然他缺乏正规的教育，但萨科深知，技术高的劳工能获得更稳定的工作和更高的工资，所以他花了工资中的50美元学习切边的专业技能。他的工资不久就涨到每周80美元。1917年他有了妻子和孩子，建立了自己的家庭，还有1500美元的存款。他在“3K”鞋厂的雇主把他描述为出色的工人，他提到萨科除了在工厂工作，还经常抽出每天早上和晚上的时间在菜园工作。

万泽蒂做事更多地像当地人概括的外国人工作的行事风格，比较懒散，老是不停地换工作。他出生于1888年意大利北部的一个小村庄，于1908年来到美国，在那儿就像许多其他的移民一样，他能做的工作很有限。他在闷热、恶臭的厨房找到了洗碗工的工作。“我们一天工作12个小时，第二天工作14个小时，周日每隔一周的周日有5小时的休假，”他回忆道，“发臭的食物连狗都不吃，一周只有五六美元。”害怕肺病的袭击，万泽蒂找到了户外的工作后

搬到郊区。“我在农场工作过，砍树、烧砖、挖沟、开采岩石。我也 270
在卖水果、糖果、冰激凌的店里工作过，也曾为电话公司工作。”他在写给意大利姐姐的信中提到。1914 年他游荡到了普利茅斯，在那里他在绳索工厂找到了工作。

萨科与万泽蒂体现了美国土生居民保护主义者深深的恐惧。如果这是萨科、万泽蒂主要的生活轨迹，他们根本不可能引起司法部门的注意。但是因为他们是外来人和无政府主义者，他们身上的那种外来人的威胁，这是令美国当地人最害怕的。虽然萨科并不像万泽蒂那样了解政治，但他确实是一个反政府主义者。他实际上是在为工人争取更高工资和组织工会的权利。1912 年他和万泽蒂自主地参加了马萨诸塞州劳伦斯纺织业的暴力罢工。三年后，在普利茅斯附近的工厂主把万泽蒂写在了当地罢工的黑名单上。萨科辞去工作，以此表达对绳索工人的同情。一名当地劳工领导人组织了一次同情罢工，以声援明尼苏达的工人运动，不久之后，当权者逮捕了萨科并控告他扰乱社会安定。在这期间，他和他的妻子一直定期参加街头剧场的表演，并为劳工和激进组织筹资。

美国人加入一战为两人都带来了危机。他们的无政府主义信仰让他们反对任何对于打倒资本主义毫无作用的战争。萨科甚至拒绝爱国主义的号召购买战争债券，他选择辞去工作而不是丢弃自己的信仰。他们害怕迫于法律的压力不得不去登记入伍（虽然事实上，外来移民并没有资格入伍）。他们决定加入爱国主义群体。爱国主义者在 1917 年 5 月逃到了墨西哥，在那里两人成为私交好友。艰苦的生活和对家庭的思念最后让萨科化名回了家，虽然他在战后重新用回他的名字，找回先前的工作。万泽蒂回到了普利茅斯，不久他就成了鱼贩子。

所以，在许多美国人看来，萨科和万泽蒂在某个重要的地方是有罪的。正如自称资本主义体制的反对者所陈述的，他们反对当地美国人所珍惜的“美国式的生活方式”。卡兹曼成功地把他们的古怪行为解释为心虚，事实上也的确如此，因为他们知道自己的激进观点会让他们被逮捕和驱逐出境，这也是他们的政治同伴所面临的命运。

当然，审讯记录显示了本土主义影响法官和陪审团如何看待被告人。所有去辨认、证明目睹了萨科和万泽蒂在犯罪现场的目击者都是出生在本地的美国人。他们看到了意大利嫌疑人和看起来是外来移民的罪犯有一定的相似性，这也证明了正如哈佛大学法律教授费力克斯·法兰克福（Felix Frankfurter）所评论的，在颇流行的种族歌曲《像我一样的所有黑人》中，很多故事都是真实的。另一方面而言，通过口译人员的翻译而回答问题证实被告人不在场的目击者几乎都是意大利人。几乎由所有的当地美国人组成的陪审团，接受了卡兹曼的定罪，认为外来移民联合起来保护他们每一个人免于当权者的迫害。

271 作为法律顾问的主要代表，弗莱德·莫尔（Fred Moore）确认激进分子在审讯中将会成为关键性的争议。在他早期的审讯中，保守党刑事律师乔治·瓦伊（George Vahey）曾为万泽蒂辩护。有罪裁定使万泽蒂相信瓦伊并没有倾尽全力帮自己，尤其是瓦伊在审讯之后不久加入了卡兹曼的法律团队。在戴德姆的审讯中，他的朋友、当地劳工的领导人和无政府主义者建立了国防基金以防有律师出卖他们。弗林（Elizabeth Gurley Flynn）是一名世界工业工人组织的鼓动者，他的妻子卡洛·特雷斯卡（Carlo Tresca）宣传无政府主义，学习莫尔建立了防御基金委员会。莫尔参与了许多激进分子的审判，包括在劳伦斯罢工中，起诉两个意大利人犯谋杀罪。后来委员会也知道了，莫尔对澄清被告无罪并没有什么贡献。莫尔的参与一定会加深萨科和万泽蒂是危险激进分子的印象。他花了很多的资金精心策划宣传运动，把他的处境和激进分子的迫害戏剧化。他极少花心思考虑被告的策略，大部分都留给了两个当地的法律顾问，汤姆斯（Thomas）和耶利米（Jeremiah McAnarney）。

然而在法庭中，莫尔硬是要成为负主责的律师。这让耶利米不久前给陪审团留下好印象的努力付之东流。莫尔从加利福尼亚州来，在外，留着长长的头发，有时他穿着招摇的袜子，这让法庭感到震惊。关于他的性生活谣言四起，在关键时刻，莫尔有时还会消失几天。法官塞耶曾经对此十分恼火，他告诉朋友，“来自加利福尼亚州，没有长头发的无政府主义者才能上法庭”。直到1924年，莫尔最后选择支持威廉(William Thompson)，他是马萨诸塞州有名的刑事律师。

本土主义者，尤其是无政府主义者，对法官塞耶和检察官卡兹曼有很大的偏见。我们已经看到了塞耶是如何利用卡兹曼在审讯中提供的证据要求陪审团提出指控的。在法庭外，塞耶继续用他的观点来影响判决方向。有时乔治·克罗克(George Crocker)与塞耶吃午餐，他提到在许多场合，法官“以他的方式告诉我，他一定要判他们有罪，因为他们是‘红军’”。韦特伦(Veteran)法庭的记者弗兰克·西尔比(Frank Silbey)无法继续在戴德姆旅店里吃午饭，因为要回避塞耶和他那不加克制的评论。西尔比后来回忆道：“在我35年的生涯中，从来没有见过这样的事情……他的态度似乎是陪审团一定会定他们的罪。”

从审判开始的那一刻，塞耶和卡兹曼就没有错过打击爱国主义运动的机会，或者错过提醒陪审团被告曾是逃兵的机会。塞耶一开始就告诉那些有可能成为陪审员的人：“我把你们召集起来是为了履行义务……就像横跨海洋的士兵那样展现我们的爱国精神。” 272
卡兹曼以尖锐的问题拿万泽蒂开刀：“所以你在1917年5月离开了普利茅斯，万泽蒂先生，你是为了逃避兵役，是吗？”因为万泽蒂被指控犯有谋杀罪，而不是逃避兵役，这个问题激起了爱国主义陪审团的愤怒。

卡兹曼在盘问萨科时言词激烈，而萨科英语能力差到让他很疑惑，或者被误解。法官塞耶没有阻止检举人的热心帮忙，即便那个时候很明显，萨科既没有回答问题，也没有清楚地告知他的想法。卡兹曼又再次利用了残留的爱国主义热情，攻击被告的证据有假：

> 卡兹曼：为了展现你对美国政府的热爱，美国号召你服兵役，你却逃跑到了墨西哥。你是这么爱美国的？为了逃避兵役，你就跑去了墨西哥？

萨科：是的。

卡兹曼：难道你是这样认为：你表达你对妻子的爱意是当她需要你的时候，你就离开她？

萨科：我从来没有离开她。

塞耶以一系列的问题刻画出了萨科的特征，这引起了被告人的反感。但是没有看出萨科反对战争的哲学理论，正如一位批评者所说的，卡兹曼让被告人看上去像是“一名忘恩负义的人和偷懒的人”，这样的批评让陪审团非常不屑。在这样有技巧的交叉盘问之下，卡兹曼扭曲了萨科对这个“自由国家”表达的爱意，而变成了对高工资、幸福的工作、丰富的食物的渴望。

诺福克人，履行你的义务。像个男人一样做事……与诺福克人站在一起。

在最后的审判中，~~检举人~~进行了总结。“诺福克人，履行你的义务。像个男人一样做事……与诺福克人站在一起。”一言以蔽之——当地美国士兵反对外来人员和他们的观念。萨科和万泽蒂有没有谋杀已经一点都不重要，因为他揭露了他们的不忠诚。在这样的意义下，法官塞耶重申了他的指控：

即使你知道这样的义务是艰巨的、痛苦的、讨厌的，然而像真正的士兵那样，你应该以忠诚回报美国。英语中最好的文字就是“忠诚”。

法官和检举人更希望谁是“诺福克人”。他们能把激动人心的修辞放在一旁，论述他们的裁决吗？不单单是外来移民的名字，也不是只有意大利人被列在了陪审团的名单上。因为弗雷德·莫尔在选举陪审团期间拒绝相信任何“资本家”，就耶利米（McAnarney）所知，公正的陪审员很少有成员离开陪审团。这些被选举的陪审员来自商人和其他镇上有名望的清教徒群体。没有人反感资本主义，极少有人对意大利移民和工会成员有怜悯之心。更糟糕的是，陪 273
审团的负责人，哈利·雷普利(Harry Ripley)是前警察主任，他成功地说服了他的同事宣判被告有罪。他把跟证据相似的子弹带到了法庭，首先对此进行攻击。在此之前，他曾告诉他的朋友威廉·戴利(William Daly)，他在“有关两个‘被控’在布伦特里南部犯有谋杀罪的‘意大利佬’的案子里”是陪审团成员。戴利提到他们可能是无辜的，雷普利就回复道：“该死的家伙，他们就应该被绞死。”

利用本土主义的概念获得一个更宽广的视角，历史学家开始慢慢明白律师们甚至没必要问的一个问题的答案：缺乏确凿的证据，那么用什么来证明萨科和万泽蒂是有罪的呢？本土主义解释了在审讯记录中出现的偏见。它也解释了为什么那样的态度可以在1920—1921年广泛流传。我们必须接受法律教授埃德蒙·M.摩根(Edmund M. Morgan)的陈述，这“几乎是不可能的事，确保反对定罪的裁定”。萨科和万泽蒂被大部分美国人和“诺福克的”异己力量看作是美国生活方式的威胁者。为公平起见，我们应该承认，陪审员否认了被告人的政治观点会影响到他们的判决。他们认为法官和检举人都是公平的，尤其是在嫌犯心虚的问题上。同样，没有“诺福克人”熟悉意大利移民的生活。

然而，虽然已经回答了一个重要的问题，历史学家仍然有另一个问题。假定陪审团在1921年宣判两个外来激进分子犯了抢劫和谋杀罪，但是正如我们早前所问的，在数年以后“为什么所有的人都大惊小怪”？在致命的本土主义热潮过去很长时间的1927年，萨科和万泽蒂最后才被判处。1921年和1924年的《移民法案》限制意大利和东欧的移民潮。那些失败的罢工运动，反对管理、反对政府的行动所带来的伤害，让劳工组织活动陷入低谷。这样的情况直到新政开始才有所恢复。历史学家必须要解释如何让本土案例跃出诺福克郡，将其影响扩大到整个国家，甚至国际社会。

没有一个答案，哪怕是影响如此广泛的本土主义也无法解释这种骂名。当然，事情开始前，这仅仅在全国引起了不大的反应。社会上杰出的个人、知识名子、美国联邦劳力局、移民组织和激进分子都在戴德姆审讯中致力于建立防御基金。那些参与该审判的人代表了一小拨没有政治影响力的人。但是追踪蛛丝马迹，历史学家发现一系列事件可以扩大重要性，提高了公众对重要争议的意识，提高了利益，这是许多群体冒险在司法过程中争取的东西。

274

行动中的国家

在美国的法律系统中，保留了保护被告人被公平审讯的权力。但是1920年在马萨诸塞州的上诉过程中含了一个条款，正是这一条款最终导致了萨科和万泽蒂的命运。因为有了新证据，重审的要求被原来的审讯法官接受了。被告人所陈述的八个要求，包括针对法官私心偏见的大量证据，这个判定上诉的法官正是韦伯斯特·塞耶。塞耶没有裁决新证据是否能证明这些人是无辜的，是否有其他陪审团有证据做出不同的审判。

高级法庭对改变塞耶的审判没有什么大的立场。它重新审视了每一个案例而不是事实中的法律。这意味着只有在遵守州和国家法律规定的诉讼程序的条件下，法院才能判决。即使诉讼程序有违背法律的地方，高级法庭判定这些违背程序的地方并没有对被告人产生偏见从而影响判决。法庭一点也没有重视在审讯时或者上诉时呈上的证据。最后，法官塞耶的所作所为变得合情合理。

在美国高级法庭中，保护公民自由权的最后防线是什么？在三个不同的场合中，被告人律师试图把这一案子引入联邦法庭。被告人的代理律师辩解道，萨科和万泽蒂是虚假法案的牺牲品，尤其是法官塞耶有严重的偏见。法官奥利弗·温德尔·福尔摩斯(Oliver Wendell Holmes Jr.)，一位长期争取公民自由权的斗士，在信中提到，法庭仅仅按照马萨诸塞州的法律缺陷进行操作。因为什么都没有，在1921年，他拒绝同意其他诉讼案允许高级法庭重审证据的法令。因此，上诉程序设置了一个难以克服的障碍来逆转在戴德姆做出的判决。

面对这样的不公正审判后，被告人花了六年时间来扭转局势。1921 年 7 月和 1924 年 10 月之间，在新审讯中提出了五个请求。第一个牵涉到首席陪审员哈利·雷普利的行为，塞耶完全忽略了来自雷普利的朋友威廉·戴利的宣誓书，他认为雷普利篡改了证据，不能影响审判结果。18 个月后，被告人提到了一个新的重要目击者，罗伊·古尔德（Roy Gould），他因被在逃的强盗发射空枪而逃过一劫。此后，古尔德曾把自己的经历告诉过警察，但是卡兹曼从来没有让他作证。最后，被告人代理律师找到了古尔德，并且意识到他为什么不出现。古尔德离逃跑的汽车很近，车里的人打到了他的外套。然而他发誓，萨科不是那个人。法官塞耶因为古尔德的供词不及证据重要，拒绝上诉，不予开始新的审判。

后来上诉试图揭露检举人篡改两位关键证人证词的行为。两 275
位证人都撤回了他们在法庭上所作的证供，然后又取消了他们的撤回请求。没有找到卡兹曼不得体的举动，塞耶因为莫尔“大胆而残酷像打沙包一样”殴打证人而责怪他。另一个请求来自检举程序中的弹道专家、主任普罗克特，他签字同意了自己的宣誓证词。他发誓，在许多场合中，他告诉卡兹曼没有证据证明萨科的那把枪开出了那致命的一枪。他提醒道，如果检举人从这个方向直接问这个问题的话，普罗克特将回答不是那把枪。因此，卡兹曼小心地安排他在审讯中提的问题。到那时为止，塞耶听到了这个请求时，普罗克特已经死了。法官宣判陪审团已经非常理解普罗克特的意思，卡兹曼非常公正，没有逃避这个问题。

在那个挫败之后，弗雷德·莫尔最后不再支持威廉·汤普森，他是一名优秀的律师，他拿自己余下的事业做赌注，投入萨科和万泽蒂的诉讼中。汤普森向高级法庭提出第一次上诉。他辩解道，新证据足够重要，上诉一直被拒是因为塞耶出于对被告的敌意滥用自己的职权。不像历史学家基于所有的证据提出判断，法官一次又一次地拒绝了被告人的上诉。在每一个独立的诉讼手续中，他们认为，法官塞耶没有滥用职权。

纵观整个诉讼过程，公众利益在这次案例中慢慢减少。但是在1925年11月18日之后，反对意见又再次提出。萨科从同住监狱犯友的字条中得知，“我经过的时候听说，在南布伦特里鞋厂的罪犯承认了，萨科和万泽蒂没有参与那次犯罪”。希莱斯蒂诺·F.梅德罗斯（Celestino F. Medeiros）是个年轻的犯人，因受到谋杀指控而面临死刑。

被告人不久将梅德罗斯和罗得岛普罗维登斯（Providence）的莫雷利（Morelli）帮派联系起来。1921年的春天，莫雷利的那帮人非常需要钱进行刑事起诉，他们有足够的理由去抢劫工资。乔·莫雷利（Joe Morelli）拿着0.32口径的柯尔特式自动手枪射击，那把枪跟萨科的差不多。另一些人拿着自动式手枪，这就可以解释在现场找到的子弹。麦克·莫雷利（Mike Morelli）开着新别克汽车，在4月15日就消失了。另外一个成员就是那个面色苍白的孱弱的司机。许多被告人和目击者看到照片，都认出了乔·莫雷利。新贝德福德（New Bedford）警局怀疑莫雷利在南布伦特里还犯下了罪行。

检察官的办公室又再一次拒绝重审。被告人律师又再一次向塞耶上诉要求新的审讯。由于重审了这些证据，塞耶没有判定到底是梅德罗斯有罪还是萨科和万泽蒂无辜。他仅仅判定了新陪审团可能会有不同的结果。塞耶用2.5万字的陈述否定了这个请求。

276 那这个决定比其他任何的决定，更激发了由萨科和万泽蒂案造成的数月愤怒。菲利克斯·法兰克福，他是哈佛法学院的杰出教授，后来还担任了高级法庭的法官。在《大西洋月刊》（*Atlantic Monthly*）上发表的长文中，他质疑了塞耶和卡兹曼的做法，也提到了法庭拒绝接受温和的新上诉。“我深感遗憾，但可以肯定地说，并不畏惧任何批评指责，”他写道，“当然，在现代，法官塞耶的观点（关于梅德罗斯的请求）与两者之间的矛盾并不匹配，两者分别是记录揭露的东西和观点传递的内容。”法兰克福把这个文件描述为“错误的引用、误传、压制和破坏的混杂”。《波士顿先驱报》

(*Herald*)批评塞耶采用了“律师的观点而不是仲裁人的观点”。《波士顿先驱报》曾经是起诉的坚定支持者,现在要求高级法庭推翻这个判决。法庭又再一次拒绝了。拒绝上诉的原因是被告人的请求是在质疑完全由审讯法官陈述的事实。

“……错误的引用、误传、压制和破坏的混杂。”

这个决定与法兰克福的猛烈攻击一样,让公众的同情心转移到萨科和万泽蒂身上。一系列证据的提出似乎能证明这两个人是无辜的。然而,法庭越是对被告人的上诉置之不理,明事理的人越怀疑。他们认为,实际上有权力的人和机构阴谋策划摧毁被认为会威胁社会安定的两个人。塞耶的电刑就像是网状一样的阴谋,执行不公平的审判。

萨科和万泽蒂所赢得的广泛支持发挥了重要的作用。在面对一而再,再而三的失望时,他们还是坚定地坚持自己是无辜的。萨科,在这两个人中是更简单直接一些,遭受的灾难更多,结果就是远离他的家庭。在受审的第一年中,他曾经绝食,也曾紧张到崩溃。从这一点上,他坚忍地等到了最后,更专注于让他的妻子免于失望,而不是考虑自己的心情。但是,为了提升上诉的效果,他在1923年开始学习英语,尽管没什么进展。1926年,他在写给老师的信中,传递了他充满信心和简单的理想主义的信息。萨科想要向他的老师解释,为什么他学不好这门语言:

> 不,它不是,因为我曾满怀激情地试图学好这门美丽的语言,不仅仅是为了我的家庭和我对你的承诺——还有为了我个人的满足感,就是去了解和能够正确地读写。但是我很悲伤!它不是这样的,不,因为这些紧闭和寒冷的墙带来的悲伤,想到了远离我亲爱的家,为了自由的美好和开心——可以再次激起我的热情。

许多艺术家、知识分子、文学家对萨科和万泽蒂表现出同情。麦斯威尔·安德森（Maxwell Anderson）写了一个剧本《闪电神》（*Gods of the Lightning*）；厄普顿·辛克莱的小说《波士顿》；埃德娜·圣·文森特·米莱（Edna St. Vincent Millay）的一系列十四行诗。艺术家本·夏恩（Ben Shahn），一名来自立陶宛的移民，在20世纪30年代收到了23张关于萨科和万泽蒂的画像以作辨认。对这儿的画像与在原文第257页上的两人的画像作比较，夏恩的资源更具有证明价值。但是艺术家以巧妙的方式改变了这幅画。我们早期对画像证据的讨论：他的画是如何借助更多的力量来改变的？

277 万泽蒂善于表达，经常有雄辩滔滔的演讲和信件让他赢得了身边的囚犯、被告，以及被案件吸引的文学人物的尊重，包括厄普顿·辛克莱，从写《屠场》开始的20年前，他的改革家本能一直都在。（万泽蒂是“我所知道的最聪明和最善良的人之一，”辛克莱写道，“我本认为他是跟我一样不可能杀人的。”）至少，在受惩罚的那天，万泽蒂站在法官面前，他充满激情地提到了第一个让他感动的原则：

现在，我应该说我在这些事情中不但是无辜的，而且我一生中从没真正犯过罪——即使有一些罪孽但不是犯罪——在我的一生中，我不但努力地打击罪犯，遵守相关的法律和道德规范，而且这些法律和道德反对的犯罪——人人都揭发和反对，

> 如果有理由让你在几分钟之内宣判我有罪，没有其他的理由……我不希望是狗或者是蛇，是地球上最低最不幸的生物——我不希望我遭受这些我没有做过的事情的惩罚。我正在遭受苦难，就因为我是一个激进分子；我正在遭受苦难，就因为我是意大利人；我为了我的家庭而不是我自己忍受这些苦难，但我相信我是对的，如果你两次处死我，如果令我两次重生，我还是会再次做我在做的事情。 278

对有罪还是无辜的问题，万泽蒂建议要有更多的证据。尽管有法律作为防线，社会上还是利用了被加之于美国文化中的一大批人的态度、信仰、偏见，最后判定万泽蒂是有罪的。历史学家补充说，基于万泽蒂的信仰、态度和偏见，他会继续遣责所有不公正的政府、所有罪恶的机构。这就是他所信仰的无政府主义哲学——“理想”，正是他和他的同伴所相信的。万泽蒂再次重申了，他拥有反对美国社会的斗争，反对“犯罪……法律所惩罚的犯罪”权利。

随着争论和抗议的延续，公众支持依法处决的呼声开始变弱。然而也有相同的呼声赞同塞耶的行为，因为向“红色人士”传递了这样的信息，红色人士不可能颠覆马萨诸塞州。当权者阿尔文·富勒(Alvan Fuller)收到了万泽蒂要求行政宽赦的请求，于是面临着这样困难的抉择。* 为了减轻在他身上的政治压力，富勒委任了一批最好的陪审团重新审判和开始了上诉的过程。他选择的三个人是社会和教育精英的象征。已退休的法官罗伯特·格兰特(Robert Grant)是新英格兰的贵族和小说家，他致力于马萨诸塞州的盎格鲁-美国人的传统的研究。塞缪尔·斯特拉顿(Samuel Stratton)是马萨诸塞州技术研究院院长，与委员会主任A. 劳伦斯·洛厄尔(A. Lawrence Lowell)的影响相比，明显相形见绌，他

* 萨科拒绝签字同意。尽管他同意万泽蒂的意见，但是他对政府部门提出上诉，他不想以暴力实现他的无政府主义想法——或者他不想给他妻子开空头支票。

是律师出身、哈佛大学的院长，是波士顿社会的核心人物。洛厄尔是民族主义极强的人，也引入条文限制允许进入哈佛大学的犹太学生数量。委员会把《新共和国》(*New Republic*)看作是自由主义的代表，"意大利无政府主义者对他们而言就像是居住在火星上一样无法理解"。

十多天里，这三个人听到了关于证据的新证供。被告人也长话短说。但是委员会的深思熟虑却很简短。7 月 27 日，最后的报告被记录在案，支持对萨科和万泽蒂的审判和惩罚。同情者表现出了失望和厌烦。"意大利的移民更希望什么呢?"编辑海伍德·布鲁恩(Heywood Broun)问道，"不是每一个罪犯都有哈佛大学的主席前去听审。"

279 到了所有的上诉都被彻底讨论的时候，萨科和万泽蒂的案件已经进入了公众的视野，不仅仅是因为有罪和无辜的问题，还给美国社会底层带来了更紧张的气氛。站在萨科和万泽蒂一边的突出的象征是移民、工人和穷人。持另一种立场的是塞耶、"诺福克人"、新教当权派，还有那些认为美国应该可以忍受某些人种和想法的人。

1927 年 8 月 22 日的晚上，约翰·多斯·帕索斯(John Dos Passos)，一名年轻的作家，与人们站在查尔斯顿监狱外，等待着对萨科和万泽蒂审判的消息。在午夜来临后不久有了消息——"好鞋匠和穷鱼贩"死了。人们分外悲伤和愤怒。一些人在哭泣，另一些人哭叫着呼喊公平，许多人撕扯着他们的衣服。监狱外面，这样的场景在纽约反复上演，其他国家的城市也是这样。数年之后，多斯·帕索斯对那些审判萨科和万泽蒂的人感到愤怒：

> 他们让我们组织起来，他们变得更强大，他们是富有的，他们雇佣和解雇政治家、报纸编辑、老法官、矮小的但有名望的男人、大学主席、小人物(听着，大学校长们的美国式判断不会忘记背叛她的人的)……
>
> 你赢得了所有权力，你今晚将杀死我们勇敢的朋友。

没什么东西剩下，我们被打败了……

美国，我们的国家已经被所有陌生人打败，这些陌生人把我们的语言引入，他们清楚我们父辈所说的，把他们变得狡猾和愚蠢……

他们已经造了电椅，雇佣了行刑者控制开关。

对，我们是两个国家。

两个国家——这就是"大惊小怪"的理由。

这是事实吗？可能不是，借用法律的语言，至少不是"超出了合理的怀疑"。然而历史学家揭露了足够的额外信息，提供给人们，即便这样的信息无关事情的真相，至少后面的东西会有一些吧。在对萨科和万泽蒂展开审讯期间，厄普顿·辛克莱开始为小说搜集关于这个案例的足够材料。作为一名社会学家，他在他们入狱期间坚定地为他们两个进行辩护，为此他采访了一系列朋友和相关机构。辛克莱仍然坚信萨科和万泽蒂在布里奇沃特和南布伦特里的抢劫案中是无辜的，他不太确定他们俩是不是仅仅在思想上是无政府主义者。他们都"信仰和教导暴力"，他发现，"从不同的资料中可以确定万泽蒂不是传说中被报道的爱国和平主义者，就像许多狂热分子一样，他是双重性格，当他被社会矛盾招惹时，他会变成一个非常危险的人"。

历史学家保罗·艾佛瑞奇(Paul Avrich)正在调查他们两个人所属的无政府主义社会团体，他注意到万泽蒂的确是鲁奇·加里尼(Luigi Galleani)的密友，加里尼是一名煽动叛乱者，他的助手在 280
1919 年写了一封具有爆炸性的信，还炸了首席检察官帕尔默的家。"我们打算通过这起爆炸案，通过枪口，为无产阶级发声。"被发现在附近的无政府主义宣传册子这样说。卡罗·凡蒂诺奇(Carlo Valdinoci)这个被激怒的人也这样做了，他是萨科和万泽蒂的好朋友。的确，在凡蒂诺奇死后，他的姐姐苏泰(Assunta)搬走了，与萨科和他的家人住在一起。关于无政府主义组织的谣言也提到过万泽蒂自己也在搜集炸了波士顿法官家的炸弹，那天晚上凡蒂诺奇在华盛顿完成了他的工作。

“但是判我有罪就是让我承受我犯的罪。”在最后万泽蒂告诉了塞耶。可能在回复中既有骄傲又有愤怒。最后，在审判中这么肯定萨科和万泽蒂有罪的是什么呢？如果有的话，那么知道了他们激进的宣传册子能让他们被驱逐出境吗？但那两个人被逮捕之前，已经准备离开这个国家。（再次提到萨科超大的护照的照片。）他们闪躲的行为到底是因为他们想把其他东西藏在家里还是那些宣传册子呢？

“如果因为观念而遭到逮捕，我会很高兴忍受磨难。”

厄普顿·辛克莱开始相信是这样的。在依法处决之后，费雷德·莫尔向他吐露，萨科和万泽蒂承认了“他们在自己被逮捕的那天晚上藏起炸药，那是他们说谎和攻击他们的真正的理由”。如果是真的话，像凡蒂诺奇一样，萨科和万泽蒂犯下无政府主义性质的罪行，那按照美国社会的法律，他们就要被执行死刑。萨科非常清楚为他的信仰努力和仅仅因为银行抢劫案被逮捕两者之间的区别。“如果因为观念而遭到逮捕，我会很高兴忍受磨难。如果必须，我愿意为此而牺牲生命，但他们是因为枪杀案而逮捕我。”

最后，讽刺的是，萨科和万泽蒂是否愿意去死——可能为了杀死他人——为了他们的理想？作为“诺福克人”和马萨诸塞州的官员们，他们也会站在美国人原本的立场，对萨卡和万泽蒂行刑吗？（“那些坏家伙们，就应该被绞死。”法官雷普利评论道。）历史学家一定怀疑，1927 年 8 月的晚上，公民不仅仅是为了有罪还是无辜而奋战，但是（正如多斯·帕索斯所提到的）也为了那些“我们父辈清楚提到的言论”的真正意义。萨科和万泽蒂也在追问使得全国上下在他们这个时代到底谁能最好地体现从 1776 年继承的自由和平等原则。历史学家和律师可能都没法对分裂国家中的这样一个问题给出满意的答复。

拓展阅读

新书总会定期地改变我们对事物现象的理解，也会有相关的争议。最近 Bruce Watson 的 *Sacco and Uanzetti*：*The Men*，*the Murders*，*and the Fudgement of Mankiad*（New York，2007）提供了我们认为最清楚的解释。在这些寻找证明萨科和万泽蒂有罪之证据的工作中，最具震撼力的书就是 Francis Russel 的 *Tragedy in Dedham*（New York，1971）。在我们看来，接下来的工作可能会产生更大影响。读者最好先读 Felix Frankfurter 的 *The Case of Sacco and Uanzetti*（New York，1962），这是他在《大西洋月刊》著名的评论案件文章的扩展版。这本书提到了为何当权派的反应如此暴力——从某种程度上而言，司法部门没收了法兰克福的电话直到嫌犯被依法处决之后。想要了解萨科和万泽蒂的读者可以读 Marion Frankfurter 和 Gardner Jackson 主编的 *The Letters of Sacco and Vanzetti*（New York，1960）。Richard Newby 的 *Kill now*，*Talk Forever*：*Debating Sacco and Vanzetti*（Bloomington，2001）提供了其他有价值的文件来源。

意识到这个案例社会和法律两面性的作品是 Edmund M. Morgan 和 Louis Joughlin 的 *The Legacy of Sacco and Vanzetti*（New York，1948）。摩根就像法兰克福一样，是一名哈佛大学的法律教授，常用专业知识利用证据来分析法律问题，而 Joughlin，一名英语教授，继续追踪这个案例在知识分子和作家身上的强烈影响。另外处理证据、审判和上诉过程信息的人是 Herbert Ehrmann 的 *The Case That Will not Die*（Boston，1969）。Ehrmann 作为威廉·汤姆逊的助手参与该案例。他的第一项任务是研究 Medeirors 的谈话。从这个经历中，他确立了一项终生的事业，也就是证明萨科和万泽蒂是无辜的。关于强调埃尔蒙的案例来反对 Medeirors 帮的材料，可以在 Frank D'Allesandro 的 *The Verdict of History*：*Sacco and Vanzetti*（Providence，1997）一书中找到。

80 年后，在这期间，许多人几乎花了终生时间去挖掘信农，历史学家似乎在压力之下，找到这个案例的新证据。但是 William Young 和 David Kaiser 的 *Postmortem*：*New Evidence in the Case of Sacco and Vanzetti*（Amherst，MA，1985），揭露了警察不得体的吸引人的证据，利用了包括国防部和它朋友的窃听装置，以及弹道回火的证据。Yang 和 Kaiser 有力地证明了萨科和万泽蒂没有犯下抢劫和谋杀罪。Paul Avrich 的 *Sacco and Vanzetti*：*The Anarchist Background* 把注意力集中在无政府主义运动本身上 ，包括在意大利先前未被利用的资源，这可以辨别萨科和万泽蒂对理想和暴力的看法。在书中所揭露的最令人震惊的事实是：麦克・布达，似乎因为萨科和万泽蒂的逮捕非常气愤，驾着马车装满了炸药去华尔街。随后的爆炸，在美国历史上臭名昭著，在 1920 年 9 月杀死了 33 个人。

282

过去和现在：修建中的围墙？

迈克尔・康诺利逮捕萨科和万泽蒂的同一年，国会通过了 1921 年《国家原始法案》（*The National Origins Act of 1921* ）。法案的目标是针对“美国中心和欧洲东南部的毫无价值的混合”，关闭美国边境。在 80 年后，美国本土主义者仍然紧张地试图关闭美国驻守不严的边境。

怎样控制南方边界是一个复杂的问题。一方面，到 2006 年为止，1100 万非法外来人口已经住在了美国。他们为农业和商业提供了数以万计的劳力，是重要的劳力资源。但是每年，超过百万的人口跨过 1951 米长的边境来到美国。国会为此针对人口最密集的地方，计划建立围墙。两年之后，美国国土安全部（the Department of Homeland Security）宣称 500 多英里的围墙已经在建设中。

20 世纪 20 年代，许多美国人抗议，他们认为限制移民违反了美国宣扬的其是可以“呼吸自由空气、挤在一起”避难所的美国精神。

美国和墨西哥的疆界更具争议性。这个斗争不仅仅存在于民主党和共和党之间，还存在于自由主义者和保守主义者之间。总统乔治·W. 布什(George W. Bush)和2008年总统候选人约翰·麦凯恩(John McCain)，都是共和党人和保守主义者，他们阻止"外来务工"计划，这样可以阻止工人潮，还在全国计划关于非法移民的立法。相当多的保守的共和党人想要关闭边境，驱逐非法外来人员。双方都同意建立这样的阻隔围墙。

即使这样，解决方案还是引起了争议。三个美国本地部落都反对，因为疆界会把他们的领土一分为二。人权主义者指出，围墙迫使移民者越过边境进入索诺拉(Sonoran)沙漠，因为缺水和暴晒引起了移民死亡人口的增长。2008年4月，国土安全部宣称放弃了30多部在加速起草的环境法案，在那个时候，环保人士尤其不开心。在亚利桑那州和得克萨斯州的批评者宣称围墙威胁到了沿着 283
格兰德(Grande)河濒临绝种的迁徙物种和脆弱的生态系统。市长劳尔·G. 萨利纳斯(Raul G. Salinas)警告说这边界墙将会破坏他的城市。横跨这条边界的人们"维持着我们40%的经济，我却要对他们关闭大门，再建立一道围墙？你不能这么做。这是在打人家的脸啊"！

可能诗人罗伯特·弗罗斯特(Robert Frost)最能理解这道墙所带来的争议性。在他的诗《修建中的围墙》中(写于1921年限制法案的前期)，他描述到他和他的邻居出发去修这道阻碍他们财路的墙。当他们工作时，他的邻居说，"好的篱笆会有好邻居"。于是罗伯特问他为什么会这样，并且补充道：

> 在我造这道围墙以前，我想知道
> 我是在把谁围在里面，把谁挡在外面，
> 我又想把谁围在外面。

他的邻居却拒绝思考这堵墙到底有什么深刻的意义，只是简单地重复道："好的篱笆会有好邻居。"但真的是这样的吗？

284

第十二章　沙尘区的冒险

在经济大萧条时期，数百万拥入加利福尼亚州的是什么人？人口普查把那些隐性人口变为显性人口。

这个故事开始于沙尘——不是附在岩石上，或者在大厅角落的细沙，而是沙尘暴。当风吹起时，沙尘布满整个天空，引起风暴。最严重的沙尘暴开始于1934年5月9日那一天。大风夹杂着蒙大拿州和怀俄明州的尘土——有3500万吨——把它吹向了东部。不久，就聚集在艾奥瓦州和威斯康星州。那个晚上吹来的棕色沙粒就像芝加哥的雪——每个居民家落下的沙子有四磅重。这场风暴继续向前，在第二天的中午，整个布法罗城(Buffalo)都是黑漆漆的，到了中午沙尘暴席卷了五个州。5月11日那天，沙尘暴继续转移，南达亚特兰大城，北至波士顿城。接下来的一天，离东海岸有300英里的船只注意到甲板上有一层棕色的灰尘。

每年都会有更多的沙尘暴吹来：1934年22次，到1937年的高峰期达到72次，最后在20世纪40年代，降雨使沙尘暴逐渐减少。西部高原的居民还记得1935年，那是情况最差的一年。2月里温度就已经达到70度。没有雪覆盖，也没有植被，尘土随之袭来。在那样的日子里，沙尘暴肆虐在西南部平原的每一处。"在早上，"约翰·斯坦贝克(John Steinbeck)写道，"灰尘像雾一样弥漫，太阳红得像鲜血一样……它覆盖在玉米上、篱笆上、电线上、屋顶上，还有像毛毯一样盖在杂草和树上。"5月15日那天，丹佛(Denver)发出警告，沙尘暴即将向东扩散。置身于一片清澈的蓝天下，堪萨斯州的人们根本没注意到怎么回事，天空突然变黑了，一名看电影的顾客离开了影院，就像瞎子在白天走路一样。他还以为是恶作剧，以为有人把布袋套在了他的头上。当他走出去的时候，他撞到了电话杆，被罐子和箱子绊倒，最后只能沿着街边缓慢地走着。一个年轻的男孩就没有那么幸运了，他迷失了方向，被迫在户外四处乱走，在厚厚的灰尘中呼吸变得困难。

极大的沙尘暴开始引起人们的震惊。这种好奇的感觉被不分昼夜持续吹着的沙尘变为失望沮丧，人们因此询问是不是"上帝在发怒"。

无论怎么尝试，都不可能逃离沙尘。打开门，沙尘就打在脸 285
上。紧紧地关上门，仍然有"小沙粒从墙缝渗出来"。进入食物柜和衣柜里；只要我们在灰尘里活动的话，我们的脸就是脏的，我们的头发也变得灰暗而坚硬，甚至牙缝里都是灰尘。

是不是正如平原居民所想的那样，上帝发怒了？"这是终极黑暗，"一名妇女在她的日记里写道，"所以一定是世界末日。"尽管沙尘暴的故事仍然是美国最悲伤历史中的一页，它的到来更多地被解释为神怒。干旱也来了，从高原扩展到了北部。它途经得克萨斯州的狭长地带、新墨西哥州、俄克拉荷马州的西部，以及科罗拉多州、堪萨斯州、内布拉斯加州、怀俄明州、达科他州的部分地区。为了在冷热极限、风暴和干旱条件下生存，大草原上的草的根须都扎得很深。这些草是喂牛和保持土壤用的。

在19世纪晚期，农民已经把草看作讨厌的东西，因为要把它们锄掉，才能够利用下面的肥沃土地。那些本应用于放牧的土地被用来种植棉花、小麦和玉米。没有农民留意到这里将成为“美国大沙漠”的警告，而是经常听到“雨水充沛”这样的广告。家庭型农户尝试建立农业王国，在那里他们可以“垦地”和“破坏”，将土地变为农场来养活他们的家庭、国家和世界。

摄影师多萝西·兰格(Dorothea Lange)喜欢把俄克拉荷马州流离失所的移民放在大萧条时期的背景中，这是对那个时期的核心讽刺——富足中的匮乏。这幅画让人们看到不只有一条路可以去加利福尼亚州旅行。

286 1934年，沙尘暴和大萧条一起打破了西部的梦想，也粉碎了大陆的机会。既没有雨，也没有收成，风里也夹杂着泥土肆虐全国。随着土地年复一年的沙化，农民的土地资源和希望也在逐渐破灭。

约翰·斯坦贝克在小说《愤怒的葡萄》(*The Grapes of Wrath*)中讲了一个故事，导演约翰·福特(John Ford)把它改编为最具批判性的电影之一。大部分美国人把大萧条时期和农民联系在了一起——把农民家庭撵出了俄克拉荷马州和其他有沙尘暴的州——他们把自己所有的行李放在了快要散架的车上，沿着 66 号公路向加利福尼亚州前进。不管是在斯坦贝克的小说里，还是在福特的印象中，或是在歌唱家伍德·格思里(Woody Guthrie)的民谣中，或是在农业安全管理局(Farm Security Administration)摄影师多萝西·兰格拍下的照片中，农民和他们的迁徙都出演了大萧条时期美国悲剧的一幕。

斯坦贝克的小说谈到乔德(Joad)一家经受了《圣经》故事中所 287
遭遇的困苦，在面对困境时仍然表现出忍耐与自尊。这个名字“乔德”发音就像是名字“约伯”(Job)，上帝之音来自教士吉姆·凯西(Jim Casy)，J. M 这些首字母把他与耶稣基督联系在一起。乔德长途跋涉穿过沙漠来到传说中的乐土，让我们想起了以色列失去的土地。这是一个引人入胜的故事，分为三个主要的部分：故事开始于俄克拉荷马州，乔德在那里被驱逐了；他们在穿过沙漠的 66 号公路上长途旅行；他们穿过加利福尼亚州闲荡，苦苦寻找工作。

乔德一家是简单的家庭，他们数十年间在俄克拉荷马州萨利索(Sallisaw)附近靠着给 40 英亩地剪棉花挣扎着生活。最初的五年收成都不错，“野草依然长在那里”，然而它变成了某种“‘曾经’的地方”。汤姆·乔德告诉他的朋友吉姆·凯西：“我们本该会有前所未有的好收成，但它从来没实现过。”欠收迫使乔德一家向银行借款。收成持续下跌，债务在增长，不久银行就把他们的农场收走了。乔德和数以百计的平原农民都是佃农，他们每年都给债主或者银行收成中最好的一部分。汤姆·乔德在监狱工作后回到家中，却发现他的家不复存在了。他的朋友穆雷·格雷夫斯(Muley Graves)解释他们被赶出了农场：“银行把拖拉机带过来，要把土地整平。”农场住宅前停着的拖拉机是用来耕种乔德一家田地的重要农具，它们几乎是被连根拔起地扔在一旁。

> “银行把拖拉机带过来，要把土地整平。”

现在的问题是要去哪儿。20 世纪 30 年代，加利福尼亚州比其他地方有更多的机遇。能获得大量和独立的土地的经济梦想仍然在西部闪烁光芒。所以乔德把他们最好的谷物和 12 口人塞进了破车，朝着 66 号公路开。斯坦贝克把高速公路描述为：

> 一个民族的旅途之路，离开满是风沙、面积在萎缩的土地的难民，丧失拖拉机，自有财产萎缩的难民，躲避沙漠缓慢入侵的难民，远离得克萨斯州呼啸而出的龙卷风的难民，远离洪涝区（洪水没有给土地带来丰富的营养，反而让土地更贫瘠）的难民，行走在这条路上。从这些地方来的人都在旅途中。

这条路被证明对工人是残酷的。修理他们的老爷车需要花费乔德大笔的金钱。家庭中体质较差的成员会死去或者失踪。但是在路边的帐篷中，乔德一家得到其他避难者的帮助，分享他们为数不多的东西，乔德一家后，他们重建他们住的地方。

在加利福尼亚州梦想变成了梦魇。乔德一家发现这里是流着牛奶和蜂蜜的地方。满布眼帘的是肥沃之地，然而那些富饶的地方对农民而言还是禁止入内的。加利福尼亚人把他们当作歹徒，自卫队围捕他们，劳力局欺骗他们，破坏罢工的人威胁他们，最糟
288 糕的是，挣到基本生活工资的工作几乎不可能找到。在这样的情况下，这些人失去了家庭原有的地方。最后，乔德一家的信仰成为了这个家庭仅剩下的原有的东西。但最终讽刺的是，这些沙尘暴的避难者却要面对洪水的危险。

特殊的与普遍的

许多跟乔德有着一样经历的美国人认为，斯坦贝克记录的是 20 世纪 30 年代美国重要的悲剧。然而没有哪一个故事强大或者受欢迎到能够吸引成千上万，甚至数百万人的注意力。历史学家想要知道作为美国人，加利福尼亚州的移民，简朴的农民，乔德一

家在大萧条时期到底有多大的代表性。毕竟，斯坦贝克是一名小说家，他只是试图讲述被驱逐的人们的故事。不像历史学家，他没有对证据和解释有那么严格的要求，仅仅是想要了解人们生活的条件。因此，斯坦贝克尊重他的读者，因为他的小说材料是基于很多直接的观察。正像20世纪30年代的许多作者一样，他也采用记者的方法去创作他的小说，采访俄克拉荷马州的人，在66号公路上游历，并且参观加利福尼亚州移民的帐篷。

社会学家和政府官员认可了他所写的许多内容，也报道了干旱让很多农村家庭离开了平原，加利福尼亚州人对逃难者和许多贫穷的移民有很大的敌意。我们已经明白历史学家必须严格质疑社会科学家、记者、小说家的说法。即便表面看起来客观的照片是"记忆之镜"，也必须仔细检查。

比如，就拿摄影师多萝西·兰格和她的丈夫保罗·泰勒（Paul Taylor，一名来自加利福尼亚伯克利大学的农业经济学家）来说，像斯坦贝克一样，兰格和她的丈夫泰勒沿着移民的印迹从俄克拉荷马州穿越到得克萨斯州，穿越了加利福尼亚州的沙漠，到了加利福尼亚的移民营。兰格是FSA雇佣来拍摄20世纪30年代农村生活的摄影师之一。她和泰勒出版了一本书《美国人出走潮：记录人们的迁徙》（*An American Exodus: A Record of Human Erosion*），这本书描绘了平原被摧毁和人们破产的状况。值得赞扬的是，泰勒和兰格并没有冷眼旁观，就像斯坦贝克一样，他们认为移民需要帮助，三个人都在寻找证据证明这样的情况。

兰格最著名的照片的故事是具有教育意义的。1926年3月的一个早上，她沿加利福尼亚州101号高速公路出发去旧金山，为了回家，她快速通过了手绘的标志，直接路过摘豌豆工人的帐篷。一些突如其来的念头让她返回，她见到了让她震惊的事情，尽管她花了数月调查移民在农场工作的生活条件。帐篷里住着两千多人，有男人、女人和儿童挤在一起取暖，在破烂的帐篷里和简陋的木屋下躲雨。他们要去摘豌豆，但是天气不好，所以没有工作可做。他们 289
只有等待，既无处可去，也不信任当地、州或者联邦的官员。他们先是用光了钱，然后他们的食物也吃光了。兰格到达的时候，他们依然处在绝望中。她该如何声援以解决他们的迫切需要？

在国会图书馆的多萝西·兰格作品集展示了不仅仅是“一张照片的”摄影师。她去了很多地方，拍摄了许多大萧条时期的场景。《移民母亲》是她最著名的照片，事实上这是系列照片中单独的第六张。《移民母亲6号》（左）比《移民母亲1号》（右）更有影响力。

那天，兰格拍下了照片，那照片成为数年间最受瞩目的相片。她把它命名为《移民母亲》。她的拍摄对象是佛罗伦萨·汤普森(Florence Thompson)，32岁，一名带着6岁大孩子的寡母。兰格捕捉到的是一个女人在希望的尽头依然保持着平静的自尊，她怀抱婴儿，背着两个小孩。她刚低价卖出她的车子，只为了给家里买点食物。正如兰格所要表达的，脸上渴望的表情如此地吸引人，让人难以移开视线。在斯坦贝克讲述了乔德的故事后，“移民母亲”让美国人意识到沙尘暴受难者的故事。

兰格和其他FSA的摄影师不只是简单地到目的地就开始拍照。为了拍到她想要的照片，兰格经常让她的拍摄对象摆拍。她有时甚至建议他们看向哪里，手应该怎么摆。在佛罗伦萨·汤普森的故事中，兰格回忆道：“她似乎知道我的照片可以帮助她，所以她很配合我，这对大家都是公平的。”兰格拍了六张照片，每次都在
290 寻找更合适的角度。起先，一个孩子在镜头前微笑，冲淡了悲伤感。随后兰格就尝试用广角镜头拍帐篷，然后把焦点集中在母亲

和她的婴儿身上。最后，汤普森按照她的要求，手托下巴。“看进她的眼里”，照片一经公开，就登上了《一周画报》(*Midweek Pictorial*)的头条。“这个女人见证了发生在美国的事情，见证了她和她孩子发生的事情，她们也是美国的一部分。”

兰格和斯坦贝克采用了当时的文学技巧，管中窥豹。这两张照片是如此形象，故事是如此具体，在几批官方报道被遗忘之后，它们也会被记很久。翔实的问题，对历史学家开始他们基本的研究而言，是非常珍贵的。历史学家区分事例中存在的偏见与限制的方式之一就是去观察更多的素材。斯坦贝克形象的故事和兰格拍摄的照片到底对他们所拍摄下的现实反映了多少？

即便是随便一瞥，也能说明斯坦贝克描述的乔德的故事比较粗糙。开始，乔德一家没有住在沙尘暴地区。干旱影响了从达科他州到得克萨斯州的大部分地区，摄影师认为得克萨斯州-俄克拉荷马州的狭长地区、堪萨斯州西部、科罗拉多州和新墨西哥州的东部地区就是沙尘暴区。乔德一家待过的萨利索，位于俄克拉荷马州的东部，离沙尘暴地区还有几百英里远。连绵的山和橡树，不是大草原，不是短草坪，就是眼前的景象。玉米而非棉花是主要作物。正如一位历史学家所评论的，“斯坦贝克的地理知识就像大部分美国人一样有点糟糕，俄克拉荷马州任何地方，甚至是欧扎克(Ozark)高原，一定是沙尘暴地区”。 291

鉴于沙尘暴区域相当大，所以这也不是什么大问题。即使乔德一家不是来自沙尘暴地区，大部分农民移民之所以来加利福尼亚州，都是因为沙尘暴而避走他乡。那么真的是这样吗？事实上，斯坦贝克所描述的和事实有所出入。统计数据显示，加利福尼亚州在20世纪30年代增加了100多万的新人口。但是，实际上有超过1.5万—1.6万人口来自沙尘暴区域——低于2%。在乔德的故事中，斯坦贝克含蓄地描述了来自四个州的移民群体：不仅仅是来自俄克拉荷马州，还有阿肯色州、得克萨斯州、密苏里州的“农业劳力”和“农场工人”。因为这个群体总计占去加利福尼亚州新移民的1/3，我们可以这么认为，严格说来，乔德一家更能够代表被替代的农业劳力，而不是沙尘暴的逃难者。

只要谈到移民群体，我们会自然而然地用数据来说明。为了理解大萧条年代的大量移民，历史学家一定会以大量数据说明乔德一家。是什么将他们与1930到1940年间到达加利福尼亚州的数百万人民联系在一起？不幸的是，仅仅提到这些数据——数据或者数据柱图——足够让读者惊呆了。喜欢斯坦贝克解释沙尘暴避难者的方式是很正常的事情。

> 历史学家面临的挑战就是把这些数据变得形象起来，所以他们讲了一个故事。

然而，如果我们想清楚地描述这个情况，利用数据是不可避免的。历史学家面临的挑战就是把这些数据变得形象起来，所以他们讲关于人类品质的故事，这个故事是兰格和斯坦贝克挖掘过的主体。回顾20世纪30年代，历史学家是幸运的，因为社会科学家和政府官员难以判断那个时候人们的环境。特别是，沙尘暴时期的历史学家能够从1940年的联邦人口总数中获益，那是第一次开始人口普查。

从1790年开始，联邦人口普查每十年进行一次，因为这些数据是必需的，根据宪法的规定，这些数据是要用来分配每个州在众议院的席位。在第一个50年，通过确定当地的房屋数量和记录住在那里的人口数量，联邦执法官做了实际的数字统计。随着时间
292 的推移，收集信息的本质逐渐变得更宽泛和更详细。它包括关于收税的社会数据、房产价值、工资、教育、犯罪记录。1880年，国会将人口普查的责任从执法官手中转移到特别委任的训练过的专家手上，专家们不仅要收集人口数据，还要收集关于制造业和其他经济活动的数据。到1890年为止，他们用穿孔卡片储存数据，这是把数据列成表格的电子机器处理的卡片。计算机化减少了大量的计算时间，可以统计更多的复杂而多样的信息。

由于计数员使用的是先进数据技术，因而1940年的人口普查

更全面。社会科学家和民意调查者，比如乔治·盖洛普(George Gallup)已经在20世纪30年代进行抽样调查实验。为了计算1940年的失业数据，他们抽取了两万组住户代表整个国家。这个抽样调查给了社会科学家准确地(尽管没有那么精确)反映国家就业模式的数据。在1940年的人口普查中，抽样调查的住户中仅有5%被问过其他问题。这使得人口普查局能公开更多对象的详细表格，不仅仅是国内移民。自此以后，历史学家可以根据这个方式来决定乔德到底是不是代表了广大的沙尘暴区难民。

数字化的历史

历史学家杰姆斯·格雷戈瑞根据人口普查记录试图分析沙尘暴区移民现象。从1910到1970年的每次人口普查中，他能够找到那些出生在南方(得克萨斯州、俄克拉荷马州、密苏里州、阿肯色州)的西部地区，后来搬到加利福尼亚州的美国人的数据。通过比较数年间的数字，他也能估算出每十年间有多少新西南人。可以看一下下面的表格。

美国南方的西部地区居住在该区域之外的人口数量，1910—1970年

年份	居住在区域之外	居住在加利福尼亚	加州人口净增长	加州人口比例
1910	661 094	103 241		4.3%
1920	1 419 046	187 471	84 230	5.5%
1930	2 027 139	430 810	243 339	7.6%
1940	2 580 940	754 934	315 124	10.8%
1950	3 887 370	1 367 720	621 786	12.9%
1960	4 966 781	1 734 271	366 551	11.0%
1970	5 309 287	1 747 632	13 361	8.8%

资料来源：美国人口普查局，Census of the United States，Population：1910，Vol. 1，732-733；1920，Vol. 11，628-629；1930，Vol. H，155-156；1940，State of Birth，17-18；1950，State of Birth，20-24；1960，State of Birth，22-23；1970，State of Birth，28-29。

293 针对乔德的故事，我们可以假设，在1930至1940年间，大量移民离开了西南的平原州去了加利福尼亚州。干旱和经济困难迫使他们迁出去。既然那么多人定居在加利福尼亚州，我们将进一步设想是怎样的特殊条件把他们吸引到了加州。

乍看下来，这些数据可以支持这个假设。1940年加利福尼亚州的西南人口数量是75.4934万。扣除1930年已经在那里的居民数(43.081万)，我们发现十年间西南人口有31.5124万来到了加利福尼亚州，正值出现严重沙尘暴的时期(在1940年柱图显示的数字，标题是“加利福尼亚人口增长”)。当然，数字还是不够严谨的。常识告诉我们，在1930年统计的一些居住在加利福尼亚州的西南人，至少已经回家了，迁到了完全陌生的州，或者在下一个十年间死亡了。在那样的情况下，到达的移民实际上的数字一定会更大，尽管我们没有可靠的方式知道具体数据到底有多大。但是统计局已经估算了西南地区移民的全部数量达到了40万。换句话说，在我们表格里的数字——31.5124万——可能没有那么大，实际只有8.5万人口，这些人口足够组成中等城市了。

移民数量达到了50万的确太高了，但是我们还是要问另一个问题。干旱和移民之间有必然的联系，还是只是巧合呢？一名记者记录的逸事是一条暗线。他报道了看见俄克拉荷马州农民“在他们二手的廉价小汽车里(低廉的福特T)堆了家具和挤了一家子人……拥向了被数百人造成的分界线”。这些细节就像直接从斯坦贝克的文章里摘取的一样。这个问题是记者于1926年写的，那时离第一次沙尘暴开始还有六年。我们在有意思的表格中，看到了杰姆斯·格雷戈瑞为什么要在60年间找寻数据。越长的时间跨度可以提供越好的比较标准。为了让这一点更明确，我们可以从“加利福尼亚州增长的数据”柱图中得到信息，就是在原文第294页展示的柱图。

数据显示：干旱、沙尘暴和大萧条驱使人们离开西南部平原。

正如柱图所揭示的，20世纪20年代，25万西南人移民到了加

西南部本地人到达加利福尼亚，1910—1970 年

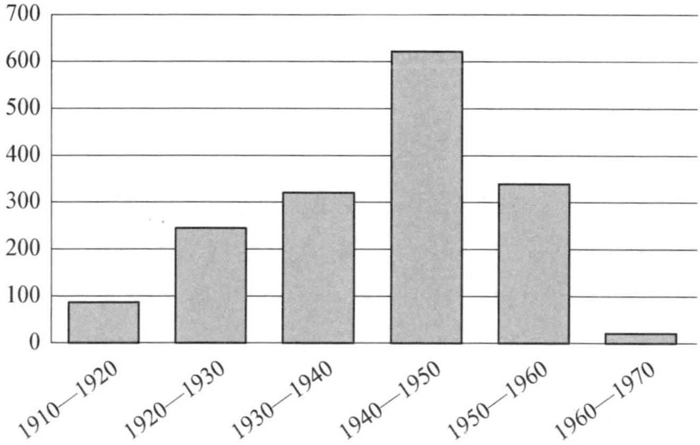

利福尼亚州——几乎与沙尘暴时期移民的人口一样多。这样，对于记者在 1926 年的报道，也就是数百辆廉价汽车挤在山的入口处等待通过，就不会大惊小怪了。比较下来，20 世纪 20 年代是平均降雨量时期。同样值得一提的是，移民的数量在 20 世纪 40 年代呈双倍增长，那个时候，雨量和经济都有所回升，大部分是因为被二战刺激的，所以工业迅速地发展。甚至在战后 1950—1960 年的十年间，西南部的移民仍然非常多。这些数据显示，干旱、沙尘暴和大萧条等因素把人们驱逐出西南平原，或者将他们赶去了加利福 294
尼亚州。

斯坦贝克生动形象的比喻为我们提供了解释这波移民潮的方向：撞倒了乔德家的拖拉机。我们可能会问：为什么隆隆行驶在农场的拖拉机能让人们远走他乡呢？斯坦贝克提供了一种解释："至少，农场主倾向于这样，租赁系统没什么用处了。开拖拉机的某个人能够代替 12 或 14 个家庭。付他一份工资，就能带走所有的谷物。"农场主对他们和他们的拖拉机所做的事情不负任何责任。就是银行下的命令，银行"比人更可怕……它是魔鬼。人们创造出银行，但是却不能控制它"。佃户们抗议他们的家庭"杀死了野草和蛇"来发展他们的农场，而农场主却非常冷漠。"银行，5 万英亩土

地的主人，不可能有责任，”他们解释，“你站在不是你的土地的地方。”佃户们抱怨他们没有钱，也无处可去，此时，农场主们做出回应：“为什么你们不去加利福尼亚州？那里有工作，天气也不冷。”

缺乏土地所有权、机械化和合作，拖拉机标志着农业重组的复杂过程。19世纪晚期，农民拥进了西南平原——国家最后的农业生产地。通过二战，他们意识到对他们的收成可以提高价格。同样，许多农民除了劳力可以出卖其他的已经没什么了。如果收成不好、暴发旱灾，他们将会面临债务。一旦陷入债务，他们必须借债和提前预支谷物。随之，借贷和租赁在动荡的年代就会变得普遍。

20世纪20年代，尽管工厂蓬勃发展，农业发展却呈缓慢趋势。
295 包括小麦、棉花在内的农产品价格在下降。过度开垦破坏了土地的质量。这样的因素诱发了太多的人们尝试发展农业，但也不足以维持生计了。1910至1930年间，在大沙尘暴之前，这个地方的农民和农业工人的数量已经跌至34.1万，130万人口离开了，其中43.08万人定居在加利福尼亚州。大部分农民仍然生活在这个地方。这些地方还在放租。到20世纪30年代，农场主开始意识到他们通过多种方式可以提高利润，比如驱逐佃户、兼并土地、使用拖拉机和机器代替劳力。

所以，对离开平原的解释需要对包括农业重组和农业机械化在内的各个方面进行讨论。斯坦贝克对银行家的拖拉机进行形象的描述让我们了解了真相，但小说里对沙尘具有说服力的描述在某种程度上被推翻了。这些发现并不意味着我们应该不去看《愤怒的葡萄》，只是意味着我们可以了解更确切的移民数量。这些在1910—1930年离开的移民和20世纪30年代离开的人们属于同一类吗？他们离开的理由是一样的吗？

因为1940年的人口普查比之前的要更全面，我们能够了解到沙尘暴时期的移民比之前数十年的移民多。比如，1930年的人口普查显示，20世纪20年代在俄克拉荷马州、密苏里州和堪萨斯州的农村人口在下降，但我们不确定人们是否离开了这个地方。许多人可能去了这些城市或者在这个富得流油的城市工作。同样，最大的可能性是20世纪20年代的移民是最繁荣的一批。尽管西方受欢迎的价值观对来自东方的穷人而言是“安全阀”，但纵观美国历史，大部分开垦农民既不是富人也不是穷人。西方吸引了大量为了经济机遇而来的中产阶级，而且他们不会因为情况糟糕而被驱逐出境。

埃尔伯特·加勒森(Elbert Garretson)似乎是大萧条以前的中产阶层移民的代表。加勒森见证了更低的粮食价格、正在减少的可耕用土地，这些都使在农场里工作的机会变得渺茫。所以他举家搬迁，来到加利福尼亚州的铁作坊工作。他的计划是一有钱就继续过在俄克拉荷马州那样的农场生活。加勒森数次回到俄克拉荷马州，但事实上加利福尼亚州的吸引力更大一些。最后，加勒森低价卖了农场。

20世纪20年代，因为面对农业劳力短缺，加利福尼亚州对移民的吸引力甚至更大。为了吸引工人，他们通常为西南移民提供交通费。“你经常能在火车上看到移民。”一名妇女回忆道。另一个家庭也去了加利福民亚州，“因为我们看到在那里种植棉花很有前途，我们原本就是棉花农场主”。像乔德一家这样更穷的人也确实是这样，但是他们可能是因为他们“‘曾经’的”农场造成的债务而留下来。

20世纪30年代的情况有所不同，这种不同不在于移民的数量而在于他们的身份。美国在大萧条时期，西南部的经济萧条最严 296
重。曾经繁荣的石油工厂因为生产过剩而不景气。在这个地区1/3的工人失业。干旱和低廉的粮食价格长期影响着农民的生活，而蝗虫和棉铃象鼻虫的出没让农民的生活雪上加霜。在富兰克林·罗斯福成为总统的两年前，在俄克拉荷马州被抵押的农场中，有10%被借贷者取消了赎回权。20世纪30年代的移民，出现了许多像乔德家一样更绝望的穷人和背井离乡的家庭。

富兰克林·罗斯福在1933年发起新政，他把应对农业危机作为最重要的议程。政府对减轻农民的压力所能做的事情似乎还不太清楚。在总统针对救济、恢复、改革的“3R”计划中，最野心勃勃的措施是《农业调整法案》(*The Agricultural Adjustment Act*)。新政致力于为农民提供信贷，抑制过量生产，提高农产品价格。其中一项政策就是为农民提供现金补贴以抑制生产。在接下来的八年里，绝望的西南部农民如此积极地要求补贴，因为他们减少了1250万英亩的棉花种植，或者说是超过一半的棉花种植。

这样的策略在沙尘暴时期却有着讽刺的一面。面对干旱和“怪物”银行，联邦政府意图解决拖拉机引发的移民潮。为了获得粮食补贴，地主不得不减少他们种植的面积，最简单的做法就是依法驱逐佃农。地主能够兼并他们最好的土地，用拖拉机来耕种，让佃户的土地重新长满草。一名地主吹嘘道：“我用政府的钱买了拖拉机，用拖拉机把我的租客赶走。”到1940年为止，这样的做法非常普遍，租赁减少了24%。“他们做出了选择，”还是那个地主简要地评论道，“加利福尼亚或者WPA(公共事业振兴署，一个联邦救济部门)。”

但愿这个选择真是这么简单。与20世纪20年代有所不同，加利福尼亚和西南城市中心以新机会吸引了农民，那个时候，被代替的佃户在20世纪30年代没有现实可行的选择。到那个时期为止，加利福尼亚州有了超额的农业工人，西南城市比农村州郡有更高的失业率。新政的确提供了帮助，在1934和1935年的早期混乱时期，联邦紧急救济部门(the Federal Emergency Relief)提供了250万美元的基金给西南家庭，大约占20%的人口。但是这样的救助是远远不够的。在这个国家的大部分地区，还增加了联邦救济金，但西南部没有。纵观20世纪30年代，在这个地区有20%到35%的家庭忍受着极度的贫穷和失业带来的困苦。这样的情形也发生在乔德一家的故事中，把20世纪30年代移民的困境带到了公众面前，使之成为了焦点。

297

人在旅途

当大萧条变得更糟时，罗伊·塔默(Roy Tumer)家搬到了在俄克拉荷马州城市的牲畜圈外临时搭建的屋子里。这样的宿营地(在总统赫伯特·胡佛继任之后,通常被取笑为胡佛村庄)在许多城市出现了。在俄克拉荷马州城市,特纳一家也紧随2000人生活在救济、兼职和越来越少的希望之中。特纳一家把他们家描述为"老爷车、猪油盒、水桶、胶纸板"。他们只有从牲畜圈里的奶牛那里挤得一点牛奶作为食物。当生活暗淡无光变得难以忍受时,这一家子带上他们为数不多的财产,朝着66号公路出发——"我和我的妻子及两个婴儿就出发了",希望可以免费搭乘他人的车去1200英里外的加利福尼亚州。

这是一个和乔德家非常像的家庭,他们途中在某个城市中心停留了数年。但是特纳一家和乔德一家——绝望的贫穷、没有工作、没有前途——仅仅是西南方迁居加利福尼亚州人潮的一份子。杰姆斯·格雷戈瑞把人口调查局的数据与其他调查相比较,他发现了令人惊讶的部分。比如,在1939年,农业经济局(the Bureau of Agricultural Economics)调查了20世纪30年代来到加利福尼亚州的11.6万家庭的工作情况。该数据的结果以图片形式展示在原文第298页上。

正如图表所展示的,只有43%的西南人在他们移民前是在农场工作,农民是极少的一部分。事实上,接近1/3的移民是专业的或者白领工人。1940年的人口普查显示了相似的结果。在1935到1940年之间搬到加利福尼亚州的西南人被问及1935年4月1日的居住情况,数据显示只有36%的人住在农场。

这些数字和所有数据一样,对于辩证地看待搜集的方法是重要的。1940年人口普查计数员报告说,为了简化居住情况的问答,农村居民有时仅仅列出他们住的最近的城镇,这些会给人造成错觉,以为他们住在城市。考虑到有偏差,移民浪潮的数据都被斯坦贝克和其他许多历史学家夸大了。其他因素将真正的移民和乔德一家区别开来。在乔德一家所在的老赫德森中,12个旅行者有5个已经超过了40岁。相较之下,大部分真正的移民更年轻——60%的成年旅行者都低于35岁。不像乔德一家,真正的移民比那些不那么为人所知的移民所受的教育更多。乔德一家在性别平衡上是典型的，因为大部分移民是以家庭形式去旅行。（在更广泛的美国移民历史中，家庭移民是相当不寻常的，因为在移民人口中，单身男性普遍多一些）同时，像乔德全家向外移民的情况是极少的。西南移民家庭平均下来每户只有 4.4 人。

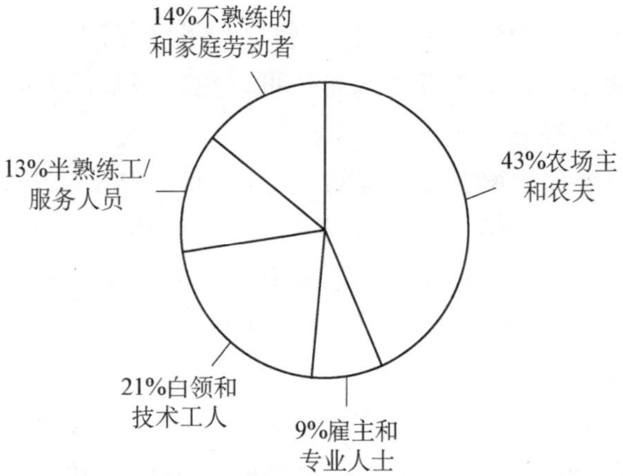

从西部的中南心州移民到加利福尼亚州，移民之前的工作。（数据来自 American Exodus：The Dast Bowt Migration and Okie Culture in California by Jemes. N. Gregory. Copyright © 1991 by Jamcs N. Gregory. 承蒙 Oxford University Press, Inc. 允许使用）

298 最后是种族的问题。跟 95% 去加利福尼亚州的西南移民一样，乔德一家也是白种人。这不是因为很少有非裔美国人住在密苏里州、堪萨斯州、得克萨斯州、俄克拉荷马州。在 1930 年，这四个州的黑人人口接近 170 万。许多非裔美国人是农民或是农村劳力，其中成千上万的人在 1910 至 1930 年之间离开了这个地方。但是，大部分搬到了北方和中西部的城市中心，比如芝加哥和匹兹堡，他们在那里有亲戚或者朋友。在那些去加利福尼亚州的西南人中，黑人大部分是定居在洛杉矶了。即使这样，到 1940 年为止，黑人人口在 150 万居民中占 6.4 万。（仅仅 5000 非裔美国人居住在圣弗朗西斯科。）

斯坦贝克对乔德一家向西旅行的描述,让我们产生了另一个问题——关于旅行本身的情况。《愤怒的葡萄》写了有关乔德一家如何一路颠簸去加利福尼亚州的故事,这占了全书篇幅的1/3。书中没提到精确的时间,但是乔德一家在路上的时间很长,经历了许多艰难和冒险。在开始踏上旅途之后的数周,他们到达了加利福尼亚州。读到这样的痛苦经历,读者可能很想知道:既然旅途中充满了严峻考验,那么为什么这么多人要去冒险?

> 对大部分人来说,长途旅行并不如此痛苦。

但是,大量的图画是历史学家搜集的关于移民旅行的,这就暗示了,对大部分人来说,长途旅行并不是这么痛苦的。这些证据大部分属于逸事性质。

人口普查搜集了非正式的信息,其中详细介绍了沿路的旅行或者生活条件。但是社会科学家和记者采访了贫民并记录他们口头 299
叙述的经历。虽然斯坦贝克所描述的乔德一家个人的不幸,毫无疑问地也发生在一些移民身上,大部分人却认为这个旅途并没有那么悲惨。

比如,那些驱使人们去往加州的希望。对乔德一家而言,加利福尼亚州基于谣言、传说、流言,被描述得晦暗不明。传单被劳力机构派送到俄克拉荷马州。当然,许多人去加利福尼亚州,有着不合理的期望。两个年轻的研究员,他们被国会图书馆雇佣去搜集民间传说,记录下了这段诗行:

> 在加利福尼亚州,他们说
> 钱都长在树上,
> 每个人都将到这儿,
> 就像一大群蜜蜂。

州旅行机构助长了这样的误会。加利福尼亚州是适合度假、享受阳光和舒适的地方。好莱坞电影工厂把这个州描绘为城市黑暗环境的诱人的另一选择，它利用电影表现社会问题和犯罪现象。

但是因为加利福尼亚州官员害怕贫穷的找寻工作的人会让他们所在的州超出负荷，在反复打破了幻想之后，他们散播了在加利福尼亚州的生活条件令人失望的信息。很多移民家庭再三考虑了这次旅行，因为他们沿着 66 号公路，在塔尔萨（Tulsa）附近，看到了广告牌上用黑体字写着的内容：

> 在加利福尼亚州没工作
> 如果你正在寻找工作——别来这儿
> 六个人找一份工作
> 州政府不为非居民人员服务

不管这是可怕的警告，还是诱人的旅行指南，它们都不是准确的。即使加利福尼亚州经济遭遇困难，失业情况仍然严重，在 20 世纪 30 年代，加利福尼亚州比起其他州富裕多了。它的农场生长着 100 种不同的谷物，这种的多样化让加利福尼亚州的农业在生产过剩和低廉价格的冲击下显得不是那么脆弱。其他工厂也更好地度过了经济危机。在加利福尼亚州的工人一般能有最高的小时工资。事实上，在 20 世纪 30 年代，这个州的经济在增长。对于那些找不到工作或丢工作的人，这个州有全国最好的救济待遇——每月 40 美元，对照下来，在西南部地区只有每月 10 到 12 美元。所有事实都反映了那些离开南部平原的人们选择加利福尼亚州为目的地是有原因的。正如一名得克萨斯人所评论的，“那么，如果他们在那里有许多工作，救济是优越的，到那时，如果我不能找到工作，我的选择仍然是对的”。

并且，与乔德一家不同，沿着 66 号公路旅行的许多移民有已经
300 住在加利福尼亚州的亲戚和朋友。到 1930 年为止，40 多万西南部农民居住在这个州，创造了坚实的基础，人口统计学家把这个称为“移民链”。像全世界移民去美国的人一样，西南人写信回家给他

们的亲戚。“那些写信回家的人提到，加利福尼亚州的工作相当好。”类似于这样的信，一名俄克拉荷马州的人解释，“所以他们打算冒险过来。”一条信息造成了尤其强大的印象：“每个人自走后都写信回去。说他紧随其后找到了工作。”同样重要的是，亲戚还提供新移民居住的地方，帮助他们开始新生活。在20世纪二三十年代，农民和临时雇农（来自阿肯色州的移民）的整个社区在加利福尼亚州农业方面迅速发展。与乔德一家不同，大半的沙尘暴移民选择去加利福尼亚州是带有目的性的。

小说家和记者生动地描绘了旅途上的艰辛，因为它是很好的故事情节；的确，《愤怒的葡萄》大部分是和“旅途小说”这种文学类型相符合的。哈克·芬恩（Huck Finn）的性格特征深入人心，他和逃走的奴隶吉姆沿着密西西比河漂流，所以他观察到，斯坦贝克以“更公正地看待大篷车时代”之类的语气写道。到了20世纪30年代，完善高速公路和公交车站连通着西南平原和加利福尼亚州的铁路。一家子如果开着体面的车，旅程只需三四天的时间。

加利福尼亚州

在穿越州际之后大约150英里，66号公路进入到加利福尼亚州的巴斯托（Barstow）镇。这时旅行者要面对一项重要的选择：他们应该继续沿着高速公路走吗？（这条公路顺着南方蔓延到洛杉矶。）或者他们应该走更小的路出巴斯托镇，这是一条不完全平坦的道路，通过蒂哈查皮（Tehachapi）山脉进入到圣华金（San Joaquin）河谷？

乔德一家选择了进入河谷的路。但是正如你们所猜想的（基于我们已经评论的人口普查数据），大部分西南移民却没有选择这条路。大部分人从城市停下，至少在1935到1940年之间，接近70%的人选择居住在加利福尼亚城市。这样的图表在某种程度上有误导的作用，因为正如我们所见，许多农村劳力定居在城市，按照季节再移民到多样化的农场工作。洛杉矶仍然是最受西南人欢迎的目的地，吸引了1/3多的移民。

只有28%的沙尘暴逃难者找到出路，就像乔德一家，去了圣华金河谷。大部分人心怀同样的梦想，这鼓励着如此多的19世纪的美国人：为了拥有属于他们自己的家庭农场。最后，他们听说加利福尼亚州种植了大量的棉花，对他们来说就像是回到了家里。移民们估计他们能够以基本的生活工资在这里工作，直到他们能存到足够的钱购置土地。同样的希望，也驱使他们的祖先去了西南方。但是加利福尼亚州让他们感到很惊讶。

农舍在哪里？

301 新来者来到圣华金河谷的第一印象是既困惑又不安。当乔德一家从高速公路开下来，帕惊愕地盯着乡下："我从来不知道他们是像这样的。"在他们面前的是"深绿色的大把的桃子树和胡桃树"，匆匆瞥一眼后，在移民看来，这儿在某种程度上比他们离开的平原更大更陌生。其他有些事情似乎是古怪的。虽然广阔的田野和果园绵延数英里，但移民几乎没看到他们所期望的农业王国。"农民在哪里？"一名新来者询问道。他们甚至还有更多的疑惑："农户在哪里？"

这地方不可能没有农场。在1929年，加利福尼亚州13.5万个农场中，90%的农场每年生产了很多粮食，它们至少价值3万美元。30%的农场生产的粮食至少价值1000美元。但是那些小农场主缺少政治或者经济上的影响力。在所有的美国农场中，1/3以上的土地在加利福尼亚州，每年生产的粮食，价值超过3万美元。然而公司和地主垄断了国家的农业部门。一些农作物，包括了柑橘类的水果、葡萄干，都是在市场协助下，集中起来管理的。[新奇士(Sunkist)就是其中一个例子。]棉花，农民们最了解的农作物，是分散种植的。即便是这样，只有四个公司收走了2/3的棉花，结成了农场合作、银行共赢的网络，圣华金农业局(the San Joaquin Agricultural Bureau)严格控制生产水平和劳力成本。事实上，加利福尼亚州只允许农民生产高质量的棉花。

大部分移民来到圣华金谷后没有时间去考虑买田地;他们面对着基本生存的更大压力。跟乔德一家差不多,大部分人把去加利福尼亚州的时间安排在9月份,这是棉花收成开始的时间。种植者估计,优秀的工作者能一天挣三四美元,差不多是在西南部的工资的两倍。但是在农业中,棉花种植工作实质上在12至3月份是农闲时候。那时是雨季,不过,温度比老家要高,温度通常是30多度。一些幸运的家庭在劳动营能够找到住处。一些地主还让移民待在一人间的窝棚。更多的是,他们待在帐篷、老爷车、简陋的小木屋组成的村落里。在这样贫困和营养失调的条件下,疾病传播的速度很快,尤其在老人和小孩之间。这就是多萝西·兰格发现的场景,在那个时候,她拍下了照片并将其命名为"移民母亲"。

所以《愤怒的葡萄》仍然是最贴切的历史,此时,斯坦贝克把1937—1938年乔德一家的困境描述为加利福尼亚州最糟糕的冬天。在1937年,罗斯福政府裁减国家恢复经济发展的财政开支,于是经济崩溃了。失业情况又恢复到了新政之前的状况。那一年又引发了新的移民潮,这一点都不令人奇怪。然后开始下暴雨。正如斯坦贝克预料的,洪水席卷了整个难民营,让那些居民无家可归。这样的绝望情形让私人慈善机构和政府部门开始采取措 302
施——正如兰格和斯坦贝克所希望的。FSA提供了医疗救助给那些来到加利福尼亚州一年却不满足公共救助要求的居民。

在那个冬天之后,最糟糕的结果已经结束。这两年内,雨一直在平原下着,这时二战带回了繁荣并结束了失业。移民不用再经历乔德一家在加利福尼亚州经历的艰苦岁月,不用挣扎在基本生存线上。

其他移民

格雷戈瑞和其他历史学家画的关于农民的油画集,展现了斯坦贝克小说的震撼性和它的限制性。事实上，人口普查局和其他数字化数据提供了基本的框架，其中通过它们，我们不仅丰富了斯坦贝克的故事，还提到了报纸报道、图片、同期的社会研究、口述记录，这些通常被置于历史记录以外。数字结构让我们确定了斯坦贝克和其他相关的证据是事实的一部分。

数字化原则以同样的方式被应用于新移民迁到加利福尼亚州的范围。因为斯坦贝克的故事独独集中在农民问题上，历史学家已经开始赞同这样的观点，故事不可避免地展示了图片的一部分，这张图片可以反映出加利福尼亚州的农业劳力结构。另外一系列的数字能够反映这样的观点。1930 年劳力结构显示出，43%是白人，21%是墨西哥人，17%是欧洲人，8%是菲律宾人，7%是日本人。

另一些数据反映了这样的熔炉文化的影响。这些数据图解了在圣华金河谷粮食生长的多样性。在原文第 303 页上的地图不仅反映了棉花，还反映了葡萄、土豆、梨、李子、橄榄、无花果、橘子、水稻、大豆、樱桃、番茄等的分布状况，被带回来就并不令人感到惊奇了。农业和劳力结构的多样性都是相关的。在现代，美国人对加利福尼亚州多样化的生产非常感恩。但是这些粮食几乎不是“纯天然”的。大部分不是由原西班牙人种植的，也不是从东部移民来的盎格鲁人种植的，因为他们更喜欢种植像小麦的谷物。加利福尼亚州农业发展的多样性是在 19 世纪晚期开始的——同时劳力结构也开始变得多样化。

开始时，紧随 1848 年的淘金热，中国人在引入果园上发挥了重要的作用。许多中国移民曾经沿着长江和黄河发展农业，他们到达美国后建立起灌溉系统、排水沟、圣华金河谷和萨克拉曼多(Sacromento)的三角洲地区征税系统。沼泽地在 1875 年每英亩仅仅卖到 28 美元，不久就涨到了每英亩 100 美元。中国人也带来了在果园和菜园方面种植的相关的珍贵园艺经验。来到美国的一个
303 移民，阿兵(Ah Bing)培育的樱桃就重新被命名为阿兵樱桃(Bing Cherry)；在佛罗里达，刘吉功(Lue Gim Gong)改良了抗冻的橘子。

反亚洲的本土主义者，在加利福尼亚州的被带回来就并不令人感到惊奇了的势力尤其庞大，在国会议案中通过了《排华法案》(*The Chinese Exclusion Act*)，禁止 1882 年后中国劳工进入。然而，日本移民数量继续增长，尤其在 1900 年以后，大量日本人口聚集在加利福尼亚州，从事农业生产。到 1910 年为止，日本农民生产了加利福尼亚州 70％的草莓。到 1940 年为止，他们在春天和秋天都种植了 95％的食荚菜豆，他们积极地培育其他谷物。爱尔兰约翰上校，作为加利福尼亚州德尔塔(Delta)机构的主席，在 1921 年如此评价道：

墨西哥农物工人组织了许多大规模的劳工运动，反对加利福尼亚的农民。这类运动是农民们极为愿意用西南移民替代他们的一个原因。沙尘暴移民没有类似的劳工运动和团体组织的传统。在这辆卡车上的墨西哥妇女呼吁破坏罢工者加入罢工行列。

已经见证了日本人利用自己的坚持和智慧把像弗洛林(Florin)和利文斯顿(Liviogston)这样贫瘠的土地转变为多产多利的土地、果园、工作场所。他们看到在圣华金河谷的硬质地层和松软土质，有着灰黑色的碱金属，就像伯大尼(Bethany)被诅咒无花果结不出果子一样，不值得缴税，直到生田(Ikuta，一名日本移民)改良了土质可以种出水稻。长达数年的辛苦工作，付出代价、忍受悲痛失望后，他克服了土质问题并且培育了在加利福尼亚州的第一批经济作物——大米。

但是，20 世纪 20 年代的移民限制法案，曾经对加利福尼亚州的劳力产生了新的影响，彻底限制了从大部分国家来的工人潮，完全禁止了亚洲移民。在加利福尼亚州的土地上再也找不到欧洲或者日本移民。面对劳力短缺，他们把目标转向了墨西哥，在一定程度上，菲律宾人还是能入境，因为菲律宾是美国的领土。

对墨西哥劳工的数量与背景进行审视，我们会发现之前同在西南移民身上的那类陈设同样站不住脚。1930 年到加利福尼亚州工作的大部分墨西哥人几乎没有直接从墨西哥城郊来的。更多的是，他们怀揣大量技能，这样的移民是因为在 19 世纪 90 年代墨西哥广泛进行工业化的结果。比如，布劳略·洛佩兹（Braulio Lopez）负责在圣华金河谷摘棉花，在来北方之前，他在墨西哥铁路工作。
305 在美国，洛佩兹也在矿产部门工作，在洛杉矶驾驶有轨电车，也曾从事过洛杉矶和圣迭哥之间的公路建设。

多样化的劳力模式通常在墨西哥人与菲律宾人中间比较普遍。尽管许多工人把洛杉矶或者一些其他城市当作自己的家，他们随着季节去找他们赖以生存的熟悉的工作。“如果你在每年的一月出发，”一名菲律宾劳力回忆道，“那么你找到一个地方，那里就会出现像芦笋一样多的帐篷……从收获芦笋的季节开始，我们移民到费尔菲尔德，和那里的人们在果园摘水果，而妇女和那些只能站到箱子上才能干活的孩子，在切水果。”历史学家德芙拉·韦伯（Devra Weber）提到，这些更普遍的移民模式提供了复合型工作，让家庭可以满足其基本需求，这就在混乱的劳力机制中逐渐稳定了下来。

既然我们意识到这些农业劳力的模式，我们就可以在这一背景下认识他们迁移的作用。在这样的情况下，就有证据表明，不是一股而是两股大移民潮在 20 世纪 30 年代继续着。在数年间，正如我们所看到的，40 万西南人来到了这个州。但在同样的时期，在其他地方有 50 万到 100 万墨西哥人从美国回到了墨西哥。（对于出

左边，在较旧的指示牌上褪色的西班牙文是墨西哥人移民到西南部、到加利福尼亚州的无声证据。即便是在大萧条时期，霍奇基斯牧场（the Hotchkiss Ranch）还在扩大棉花产量。（耕种面积从1万变为1.5万英亩，棉花种植从0.3万变为1万英亩。）指示牌上的激情描述与事实上大部分移民生活和工作的状态大相径庭。

入墨西哥的移民人数的精确数据我们非常难获得。）当地政府面对大萧条和就业率低的局面，要么鼓励要么强制墨西哥劳力离开墨西哥。被强迫迁出墨西哥的许多劳动者都出生在美国，已经成为合法居民。“我的父亲在他年轻时离开他的国家，因为他在矿场和农场里工作得很艰难，”一名圣华金河谷的居民回忆道，“当艰难时刻来临时，我们就成了多余的，像牲畜一样被扔出这个国家。”

这些长途旅行者跟这些农民一样悲伤，他们的处境十分相似。生活很“艰难”，莉莉·嘉斯卡·奎利亚尔（Lillie Gasca Cuellar）重提旧事，那个时候非常艰难。

我们遭受巨大磨难，承担繁重的工作。我们没有火炉，我们没有床。我们只能睡在硬纸盒里，我们也没有房子，我们大多数时候都是睡在大街上。

到 1940 年为止，有 76％的白人在圣华金河谷工作，这个地方原先住的主要是墨西哥劳动者。在白人工人中有一半是来自西南部的移民。

正如我们所看到的，农民移民是不普遍的，因为其中通常包括更多的家庭而不是单个的人。即便这样，在 20 世纪 30 年代新移民缺少先前 20 年的家庭和各墨西哥家庭之间建立了广阔的人脉网。这些已经在加利福尼亚州有家庭的西南移民适应得最好。但是其他新移民不可能参与到他们从来没种过的粮食收获行程中，因此他们有时较早地到达那里，失去了宝贵的时间，或者来得太晚，那时就没有工作可做了。而且，加利福尼亚州摘棉花的方式跟其他平原摘棉花的方式不同。杰西·德·拉·克鲁兹（Jessie de la Cruz）是一名有经验的墨西哥摘棉花者，她注意到，在她的田地，一些得克萨斯人“不习惯这种采摘方式……这个必须很干净，不要有叶子，你只能留下棉花”。新移民摘了 45 磅，而她们摘了 100 磅。像乔德一家这样的新移民，就面对这样复杂的难题。

从理论上说，西南移民与墨西哥和菲律宾劳工面临同样普遍的
307 问题，他们都为更高的工资和更好工作条件而进行罢工。

移民拥入圣华金河谷，激起了当地居民对此毫不掩饰和越来越深的敌意。《愤怒的葡萄》就曾提到在加利福尼亚州尼德尔斯（Needles）的服务员的话。“这些农民没有任何感觉，没有情感，他们不是人类。一个人不可能像他们那样生活。他们只是比猩猩生活得好一点。”其他记者和调查员也报道类似的偏见。“你带着这些人，”加利福尼亚州的农民抱怨道，“给他们伊甸园最好的地，他们也会饿死。”

但是文化上的偏见让民族间的合作变得困难。农民经常发现加利福尼亚州的少数民族和种族正在遭受威胁。与西南平原相

加利福尼亚同时有高大农作物——工人们需要爬上梯子才能采摘的果树——和低矮农作物——需要长时间弯腰，像动物一样蹲下才能采摘。低矮农作物更适宜菲律宾人和其他亚裔工人，因为他们自身的身高条件更适于这样的工作。这样的条件并不意味着他们在这种体力劳动中没有遭受很大的痛苦。

比，加利福尼亚州有太多的“外国人”。正如一名农民所指出的，“他们没去做事是因为被支付的工资太低了，那个时候当地美国白人正在忍受着饥饿”。在阿尔文（Arvin）、加利福尼亚州的FSA劳力营，来自得克萨斯州的移民反对墨西哥家庭迁入。“记住阿拉莫（Alamo）！要么是我们，要么是他们，”他们告诉帐篷管理员，“我们不可能都在这儿。”

工作之间的竞争加剧了彼此间的愤恨情绪。一些农民觉得，为意大利或日本种植者工作或通过西班牙劳工承包商找工作是很丢脸的。有一些农活儿是农民做不了和不愿意做的。像芦笋一样的蔬菜要求他们“像墨西哥人一样蹲下和行走”。这些行为，大部分 308
人是不可能做的。墨西哥人和亚洲人做更艰苦的重活儿，种植一些地面作物，比如蔬菜和土豆。“白人不可能像这些矮个子的人一样弯下来，手和膝盖支撑着，或者一整天长时间伏在地里。”在1930年加利福尼亚州的报纸编辑评论道。他的这种观点在一个日本农民那里得到了回应，这个日本人同样对他雇佣的菲律宾工人有偏见。“菲尔斯河（Fils）聚集了很多弯腰工作的劳动者。他们都是矮小的，工作还很快速。”正如所预料的那样，这样的情况工人自己并不会讨论。“许多人认为我们不能忍受弯腰工作的辛苦，但是我们可以。”一名菲律宾人强调道。

最后，劳力市场供过于求让工资下跌，让俄克拉荷马州的农民、墨西哥人、菲律宾人和日本人这些劳动者的生活质量降低。人口普查局显示随着西南移民进入到市场，所有工人的收入都会下跌。即便是这样，俄克拉荷马州农民会比他们排反的少数民族挣的钱更多一些。人口普查局再次提供了关键性证据。1940年西南移民家庭，他们在1935年以前来到了圣华金河谷，每年的平均收入是1070美元。这些人在1935到1940年平均年收入能达到650美元，其他加利福尼亚州的白人能拿到1510美元。这些墨西哥家庭没有回到他们的故乡，他们一年只挣得555美元，而且他们认为新政中的救济措施无法解决他们的问题。加利福尼亚州法律把外来墨西哥人排除在公众计划之外，本地规则让许多墨西哥人，即使是美国市民也被排除在WPA的工作之外。

总之，在加利福尼亚州的农业劳力的结构和活力，没有《愤怒的葡萄》中提到的单个家庭苦难的故事那么复杂。为什么斯坦贝克忽略了这样的复杂性中更黑暗的一面？这个答案可能没有这么难理解。他本能地把俄克拉荷马州的农民作为牺牲者，而不是加害者。从他的观点来看，在20世纪30年代的农业危机中，真正的悲剧是杰斐逊农业理想的毁灭。斯坦贝克想要政府给予乔德一家更多的救济；他倡导要有第二次革命，让美国农民重新扎根于土地之上。他不知道的是，他珍惜的美好想法通常就仅仅在美国白人中实现，无论如何，越来越与改变了美国的工业化的农业没有关系。

在70年中，自从沙尘暴席卷西南平原，美国已经在着手进行市民权利革命。在1964年的移民改革法案之后，又爆发了新的移民潮，这就需要考虑民族多样化问题。历史学家也在关注多样化问题。他们不仅在搜集数据，还有一些民歌、照片、趣闻、观察，就像特纳一家、加勒森一家、莉莉·嘉斯卡·奎利亚尔一些普通人的材料。在大量的证据之下，人口普查局没有人情味的数字乍看之下似乎是最无力的呼喊。但是，归结起来，大量的数字整合构建了重要性和平衡性。事实证明，这些数字所讲的故事几乎是这些小说的核心。

309

拓展阅读

由于本章以沙尘为始，感兴趣的读者最好从 Donald Worster 的 *The Dust BOWL*：*The Southern Plains in the 1930s*（New York，1979）开始，如有一窥奇谈怪论的欲望，Worster 会指此读者们去看 James Malin 的 *The Grasslands of North America*（New York，1956）。以事实而言，斯坦贝克《愤怒的葡萄》（纽约，1939 年）一书最初是写给 *San Francisco News* 的系列文章，而后以 *Their Blood Is Strong*（New York，1938）一书出版。历史学家可以发现另一本相似而有价值的研究著作，即 Carey Me Williams 的 *Factories in the Fields*（Boston，1939）。关于《移民母亲》的照片，我们推荐读者阅读 Dorothea Lange 和 Paul Schuster Taylor 的 *An American Exodus*：*A Record of Human Erosion*（New York，1939）。该书虽不好找，但兰格及其著作是下书的主题：Milton Meltzer 的 *Dorothea Lange*：*A Photographer's Life*（New York，1978）。Dorothea Lange 的 *Photographs of a Lifetime*（New York，1996）是近来出版的复印本，收录了她的大部分作品。"移民母亲"的故事，以小说、电影两种形式出现的《愤怒的葡萄》，以及美国文化记忆中有关沙尘暴其他方面的内容，在下书中得到了精彩叙述、呈现，参见 Charles J. Shindo 的 *Dust Bowl Migrants in the American Imagination*（Lawrence，KS. 1997）。兰格的许多照片，包括《移民母亲 6》，可通过以下途径在线阅览：the Library of Congress at its American Memory site：http：//memory. loc. gov。

两位历史学家的著作对本文贡献甚巨。James Gregory，American Exodus 的 *The Dust Bowl Migration and Okie Culture in*

California(New York,1989)不仅仅对集体历史的难题做了概念化的处理，而且在量化分析、逸事叙述以何种方式相互影响，从而创造出既富含信息又深具可读性的的历史上做了示范。秉承同样的精神，Devra Weber 的 *Dark Swear*, *White Gold*: *California Farm Workers*, *Cotton*, *and the New Deal*(Berkeley,1994)描绘了移民农场工人的经历，对墨西哥人给予了特别的关注。来自这些材料的补充信息不可避免地要回溯到 U. S. Bureau of the Census 的 *Historical Statistics of the United States*, *Colonial Times to 1970*, 2 vols(Washington,DC,1975)。那里，其内容每年都会有更新。网络用户可登陆人口统计局的网站：http://www. census. gov。

第十三章　投掷原子弹的决定 310

哈里·杜鲁门总统宣称是他下达了投掷原子弹的命令以便迅速结束对日战争。许多历史学家对事实真相是否如此提出了质疑。

1945年7月16日破晓前，新墨西哥州静寂的天空中飘着点点云朵。在发射台里焦急等待的观察员们看来，地平线上那几座巨塔看上去也就和沙土中几把铁铲一样大。

突然，其中一座巨塔喷出一颗璀璨的火球，空气立刻像被炙烤了一般，黎明的阴暗也瞬间转为耀眼的光辉。随着温度上升，炙热的空气向外蔓延。几秒钟前还是平整冰凉的沙漠，瞬间凝结成了圆球形的玻璃状颗粒。火球所带来的冲击将巨塔从中心完全熔解，形成了一个四分之一英里半径的火山口，让半英里外的一座四十吨钢塔也随之灰飞烟灭。火球上方形成一朵黑云并急速向外、向上升腾，之后向内收缩形成蘑菇云。蘑菇云在空中不断向外膨胀，达8英里之长。火球不断从其内部向外扩大，光与热不断地交织。冲击带来的噪声渐渐减弱，但也足以震碎125英里以外的玻璃窗。一片混沌中包含着光与热，还有冲击波，但最震撼的依然是这万丈光芒。沙漠边有一位女盲人，她竟然也察觉到了这光的存在。

科学家们注目望眺阿拉莫戈多（Alamogordo）的发射塔，欢喜解脱与不安的情绪混杂在一起。原子弹试验成功了，理论成为阿拉莫戈多的发射塔现实。爆炸导致的毁灭性打击并没有像许多科学家预测的那样引燃地球的大气层。但是不祥的预感却挥之不去，人类拥有了这史无前例的毁灭性力量，并且它将会永远存在。

原子弹计划的项目负责人莱斯利·R. 格罗夫斯将军（General Leslie. R Groves），并没有在意科学家们的担心。他无法抑制自己的喜悦，并将成功的喜讯发电报给正在已被占领的柏林城外与盟国领导人举行波茨坦会议的哈里·杜鲁门总统。格罗夫斯将军汇报说：“这次试验的成功远远超出了所有的预期。”收到该消息后，杜鲁门总统回到会议室就像是换了另外一个人一样。英国首相温
311 斯顿·丘吉尔察觉出了总统身上那突然迸发出的自信。丘吉尔写

1945 年 8 月 6 日 8 时 15 分，艾诺拉·盖号轰炸机与其轰炸小组成员在天气晴朗的情况下向广岛进发。一个小时后，飞机时速达到 328 英里，投弹手从 3.1 万英尺上空向广岛投掷了原子弹。其后轰炸机急速回转加速。他们让原子弹在距离广岛市 2000 英尺的上空爆炸以扩大其爆炸辐射范围。爆炸形成的蘑菇云，根据附近的侦察机拍摄的照片来看，上升至 5 万英尺的空中，在 390 英里以外依然可见。最终数据显示：10 万居民死于爆炸中，成千上万的人受到核辐射的污染。

道："他用一种果敢并强硬的姿态站起身面向俄国人。他接着之前讨论的话题并主导了整场会晤。"因为英美两国在原子弹项目上保持着合作关系，丘吉尔首相不难揣测出杜鲁门总统如此自信的原因。

不到三周之后，1945 年 8 月 6 日，第二朵蘑菇云冉冉升起，这 312
次是在日本的广岛市。这次的爆炸摧毁了整座城市，导致将近十万人死亡，成千上万的人因为爆炸辐射奄奄一息。三天后，另外一枚原子弹将长崎市夷为平地。之后历史上最血腥、代价最高昂的第二次世界大战宣告结束。也是从那时开始，这个世界笼罩在了愤怒或错误的残酷阴影之下，某些团体或政府可能主导发起恐怖的核战争。

新墨西哥州的原子弹爆炸试验标志着人类历史上最大规模之一的科学工业联合实验暨代号"曼哈顿计划"获得了成功。1941 年至 1945 年之间，美国政府耗资超过 20 亿美元制造了三枚原子弹。二十年之前，这笔资金相当于整个联邦政府预算的总和。该计划涉及了位于全美 19 个州以及加拿大在内的 37 所实验室以及工厂，雇用了超过 12 万人，并会聚了同时期全国一大批顶尖的科学家和工程师，他们的聪明才智与这个国家的存亡息息相关。全美顶尖的大学与美国最大的企业，诸如杜邦公司（Dupont）、伊士曼柯达公司（Eastman Kodak）和通用电器集团（General Electric），都为这项伟大的事业提供了大量的人力、物力资源。"曼哈顿计划"也掀起了现代工业社会的浪潮。大批的物理学家以及各类科学工作者开始入驻大型组织机构并从事他们的实验研究。在 18 世纪的绝大部分时间内，科学家们就好像孤独的艺术家一般用着相对简易的工具待在小作坊内工作。然而自 1876 年托马斯·爱迪生（Thomas Edison）在新泽西门罗公园（Menlo Park, NewJersey）建立了他自己的实验工业区之后，科学家们开始转换思路，朝着更加合理化、商业化的研究方向发展。爱迪生运用企业管理的方法将实验研究者细分为发明创造家、工程师和技工。在 19 世纪头二十年，西屋电器公司（Westinghouse）、杜邦公司、美国橡胶集团（U. S.

Rubber)，以及其他主要企业都建立了自己的工业实验室。

> 第一次世界大战向我们证明了科学技术辅以精密的组织以及充足的资金投入对国家的安全防卫尤为重要。

在大战期间，科学家们广泛投身于大规模科学实验项目中，发明创造出一批又一批的新型炸药、毒气瓦斯、光学玻璃镜片、航空仪器，以及深水探测设备。物理学家与电气工程师们用了不到两年的时间完成了两倍于过去十年时间内对无线电通讯技术的研究探索。政府部门也是破天荒第一次大规模地对实验研究进行大量投资。但是，科学家们与保守的资本家贵族们一样，他们大多信奉自由主义思想。科学家对一切政府任命并由小群体构成，且试图控制以及主导国家层面科学研究的行政机关持怀疑态度。

战争的结束遏制了政府财政支持的方向。科学家们与其他美国人一样享受着20年代美国经济的繁荣昌盛。经济的持续增长
313 意味着研究经费的持续增长。研究领域的成功案例吸引着大量富商以及私有资本不断投入。美国科技领域不断孕育出的理论与应用科学的成果足以与欧洲强国相媲美。

20世纪30年代的大萧条时代不得不让研究者们勒紧了裤腰带，也降低了他们的期望。尽管政府不是主要的研究资金来源方，但是也大幅度削减了科学技术局的财政预算。即使在罗斯福新政(New Deal)时期，增加了科学家的就业，但这样做也只是为了增加就业，不是为了加强研究。不过在20世纪30年代晚期，许多私人基金会逐渐恢复了曾经的资金支持水平。其中最主要的受益人之一是欧内斯特·劳伦斯(Ernest Lawrence)，他是一名有表演天赋的物理学家，也是当时最著名、获得最多资金支持并最受美国政府支持的科学家。20世纪30年代，劳伦斯设计并建造了一台粒子回旋加速器，这台仪器可以加速聚焦束内原子粒子用以打穿其核壳层，并可以描述其动力学系统以及组织结构。到1939年，他在加州大学伯克利分校的放射实验室已经破天荒地筹集了150万美元用于

建造一台一亿瓦的大型粒子回旋加速器。

这次由政府以及相关机构导向的科技领域热潮也反映在美国社会的其他方面。就在劳伦斯扩建了其在伯克利大学研究所的同时，罗斯福新政建立起一批包括社会福利局在内的政府机构，其影响涉及美国社会生活的方方面面。在 20 世纪 30 年代，新政中实施的大部分措施，许多大型企业在之前就早已完成。拥有精密公路运输、冷藏设备，以及货运设施配置系统的集中式屠宰场取代了原有的地区性牲畜宰杀站，成为美国人餐桌上肉食的主要来源。阿穆尔公司和斯威夫特公司的肉类加工品、亨氏集团的腌制食品、亨利福特公司的汽车以及其他各家大型企业所生产的众多食品、服装，以及其他货物成为了美国人日常生活用品的主要来源。如果历史学家想知道这个摩登时代的本质，去理解这浩大的原子弹制造事业抑或是明白如何使用原子弹这一复杂决定，那么他们必须要了解这些大型的机构企业是如何运作的。

决策模式

“杜鲁门投掷了原子弹以尽快结束对日战争。”历史学家对历史的叙述总是那样言简意赅而又像是在照本宣科。当然，从客观上来讲，原子弹爆炸的时候杜鲁门根本不在日本附近。他远在地球的另一边并刚结束与斯大林和丘吉尔的波茨坦会谈。事实上整个事件的时间轴却远非如此，甚至要复杂得多。杜鲁门总统是下达了投掷的命令。该命令通过五角大楼被传达到西太平洋的天宁岛空军基地。军事基地指挥官派遣一名受过特殊训练的飞行员驾驶一架由美军陆军部授权科技人员设计制造的并携有一枚原子弹的飞机前往执行命令。飞行员接受了这项自上而下传达下来的命 314
令，启程前往国防部长与其战事顾问反复磋商而选定的目的地。他们的目标是摧毁日本这个城市并由此加快战争的结束。

> 哈里·杜鲁门总统的著名格言“责任止于此”一脉相承。也寓意着这个重要并且极为艰难的决定是由他独立做出的。

“杜鲁门投掷了原子弹”这一表述与事实真相的区别概述了历史学家在描述这一系统化、官僚化现代社会时所面临的两难境地。第一种表述是清晰明了的且具有人性色彩的。它与事实的真相相比显得冗长而又扑朔迷离，但又更为全面并具有描述性。它反映出军事顾问、机构当局、办公室委员会等各司其职，而总统是那个矗立在金字塔顶端负责指挥的人。这种组织结构构建了特有的信息收集、计划、处理以及执行的模式。从很大程度上讲，杜鲁门最终的决定取决于这种特有的组织架构的处理结果。因此，“杜鲁门投掷了原子弹”这种简化的说法虽是正确的，但也并不全面。

为了能更好地对该组织结构的运作进行分析，历史学家从社会科学领域借来一项利器，即诠释模式。对于许多人来说，“模式”这个术语可能会让许多人联想到一架塑料模型飞机，或者一辆电动小火车。对于社会科学研究者来说，这样的模式与小飞机模式的原理是一样的，它缩小了现实测量的范围并提升了研究生观察事物特性的描述能力。模式的建立可以用于在观察基础的个人行为，也可以用于复杂的世界气象系统。如果每日平均温度升高，那是否预示着降雨量的增减？如果大气层的二氧化碳含量增加，气温是否随之上升？对于诸如此类的问题，气象学家会通过一套天气智能模式测算出气候中的各组变量并试算出各变量之间的关系。即便如此，由于变量数量过于庞大导致气象学家不得不给出一个相对可能性而不是绝对的值。通过这些模式了解天气系统的多重组成部分的同时，也不可避免地不断简化该系统。从这种意义上来说，模式也是具有局限性的。

“杜鲁门投掷了原子弹”这句短语代表着社会学家称之为“理性决策行为”模式的实际应用方式。可能许多历史学家经常采用这种诠释方式，但是他们并不会将其与模式挂钩。理性决策行为理论将政府与大型企业的行为模式与个人视为一样的。此外，该理论还假设个人行为就好像亚当·斯密提到的资本家一样，用一种极为理性的高效方式追求其利益最大化。当不得不在各种可能性中做出选择的时候，政府领导人会在保障最小损失、最大利益的情况下做出最佳选择。没有人会用棒球拍去打苍蝇，政府也不会 315
为了小利益去发动一场战争，除非发动战争有其深远的意义。

模式的吸引力在于其预测能力。政府在大部分时间不会告知它们为什么会采取某些措施。在其他场合，政府也会公布它们的最终目标，但掩藏它们为实现目标而制定的具体计划。为适应理性行为的不同标准，分析师必须对政府不明确的目标与隐秘的行动做出所谓的“归纳跃进”。如果我们知道政府突然命令一支快速突击部队抵达边境地区，但是我们又不了解其具体目的时，我们得出的结论是从理性判断政府不会出动一支快速突击部队仅仅用来保卫疆土，而是可能正在酝酿一次袭击。反之亦然，如果研究人员知晓一个国家近期的主要方针，他们能有理由根据该国现有的资源揣测出该国领导人在现阶段可能采取的行动。

由富兰克林·罗斯福所领导的“曼哈顿计划”为历史学家提供了一个阐述理性决策分析是如何帮助揭示动机与行动的案例。无论是对他自己的顾问还是历史学家们而言，罗斯福是一个难以琢磨的人。他给不同的人下达的命令经常是自相矛盾的。他也经常鼓励存在竞争关系的政府部门去执行同一项政令。在核弹项目的运转设置中，罗斯福缘何做出决定鲜为人知。但是理性决策模式认为罗斯福认识到了核裂变的军事意义，加之美国在财政、工业以及科技方面的实力足以支撑该项目的运作，最终得出国家安全需要对核武器进行全方位的研究与发展这一结论。

现有的证据却无法支持这一结论。“曼哈顿计划”的成功应归功于最初的几位物理学家。他们大多来自法西斯德国和意大利，担心当时原子研究会使得纳粹拥有一种无可比拟的破坏力武器而逃离沦为难民。1939 年 3 月，从意大利墨索里尼手中逃脱的诺贝尔物理学奖得主恩里科·费米(Enrico Fermi)自费前往华盛顿，就核武器的破坏力向当时的军方提出了警告。费米本人在 1934 年几乎就发现了核裂变反应，但他并没有从其研究结果中认识到该反应的重要意义。如果当时他的研究成功的话，法西斯政权早已将他的研究结果运用到军事领域中。即使费米已经成为一名美国公民并任教于哥伦比亚大学，美国海军技术专家们还是对他的警告不屑一顾。在利奥·西拉特（Leo Szilard）的带领下，其他逃难而来的物理学家发起了运动。西拉特说服了当时全世界最受尊敬的科学家阿尔伯特·爱因斯坦（Albert Einstein），以他的名义致函罗斯福总统，表达了他对于核武器威力的担忧。总统的经济顾问亚历山大·萨克斯（Alexander Sachs）作为信使递交了信函。在罗斯福总统读完信并听完萨克斯的陈述后，他评价说："亚历山大，我们的目标是不要让他们把我们炸飞。"

总统当机立断采取了行动，但并没有开始进行大规模的研究计划。这一步看似不合理，但就如萨克斯所说，科学家们还没有找到一种能够将裂变所产生的能量运用在军事战争上的方法。相反，罗斯福为了加速核武器的研究创立了美国铀委员会。第一年，委
316 员会仅仅支出了 6000 美元导致该项目进展十分缓慢。此外，因美国还未正式参战导致科技研究经费极为紧张，许多有潜力的实验研究也在不断互相竞争。

然而，在英格兰，两名德国移民对"超级炸弹"的运行原理有了深入的了解。科学家奥托·弗里施（Otto Frisch）与鲁道夫·佩尔斯（Rudolph Peierls）断定，引发爆炸连锁反应的快中子可以由钚元素或者由铀 238 分裂出的裂变同位素铀 235 提供。他们也给出了如何将铀 235 从铀 238 中分裂出的方法。爆炸连锁反应所需的可裂变物质的总量所占据的空间足以放入现有飞行器可容纳的炸弹之中。弗里施与佩尔斯经过计算，得出制造这样一枚炸弹需要耗费两年左右的时间。更为可怕的是，德国物理学家也获得了相应的研究成果。盟军科学家们开始担心只要两年的时间德军将在制造超级炸弹的竞赛中领先。

1941 年 6 月，在英方将该消息传达给美方负责指导战略研究

的行政官员暨国防研究委员会(National Defense Research Committee)的首脑万尼瓦尔·布什(Vannevar Bush)后,他第一时间向罗斯福总统进行了汇报。万尼瓦尔·布什告诉总统:“如果这样一种炸药被研制成功,那它将比现有的炸药威力强大千百倍,它将决定战争的胜负。”英方的研究提供了一项理性决策,在这种情况下罗斯福总统开始在全美启动这一大型项目。为了推进该研究项目,罗斯福采用了一个名为S-1的机构替代了效率低下的铀委员会。新委员会的委员代表了且反映出了该项目的重要性。它包括科学研究及发展办公室负责人万尼瓦尔·布什,以及他在国防研究委员会的继任者詹姆斯·科南特(James Conant,哈佛大学校长)、副总统亨利·华莱士(Henry Wallace)、陆军部长亨利·斯廷森(Henry Stimson)、参谋长乔治·马歇尔上将(General George Marshall)。该项目的主要负责人为布什与科南特,他们将监督该项目的工作进度并及时向总统汇报情况。1942年9月,五角大楼建设负责人莱斯利·格罗夫将军挂帅该快速扩大的大型设施并将其命名为“曼哈顿计划”。

在这三年中,美国、英国以及移民科学家们因害怕无法超越德方的领先优势而争分夺秒。最初,研究的重点聚焦在芝加哥冶金实验室(另外一个代号名称)。在芝加哥大学废弃的橄榄球场地下的壁球场上,费米和他的搭档们取得了初次自持链式裂变反应的成功。下一个目标是分离足以制造炸弹的铀235或者钚元素。要实现该目标需要制造一批大型机械设备,这将是一笔巨大的开销,但在今天看来对于在芝加哥的这个项目来说,这笔经费是合理的。科南特之后授权格罗夫在田纳西橡树岭(Oak Ridge, Tennessee)以及华盛顿汉福德(Hanford, Washington)开始建造大型设施。

原子弹的实际设计制造选址是在新墨西哥州的洛斯阿拉莫斯(Los Alamos, New Mexico)偏远的山区。选择洛斯阿拉莫斯是物理学家罗伯特·奥本海默(Robert Oppenheimer)的主意。作为设计实验室的主管,奥本海默试图寻找一个地方会集一批史上最优秀 317
的实验和理论物理学家、数学家、化学家以及工程师。没有记者和好奇的同事的打扰，才华洋溢并世界知名的科学家们，渴望成功的青年博士们，将抽象的物理理论运用在解决如何生产出一枚原子核弹这一难题上。

J. 罗伯特 · 奥本海默（J. Robert Oppenheimer）在新墨西哥州洛斯阿拉莫斯附近的偏远沙漠地区制造、完成并试验了第一枚原子弹。奥本海默是一个认真并内向的人，同时在他职业生涯初期他嗜烟如命；他承认他觉得手里没有香烟是很难思考问题的。而“曼哈顿计划”的压力迫使他重新做回了老烟枪，同时他的体重从正常130磅下降至116磅。

直到1944年夏天，这场与纳粹的竞赛终于结束。间谍们发现德方物理学家早已对制造原子弹不抱希望。随着1945年4月盟军大军压境柏林，科学家们意识到在原子弹被使用之前欧洲的和
318 平已经到来。然而，对日战争变得愈发残酷。因害怕对日本本土作战造成大量美军士兵伤亡，罗斯福总统要求斯大林参与太平洋

战争。但随着战争局势向盟军方面倾斜，罗斯福总统开始变得不希望苏维埃政权进入日本。如果原子弹能帮助美国获得战争的胜利，那一切时间、人力和物力上的代价都是值得的。奥本海默、格罗夫以及曼哈顿计划的科学家们开始为尽早制造出一枚有效的原子弹而加速研究进度。

由此可见，理性决策模式足以解释该事件中原子弹研发的每一步骤：(1)物理学家预见核裂变的潜在威力并告知总统；(2)罗斯福命令加速研究的进度；(3)科学研究的突破使得他们对研发最后取得胜利十分自信，使总统对原子弹研究给予优先性；(4)与德国的竞赛以及日军在远东地区的抵抗行为将科学家们推向成功。

美国利用原子能力量的最终目的到底是为了震慑谁——是日本还是苏维埃政权？

尽管这条重要决策线的推理符合逻辑，但也有着其明显的缺陷，这些缺陷也展示了理性决策模式的局限性。罗斯福理所当然地可以被看作是一名理性决策者。但我们也可以看到一部分委员会成员与其他次要群体也介入了整个过程。当我们试图寻求一系列关于如何使用原子弹这一争议问题的答案时，决策模式变得更加模糊不清。1945 年夏天的军事情报能为美国在发动袭击前没有警告过日方这一行为辩解吗？关于核武器威力的非军事证据能否说服日本投降从而大规模减少人员伤亡？为什么在第一枚原子弹爆炸后这么迅速地投掷了第二枚？还有最后——可以肯定的是，理性决策分析可以提供这些问题的答案。但问题是，它提供了太丰富的答案。在这种情况下，历史学家们会对理性决策者可能会有的表现行为给予前后矛盾的解释。第一，1945 年夏天，理性决策者首要解决的问题是什么。从另一方面看，如果说服日本投降是战争的首要任务的话——那原子弹势必会提早使用。再者，军事和外交方面的指挥官已开始将中心从战争转移至和平。他们更为担心的是战后苏维埃方面的表现。在意大利和德国分别宣布投降之后，苏联开始巩固其对东欧的控制权。许多英国与美国的官员害怕斯大林将二战胜利视作扩大共产主义思想的重要途径。苏维埃政权在太平洋发挥的作用越大，他们扩张的机会也就越大。

但是，如果原子弹是在斯大林的军队深入远东地区结束战争前使用，那结果又将会如何？当斯大林看到这威力无比巨大的武器时他又是否会变得更愿合作呢？这个“理性的”推理过程引发了一
319 个令人不安的猜想。美国政府投掷原子弹的主要目的是不是为了警告苏维埃政府呢？历史学家加尔·阿尔佩罗维茨（Gar Alperovitz）认为，富兰克林·罗斯福1945年4月过早离世后，杜鲁门总统变得更关心如何牵制苏维埃政权而不是打败日本。

1945年的夏天，阿尔佩罗维茨在查阅了所有可获得的关于杜鲁门总统以及他的顾问的信息后得出了这个结论。阿尔佩罗维茨认为这些数据足以劝服杜鲁门（或者其他任何一个理性决策者），美国政府也没有任何不得已的军事理由向日本投掷原子弹。当时美国海军已经在日本全境建立了一条牢固的封锁线以切断一切原材料的供应，这也严重威胁了日本经济的发展，导致了大范围的饥荒。盟军轰炸机在没有任何敌军抵抗的情况下将整个东京夷为平地。到1945年7月，日军已经开始考虑接受有条件向盟军投降，只是1943年罗斯福曾坚决地制定了“无条件投降”的条约。让日本方面恐惧的是，如果美国坚持让他们的天皇放弃皇位，那会是一项他们如何都不想遭受的奇耻大辱。他们唯一的希望是利用苏联作为中间人对投降条件进行谈判，试图保留天皇制度。

杜鲁门清楚日方已示好苏维埃政权。美方情报人员拦截的日本外相发送给驻莫斯科外交使臣的电报上写道：“无条件投降是和平到来前的最后一道障碍。”然而，杜鲁门坚持执行罗斯福制定的无条件投降政策。在波茨坦会议上，盟军领导人发表了一段措词含糊的声明，告诫日本如果再不投降将面临“迅速、完全的毁灭”。该声明只字未提新型超级炸弹的存在，也不曾提及盟军允诺日本保留天皇制度的任何可能性。当日本方面做出无视警告的决定

时，美军认定日本已经下决心继续进行他们盲目的抵抗。

事实上，日本天皇史无前例并小心翼翼地进行着一系列的行动以削弱主战派的力量。他下令军事极端分子必须按照盟军制定的条约接受投降。但是8月6日广岛的原子弹爆炸以及两天后苏联的对日宣战，使得日本政府又陷入了困境。在日本政府还没从这两个爆炸性的消息中缓过神来的时候，8月9日长崎市又被夷为平地。即使如此，日本方面依然在美国政府隐晦地表达出保留天皇制度后才决定投降。尽管杜鲁门坚持“无条件”投降，但最后的结果依然是带有条件的。

阿尔佩罗维茨的结论令人深思。如果结束战争是杜鲁门的唯一目的，那给予日本延长数日甚至数周的考虑时间是比较理性的一种方式。如果这样，投掷原子弹就变得没有任何必要。最后还是引爆原子弹了。因此(按照这种逻辑)总统的首要目标一定是为了给苏维埃政府一个下马威。这种也是阿尔佩罗维茨予以谴责的一种可能性，因为这意味着杜鲁门戏虐性地使得数以万计的日本人葬生火海只是为了一个与战争本身不太相关的理由。如果杜鲁门希望通过恐吓的方式迫使苏联人变得更愿合作的话，那他犯了 320
一个严重的错误，因为苏联政府只会变得更加倔强。英美政府垄断核武器以及在控制核军备协议上与斯大林无法达成一致，最终导致了战后的一场军备竞赛。手握原子弹也使得美国人的安全感降低，道德声望也有所下降。这些结果都不是理性决策所期待的结果。

阿尔佩罗维茨在外交层面对于杜鲁门投放原子弹的决定进行了重新解构。但这些因素是杜鲁门以及他的智囊团最为关注的方面吗？其他一些历史学家将重点放在研制原子弹背后的军事意义上——不仅仅是1945年还有之前的几年。这样，他们提出了另一组可能影响理性决策的动机。

富兰克林·罗斯福是第一位必须考虑是否真的使用原子弹的总统。但仅仅通过批准大规模建造核武器项目的决议就能看出总统隐含的设想是核武器将被使用。前陆军部长史订生回忆道：“绝对不会，我从来没有听总统先生以及其他相关政府人员提及过原子武器不应该在战争中使用这一说法。”在洛斯阿拉莫斯原子弹试验项目中起到关键作用的人物罗伯特·奥本海默，再次肯定了史订生的说法：“我们一直认为原子弹是必要的，也是会被使用的。”

事实上，罗斯福的行为处世更为谨慎。1944 年 9 月，他与英国首相温斯顿·丘吉尔海德公园(Hyde Park)的家里会晤也谈到了这个敏感话题。在这次仅他们两人在场的私人谈话结束时，他们签署了一份备忘录，概括了他们的看法。两位领导人就原子弹应向俄方保密一事达成一致，这一举动清楚地表明(就像阿尔佩罗维茨所争论的那样)罗斯福与丘吉尔认识到了原子弹在战后与俄方交涉时能起到的巨大杠杆作用。就战争本身而言，罗斯福与丘吉尔都认为原子弹可在“深思熟虑”后在对日战争中使用，同时也警告日本“在日本投降前，轰炸是不会停止的”。

可以想象如果罗斯福没有过世的话，他应该会处理得更加变通一些。但如果他对原子弹的使用即使有过任何严重的质疑，这些质疑也会随着他的过世烟消云散。他的军事与外交顾问对海德公园的备忘录毫不知情。在罗斯福去世后，原子弹项目的主要责任基本转至陆军部长史订生，也就是“曼哈顿计划”的内阁成员。新任总统杜鲁门对于原子弹一无所知，说得更具体一点，其他任何重要的外交军事事务一无所知，罗斯福几乎很少与这位副总统商议，甚至很少接见他。有一次，作为参议员委员会主席的杜鲁门偶然间发现了关于大笔用于未知计划的资金的消息。随着战争接近尾声，新总统不得不面对大量的重要决议，此时斯廷森才谨慎地将原
321 子弹的计划告知总统。1945 年 4 月 23 日，陆军部长提到：“在您刚上任之后我和您提起过原子弹的计划，但当时考虑到您面临着巨大的压力，所以没有急着告诉您。”“然而考虑到目前的对外关系，我认为不应该再对您有任何隐瞒。”

为了能更清楚地陈述，史订生准备了一份包含他最紧迫的两大事情的备忘录。他希望杜鲁门能够认识到原子弹对于战后关系所具有的重要里程碑式的意义，特别是在对其与苏维埃的关系上。

此外他还想强调原子弹足以缩短战争的威力。史订生对使用原子弹来对付日本没有表现出任何的迟疑，对如何避免战后核武器竞赛也没有丝毫的准备。但两人约定斯廷森应成立一个委员会，以此来规划今后的政策选择。这似乎预示着理性决策正在起作用。如果杜鲁门想要权衡他所有的选择，委员会就会为他提供各种选择。

就目前所知，这个过渡期的委员会成员共开过三次会议。一个全新的科学专家小组也就此诞生，成员包括奥本海默、费米、劳伦斯和亚瑟·康普顿(Arthur Compton，芝加哥实验室负责人)，他们负责为委员会出谋划策。在这几次会议中几乎没有涉及是否向日本投放原子这个问题。原子弹的使用也变得好像是意料之中一样。亚瑟·康普顿回忆道："会议仅仅是讨论存在分歧意见的具体策略与战术。"当这些问题讨论完之后，一些委员简单地认为通过一场军事突袭替代非军事方式。他们咨询了奥本海默这种非军事方式需要多少准备。因为原子弹还需要经过测试，奥本海默也仅能预估它的威力。他回复说，他无法设想如果原子弹去轰炸实体目标物如工厂或者房屋会产生怎样的效果。委员会也不得不考虑如果日本代表团被带到了原子弹试验场，而无敌的原子弹试验失败又会如何。如果关于超级炸弹的警告事先告知了日本，那么是不是给了日本足够的防御准备时间，他们也可能将美军俘虏转移到可能被轰炸的地点。

在种种理由的影响下，临时委员会决定不对日本进行任何警告。另外，还假设了几种预先可查明的可能性向总统提供合理建议。第一，委员会成员认定日军领导人是非常盲目的，以至于只有通过原子弹这样巨大的打击才会迫使其投降。日军神风特攻队(Kamikaze)的自杀式袭击还有其他抵抗行为使得美军伤亡总数不断上升。西太平洋战役的指挥官道格拉斯·麦克阿瑟将军(General Douglas MacArthur)，低估了海上封锁本岛以及持续炸弹空袭的效果。麦克阿瑟认为只有全方位的进攻才能迫使其投降。美军在 11 月 1 日继续策划进攻，预期会有 50 万美军士兵的伤亡。

322

1945 年，委员会委员对于消灭敌军士兵以及平民的想法变得更为坚定。

不管怎样，常规性燃烧弹已经被证实具有与原子弹一样恐怖的力量。在一轮轰炸过后，美军的轰炸机将整个东京的四分之一夷为平地并且造成了 8.3 万居民死亡，4 万人受伤。因为害怕德国方面可能会使用原子弹来打击美国，委员会委员就有了充足的理由将常规性燃烧弹作为打击日本的潜在性武器装备。因为原子弹能起到减少美国士兵牺牲人数的作用，委员会感觉到公众是希望甚至是要求在战争中使用原子弹。最后，即使委员会没有就此问题达成一致，他们也依然决定通过一次试验来作为和苏联人商议的筹码。从这些假设中他们总结出三点：(1)要尽早地在对日战争中使用原子弹；(2)为了造成最强烈的冲击效果，所选取的目标必须是工人密集居住区的兵工厂；(3)不进行任何事先的警告。当史订生就这些观点与杜鲁门商议的时候，他提出必须在 8 月前制造完成两枚炸弹并通过两次空袭完成轰炸，以达到袭击效果最大化，这样也能够使日本领导人更为确信再进一步的抵抗意味着必然的毁灭。

杜鲁门在仅有的一点但极为重要的一点上与委员会大相径庭，即为什么和怎么使用原子弹的决定。由利奥·西拉德带领的芝加哥科学实验室团队认为，如果原子弹在没有任何警告的情况下在战争中使用会导致战后美苏之间的军备竞赛。他们敦促杜鲁门和他的智囊团尽快告知苏联关于原子弹的项目并在战争前安排一次试验。作为对西拉德和他的同事的一种让步，临时委员会建议总统向斯大林披露原子弹项目以在战后得到他的合作与帮助。在波茨坦，杜鲁门决定不讨论原子弹以及核能源一事。但他也对斯大林进行了旁敲侧击，他提到："美方已经拥有了一种非常规破坏力的武器。"根据杜鲁门的回忆，斯大林也同样含糊其词地回复道："对此我表示很高兴，也希望我们能够在对日战场上很好地使用它。”事实上杜鲁门也是这么做的。

很明显，回顾轰炸广岛前的一整年做出的一系列决定，关于如何以最小伤亡结束战争是最重要的决定。解决美苏之间的分歧是次要目标，尽管很快就上升为最主要的首要关注点。考虑到在“曼哈顿计划”上的花费已经达到了 20 亿美元，原子弹的使用可以阻止国会上的批评声音。因此，广岛与长崎的空袭看来是实现管理层首要目标的最佳方法，当然对实现第二大目标也有额外的促进作用。当将理性决策分析运用于总统这一级别的时候，它预示着投掷原子弹的决定与美国人预期的目标是一致的。

323

组织流程模式

无论结局如何，理性决策模式还是表现出它的局限性。它会引导我们把关注点聚焦在关键人物关于政策制定的争论上，如罗斯福、杜鲁门，甚至是西拉德与奥本海默这样的科学家。而事实上，我们对事件的描述蕴含着无数个远离政权顶层金字塔的各类委员会：如铀元素委员会、S-1 委员会、国防研究委员会以及临时委员会。罗斯福与杜鲁门根据这些小组的意见做出最终决定。他们的参与会对我们的解释产生任何影响吗？

有时我们可以把政府想象成一架巨型时钟。理性决策分析就好像那个由封闭盒子控制下走动的指针那样能准确报时。在那个盒子里面是用来使指针移动的齿轮、弹簧和杠杆：政府体制在顶层提供支持决策人。在理性决策模式中，这些齿轮起到在机器中中枢的作用，传递各种能量(在政府中指的是信息)，使得指针能够工作。但假设我们用一套仅仅关注其自身的组织流程模式来观察决策的整个过程的话，那什么样的结构与行为是会影响理性决策做出决定的后果呢？

当然，政府与机构的行为不会像时钟的摆动那样呆板。通常，组成政府的各类群体在互相误解以及追求不同目标中进行工作。当卫生局局长办公室发出“香烟有害健康”的警告时，农业部则在拍摄关于美国烟草益处的电影。有可能的话，可能设想一支橄榄球队比一台时钟会好一点。如果我们从看台去观看比赛的话，我们会看到球员步调协调地在场上移动着，这样做是为了把球控制好。理性决策模式强调球队的教练或者是其他核心的决策者（如四分卫）为了赢得比赛的胜利会选择最佳的战术。这一大战术反过来决定着比赛中进攻与防守的安排。

在深入的观察之后，我们开始意识到比赛的集中协调性无法像我们期待的那样。不同队伍的不同球员根据他们的站位以及球队的战术变换不同队形。我们知道一支队伍是由许多执行规定任务小群体所构成的。前锋阻挡能阻止跑动传球进攻。每次达阵后，球员不会去尝试一种新的比赛方法。比较多的情况是他们会根据训练的内容重复之前的进攻。中卫通常会通过跑动和传球将球传到四分卫手上。在一些比赛中，我们会发现有些球员的跑位不当。当中卫需要挡球的时候，他却在跑动。鉴于理性决策模式会将这样有意图的跑动看作是欺骗对手的一种方式，组织流程模式会认
324 为这是对协调的群体进行破坏的一种方式。一种模式视之为是一种计划，而另外一种模式会视之为一种错误。

标准操作流程使组织能够协调好不同群体的独立行为与个体之间的关系。

标准操作流程使组织能够协调好不同群体的独立行为与个体之间的关系。

因此组织流程模式使历史学家将政府行为视为在相对可预测模式下具体行动而不是中央集权性质的表现与选择。组织将具体问题分为许多部分，让具体负责的群体去完成。这些次级群体不需要理解宏观的问题，他们要做的就是处理好需要他们负责任的那部分内容。他们依据的是军方所参阅的被称为 SOP -标准操作流程。如果四分卫决定向右侧发动攻势，那前锋队员的标准操作流程就是设立左方防卫。如果四分卫向左，那前锋队员就向右防

守。如果要传球,那就往前冲。当标准操作流程使得组织协调性变成可能的同时也限制了组织的行动力。一个次级群体的专业性越是强,该群体所能完成的任务数量越少。组织的培养方式也变得更集中,设备也会更专业,组织可获得的信息量也更有限。所有这些因素的集合使组织群体很难从一个固有模式中脱离出来。以气象部门为例,他们很难将气象方面的电脑程序和专业知识应用于预测经济形势。此外,理性决策被设定为权衡所有可选项并择优筛选,但是在现实情况中,标准操作流程决定着可考虑的选项的范围以及模式。专业化的团队通常愿意选择标准化并有前期决定过的政策而不会考虑追求创新与改革。

由于组织通常将规避风险与获得成功视为同等重要,他们也更趋于保守。尽管理性决策能根据可能的结果估量潜在利益然后做出全新的勇敢的决定。然而,组织却趋向于一步步地做出改变。以公司为例,它们喜欢投入大量资金到工厂、分销渠道以及广告宣传前试售它们的产品。我们也看到了美国政府在研制原子弹的项目上进度是相对缓慢的。在批准原子弹项目的过程中,罗斯福要求政府进行一项他们从来没有做过的工作:进行核武器研究。不久后,他发现军方以及科学研究部门不可能十分乐意地去执行这项史无前例的任务。他们为"曼哈顿计划"的研究人员、设备以及研究流程提供支持。这也使得曼哈顿计划变得可行。最后,罗斯福以及计划主负责人,诸如格罗夫、布什,以及奥本海默不得不建立一个新的组织框架及流程。

如果将投掷原子弹的决定不仅仅视为是单一行为,而是许许多多组织流程的产出的话,历史学家就能够更清楚地明白为什么原子弹项目的进程如此缓慢。事实上,如果移民科学家们无法突破 325
官僚式的行政管理系统,那么"曼哈顿计划"在最初的时候也无法走上正轨。当费米初次接洽海军官员时,甚至没有一个人能够理解核武器的概念。只有在与总统直接书信来往后,科学家们才得到了他们所需的支持。为了使计划走上正轨,在罗斯福的迫使下建立的临时特别委员会开始负责考察核裂变的军事应用潜力。他任命政府物理学家暨铀委员会负责人林曼·格里格斯(Lyman Griggs)，这一决定使曼哈顿项目被拖延了至少一年以上。作为美国标准局(Bureau of Standards)的负责人，格里格斯对核物理知之甚少。他性情“迟缓、保守且循规蹈矩”——他具备理想政府人员的素质，但是绝对不适合罗斯福追求的大胆开拓的理念。直到总统设立了国防研究委员会后，核物理学家们才得到了足够的支持。

在其他领域，组织行为会导致进程迟延。罗斯福总统对国防研究委员会(National Defense Research Committee)的负责人万尼瓦尔·布什提出了自相矛盾的首要任务：速度与保密性。科学家们认为速度必须优先于保密性。军事指挥官则优先考虑保密性而不是速度。军事标准操作流程建立了完善的制度来确保保密文件的安全。军官们被要求按照行政管理系统的要求严格执行，信息情报方面也是要求不该知道的不要知道。因此，每个军官仅需按照自己的工作量完成任务，对于整体的战略无须过问，对外部人员也无须进行任何交流。用这种方法，信息情报被区室化成几个独立的部分——这样安全的保护使得行政管理系统顶层的小部分人才能对此有全面了解。

为了最大程度地做到保密，格罗夫斯打算在洛斯阿拉莫斯建立一个由军方控制的实验室。所有科学家必须身穿制服并且根据他们的重要性获得相应的职位。作为一个团队，科学家们可能是最不可能遵守军队纪律的一群人。他们的穿着比起职业军人显得非常正式。(从军事思想的角度来看，可能是头脑中最能想到的一个形容词。)在他们的实验室里，为了追求可预见的实验结果，科学家们享有高度的自主权。直到奥本海默保证计划不会被用于军事打击后，许多科学家才加入到他的麾下。

区室化也受到格罗夫斯的推崇，这使研究受到严格约束。物理学家坚持要求对所有信息具有知情权。在更广泛了解整个工作的内涵后他们能更好地进行思考。格罗夫斯厌恶科学家们富有创造性、随心所欲而又通常远离手头工作主旨的讨论。科学家应该做好分内的工作并了解有必要了解的信息。格罗夫斯为了维护他建立的行事体系说道："就好像外场投手不需要考虑球队经理更换投手的决定一样，每位科学家应该做好自己应该做的事情。"区室化虽然能够提升安全性，但会使研究者无法从其他领域了解关于整体项目重要的信息。一些科学家如西拉德随时会轻易地违反保密程序。奥本海默缓和矛盾的方法是在洛斯阿拉莫斯建立研讨会制度，让他的手下能够交流想法和信息。但信息从来没有很自由地 326
在各个研究和生产站点间传递。

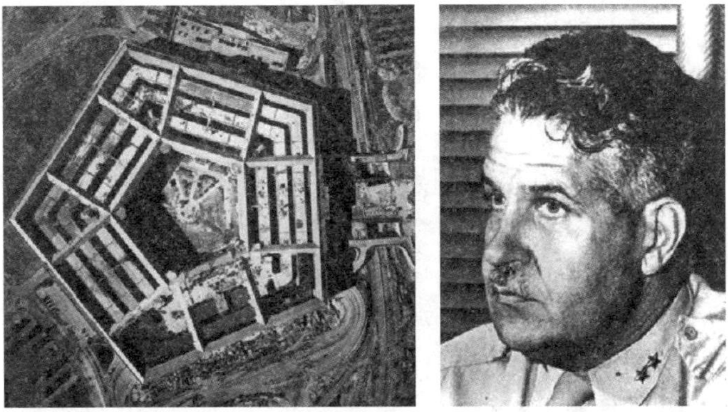

1942 年，格莱斯利·格罗夫斯将军受命负责"曼哈顿计划"的建设已经开始运行。他能获得这个工作的原因，部分是由于他是一个良好的组织者，负责监督五角大楼的建造项目。从这张 1942 年的照片上看，当时五角大楼仍然未完工。五角大楼成为了世界上最大的办公建筑，内有 16 英里长的通道，面积达 60 万平方英尺，能容纳 3.23 万名员工。历史学家沃伦·萨斯曼评价五角大楼是一个时代的象征："在那个年代，次序、科学，理性的胜利达到至高点……然而在那个年代，这里也是原子弹诞生之地，一个恐怖的政府建筑，一个忧虑的美丽新世界的开创初期。"

保密程序表明远在战争结束前，许多政策制定者就将苏维埃政府视为最主要的敌人。对于日本甚至德国的特工人员却很少有预防机制。军事情报聚焦于针对苏联共产党的反间谍活动。所知的共产党员和与共产国际有牵连的科学家们都受到了连续监视。如果按照情报机构的方法操作，鉴于奥本海默之前与共产组织的关系，他们可能已阻止他参与整个计划。要感谢格罗夫斯的是，他否决了情报机构这一目光短浅的侦查线索，因而保留了这位整个项目中最核心的成员。与此同时，针对战时盟友的保密程序所造成对项目的拖延使得纳粹一直占有优势。

军队不是唯一要对项目陷入困顿而需负责任的一方。系统科学的流程也导致项目被拖延。从私人企业录用的科学家们不会像他们那些学术同行那样追求速度。在行业中工作的他们总是以谨慎、追求效率、持久低风险为条件。学术科学家们认为这所谓的行业精神“造成了项目的大规模阻滞”。但传统的学术性科研也会产
327 生问题。大量的研究经费通常是直接划入各领域明星科学家的账户。欧内斯特·劳伦斯的声誉让他像磁铁一样吸引了大量的经费与拨款。当“曼哈顿计划”的指挥官们找到了可以提炼原子弹所需的高纯度铀 235 的方法时，他们不假思索地开始关注劳伦斯这位科学家。在田纳西橡树岭投入的大量经费主要用于劳伦斯在伯克利大学粒子回旋加速器的电磁加工研究上。

最后，劳伦斯的项目失败了。1944 年奥本海默完成了原子弹的设计工作，但与铀 235 没有任何的关系。在绝望之下，他把目光瞄准了哈罗德·尤里(Harold Urey)和年轻但鲜有人知的物理学家约翰·邓宁(John Dunning)早在四年之前关于瓦斯扩散的研究。劳伦斯对于他自己的研究有太令人信服的优越感，导致格罗夫给予了他超过尤里以及邓宁研究的优先权。而区室化的政策又导致了其他物理学家对于瓦斯扩散研究知之甚少。邓宁回忆道：“区室化与保密性使得关于我们瓦斯扩散的情报很难渗透到欧内斯特和他的研究室(在伯克利大学的放射实验室)。”很快物理学家也承认了电磁分离研究已经过时了。然而，原子弹“小男孩”的最后成品也被推迟到了 1945 年 7 月。

官僚政治模式

显然，科层结构(bureaucratic structures)与标准操作流程在原子弹如何投掷这个决定上扮演着重要的角色。然而，那位充满活

力并极为有魄力的万尼瓦尔·布什证明了在组织框架内，不是每个官僚机构都是平等的。强有力的个人或者集体通常能够不遵循组织的标准流程以及理性决策做出的慎重选择。所以，历史学家对于政府机构做出的决定必须有所警觉是很有必要的。

> 而比赛最后的走向也不会完全按照理性决策来执行，而是在队员与教练反复的商议与妥协中完成的。

如果我们再退回到之前橄榄球场的例子，我们看到中后卫在负责阻挡而接球员负责前后奔跑——所有的标准操作流程都作为错综复杂的组织结构中的一部分在操作执行。作为理性决策者的球队教练在边线调兵遣将中起主导作用。但我们经常可以看到一位助理教练在安排比赛计划或者是四分卫在争球线附近进行下一步的部署。球场不会只有一个决策者，而是有很多。也许最后的主导权还是取决于教练或者四分卫以及其他球员（如一位因个人技术而获得影响力和威望的明星级中卫）。

观察到这些现象的历史学家会将之称为“官僚政治模式”，他们认识到一个人的判断力不能单一地由其担任组织上的官职来决定。根据组织流程图，在总统之下最具影响力的行政官员是国务 328
卿、国防部长（陆军以及海军）以及财政部长。然而美国历史中充斥着各种权力从正常政府渠道外移的例子。有时候一位政治演员通过灵巧如蛇的手段能够将没什么名气的办公机构转变为重要的指挥部门，比如亨利·基辛格（Henry Kissinger）在担任理查德·尼克松（Richard Nixon）总统的国家安全事务助理的时候就是如此。基辛格通过强大的政治鼓吹能力将外交政策塑造得远优于国务卿威廉·罗杰斯（William Rogers）。陆军上校爱德华·M. 豪斯（Colonel Edward M. House）作为伍德罗·罗杰斯（Woodrow Wijson）最有影响力的顾问并没有担任任何正式的职务。豪斯为人低调并时常能给予总统一些看起来比较客观性的意见，这是他获得实权的方式。司法部长罗伯特·肯尼迪（Attorney General

Robert Kennedy)因为他的家庭因素以及政治觉悟而非他的官职，在他哥哥的行政部门中赢得了很高的威望。

就原子弹项目而言，其政治影响随着罗斯福总统的过早去世而被转移。当亨利·杜鲁门上台后，所有以前的官方或者非正式的决议将被重新调整。杜鲁门很少能接触到罗斯福的行政信息与决策渠道。由于不清楚罗斯福总统的政策，杜鲁门不得不依赖范围更广的顾问圈子。史订生就是其中之一，他发现这几个月来因为总统对于S-1和“曼哈顿计划”的深入了解使得他本人的地位得到了极大提高。

同月，杜鲁门开始尝试建立他自己的决策流程体系，不同政府机构中形形色色的人物开始在新秩序下争夺权力。在各种机构的混战中，关于原子弹的关键性决定必须有一个商议结果，虽然这个决定既不明确又不容易被实验。苏联的武力介入是不是日本投降的原因？日本的和平主张是否预示着胜利即将到来？那如果同盟接受日本有条件投降，特别是保留其天皇制度，是不是将会终止战争呢？而原子弹试验的震撼又是不是迫使日本寻求和平的主要原因呢？

有批评指出，对于杜鲁门的决定而言，总统的每一个决定在政府圈内都有大量的拥护者。并且有理由可以看出政策制定者在试图避免使用原子弹——就如历史学家巴顿·伯恩斯坦(Barton Bernstein)所指出的：“投掷原子弹绝对是他们不希望做的事情。”但是为什么不希望？为什么那些决策制定者必须权衡这么多备用选项？运用官僚政治模式，历史学家能够更好地解释为什么这些备用选项从来没有被认真考量过。

对于常规性持续性军事打击的主要意见来自海军方面。起初，海军指挥官对于核裂变在军事战争中的潜力持怀疑的态度。海军上将威廉·莱希(Admiral William Leahy)作为海军在参谋长联席会议的高级代表并且同时也是一名炸药领域的专家，对原子弹是否能够达到科学家所预测的威力持保留态度。阿拉莫戈多的试验消除了他的疑虑。海军上将欧内斯特·金(Admiral Ernest

King)坚信海上封锁势必会取得战争的胜利。金将军对发展原子 329
弹没有任何疑问,但作为一名忠诚的海军军官,他对在海军主导了四年后最终由空军终结整个战争的事实表示遗憾。他也害怕原子弹可能在战后影响到海军的重要性。在军队将领中,莱希上将与金上将的地位略逊于陆军参谋长乔治·马歇尔上将。马歇尔上将和道格拉斯·麦克阿瑟将军认为,进一步的拖延会导致必须进行地面入侵,也会造成美军大量伤亡。鉴于陆军赞成使用原子弹代替地面入侵,海军在这个回合败下阵来。

> 格鲁比杜鲁门政府内任何主要人物都更加了解日本政治与文化。从另一方面来说,他大部分的职业生涯都是远离华盛顿的政治中心担任驻日外交官。因此,很难在杜鲁门与他的核心团队中发挥他的影响力。

以代理国务卿约瑟夫·格鲁(Joseph Grew)为首的国务院多位成员相信,通过外交手段可以结束战争。早在 1945 年 4 月,格鲁就敦促过外交行政官员向日本保证可以保留天皇制度。如果没有这样做,那么"和平派"将无法打败军方占据上风。作为前任的驻日外交官,即使是在国务院内部,助理国务卿迪安·艾奇逊(Dean Acheson)与阿契博德·麦克勒(Archibald Macleish)的影响力都大过格鲁,并不赞同他的看法。他们认为,天皇作为封建军国的象征应该废除。直到波茨坦会议后,格鲁仅仅改变了陆军部长史订生一人的看法并部分改变了亨利·杜鲁门的想法。史订生回忆道:"我强烈地认为,如果我们必须通过军事手段结束这场旷日持久的战争,那将是非常可悲的。"杜鲁门对于安排格鲁与军事领导人的会谈表现出强烈的兴趣,但是他也认为他并不能使国会和公众的意见与格鲁关于天皇制度的想法一致。

然而,富兰克林·罗斯福与格鲁的看法相左。由于缺乏罗斯福的威望、知名度,以及对政府的掌控力,杜鲁门感觉到他必须继续执行罗斯福时代的很多政策。杜鲁门也不会轻易尝试任何违背

“无条件投降”并对国内政坛，以及国外军事力量产生威胁的举动。迪安·艾奇逊以及阿契博德·麦克勒提醒他们的同僚们，美国人要像无视希特勒一样无视裕仁天皇。参谋长联席会议也担心过早妥协是否会削弱天皇在休战后打压军事极端分子的决心。

詹姆斯·贝尔纳斯(James Byrnes)作为无条件投降的主要反对方，站了出来。与格鲁不同，贝尔纳斯并没有经受过外交事务的专业训练。他的重要性主要体现在他在国内政务上无与伦比的能
330 力。在二战期间，许多人认为他是自罗斯福之后的二号人物。事实上，在成为贝尔纳斯的门徒后，杜鲁门的名气才越来越大，作为回报，杜鲁门任命贝尔纳斯担任国务卿一职。然而贝尔纳斯的内心深处却会情不自禁地去想，也许只有他而不是杜鲁门才最有资格成为总统。他常常将自己视为杜鲁门总统的导师。

贝尔纳斯对修改无条件投降的政治风险异常敏感。更为重要的是，在杜鲁门的智囊团队中，他是最全身心关注来自不断增加的苏联方面的威胁的顾问。他坚信尽快使用会迫使苏联原子弹在亚洲问题上就领土争夺与政治协商做出让步，也会使得美国在战后各领域的谈判上获得利益。随着贝尔纳斯的主要对手格鲁与史订生接近退休年龄，且他在军事以及国务院两方面获得了强有力的支持，他在各方面占尽上风。如果日本对莫斯科的“和平试探”之后有进一步实质性的提议，那无论对于俄国人还是美国人来说，他们可能会考虑在一定程度上妥协。然而，他们没有提出任何提议。因此在波茨坦，贝尔纳斯与杜鲁门确信日本的和平派没有足够与军事力量相抗衡的支持力度，除非美国的打击迫使日本进一步的抵抗变得徒劳。也是贝尔纳斯，又一次劝服杜鲁门在联合声明中删除了关于保留天皇制度的条款。

到这里，我们能够清晰地看到为什么杜鲁门的智囊团不希望将苏维埃军队介入作战作为投掷原子弹的备用选项。直到波茨坦会议，就军事力量来说，日本已经没有希望了。那又是什么原因要激起斯大林的雄心壮志，尤其是当原子弹已经到了可以被使用的阶段？

一些美国人提议，原子弹应该当着一个国际观察团的面被试爆，而不是在没有任何警告的前提下向日本投掷。但该提议的提倡者大多来自芝加哥冶金实验室的科学家团队。这个团队也是在原子弹项目上最早完成他们工作的一群人。当洛斯阿拉莫斯实验室匆匆忙忙地完成“小男孩”和“胖子”这两枚原子弹的设计时，芝加哥实验室开始讨论核武器的战后影响，以及国际军备竞赛的威胁。著名科学家尼尔斯·玻尔早先就向罗斯福与丘吉尔提出过相关问题。据我们所知，丘吉尔与罗斯福在他们1944年海德公园会晤时就原子弹项目对斯大林保密一事达成一致意见，他们希望原子弹可以作为战后与苏联在各类竞赛中可利用的重要优势砝码。

由于对会晤内容毫不知情，科学家们继续就反对核武器突然袭击不断表明他们的立场。诺贝尔奖得主詹姆斯·弗兰克(James Franck)评论道：“也许要劝服这个世界去相信，这个有能力秘密建造并随时释放一枚比德国弹道导弹强大无数倍的原子弹的国家是极为困难的，我们很难相信美国会根据国际公约要求并像他们宣称的一样销毁这样的武器。”这一争论的强大冲击力在于，它不是一个军事问题，而是一个道德问题。同样重要的还有，科学家缺乏改变政策的政治影响力。只有像杜鲁门、贝尔纳斯与史订生这样的人物才具备这样的影响力。那些关键性决定的制定者并没有讨 331
论是否要投掷原子弹，而是何时何地使用它们。在这里，我们两大模式组织流程与官僚政治同时起作用。为了选取合适的投掷目标，格罗夫受命组建一个由科学家以及军械专家组成的目标委员会。他们工作的重点是既要在军事上尽快地结束战争，也要应科学家的要求向世界发出原子弹的警告。他们寻找的城市中必须建有军事设施并且爆炸点较为集中，以防止投掷错过主要目标。京都作为日本古代文化与政治中心，首当其冲。

陆军部长史订生否决了该项提议。作为一名拥有丰富政治文化经历的前国务卿，他相信对于京都的毁灭性打击会造成日本人对美国永久性的怨恨。任何想将一个复兴的、改良的日本融入战后繁荣的亚洲的希望亦随着京都的毁灭而付之东流。史订生组织

332

"胖子"，对科学家来说更为熟悉的是被称为胖男孩的项目。尾部的涂鸦记录的是："芝加哥实验室不只一次在整个计划中发挥作用。"

高层的地位让他从一种不同的视角而不是从一个低职位决策者的视角权衡这一事件。在最终的目标清单上，广岛排名第一，长崎排名第四，京都并未上榜。

333 最终，是天气因素与组织流程，而不是外交与军事策略决定了长崎的命运。在轰炸广岛并且苏联宣战后，日本领导人决定祈求和平会谈。投降派所需要的仅仅是足够的时间来制定可接受的条款并迫使军方官员甘心接受之后必然发生的事实。就在日本方面就和平政策进行讨论的同时，美方继续流转他们的军事流程。控制权从华盛顿的杜鲁门总统移交至太平洋天宁岛上的空军轰炸中队手上。8 月 11 日，代号为"胖子"的钚原子弹按原计划投放。鉴于整个工作进展比预期迅速，轰炸小组决定将日期提前至 8 月 9 日。天气预报说 9 日是晴好天气，但之后 5 天天气状况均不佳。在轰炸中队的敦促下，轰炸组成员在 9 日早上将"胖子"装备加载就

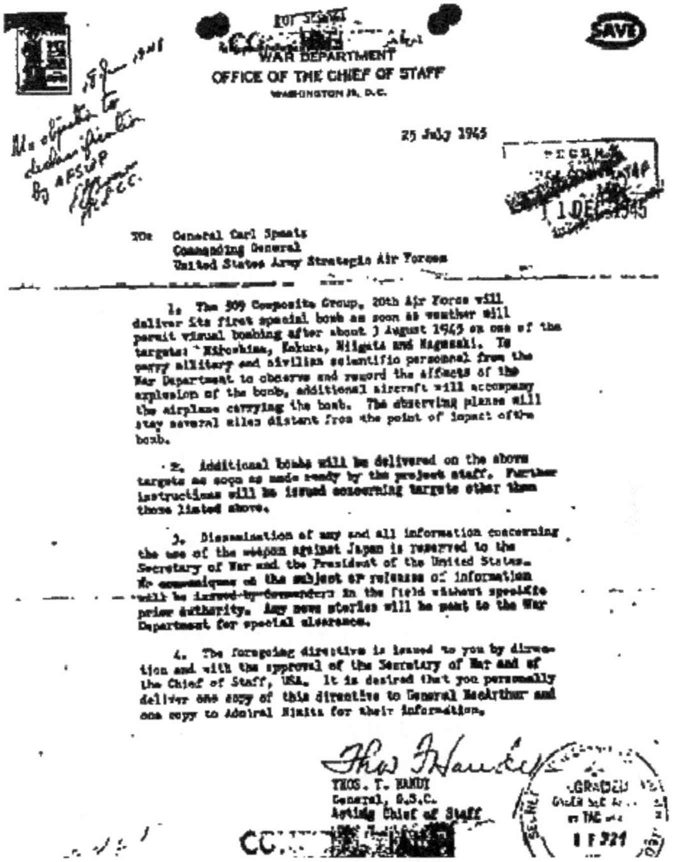

WAR DEPARTMENT
OFFICE OF THE CHIEF OF STAFF
WASHINGTON 25, D.C.

25 July 1945

TO: General Carl Spaatz
Commanding General
United States Army Strategic Air Forces

1. The 509 Composite Group, 20th Air Force will deliver its first special bomb as soon as weather will permit visual bombing after about 3 August 1945 on one of the targets: Hiroshima, Kokura, Niigata and Nagasaki. To carry military and civilian scientific personnel from the War Department to observe and record the effects of the explosion of the bomb, additional aircraft will accompany the airplane carrying the bomb. The observing planes will stay several miles distant from the point of impact of the bomb.

2. Additional bombs will be delivered on the above targets as soon as made ready by the project staff. Further instructions will be issued concerning targets other than those listed above.

3. Dissemination of any and all information concerning the use of the weapon against Japan is reserved to the Secretary of War and the President of the United States. No communiques on the subject or release of information will be issued by Commanders in the field without specific prior authority. Any news stories will be sent to the War Department for special clearance.

4. The foregoing directive is issued to you by direction and with the approval of the Secretary of War and of the Chief of Staff, USA. It is desired that you personally deliver one copy of this directive to General MacArthur and one copy to Admiral Nimitz for their information.

THOS. T. HANDY
General, G.S.C.
Acting Chief of Staff

概述投掷原子弹标准操作流程的信函。它命令第 20 空军师 509 复合编队尽快于 1945 年 8 月 3 日后在天气条件允许的前提下向其中一个袭击目标投掷原子弹：广岛、小仓、新潟和长崎。根据草案内容，以及陆军、海军之间竞争上的暗示可以看出，这封命令信在第四段提到，斯班茨将军亲自告知麦克阿瑟将军与尼米兹上将。

333

绪。在标准操作流程的指挥下，飞行员在云层遮蔽其主要目标的前提下将攻击对象转移至长崎市。

如果按照原有的计划执行，那日本可能在天气转好之前就已经投降了，长崎也可能因此而幸免。但是对这次袭击下达命令的官员不具备宏观军事局面判断能力，使长崎成为了空袭目标，也因原子弹与苏联产生了外交矛盾。他只权衡了一次轰炸对指挥官重要的因素，而没有从外交以及政治角度去考虑。向长崎投掷原子弹的决定权从政策制定者手中转移并不是因为电脑的异常行为或者是狂躁的权力指挥官，简单来说，是军事标准操作流程的缘故。

这样，两颗原子弹投下了，世界进入了原子时代。

如果历史学家的解释是基于单一模式的话，那么他们永远无法理解整个长崎空袭事件的前后顺序。每一个模式提供给了他们独特的视角，即能够说得明白但同时又有局限性。多个模式使用使历史学家获得像雇佣多个叙事者的小说家一样的好处。每一位叙事者就好像每个模式一样，给予作者描写故事时能够有一个有利的切入点。事实是不会改变的，但是读者可能会从另外的角度去理解它。随着组织机构变得越来越复杂，模式使历史学家能够从不同的角度去解释实际情况。

然而，我们也必须时刻提醒我们自己，模式并不能创造奇迹，洞察新事物的潜力还在于使用者的能力与技巧。如果模式应用得不好，它的准确性就好像大量的电脑打印材料一样，传递的是一种错误经验的合法性而已。数据专员创造了一个首字母缩写 GIGO 用来揭示这种机械装置的局限性——“垃圾进去，垃圾出来”。到最后，历史学家必须记住组织机构是一个开放系统，它存在于一个宏大的历史以及文化的环境中。即使当我们可以用模式来解释组织目标、战略、标准操作流程以及政治影响力时，有些部分还
334 是无法被解释清楚的：科学家对于他们发明的武器而感到的沮丧与 1945 年 8 月驱散长崎市上空云层静止的、复杂的气象学综合因素。

历史中的某些元素会永远难以捉摸，远远超越模式建立者所能触碰的范围。日本上空的蘑菇云不仅仅导致第二次世界大战结束。爆炸后的落日余晖摧毁了美国人享受了一百五十年的和平时光。战后，核武器军备竞赛将美国变成了一个军事营地。考虑到人类认知的局限性，又有谁能够在 1945 年预料到投掷原子弹这个决定所带来的全部后果呢？

罗伯特·奥本海默回忆当科学家们看到第一颗原子弹在新墨西哥州爆炸时的反应："一些人笑了，一些人哭了，更多的人是保持平静。从我脑中浮现出《薄伽梵歌》中克利须那神在劝说王子履行他职责时候的一行诗：'我是死亡天使，是世界的毁灭者。'我相信，我们多多少少会有这样的想法。"照片中是 1946 年 6 月投掷于比基尼岛的原子弹爆炸画面。

补充阅读

原子弹的发明和使用和奴隶制度、民主改革、人权与自由、经济正义，甚至可能和美国内战一样重要，因为这些事件对理解美国历史极为关键。在冷战早期，大多数美国人愿意接受官方对于投掷原子弹的解释，比如 Harry S. Truman 的 *Memoirs, 1945: Year of Decisions* (New York, 1955)；Henry Stimson 与 McGeorge Bundy 合著的 *On Active Service in Peace and War* (New York, 1947)；Leslie Groves 的 *Now It Can Be Told* (New York, 1962)；Richard Hewlett 和 Oscar Anderson 合著的 *The New World: 1939 - 1946, vol. 1 of A History of the United States Atomic Energy Commission* (University Park, PA, 1962)。比较实用的关于争议性 335

的伤亡估测的长篇研究，参见 John Ray Skates 的 *Invasion of Japan：Alternative to the Bomb*（Columbia，SC，1994）。其他关于原子弹争论的研究者有 J. Samuel Walker，他在 *Prompt and Utter Destroction：Truman and the Use of the Atomic Bombs Against Japan*（Chapel Hill，NC，1997）一书中收集了大量的证据。

之后面世的是 1965 年 Gar Alperovitz 的 *Atomic Diplomacy*（New York，1965；rev. ed.，1985）。原子弹的建制与使用的根本原因似乎更加不明显。加尔・阿尔佩罗维茨对于在广岛和长崎投掷原子弹决定的官方解释提出了高难度的问题。Herbert Feis 在 *The Atomic Bomb and the End of World War II*（Princeton，NJ，1966）一书中为官方观点进行了辩护。争论参见 TMartin Sherwin 的 *A World Destroyed*，rev. ed.（New York，1985），并且与 Barton Bernstei 在文章"Roosevelt，Truman，and the Atomic Bomb：A Reinterpretation，"*Political Science Quarterly 90*（spring 1975：23－69）中继续进行了探讨。麦乔治・邦迪（McGeorge Bundy）翻阅了 *Danger and Survival*（New York，1988）这本书中关于原子弹道德与政治的争论。乔治・凯南（George Kennan）作为冷战遏制之父，在晚年对核武器外交更为谨慎，就好像他在 *Nuclear Delusion*（New York，1982）中所反映出的态度一样。阿尔佩罗茨（Alperovitz）与一群研究助理完成了全新研究书籍 *The Decision to Use the Atomic Bomb*（New York，1996）以回应对他的著作《原子弹外交》的批评。

关于原子弹发展的主要文献汇编，可以参加 Michael Stoff、Jonathan Fanton 和 R. Hal Williams 编著的 *The Manhattan Project：A Documentary Introduction to the Atomic Age*（New York，1990）。许多日记、信件和机密备忘录都以传真的形式被重视。我们所讨论的决策模式在 Graham Allison 和 Philip Zelikow 合著的 *The Essence of Decision：Explaining the Cuban Missile Crisis*，2d ed.（Boston，MA，1999）中用另一种方式进行了诠释。Richard Rhodes 的 *The Making of the Atomic Bomb*（New York，1986），是关于原子弹计划最具综合性且最易读的叙述。Kai Bird 和 Martin Sherwin 在

American Prometheus：*The Triumph and Tragedy of Robert Oppenheimer*（New York，2006）一书中描述了对“曼哈顿计划”最为重要的科学家的迷人形象。他们指出，奥本海默没有任何可能不忠于他的国家，就好像他的对手所说的那样。Daniel Kevles 的 *The Physicists*（New York，1977）与 Nuel Pharr Davis 的 *Lawrence and Oppenheimer*，reprint（New York，1986）提供了制造原子弹的科学研究团体的背景资料。许多人提出了关于科学家如何制造并且使用原子弹的一些意义深远的问题。Gregg Herken 的 *Brotherhood of the Bomb*：*The Tangled Lives and Loyalties of Robert Oppenheimer*，*Ernest Lawrence and Edward Teller*（New York，2003）一书中追溯了三位具有关键性作用的物理学家的关系，以及与他们之间的分歧。 336

337

过去与现在
汽车旅馆的原子科学家

设计第一枚原子弹的是当时全世界最顶尖的科学家与工程师。其中极少一部分的人在公开场合讲述过原子弹的内部工作原理。在大约半个世纪的时间内，美国政府将设计原子弹的情报秘密地隐藏了起来，害怕敌对国家或者恐怖分子会利用这些情报。

然而，近期出了关于原子弹内部工作的著作——它的作者不是物理学家、工程师、历史学家，甚至也不是大学毕业生。约翰·科斯特-穆龙（John Coster-Mullon）是一位来自威斯康星州沃基肖的卡车司机，他职业生涯的早期是一名摄影师。他的书在当地金考印刷店出版发行并命名为 *Atom Bomb*：*The Top secret Story of Little Boy and Fat Man*。这本书中描写的精确程度让科学家们都为之震惊。

当科斯特-穆龙和他的儿子杰森（Jason）在他们的车库里建造了一件“小男孩”的模型后，他们开始疯狂地挖掘原子弹设计构造的信息。他希望能够得到有用的细节信息，于是开始不断在公开档案里收集各种线索，他参观过的博物馆遍及伦敦西点军校，以及洛斯阿拉莫斯。他仔细地翻阅了一些老照片，甚至测量了展出的炸弹壳体。但是，里面到底装了什么？怎么装的？

在史密森尼博物馆航空航天博物馆内，炸弹壳体上潦草地写着一些神秘的数字：一边是36和52，正对着的部分写着12。这是什么意思呢？数字52引起了人们的注意。在关于艾诺拉·盖号轰炸机上的一本书上，把“小男孩”描写成一个52英寸长度的炮管——据推测这样可以创造出足以引爆炸弹的临界质量。科斯特-穆龙知道木质的炮管是荒谬的，并且52英寸对于枪管本身来说过长了。但另外一本书曾描写过在炸弹后部有长达24英寸的炮管，加上正面12英寸，总共是36英寸。另外一种说法是枪的机械装置内使用的射弹是16英寸，16英寸加上36一共是52英寸。突然之间，科斯特-穆龙对这些数字的组合有了更清晰的概念。

他在摄影方面的背景也让他获益匪浅。科斯特-穆龙仔细检查了一张洛斯阿拉莫斯和几个科学家运送一个装满钚元素的盒子的照片。一位炸药机械师曾告诉过他盒子内的装置长为11或者12英寸。在盒子的背后有一辆车，经过确认是一部1942年的
338 普利茅斯。有一天，他在一家古董汽车行前查看这种型号的汽车。通过测量这辆车的车门的高度，根据比例计算出这个盒子的大小是10.5英寸。很明显，在盒子里的物体应该不是11或者12英寸。

接下来的每一个步骤都倍受折磨。是什么原因让科斯特-穆龙对细节如此地着迷？从一定程度上来说，这是一种精神上的考验，与解决一个复杂的拼字游戏差不多。但与此同时，他又极力反对政府如此愚昧地试图保守秘密。任何恐怖分子都能在网上找到关于原子弹的设计。就如历史学家理查德·罗兹(Richard Rhodes)所评论的那样：“如果有一群人想要制造原子弹来制造混乱的话，他们甚至不用任何我们这些不是科学家的可怜人的帮助。”对于罗兹和科斯特-穆龙来说，官方似乎受制于“我能知道真相但是你不能”这样的原则。

所以，一个卡车司机打破了政府想守住核武器古老秘密而曾经

做出的努力，尽管核技术在很久以前就有了。今后，根据一位科学家建议，安全部门的官员可以与科斯特-穆龙进行更加紧密的合作，这样"如果他们真的有很想守住的密码，他们必须非常清楚如 339
何才能做到"。

第十四章　从露斯到露西

如果20世纪50年代的传媒在给妇女洗脑，使她们满足于自己家庭主妇和母亲的角色，那么如此众多的女性是怎样在20世纪60年代显露出女性意识的呢？

1957年，贝蒂·弗莱顿（美国作家和女权主义者，妇女解放运动的创始人，现代女权运动的领导者）不再一味抱怨，她和成千上万个与她相似的女性同胞一样，非常气愤。一段时间以来，她领悟到对充当城郊主妇和母亲角色的不满并非只有她一人。如今，当她读到自己分发给史密斯学院（位于美国马萨诸塞州北安普敦，创建于1871年，美国排名第二的女校和排名前二十的文理学院）2000名二战后毕业的硕士研究生的问卷结果时，她就恍然大悟——回答这些问卷的女性并未失意或沮丧，仅仅是因为她们的教育程度还未使自己做好准备去过心目中理想的生活，然而，理想社会中家庭主妇和母亲的形象与现实生活中的日常琐事之间的巨大差异使部分女性颇为烦闷。

诚然，绝大多数的女性在物质条件方面都非常富裕，她们有美好的家庭，有一栋位于城郊的房子，有只在富裕社会才有的种种便利设施。然而，尽管有这样的福气，这些妇女仍感到自己的人格有些分裂，因为她们找不到自我。而这些情况不只发生在大学毕业生身上。一位妇女对弗莱顿说："我做了一切女性应该做的事。"

我的爱好有：园艺、腌菜、将食品装罐保存、与邻居一起参

> 加社交活动、加入社区委员会和参与管理家庭教师协会等等。我可以做所有事情，我也乐在其中，但这些不会让我去思考——思考自己究竟是谁……我爱我的孩子们，我爱我的老公鲍勃，我爱我的家庭。对我而言，记住每个人的名字不在话下。但是，我很绝望，我开始觉得自己一点个性也没有，我就是一个端菜的、一个缝补裤子的、一个铺床的、一个随叫随到的人，但是我到底是谁？

这种相似的个体不完整感让弗莱顿忧心忡忡，她愤愤不平地回忆道："就像其他的女性一样，当我给地板打蜡时，我一点都不兴奋，所以我知道自己的生活出了问题。"

这份与日俱增的不安感使弗莱顿提出了一些一直困扰着她的问题，她为什么十五年前选择放弃自己有可能大展宏图的心理学事业，却步入婚姻的殿堂、相夫教子？究竟是什么让女性放弃行使自己的权利，那个上天赋予自己的权利？又是什么让她们对行使自己的权利而颇为羞愧，却对成为一个依赖丈夫的妻子、依赖孩子 340
的母亲这样的身份感到理所当然？对于贝蒂·弗莱顿而言，在20世纪50年代，女性并未像十年前的自己那样守规矩。在第二次世界大战中，媒体对"铆工露斯"歌功颂德——那些在第二次世界大战时离开自己的家庭参加战时后援以及取代兵工厂男工的美国妇女们。现在，露斯不再是一个英雄般的人物了。媒体开始吹捧那些把自己的时间和生命奉献给家庭的女性。1957年，《红皮书》杂志上刊登的一篇文章的结尾中，女主人公"朱尼尔"（一位留着深褐色头发、脸上有一些小雀斑的白人女性，她选择放弃自己的职业），凌晨两点她正在照顾自己的宝宝，轻轻地说道："我好开心，好开心，真的好开心，我就是一名光荣的家庭主妇。"这到底怎么了？弗莱顿问自己："从什么时候开始，女性决定放弃大千世界，回到家里，甘心做一名家庭主妇？"

从20世纪70年代起，像这样的问题引起了历史学家们的兴趣，但他们不是20世纪50年代的家庭主妇。对一个血气方刚的美国人而言，那些质疑家庭主妇和母亲角色神圣性的人就是自己精神有问题，不是在说自己是一个怀疑论者或爱刨根问底的人。无论贴上什么标签——神经症、焦虑症抑或抑郁症，绝大多数人坚信这些不幸福的女性只需要做得更好以适应自己的角色。

然而，贝蒂·弗莱顿不是一名普通的家庭主妇。在史密斯学院，她积极地同反犹太主义做抗争；同时，作为加州大学伯克利分校（美国的一所公立研究型大学，位于旧金山东湾伯克利市的山丘上，世界上最杰出且最负盛名的高等公立学府）的硕士研究生，她与旧金山湾区（美国加利福尼亚州北部的一个大都会区，位于沙加缅度河下游出海口的旧金山湾四周，其中包括多个大小不等的城市，最主要的城市有旧金山半岛上的旧金山、东部的奥克兰，以及南部的圣荷西等）的激进分子有着密切联系。在组建家庭之前，弗莱顿为工会出版物撰写过文章，也做过新闻记者的工作，甚至在她的孩子出生后，她也定期给女性主流杂志写文章。她心里已经形成了反对性别不平等和抵制女性受盘剥的世界观。在1957年之前，她对那些有关母乳喂养、准备美味薯片蘸酱的无休无止的故事已彻底厌烦，还有那些非常相似的国内主流女性杂志，如《红皮书》《美开乐服装杂志》和《妇女家庭杂志》。她注意到像她一样的女性外出工作时会有负罪感，因为她们的工作威胁到她们丈夫维持家庭生计者的角色或者减少了自己陪伴孩子的时间。因此，弗莱顿不仅开始思考自己作为一名女性、妻子、母亲的身份，也在思考整个社会对于女性角色的认定是否合乎情理。

史密斯学院的调查问卷结果显示，弗莱顿会写出比自己曾写过的任何文章都要有意义的东西，但当她把描述了有关许多女性目前面临的困境的文章发给女性杂志编辑室后，男编辑们把它扔到一边。他们认为这不可能是真的，女性不可能会像弗莱顿女士所描述的那样有愧疚感或不满意，这只是她个人的问题。《红皮书》的编辑说："贝蒂真是疯了！她一直都做得非常好，但是这次只有最神经质的家庭主妇才会有认同感吧。"弗莱顿没有因此而退却。如果杂志不能发表她的文章，她就把它写成一本书，接下来的五年，她不断地做研究、写文章，发现了她称之为“女性的奥秘”的现象，它植根于美国文化中。

一名快乐的家庭主妇一周的工作。1947年之前，许多女工都回到各自的家中，当起了全职太太，此时生育高峰正在形成中。《生活杂志》描绘了一个典型的家庭主妇一周的工作量，以一家四口为例，铺床、熨烫、洗衣、采购生活必需品、洗碟子。根据一项不完全统计显示，一个家庭一周要使用超过250个盘子，喝掉35夸脱（约合40升）牛奶。但是，在六杯咖啡中，难道是妻子喝掉了大多数吗？

> 新的奥秘是从未有机会做其他工作的家庭主妇和母亲是
> 所有女性的榜样模式……它只是展现了女性的生活现状、局限 341
> 和家庭因素——因为女性生活已经被限制在烧饭、打扫、洗衣服、照顾孩子的角色里，这一切已形成了一种宗教式的信仰和一种行为模式，但是女性必须改变这种固有特质。

弗莱顿一写完这本书，一场从未有过的运动就此展开。随后她承认说："我从未经历过如此强有力而神秘的事情，当我在写《女性的奥秘》这本书时，这些力量出乎意料地降临到我身上。"该书 1963 年出版，不久就成为美国历史上最重要的书籍之一。正如哈丽叶
342 特·比切·斯托（美国作家，支持解放黑奴）在小说《汤姆叔叔的小屋》中为废奴所做的一切；雅各布·里斯（美国新闻记者、社会改革家、摄影家，作品中对贫民窟真实的描绘震撼了美国人的良知，并促使美国通过了第一个意义深远的改进贫民窟生活条件的法案）在《另一半生活是怎样？》中为居住在城市贫民窟的穷人所做的贡献；厄普顿·辛克莱（美国现实主义小说家、"社会丑事揭发派"作家、社会活动家，一生共著有小说和社会研究著作 80 余部）在《屠场》中为食品卫生做出的努力；蕾切尔·卡逊（美国海洋生物学家）在《寂静的春天》里为推动美国乃至全世界的环境保护事业做出的努力那样；贝蒂·弗莱顿也为妇女解放运动做出了巨大贡献。当她们的个人愿望和社会展现给她们的一切存在着巨大的差异时，她们决定不在沉默中承受种种不满的情绪。弗莱顿激励着新一代女性去追求同男性一样的平等权利和机会。

避开革命：人口统计传略

在 20 世纪 70 年代之前，历史只给予了女性一丁点关注。

随着 20 世纪 60 年代民权运动的发展，女权运动对美国历史产生了深刻影响；毕竟，弗莱顿提出的许多问题也是历史学家们想要去探索的问题。女性是否放弃了在第二次世界大战中所获得的工作权利？是什么因素导致了战后美国社会如此重视家庭？大众传媒、学者和其他人对于女性形象又有什么看法呢？然而，弗莱顿是一个记者，而不是一个历史学家。诚然，历史学家和记者在研究方法上有共通之处，当他们确定自己从多种渠道获得的故事的真实

性时，他们写文章就会变得有把握多了。像许多历史学家那样，弗莱顿在社会科学领域搜寻着理论和方法。她在流行女性杂志上征求意见、研究学者们最近发表的文章、同治疗或接待过女性的心理学家、社会学家和婚姻顾问进行交流。她也对各个年龄层、背景和社会层级的女性进行了深入的专访。

然而，并不是她的方法会影响对于历史的研究，相反，是她选择研究的对象。即使女性人数占世界人口的一半，在 20 世纪 70 年代之前，历史只给予了女性一丁点关注。大多数研究（绝大部分由男性进行）的课题集中在公共场合、政治、商务、知识生活、民主、战争——这些领域都是由男性主宰的，只有为数不多的女性被写进历史书中，比如：生活在公众视野中的安娜·埃莉诺·罗斯福（美国第 32 任总统富兰克林·德拉诺·罗斯福的妻子，一位不同寻常的第一夫人，她不是以传统的白宫女主人的形象，而是作为杰出的社会活动家、政治家、外交家和作家被载入历史史册）；发起社会改革的劳拉·简·亚当斯（美国社会工作者、社会学家、哲学家和改革家，因争取妇女、黑人移居的权利而获 1931 年诺贝尔和平奖，美国第一个赢得诺贝尔和平奖的女性，美国睦邻组织运动的发起人）；在社会科学领域做出突出贡献的玛格丽特·米德（美国女人类学家，美国现代人类学成形过程中最重要的学者之一）和美国一流作家和艺术家薇拉·凯瑟。这些女性是独一无二的，正是她们这种独一无二而非普普通通的特质，才使得历史学家们想要去研究她们。

然而，正如我们在前几章节所看到的那样，历史绝不仅限于家财万贯、位高权重、赫赫有名的人和男性身上。尤其是 20 世纪，类似普查的文献资料使得在宏观背景下研究普通人具备了一种可能，即从亿万人民这一整体出发，观察个体行为。1940 年，伴随着 343
新的数据普查程序的广泛应用，更为复杂的民意调查也应运而生。20 世纪 30 年代，广告商们想要知道更多有关消费者偏好的信息以便更有效地推销自己的产品。乔治·盖洛普（美国数学家，抽样调查方法的创始人，民意调查的组织者）创立了新的调查方法，使得每一个民意测验者都能在许多事件上了解群众意见起到的决定性作用。在盖洛普开始他的工作之前，民意调查早已出现，但是他和他的竞争对手使之更具系统化，运用了更好、更精密、更科学的方法来记录民众观点、降低误差幅度。

在学术界，社科理论的扩充增加了人们认为值得获取的信息，也增加了处理这些数据的方法。正如我们在第十二章中所看到的，社会学家能够知道许多20世纪30年代大规模迁徙的成因，因此当历史学家开始调查20世纪中叶女性地位时，社会学家已能够利用大量的数据信息进行分析。在某种意义上而言，他们找到的信息与弗莱顿所谓的女性不能工作的现象产生了冲突，但从其他角度而言，她的观点又一次被证实了。普查的数据和其他政府记录都显示许多女性早在第一次世界大战时就获得了高收入、技术熟练的工作。但这些收入都是短期的，随着和平时代的到来，女性都面临着下岗失业的窘境、工资差异所带来的歧视和只能从事例如教学工作和护理工作等女性职业的隔离现象。在接下来的十年中，尽管有大肆宣传的二十岁左右"新女性"解放运动，女性的工作条件仍没有取得一丁点进展。尽管年轻女性给人以嘴里叼着香烟、留着波波发型、身着男性服饰、能说会道的印象，但是对于女性及其应当扮演角色的固有印象在劳动市场仍占据主流地位。在1920年，23％的女性有工作，到1930年，数据上升到了24％，找到一份工作的机会日益增加，但是限制也越来越多，例如：女性的工资占硕士研究生的30％，但是只占大学机构内全职教授的4％。绝大多数女性都是年轻、单身、没有孩子的，她们在无需技术的工作岗位上挥洒汗水。1920年到1930年之间，从事制造业的女性从22.6％(同1910年一样)降到了17.5％；然而，在国内服务行业工作和担任文书(工资最低)的女性所占百分比却有所上升。

在第二次世界大战中，女性获益颇多。快速扩大的战争经济给绝大多数不充分就业者和失业者提供了充足的就业机会，仅军队就吸纳了1500万男性和女性。已婚妇女就成了最大的未开发劳动力资源。突然之间，曾经阻止女性同男性竞争工作岗位的大众传媒如今支持她们去找一份工作，爱国热情使国家得到了想要的结果。当看到媒体说自己参军的丈夫可能会由于弹药不足而牺牲时，有哪个忠诚的妻子会坐在家里无动于衷？于是，突击队员玛丽和铆工露斯成为了女性的标志，因为她们响应国家的号召，投身到了生产线工作。

爱国主义本身并不能解释为什么已婚女性愿意做这些工作，许 344
多人认为战时收入高是主要的吸引力，因为她们的丈夫在军队只有少量的工资，但家庭生计急需用钱，丈夫不在也意味着家庭生活更为重要，女性拥有更多时间和机会在外工作。战时，休闲活动受到限制，因此工作成为女性释放精力的最好宣泄口。无论是原始数据还是百分比，这些数字都令人震撼。从 1940 年到 1945 年，650 万女性参加工作，其中超过半数都是第一次。1940 年，女性只占了工人人数的 25％，但到了 1945 年，该数据就达到 36％，也许更为重要的意义是这些女性可以在家庭之外找到一份工作。年轻单身女性不再在就业人数上占据主导地位，与 1940 年只占三分之一的数据相比，到 1950 年已婚妇女成为女性劳动力的主力军，同样，55 岁至 64 岁的老妇人也成为主要的工作群体，从 1940 年的 17％上升至 1960 年的 35％。

不仅工作女性的数量急剧增加，工作的质量也今非昔比。女性有机会在技术熟练的制造业工作，并赚取更高的收入，尤其是过去在低收入农场和家政领域工作的黑人女性可以到工厂获得更高的收入和更合理的时间分配。在流水线上工作的女性制造金属片和飞机零件，完成了许多技术工作。突然，人们心里对于传统男女角色的固有形象发生动摇了。

但是尽管有这些不可否认的收获，战争带来的只是特殊的场合的益处，绝大多数的美国人也是这么看待的。战争结束了，男性从战场上回来，打算继续自己原先的工作，他们认为女性也愿意回到传统的家务劳动中去，因此战争只导致了女性经济角色一些微不足道的结构性变化；比如，在职母亲需要一些日托来帮忙照顾自己的孩子，但政府很少提供资金，而即使家附近有日托机构，许多母亲也不愿把孩子放到那儿去，对于她们而言，与家庭相比，工作还是次要的。

许多领域继续对女性设置门槛。

大量在政府机构和工厂工作的女性很少有机会进入管理层。许多老板会尽可能钻政策的空子，不让男性和女性享受同样的工资待遇。例如，通用汽车公司就变更了职业分类，把工作分为“轻工”和“重工”两类，通常女性被分配到轻工、低收入的类别中。而政府由于担心快速增长的工资会导致通货膨胀，也放缓保护女性免受歧视的政策的执行进度。

一些社会风潮也似乎在强调女性不应外出工作。一些官员担
345 心上述反映压力的战时数据会威胁并破坏家庭的稳定，因为美国人总是把家庭视作社会秩序的根基，战争也没有改变这一观点。酗酒、离婚、青少年犯罪的增长都暗示了家庭结构正在被改变。很明显，诸如尿床、吮吸拇指、逃学旷课等孩子的幼稚行为和情感障碍也说明了这一问题。

很快，观察者们就把问题归咎于一个因素——母亲的疏忽，但事实上，没有真凭实据能证明，拥有在职女性的家庭就比母亲待在家里要处于劣势。其实，不是母亲外出工作，而是战时庞大的移动量才导致了这些问题。对于许多工业中心而言，突然出现的男女工人高峰给包括住房和学校在内的公共事业带来了过重的负担，而这些对于拥有小孩子的家庭又至关重要。无论母亲工作与否，战争都将使家庭面临分崩离析的下场。

更引人注目的是，尽管女性获益颇丰，但是到1945年前，许多人对于女性及其工作的态度依旧没有特别大的改变。调查显示，美国人，无论男女都继续认为抚养孩子才是女性的首要任务。因而，女性人口结构的转变，即从家庭妇女变成为劳动力，在历史上具有重要的改革意义，但是它并未在对待性别角色的文化态度上发生任何改变。正如历史学家威廉·雪夫所说：“战争时代所发生

的事都说明了，绝大多数美国人认同女性经济活动的重大改变，但前提条件是这种改变得是‘暂时的’，且不能让女性认为政府或公众对于性别革命的目标是持赞同态度的。”

尽管社会大众认为女性要在战后回归家庭，但许多女工并未扔掉扳手，拿起煎锅。多数人仍在外工作，其目的不是发展自己的事业，而是养家糊口。1945 年，战争结束，和平来临，民意调查显示超过 75%的在职妇女想要继续干她们的工作。大约 88%的受访高校女生表示她们想要一份职业，也想履行好一名主妇应尽的责任。虽然雇佣女性情况有所减少，但是 1950 年在职女性所占的比例要明显高于 1940 年，即从 24%上升至 28%。更突出的是，这个数据持续上升，1960 年达到了 36%，这个数字包含了老妇、带孩子的已婚女性和各个社会阶层的女性。

乍一看，这些数据都有力地反驳了弗莱顿的观点，绝大多数的美国妇女都愿意从家务劳动和抚养孩子中获得满足感。战后约 225 万女性回归家庭，1946 年约 100 万女性下岗回家；与此同时，1947 年约 275 万女性进入就业市场，因此只有约 50 万的女性人才净流失。

但是，即使弗莱顿观察到的大批女性离开工作岗位的现象有误，工作形式的的确确发生了巨大变化，所有人都有目共睹。当那些曾经下岗的女性试图回来工作时，她们往往会失去自己原有的 346
资格，只能在更低级的岗位上取得更低的报酬。1960 年，所有职业的雇佣人数都减少了。尽管在某些地区女性得到了一些收益，这些女性的职业均集中在与维持家庭成员身体和心灵健康幸福有关的传统职业，她们是护士而不是医生，她们是老师而不是校长，她们是出纳员而不是银行家。更多的人不是在制造业，而是在服务领域工作（例如女仆、女服务员等）。职业都有了性别之分。大约 75%的女工在女士专有的职业工作。事实上，1960 年工作岗位的性别隔离比 1900 年时要严重许多，甚至比种族隔离更为糟糕。因此，尽管女性想要参加工作的积极性相当高，但社会并没有发生与之相对应的对待女性角色态度的变革。

避开革命：大众媒体的角色

当然，在弗莱顿的著作《女性的奥秘》中，她主要担心的是人们的态度，而那些我们所列出的人口数据也强调了她如此关注这个话题的原因。如果在20世纪50年代女性外出工作的百分比持续上升，如果民意调查时年轻女性坦陈她们希望以某种方式将自己的工作和母亲的职责完美地合二为一，那么对“女性的奥秘”的狂热崇拜又怎会被牢牢铭记呢？如果战时的劳动力条件能在行动上而非只是思想上形成一种革命，那么美国文化中哪一个要素将决定其走向，并避免它自生自灭呢？

弗莱顿很清楚，经济和人口因素在重新引起人们对家庭生活的关注上发挥着至关重要的作用。大萧条时期（1929年至1933年之间发源于美国的经济危机）的艰苦岁月使许多夫妻不愿多生孩子，组成一个大家庭。但是随着战时军工生产带来的经济繁荣，士兵们都奔赴前线，人口出生率开始增长。1945年，和平来临，美国士兵迫切地想要与他们的老婆亲吻拥抱，甚至做更多的事情。于是接下来的十五年间，美国成为了世界上人口出生率最高的国家之一，每一个适龄女性从有1.9个孩子到2.3个孩子。大家庭成为常态，有三个孩子的父母人数翻了两倍，有四个孩子的父母人数翻了三倍。女性结婚也有低龄化现象，结婚的平均年龄从1900年的22岁下降至1962年的20.3岁，美国成为世界上结婚率最高的国家，美国人愿意以家庭为核心，选择自己的生活方式。[①]

当美国军人重新融入战后的经济生活，物质条件迫使女性离开自己的岗位，而当出生率节节攀升时，女性只能回到家里。弗莱顿
347 指出，其他诸如法国、挪威和瑞典等发达国家的出生率在1955年之前就开始下降。更引人注目的是，在美国15至19岁的女性

① 同时，美国的离婚率是世界上最高的。对结婚的热情明显不能保证家庭生活的幸福。

中，人口增长最快。另一方面，英国、加拿大、德国的人口增长在各个年龄层都平均分布。那么到底是什么使美国年轻的新娘放弃读大学的机会和事业，转而走入婚姻的殿堂中成为一名家庭主妇的呢？

《周六晚报》第一部分中出现的女性。在战争中期，《周六晚报》的"封面女孩"是自信的铆工露斯，她胸前挂着爱国奖章、戴着护目镜、手腕处有男性化的表带、强健的二头肌，这些都让查尔斯·阿特拉斯（20世纪早期同贝尔纳·麦克菲登一起将健美推广至世界）羡慕不已。真实的露斯对于焊接是这样评价的："做这件事，我们很开心，我们感觉棒极了，午餐时间我们在走廊处散去，女焊接工们身穿工服，一只手上拿着1夸脱的牛奶，另一只手上拿着意大利香肠三明治。这是我们任何人从未有过的经历。"

348

弗莱顿的回答让我们更关注大众媒体。杂志、广播、电影、电视都在现代起着主导作用，因此美国人能够接受更多的信息，传输文化标准和文化理念。据1948年社会学家哈罗德·拉斯韦尔（美国著名政治学家、社会学家、心理学家和传播学者，代表作品有《宣传与传播世界史》《世界大战时期的宣传技巧》，传记作家形容他是"犹如行为科学的达尔文"）观察，媒体完成了许多中世纪欧洲天主教所担负的重任。同教会一样，媒体能够在同一时间对所有阶层发布一模一样的信息，它们凭借自己的权威，非常自信地进行宣传，并坚信能响彻全球。弗莱顿相信，战后时代的媒体非常渴望、下定决心要获取女性消息并要实现这个目标，因此，会发生显著的变化。在她看来，流行文化的传播者突然之间变得似乎很坚定，试图去说服女性她们不能只是接受，而是要信奉一个女人是一个妻子和母亲这一理想化的形象。

这些新女性不需要工作，“她们干家务活就能使自己的身材性感火辣，获得丈夫的宠爱，并经久不衰”。

弗莱顿已经为发行量很大的女性杂志写了许多篇文章，她知道它们在推广自己女性的奥秘理论上会起到什么作用。她惊讶的是战后女性喜欢家庭生活的程度。在20世纪30年代，最可能出现在杂志故事中的女性是有自己的事业、拥有自我意识并期许可以找到心仪之人的女性。1939年《妇女家庭杂志》上一篇文章的女主人公是一个护士，她“手中有力量，四轮马车内承载了她的骄傲，下巴显示出她的高贵……九年前，她停止训练，从此独立生活，赚钱养活自己，她什么都不需要考虑，除了自己的内心”。不像20世纪50年代的女主人公，这些女性不必在婚姻和事业之间徘徊，如果她们非常坚持自己的梦想，两者就都可以实现。然而，20世纪50年代初期，科幻故事里新的女主人公出现了，弗莱顿指出，这些女性“年轻轻佻、天真幼稚、无聊肤浅、温柔可人、享受被动，在卧室和厨房内就能获得满足，性爱、孩子和家庭使她更加心满意足”。这些新女性不需要工作，“她们干家务活就能使自己的身材性感火辣，获得丈夫的宠爱，并经久不衰”。弗莱顿反问：“理性的世界去哪儿了？人的思想和精神又怎么了？”

与20世纪30年代少数仍在世的编辑进行交流后，弗莱顿发现这些变化背后的一个原因，一个人说道：“选取的文章大多数来自女作者，随着男性从战场回来，大量女作者停止了写作。新的作家都是从战场上回来的男性，她们对家庭有着美好的憧憬，渴望拥有一个舒适的家庭生活。”在受到质疑时，男编辑则宣称读者不会支持或同情职业女性、不会读严肃的科幻小说、对除物价外的公共事务失去兴趣，以此来为自己辩解。另一个人评论道：“你不可能对着女人写一些讲大道理的文章啊。”

20世纪30年代，杂志、报纸、广播和电影开创了新风尚。到20世纪50年代，这些媒体的受众减少，大部分转移到电视传媒中去了。原先到剧院看戏的女性如今都待在家里观看《让世界转动》(美国哥伦比亚广播公司在白天时段播出的一部肥皂剧,从1956年开播直到2010年剧终,在播出的几十年中,更是获得多项白天时段"艾美奖")的最新一集。1951年,电视广播公司报道称电影院观影人数有20%到40%的跌幅。几乎在一夜之间,电视成了出色的大众媒介,向千家万户传递美国文化的方方面面(女性或其他),到1949年,约有100万台电视机和108处授权许可站,且绝大多数都位于大城市。1952年前,1500万美国人买了电视机;1955年,这个数字升至3000万;1960年,电视机进入了4600万人的家庭中。事实上,美国人拥有比浴室还要多的电视机!显而易见,如果我们想要理解20世纪50年代大众传媒是如何塑造女性形象的,答案就在电视机里。 349

《周六晚报》第二部分中出现的女性。二头肌和铆钉枪出现在**1956**年《周六晚报》上。事实上,这两个女性就像电视剧《父亲最清楚》中的玛格丽特一样,无法把自己的车开出车道,只能停在街上。然而,毫无疑问,将她们搅在一起就像一盘难吃的果冻沙拉一样。

350 电视以可预见的方式描绘了五十多岁女性的形象，通常我们可以在戏剧或情景喜剧中见到爸爸妈妈和两三个孩子，也许还有一个住家女仆或亲戚开心地住在一起。他们住的房子，甚至蓝领飞机铆工切斯特・赖利的房子(《闲逸人生》，1949—1950年，1953—1958年)，都是中产阶级的财产，因为里面有非常洁净的家具陈列室。母亲从不用外出工作，只是擦擦灰和准备三餐。有时，正如在《奥兹和哈里特的冒险》(1955—1966年)中所表现的那样，她有竞争力、很酷且经过精挑细选。事实上，在自己的地盘上，奥兹放纵自己的情感，整个人似乎失魂落魄，在哈里特指导下才走出困境。在诸如《乔治・伯恩斯和格雷西・艾伦秀》(1950—1958年)的电视剧中，像格雷西・艾伦和她朋友布兰奇一样的女性扮演着"头晕女性"的角色，无法结清账单，对于商务领域的现状一窍不通，当哈利・莫顿对他妻子布兰奇说"我有个好消息要告诉你"(他找到了一份新工作)时，布兰奇的回答是："我什么时候可以穿啊？"

刻画家庭妇女原型最好的情景喜剧是《父亲最清楚》(1954—1962年)，有一段字幕这样写道："罗伯特・杨扮演吉姆・安德森，神智正常，但他的妻子玛格丽特受家庭生活的束缚。"她没有格雷西・艾伦那样的创意，但仍可以凭借其亲切的幽默感偶尔挫挫丈夫的锐气。玛格丽特是一位虚拟的五十几岁的妇人。

在某种意义上，弗莱顿的例子使20世纪50年代的大众传媒(电视媒体最为重要)带给美国民众的生活满是女性的新形象。但是，在这样的发现后，又引发了一个更棘手的问题：媒体和现实之间的关系是什么？弗莱顿不只是说大众媒体助推了女性奥秘理论的传播，她还在暗示媒体通过无处不在的影响，引诱女性陷入对家庭生活的狂热崇拜中。如果弗莱顿是正确的，那么我们就可以理解为什么女性在战争时期没有形成一场变革。

反射与操控

大众媒体给我们的真实生活带来了什么影响？很明显，这个问题很复杂。绝大多数的美国人都不承认他们在电视、广告、电影中看到的图像在其朴实简单的娱乐背后有何种目的。但现实是复杂的。在美国人的生活中，每一天都充斥着各种形象，有微小不起眼的，也有庞大明显的，并非所有都清晰明了，让人明白。

为了得出答案，我们要先看一看测算媒体影响力的两种完全相反的方法。一方面，因为大众媒体只是反映了观众的口味和观念，所以它对真实世界的影响微不足道。为了吸引广大受众，媒体行 351
业的行政人员挑选出吸引力最大的节目。广告商们不用考虑如何推广价值观，只要将资金投入其中即可。美国人崇尚浪漫的爱情。比如拉尔夫·劳伦（时装界“美国经典”品牌）特立独行，吸引人们来买他的时尚服饰，展现自己随心所欲的态度。其实，这种假说将媒体视作被动的接受者，就像一面反映社会现状的镜子。弗莱顿对于女性形象的深入研究具有指导意义，但并不重要。50年代的女性被刻画成这样是因为她们受战后文化的影响而发生了变化。

基于以下理由，这种反射假说并不成立。首先，如果我们认为大众媒体只是一种反映，那么它在反映什么？当然，不可能是简单纯粹的“真实生活”。只有在商业广告中，女人才会在使用福拉克丝洗发水，男人才会在喷斧头牌除臭剂时让自己的伴侣为之倾倒。《父亲最清楚》里的父母与三个孩子开心地住在一起，但现实生活中不会有数据支持这一说法。在情景喜剧中，离婚和单亲妈妈从不会出现，包括非洲裔、拉丁裔、亚裔美国人。显然，反射假说必须进行修改，当媒体在反映现实生活中的一些方面时，它反映的是理想化的价值观——人们想要实现的，而不是对他们生活的真实再现。

> 如果大众媒体反映的是同等的理想价值观和现实条件，那么这些理想又是什么？

非洲裔美国人贝尔·胡克斯说：“美国的许多观众都否认这样的观点：人的形象背后有意识形态的目的……创造某种形象是具

有政治倾向的——统治阶级树立并推广一些人物形象。”弗莱顿所提出的问题就是当时的主流现象。她指出，大多数 20 世纪 50 年代的编辑、制片人、导演和作家都是男性。如果只有男性没有女性的理想和愿望能够得到充分地表达，或者只有白人没有拉丁裔美国人，只有中产阶级没有穷人抑或任何小群体，在这种情况下，用一小部分美国人的理想来概括更广大的受众心愿，这合理吗？

当然，参与大众文化创造的许多人都认为，在梦想与理想之间，自己并没有出卖灵魂，他们只是给观众呈现了所期望看到的东西。但是，观众真的知道自己想要什么吗？当然他们有时是知道的，但他们也会受影响、被哄骗、发生动摇，毕竟现代广告的核心就是说服力。一名 50 年代的市场行政管理人员一语中的：

> 在自由的企业经济中，我们不断提升对产品的需求。为了
> 352 完成这一目标，我们不得不解放女人的天性，使其有欲望购买这些新产品。而我们帮助她们重新发现做家务是可以很有创造力的，远比同男性竞争工作岗位要有创意得多。这些是可以被操纵的，我们卖给她们的应该是她们想要的商品，我们推动她们产生并发展这种无意识行为。

我们很难再举一个能够更好地说明统治或操纵的例子。也许最典型并对观众最具说服力的例子便是孩子了。心理学家指出，孩子身上存在一种模仿过程。

> 模仿就是单纯地观察他人的行为，不需要任何强化训练，也无需明显的操练。其实，孩子模仿一个榜样是不用他人引诱或强迫的，在缺少直接强化训练的条件下也能够进行学习，与早期一些将奖励与惩罚视为教学中必不可少的一环的理论完全不同。现在有大量的证据表明，孩子能够通过观察和倾听来学习，无需强化和操练。

显然，年轻女孩们都知道父亲最清楚女性在家庭里的地位，男性统治的思想是根深蒂固的。

媒体可以操纵的假说与它只是反映的假设形成了鲜明对比。更加现实的是，这两个假说可视作一个连续统一体的两级。在极端形式下，反射假说认为媒体是完全中立的，不会带来任何影响；而操控假说认为，在其最极端的形式下，媒体能高度控制观众思想，给他们洗脑，使他们相信自己从不会相信的观点并以此行事。但是，无论一个年轻的女性看多长时间的电视，她的思想行为也会受父母、老师、宗教导师和其他因素影响。面对这些竞争对手，媒体能起多大的作用呢？

讽刺的是，操控假说得到了政界左右两翼政党的支持。比如，在20世纪50年代，对国外势力颠覆的担心日益加重，保守的理论家警告说，社会主义依赖“广播和电视而非新闻和电影这些‘传输带’来向美国民众宣传苏维埃主义”。另一方面，信奉自由主义的知识分子谴责大众媒体“不仅改变大众的口味，还用集权主义来虐待人们的感官”。

然而，历史学家们只是小心翼翼地加入到这场辩论中，像大多数学者一样，他们的犹豫是因为自己并未大量消费大众传媒文化，他们更喜欢布拉姆的交响乐而非说唱，更喜欢费德里科·费里尼（意大利导演、编剧，早年当过记者、编辑，喜文擅画，曾为很多电影编剧，从影后拍摄多部20世纪的伟大电影，多次获得各种电影节大奖，并获得5次奥斯卡金奖，与英格玛·伯格曼、安德烈·塔可夫斯基并称为世界现代艺术电影的“圣三位一体”，是60年代以来欧洲艺术电影难以逾越的最高峰）的《八部半》（表现了一个电影导演在筹拍一部表现人类末日的新影片的过程中所遇到的种种困难与危机）而非《黑暗骑士》（改编自经典超级英雄漫画《蝙蝠侠》），更喜欢《杰作剧场》而非《美国偶像》。他们本能地认同社会学家赫伯特·甘斯（《什么决定新闻》的作者）对流行的电视文化辛辣的评
论，“只有由免费且不用思考生计的‘严肃’艺术家来创作时才值得 353
关注”。

在对人们气质的培养方面，许多历史学家认为传统的平面媒体比电视更舒适。当他们想要解释一份文件、一本书或一篇日记时，只需要找到这篇文章，运用常见的重要策略来找它的主体内容、象征意义和文化内涵即可。若作者提及社会重要领域的一些敏感话题，这个文本就可称得上反映社会现实了。

但如果这个文本只是一系列的广告，用于宣传佳洁士牙膏的品质或肥皂剧《综合医生》呢？在这种情况下，历史学家将面临两个问题。20世纪50年代，大量的广播资料在录制时没有有效地保存，无法重新获取，最多只能从文件或观众和参与者的记忆中重现当时广播的真实内容。即使电视资源得到保存并用于对文化内涵的分析，观众如何接受某档节目或广告也是十分重要的。甘斯坚定地认为：“只有当我们知道人们为什么会做出这种选择时，文化价值观才能由文化内容决定。”观众在很认真地看节目吗？还是只是把它当作背景乐呢？历史学家没能给出满意答案。

社会学家和人类文化学家最有可能会帮助历史学家来找出现代传媒，尤其是电视的影响。但是，社会学家做了大量涉及电视暴力和种族成见对观众影响的有趣研究，却很少有针对电视媒体对女性影响之类的系统化证据。恐怕最有效方法当属内容分析法，内容分析的研究者检查搜集的证据，进行系统化审查，来回答一些客观问题，如：网络犯罪节目中性爱和暴力多久会联系在一起？研究者们会选取一部分节目样本，有规律地观看这些节目，数一数涉及性爱和暴力的案件数量。当然，结论差强人意。举例来说，他们可以告诉我们女性在一定角色里出现的频率，但无法推测出人们是如何看待这类角色的，我们也无法直接知道节目制作人的真实意图。如果刻画的女性总处于社会的底端，我们可以推断制作人看不起女性，但是我们无法证明它。

对早期节目的内容分析使社会学家盖伊·塔奇曼(《做新闻》的作者)得出以下结论，即电视在“歼灭女性”，她认为女性“很卑微，受人轻视或直接被忽略”。对电视节目的研究显示，占过半人口的女性在高峰时段的电视剧中只占32%的角色，而且大部分集中在喜剧中。在儿童动画片里，女性角色就更少了。女性最常出现的节目是白天的肥皂剧，这些角色都很低级。1963年的调查显示，高峰时段的节目中80%是来自各行各业的男性。

在肥皂剧中，背景通常是在家里，看起来女性能成为主角了，但是事实上她们的角色被彻底轻视了，因为人们都相信只有男性才能解决家庭问题。

从其他角度而言，女性也很卑微，她们常常是暴力犯罪的受害 354
者，而非加害者，而单身女性比已婚女性更易遭到侵犯。女性最易被刻画成正在谈恋爱或已有一个家庭的形象，20世纪50年代，三分之二的女性角色都是已经结婚或订婚的。在肥皂剧中，背景通常是在家里，看起来女性能成为主角了，但是事实上她们的角色被彻底轻视了，因为人们都相信只有男性才能解决家庭问题。

早期的内容分析研究不是专门关注女性问题的。但通过研究电视节目的背景和男主人公、反派、配角的心理活动，我们发现塔奇曼的结论得到了证实，因为在电视剧里，存在大量的白人、中产阶级、城市居民、家庭中心和男性统治的思想观念。在1953年86部高峰时段播出的电视剧中，男女比例为2∶1，20岁以下的年轻女性和60岁以上的老妇人人数稀少，大多数是育龄妇女和在职女工，白领职位和专业性职业的形象过多，普通白领和蓝领职业的有所减少，大多数角色神智清楚、遵纪守法、身体健康，超过80%是白人。占了12%人口的黑人，电视剧角色里只有2%。男女主人公比例为2∶1，因为来自国外的主角常常是女性，所以每一个美国女主角对应三个男主角。

同样，在这86部电视剧中，男性反派人数也超过女性反派人数，女权主义者认为这是积极的一面，然而美国人认为反派也有许多他们所欣赏的优点。尽管观众认为他们丑陋、不诚实、不忠义、卑鄙下流、吝啬小气、不友善，这些反派却比男主角勇敢、强壮、聪明、强硬、内心强大。因此，即使他们不受欢迎，却也给人留下了深刻印象。女性反派的减少，也是男性统治下的一个标志，剥夺了女性可以塑造这些角色的权利。同样，电视剧里有许多男性主导的职业，记者、医生、艺人都有很正面积极的形象，但是许多女性从事的教师职业，却被视作是慢吞吞、不中用、很弱的职业（尽管它很正派）。

内容分析使贝蒂·弗莱顿提出的普遍存在的女性奥秘理论得到了系统化的巩固，但是内容分析有优点，也有不足之处。严格说
355 来，测量的方法要标准化，提出的问题要有限制、有目标，例如：一位内容分析学家这样描述她采用的方法：

> 在 1975 年 3 月 18 日至 3 月 19 日间，我根据预先的分类来观看电视节目并为其编码。在一段特定时间内，我仔细观察在一段时长为一分钟的节目中这两个人在 30 秒内的语言和肢体语言，记录在对话中谁是占主导地位的，谁是服从的，或者两个人地位平等，我也会记录相关的信息，如参与者的职业地位、性别、种族和家庭角色。

这个方法的确自成系统，但是它几乎不留下一些定性分析的研究空间，即各类形象之间的细微差别和这些形象所对应的明显意义。社会学家认为这样客观的分析是精准的，可避免掺杂研究者的个人偏见。据我们现在所知，历史学家却认为，这样的偏见是值得冒险的，他们需要再一次核实这些文件。因为我们不能对包括女性在内的五十几岁的观众就其如何受电视节目影响的问题做现场调查研究，那我们就诉之于对电视媒体进行主客观分析，揭示电视节目中主角和主题的背后意义。

男性统治与女性能量

在研究性别问题上大有作为的电视节目是 20 世纪 50 年代的情景喜剧。在这一时期内，其他类型的节目也很盛行，包括犯罪节

目、西部片、智力问答节目等,它们往往会忽视女性或把女性放置于次要的地位。然而,绝大多数情景喜剧是以女性作为主角的家庭生活为背景,情节通常围绕对男女关系的误解或对性别角色的冲突展开。因此,在所有电视节目中,情景喜剧最能够塑造女性形象。

情景喜剧起源于电台节目,其中《杰克·本尼节目》《伯恩斯和艾伦秀》《阿摩司和安迪》等节目广受好评。这也解释了虽然电影将肢体和语言的两种幽默完美地合二为一,但是电视节目中的喜剧比电影中的语言更为丰富的原因。其实,情景喜剧中的笑点不是一语双关、妙语巧辩或讽刺挖苦。尽管电视屏幕很小,许多细节未能展现出来,但镜头里有许多脸部特写,细微的姿势都能呈现在电视屏幕上:上挑的眉毛、卷曲的嘴唇、偶尔的皱眉。在电视剧《蜜月中人》里,有一些搞笑的片段,肥胖的拉尔夫·克朗登发牢骚道:“爱丽丝,你知道你妈妈在我们结婚的那天说了什么吗?”(面部特 356
写,起强调作用,轻蔑地翘起双下巴。)“你知道她说什么了吗?我没有失去一个女儿,我获得了一吨的女婿啊。”还有一次,当拉尔夫虚荣心作祟,想起过去更好的自己时,便向妻子吹嘘道:“爱丽丝,当我年轻时,在沙滩上,女生都围着我。”爱丽丝回应道:“当然了,拉尔夫,这是因为她们都想待在阴凉的地方。”(画面切到拉尔夫凸出的眼睛。)

在历史学家看来,像《奥兹和哈里特的冒险》和《父亲最清楚》这类情景喜剧非常有趣,常常出人意料,但是它们不符合社会的现有标准,紧张的氛围和矛盾的情节展现得淋漓尽致,人们熟悉的旧俗几近崩溃。《我们的布鲁克斯小姐》《我爱露西》和《蜜月中人》都刻画了不同寻常的女性角色和情节。《我们的布鲁克斯小姐》中女主人公康妮·布鲁克斯是一位俏皮的未婚中年教师,她经常刻薄地讽刺周围的男士,最后她与害羞的生物教师喜结连理。《我爱露西》的女主人公露西·里卡多(露西·鲍尔饰演)受荒唐的想法影响,想要走出狭小的家庭生活,进军演艺业或去赚大钱。尽管在电视剧中,里卡多一家有了一个孩子,但这个孩子的镜头不多。在50

年代，《蜜月中人》是一部最不寻常的情景喜剧，它描写了蓝领工人克朗登一家的生活，他们是丁克一族，住在布鲁克林一间沉闷的公寓内，邻居爱德华·诺顿和特里克茜·诺顿也没有孩子，拉尔夫是一位公交车司机，爱德华是一名下水道工人，他们似乎与弗莱顿女性奥秘理论中的中产阶级相距甚远。尽管这三部情景喜剧的形式颇为罕见，但它们在50年代最为风靡，十年之中，《我爱露西》收视率一直是最高的。观看这些情景喜剧，可以让我们知道电视节目可以在背离传统形式的条件下仍然大获成功。

巧的是，这些节目乍一眼看上去不会那么出色。传统家庭结构的要素组合在一起，在每一集的最后，都会体现出男性统治、中产阶级价值观、良好的社会秩序来，然而，女性的地位也得到了一些提升。三个主要的女性角色——康妮·布鲁克斯、露西·里卡多、爱丽丝·克朗登，都是喜剧角色，传统的情节也挡不住她们的风采，而且每部电视剧中，都会涉及女性时常的不满，以及她们面对困境时的努力拼搏。

《我们的布鲁克斯小姐》中的喜剧冲突来源于两个主要方面：布鲁克斯小姐常常和独裁的校长奥斯古德·康克林发生冲突，与此同时，她痴迷地爱上了生物老师博因顿先生，但是博因顿似乎完全没有注意到这位老处女的热情与爱意。在一幕中，她一边走着，一边双肩上扛着多个满满的袋子，博因顿问："需要帮忙吗？"她回答："当然了，在我放下袋子时，你就应该搭把手啊！"

布鲁克斯小姐备受压抑，她认识到整个社会不重视老师这个角色，她的工作没有未来可言，受欺压、受剥削、工资少，而婚姻是解
357 决这些问题的唯一途径。但是，因为她在知识和人格上要比男性出众，并且她不再年轻，所以她的未来会非常艰难，她只希望可以使用一些诡计来骗博因顿同她结婚。由于世俗使她不能太过主动地追求博因顿，所以她只能被动地拿下他。同时，她意识到自己必须接受这份屈才的工作，所以她要挑战整个轻视她的教育系统，她举重若轻，可以利用她的人格魅力跨越这道难关。

最后，又恢复了男性统治，但在这种秩序恢复以前，我们见证了一个女性掌权的世界。

在第一集中，布鲁克斯小姐决定通过一次打架来吸引博因顿先生的眼球，可是，博因顿先生每一次面对挑衅都选择了逃避，这引来了许多讥笑。当布鲁克斯小姐准备走上前去时，她突然被校长康克林先生批评了一顿，校长坐在桌子后方，不自觉地流露出威严的气势，轻蔑地瞪着她，但是布鲁克斯小姐岂是忍气吞声之辈？她反击了，诱导校长开始回忆自己年轻的时光，他逐渐变得平和（更人性化了），布鲁克斯小姐认为他们开始变得熟悉，于是她随意地坐在桌子的一个角落里。在会议的最后，康妮给康克林先生布下了迷魂阵，使他被警察逮捕。在他不在的日子里，康妮成为了校长，享受着权力之椅带给自己的威严感。当然，最后，又恢复了男性统治，但在这种秩序恢复以前，我们见证了一个女性掌权的世界。

然而，电视剧中的自由是短暂的，就像涌上海岸的潮水，退得快。对家庭秩序的传统观念正是这些表面混乱的基础，即使主角们都未婚，电视剧里却有类似家庭的结构，布鲁克斯小姐除了年龄比较大之外，其实就是一个口齿伶俐的年轻女孩，她与一个类似母亲的保姆住在一所公寓内，学校里的一个学生——华特（一个呆子）就是一个儿子的形象；当然，康克林先生就是一个父亲，最后博因顿先生与布鲁克斯小姐结成了关系固定的情侣。康妮之所以会挑战康克林先生的男性统治只是因为他自大、专断、滥用职权，而博因顿先生基本没有发声，但事实上在第一集的最后，当布鲁克斯小姐期待与博因顿接吻之时，他忍住了，向观众眨了眨眼。随着康克林先生被释放、博因顿控制康妮，男性统治才重新建立起来，布鲁克斯小姐为她的傲慢付出了代价，正常的男性统治秩序恢复了。

在《我爱露西》里也有同样紧张的情节。露西想要逃离家庭生活的束缚，这个想法直接威胁到她的丈夫里基和家庭的幸福。当

358 露西反对她的邻居埃塞尔·梅茨越轨时，故事情节开始变得复杂。埃塞尔和露西成了各自丈夫的敌人。在某一集中，埃塞尔和露西挑战她们丈夫佛瑞德·梅茨和里基·里卡多的权威，要求与他们互换角色，女性挣钱养家，男性主持家务。当然，双方都在对方的领域中显得十分笨拙。埃塞尔和露西发现自己没有职业技能，只能在巧克力工厂工作。老板是一个女人，她比康克林先生更加飞扬跋扈、独断专行。埃塞尔和露西像《摩登时代》里的查理·卓别林一样，笨拙地模仿别人的动作，却仍在打包传输带上的糖果时，掉了队。于是她们使劲往嘴里、口袋里塞满糖果，直到她们吃腻了才作罢。而此时，地板上堆满了散落的糖果，这一天到头，她们回到家，身体和心灵都受到了摧残，筋疲力尽，挫败感油然而生。

埃塞尔·梅茨（薇薇安·万斯饰演）和露西（露西·鲍尔饰演）在看着她们的丈夫。里基·里卡多（德西·阿纳兹饰演）和佛瑞德·梅茨（威廉·法罗利饰演）听到她们的计划时很惊讶，这个计划就是与丈夫一起打高尔夫。妻子们选择穿过时的高尔夫球服，因为她们除了游戏名字什么都不知道。服饰也是推动剧情的重要道具。请注意里基和佛瑞德的眼睛，他们是如此吃惊。这些细微的面部表情是早期电视节目表达喜剧效果的常用手段。

同时，里基和佛瑞德也把公寓搞得一团糟。做晚饭需要放多少米？他们放了几磅进去，于是厨房就像经历了海浪的冲打似的。当埃塞尔和露西如释重负地回到家时，佛瑞德和里基兴奋得手舞 359
足蹈，因为她们终于可以逃离辛苦的家庭生活了。由此，双方都学会了尊重对方，明白了彼此工作是多么辛苦。

尽管故事结局很伤感，但是每一集、每一个系列都巧妙地结合在一起。在传统的框架中（露西和里基是中产阶级，操心钱、朋友、学校和城里的房子），电视剧的能量和亮点在于露西就如同布鲁克斯小姐，拒绝受男性的限制。尽管在每一集的最后里基都试图绑住她，观众朋友们都看出了露西是多么焦躁不安，不想受四面围墙和扫帚的束缚，不情不愿地接受家庭劳动，在下一集，她肯定又会试图挣脱这个牢笼。

不像 50 年代其他情景喜剧，《蜜月中人》似乎脱离了中产阶级美国人的固有形象。诺顿一家和克朗登一家，处于社会的底层，没有孩子，住在破旧的公寓里，在他们身上，我们很难看到理想中富裕、以家庭为核心的社会。拉尔夫和爱丽丝靠拉尔夫开公交车每周赚 67.5 美元维持生计。下水道工人爱德华・诺顿和妻子特里克茜・诺顿靠借贷生活，一旦他们的器械和家具被收回，爱德华就去店里换其他商品。电视剧的背景是克朗登家客厅与厨房一体的房间，没有电视机、电话、真空吸尘器和其他现代化设施，只有衣柜、桌子、椅子、站立式水槽、冰箱和火炉。

电视剧展现了拉尔夫对金钱和地位的痴迷，他永远在谋求发财、获得名望、往上爬。在家庭生活中，拉尔夫一直强调：“爱丽丝，我是你的老板，你不要忘记！”而且他一直胡思乱想（在会客室吃比萨，为了省电在黑暗中贴上闪闪发光的墙纸），若非爱丽丝有超强的自制力，拉尔夫的生活早就是一场灾难了。每一次他的美梦破灭时，只有爱丽丝能安慰他又一次受伤的灵魂。像其他美国中产阶级的夫妻一样，拉尔夫和爱丽丝常常为了钱而吵架，拉尔夫是一个小气鬼，并非天性使然，而是一直失败的缘故。爱丽丝必须要用 360
其女性的特质来说服拉尔夫，为自己买东西，甚至一台电视机或一部电话。为了保护自己的自尊，拉尔夫批评爱丽丝，称她挥霍无度。他们之间的斗争比那个时代的任何情景喜剧都要激烈，因为其他剧不会提及婚姻、自我和生计。

在《蜜月中人》里具有代表性的一幕，拉尔夫·克朗登（杰基·格利森饰演）在怀疑妻子爱丽丝（奥德丽·梅多斯饰演）和她非常焦虑的朋友特里克茜·诺顿（乔伊斯·伦道夫饰演）面前非常自大浮夸，而拉尔夫的朋友爱德华·诺顿（亚特·法卡尼饰演）被惊得目瞪口呆，觉得不可思议。显然，拉尔夫发财致富的愿望落空了，他的自信心受到了打击，留下爱丽丝收拾残局，进行重组。

那么，为什么观众那么爱看这部电视剧呢？其中一个原因就是它很有趣，爱德华·诺顿的面无表情完美衬托出拉尔夫狂热的程度，看到诺顿快速洗牌时，拉尔夫的火气噌噌地往上冒，但对观众而言，这一幕很好看。还有，爱丽丝的容忍和激烈的反驳都加剧了这个化学反应。另外，克朗登的公寓有一种特质，这种特质将它与中产阶级观众的生活从时间和空间上分离，而大众也更愿意去面
361 对这些存在于遥远时空中的问题。死亡对一个西方人和灵犬莱西来说意义是不同的。离婚对于亨利八世来说又是一回事。对于奥齐和哈里特来说，甚至一点小事都令人震惊。因此，这间破旧的公寓给观众带来了必要的空间和时间距离感，让它自身从经常困扰

拉尔夫和爱丽丝的冲突的各种来源中分离出来，而观众也可以获得物质与社交上的优越感。

拉尔夫：你想让这块地方变成一个奇妙世界啊。

爱丽丝：这块地方就是一个奇妙世界啊。拉尔夫，你看到外面了吗？中国餐馆的后面，在电话旁的那个穿着长内衣的老人杰罗甘，这条小巷？这就是我的幻想世界。你看到那块消失了吗？这就是我的冒险世界。火炉和冰箱，拉尔夫，这就是我的边界，我唯一没有的只是明天。

拉尔夫(越来越生气)：爱丽丝，你想到明天的世界去？你想要明天？好吧，整理好你的包，因为你要去的是月球！(用拳头恐吓爱丽丝。)

“宝贝，你是最棒的！”

在蓝领工人的外表下，《蜜月中人》仍是一部中产阶级的家庭情景喜剧。爱丽丝和特里克茜没有孩子，但她们有拉尔夫和爱德华，有一集中，特里克茜对爱丽丝说：“你了解这些男人吗？这些我们嫁的男人。你就像对待一个孩子般对待他们。”社会阶层角色的反转不会威胁到男性的权威，因为中产阶级把穷人和孩子的行为视为是一样的，拉尔夫和爱德华很穷，但也没有人为他们幼稚滑稽的动作感到奇怪。特里克茜和爱丽丝都嫁给了比她们原先地位还低的男人，但她们中产阶级的生活标准仍能维持，在每一集的最后，拉尔夫的其中一个计划破灭了，爱丽丝就会拥抱他。在她的怀抱里，他深情地说道：“宝贝，你是最棒的！”

其中有一集特别强调了爱丽丝努力地维护她的丈夫(也可以说是一个孩子)、婚姻和自我。一天，来了一封电报，上面写道：“我过来看你们。爱你的，妈妈。”一听到要与令他畏惧的丈母娘同住一个屋檐下，他就勃然大怒。每当丈母娘来访时，他总会被劈头盖脸地骂一顿，这些都伤到了他脆弱的自尊心。于是，拉尔夫就搬上楼同诺顿一家住在一起。在那儿，他挑起了爱德华和特里克茜的争吵。但是正因为巨变威胁到了家庭秩序，婚姻和家庭才会胜过那脆弱的自尊心。被诺顿一家赶出来后，拉尔夫回了家，结果却发现这个“妈妈”是自己的母亲。当然，爱丽丝热情地欢迎拉尔夫的妈妈，她的大度又一次让拉尔夫感到羞愧。

这次彻底的胜利可能会威胁到爱丽丝和拉尔夫的关系，大男子主义荡然无存。为了缓和对拉尔夫的打击，爱丽丝坐下来发表她的胜利演说。她低眉垂肩、用顺从而非胜利的语气说话，当她读到一封信描述丈母娘是“世界上最难的工作”时，这一集结束了，讽刺
362 的是，这封信是拉尔夫十五年前写给爱丽丝妈妈的。这里表达的情感十分愚蠢，它们事实上削弱了这一集的喜剧效果。像拉尔夫，制作人认为他应当屈服，这样就不会招致社会的批评了。主人公们物质条件太过极端，剧中的幽默太过犀利，丈母娘的笑话太过残忍，它们都威胁到了美国中产阶级的价值观。

在道歉之后，电视剧以一幅令人不安的画面结束。克朗登妈妈去洗澡换衣服了，幡然悔悟的拉尔夫承认了他的失败，然后外出去透透风，但是爱丽丝呢？她独自一人留在厨房内，在令她畏惧的世界中掌握着主动权。拉尔夫可以逃跑，但是爱丽丝的家庭角色使她必须留下来陪着拉尔夫的妈妈，她无处可逃。电视剧剧终时，她的生活条件并没有改善，比争吵之前也好不了多少。她瘫坐在地上，暗示了她知道自己所取得的胜利其实很空洞，毫无意义。我们相信，许多女性其实很认同爱丽丝。

《蜜月中人》《我爱露西》和《我们的布鲁克斯小姐》都暗示了男性角色仍维持着绝对权威。至少在这些喜剧中是存在盖伊·塔奇曼所谓的“歼灭女性”的。除非双方不相上下，性别之间的斗争一点也不会幽默搞笑。将情景喜剧的背景设定在家庭范围内，使女性处于更优越的地位。另外，尽管男性在社会地位、等级、权威上有优势，像布鲁克斯小姐、露西、爱丽丝这样的女性也可在平等的条件下与他们竞争。男性统治下男人所获得的权威，女性也可通

过她们讨喜的个性来扩大她们的影响。当然，制作人不是隐藏的女权主义者，不会允许女性以很自信的形象出现，它们只是简单地为了收视率才添加女性角色的。而我们认为，高收视率，部分是因为它们暗示出许多女性感到生活不如意，无论这些制作人是否意识到这种情感。

如果这个结论是正确的，那就说明无论是反射假说，还是操控假说，都没有解释清楚大众媒体是如何塑造流行文化的。本质上，这两种学说的极端形式都忽略了历史解释中的常量：随时间而改变。一方面，如果大众传媒行业只是简单地反映大众口味却从未影响它，那么价值数万亿美元的密码根本就不会存在。所有的改变都是其他历史因素导致的结果。另一方面，如果我们认为媒体就是扮演着操控我们的角色，这样根本就很难解释任何改变。作为文化霸权主义的中介，媒体可以扼杀任何有关改变现状的企图。那么如何解释 20 世纪 50 年代数以百万计看到自己个性和思想被抹杀的女孩突然转变了思想，在 20 世纪 60 年代开展了女权运动？

也许，尽管在现代社会颇具影响力，大众媒体并不如它们有时所 363
看到的那样庞大。我们知道，教会也很难将其意志强加给全世界，所以可以将大众媒体同中世纪教会做比较。即使在教皇统治的地方，支持教会分裂的运动也总在涌现。今天，持异端者可能是女权主义者，而非再洗礼派教徒，但是随着社会压力的增加，这些现象不可避免。从一个女权主义者的角度来看，自从 20 世纪 80 年代起，情景喜剧和戏剧都将女性放在了中心位置，但这并不代表我们已经自然而然地建立了一个乌托邦社会。我们要记住的是，大众传媒文化曾威胁着要歼灭女性，但也正是大众传媒文化出版了《女性的奥秘》一书。

364

拓展阅读

本章所选取的材料来自三个领域——女性历史、社会历史、流行文化与电视发展历史。关于女性形象概况，请参见 Lois Banner 的 *American Beauty*（New York, 1983）；Ann Douglas 的 *The*

Feminization of American Culture（New York，1977）；Molly Haskell 的 *From Reverence to Rape*（New York，1974）。哈斯克尔对电影中女性形象的研究证实了我们在流行文化其他领域观察到的结果。在大众传媒中破译性别密码最引人入圣的是 Erving Goffman 的 *Gender Advertisements*（New York，1976）。

关于女权主义运动和女性历史，请参见 Betty Friedan 的 *The Feminine Mystique*（New York，1963），这本书生动有趣，讲述了 20 世纪 50 年代的社会历史。然而，弗莱顿是一位女权主义者，坚信在 20 世纪 30 年代到 50 年代，女性的社会地位有所下降并丧失了很多机会，读者也可以参见 Joanne Myerowitz 的 *Not June Cleaver：Women and Gender in Postwar America，1945－1960*（Philadelphia，1994）。梅若维茨发现女性地位并未下降，大量学者提供了众多事业成功的订婚女性的证据反驳弗莱顿的观点，代表作有：Susan Oliver 的 *Betty Friedan：The Personal Is Political*（New York，2007）；Daniel Horowitz 的 *Betty Friedan and the Making of "The Feminine Mystique"：The American Left，the Cold War，and Modern Feminism*（Amherst，2000）；Ruth Rosen 的 *The World Split Open：How the Modern Women's Movement Changed America*（New York：2000）。对女性历史思考并进行写作的历史学家 Susan Douglas 著有 *Where the Girls Are：Growing Up Female with the Mass Media*（New York，1995）。卡罗尔·史密斯-罗森堡（Carroll Smith-Rosenberg）是女性历史学家领袖，在本章节的写作中，我们采纳了她的文章"The New Woman and New History，" *Feminist Studies* 3（1975－1976：185－198）中的许多观点。

正如我们之前所提到的，历史学家对电视并没有写出大量的文章。读者可以从阅读 Gary Edgerton 的 *The Columbia History of American Television*（New York，2009）着手，该书对包括节目和科技手段在内的所有方面进行了全面解读。James Roman 的 *From Daytime to Prime Time：A History of American Television Programing*（Santa Barbara，CA，2007），描绘了不断发展的美国电

视。Eric Barnouw 的 *Tube of Plenty*（New York，1990）是广播历史的先驱之作。Karal Ann Marling 的 *As Seen on TV：The Visual Culture of Everyday Life in the 1950s*（Cambridge，MA，1994）与本章内容主题相同。还有两部著作的内容也十分生动：John O'Connor 的 *American History，American Television*（New York，1983）和 Raymond Williams 的 *Television：Technology and Cultural Form*（New York，1975）对电视改革及其对社会影响的思考特别深入，值得一读。 365

366

第十五章　静坐示威

1960 年，四名黑人学生在北卡罗来纳州格林斯博罗的一家餐馆静坐示威之后，民权运动抗议者席卷了整个美国南部地区。这仅仅是由于挫败而导致的自发行为还是较大的势力支持呢?

当约瑟夫·麦克奈尔(Joseph McNeil)在北卡罗来纳州的格林斯博罗联合车站下车时，他感到饥饿难耐。然而，在 1960 年，作为一名黑人，车站的便餐馆无法接纳他这样的客人。几乎所有的公共场所，包括学校、电影院、公园、教堂、火车、公交车、飞机，当然还有餐馆，所有的非裔美国人都会受到严苛的“吉姆·克弗”(Jim Grow)线的隔离。因此，当约瑟夫·麦克奈尔在餐馆要求服务时，他被拒绝了，于是作为大一新生，他只能饿着肚子回到他位于北卡罗来纳州州立农业科技大学(Carolina A & T)的寝室。他向他的室友大卫·瑞蒙德(David Richmond)诉说自己的沮丧，同时，另外两个刚从大礼堂出来的校友富兰克林·麦凯恩和小艾泽尔·布莱尔也加入了他们的交谈。与瑞蒙德一样，他们都来自格林斯博罗。

他们四个人时常聚在一起闲聊大学生活：糟糕的食物，诡诈的教授，还有难以捉摸的校规。往往他们的谈话或多或少地就变成对于强加于黑人身上种族歧视的愤慨。对于麦克奈尔和他的朋友们来说，他们必须称呼一个走在街上的白人为“先生”、“小姐”或是“夫人”；而相反，白人却直呼黑人的名字或只是简单地叫他们“小子”。当他们着急上厕所时，他们只能去标有“有色人种”的盥洗室。尽管 1954 年，在里程碑式的布朗诉托皮卡(Topeka，美国堪萨斯州首府)教育局案中,最高法院已否定了“隔离但平等”的种族隔离设施;不仅如此,同年 12 月,在阿拉巴马州(Alabama)的蒙哥马利(Montgomery),法院也严正申明反对公交车上的种族隔离现象,响应小马丁·路德·金(Martin Luther King Jr.)的公交车联合抵制运动,但现在,他们仍然只能坐在城市公交车的后排座位。

毫无疑问,麦克奈尔最近受到的一次羞辱让他们四人义愤填膺,因为就在今天晚上,他们的谈话出现了一个出乎意料的转折。他们时常批评责怪老一辈的黑人,因为他们在面对一次又一次的侵犯羞辱时,只是被动忍受。“我们经常听说发生的那些可怕的事,黑人是如何被虐待,而所有人几乎对此都无动于衷。”瑞蒙德回忆说:“我们曾质问:‘为什么偏偏是你不得不坐在阳台上,为什么 367
偏偏是你不得不坐在公交车的后排,而不是别人?’”随后麦凯恩指出,其实他们自己,只是纸上谈兵。他们都同意真正的问题在于应该做些什么来终结吉姆·克劳这一侮辱所有美国黑人为二等公民的种族隔离体系。更迫切并与他们密切相关的是,他们能对此做些什么?

一个计划由此诞生。他们决定在沃尔沃斯百货商场的一家午餐柜台要求提供服务。黑人可以在这家商场的所有区域消费购物,然而,黑人却只可以在站立式的零食小站和面包房用餐。配备有长 L 形的坐垫椅的不锈钢午餐柜台绝对在他们黑人的可选范围之外。一直到 1958 年,沃尔沃斯商场里仍贴有黑人专用和白人专用的标志。作为一名牙医和民权运动积极分子,当乔一个当地的非裔美国人治·辛姆金斯博士,要求经理移除这些标志时,他同意了,但这是因为其他的商户也都已经收起了这些标志。但即便标志早已不存在,午餐柜台依旧严格实行种族隔离,以至于那里只有白人服务员在店里等着接待客人,而黑人服务员们都只能待在后厨、煮食物或是打扫卫生。

辛姆金斯非常了解格林斯博罗的种族政策。这座城市以其对待种族关系的先进开明方式而闻名。但是辛姆金斯发现城市的领导者对黑人社群的让步仅仅是为了避免产生那些可能破坏城市形象的对抗。他们依然决定保留吉姆·克劳制度。辛姆金斯作为当地全国有色人种促进会(NAACP)的分会会长也同样决定要终止种族隔离。1955年，他带领三个黑人朋友来到仍然实行种族隔离的葛莱斯皮(Gillespie)公园高尔夫球场第一个高尔夫球钉处时，当地警察逮捕了他，一位法官以非法入侵罪把他送入了监狱。

1960年2月1日的下午，当辛姆金斯得知在沃尔沃斯将会有大事发生的消息时，他正在给病人看病。那是麦凯恩、布莱尔、麦克奈尔，以及瑞蒙德正履行他们的使命。麦凯恩，正在学习空军ROTC(预备役军官训练军团)课程，他还身穿制服。一些人之后认为他是在发布一项爱国声明，而事实却是由于上课拖堂了，他没时间换衣服。在他们去沃尔沃斯的路上，他们四人路过拉尔夫·乔斯经营的一家小店，他是一个当地从很早开始就一直鼓励黑人为自己的权益而抗争的白人商人。他们告知拉尔夫他们最终决定所采取的行动，拉尔夫联系了当地的新闻记者。无论他们对外表现得有多么虚张声势，他们内心都是恐惧的。“我可以告诉你，”麦凯恩说，“我思想上已经做好了不能回学校的充分准备……我觉得可能发生的最糟糕的事情就是我们的脑袋被警棍敲破，然后被扔进监狱。”

他们将那些负面想法抛在一边，继续往前去。到了商场，他们两两一组采购牙膏、学习用品，以此来表明他们是合法的顾客。然
368 后，他们走向了午餐柜台。麦凯恩和麦克奈尔先坐了下来。但之后发生的事情让他们惊奇不已。因为什么都没有发生！女服务员一开始完全故意对他们视而不见。在柜台后面洗碟子的黑人妇女吉妮法·提斯代尔认为他们是从外省过来的。“我只是觉得他们从别的地方来，因此不清楚这里不为黑人提供服务，”她说，“所以我就继续做我自己手头的工作。”但是当他们开始点苏打水、油炸圈饼和咖啡时，服务员拒绝为他们提供服务。提斯代尔将他们称为“麻烦制造者”，因为他们的行为破坏了种族关系。

紧接着，经理查理·哈里斯与他们谈话。沃尔沃斯商场中，他的店面是盈利最丰厚的商店之一，而这家午餐柜台是他最大的盈

利商铺。在这儿发生的意外纠纷可能将顾客都吓跑。尽管经理对他们提出请求,但他们四个礼貌地拒绝离开。因此,经理只能去找当地的总警督求助,可是他委婉地拒绝了牵扯入此事,因为他们四人并没有任何出格的行为。但是总警督还是派了一名警察过去观察事态的变化。正当这些学生开始对自己静坐示威的决定产生怀疑之际,一个年长的白人妇女朝他们走来说:“孩子们,我为你们感到骄傲。我唯一的遗憾就是,十年或十五年前,你们早就该这么做了。”麦凯恩之后回忆说:“那天她轻轻拍了拍我的肩,对我来说没有什么比这更有意义……从那位年长的女士身上,我感到如此的骄傲,她给了我美好积极的感受。我的意思是,她自己一定不知道,她的举动对我们的那一天有多重要。”哈里斯最后不得不通过关闭柜台来结束这场僵局。之后,他们四人被称为“格林斯博罗四人组”,那天他们告诉经理他们还会回来的。在商场外面,他们意外遇见了新闻社摄影师杰克·莫比斯,他为他们四人拍下了一张并肩齐行的照片。

回到校园,四个年轻人既没有喝到咖啡,也没有吃到油炸圈饼。麦凯恩记得,“在我生命里,我从未有过如此棒的感觉。我真切地感受到仿佛自己登上了山巅”。学校里的同学一开始都不相信他们做的事;与此同时,很多人发誓要参与这场抗议活动。第二天的上午十一点至下午三点,他们坐在柜台里,周围有许多充满敌意的白人上前为难他们。报纸和电视记者也都来了,当消息传到校园里时,反响远远超出了他们最疯狂的想象。农业科技州立大学的同学们都把他们视为英雄来欢迎。尽管学院院长之前曾支持白人社群的领袖,但现在他坚决拒绝他人提出的驱逐或扣押示威者的要求。他有些挖苦地问,他所想要知道的只是他们四个为什么决定选择去沃尔沃斯吃东西,因为那里的食物没有学校餐厅的好吃。

到 2 月 3 日,社区陷入狂热。来自其他本地大学的学生们很快加入,到了第四天,第一个白人学生以及高中学生们都加入,与他们一起静坐示威。为了避免面对更多的示威者,沃尔沃斯关闭了

午餐柜台，但是为时已晚，精灵早已逃出了油灯。格林斯博罗精神早已传到了其他州还有社群中。当这一消息传到南卡罗来纳州
369 （South Carolina），学生运动领袖格里弗兰德·赛勒斯，感到像是被打了一针肾上腺素，心中涌起了想要参与的熊熊热情。在北方的纽约城（New York City），年轻的数学老师罗伯特·摩斯看到了格林斯博罗四人组的新闻相片，他从照片里看到了南方黑人展示出的少有的反抗。几个月之内，摩斯赶到南方参加了学生运动，同时赛勒斯在丹麦（Denmark）和南卡罗来纳州领导着抗议活动。在田纳西州（Tennessee）的纳什威尔（Nashville），另一组早在前一年的秋天上演了静坐示威的学生们，感到他们的时机到了。乔治亚州（Georgia）亚特兰大（Atlanta）的朗尼·金和朱立安·邦德也有同样的感受。当金看到来自格林斯博罗的新闻头条时，他把报纸猛地推到邦德面前说："你不认为这事也应该在这里发生吗？"不久，行

"格林斯博罗四人组"（从左到右：大卫·瑞蒙德、富兰克林·麦凯恩、小艾泽尔·布莱尔和约瑟夫·麦克奈尔），他们于1960年2月1日离开沃尔沃斯时由 Jack Moebes 拍摄。

动的确成为了现实。

仅在2月，学生们在北卡罗来纳州的十一个城市开展了午餐柜台静坐示威。与此同时，位于弗吉尼亚州（Virginia）的七座城市、南卡罗来纳州的四座城市、佛罗里达州（Florida）的三座城市、田纳西州的两座城市、肯塔基州（Kentucky）的一座城市，还有马里兰州（Maryland）的一座城市里都出现了静坐示威活动。不久，这一抗议的风潮席卷扩大到了乔治亚州（Georgia）、得克萨斯州（Texas）、路易斯安那州（Louisiana）、阿肯色州（Arkansas）、西弗吉尼亚州，甚至 370
连俄亥俄州（Ohio）也出现了静坐示威活动。已成立的民权组织，如全国有色人种促进会（NAACP）以及南方基督教领袖会议（SCLC）等，当它们看到官方当局对这些抗议活动进行镇压时，都对这些火山爆发般的抗议震惊不已。种族平等大会（CORE）第一时间派了一名组织者到达镇压冲突的区域，另外，一些当地的全国有色人种促进会的分会长们为他们提供法律咨询帮助以及筹资金保释保证书。但与此同时，国家层面的全国有色人种促进会时常呼吁抗议者们能有所节制。一开始，法律基金辩护组织拒绝为被关进监狱的学生抗议者们提供保释资金。

因此，大量抗议者被关进监狱。在北卡罗来纳州的首府罗利（Raleigh），警察就已经在卡麦隆村（Cameron Village）的沃尔沃斯逮捕了41名学生。纳什威尔的警察逮捕了81名学生抗议者，即便这些学生抗议时的行为礼貌且没有使用任何暴力，而那些反复袭击抗议者的白人却没有被逮捕。大多数当局都认为被关进监狱的侮辱和案底能够压制进一步的抗议活动；因此，许多示威者宁愿选择进监狱，也不愿交罚款的事实令他们大跌眼镜。监狱里的战友们为抗议者提供了另一件“武器”。而令当局更加震惊的是，一向谨言慎行的当地黑人社群领导者纷纷一改自己起初的保留态度，不遗余力地支持这些学生。

在纳什威尔，受人景仰的詹姆斯·罗森教士一直在教学生们如何采取非暴力方式的抗议活动，格林斯博罗的静坐示威也令民权组织者大感意外。2月5日，周五，他们组织了一场群众性集会来策划当地的抗议活动。罗森要求学生们沉着稳重，不要鲁莽行事。只有为数不多的学生接受过充分的培训，他警告了他们。同时当地附属的南方基督教领袖会议的可支配保释金也只剩下不到90美元，一旦警察开始抓人，那么后果不堪设想。而学生们则坚持，“无论我们是否已做好充分准备，现在已经到了采取行动的关键时刻”！

19岁的神学系学生詹姆斯·贝弗尔这样表示：“我实在是难以抑制渴望之情，再也等不及了。”无论他们曾如何有所保留，现在当地黑人社群的领袖们都全心全意地支持学生抗议活动。凯利·米勒·史密斯教士率先为公众集会开放了洗礼教堂。罗森就非暴力抗议的策略技巧开设了速成班。在几天之内，当地的南方基督教领袖会议分会就筹集了4万美元的保释金。许多人将自己的房屋和生意作为保释金的抵押物。当地的14位黑人律师都主动提供免费的法律咨询服务。史密斯教士解释说：“我们刚开展的运动疯狂至极，同时还有许多人因此被逮捕了。警车里抓满了人，市中心的人们也不清楚究竟发生了什么，人们看起来似乎非常乐意被逮捕，而这与他们所常见的大相径庭。”

这场运动起源于格林斯博罗，随即发展到罗利和达拉默(Durham)，继而又扩大到纳什威尔，随即席卷了整个南方地区。麦凯恩、瑞蒙德、麦克奈尔和布莱尔引发了一场“雪崩”。5月底，纳什威尔的商业交易接受了允许让黑人进店用餐的整合方案。格林斯博罗虽然花了稍久一些时间，但在那里商场的午餐柜台也终于向黑人顾客开放了。不仅如此，这一势头并没有在格林斯博罗停止，抗议的学生给民权运动注入了新的能量。他们将起初存在于主要民权活动法律中的迫切希冀最终累积升华成为了“黑人力量”的严正诉求。

371 大约五十年之后再来回顾，历史学家们会对这一系列超乎寻常的事件作何评论呢？4位年轻人傍晚在寝室里闲谈而做出的决定是如何引爆成为一场全国性的彻底改变民权运动的改革运动的呢？1960年，作为一位非裔美国记者和早期的民权运动历史学家，路易斯·罗马克斯在《哈珀斯杂志》上发表的一篇文章里给出了格林斯博罗有如此影响力的解释。他观察到，“全美国的黑人都知道，那些自发并互不相关的学生示威不仅仅是对于种族隔离的攻击，它们还表明了以全国有色人种促进协会为靠山的黑人领导阶层不再是黑人社会反抗力量的主力军”。

在他的言论中，罗马克斯对于格林斯博罗的静坐示威指出了两个主要观点：首先，他们的行动是自发的，是由麦凯恩、瑞蒙德、麦克奈尔和布莱尔临时决定而采取的行动。其次，他们将民权运动的领导权和策略从传统的机构转移到了学生身上。资深民权运动者詹姆斯·法姆尔也得出了类似的结论：“在默默忍受了数十年之久之后，北卡罗来纳州州立农业科技大学的四名大一新生走进了沃尔沃斯，并在那里的午餐柜台进行了静坐示威。”许多历史学家都赞同罗马克斯的观点。例如霍华德·津恩这样写道：“自发性和自给自足是静坐示威的典型标志；没有接受成人的建议和赞同，学生们完全靠自己策划并完成了这一系列活动。”正如一篇大学历史课文中指出的那样，“学生们的勇气改变了民权运动。他们的行为鼓励并让成年黑人们更加有勇气去表达他们的不满；不仅如此，年轻的非裔美国人也由此获得了一种新的自尊”。

连续派或是中断派

从本质上说，历史是一门研究时间变迁的学科。历史学家们习惯循规蹈矩地寻求为何在特定的地点和时间发生某些变化，以及为何单独以某种特殊形式而变化的各种原因。因此那些将历史推入到新方向的那些大事件总能吸引较多的关注。本书的作者已经了解了改变社会的众多历史事件。不论是对两个不知名的无政府主义者银行抢劫案的审判、二战末期在日本投下的两颗原子弹，还是女权运动著作《女性的奥秘》的出版，这样的事件和时刻一般被称为“转折点”或是“分水岭”。当约翰·布朗攻击了哈伯的渡轮，掀起势不可当的内战浪潮；而投掷原子弹的决定引发了各国原子武器储备大战。而历史学家们想要刨根问底的就是为什么，在平稳长流的历史之河中总有些事件要比其他更加重要？

过去，在他们的研究中，历史学家们普遍形成了两个阵营：一个阵营把历史看作是一条连续不断的水流，其中偶尔会出现水洼和漩涡；另一个阵营则把过去看作是被周期性激流打断的碎片，由此过去和现在的连系被严重地割裂。尽管在这一抽象阶段，这种区分对学派本身的意义不大，更多的是为了找到更好的方法去分析趋势和历史事件本能的倾向；因此，我们简便速记地将他们分别
372 标记为“连续派”和“中断派”学派。赞同连续派的历史学家们倾向于强调主要的分水岭时刻和它们出现之前的那些事件之间的联系。他们认为这就好像追踪一定体量的水，当它落下之后，沿着河道溯流而上，这样就能定位那些从涓涓小溪慢慢汇聚成江河的支流。

本书中许多章节都是连续派的实例。在分析关于腐败的肉的争议中《丛林》的角色时，我们认为无论亚普敦·辛克莱尔多么令举国震惊，他之前的一系列绯闻都为公众相信他是世界上最糟糕的肉品包装商做了铺垫。还有西奥多·罗斯福，他利用了《丛林》这本书，以取得之前许多形形色色的进步改革家们成功激起公愤的效果，这样才能实现他想要加强政府监管执行的野心。

路易斯·罗马克斯所提供的对于格林斯博罗的解释，以及霍华德·津恩的赞同附和都证明强调了中断派的理论。同时支持中断理论的历史学家们也发现他们关于有革命性的突发大事件有许多研究可做，无论这些事件是政治方面的（例如法国和苏联革命），或者是更倾向于知识分子还是社会方面的（例如科技以及工业革命）。那些旧结构在革命中崩塌，新的官方力量在革命中诞生，同时令人难以信服的思想和价值观也被新的取代。因此，当罗马克斯、津恩，还有其他一些人把这一事件称为“自发的静坐示威”时，他们的隐含意思是这四个年轻人的这一举动是独立的，且并没有根据或遵从任何组织机构的建议。

> 没有格林斯博罗，民权运动就不会在该发生时发生，也不会像已经发生的那样发生。

显然，格林斯博罗抗议的后续一系列事件又重新把民权运动的的方向指向了一个更有争议的阶段，而这一阶段则由年轻人尤其是学生作为带头人。沃尔沃斯静坐示威促使成立了更加激进的学生非暴力协调委员会（SNCC，读作 snick），1961 年的自由乘车运动、1962 年詹姆斯·梅瑞狄斯密西西比大学白人黑人学生共同入校学习运动、1964 年密西西比自由之夏的黑人学生选民登记，以及最终黑人力量运动的崛起。冲突的升级增加了种族隔离体系的压力。它促使约翰·肯尼迪总统在 1963 年采纳推行《民权法案》；同年 8 月，它鼓舞马丁·路德·金组织华盛顿游行；林顿·强森在 1964 年通过了《民权法案》，在 1965 年又通过了《选举权法案》。因此，历史学家威廉·蔡菲表示：“格林斯博罗的静坐示威在美国种族政治的历史上起到了分水岭的重要作用。”即使没有格林斯博罗事件，种族运动也可能改变它的发展方向，但是它绝对不会以同样的时间以及同样的方式来完成。

大量证据都支持罗马克斯和津恩的观点，那就是格林斯博罗的静坐示威是一次完全自发的事件。首先，在这四名学生决定行动
之前，他们都不是民权激进主义分子。在他们夜晚闲谈时，他们可 373
能只是想要讨论追问品行端正的人是否应该采取行动反对不公正，或者只是想要争辩种族和社会的激进主义。在这层意义上，他们和无数大一新生一样，是“书斋哲学家”。但是在格林斯博罗巴士终点站遭到的冒犯惹恼了麦凯恩。就在那个他空着肚子回到寝室的周日夜晚，他对他的朋友们说：“现在正是我们应该采取行动的时候了。”那他们能够做些什么呢？麦凯恩回忆：他们自己都不知如何命名战略，他们并不认为这一举动是“静坐”或是“坐下”，他们只是计划想要去那里并要求获得服务。也没有人曾期望他们将会获得称心的服务，他们只是计划去点餐，然后就留在那里不离

开。正如小艾泽尔·布莱尔评论的那样："你知道那可能需要几周、几个月的时间，你也可能永远都达不到自己想要的结果。"

那为什么发生在沃尔沃斯呢？他们四个对于连锁店铺都没有什么特别的不满，他们只是觉得那仅仅是比较著名的本地商业，因此它是个合适的目标。"他们在报纸、广播、电视之类的公众媒体上做广告，"麦凯恩之后解释道，"他们极力告诉你们要走进那里，'是呀，去那里买牙膏、走到里面去买笔记本'。"一旦黑人成功买了单，他们的钱就和白人的钱在收银机里，混在了一起。但是和白人一起在午餐柜台里坐着吃东西呢？"绝不！""当然，这整个系统都是不公正的，"麦凯恩注意道，"但是这看起来就像是在伤口上撒盐。"所以，当女服务员告诉他们："我很抱歉，我们这里不招待像你们这样的人。"他们提到自己刚购买的东西，回答说："不好意思，我们不得不否认你的观点，因为实际上，你们已经在招待我们了。""我们只是想知道为什么你们邀请我们进来，在某些店面柜台为我们提供服务，而在另一些柜台却又拒绝服务呢？"

更多的证据表明麦凯恩和他的朋友们在实施这一行动时并没有太多的概念和打算。虽然他们四人都在静坐示威后参加了校园里的民权活动，但是他们在毕业之后都没有变成激进主义分子。在搬去波士顿之前，小艾泽尔·布莱尔在法学院待了一年，在那里他与有发育缺陷残疾的学生们一起工作学习，还成为了新英格兰伊斯兰中心的成员，也有了另一个名字：加布里埃尔·克山。富兰克林·麦凯恩成为了一名化学家，之后又担任了塞拉妮斯跨国公司的执行总裁。约瑟夫·麦克奈尔在为美国国际商用机器公司工作，此前他是空军部队的一名军官，后来他又在华尔街的金融服务行业工作。大卫·瑞蒙德在格林斯博罗附近工作，成了那里的社区咨商员，他在49岁时因肺癌去世。无论他们在1960年对《吉姆·克劳法案》的不公正如何憎恶，格林斯博罗四人组并没有把他们四人年轻时所发起的运动当作他们成人之后的事业。

连续派案例

既然一个事件可以被看作是自发的和中断的，那么到目前为止，构成的环境都集中在四名大一学生寝室里的对话。但是，如果我们向更深层次挖掘，关注他们在进入大学之前所受的影响，那么会发现什么呢？首先，有三名（麦克奈尔是个例外）学生都在格林斯博罗长大，并毕业于达德利一所种族隔离高中。学校的教职员工很多都是民权激进分子，其中包括奈尔·克里，一位向她的学生 374 们教导种族自豪感的英语老师。他们的课程包括黑人反抗者的文学作品，还有历史。小艾泽尔·布莱尔非常清晰地记得兰斯顿·休斯的诗歌《黑人谈河流》，它骄傲地唤起了他内心的非洲血统。

> 晨曦中我在幼发拉底河沐浴。
> 在刚果河畔我盖了一间茅舍。
> 河水潺潺催我入眠。
> 我瞰望尼罗河，在河畔建造了金字塔。
> 当林肯去新奥尔良时，
> 我听到密西西比河的歌声，
> 我瞧见它那混浊的胸膛
> 在夕阳下闪耀金光。
> 我了解河流：
> 古老的黝黑的河流。
> 我的灵魂已变得像河流一般深邃。

约瑟夫·麦克奈尔在北卡罗来纳州的威明顿市（Wilmington）长大，但他也从小受到那些“活力十足，直截了当地告诉你何为公民权力，你应该享有什么，你还缺少什么，以及你该如何去得到这些”的老师们的影响。

学校并不是他们四人获知民权信息的唯一场所。布莱尔和瑞蒙德参加了夏依罗(Shiloh)浸会教堂，帕斯特·欧迪斯·海尔斯顿在那里为全国有色人种促进会招贤纳士。他们还是当地全国有色人种促进青年会的成员，他们会在那个区域的教堂和学校里集会。在会议讨论中，他们探讨了在格林斯博罗以及整个南部的抗议活动。1955年蒙哥马利巴士联合抵制运动引发了他们激烈的讨论，一位参与者回忆说："之后许多事情陆续开始发生。"马丁·路德·金1958年到格林斯博罗时也留下了他的印记。北卡罗来纳州州立农业科技大学的校长由于担心马丁·路德·金争议太大，拒绝开放学校体育馆供他演讲。附近班尼特大学的校长薇拉·普雷尔则没有这样的顾虑。作为一所私立女子大学的校长，与国家官员比起来，她不太会遭到报复行为。但是普雷尔也是站在一位教育家的角度才做出此决定的，她说："这是一所崇尚自由的文科学院，因此马丁·路德·金当然能够在这里演讲。"布莱尔去聆听了马丁·路德·金的启示演讲。他边回忆边描述，那"实在是太震撼了，以至于我的心脏都在不停颤动，他的演讲让我热泪盈眶"。

州立农业科技大学认识他们这四名学生的同学都认为布莱尔看起来绝对不像是会发起一场社会运动的那种人；而富兰克林·麦凯恩是一个体魄强壮的小伙子；主修物理学的麦克奈尔机智聪明。相比而言，布莱尔体型瘦小，给他的朋友们留下"小学弟"那种印象。但是布莱尔有家庭民权意识，他的爸爸，小艾泽尔·布莱尔
375 先生在达德利高中教授手艺课，他是当地民权积极分子骨干。《新闻周刊》上写道：在1957年，当格林斯博罗采取黑人白人表面融合，实际隔离的策略时，它以"被新自由主义轰动的新南方"的标志名声在外。老布莱尔先生那时就估计格林斯博罗的融合只是表面功夫罢了。"白人的势力结构正尝试着去平息缓和，"他提出，"由此他们可以将格林斯博罗称为'关口城市'，一座全美国人的城市，而他们也确实如愿以偿了。"

两年后，作为全国有色人种促进会的一名成员，老布莱尔灵机一动，首先想到了可以在新的购物中心给商人们施加压力来推动黑人也能够获得去从事那些"传统上没有黑人从事的职业"(例如

职员而非门卫)。随后,他在1959年做了一件非同寻常的事:他在沃尔沃斯的午餐柜台实现了白人黑人短暂的融合,而这里恰恰就是两个月后他的儿子静坐示威的地方。那一天,他参加了格林斯博罗圣诞大游行,和他在一起的女儿肚子饿了,而他也觉得有点累,但此时他们又位于沃尔沃斯商场的大门口,于是他们走进商场并在午餐柜台里坐了下来。那天在那儿打工的一名服务员,恰好是布莱尔先生的学生,在她心中,布莱尔先生就是那类"他说让你做什么,你就乖乖听话做什么"的老师。因此,当布莱尔先生点了三明治,她就给他们送去了三明治,即便她很清楚这家饭店并不欢迎接受黑人顾客。毕竟,她自己也是一位黑人。一位商店经理助理立马上前开引着布莱尔他们去站着吃的柜台。而布莱尔则明确地告诉他,他们在这里"没事,好极了",并且他们吃完了点的三明治才离开。

老布莱尔的所作所为显然是会引发冲突的,但那只是被极个别人注意到的孤立的意外事件。而他也没有像他的儿子那样,在更有政治化的背景下重复这种姿态。然而,这一经验则能够解释为什么在1月31日夜晚,当格林斯博罗四人组计划他们的静坐示威时,他们跑去布莱尔家与小艾泽尔的父亲讨论他们的想法。老布莱尔并没有鼓励他们,因为他怀疑他们四个的要求很可能不会被满足。他只是说:"如果你们觉得这样做是对的,那就去做吧!"

然而,老布莱尔并不是唯一与他们四人分享这一计划的成年人。还记得在他们去沃尔沃斯的路上,他们停下来与拉尔夫·约翰斯交谈,而这个白人店主又是谁呢?他还有个知名的绰号叫"褶边"约翰斯(Ralph与Ruffles读音近似),他可不是一位简单的南方商店老板。作为一名叙利亚移民者的儿子,在宾夕法尼亚州一座钢铁小镇的成长经历让他切身体会到被歧视的感受。二战期间,他作为一名士兵来到格林斯博罗,并在与当地的一名女性结婚后留在了这里。他的岳父经营一家小服装店,而小店的主要客户都是黑人。在他加入全国有色人种促进会并开始鼓励当地大学生挑战《吉姆·克劳法案》之后,他很快就获得了"爱黑人一族"的声誉。

他在店门口用一块不断变化的招牌向路人宣传他的观点，某一天上面可能写着："上帝憎恨种族歧视"；另一天则会换成"区分黑人、白人专用的洗手池与上帝和基督教徒的作为不符"。1949年，约翰斯曾鼓励州立农业科技大学的一名足球运动员去质疑挑战沃尔沃斯商场里午餐柜台的种族歧视现象。这名学生顿时目瞪口呆："老兄，你究竟想要干吗？希望我被抓起来吗？我想做的只是好好读书，获得学位，然后离开南方。"

拉尔夫·约翰斯是叙利亚移民的儿子，他对偏见有深刻的理解。作为一名格林斯博罗商人，他鼓励黑人学生勇敢地与种族隔离进行斗争。

376 约翰斯从未放弃过居住在一个黑人、白人融合社区的梦想。他继续不断地极力推进自己的主张，认为那一地区的大学学子要勇敢地面对沃尔沃斯商场里的伪善现象。约瑟夫·麦克奈尔就是他所鼓励的学生中的一个，他认为麦克奈尔是一个格外聪明和有前途的年轻人。约翰斯承认任何实施他计划的人都很有可能被逮捕，但他同时也坚信，只要有足够大的压力，格林斯博罗的商店和餐馆就可以实现融合。他甚至还向麦克奈尔保证，如果他被逮捕，他会为他提供钱来支付保释金和法律费用。1959年12月，麦克奈尔对约翰斯表示他将实施这一计划。但是约翰斯的内心却充满了怀疑。约翰斯对他的一名职员多萝西·格拉芙斯说道："他会不会和其他的学生一样？"随后他又自问自答："是呀，估计他是再也不会回来找我了。”但是六个星期后，麦克奈尔真的回来了，而且还带了他的三个黑人朋友一起来。约翰斯指导他们该如何行动，应该说些什么，他还给他们提供了买食物所需的费用。在他们离开之后，约翰斯悄悄给格林斯博罗新闻记录的报道员透露了消息。

如果我们把格林斯博罗的静坐示威打上“自发行为”的标识，那么我们就完全忽视了约翰斯十年来融合沃尔沃斯的努力，同时我们也就减损了乔治·辛姆金斯、欧迪斯·海尔斯顿、薇拉·普雷尔以及成千上万的和小艾泽尔·布莱尔先生一样的当地领袖们的英勇榜样力量。格林斯博罗四人组并非有意要陷入在沃尔沃斯的午餐柜台考验种族隔离制度的想法，他们的父母、教堂、当地民权组织，以及民权领导者们都为他们挑战《吉姆·克劳法案》打下了基础。

一场社会运动的诞生

诚然，格林斯博罗静坐示威的真正意义不只局限在当地，而是产生了区域性和全国性的影响。民权运动历史学家们普遍认同非暴力抗议的活跃斗争阶段真正起源是在柏林斯博罗。就宛如干燥的易燃物已积累了好几年，瑞蒙德、布莱尔、麦克奈尔和麦凯恩划亮了一根火柴，并将其投入这堆柴火之中，霎时星火燎原。燃起的熊熊火焰席卷了整个国家存在种族冲突的地区。不仅如此，历史学家们想要知道：为什么单单是这点火星燃起了民权运动的篝火，377
而不是之前其他的那些火星？为什么是发生在 1960 年的 2 月，而不是发生在 1957 年，有九名学生参与融合进阿肯色州(Arkansas)小石头城(Little Rock)的中央高级中学？还有为什么是在午餐柜台里静坐示威，而不是学校或是巴士的废除种族隔离运动？简而言之，为什么是在特定的地点、在那一特定的时刻，以特定的方式发生呢？

为了解释是什么使格林斯博罗静坐示威不同于以往的任何运动，我们需要将社会运动的特性考虑在内：那就是它们是如何开始的？为什么有一些运动成功的同时，另一些却注定会失败？为什么这一运动选择静坐示威的非暴力方式，而不是请求他们的选举代表尝试改变法律？为什么有些人愿意选择通过参加一项社会运动而非一项政治运动的途径来申诉自己的委屈和不满？就传统而言，为了回答这些问题，历史学家、政治科学家和社会学家都一样，倾向使用模式来解释一项社会运动的兴起。而在之前探讨二战末期关于投掷原子弹决议的章节里，我们已经对模式进行了讨论。

据社会学家道格·麦克亚当的说法，许多被称之为"经典解释模式"的运动行为理论早就存在。它们各式各样，各有不同，但在几项核心要点上都是一致的。首先，它们认为美国的政治活动是多元化的。马克思主义认为权力掌握在相对少数但是清一色的资本家手中；与之不同，多元主义者则认为权力分散在互相竞争但偶尔也会联手合作追求共同利益的群体之间。"不存在集中所有权力于一身的领导者。"社会学家罗伯特·达尔写道，"那些完全赞同他们主要目标的人以及那些有足够的权力来实现他们主要目标的人也包括在内。"集中权力的缺失创造了一种流动的政治体系，在这种体系下，即便是相对力量较小的一方，也有机会去实现他们的目的。或者正如达尔解释的那样："无论何时，只要有一个社群坚信国家的政策正在或者即将对他们产生不利的、有害影响，那么他们通常就有很多机会来陈述他们的情况，并进行谈判来获取令他们更能接受的其他方案的可能。"这是因为社群能够通过正常的政治渠道来化解他们的不满，那么他们就不太可能会采取暴力措施。多元主义者用这一理论解释在美国体制下这一相对和平的权力转移。选举政治为革命、恐怖主义、治安委员会政策以及其他各种不同的暴力形式提供了一种高效、可替代的选择。

尽管如此，在正常政治领域外发生的社会运动在美国历史上也是普遍存在的。为了解释它们的循环重现，理论学家们给经典模式增加了第二个维度，一种基本的因果关系顺序即可描述这些运动是如何兴起的：

结构紧张→ → →破坏性的心理状态→ → →社会运动

“结构紧张”表示社会秩序的基础框架正陷入混乱，因此处于这一社会中的一个或多个社群感到被威胁或是不满意。结果导致的紧张与不安则促使他们的思想进入“破坏性的心理状态”；他们感受到需要采取行动但同时又可能觉得通过正规的政治渠道实现有些力不从心。为了让社会能够回应他们所感知的委屈和不满，这些愤愤不平的个人聚到一起形成了一场“社会运动”。根据许多 378
社会学家的观点，使社会进行回应的能力取决于这一具体的运动的组织者，他们应该是那些“既对他们生活的某些方面感到愤愤不平，同时又相信只要采取集体行动，他们就能够纠正某些问题的乐观主义者”。

经典模式是否能够有助于理解格林斯博罗是如何影响民权运动的呢？当然，1960 年，麦凯恩、瑞蒙德、布莱尔和麦克奈尔都意识到了人们对于种族隔离和种族现状的愤慨之情是广泛存在的。不仅如此，他们自身也对此同样不满。他们不公平的感受（他们破坏性的状态）是如此强烈，以至于他们互相叫板，挑唆彼此去采取行动，由此他们发起了一场社会运动来“解决问题”。正常的政治渠道并没有向他们开放。在整个南方，只有极少数个别黑人有选举权，几乎没有黑人担任国家公职，而白人领导者们也都只是做做样子，象征性地让步而已。他们的委屈和不满无处申诉，于是黑人们开始组织策划社会运动。

> 为什么 1960 年 2 月前没有成千上万的成年黑人和学生参加运动？

但是，这种公式构想太过于简单，并无法真正回答我们关于格林斯博罗事件的原因，在哪里还有怎么做的种种疑问。我们可能会明白为什么是这四名学生采取行动，他们为何在那一时间行动，以及他们为何在沃尔沃斯静坐示威。但是为什么成千上万的其他成年黑人和学生在 1960 年 2 月之前都没有这么做呢？七十多年来，整个南方地区的黑人对于《吉姆·克劳法案》引发的委屈和不满之情愈积愈多。1960年，静坐示威策略、暴力行为策略或是在饭店采取行动都早已不是什么新鲜的把戏。二战期间，1942年成立的两个人种（黑人和白人）组织CORE就已经采取过静坐示威的方法。在巴尔的摩（Baltimore）融合了理查德·莱斯《土生子》的戏剧性夸张表演后，这一组织继续在1943年前往芝加哥（Chicago）的斯通纳饭店上演静坐示威。当一小群黑人要求饭店为他们服务，服务员端给他们的食物上撒满了鸡蛋壳或是其他的垃圾，斯通纳饭店最终决定消除种族隔离。在丹佛（Denver）和底特律的运动也获得了成功。CORE还在康涅狄格州（Connecticut）丹伯力（Danbury）联邦监狱成功实现了黑人白人的会合。但这些地方都不是在美国的南部。

那时，自从伍德罗·威尔森上台以后，大部分倾向于南方政策的华盛顿特区官方正式地实行着种族隔离。受到核心组织成功的鼓舞，霍华德大学的学生们组建了民权委员会来纠察那些采取种族隔离体制的饭店，并进行静坐示威。他们强烈反对这种“与现今世界大战最终目的原则相违背”的歧视行为，并宣称“作为爱国主义的一项义务，人们应当努力消除因为个人的种族或肤色而受到歧视的现象”。他们采取的方式是非暴力的，无论受到怎样的挑衅和激怒，他们会一直保持尊严体面和克制自律。在汤普森饭店（一家受政府官员青睐的中档饭店）外面，黑人和白人的示威者高举旗帜标语，声称“我们同生共死，我们同饮共食”，“你是想重走希特勒的老路还是走美国的康庄大道”。留一名身着制服的黑人士兵和几名学生，因为被打动而参与到行动之中，他们走进汤普森饭店并要求提供服务。军事警察前来并要求士兵们离开饭店以避免给军队蒙羞。士兵们离开了，但是学生们依然留在那里。四个小时以后，汤普森饭店同意为他们提供服务。

379 战争期间CORE努力确保它所创造的运动势头。1947年4月，CORE派出八名白人和八名黑人展开了一场横跨弗吉尼亚州、北卡罗来纳州、田纳西州和肯塔基州、名为“和解之旅”的运动，以跨州旅行唤起人们对种族歧视的关注，而这十六人均被逮捕关进了监狱。他们得到了广泛的观注，但是依旧无法撼动种族隔离。当 CORE 内部占主导地位的社会学家、和平主义者，以及其他左翼激进派成员因麦卡锡主义的黑暗阴影而失势时，它渐渐走向幕后。民权的领导力量传递给了全国有色人种促进会，以及它对于终结种族歧视所惯于采取的法律策略措施。1954 年，当最高法院在审理布朗诉教育委员会案件中推翻了从 1895 年因普莱西诉弗格森案而被奉为圭臬的“隔离但平等”的政策，这标志着全国有色人种促进会取得了巨大胜利。这项判决做出之后，全国有色人种促进会中的积极分子像罗莎·帕克斯这样，发起了 1955 年阿拉巴马州（Alabama）蒙哥马利市（Montgomery）联合抵制公交车运动。

当人们沉寂在胜利之中时，一个新的组织南方基督教领袖会议，以及它具有超凡魅力的领导者马丁·路德·金成为后起之秀。1955 年之后，至少在南方地区，与律师和全国有色人种促进会分会长相比，更多的传教士和教堂的会众在民权改革运动中打起了头阵。但是，尽管核心组织、全国有色人种促进会，以及南方基督教领袖会议的积极分子们付出了努力，直到 20 世纪 50 年代末期，他们都没能促成一场全国性的社会大运动。相反，一系列草根运动揭示了当地居民表达不满的模式。这值得我们注意，因为他们帮助我们理解为何格林斯博罗转变了民权政策。

大部分人认为，20 世纪 50 年代根深蒂固地实施种族隔离制度所涉及的地区就只有南方腹地——密西西比州、阿拉巴马州和乔治亚州。人们很少会把俄克拉荷马州也纳入其中。然而，正如我们在第十二章中看到的那样，许多穷苦流浪的俄克州人抵达加利福尼亚州后便给当地学校所在的区施压，要求那里的学校实行种族隔离。被人们称为“民权运动之母”的克莱拉·卢珀尔就成长在这被俄克州人抛弃的实行种族隔离的俄克拉荷马州。作为一名高中历史老师，卢珀尔知道大多数美国人对于她所在的俄克拉荷马州知之甚少。“因为我们的俄克拉荷马州还很年轻，人们也没有对我们州给予和其他州同等的关注，在我们州还存有私刑的现象，我们州还曾实行过火刑。事实上，我所居住的那幢大楼曾遭受炸弹袭击。”她指出，"在1961年民权法案讨论期间，一位参议员表示，在整个美国，俄克拉荷马州的种族隔离法律是最糟糕的，而这的确是事实"。

为了实现种族融合，卢珀尔编写了一个剧本来赞颂马丁·路德·金，名为《兄弟总统》。在1957年，她和一群学生旅行去纽约城观摩她所写的在那儿上演的剧本。在那儿，他们首次感受到了从未感受过的自由。他们走进一家饭店，并在一家黑人白人融合的午餐柜台里坐着吃饭。越过实施《吉姆·克劳法案》的南方，他飞回到自己的家中之后，卢珀尔发誓要与种族隔离抗争到底。"从小到大，我所受到的教育一直告诉我种族隔离是错误的。"她解释说，"我的父亲是一名一战的退伍军人，他非常赞同伍德罗·威尔森的说法：他们是为给民主创造一个安全的世界而战。我的母亲来自得克萨斯
380 州，在得克萨斯的帕里斯（Paris），她就曾目睹一名黑人被大火烧死。因此，她很担心那些呼吁反对种族隔离的人也会被烙死。"

克莱拉·卢珀尔作为民权运动的发起人而为世人所知，她领导了1958年8月俄克拉荷马城的静坐抗议。

无论如何，卢珀尔发出了呼吁。她积极参与了当地全国有色人

种促进会青年理事会所策划的一项计划。起初，她和她的追随者们有些天真。我们以为我们所要做的一切就只是让我们的意愿为他人所知晓。和一位“运气好而恰巧是白人”，并且与她分享对此计划激动之情的朋友一起，卢珀尔走进了一家饭店。“当我们这么做的时候，麻烦接踵而至，因为他们只会对白人女士说请进，但是，克莱拉·卢珀尔，你不可以进来。”尽管对方的回应充满敌意，卢珀尔一直继续坚持她的抗议运动，直到后来，甚至连她的学生们也都参与了进来。“7 个月之后，孩子们制作了报告，我的女儿玛丽莲说，我们去市中心一起等待吧！”他们选择那些黑人工作人员较多的店铺，所以那晚我们决定去卡兹药店。卡兹药店不仅销售药品，还在地下室里销售网球鞋、衬衫还有其他商品。我们一行十三人走了进去，并在座位上坐了下来。由卢珀尔保驾护航去午餐柜台的一群学生们年龄从 6 岁到 17 岁不等。“那些认识我们好多年的熟人开始咒骂我们，他们还打电话给警察，他们从四面八方赶来，但我们只是坐在柜台里面，最后我们没有被逮捕。”卢珀尔对一名采访者说。

紧随格林斯博罗静坐抗议，在纳什维尔也发生了静坐抗议。这些抗议从 2 月持续到 5 月，值得注意的是，他们为非暴力抗议。在格林斯多个商家同意一并服务黑人白人之前，纳什维尔的商家就已这样做了。

381 1958年，即格林斯博罗静坐示威发生一年多以前，卢珀尔就已经在俄克拉荷马市建了许多公共设施同时服务黑人和白人。类似努力的成功案例在塔尔萨(Tulsa)和堪萨斯州(Kansas)的威奇托(Wichita)也随处可见。卢珀尔是一名真正的民权先锋，她的言行与运动中所有的英雄一样英勇果敢。尽管如此，大部分民权历史中都提到了麦克奈尔、瑞蒙德、布莱尔和麦克凯恩，却鲜有关于她的事迹。卢珀尔的成功可能已经转变了俄克拉荷马州的种族大局势，但没有立即激发他人来效仿她的行为。

> 1959年，大部分观察家预言，纳什维尔而不是格林斯博罗将成为抗议运动的摇篮。

今天，纳什威尔的民权积极分子，诸如：约翰·李维斯、黛安·纳什、詹姆斯·罗森和马里恩·巴里都要比克莱拉·卢珀尔，甚至是格林斯博罗四人组要出名得多。但他们的出名并不是因为他们在融合纳什威尔时做出了何等壮举，更多地是因为他们之后在国家的大舞台上所起到的关键作用。同样，任何一个在1959年熟悉民权运动的人都已经预测到纳什威尔而不是格林斯博罗将成为静坐示威改革运动的摇篮。在内战期间，田纳西州从未加入过联邦，而纳什威尔则以“南方雅典”著称(它甚至允许不少黑人加入学校的董事会和警察机关)。但是在其他所有与种族有关的方面，整个州和城市与南部其他地区一样，都彻底实行种族隔离。到了1958
382 年，当地的黑人领袖们下定决心要融合这座城市。他们组织成立了纳什威尔基督教领袖联合会(NCLC)作为马丁·路德·金南方基督教领袖联合会的附属机构。与总是在思考和讨论如何推动种族融合方法的格林斯博罗四人组不同，纳什威尔的学生们事实上都接受过静坐示威运动的专门训练。从1958年3月开始，他们就参与了纳什威尔基督教领袖联合会下由詹姆斯·罗森教士教授的关于非暴力战术的讲习班，甘地与金牧师曾经受到过他十分严谨的教导。

1959年11—12月间，纳什威尔的抗议者们确实在市中心几家大型百货商场实行了静坐示威。采用在格林斯博罗的方式，作为学生的约翰·李维斯、黛安·纳什、詹姆斯·罗森和马里恩·巴里与几位牧师购买商品，并试图在午餐柜台前消除种族隔离。当他们要求服务而遭到拒绝之后，便离开了。罗森继续训练其他的大学生去参与抗议活动。但是这些在纳什威尔的静坐示威与在俄克拉荷马市卢珀尔的静坐示威一样，都没有引起全国性的高度关注。一直到了格林斯博罗事件发生之后，纳什威尔的黑人大学生们才发起了他们的第一场大规模示威。在接下来的三个月里，他们不仅将目标锁定在了市中心的商店，而且在灰狗巴士和小路汽车终点站进行了抗议活动。他们直接的非暴力抗议原则和公民式的举止风度成为了其他抗议活动的榜样。正如我们所知的，当警察们开始逮捕抗议者时，整个社区都团结起来为他们提供资金和法律支持。1960年5月10日，纳什威尔开始在公共设施领域消除种族隔离。

为什么在这里？为什么是现在？

我们仍然对于为何是在格林斯博罗而不是在俄克拉荷马市或是纳什威尔而感到困惑。为什么是在1960年的2月，而不是1957，1958或是1959年？幸运的是，社会学家们还有其他的模式可以帮助历史学家们将注意力集中在1960年格林斯博罗特殊的环境形势下来帮助我们回答这两个问题。道格·麦克亚当采纳了“政治进程”这一模式来解释格林斯博罗事件之后出现的民权抗议积进分子的阶段。他的模式让我们注意到形式社会运动构成的三个要素：第一，备受不公屈辱的人口中的组织等级；第二，同一人口对于叛乱起义是否会成功前景展望的集体评估；第三，在更宏大的政治环境下不同群组间的政治结盟。

通过进一步地说明这些概念，我们可能知晓它们是如何解答我们的疑惑的。首先，我们来考虑一下什么能够创造出强大而又高效的组织等级。麦克亚当认为有四大关键要素：成员、团结激励、交流渠道和领导者。成员通过现有的交流渠道被招募参与社会运动。因此，打个比方，我们已经知道格林斯博罗四人组都已经参与了全国有色人种促进会的青年团体，并且他们与教堂和高中都有其他的联系。不仅如此，当原先存在的组织逐渐融入一个新的合并团体时，社会运动能够获得更多的成员。正如一位社会学家评
383 论的那样，无法通过重组大规模但同时却孤立隐居的个体实现动员。它是重组那些已经高度组织化的参与者才出现的结果。这证实了北卡罗莱纳州州立农业科技大学的事例，那里的学生们通过学校的组织能很快地彼此了解，并互相动员参与静坐示威。

然而，社会学家称之为“搭便车”的问题使招募新成员的任务十分复杂。那就是：个人会感到无论他们自己是否参与，他们都能够通过集体的行动来实现想要得到的利益。一些可能潜在的新成员坐在边线外面观望，而不是接受挑战和风险参加抗议。组织则通过提供激励措施来解决这一被动的问题。这就是麦克亚当提到的第二点，通过提供一种归属感，赞扬成员的贡献以及培养一种互相成就的感受。运动之间的高效沟通能够更好地促成团结，也就是之前提到的第三点。南方基督教领袖会议在当地教堂的分会长们都在社区并与其他在南方基督教领袖会议保护伞之下的教堂会众建立了很好的沟通渠道。电话树（由一人打电话联系多人的方法）、信件连锁、集会大堂还有共有公共空间都使得起事者们能够很快地联系到大量志同道合的朋友。最后，运动需要那些能够巩固团结并指挥成员的领导者。这些领导者已经在其他组织里千锤百练，磨炼了自己的这些技能并且能够运用自己的名望来吸引成员们参与到社会运动中去。

即便有了强大的组织，大部分的运动群体在政治竞技场上也会存在大量的劣势。权力与政治参与的缺乏促成了少数民族在发起运动的同时，降低了他们成功的可能性。然而，在不同的时间段他们成功的可能性并非一成不变。可能出现的关键事件和历史大趋势会对已建立起来的权力机构所赖以生存的基础发起挑战。经济

下滑以及其他因素、失业率上升、人口迁移，还有战争，这所有的一切都会在权力平衡的博弈转移之间产生作用。例如，在二战之后，南方变得越来越城市化。格林斯博罗的人口在 1950 到 1960 年之间，从原本的 75000 人增加到了 120000 人。棉花采摘机械化迫使大量的非裔美国人迁移到城市居住。1960 年，他们的人口已经超过了格林斯博罗总人口的三分之一。

由于《吉姆·克劳法案》的存在，他们没有选举权，城市里的黑人们无法直接向城市政治机关施压来表达他们的委屈和不满。然而，随着越来越多的非裔美国人迁移到城市定居，全国有色人种促进会和南方基督教领袖会议能够更加容易地招募新成员并发起间接的政治运动。1955 年，阿拉巴马州蒙哥马利市的公交车联合抵制就是这样，因为在那里，城市的许多商业越来越依赖于非裔美国人。随着依赖度越来越高，民权组织发现"政治机会结构"。面对他们生意的威胁，白人店主们时常给政治家们施压，要求停止抗议活动。日益增强的经济权力给这些运动提供了有效克服相对政治 384
权力孱弱的方法对策。新出现的动力随着时间的推移越发壮大。随着起事者们变得越发有组织性和持久性，种族隔离支持者们被迫采取更加极端的措施来维持《吉姆·克劳法案》。来自最高法院和其他联邦机构越来越大的压力进一步改善和提升了未来起事者所面对的"政治机会结构"。

现在来谈一谈"起事者意识"这一概念，麦克亚当认为这对于运动的成功也至关重要。必须有足够多的人意识到他们正寻求方法颠覆的这一系统是有弱点并易于攻击的，并且新的形势更加有可能引领他们走向成功。在《独立宣言》中，托马斯·杰弗逊指出"在有关人类事务的发展过程中"，一个民族必须解除其和另一个民族之间的政治联系。这里他表达的是一种"起事者意识"，其中殖民地居民成为了"一个民族"，他们由于当时情势推动而割断他们与英国纽带的这一信念，最终团结在了一起。

三个"认知"，或称为集体理解根植于杰弗逊的主张之中。第一殖民地居民开始相信这一"系统"——在这个例子中是英国的北美殖民帝国——已经失去了它的合法性。他们已不再愿意接受去听从来自君主、国会或是派去统治他们的皇家官员们的权威。第二，殖民地居民也不再将帝国的法律视作永久且不可改变的了。第三，殖民地居民被说服了，他们相信他们能够成功地“溶解”将他们与英国联系在一起的“政治联系”。这些感知都不是基于任何真凭实据。事实上，很多人都怀疑一群看起来破破烂烂、溃不成军的革命者是否能够成功地反对世界第一的军事力量。相反，反叛的领导者们互相劝说只要他们团结一致，那么他们就可以并且就应该推动国家独立分离。他们大部分都是成功的，因为他们已经有了组织的网络（就是大陆会议），还有成熟发展的沟通方法（就是通信委员会），简而言之，他们有本土的组织优势。

组织准备就绪、起事者意识完备以及政治机遇，这三点在格林斯博罗事件中也是关键因素吗？比起 1958 年的俄克拉荷马市和 1959 年 12 月的纳什威尔，在格林斯博罗这三点更优越吗？归根结底，全国有色人种促进会和南方基督教领袖会议在这三个社区都活动积极。它们中也都有坚信种族隔离是违法行为的民权领导者，以及依赖于黑人顾客的当地商人，这都使这一系统容易受到联合抵制和抗议的攻击。在他们计划抗议的过程中，无法决定控制的就是来自种族隔离的支持者们，他们为了维持《吉姆·克劳法案》有效性而进行镇压的力度。

克莱拉·卢珀尔找到了一个牵制当局政府的有效方法。她的很多学生抗议者都来自当地小学。逮捕或以暴力行为对待小孩子会使俄克拉荷马市置于外界的批评之中，甚至还会引起联邦的干预。面对这些年轻的抗议者，官方当局就静静地妥协屈服并同意消除种族隔离的要求。卢珀尔的成功使民权积极分子们相信他们可以照葫芦画瓢，在其他地区获得类似的成功是有可能的，但是她行事的低调做派在俄克拉荷马州之外并没有引发多少示威游行。
385 不仅如此，卢珀尔利用小孩子也有一个弊端，那就是很多家长不愿意让自己的孩子冒险。因此，卢珀尔的策略对于别处的抗议者来说，并不是一种能够援用的模式。

纳什威尔的学生们比俄克拉荷马市的学生年龄大些，但是他们得到了来自全国有色人种促进会和南方基督教领袖会议那些在起事中倾向于“缓慢渐进”方式的领袖们的指引。这些学生的年长导师在目睹了无故逮捕、殴打还有私刑之后，他们对于反对他们的力量以及潜在的暴力再清楚不过了。因此，当纳什威尔的学生们在午餐柜台内就座并提出他们的服务请求，在遭到拒绝后他们立即离开了那里。从积极的方面来说，快速撤离没有给官方当局足够的时间干涉或是逮捕任何人，也没有给暴徒们的聚众包围任何机会。但不幸的是，这种策略同时也减弱了这些抗议的影响力。学生们的确展示了勇气和他们的冤屈不满，但是他们并没有建立起“起事者意识”——没有人相信和平静坐示威就能够削弱种族隔离。

格林斯博罗与纳什威尔和俄克拉荷马市的事件中，学生领导的地位是不同的。卢珀尔带着她的小学学生们走进餐厅；詹姆斯·罗森和其他的成年领袖根据非暴力抗议的策略训练纳什威尔的学生；格林斯博罗四人组却是以自己的意志行事，他们不知道自己需要等待多久才得到服务，但是他们已下定决心在那里能待多久就多久。在那之后的几天里，新闻媒体对这一事件大肆渲染，使得来自州立农业科技大学以及其他地区学院的大学生们纷纷参与进来。当静坐示威传播到了包括纳什威尔在内的其他社区时，即便有许多民权领袖建议持克制保守的态度，但大学生们还是充当起了领头人。虽然纳什威尔的学生们对于格林斯博罗的结果大为震惊，但他们非常热切地总结出在公共设施实行静坐示威能够成功地打击种族隔离的经验。这些学生们由此改变了自己的抗议焦点和模式。全国有色人种促进会致力于取消学校领域种族隔离，同时南方基督教领袖会议则专注于公共交通，但学生们将静坐示威作为他们的主要手段，并且将公共设施作为他们的主要目标。

但学生领袖们并没有把他们的前辈置之于不顾。民权运动中学生领导阶段的成功是因为它为现存的组织基础注入了新一层级的组织资源。当地的南方基督教领袖会议和全国有色人种促进会分会长们呼吁他们的成员用提供保释金、律师服务，以及集会场所的方式来支持静坐示威。南方基督教领袖会议的领袖怀亚特·缇·沃克提问道：“如果黑人想要召集一场聚会，他找得到开会的场所吗？”想要在公共资金资助的学院和大学里集会肯定是不可能
386 的。“教堂是交流的首选地点，”沃克坚持说，“这要比退而求其次在黑人理发店还有美容店要好太多了。”同样，学生们在校园和学校之间拥有的交流信息网络与他们的前辈所建立发展起来的网络是互不相关的。男生大学联谊会、女生大学联谊会、服务组织，甚至是运动队都能够提供关键的联系。

道格·麦克亚当采纳了社会学家称之为“扩散传播”的理论后发现，“学生发起的抗议活动……通常都较早出现在距离最初抗议地点较近的校园里——比如北卡罗来纳州的格林斯博罗，随后才出现在距离较远的一些学校内”。他的假设基于他发现在格林斯博罗事件之后，抗议者采取相同的策略（静坐示威）以及类似的目标地点（公共设施）。他所依照的信息表示，正式或非正式的交流联系的确能够影响从一座城市传播到另一座城市的抗议所出现的时间点和地点。一位社会学家甚至将抗议的模式与学校之间的运动比赛联系在了一起。临近的高校都想避免尴尬。但是如果一所竞争关系的院校开展了静坐示威，那么他们也会这么做。最先开展的十五次抗议运动中有十一起都发生在离格林斯博罗 100 英里以内的山麓地区（Piedmont）。其中五次静坐示威事件发生在与州立农业科技大学举办篮球比赛的学校。因此，麦克亚当总结认为：“在全国有色人种促进会与黑人教堂的案例中，校园为萌芽的运动提供了高效的交流网络，通过这一网络，当地的抗议团体才能够互相联系，团结一致形成更大范围内的压力。”

387 除了引进新的民权交流网络，学生运动还大大增强了组织基础。社会学家伊·弗兰克林·弗雷泽早先并没有注意到黑人大学生，因为他觉得他们太保守并贪图享受，不适合参与社会抗议。格林斯博罗事件证明了他确实过于悲观。事实上，校园为社会运动新成员的招募提供了丰富的资源。正如社会学家奥尔顿·莫瑞斯

观察到的那样，他们的交流网络使他们成为“能够做到迅速动员”的理想场所。学生也不会像他们的父母、老师，以及学校管理人员那样，受到社会和政治压力的限制。他们没有“供养家庭的重任、遵守雇主规则的限制、服从命令的义务或是对于‘不可能的事’，以及‘不现实的事’的固化成型的思想”。同样重要的是，学生们有抗议所需的时间和精力来有效地开展抗议活动。最后，莫瑞斯总结说：“对于抗议运动来说，学生完全是可以参与利用的，因为和部长官员类似，他们是在人社群里有组织的群组，并且他们对白人的经济控制具有相对独立性。”与大多数成年人不同，他们不用担心被解雇。

正是这种方式，使格林斯博罗事件利用了新的“政治机遇”，帮助建立起了新的“起事者意识”。在麦克奈尔、瑞蒙德、布莱尔和麦凯恩的静坐示威发生之后，他们并没有被逮捕、殴打或是驱逐；相反，他们成了英雄；并且成百上千的、可能成为潜在抗议者的学生们发现了一种新的可能性。静坐示威行之有效，官方当局也并非坚不可摧，而其中包含的风险也并不像抗议者们之前想象的那样，令人望而却步。

社会运动理论确实帮助解释了格林斯博罗抗议活动的起源，以及它与它所酿成的民权运动的关系。格林斯博罗四人组融合沃尔沃斯的决定可能是突发随性之举，但是它在当地和国家民权运动中都有坚实的基础和根基。格林斯博罗事件的影响传播如此之快，影响如此之广，是因为民权运动达到了临界点。正如一位专门研究静坐示威的历史学家罗纳·罗雷泽所写的那样，“美国民权的故事往往被简化为一拍脑门突发奇想而发生的童话，而不是激烈辩论、细致策划、往往由善于谋略和足智多谋的组织者所促成的产物”。

学生非暴力协调委员会与运动的瓦解

学生们在静坐示威运动中所激发出来的活力与倡议为民权运

动注入了至关重要的能量。但是，在格林斯博罗发生的一切并没有保证这就是通往成功的康庄大道。事实上，在之后的几年里，学生的行动主义在表现出它统一力量的同时，也表现出它破坏性的一面。无独有偶，社会运动理论也帮助解释了为何学院和大学学生加入运动为推动1964年通过《民权法案》，1965年通过《选举权法案》，民权联盟的分裂，种族融合，以及平等权利做出了贡献。

388 通过问一个简单的问题我们就能够理解这一看似矛盾的现象：学生抗议者的起事者意识与传统民权组织（例如种族平等大会、全国有色人种促进会或南方基督教领袖会议）比起来是如何呢？这一问题可以从学生抗议的代表组织——学生非暴力协调委员会——得到答案。学生非暴力协调委员会的成立不得不归功于艾拉·贝克，她是学生非暴力协调委员会最初的创始人之一。在1960年，当时爆发了静坐示威，贝克直言不讳地提及坚持金呼吁克制的提醒，由此学生非暴力协调委员会的部长们开除了她执行常务董事的职务。为了确保运动能够传播得更远、更快，贝克将学生们视为一项更新的、更具活力的方法的基础。作为从一所南方学院毕业的学生，这些年轻的民权积极分子对于渺茫的未来毫无准备，这令贝克非常担忧。他们一开始的成功令他们对直接发起运动反抗就能颠覆种族隔离的潜力产生了不切实际的执念。而现实是，一旦涉及校园之外，学生抗议者们就没有任何的组织原则和领导能力。贝克坚信需要更协调配合的行动才能将他们的潜能发挥到极致。为了实现这一目的，1960年4月，以种族隔离非暴力抵抗组织为基础，贝克在位于北卡罗来纳州首府罗利的萧尔大学成立了美国南部各州学生领导会议。

新组群与已经建立的民权组织之间又有什么联系呢？贝克认为那些主要组织想要掌控抗议积极分子的力量，并将它们注入他们各自的计划方案之中。全国有色人种促进会、南方基督教领袖会议，以及种族平等大会都向罗利会议中心派遣了观察员，惺惺相惜的北方组织，例如社会主义青年联盟、国家学生协会、民主社会学生联盟（SDS）等也同样派遣了他们的观察员。朱立安·邦德，一位来自亚特兰大的学生积极分子回忆说："全国有色人种促进会想要我们成为他们的青年分会长，种族平等大会的人员希望我们成为他们组织的分会长，而南方基督教领袖会议也想要我们成为他们集体的青年羽翼。"贝克敦促学生们要在平等的前提下与这些传统组织合作，但是不可以容忍"任何有半点操纵和统治的事情"。在她的鼓励之下，学生代表们"最后决定用他们自己的方法解决"。他们选择的这一组织就是临时学生非暴力统筹委员会，最终"临时"二字被去掉，成为了永久性组织。

虽然学生非暴力协调委员会为民权运动增加了第三个层级，可是这也带来了新的张力。来自纳什威尔的詹姆斯·罗森教士强烈要求学生们接受非暴力的宗教承诺。"爱是非暴力的中心主旨，"罗森解释说，"这样的爱趋于极致；即便是处于敌对状态下，它也能使我们保持爱和宽恕。"受到来自罗森和马丁·路德·金的鼓舞，代表们同意他们的组织会是非暴力的；但同时与贝克观点一致，大多数代表都希望与它的盟友比起来，学生非暴力协调委员会能够变得更有行动导向。学生非暴力协调委员会不能只是简单地协调当地抗议者的活动。它的目标是要成为不断扩大的民权运动先锋。

尽管雄心勃勃，但学生非暴力协调委员会一直处于资金短缺、 389
人员匮乏情况之下，因此它无法完成自己的使命。贝克在南方基督教领袖会议位于亚特兰大的总部为他们安排了办公区域，同时国家学生联合会也为他们提供了额外的资源和物力。她还招纳了一位特地从纽约来到南方的数学老师——罗伯特·摩西，此人在得知静坐示威的新闻之后备受鼓舞。摩西看起来并不是那种能够决定学生非暴力协调委员会未来的人。他体型瘦弱、肤色白皙、举止忧郁，他以润物无声的实际榜样行动而非领袖的超凡魅力领导着大家。一位记者注意到，虽然摩西"是出了名的笨嘴拙舌"，但人们觉得他平易近人，他更多情况下是一位倾听者，而非谈话者。他督促学生非暴力协调委员会实施被称之为"参与式民主"的政策——允许那些受到最直接影响的人在决策制定中占据主导地位。这一

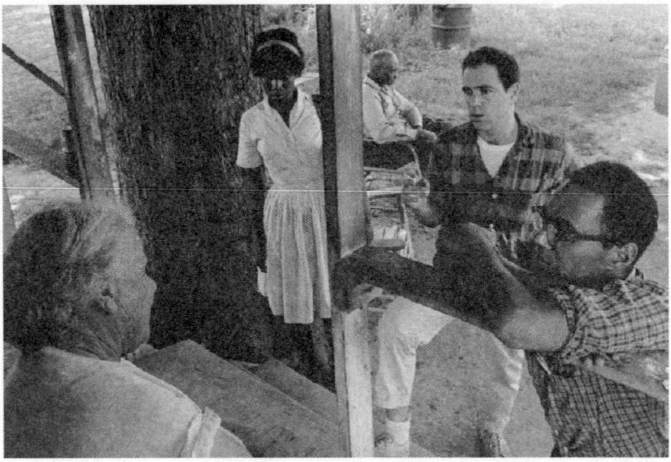

罗伯特·摩西（Robert Moses）对安资·摩尔（Auzie Moore）说，他将带领学生到密西西比，推动选民登记。因此，在密西西比“自由之夏”期间，他带领学生非暴力协调委员会的志愿者到密西西比。其注意力放在那些以前遭受殴打、逮捕，甚至谋杀而没有得到国家媒体关注的学生非暴力协调委员会黑人选民的登记上。

方法背离了由律师领导的全国有色人种促进会和由牧师领导的南方基督教领袖会议。

10 月，为了召集当地领袖参加学生非暴力协调委员会会议，摩西抵达密西西比，在那儿他遇到了来自密西西比州克利夫兰（Cleveland）的安资·摩尔。摩尔同意在 10 月份去亚特兰大，但是明确表示他的议程是选民登记而非消除种族隔离。当摩尔提议他派遣学生非暴力协调委员会的学生南下去克利夫兰帮助他为黑人登记注册时，摩西对他产生了深刻的印象。结果，摩西向他承诺在不久的将来他一定会回来。而这一承诺就将选民登记列入了学生非暴力协调委员会的议程那里。

390 在 10 月份的会议中，除了当地的 140 人之外，还有来自北方各学校的近 80 名观察员相聚在亚特兰大共商学生非暴力协调委员会的未来。会议的氛围产生了一种新的战斗情感。被邀请参加会议的成员强调学生非暴力协调委员会应该“以行动为导向”，因为我们“确信只有大规模的行动才有足够大的力量迫使所有美国人都承担起国家种族歧视的责任”。代表们再度庄重肯定地表示他们对非暴力事业的献身与承诺。詹姆斯·罗森虽然已不再是一名积极的学生非暴力协调委员会成员,但是他依旧坚持“宁入监狱,不需保释”的策略会产生最强有力的影响。罗森将它称之为“非暴力革命”的起点,用来摧毁“种族隔离、奴役以及农奴家长制度”。

10 月会议对学生非暴力协调委员会来说是一个关键的转折点。这一组织逐渐背离金和罗森对宗教的笃信而致力于实施政治行动。正如安资·摩尔曾竭力主张的那样,这一转变促使学生非暴力协调委员会和选民登记来到了密西西比州。“只有当学生非暴力协调委员会的工作人员准备好在他们自己的社区之外发起抗议活动时,”历史学家克雷伯·卡森提到,“他们才能够开始重新兴起并扩展已经成为他们生命焦点主题的社会努力。”

1963 年,学生非暴力协调委员会、种族平等大会,以及南方基督教领袖会议都已指挥发起了“自由之派”(指为争取公民权利,民权工作人员去美国南方各州乘坐实行种族隔离的交通车辆进行示威性旅行)、联合抵制、静坐示威,以及选民登记的运动。这些行动迫使肯尼迪政府给予民权更高的优先重视。为了更快地推进他们的工作议程,民权组织需要谋求新的方法来传播他们的信息。一些领导者建议他们应联手团结一致,使肯尼迪总统在 1963 年 6 月首次提出的《民权法案》得以通过。这与之前普遍用以安抚民权运动且同时稳住温和的南方人所采取的象征性措施截然不同;肯尼迪总统的法案直击《吉姆·克劳法案》的要害。它将宣布所有的跨州公共基础设施的种族隔离属于不合法的行为,授权司法部长提起消除学校种族隔离的诉讼,并且可以拒绝向那些包含种族歧视的联邦项目提供资金帮助。一个公民只需要六年级毕业,就算具有读写能力,这一关键条款对(为确定有无投票选举资格而进行的)文化水平测试是狠狠一击。

《民权法案》的提出与华盛顿的主要游行计划不谋而合。这一想法源于抗议运动老手菲利普·蓝道夫,二战期间,他曾为非裔美国人的工作和经济机遇策划过类似的游行。为了劝说他停止游行，富兰克林·罗斯福总统曾发布取消雇佣种族歧视并采取公平就业委员会措施的行政命令。1963年，蓝道夫故技重施，因为那时黑人依旧很难找到工作。白宫召开了民权领袖集会，在会议上，肯尼迪总统坚决反对游行示威。他警告表示，这将会导致出现暴力的风险、令种族隔离顽固派更加无情坚决，同时也会削弱、破坏他自己的政治前途。副总统林登·约翰逊强有力地强调，令国会动摇的方法并不是通过游行示威，而应通过走传统的政治渠道。马丁·路德·金和其他的游行支持者们不肯也不会退让。他们这个难以驾驭的组织希望通过游行提供给他们相应的机会。最终折衷的办法就是民权领袖们同意拓展游行的主旨，其中包括支持肯尼迪总统的法案。

391 学生非暴力协调委员会的成员约翰·里维斯是一名突出的抗议者。在密西西比州，里维斯曾目睹了无数次在田地里的工人被折磨、殴打，甚至是杀害；然而，他们要求联邦政府给予保护的诉求却依旧被视而不见。1963年1月，罗伯特·摩西和他的工作人员向司法部长罗伯特·肯尼迪，以及美国联邦调查局局长埃德加·胡佛提起了诉讼。他们被这些官员指控在保护密西西比州，学生非暴力协调委员会的成员在不受那些频繁侵犯他们宪法基本权利的白人至上主义者的迫害方面严重失职。正如摩西早已预见的一样，尽管这一诉讼以失败告终，但是它反映出了学生非暴力协调委员会对联邦民权政策，以及肯尼迪总统与南方温和派合作努力方面深切的焦躁不满。

随着沮丧感逐步加重，学生非暴力协调委员会变得越来越愤世嫉俗，好斗激进。1963年6月，学生非暴力协调委员会在马里兰州剑桥大学进行的一次示威活动变成了与当地警察的暴力冲突事件。州长派遣了大约400名国民警卫队士兵去维持恢复秩序。类似这样的暴力事件变得越来越常见。南方在11个州中，大约有930位抗议者，以及近两万名示威者被逮捕。虽然从结果上看并不明显，但是这样的直接行动策略与原先金的非暴力方法的意图背道而驰，截然不同。大部分白人自由党派人士继续呼吁学生非暴

民权领袖运动的“6个大人物”集会商讨向华盛顿进军的计划。(从左至右)约翰·刘易斯(SNCC)、惠特尼·杨(城市联盟)、A.菲利普·伦道夫、马丁·路德·金博士(SCLC)、詹姆斯·法默、罗伊·威尔金斯(NAACP)。刘易斯决定发表让其他领导人不满的关于革命的演说。最后，伦道夫呼吁演说的语气更缓和。“在我的一生中，我一直在等待这一机会，”他说，“请不要破坏它。”

力协调委员会应该采取非暴力策略而不是越发好斗激进。同样，金曾体会过类似理想破灭的感受，但是他更倾向于努力适应这一系统而非与它针锋相对。

学生非暴力协调委员会的领袖们并没有将计划于1963年8月进行的华盛顿游行视为其支持肯尼迪法案的好机会，而是把它视作批判司法部门的绝佳机会。在游行当晚，南方当局实施了多次 392
司法行动来扼杀废止种族歧视以及选民注册的努力。事实上，司法部门参与了其中一起关于学生非暴力协调委员会示威者的诉讼。里维斯计划在华盛顿游行中声讨这些不公正的事情。在一场演讲的草稿中，他反问：“联邦政府究竟站在哪一边呢?”考虑到学生非暴力协调委员会的沮丧情绪，他警告说：“我们不会再等待总统、司法部门或是国会了，我们要自己亲自接手；并且创造出根植于任何国家结构之外的、能够并且将会确保我们胜利的力量源泉。”民权领袖们对于里维斯想要提倡“革命”而感到烦恼不已。即使是激进好斗的蓝道夫都认为这一想法太过极端。“约翰，看在为了团结的份儿上，我们好不容易走到这一步，”他争论说，“看在团

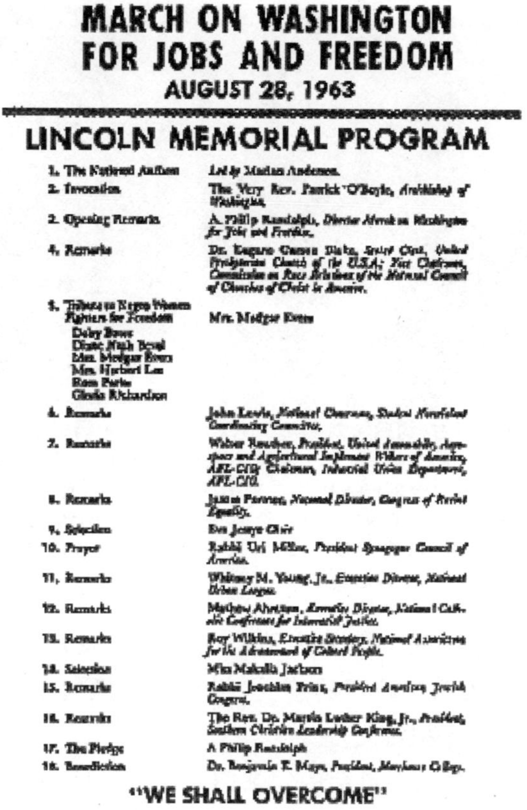

MARCH ON WASHINGTON
FOR JOBS AND FREEDOM
AUGUST 28, 1963

LINCOLN MEMORIAL PROGRAM

1. The National Anthem	Led by Marian Anderson.
2. Invocation	The Very Rev. Patrick O'Boyle, Archbishop of Washington.
3. Opening Remarks	A. Philip Randolph, Director March on Washington for Jobs and Freedom.
4. Remarks	Dr. Eugene Carson Blake, Stated Clerk, United Presbyterian Church of the U.S.A.; Vice Chairman, Commission on Race Relations of the National Council of Churches of Christ in America.
5. Tribute to Negro Women Fighters for Freedom Daisy Bates Diane Nash Bevel Mrs. Medgar Evers Mrs. Herbert Lee Rosa Parks Gloria Richardson	Mrs. Medgar Evers
6. Remarks	John Lewis, National Chairman, Student Nonviolent Coordinating Committee.
7. Remarks	Walter Reuther, President, United Automobile, Aerospace and Agricultural Implement Workers of America, AFL-CIO; Chairman, Industrial Union Department, AFL-CIO.
8. Remarks	James Farmer, National Director, Congress of Racial Equality.
9. Selection	Eva Jessye Choir
10. Prayer	Rabbi Uri Miller, President Synagogue Council of America.
11. Remarks	Whitney M. Young, Jr., Executive Director, National Urban League.
12. Remarks	Mathew Ahmann, Executive Director, National Catholic Conference for Interracial Justice.
13. Remarks	Roy Wilkins, Executive Secretary, National Association for the Advancement of Colored People.
14. Selection	Miss Mahalia Jackson
15. Remarks	Rabbi Joachim Prinz, President American Jewish Congress.
16. Remarks	The Rev. Dr. Martin Luther King, Jr., President, Southern Christian Leadership Conference.
17. The Pledge	A Philip Randolph
18. Benediction	Dr. Benjamin E. Mays, President, Morehouse College.

"WE SHALL OVERCOME"

劳工领导人、神职人员代表和老老少少的民权领导人都发表了演讲，但这一天是属于马丁·路德·金博士的，他的演讲激发起了黑人教会和建国之父的精神。

结的份儿上，改改你的态度吧！”而他虽有些不情愿里维斯，但也确实改变了自己的态度，学生们积蓄在运动上的能量所产生的紧迫性与焦躁不安成为现在最大的威胁。里维斯和他的学生非暴力协调委员会同伴们对于华盛顿的游行持模棱两可的矛盾态度。

393 这所有在幕后发生的一切手腕操纵并不为国家的大部分人民所知。1963 年 8 月 28 日，华盛顿的汹涌人潮为社会运动的诞生提供了活生生的例子。组织者们一开始还担心可能只会有几千人到场；他们的理想预期人数是 10 万人。当天，大约共有 25 万名游行示威者，其中有 6 万是白人，他们是以和平目击者的身份参与到公民权利事业之中的。直到那一刻，几乎没有美国人欣赏、赞同运动的武装力量，并且那引起他们关注的声音也并非来自里维斯，而是来自马丁·路德·金。金所表现的热忱激情令群情激愤，他谈及“他的人民因为种族隔离的镣铐而缓慢跛行”，谈及他们的贫苦以及“警察野蛮行径的恐怖”。

然而，当他说到“过往农奴的子孙和从前庄园主的子孙们将能够以兄弟之谊欢坐一堂”，甚至连密西西比州“也将转变成自由和公正的绿洲”时，他真正想要传达的信息并不是过去存在的错误，而是他对于一个新开始的梦想。没有对过去分裂的抱怨，相反，他呼吁新的团结，唤起对未来的宏伟愿景：

> 当我们让自由鸣响，让自由从每一座村庄响起，从每一个州和每一个城市响起，我们就能使这一天更快来临，那时上帝所有的孩子们，不论是黑人还是白人，犹太人还是非犹太人，新教徒还是天主教徒，都将手拉着手高唱一首古老的黑人圣歌的歌词：“终于自由了！终于自由了！感谢万能的上帝，我们终于自由了！”

在那一时刻，金为这个国家提供了一个兄弟手足之爱的精神能够拯救治愈种族和奴役伤口的愿景。

分裂

从很多方面而言，8 月 28 日都标志着结束而非开始。大多数学生非暴力协调委员会的工作人员在那之后都不再信任金所宣扬的福音和非暴力改革。是的，《民权法案》排除万难在国会通过了，却是在林登·约翰逊而非约翰·肯尼迪总统的领导之下完成的。到了 1965 年，黑人享有选举权成为了现实。但是关于种族问题，对双方的好斗激进分子来说，真正的战役才刚开始。在纽约城，一个隐晦模糊被称为马尔科姆艾克斯（黑潮）的黑色穆斯林组织号召非裔美国人为了自卫采取武装措施。他轻蔑地认为金的事件仅仅是“华盛顿闹剧”。“谁听说到的都是愤怒的革命分子与他们的压迫者们一起在睡莲叶公园池塘里摆动他们的大光脚丫，当然还有福音和吉他，以及《我有一个梦想》的演讲？”马尔科姆表现出赤裸裸的讽刺。

将政治科学家和社会学家们的所有模式都暂且放到一边，有时，运动和个人都有自己的一套逻辑。马尔科姆·艾克斯可能会突然改变立场，与国际伊斯兰宗教组织联系而非与伊莱贾·穆罕默德的分裂隔离运动有所关联，他很有可能会在被一些他所轻蔑嘲弄的暴力追随者枪杀之前拥抱接纳手足情谊并与之合作。“黑
394 人力量”可能会替换学生非暴力协调委员会早在三年前所采纳吸收的包容性，而学生非暴力协调委员会自身最终将开除其中的白人成员，并走向崩塌衰亡。黑豹党将会呼吁武装力量的抵抗而不是非暴力行为。给予北卡罗来纳州格林斯博罗的民权运动一个崭新开始的年轻理想主义，同样也预示着它三年半之后的分崩离析，即使有近 25 万的人民依旧在称颂“总有一天，我们终将消除（种族差异）”。

历史学家对于那些通常根据事实依据而尝试解释历史上的奇特现象以及偶然事件的模式总是非常小心谨慎。他们的质疑精神是理所应当的，即便这样的模式的确帮助把某些运动或革命的结构方面分析得清晰透彻。然而，在各个不同的偶然事件之间，冲突无处不在——个人的选择总是一般模式所无法预测的——除此之外，我们需要后退一步以更为全面地观察如何将个人融入团体的社会结构模式，而通常它的主路径方向是无法改变的，就好像在深谷下方的河道那样无法改变。如果格林斯博罗联合火车站零食摊的小贩卖给了约瑟夫·麦克奈尔一些食物充饥，格林斯博罗四人组还会在历史运动中占有一席之地吗？这就是偶然性。之后这火种还会被点燃吗？——可能会在 6 月，但绝对不会是 1 月了——如果纳什威尔的学生们决定不仅仅是要点菜然后离开，而是决定坐

在那儿坚持直到获得服务为止呢？通过追踪描述格林斯博罗四人组各自的背景，我们能发现在幕后，有足够多的人都在积极推动着改变——无论是小艾泽尔·布莱尔先生、白人店主，还是全国有色人种促进会的青年组织——星星之火，足以燎原，因为整个运动的结构早已在那里搭建完毕。这两个视角都提供了必要的透镜以定义并追寻一场比生命更伟大的社会运动。

395

拓展阅读

为了更好地了解学生静坐运动的发源地格林斯博罗，可以尝试阅读 William Chafe 的 *Civilities and Civil Rights*：*Greensboro*，*North Carolina*，*and the Black Struggle for Freedom*（New York，1980）。Miles Wolff 的 *Lunch at the 5 & 10*（New York，1990）对事件的细节有更多的描写。更为宏观的叙述参见 Howell Raines 的 *My Soul Is Rested*：*The Story of the Civil Rights Movement in the Deep South*（New York，1983）。Clayborne Carson 的 *In Struggle*：*SNCC and the Black Awakening of the 1960s*（Cambridge，MA，1995）描述了其组织是如何成型的。Juan William 的 *Eyes on the Prize*：*America's Civil Rights Years*，*1954 - 1965*（New York，1987）是美国公共广播公司系列的姐妹篇。

Doug McAdam 的 *Political Process and the Development of Black Insurgency*，*1930 - 1970*，2d ed.（Chicago，1999）与 Aldon Morris 的 *The Origins of the Civil Rights Movement*：*Black Communities Organizing for Change*（New York，1984）将事件以一种连贯的理论框架建构在了一起。Sidney Tarrow 的 *Power in the Movement*：*Social Movements and Contentious Politics*，2 d ed.（New York，1998）将社会学理论与历史结合在了一起。

幸运的是，互联网使任何学生都能够发现这些命题。许多来自或者是关于民权运动的材料是很容易获得的。*Greensboro Sit-ins*：*Launch of a Civil Rights Movement*：http：// www. sitins. com/

mccain. shtml，提供了大量的图片与信息。我们也发现 Amanda Strunk 的 Oklahoma City and the Origins of the Modern Civil Rights Movement：http：//www. harding. edu/alphachi/pdf/online publishes/2002 Under/OK City and Civil Rights. pdf。Lynda T. Wynn 的 Nashville Sit-ins（1959 - 1961）：http：//www. tnstate. edu/ library/digital/nash. htm 是另外一个可以查阅相关资料的网站，在这些网
395 站上你可以很容易找到更多你所需要的内容。

第十六章　水门事件 396

尼克松的新闻秘书齐格勒将潜入水门大厦的事件称为“低劣的盗窃企图”，并警告说，“某些因素有可能使这一事件扩大化”。

齐格勒是1972年6月7日晚潜入华盛顿特区民主党总部窃听而被逮捕的一个不同寻常的盗窃团伙。尽管齐格勒予以了否认，但故事远没结束。在随后的几个月里，《华盛顿邮报》的记者认为五名潜入者和白宫工作人员存在牵连。1973年3月，一个陪审团做出判决，五名窃贼和总统的两位前助手都要承担罪责。由于两名前助手拒绝透露盗窃案的幕后策划者，审判法官约翰·希莱卡愤怒地以判处20到40年的监禁来吓唬他们，这似乎起到了一定作用，其中一名官员承认他们是“迫于政治压力才独揽罪责并保持沉默的”。突然之间，一些高级官员都配合检察官的工作。到1973年夏，“低劣的水门窃听案”已经发展成威胁尼克松总统辞职的一大丑闻。

当北卡罗来纳州议员萨姆·欧文领导的一个议员特别委员会举行所谓的“水门事件”电视直播听证时，美国民众才得以近距离接触这一事件。观众看到许多证人均指证前联邦司法部长约翰·米切尔，这个世界上级别最高的执法者曾参加了讨论水门事件及其他间谍事件的策划会议。

证人证实，盗贼G·戈登·里迪直接向总统的首席同内事务顾问约翰·埃文希曼汇报工作，他是白宫安全小组的成员，受指派来向媒体发布调查信息的机构表示了这些人对盗窃来说都不是新手。1971 年，他们曾潜入一名精神病专家的办公室，翻找一位名为丹尼尔·艾斯伯格的前国防部官员的受伤信息。

白宫前法律顾问约翰·迪恩就他的部分证词作为参议员欧文(左)的发言稿与迪恩的律师讨论。迪恩的低调、谨小慎微和令人吃惊的记忆力给许多听众留下很深的印象，但直到录音带的存在为大家所知的时候，它才成为迪恩向总统发难的有力工具。

397 欧文委员会中最令人惊讶的证人是约翰·迪恩。迪恩一直担任白宫法律顾问，他看起来像是徘徊在童子军和唱诗班男孩之间的一个人，他以一种些许单调但坚定的语气指证总统曾积极介入了白宫掩盖其与水门事件有关联的行动。当其中一名窃听嫌犯威胁要将他知道的真相告诉检察官的时候，迪恩于 1873 年 3 月 21 日见了总统及其助手，然后决定将价格提到 100 万美元买通水门宗的嫌犯，让其沉默。

在所有证人中，只有迪恩直接指证尼克松参与了隐瞒行动。他的证词直指尼克松。参议员共和党少数党领袖霍华德·贝克对他进行了犀利盘问。贝克开始盘问迪恩“核心问题”，即“总统都知道什么及他是何时知道的”。迪恩并未改变他的证词，但是总统盟友则质疑他的说法。于是，揭露最令人震惊的真相的时刻到了。

连续几个月来，调查人员发现一些白宫大人物尤其是尼克松和白宫办公厅主任鲍勃·赫尔德曼能够令人惊讶地清晰回忆起白宫会议的细节，有时两人甚至会直接援引当时会议说的话。然而，并 398
没有人会想到去问证人白宫是否存在录音系统之类的东西。具有讽刺意味的是，倒是共和党少数派调查员提出了这个建议。

在国会任职之前，唐纳德·桑德斯已是一位有着十年经验的联邦调查局老员工。听完几位前总统助手的回应，桑德斯“感到愈发确信这些概要肯定是来自逐字逐句的录音”。他进一步断定“肯定不会说任何对录音不利的情况”。由于尼克松的回答是“一面之词”，桑德斯便想到录音带“可以证明总统的清白”。总统只有一份录音带，如果有能够证明尼克松无辜的录音带，“为什么总统不说出存在这个系统，并为己所用呢”？

审判员提醒他已经发誓，亚历山大·巴特菲尔德后来承认，“是的，白宫确实存在录音系统”。

因此，桑德斯开始审问赫尔德曼的助手亚历山大·巴特菲尔德，他问道这位证人，正如迪恩所承认的那样，总统为什么要将迪恩带到房间的角落里并小声地和他交谈？“我希望你们不要问我这个问题。”巴特菲尔德答道。在提醒他这是公务而且他已经发誓后，巴特菲尔德承认：“是的，白宫确实有录音系统。”当他对电视直播的审讯说出这句话时，不论是数百万计的电视观众还是国会议员，甚至包括坚信录音带的秘密很安全的尼克松本人，每个人都惊呆了，约翰·迪恩声称他仍然坚持自己的证词。如果委员会能够听一下那些录音带，就会明白迪恩的证词不是污蔑总统。录音带可以说明一切。

但是要拿到证据并非易事。阿奇博尔德·考克斯在5月份被任命为特别检察官来调查水门案件出现的情况，并要求交出录音带。白宫拒绝提供。由于法院支持考克斯，总统在1973年10月20日将其解雇。该事件引起迅速且强烈的反应，尼克松的联邦司法部长及副部长辞职以示抗议。这一事件被媒体记者称为“星期六之夜大屠杀”。白宫官员援引了22条单独法案要求弹劾总统，白宫司法委员会也开始慎重处理此事。

在巨大的压力下，尼克松重新任命得克萨斯州的莱昂·贾沃斯基担任特别检察官，并向大法官希莱卡交出了录音带。然而，新的问题出现了，新任白宫顾问另诉法院录音带的部分数据丢失了，其中包括一段长达18分半钟的空白。当被询问空白有无可能是人
399 为造成的，具有关键性的一名专家声称，“这是一个至少重复了五次才造成的‘意外事故’”。总统新上任的白宫办公厅主任亚历山大·黑格只能底气不足地回答：“恶意的外力”造成的。1974年4月，特别检察官贾沃斯基和白宫司法委员会要求拿到另外的录音带。总统拒绝了，后来勉强同意提供编辑版的文字副本。白宫秘书处打印出1200多页的文本，总统礼貌性地将它公之于众。

文字副本遭到了损坏，这表明总统是一个记仇的、世俗的、心胸狭窄的人。1973年3月21日，尼克松和迪恩召开的关键会议，表明他曾详细与他的助手讨论过该如何做。正如他说过：“照顾好那些监狱中的嫌犯，你需要多少钱？”迪恩估计说：“我认为这些人要花掉100万美元。”总统回答：“我们能够弄到，你会拿到100万美元，你将拿到现金。我知道从哪儿弄到这笔钱，我的意思是这不容易，但可以办到。”

在随后的几个月里，情况变化十分迅速。由于白宫司法委员会和贾沃斯基均对编辑过的副本不满意，贾沃斯基直接诉诸最高法院，要求拿到原件。7月，法院一致命令总统提供录音带。同月，白宫司法委员会还通过了要弹劾总统阻碍司法、滥用职权、拒不遵从委员会的请求提交证物法案。8月，连总统自己的律师也要求他交出1972年6月23日与赫尔德曼三次谈话的录音带，即水门窃听事件发生几天后发生的谈话。

这一录音带很快成为确凿的证据，因为它确凿无疑地表明总统从一开始就参与了掩饰行动。赫尔德曼警告过尼克松“联邦调查局是难以控制的”，并且特认员“能够追查到那笔资金”用在了窃听人员身上。他们二人打算通过操纵中情局以阻挠联邦调查局的调

查。“联邦调查局调查该案的，对于这一点，会知道这件事情，这是中情局的事。尼克松希望由于其中的四名嫌犯是古巴人，联邦调查局会以为潜入水门大厦是中情局关于古巴秘密负责的“古巴事件”行动的一部分，他提议应该警告联邦调查局“不要深入调查下去”。录音带一公开，除了尼克松忠实的国会支持者，所有人都抛弃了他。面对确定将被弹劾的局面，尼克松于1974年8月9日宣布辞职。

总统的录音带

最后，总统被他自己授权录制的录音带一步步地终结了总统生涯。然而，二十多年之后，国家档案馆仅允许民众接触这时长60
小时的录音带，而这曾是特别检察官的特权。1974年，国会通过了 400
“尼克松总统所有的录音带需在最短时间内公开”这一决议，但是，尼克松坚决反对公开。尼克松非常急切地要恢复自己的声誉，他直到1994年去世之前都在阻止公开录音带。

> 总统的录音带相当于摄像机里的成像器，一个快门就能形象记录话语，甚至咳嗽声。

历史学家们希望能听到录音，这样他们将会提供一些回忆录或传记无法匹及的尼克松任内的细节。实际上，录音带就相当于摄像机里的成像器，一个快门就能形象地记录话语、音调、笑声，甚至咳嗽声音等。

尽管这种文献无可比拟，但它并不是没有先例。1968年，尼克松竞选总统获胜一周后，总统林登·约翰逊带他参观了白宫。约翰逊骄傲地向他的继任者展示了他无与伦比的录音系统，他向尼克松建议“这样一个系统对以后写回忆录大有帮助，而且能统揽大局”。他解释说：“你需要知晓发生的任何事，这只需要一个录音系统。”但尼克松对此并不是很感兴趣，他一入主白宫，便拆掉了约翰逊的录音系统。然而，他却在他任期的第二年安装了自己的监听设备，至于原因，尚未可知。

也难怪尼克松对他的录音系统讳莫如深，因为他明白监听他同白宫官员、外交官及其他来访者的交谈毕竟不太正当。事实上，当亚历山大·巴特菲尔德承认存在录音系统后，大量媒体和国会成员便开始谴责这一行为。尼克松和他的律师回应说，"他不是第一个实施秘密监听的总统"。实际上，总统安装监听系统这件事已断断续续有三十年之久了。1940 年，富兰克林·罗斯福将传音器暗藏在台灯里面，这样他就能够秘密监听新闻会发布了。这个设备还使罗斯福向他的总统竞选对手威尔发起了一场让后者丢脸的竞选活动。威尔好像有一个情妇，罗斯福想让全国在未确信该谣言源头的情况下都知道她的存在。罗斯福用他的监听设备打败了对手。哈里·杜鲁门很反感监听，于是将监听系统拆除。德怀特·艾森豪威尔同意杜鲁门的观点，但是他不完全信任华盛顿官员，便安装了一个录音电话机，艾森豪威尔解释说："我是用来保护自己的，以防他们报告我说'我说的不是这话'。"尽管如此，他依然很少使用监听设备。

约翰·肯尼迪是第一个频繁使用监听系统的总统，虽然是他上任后 18 个月才开始的。像尼克松一样，肯尼迪从来没有透露过他监听的原因。他在任期内不只一次地授权联邦调查局进行监听，也不曾为此内疚过。肯尼迪的监听设备很原始，特工处将扩音器安置在内阁会议室和总统椭圆办公室的办公桌上，当肯尼迪想要监听时，他拨几个开关就可以，他也可暗示他的秘书打开某一个设
401 备，对电话录音。因此，他需要刻意决定去监听哪次会议。

肯尼迪遇刺之后，有些人尽力去转录那些录音带。罗伯特·肯尼迪在写回忆录时，关于 1962 年古巴导弹危机的回忆也参考了录音带。然而，直到水门事件爆发，录音带一直都未公开。当尼克松指出其他总统也曾监听了类似对话，参议员泰德·肯尼迪证实肯尼迪政府确实有长约 248 小时的会议和 12 小时的电话监听记录。录音的内容主要是执行委员会的会议，即古巴导弹危机时期肯尼

迪和高层官员召开的一系列会议。

公开录音带的障碍并不是来自肯尼迪家族，而是音质太差。后来两名历史学家欧内斯特·梅和菲利普·查力科想要编辑出副本。他们发现“录音带大部分都断断续续的，有隆隆和嘶嘶等杂音，谈话就像发生在工厂车间或者足球场，内容难以听清”。但是，当梅和查力科将静电和口头禅等清除之后，录音带便可以讲出一个十分吸引人的故事了。录音带表明总统和他的顾问们在巨大压力下同苏联对抗，因为苏联将核导弹放置在距离美国海岸仅仅 90 海里的古巴导弹发射基地，当时世界险些爆发核大战。正如梅和查力科所说，“这可能是人类历史上最痛苦最煎熬的一段经历”。

林登·约翰逊的录音有它们独特的魅力，他与他的前任们不一样，约翰逊一搬进椭圆办公室便开始录音了。事实上，在约翰逊担任参议员多数党领袖时，就让秘书和助手监听电话交谈并作记录。约翰逊总统就任之后，他更换了肯尼迪的监听系统，将一个先进的麦克风装进了内阁会议室和椭圆办公室中，甚至安装在了他白宫卧室中。约翰逊经常一直不停地打电话，无论是在他的办公室、卧室还是浴室中。如果他想对办公室的会议录音，也只需摆了手让其秘书知道，她就会将监听系统打开。在 1973 年去世之前，约翰逊告诉他的秘书米尔德里德·斯蒂格尔在他去世后五十年之内他不希望录音带公开。后来，斯蒂格尔将装有录音带密封的盒子转交给了约翰逊图书馆，并约定遵守约翰逊的嘱托，“图书馆馆长和美国国家档案馆馆员在 2023 年之前不得翻听录音带”。

鉴于这些先例，尼克松可以宣称他在他的办公室录音是合法的，他只是在遵循一项早已有的惯例。但是，事实是他的诸多行为
并不仅仅是效仿他的前任。当他开始监听那些私人交谈时，他的 402
做法就很过分。不像之前的录音系统，尼克松的录音系统对声音很敏感，只要有人说话，它便会启动。尼克松这么做的原因尚未可知。尽管亚历山大·巴特菲尔德对检察官讲“尼克松的做法是有先例的，而且他对自己的历史角色也很在意，这点很容易察觉，他自己也承认”。录音带也记录了尼克松曾即兴表达过这种观点。

林登·约翰逊不停地接听电话。当雕刻家 Jimlin Mason 要求他
403 **摆出一个姿势时，他对打断他听电话很不耐烦。最终，Mason 决定铸造一个始终拿着电话的形象。这一趣闻有助于解释为什么约翰逊的绝大多数录音都是电话交谈，而约翰·肯尼迪和尼克松的大多数录音都是面对面的会谈。**

当时白宫办公厅主任鲍勃·赫尔德曼讲道："特工处告诉他录音系统非常完美，但他从来没听过录音带。"尼克松宽慰他说："录音带是为以后服务的。"在他的记忆中，尼克松向他暗示了录音带服务"未来的目的"，它们"是不可预知的未来的最佳保险，将来即使是很亲近的人也可能会同我反目成仇，就像迪恩，到那时候，这些录音带便可给予我一定的保护"。

尽管尼克松认为这些录音带是他的私人财产，但历史学家斯坦利·库特勒则认为民众有权利知晓他们的内容。1991 年，库特勒和公共市民组织要求尼克松和国家档案馆公开录音带，几乎在同一时间，《刺杀肯尼迪》电影上映，电影影射了中情局和其他政府官员涉嫌肯尼迪刺杀案，于是民众的热情更加高涨。为了满足民众的好奇心，国会通过了公开肯尼迪遇刺档案的议案。所有的政府档案馆都要公开与刺杀案件相关的文件。

林登·约翰逊已经承诺密封这些录音带。

约翰逊图书馆遇到了一个困境。一方面，它已经承诺密封这些录音带；另一方面，馆长和约翰逊的遗孀约翰逊夫人一致同意，他们可以违背约翰逊的遗嘱，将录音带公开。而且，他们担心如果这些录音带一直得不到人们的重视，那么它就慢慢失去了自身的价值。还有一点，他们想避免引发像库特勒要求尼克松公布那样的争议。为了表示对历史和民众知情权的尊重，他们要求不仅要公开刺杀案的记录，而且要公开所有文件。最后到 1996 年，也就是尼克松去世两年后库特勒与国家档案馆达成了一项协议，国家档案馆承诺在四年内公开尼克松长达 3700 个小时的所有录音带。第一批录音带包括 201 个小时的会议录音，这些会议和水门事件关系密切，而且包括尼克松秘密安全组织“管道工”的其他非法行动。库特勒摘录了其中一部分并出版了文字版本。同时，欧内斯特·梅和菲利普·泽立科出版了肯尼迪的录音带，迈克尔·比齐罗斯出版了约翰逊总统早期的录音带。

那么，民众能够从这些突然曝光的总统秘密中了解到什么呢？研究那些公开录音带的历史学家们认为它们不像之前已获知的证据，梅和泽立科评价转录肯尼迪录音带的书时讲到“这本书依靠最翔实的资料向人们展示了一个现代政府是如何做出一系列重大决策的”，迈克尔·比齐罗斯说：“林登·约翰逊以他自身的神秘性而非常出名。”因此约翰逊录音带现在很重要，因为它“可以让我们听到美国总统的一切”。和其他记录比起来，录音带有着独特的优点，即信息是通过语气、语调、停顿等表现出来而非只有文字。斯坦利·库特勒也曾讲道：“尼克松录音带吸引我们的是它的司法秘密性，而这是其他总统文件所没有的。”

这些总统录音带的公开大大丰富了报纸、杂志、电视节目的内容。正如历史学家布鲁斯·舒曼苦笑着说，“很少有历史文件在国家媒体上获得如此多的关注”。大多数评论员都很兴奋，因为这些录音带使美国民众可以像“穿过墙体”出入椭圆形办公室的间谍一样。从表面上来看，录音带不容易造成照片与文字记载那样易于 404
产生的选择性偏见。只要监听器一开，麦克风达到范围内的所有的声音都会被记录下来。媒体评论员发现，没有历史学家们的指导，民众会把历史纯粹化和简单化。录音带可以说明一切。

作为证据的录音带

读到这里，人们不难发现历史学家们，甚至是那些转录录音的大家都是具备怀疑精神的，例如，迈克尔·贝斯克劳斯曾警告他的读者“当一个总统知道谈话被录音时，他便可以操纵或欺骗不知晓录音的谈话对方。他也能尽力向历史展现出他最好的一面”。

那么这就有一个需要将录音带包含的真正信息写下来的问题。只有一遍又一遍地听录音并做大量研究，转录才可以达到相对精准的程度。比如，库特勒曾亲自到华盛顿的国家档案馆听尼克松录音的原版(因为录音带不能带出档案馆)。由于大量录音还未转录，他便让专业的法庭记者和转录员先做出转录副本的草稿。然后他和他的助手再次听录音，进行校对，并将草稿文本中的“不确定之处”补充完整。库特勒承认：“这项工作是无休止的，因为不同的人去听录音中的模糊处，得出的结果是不同的，然后修正先前的答案。”他还讲道：“我认为一些语气词如‘当然’‘是的’‘好吧’等并不是很重要，因为档案管理员切掉一些他们认为涉及到个人隐私和国家安全的敏感内容，所以，从一开始我们必须承认副本存在一些遗漏、缺失和‘不确定’的内容。”

贝斯克劳斯讲到了一个录音被误解的典型例子。背景杂音、很重的口音及摩擦音都会导致对录音内容的曲解。一次，一位白宫秘书转录林登·约翰逊的录音时，写到“约翰逊在他的得克萨斯州抱怨他有‘打包的杂种’要接见”。贝斯克劳斯在反复听录音并查阅了约翰逊的日记后，才明白约翰逊实际上说的是“巴基斯坦大使(Pakistan ambassador)在等他”。

我们先暂不考虑这种缺陷，假定尼克松录音带被转录得相当精准，我们可以放心地将其作为证据。那么，录音带到底讲了什么故事？下面有一段摘自斯坦利·库特勒《滥用权力》一书的录音文本。这段对话发生在水门事件的前一年：

1971年6月17日 405

尼克松总统、赫尔德曼、埃利希曼和基辛格下午5:17—6:13

椭圆形办公室

赫尔德曼：你可以借此勒索约翰逊。

尼克松总统：什么？

赫尔德曼：你可以借此勒索约翰逊，值得一做……停止轰炸的材料在同一个文件夹里或者某人手里……

尼克松总统：我们有吗？我以前要求过，但你们说没弄到。

赫尔德曼：我们没找到。

基辛格：我们现在什么都没有，总统先生。

尼克松总统：该死！我要这些是因为我需要它。

基辛格：我和鲍勃一直在努力搜集那些该死的文件。

赫尔德曼：我们已经在行动了，但文件是保密的。

尼克松总统：在哪？

赫尔德曼：休斯顿对上帝发誓，有这个文件夹，就放在布鲁金斯协会。

尼克松总统：鲍勃？鲍勃？你还记得休斯顿计划吗？去干吧！

基辛格：现在布鲁金斯已经无权拥有保密文件。

尼克松总统：我就要执行这个计划……该死，直接潜入到房间。打开保险箱，拿到文件。

赫尔德曼：或许他们现在已经将文件清理了，但是，这份材料，你需要……

基辛格：对于布鲁金斯存有那个文件，我并不惊讶。

赫尔德曼：我的意思是约翰逊知道那些文件的存在。他并不确定我们是否找到了它们。

单单看这些对话，会觉得有点莫名其妙，而且谈话的气氛有点紧张，那么到底发生了什么？或许我们可以从我们确信的地方谈起，四名会话者很容易辨识，他们是尼克松政府的大人物：尼克松、白宫办公厅主任鲍勃·赫尔德曼、总统顾问约翰·埃利希曼和国家安全事务助理亨利·基辛格。谈论的主题是关于前总统林登·约翰逊。“停止轰炸”一词让人联想到那些文件和约翰逊总统的越战有关。约翰逊曾下令停止轰炸来换取同北越的谈判。但是，尼克松为什么要拿到那些“文件”，并以此“勒索”约翰逊呢？勒索不是非法的吗？在这儿并没有提到水门大厦或民主党总部，但是“打开保险箱”则很明显地表明了这是盗窃行径。

尼克松坐在办公桌前与他的主要助手谈话（从左至右）：国家安全事务助理亨利·基辛格、顾问约翰·埃立希曼、白宫办公厅主任鲍勃·赫尔德曼。

总统到底有没有下令非法潜入并打开保险箱

406 那么，是谁的保险箱？“布鲁金斯”显然就是“布鲁金斯协会”，它是一个不同情尼克松及其政府的智库。但“休斯顿”是谁，他的计划是什么？总统到底有没有下令非法潜入并盗开保险箱，如果下了命令，那执行了吗？虽然我们得到了最原始的历史资料，但我们的疑问似乎比答案还要多。事实上，斯坦利·库特勒并没有出 407
版我们上文中看到的这种文本。我们必须感谢那些历史学家，他们并不是仅仅将过去的事情搬到我们面前，当他们出版档案资料时，他们也需要基于研究对材料进行重新整合。库特勒对水门事件的研究使他弄清楚了霍华德·贝克的问题；而“总统到底知不知道水门事件，他是什么时候知道的”？库特勒告诉读者：“总统从一开始便知晓水门事件的一切并参与了掩饰行动。”因此，加上库特勒的注释，证据就变清晰了：

1971年6月17日：下午5：17—6：13
尼克松总统、赫尔德曼、埃利希曼和基辛格
椭圆形办公室

五角大楼文件（译者注：即国防部关于越战的秘密文件）出版几天后，尼克松讨论该怎样利用当时境况为自己谋取好处，例如他非常想让约翰逊政府在停止轰炸这件事上难堪。因此，他想潜入华盛顿智库中心布鲁金斯协会，从布鲁金斯协会的保险箱中找到那已归档的文件。

赫尔德曼：你可以用五角大楼文件，并借此勒索（林登·B）约翰逊。

尼克松总统：什么？

赫尔德曼：你可以借此勒索约翰逊，这是值得做的。停止轰炸的材料在同一个文件夹里或者某人手里……

尼克松总统：我们有吗？我以前要求过，但你们说没弄到。

赫尔德曼：我们没找到。

基辛格：我和鲍勃一直在努力搜集那些该死的文件。

赫尔德曼：我们已经在行动了，但文件被存档了。

尼克松总统：在哪？

赫尔德曼：（总统的助手汤姆·查尔斯）休斯顿很肯定地说过有这个文件夹，就放在布鲁金斯协会。

尼克松总统：鲍勃？鲍勃？你还记得休斯顿计划吗？去干吧！（白宫进行的潜入行动是反情报行动的一部分。）

基辛格：现在布鲁金斯已经无权拥有归档好的文件。

尼克松总统：我就要执行这个计划。该死，直接潜入到房间，打开保险箱，拿到文件。

赫尔德曼：或许他们现在已经将文件清理了，但是，这份材料，你需要……

基辛格：对于布鲁金斯存有那个文件，我并不惊讶。

赫尔德曼：我的意思是约翰逊知道那些文件的存在，但是
408 他并不确定我们是否找到了它们。

尼克松在办公室花了很多时间思考问题或计划中的政治战略。这张摄于1971年他在椭圆形办公室的照片展示了他在沉思时的姿态。

现在，情况稍微清楚了一些。尼克松对于五角大楼文件的出版十分生气，那是一份分析肯尼迪和约翰逊政府时期越战的长达7000页的保密材料。五角大楼文件确实让约翰逊很尴尬，因为它

证明了约翰逊获得国会的批准升级了战争，欺骗了美国民众。尼克松才不顾虑约翰逊难堪，而是担心如果五角大楼文件可以公开，那么心怀不满的官员可能会公开其他的秘密。因此，尼克松政府起诉了《纽约时报》，阻止其公开文件，但以失败告终。同时，尼克松和他的助手们发现通过执行休斯顿计划利用布鲁金斯协会的秘密文件可以打击约翰逊并对付其他政敌。

库特勒为什么要用关于布鲁金斯文件的录音文本作为著作的开头呢？这个对话表明尼克松对自己违反法律达到政治目的的做法并没有内疚感。那么，即使他并没有对 1972 年 6 月的水门事件下达特别命令，他也曾支持过像潜入布鲁金斯协会这样的非法行动，他的助手们也都知道。但这是一个讽刺。虽然我们可以通过阅读录音带文本得出结论，但历史学家们可以通过其他资源将水门事件甚至布鲁金斯事件还原。下面将介绍一下斯坦利・库特勒 409
是如何在 1990 年拿到录音带之前还原布鲁金斯事件的：

> 布鲁金斯事件涉及一个特别离奇的计划，即炸毁布鲁金斯协会，然后将原属于前国家安全委员会秘书莱斯利・吉尔伯和莫顿・霍尔柏林的文件偷出来。当时，这些文件和五角大楼文件一样重要。休斯顿计划是埃利希曼、迪恩和考尔菲德三人透露的，三人均表示计划是查尔斯・寇尔森提出的，但是由尼克松促成的……迪恩坦言："尼克松要求拿到莱斯利・吉尔伯和莫顿・霍尔柏林的文件，而且他通过一些白宫官员了解到迪恩有点'优柔寡断'，因为他不太愿意执行计划。"迪恩说反对过计划，但是他的对手约翰・埃利希曼坚持他尽力阻止了计划。直到后来，埃利希曼写到他发现尼克松知晓计划……同时，迪恩也不是很被动。他给了克罗格布鲁斯金的退税复印件并打算通过撤销该机构与政府的合同"让事情平息下来"。

这种解释比录音带更有根据且信息更丰富。例如，我们了解到那些神秘的文件属于莱斯利・吉尔伯和莫顿・霍尔柏林，新人物查尔斯·寇尔森、艾吉尔·克罗和约翰·迪恩出现了，而他们正是水门事件的核心人物。当尼克松要求他的助手撬开保险箱的时候，另一个人建议炸毁布鲁金斯协会来毁掉文件。所以，除了勒索，还增加了策划轰炸罪。好像这些还不够，总统的白宫顾问约翰·迪恩有点优柔寡断，他曾非法向艾吉尔·克罗提供税务信息以瓦解布鲁金斯协会。最后我们在充分的证据证明除了迪恩滥用税收记录这一罪责外，摧毁布鲁金斯协会的计划并没有实施。约翰·埃利希曼曾说计划被阻止了。历史学家的文章可以带给我们录音带所不能带给我们的信息，历史学家将事件置于一定的情景之中。例如，库特勒的注释是他查阅大量相关资料才做出的，就这个事件来说，要查阅的资料包括约翰·埃利希曼的回忆录，调查水门事件的特别委员会委员的记录和约翰·迪恩的文件。如此看来，录音带并不能告诉我们所有的信息；相反，有时一些生动的重要的语音记录只有在深入挖掘的情况下才能完全理解。录音带更像是记者和历史学家早就在数年之前做好的蛋糕上的一些酥皮，而远不是故事的根本所在。

录音带：窥探尼克松的一扇窗口

录音带不能作为事件的关键证据这个事实好像会降低我们对它们的热情积极性。如果录音带只能告诉我们一部分事实，而它
410 包含的大量信息只能是证实我们已经知晓的东西，那我们为何如此兴奋？录音带能带来多少未知的信息？当库特勒再版他的录音带文本时，就考虑到了这个问题。一方面，他必须承认录音带“远不是尼克松总统任期内的全部记录”，国家档案馆、尼克松及其助手的私人和公开文件、新闻媒体的记录等，所有这些对于全面了解事件都是至关重要的；另一方面，库特勒表示录音带仍然有重大影响，它们是“展示尼克松思想的基础，它们是尼克松无法摆脱的历史档案”，也就是说，即使我们不依靠录音带，也能弄清水门事件的真相。那些录音带对我们认清尼克松本人也是有价值的。当然，这个可能性

或许很小，因为对于历史学家来讲，尼克松依旧是个谜。

尼克松不信任媒体，曾花了大量时间说服媒体把他描述为一个“严肃、称职、适应能力强且诚实的政治家”。

其中部分原因在于尼克松是个十足的孤独者。因为面对众人时，尼克松会很不自在，他似乎没有什么朋友。当遇到困难时，他便更内向，经常长时间独自思考自己的事。但这样一个孤僻的人却选择了政治家职业，这是一个面向公众程度最高的职业，需要与人打交道。

尼克松不信任媒体，曾花了大量时间说服媒体把他描述为一个“严肃、称职、适应能力强且诚实的政治家”。尼克松私人回忆录写到 1970 年末的一个晚上，他坐在白宫的林肯厅，写下了一系列“总统领导能力”必要的品质：

> 热情、人道、仁慈、温和、自信、乐观欢乐、直率、真诚、开放、值得信任、大胆、为了信仰努力、有活力、年轻、喜悦、有兴趣、视野、尊严、尊敬、让人骄傲、勤奋、奉献、思想开放、从善如流、团结、公平、不能浮夸夸张、憎恨和分裂主义，道德领袖、民族良知、智慧、理性、平静、镇定、言简意赅、避免裙带作风、激动和幻想主义，有个人魅力、精神信仰、关注穷人、年轻人、少数民族及中等收入者。

尼克松政治生涯早期的公众形象及其树立这种形象的方式让人大跌眼镜。1952 年，他参加埃森豪威尔副总统竞选时，媒体报道尼克松有一个由其支持者提供的政治基金，对他的政治开支予以报销，所以他的候选人资格便受到了威胁。面对要将其从候选人名单中删除的呼声，尼克松发表了著名的“跳棋演讲”，他利用他的妻子、微薄的家庭收入、他的两个小女儿甚至与她们的宠物狗“跳棋”（支持者赠送的礼物）来赢得民众的同情。“你们知道的，我的 411

女儿和其他孩子一样，很喜欢那只狗，"尼克松对 5500 万观众说

1952 年，年轻的尼克松出现在电视演播室并发表了使他知名的"跳棋演讲"。他的妻子帕特丽夏·R. 尼克松（Patricia Ryan Nixon）带着支持他的微笑。私下里，帕特·尼克松对尼克松公布家庭的财务状况以引起公众同情的效果表示了怀疑。但是，演讲获得了公众的广泛支持，巩固了尼克松作为 1952 年副总统候选人的位置。

道，"现在我只是想说，无论别人说什么，我们都会留下它的。"评论家认为演说很虚伪（其中一个批评家曾夸张地说："这是我的国家迄今发生的最颜面扫地的一件事）。"甚至尼克松的妻子帕特也哀伤地问她的丈夫，为什么"要告诉人们他们的收入不多，和我们的具体收入"。然而，深陷麻烦之中的共和党总部竟然表示支持尼克松。就这样，尼克松得以保住了候选人资格。

继 1960 年总统大选败给约翰·肯尼迪之后，1962 年尼克松竞选加州州长也失败，他以一种痛苦、刻薄、自我同情的形象发表了退出演讲，他沮丧地告诉记者："你们不用让我再考虑参加竞选了，还是想想你们都错过什么了吧！"随后，媒体便宣告尼克松终结了
412 政治生涯。六年后，一个新的尼克松反败为胜当选总统，著名的自

由评论员沃尔特·李普曼对尼克松的形象大加赞赏："认为尼克松从他早年失败的政治经历中成长为一位成熟的政治家。"到1972年，尼克松已变成一个受人尊敬的政治家，他成功访问了北京和莫斯科，巧妙地缓和了同共产主义中国和苏联的关系。但他对待那些反战示威者、学生激进分子和一些真实的或想象中的政敌依然强硬。由于1972年再次当选总统，一个不寒而栗的尼克松决心除掉他的政敌，正如他自己所说"利用现在的联邦机构来除掉我们的政敌"。

那么，哪一个形象才是真实的尼克松呢？一位出身低微谨慎的政治家？1962年退出政治的哀诉者？1968年更成熟的候选人？重塑冷战的世界领导人？1972年再次当选但心怀报复的总统？正是由于作为公众人物的尼克松和私底下的尼克松有着如此大的差别，那些录音带恰好为我们认识真实的尼克松提供了一面镜子，用科特勒的话说就是，"没有公共场合的束缚，(记录)了他和朋友在一起时表现出的形象"。

因为要认识真实的尼克松，所以1974年4月的录音带就有如此大的价值。私底下的尼克松和作为公众人物的尼克松相差甚远，库特勒再版的录音带文本更加强化了这种差别，下面以尼克松和赫尔德曼的一次会议为例：

> 1971年9月13日下午4：36—5：05　尼克松总统和赫尔德曼　椭圆形办公室
>
> 尼克松总统：比利·格拉哈姆(牧师)刚说了一件很令人吃惊的事，国内收入署……一些王八蛋去找他，花了三个小时拷问他，训问他的税务。问题究竟在多大程度上将这件事告诉了(约翰)康纳利(约翰·康纳利是得克萨斯州前州长，尼克松的支持者)康纳利就是用了这个人的名义。你到之前，我刚刚从康纳利那儿知道这件事。问题的关键是鲍勃，去把那些犹太人的名字查出来，你知道的，那些给民主党捐助最多的犹太人。好吧，我们能不能调查出那些混蛋？就是这样，看看现在。国内收入署拼命调查比利·格拉哈姆，他们也调查尤金·

卡森·布莱克(国家教会委员会主席自由团体)，我要问的是，我是说，该死，我不相信……我只想知道我们是否也要严肃对待此事，我的话说完了……

赫尔德曼：是的。

尼克松总统：打电话给米切尔(司法部长约翰·米切尔)。米切尔应该能全力应对此事。问他我们要不要调查这些民主
413 党人。他们调查了阿普拉纳尔普、雷博佐、约翰·韦恩。你看得出来，我们要审核所有我们的人。真该死，他们要调查我……

对话中的尼克松与发表“跳棋演讲”的尼克松判若两人，当时年轻的尼克松是一个谦虚、正直的公众人物，而现在私底下的他则易怒、卑鄙、报复心极重。且他坚信国内收入署中的政敌在攻击他的支持者如罗伯特·阿普拉纳尔普、贝比·雷博佐和约翰·韦恩，三人都是企业家和他的朋友，也在攻击韦恩，他是个演员，支持尼克松的保守政治路线。和尼克松一样，他们三人都面临国内收入署的调查。但录音主要是关于比利·格拉哈姆，他是美国德高望重的宗教人士，建立了一个庞大的教会组织，同时也是多位总统的顾问，自20世纪50年代起便是尼克松政党的人。

因为格拉哈姆的机构接受的捐赠数额，而且和商业交易的广泛性，国内收入署有足够的理由来调查他的纳税申报单。然而，尼克松认为调查不公平，认为这是间接让白宫和他的伙伴们难堪。但尼克松并没有让他们用合理的渠道调查；相反，他迁怒于国内收入署，声称要采取非法手段并利用国内收入署来除掉政敌。后来，比利·格拉哈姆对“这些文件中所蕴含的道德口吻”进行谴责，并对自己被尼克松利用来树立他的形象表示遗憾。

> 使用录音带策略来获取那些隐藏的从某种含义上来说更为真实的情报使得尼克松必须承担相应的风险。

使用录音带策略来获取那些隐藏的从某种意义上来说更为真实的尼克松"确实有"风险。在重放私人对话录音时，我们会难以避免地感到一种窥探别人隐私的快感，因为我们得到了平时无法获知的信息，然后我们便会对那些信息夸大其词，使之更令人兴奋。但是，简单地将"公众"形象的尼克松被"私下"的他来代替，或者认为这些录音带的"坦白"便是真相，这都是错误的。"坦白"是个有歧义的词，因此，历史学家们在评价任何证据时都要像转录录音带那样严谨。

做到严谨审慎的方式即是寻找录音带中谈话的一般方式而非单单选出几个孤立的事件。在上一个录音带文本里，尼克松将"犹太赞助人"说成"混蛋"，确实让人很惊讶，但这或许可以理解为精神失常，但库特勒的转录文本中有超过十五处类似的轻蔑用词。其实，这没有太极端，但是尼克松随随便便说"犹太人与黑手党有关联"，恰恰会让尼克松的助手对犹太人手软，并且认为犹太人不 414
会控制联邦调查局，因为他正在调查尼克松的政敌，"天啊，会让一个犹太人在那里"，同样令人震惊的是，尼克松本人经常在对话中插入这样污蔑性的言词，他不是对别人观点进行回应。这些谈话情形再次表明尼克松的反犹太主义只是他自身个性的一部分。

同样，尼克松建议窃取布鲁金斯协会文件之后几周的录音带也揭示了他一般的讲话方式。尼克松要求窃开保险箱的行动不是一蹴而就的。6 月 30 日，即尼克松下达命令后的两周，他再次对赫尔德曼说："我要拿到布鲁金斯文件，我要你们潜入布鲁金斯，把文件拿出来，你听懂了吗？"第二天（7 月 1 日），他又说："昨晚他们潜入布鲁金斯了吗？还没有！现在就去做，我要你们去做！我希望看到布鲁金斯的保险箱被盗，并且将责任推给别人。"在当天晚些时候的一次会议上，尼克松对埃利希曼抱怨基辛格的行动太缓慢，"哈利在逃避，你懂得，他有点害怕……约翰，你来做，现在由你负责。我希望今天便可完成，我要一个答复"。第二天又提醒他的助手："我真的是认真的，我要你们潜入并打开保险箱，拿到文件，我要你们执行计划，它早就该完成了。"

即使没有库特勒的总结，录音带中尼克松不断重复的要求，也可以充分表明水门事件在很大程度上是尼克松本人所为。录音带中满是尼克松的遗憾之词，因为他找不到和他一样无情的人。正如上文看到的，基辛格“有点害怕”；大法官约翰·米切尔虽一向板着脸，倒不是很严肃。尼克松说：“约翰是个太正直的律师，他对这种事很厌恶，但事情总要做。”那么约翰·埃利希曼和约翰·迪恩残暴吗？“唉，我们也是好律师，经常说‘我们可以通过法律途径’（赢得内容文件的案子），可我不想等到选举结束后，埃尔斯伯格才被抓起来。我的意思是让媒体把那个婊子养的曝光，事情就是这样……还没有人从我的传记中发现这些，回到讲述希斯事件的章节，你就会明白一切（1948 年尼克松指控爱尔格·希斯是共产主义间谍）。”这完全不需要等待该死的法院或者是司法部长与联邦调查局就能明白。

像这样的对话是尼克松自己坦白的证据，他说话没有任何防备，就像一直在发泄自己的情绪。尽管在某种程度上他知道椭圆形办公室有监听器，但是也不可能让监听器开一天，关一天；更重要的是，尼克松从来都没想过有一天他会控制不了录音带，而且他
415 不止一次地意识到录音带应该为总统服务。下面是一则水门事件期间的电话录音：

1973 年 5 月 16 日上午 9：07—9：25　尼克松总统和基辛格　椭圆形办公室

尼克松：见鬼了，你看出来了，每天都有新情况出现，现在是中情局想做这件破事。

基辛格：那么他们——黑格和我昨天已经发起了攻势。

尼克松：你们应该——

基辛格：——国家安全窃听。

尼克松：这是完全合法的。

基辛格：我们说是合法的，我们有责任那么做，为了国家安全有什么错吗？

尼克松：但，关键是——我认为——下一步你可以说我们——我是说尽管录音带泄露很少，但已经损害了我们的一些会谈，如果继续公开录音带，人们的兴趣难以停止。

基辛格：我正是此意。（涉及国家安全删去）

尼克松：我们不必为此担心，我们没有——它已被使用的想法，一些愚蠢的议员说或许——他的意思是它被用在政治上。

基辛格：从来没有。

尼克松：这些监听从未公开过——我没见过它们，你知道的，我甚至不知道这里面有什么鬼东西。我唯一一次见过是关于（记者亨利）布兰登的，但几乎没什么真正内容，你明白我的意思吗？里面没有任何关于记者亨利·布兰登的信息。

基辛格：它们没有。但无论如何，布兰登不是我们的人，他是埃德加·胡佛的人。

尼克松：我知道。而且他搞了很多监听。

尼克松：它们是合法的，但亨利，现在是非常时期，你懂的，对这里的所有人来说都是非常时期。

一些相当关键的内容由于涉及国家安全而被档案管理员删掉，结果到底是谁的电话通话被监听以及监听的原因仍不清楚，但有个更困惑的问题，对话中尼克松的语气比先前同赫尔德曼对话的语气要显得更加不自然。为什么尼克松和基辛格要用这么长对话去向彼此证明监听的合法性？他们更像在为一些不为人知的听众辩解他们的行为，尼克松向基辛格表示说明监听是正当的，而且两人一致认同是为了国家安全。尼克松声称泄露信息“已经严重损害了我们的一些利益，而且他们还不想停止这种公开”，尼克松还尽力把责任推向埃德加·胡佛和他的联邦调查局。

我们必须怀疑尼克松（或许还包括基辛格）可能是在对着录音 416
器说的话，如果是这样，那么两人的对话并不是在说服对方而是在故意影响历史对他们的评判，在写回忆录或者回应批判时，尼克松可以引用这个对话来表明他一直都是在法律范围内行事，而且牢记国家安全利益。因此，历史学家对待这一证据时要多加小心。

> 如果别人的行为可能遭到历史的谴责，那么尼克松便会责备当事人。

另一方面，无论尼克松的意图是什么，对话都透露出了有用的线索。如果别人的行为可能遭到历史的谴责，那么尼克松便会责备当事人。在这种情况下，尼克松称因为有人泄露了敏感信息，所以他要监听，而且不只他一个人这么做，埃德加·胡佛也这么做。历史学家由此可以得出结论：尼克松是在将他的违法行为合理化，而不是为了保护国家安全。

因此，如果仅仅需要录音带中没有防备的对话，那它就没有什么价值了，坦白不是那样简单。事实上，即使我们假定所有被录音的人都不知道录音器的存在，那么他们也会表现出不同的公众形象，这取决于谁在房间，因此很难比较尼克松的公众形象和私底下的形象。当亨利·基辛格在房间里和只有鲍勃·赫尔德曼时，尼克松会无意识地表现得不同，在这方面，尼克松和我们每个人没有什么区别。我们在不同人，如老师、父母、牧师、恋人的面前，会表现出不同的自己。

但是随着水门事件真相被一步步揭开，录音带中的那些对话气氛越来越紧张，而且说话人彼此不再坦率。由于越来越多职位较低的官员开始和检察官配合，这些人和白宫的关系更密切，高级官员如米切尔、迪恩、赫尔德曼和埃利希曼发现他们的处境越来越危险。鉴于这种状态，总统的律师约翰·迪恩在 1973 年 3 月 21 日告知总统掩盖行动正一步步被揭开，总统需要采取行动控制危机。“我们内部有一个肿瘤非常接近总统，正在慢慢恶化，找到从你身上切除这个日渐变大的丑闻的办法，让它不至于损害到你或你的总统职位，因为它不可以。它是……你并没有参与的事。”

“对的。”总统答道。

“我明白，总统，你没参与，”迪恩回答，“嗯，我可以从我们的对话中明白你并不知晓那些事。”但事实上，此时对话双方都没有坦白。尼克松并不是不知道水门事件，在过去九个月里，他一直在尽力掩盖。迪恩在他的回忆录里写道：就在那次对话中，他惊讶地发 417
现尼克松对潜入事件和那笔赃款了解得非常清楚，由于每个人都面临被起诉的危险，与日俱增很难彼此坦白。尼克松在当晚的日记中写下：“每个人都在自保，每个人都不惜揭发他人。”

到 4 月底，尼克松开始按他自己的计划行事。在逼迫赫尔德曼辞职后，他向新任的白宫办公厅主任亚历山大·黑格表明他的无辜。“我这么说吧，亚历山大我认为我没有做任何违法的事，我的意思是我知道自己做了什么，我已经将我的所作所为全告诉你了，你明白我的意思吗？他们没有告诉我那些事，我也不怪他们没告诉我。”赫尔德曼从一开始便和总统沆瀣一气，阻挠联邦调查局的调查，离开白宫时对总统说：“对于水门案我不知道发生了什么，你也不知道，直到今天我也不清楚，我想你也不会清楚。”但是当赫尔德曼和埃利希曼离开白宫时，他们和尼克松一样担心迪恩是否会通过自己的证据将他们供出来，尼克松气冲冲地说：“我怀疑那个混蛋身上有监听器。”

最后的结局却是个莫大的讽刺，录音带不再是真实情绪的流露，而是原来的同流合污者，它使人彼此猜疑，彼此欺骗，录音带最后还记录了尼克松怀疑被人暗中录音的愤怒。尼克松的传记作者斯蒂芬·安布罗斯曾写道：“阅读水门事件录音带的一个挑战便是要尽力重现当时历史。这些家伙飞快地转换话题，他们为自己的行为寻找合法的动机，将一些不能逃脱的行为合理化，或者仅仅用谎言将一些行为撇得一干二净。”

小说家福斯特曾探讨过小说中的人物和现实中的人的区别，他认为：“小说里的人物和我们大不相同。一方面，在小说塑造的世界里，秘密是可以看见的，叙述者和作者是同一个人；我们的世界不可能是那样的。另一方面，现实生活的不同在于它的复杂性，人们不可能了解彼此，即使我们想要表达真实的自己，也是无法做到的，我们所谓的亲密只是权宜之计，完美的知识只是幻觉。”

根据尼克松的录音带，我们也得出了相同的结论。将尼克松分解为公众形象和私下里的他是错误的；认为录音带揭示他不为人知的秘密，那就是真实的他，也是错误的。录音带只是一种原始材料，历史学家们必须运用他们的技巧将录音中的谈话置于一定的
418 背景之中，尽管录音带为我们了解那些人提供了一个窗口，但它不能为我们展示一个清晰无垠的视野。直到现在，尼克松的很多方面都还是个谜，非常了解尼克松的著名历史学学者亨利·基辛格曾坦言，很难解释清楚他的这位上司。讽刺的是，这些记录是通过基辛格讲话时遗留下来的麦克风偶然发现的，基辛格对主持人说：“尼克松很擅长外交，但他是个很古怪的人，闷闷不乐，精神紧张，对他来说，电话讲话是费很大劲的。他很虚伪，因为当他要见一个人，他会思前想后，所有一切都是预先设计好的，这也证明他不喜欢和人打交道。人们能够感觉出来。我不明白他为什么要做政治家，他厌恶接见陌生人，很多政治家都喜欢观众，但他不喜欢。”

基辛格对尼克松外交能力的褒奖给了我们最后一个警告：无论是文中引用的录音带，还是库特勒长达600页的录音转录，都不能完全展示尼克松总统任职期间的复杂性。古巴导弹危机的录音带展现了肯尼迪最好的一面，而水门事件却表现了尼克松最糟糕的一面。假如像肯尼迪那样，尼克松留下的录音带只有对中国和苏联的成功访问，那么我们对他的印象将会大不相同。随着更多录音带的公开，我们将会对尼克松外交成就和他的有争议的对内改革政策产生兴趣。透过水门事件的有色眼镜来评价尼克松，会不可避免地加上一些曲解。

但必须要说的是，这场公众关注的案件确实是尼克松所为，尼克松先前的行事风格（布鲁金斯计划）无疑表明了他本人就是水门事件的幕后操纵者。不是下属不守规矩，而是那个权力顶端的人一直在重复“我们要对付敌人，一个阴谋集团，他们无所不用其极，我们也要使用各种手段，明白吗”。而且正是尼克松在事件发生后的几个小时，做最后努力保住赫尔德曼和埃利希曼对他的忠诚，不让他们讲

出真相。“让我这样问你，坦白地讲，我们能不能用钱来搞定？”

尽管尼克松有他内心邪恶的一面，但历史记住他的不只有水门事件。滥用职权这一重大罪责在美国历史上仅此一次，必然遭到美国两党明确的弹劾。仅仅因为这个原因，尼克松永远无法摆脱水门事件。就像把一个易拉罐系在一只攻击性很强的狗尾巴上，在整个历史长河中，它都会发出声响。可能历史学家是系“易拉罐”的人，但尼克松和录音却是尾巴。

419

补充阅读

Stanley Kutler 的 *Abuse of Power：The New Nixon Tapes*（New York，1997）是非常好的研究材料。想听他们的录音，可以访问华盛顿国家安全档案网页。多年来，国家档案馆已经公布了大部分水门事件的录音带，以及尼克松的有关信息。线上听录音，可访问 http：//nixon. archives. gov。库特勒所使用的“恐怖的白宫”录音资料收集在 *The Wars of Watergate*（New York，1990）。

关于肯尼迪和约翰逊的录音对民权政治的作用与影响，参见 Jonathan Rosenberg 和 Zachary Karabell，*Kennedy，Johnson，and the Quest for Justice：The Civil Rights Tapes*（New York，2003）；Ernest R. May 和 Philip D Zelikow 编的 *The Kennedy Tapes：Inside the White House during the Cuban Misille Crisis*（Cumbridge，MA，1997）提供了极好的分析和评论。在 *Taking Charge：The Johnson White House Tapes*（New York，1997）中，Michale R. Beschloss 对约翰逊录音带做了极为有价值的评论。肯尼迪的录音带和手稿可以从波士顿肯尼迪图书馆获得，约翰逊录音带可以从得克萨斯奥斯汀的约翰逊图书馆获得。关于对总统录音带的尖锐评论，参阅 Bruce Shulman，“Taping History”，*Journal of American History*，85，2（September 1998）：571 - 578。William Doyle 在 *Inside the Oval Office：White House Tapes from FDR to Clinton*（New York，1999）里更全面地讨论了总统和总统录音带。

Bob Woodward 和 Carl Berstein 在 *All the President's Men*（New York，1974）中，详细探讨了强行闯入水门大厦和尼克松试图掩盖的全部过程，其关注的焦点是直到 1973 年 4 月所发生的事件。关于水门故事的全面的历史，请参阅 J. Anthony Lukas 的 *Nightmare：The Underside of the Nixon Years*（New York，1976，1988 年修订版）在写作 *Nixon：The Triumph of a Politician，1962 －1972*（New York，1989）和 *Nixon：Ruin and Recovery，1973 －1990*（New York，1991）时，Stephen Ambrose 获得的录音资料比 Kulter 少得多。尽管 Ambrose 更宽恕，但他还是对尼克松提出批评。关于弹劾尼克松的过程，参阅众议院司法委员会的 *Impeachment of Richard Nixon，President of the United States*（Washington，DC.，1974）。由白宫工作人员准备的白宫录音带手稿，可以参阅《华盛顿邮报》发布的 *The Presidential Transcripts*（New York，1974）和由《纽约时报》发布的 *The White House Transcripts*（New York，1974）。

第十七章　灾难之根源 420

在电影制作中，导演镜头的摆放位置决定了观察角度及叙事方式。但是，电影《美莱惨案》没有依赖镜头的切换，颠覆了越战影片的传统。

POV这个缩写看起来和军事相关，它可能是越战中经常用到的速记简写，或者是用来标记地理区域的（如LZ即登陆区域），也可能是军队的名称（如VC代表越共），甚至可能是表示士兵状态的（如KIAs表示阵亡，WHAs表示负伤）。但事实上，POV并不是一个军事术语。它是电影剧作者使用的缩写，意为“主观视角”（Point of View）。在电影中，主观视角拍摄的画面仿佛是演员自己看到的场景，可以让观众身临其境。导演的镜头拍摄点，主观视角的设置在很大程度上决定故事如何叙述。

那么，为了拍摄1968年3月16日的美莱大屠杀，应该将镜头安放在村子的哪个地方呢？当各种炸弹在星期六的早晨不断抛下，任何角度的拍摄都是不完整的。但我们可以根据海拔高度来考虑这个问题，即比较在不同海拔高度所拍摄的场景。

拍摄视角，地平面：尘土飞扬的道路，道路两旁是稻田，近邻中南国海。阮友池，一个乡下妇女，在赶往集市的路上，突然听到爆炸声，她看了看1英里外腾起的硝烟，而那儿正是她生活的家。她疯狂地跑向路边的小房子，房子的主人已经撤离，她便跟着他们逃到一个很小的地下暗堡里，这是专门为这种紧急情况建造的。炸弹的硝烟逐渐消散，直升机在空中盘旋着。阮友池透过避难所，看到直升机恰好就落在刚才距离那条路不远的稻田里。

拍摄视角，500 英尺：九架大型攻击型直升机盘旋在村庄上空。早上七点半，爆裂的阳光就已经将黑亮的机身烤热。来自 11 旅 C 连的士兵在直升机中焦急地等待着这次突袭，目标是越南民族解放阵线第 48 营，情报认为他们就藏在下面的村子里。预计到将会遭到顽强抵抗，这些士兵携带了两倍的步枪和机枪，以及一些
421 手榴弹和大炮等军用物资。随着直升机下降，螺旋桨慢慢倾斜，然后着陆，巨大的爆裂声响起，如同枪弹声一般。整装待发的炮兵用火箭和机枪扫射。直升机着陆的最后几分钟是最易遭受攻击的，因为直升机着陆就像笨拙的鸭子浮在水面上，士兵很可能遭到伏击。所以，士兵们慌忙地跳进稻田并四下散开。

拍摄视角，1000 英尺：弗兰克·贝克中校驾着小型直升机盘旋在空中。C 连作为他的特遣部队的一部分，此次任务是根除这个地区的越共。贝克从徘徊在 1000 英尺的专机上俯视地面上发生的一切。20 分钟之后，他看到第二直升机编队飞来，有 50 多名士兵着陆。C 连士兵再次分组展开行动，直奔村庄，那里的植被要比开阔地带多得多。在海拔 1000 英尺高空，很难看清地面上的状况，但是村庄硝烟弥漫，广播声嘈杂，枪弹声不断。8 点 28 分，贝克用无线电广播联系厄内斯特·梅迪纳上尉，他是地面行动的指挥官。贝克问道："你们与地面有过任何联系了吗？"梅蒂纳回复他们已经杀了 84 名越共。贝克的直升机转了个弯，便飞往部队的行动中心去了。

拍摄视角继续升高，海拔 2000 英尺的空中走廊是为美国军队的长官塞缪尔·寇斯特少将准备的，那天早晨，他在美莱村上空飞了好几次，这个海拔高度可以免遭地面炮火的袭击。在海拔 2500 英尺，此次行动的指挥官也在观察地面战斗。随着飞行高度的增加，观察的范围越来越广，但景物越来越远，因为观察到的越多，同时也越模糊。

如果杀死了 128 个越共，为什么只缴获了三件武器？

由于海拔高度和距离长度的原因，清晨行动的报道变得不太准确，它只是将战斗的大致状况转播给外界。在行动中心，新闻发布官员亚瑟·邓恩向部队总部发了两页长的“行动报告”，使用的数据均是贝克中校的下属所提供的。最后的数据是“杀死128名敌人，俘虏了13名嫌疑犯，缴获3件武器”，歼敌人数是这支特遣部队自两个月前开始行动以来的最高纪录。但有一个数据令邓恩不安，即缴获3件武器。越共是否会带着他们牺牲的战友的枪支撤退？不太可能。但有些数据仍比较可疑。

在西贡（今胡志明市），甚至更远的地方，新闻发布官员并没有时间思考这些问题，他仅仅向记者讲述了他们的战况，并没有提到缴获武器的数量。《纽约时报》首页报道：“昨天约有150名美国士兵与敌人激战……这是美国又一次清除威胁城市的残余敌人的行动。”

正如《泰晤士报》报道的那样，此次清除行动不是第一次也不 422
会是最后一次，它只是为这场战争又增添了充满争议的一天。截至1968年，这场战争已经有50多万美国大兵参加。C连的行动有多大意义？对记者们来说，照片模糊不清，而且他们没有时间关注发生在一个偏僻小村庄的一场小规模战斗，从越南发回来的消息均没有提到美莱事件。如果从一个当时进入村庄的人的角度来谈这次行动，那便会给美国带来很大震动，甚至会改变民众对越战的看法。然而，当时这些主观视角的拍摄并没有公开。

电影传奇和越战

就在C连执行“搜捕——打击行动”的同时，华纳兄弟完成了《绿色贝雷帽》的最后工作，这是好莱坞第一部越战影片。约翰·韦恩是电影主角和共同制片人，当时的他处于事业巅峰期。三十多年的时间，“公爵”饰演了无数西部影片主角，包括《关山飞渡》、《要塞风云》和《阿拉莫》，他也曾出演过一些二战影片，如《硫磺岛浴血战》、《反攻巴坦岛》和《菲律宾浴血战》。当越战进入热战状态，韦恩很沮丧地看到国内与日俱增的反战浪潮。作为保守的爱国人士，他决定执导并主演一部史诗般的战争影片，以此向民众表明为何需要战争。

然而，1968年的混乱事件使爱国主义影片变得很难叫座，即便是韦恩这样的大牌也是如此。1月，越共在东南亚农历新年之际，发起了一系列攻击。强大的新年攻势震惊了许多美国人，他们越来越怀疑政府盲目乐观的军事报道。到3月底(即C连美莱行动之后的几个星期)，越战导致国内民众出现了严重分化，以至于约翰逊总统放弃了连任竞选。国内和国际的一系列事件愈加猛烈和混乱。4月，马丁·路德·金被暗杀。6月，参议员罗伯特·肯尼迪也被暗杀，他是民主党最有希望的总统候选人。金和肯尼迪在当时都曾公开反对过越战。

在如此骚乱的时期，华纳兄弟对于这部影片的票房非常焦虑，报纸对它的宣传页几乎是抵制性的，“那么你不相信荣誉了。英雄已经过时。他们不再吹响号角。那么换一种视角来看待特种部队吧”。尽管反战示威者阻挠了影片的首映，但是一家剧院的观众仍为它的英雄喝彩，这位英雄便是一位61岁的大腹便便的士兵，他
423 带领他的部队走向越南新建的军事基地。在影片的结尾，特种部队将火药、夜间袭击和毒气等混杂在一起，呈现出美军获得了巨大胜利，这部影片的视角比现实更加英勇、生动和宏大。

对批评者来说，抵制《绿色贝雷帽》很容易(《纽约时报》讥讽道：“最好与这部电影保持一定的距离。”)，但是许多韦恩的粉丝联合起来给予影片以支持，使票房收入颇高，而且《绿色贝雷帽》几乎是唯一一部以越战为背景的影片。过去的四十年中，至少有25部电影表现了战争的不同方面。不管怎样，更多的美国人是通过电影而不是阅读历史书了解到了那场战争。在这层意义上，历史学家和电影导演便成了对立方。双方都重回同一战场，为有争议的过去探寻真相。

我们应该怎样对待那些试图再现历史的影片呢？尤其是那些主题是越战这样有争议的历史。当然，我们可以对每部影片仔细

审查，来决定影片的哪些部分是真实的，哪些是虚构的；服装是否和当时一致；历史人物到底有没有做那些荧幕上反映的事情；如果影片角色是虚构的，那么他们是不是代表了类似情景下的历史人物。这种方式——对影片进行基于史实的检验——可以发现很多东西。但历史学家通常使用更多空想的方式来追溯历史，如果我们可以在雅各·里斯的照片中发现偏见，那么为什么不能在《绿色贝雷帽》中找到文化上的虚构呢？如果理查德·尼克松的录音带可以揭示他个人性格的复杂性，那么为什么不能探索《现代启示录》这种影片的拍摄视角呢？

诚然，在这项工作中有许多需要注意的地方，优秀的影片比纸质的史实在视觉上要生动得多。越战影片可以让观众真切地感受战争、凶险连绵的热带丛林和混乱嘈杂的炮击声。然而即便是最好的电影所展现出的事实，也可能是虚假的，也能造成误导。从最明显的地方谈起，那些跳入稻田的士兵都是演员，而非真正的战士，他们出现的地点也不是历史上真实的场景。就像历史学家们用叙述文再现他们眼中的过去，导演和他的演员是用电影展现他们认为的历史的。

但是，导演和历史学家在再现历史时所遵循的原则是不同的，历史学家的首要原则是忠于历史。无论再现那段有争议的历史多么困难，无论历史学家从资料中获得怎样的灵感，原始史料始终是我们的起点。

对于导演来说，想要考虑的问题是与影片相关的，并不需要完全忠于史实。影片的节奏是不是恰到好处？故事角色是否完整？情节是否有足够的悬念？这些问题才是最重要的。影片或许还会说明“基于真实故事改编”。如果没有足够的历史资料来支撑这个 424
故事，那么导演和编剧便会对情节和人物进行修补，直到故事能够完整表达他们想要的东西。

这种改编是很正常的，在奥利弗·斯通的电影《生于七月四日》(1989 年)中就可以看到。斯通的影片改编自一个越战老兵罗恩·科维奇的回忆录，后来他参加了反战运动。科维奇对战争的信仰被他在越南两次痛苦的经历颠覆。第一次是他在夜间战斗中误杀了他的战友，第二次是夜间巡逻，他的队友杀了一些越南妇女和儿童。根据科维奇的回忆录，这两次事件相隔几个月的时间，但是导演将他们合成了一个故事。类似情况还有科维奇的书中记录了一次在华盛顿的反战游行，在电影中变成了他去锡拉库扎大学参加一次抗议活动，而锡拉库扎大学是他高中恋人上学的地方。事实上，锡拉库扎大学并没有发生过抗议活动，而且科维奇的回忆录也没提到过他的高中恋人。电影中有许多类似的改编细节。

毫无疑问，斯通可以为他的改动找到合理的理由。比如说，最俗套的商业化改编便是给科维奇加上一个恋人。为了收回拍片的成本，电影必须赚钱，而且观众也喜欢夹带浪漫情节的故事。至于戏剧性的原因，这个想法同样可以理解，年轻单纯的科维奇去了越南，成为了爱国士兵，而他的女朋友则考上了大学，成为一名反战运动的示威者。现在科维奇的反战思想和他对浪漫爱情的追求连在一起，统一为电影留出时间讲述他多次参与的反战运动。至于将游行示威安排在锡拉库扎大学而不是华盛顿，据怀疑是为了节省费用。在首都的纪念碑周围重现一次大规模的示威游行会花费更多的资金。

即便有这么多的改动，斯通依然可以说他尊重了科维奇的故事本质。如果电影的目的是表现一个人从单纯的爱国到幻想破灭到最后致力于政治改变这一漫长痛苦的经历，那么一些细微的情节真有那么重要吗？这是一部故事影片，而不是专题论文。同小说、戏剧一样，电影追求的是艺术对事实的标准。这种标准更多要求使用可信的手法来展现情景和人物，而不要求像历史记录那样真实。在艺术方面，斯通可以骄傲地说他忠于原著，而且《生于七月四日》反映了越战期间美国士兵的许多方面。

但问题的关键依然存在，无论影片多么“真实”地表现出人物的内心情感，导演对情节的考虑都会多于对历史史实的忠诚。而且，这种认可导致一系列更有意思的问题。为何不去分析一部影片的艺术创造，以取代辨别影片中哪些情节是真实历史，哪些是虚构的简单行为？接受制片人和导演遵循的特殊的艺术“真实”——甚至接受好莱坞因为利益的驱使去改变历史。总而言之，为何不去创造神话而将再现国家历史作为其次呢？ 425

引用词典的解释，神话即是任何真实或虚构的故事，这些故事表达的主题和塑造的人物形象是一个民族文化理想的化身，也是一个民族深邃的共同情感的象征。很多著名神话都源自文字出现之前的社会，诸如托尔雷神和宙斯的故事；或者一些模糊的历史人物，诸如特洛伊的海伦和海华沙。但小说家和剧作家通常创作一些新的作品来表现当下的希望和无助。而且好莱坞是一个出售大众文化的幻想与恐惧的文化工厂，不可避免地会涉及神话创作，创作一些代表文化理想和内心焦虑的神话和人物。

什么类型的神话呢？拿《绿色贝雷帽》来说，观众已经知道约翰·韦恩曾出演过两部优秀传统神话类影片。第一部是西部片，主要讲述一些迁徙人群，穿过草原，征服野蛮人，建立一种充满活力的新文明的故事。韦恩无论是饰演高瘦的牛仔还是时髦的骑兵军官，都是那个时代新美国人的典范，他强壮、独立、诚实、公平、刚柔兼备。平等自由成为西方世界的标志，与专制的欧洲和衰弱拥挤的东方城市形成鲜明对比。

从韦恩的西部英雄剧来看，《绿色贝雷帽》的拍摄非常容易。从同恃强凌弱的印第安人对抗的英雄角色变成一名搜捕潜藏在热带雨林的游击队的士兵；从指挥阿帕切族部落变为保卫老挝边境附近的哨所，人们给这个哨所起了一个“道奇城”的绰号。西部英雄能够又一次根除东方的腐败，这一次共产主义已蔓延到整个亚欧大陆。

韦恩饰演的角色反映出美国神话式影片的第二个传统，即二战时期的战斗史诗。在一些标准二战情节剧中，不同种族的士兵都被分在前线组，每一个战士都置身于战斗的核心。随着同一组士兵分享他们共同的痛苦和胜利，他们逐渐变成一个团结的战斗集体。事实上，故事表现了美国巨大包容性的经典传奇，不同种族的移民学会在同一国家共存。士兵同舟共济，这恰好表现出美国的民主与其他国家的民主有很大的不同。韦恩又一次将这种英雄传奇表现得淋漓尽致。罗恩·科维奇和同时代其他人一样，清楚地记得孩提时代观看韦恩经典太平洋战争影片的情景：

> 我和卡斯蒂利亚一起看《硫磺岛浴血战》，当我们坐好后，背景音乐海军陆战队的战歌正在播放……约翰·韦恩饰演的
> 426 萨金特·斯特赖克艰难地爬山，在到达山顶之前被杀害了。斯特赖克在硫磺岛举起旗子，背景音乐响起，卡斯蒂利亚和我都哭了。我很喜欢那首歌，每次我听到它，都会想起约翰·韦恩和那天在硫磺岛举起旗子的勇士们。

《硫磺岛浴血战》这样的战争影片和《阿拉莫》《边塞风云》这样的西部片影响深远，因为它们强化了美国人作为同一个民族的观念。事实上，西部片和二战片的神话传统，表现了美国的“例外论”，即美国人是自由民主的特殊民族。“例外论”可以追溯到1630年清教徒领袖约翰·温斯罗普的布道，他对同胞说，他们在曼彻斯特建立的新社会将会是“山巅之城和世界其他地方的光辉榜样”。后来虔诚的清教徒将约翰·温斯罗普的呼吁发展为“上帝的选民”观点。许多年之后，以美国独立战争的遗产为基础，发展为一种政治理念。随着以“天定命运论”为口号的西进运动将美国扩大为一个大陆国家，“例外论”在19世纪发展成全民公认的理念。韦恩的影片与当时许多影片都表达了这一主题。

在制作《绿色贝雷帽》过程中，韦恩非常清楚他要表达的信息。1965年末，他需要在荧幕上放映军队战斗场面，便写信给约翰逊总统：

> 不久后的某天，我将要拍摄一部关于越战的影片，我敢肯定这将是一部对我们的全球事业有益的影片。我坚信我的团队可以做到，而且我们能够赚到钱。我们要表现出越战士兵的理性、情感、人格和行动。我们希望通过这部影片来激发国内

民众的爱国情感——这种情感在我们过去的困难时期一直存在。

韦恩也提到他自己在美国电影界近乎传奇的地位："我成为一名电影明星已经三十五年了，我肯定已经在几百万民众的生活中留下了一些难忘的瞬间。"

《绿色贝雷帽》该如何创造它的神话呢？由于电影是个视觉媒体，那么就首先考查它塑造的人物形象吧。韦恩饰演迈克·卡比陆军上校，他是一名褐色皮肤、身材高大、说话简洁的军官。他不喜欢官僚主义，坚持加入他的特种部队作战。片中卡比的衬托角色是乔治·贝科沃斯，一名反战报社的专栏作家。贝科沃斯作为卡比的敌手来强化他的地位。他烟瘾很重，高傲自大，看不起别

卡比上校（约翰·韦恩饰）与在《绿色贝雷帽》中受到美国士兵帮助的孤儿哈姆恰克站在一起。很明显，导演担心一个亚洲孤儿不足以感动美国观众，因此，他们让他始终牵着一条小狗。

人。在道奇城，卡比上校遇到了他的南越友军，尼姆上尉。他能力强，但是比美国兵更残忍。有人告诉卡比，尼姆曾亲手杀过 52 名越共，而且他当时想在年底前将杀人数字加倍（他将数字记录在小屋的墙壁上）。和影片中所有的越南角色一样，尼姆操着一口好莱坞式英语。“我的家乡在河内，”他告诉卡比，“有一天我也会回家……你明白的……先杀掉这些可恶的共产党……然后回家。”

贝科沃斯发现尼姆上尉在殴打一名被捕的越共间谍，非常残暴，以至于卡比都走近去劝阻他。当贝科沃斯要他解释为什么这样做时，卡比说：“那名间谍杀了一名在附近山村开展慈善活动的美国医生，那名医生的尸体是在丛林中发现的，身首异处。”他的妻子都认不出来他了。这种残忍和无辜的对比是韦恩传奇式影片的主要内容。特种部队为当地民众提供人道主义援助，而越共则扮演残忍角色，强奸年轻女性，在丈夫面前肢解他们的妻子。

为了向观众表现战争的悲惨，在道奇城要塞安排了一个可怜的
428 越南孤儿，他的父母在一次越共搜捕行动中被杀害，孤儿名叫哈彻克（Hamchunk），他身后还跟着一条小狗，显然这是因为制片人觉得孤零零的一个亚洲孤儿不足以感动美国观众才这么设计的。在道奇城疾风暴雨般的袭击中，越共犯下了不可饶恕的罪行：他们杀害了哈彻克的小狗。哈彻克哭着把小狗埋葬，他身旁不停地落下炸弹。勇敢的尼姆上尉牺牲了。“他买下了农场，长官。”士兵报告给韦恩。

戏剧化的要求经常出现，地缘政治中的复杂问题简化为高度的个人关系与夸张的视觉影像。聪慧的美国军官、壮健的南越盟友、无助的孤儿——所有这些强化了《绿色贝雷帽》的神话色彩。影片结尾，哈彻克和韦恩漫步在中国南海的海岸，韦恩哀伤地问：“我要怎么做呢？”韦恩将一顶绿色贝雷帽戴在哈彻克的头上，然后和他的同伴消失在落日的霞光中。“特种部队，你让我忧伤，你是这场战争的全部意义。”他说，尽管越南的沙滩朝向东方（太阳应该是升起来了）。

> 考察电影故事的叙事结构有助于揭示电影神话是如何构建的。

虽然是人物角色创造了传奇，但是影片的叙事结构同样重要。正如我们所看到的，导演总是用戏剧的方式来呈现他们眼中的历史。当一名战士在战斗中身亡，我们会问：为何偏偏这个时候而不是更早一点？当一个女人发现她的爱人有事瞒着她时，我们会问：为何是现在？或者：究竟为什么？对历史学家来说，解释某些事情为何以特定的次序发生只能去分析原始资料。而在电影界，角色被杀或者恋人被弃只是因为编剧或导演或制片人想要让它发生。换句话说，思考一个故事是如何编成的可以发现故事创造者的真正意图。

由此看来，《绿色贝雷帽》的情节有点故弄玄虚，许多部分衔接不自然。影片的大部分都集中在卡比上校如何保卫他的边境哨所上。但是这一部分是次要的。当卡比正全力安排道奇城的防卫时，他却突然从哨所赶到一个“体育俱乐部”参加晚宴，那是岘港的一个夜总会。在那儿，他看到一个漂亮的亚洲女人正和一个越南人共进晚餐。当我们还未弄清这一切时，几个特种部队士兵出现了，他们将韦恩拉走：越共来袭击了。

当道奇城恢复安全之后，我们才发现那名神秘女士是个双重间谍，她是要诱惑越共的最高长官，然后用气球将他抬高，再用拖着 429
挂钩的飞机将他运走，整个过程惊险刺激，令人难以置信，但是和电影其他部分关联不大。更糟糕的是，多余的时长让《绿色贝雷帽》变得很拖沓。

为何要加上多余的情节？任何一名好莱坞脚本处理者都会认为缩短一部冗长电影的方法即是删掉多余情节。但是如果制片人认为影片过长的话，他们决不会那样做，为什么呢？

假如你是编剧，将第二部分删掉并与约翰·韦恩一起感受这部最终版本但又被缩短了的叙事史诗，所有的内容和原来一样——相同的对话、相同的拍摄角度，那么我们来看一下具有全新结尾的影片是什么样的。

鉴于空袭几乎杀掉了边塞所有的越共，特种部队在道奇城外庆祝胜利。“我们明天就能进驻那儿了，”韦恩说，“上帝会进去，河流不再上升。”听起来他已经到达了那个野草蔓延的村庄，韦恩的确到了。曾经飘扬在哨所的越共旗帜，如今已被拔掉，随风吹走。当韦恩正检查那片土地时，他的一名中士满脸犹豫地走向他：

中士：“长官，我们现在该做什么？”

卡比：“首先，我们可以大睡一觉……（他停顿了一下，环视了一下四周）然后我们重新开始。”

“然后我们重新开始？”这句话能够成为所有悲惨的杀戮、痛苦的死亡和残暴的屠杀的高潮吗？我们重新开始？当旗帜在硫磺岛升起的时候时间停止，画面定格。但是1968年的越战情况完全不是这样的——甚至韦恩也承认这一点。美国的武装部队并不是为了占领土地，相反，他们是要在这场持久战中杀掉尽可能多的敌人。当美军的“搜捕——打击”行动清洗了一个地区，他们便进入另一个地区进行清洗或是返回他们的基地，这样领土便再次落入敌人之手。在越南，军事上的胜利从未变成最后的赢家。

突然间，保留影片第二部分的原因不言自明。依据1968年越战的真实情况，是看不到永久的胜利的。但是电影不同于历史，电影是需要高潮的，英雄的苦难和牺牲不应该是白白浪费的。韦恩的编剧只能设计出第二部分这样令人难以置信的胜利。《绿色贝雷帽》沿袭了二战片和西部片的传奇式色彩，但是完全抛弃了现实。

美莱：地平线上

然而，战争的事实是很难视而不见的。约翰·韦恩的电影表
430 明：尽管神话可以歪曲历史，但是如果想要长久得到观众的认可和满意，神话也不能完全无视历史。理想与现实的差距，应然和实然

的差距使《绿色贝雷帽》令大多数美国人无法相信。而且，在 1968 年夏，美莱村的“搜捕——打击”行动几乎就赶上电影中美军的神话了。

就在 C 连从美莱村撤回的几天之后，又一架来自 11 旅的直升机掠过那个地区。炮兵罗纳德·赖德诺尔看到村庄已是一片废墟，很是震惊，他看到一具尸体，飞行员吉尔伯特·本田降落飞机前去查看。那是一具四肢展开的女尸。后来赖德诺尔回忆说：

“她腿边散乱着 11 旅的眼罩，就像是展示荣誉的徽章。很明显，没人来过这儿。我们在想：这些人怎么了，这里发生了什么事?”

飞机继续前行，一些越南人看到飞机便跑向暗堡。赖德诺尔想用手榴弹将这些人引出来，但是吉尔伯特拒绝降低飞行高度。赖德诺尔很生气：“为什么本田不肯降低高度?”飞行员闪烁其词，他只说：“前几天这里的民众度过了一段非常悲惨的时光。”

起初赖德诺尔并没有记起美莱事件，后来一个朋友提到了 C 连行动。各种流言都在说“C 连清洗了这个村庄”，赖德诺尔很震惊。他在接下来的几个月里同许多参与美莱事件的士兵沟通交流。他听到的信息越多就越是悲愤。

后来他回到亚利桑那州首府菲尼克斯，他不能让美莱事件一直沉寂下去。1969 年 3 月，他将自己了解的事实写了一封信，寄给了白宫、五角大楼、国务院和国会议员。真相让许多众议员义愤填膺，军队便对此展开调查。到 1969 年 8 月底，刑事调查处至少采访了 75 名目击者。调查人员的注意力逐渐集中在 1 排的指挥官威廉·卡利中尉身上。9 月 5 日，军队控告卡利犯了故意杀人罪，用机枪扫射，导致 109 名当地居民死亡，死亡者的姓名和性别无从知晓。按照规定，卡利原来的上司要将他的罪状放进档案，卡利原来接受培训的基地是佐治亚州本宁堡，而韦恩两年前拍摄《绿色贝雷帽》时曾在此处取景。

令一些五角大楼官员感到吃惊的是，报纸并没有对此大幅报道，但是之后西摩赫什采访了卡利及 C 连的一些老兵，其中一名叫保罗·米德罗的同意在 9 月 21 日的 CBS 晚间新闻讲述他的故事。他揭露的信息让记者们慌作一团，《新闻周刊》和《纽约时报》都报道了这个事件，这些新的信息很少提到 1968 年报纸报道用的名字
431 Son My，相反，他们使用了 Son My 地域内的一个小村庄的名字，在军事地图上，村庄的名字是美莱。

被揭开的回忆难免是破碎的、不完整的，因为一些 C 连士兵不愿和任何人讲这件事，而其他一些士兵对于重提那段历史感到很痛苦。查理公司的一些成员不愿意与任何人进行交流。其他人则需要不断通过讲述来宣泄。最后，只剩下了这几种看法：歪曲不连贯的画面拼凑出了在 3 月的那个早晨当那些人登上直升飞机后所发生的事情。

地平面视角，村庄边缘：士兵们精神高度集中地前进，他们高度戒备，生怕脚下就是陷阱。一名中士转头看见一个人站在井边，保罗回忆道："那个人很吃惊，挥舞着手臂，然后他就被射杀了。"另外一名士兵说："那是一名越共，我们认为他是越共。"当部队到达村头第一家时，他们便开始烧杀打砸，将居民赶出红色砖瓦房。

地下暗堡里：彭·方听到外面枪声停止了，他探出头去，发现美国大兵已走到 200 英尺以外，他从暗堡爬出来，随后他的妻子和三个孩子也爬了出来。方知道如何应对美国兵，首要的便是不能突然跑向或躲开那些士兵——一旦他们起疑心，就会开枪射击。必须三五成群地慢慢走过，还要安静地等待。当方靠近那些美国兵时，他的孩子们朝士兵笑了一下，还说了几个英语词："Hello! Hello! OK! OK!"

而那些美国兵并没有笑，他们用枪推着他们五人走向村外的壕沟。

一组士兵：忽然身后传来一阵嘈杂声，其中一名士兵转了下身，便开始射击。原来只是一头水牛，但是士兵们都咔嗒咔嗒上膛，然后扫射了一圈又一圈，直到水牛在一阵弹雨中倒下。一名士兵说："只要射击一开始，我相信这会影响到每一个人。一旦开始，便没有人能停下。每个人都只是扫射，似乎弹药永远也用不完。"

士兵们开始炸毁那些砖瓦房和茅草屋。米切尔·伯恩哈特讲道："我看到那些家伙在做一些很奇怪的事……他们将房屋点燃，迫使人们从屋里逃出来，然后杀掉他们；他们还会进入房屋将居民杀死或是将居民赶到一起然后集中射杀。"

在村庄的中心，约有 45 名越南人聚在一起，早上八点一刻，卡利中尉出现了，他走向保罗说："你知道怎么处理他们，不是吗？"保罗回答说是的。他以为卡利想要将这些人关起来，15 分钟后卡利回来了，问道："你怎么还没有将他们杀掉？我要他们死。"他走出了 15 英尺，然后开始扫射。米德罗很吃惊但依然遵从了命令。"我用了整整一梭子弹——不，我用了四五梭子弹。"

罗纳德·黑伯尔随军队进入村庄，他是来自公共信息署的摄影 432
师，因为军方认为这次行动将是一次大规模的行动，便让他负责记录这一切。他恰好碰到一些士兵围着一群妇孺和一个年轻的女孩，其中两名士兵想将那个女孩的黑色衣服扒开，那是越南农民的传统服饰。一名士兵讲道："让我们看看她是什么做的？""杰西，我们很流氓。"另一个说，那个年长的妇女挡在前面保护那个女孩。那个士兵打了妇女一拳并将她踢开，另一个士兵还拿枪柄打她。

忽然他们抬头看到黑伯尔拿着相机站在不远处，他们便停止骚扰那个女孩，继续各自的工作。当 M16 开火时，黑伯尔躲开了，女人和孩子倒在了血泊里。

罗纳德·格林奇克在村子里艰难地行走，遇到了保罗·米德罗，他蜷缩在地上，双手抱头，像一个孩子在啜泣。格林奇克停下问他怎么了。米德罗回答说："卡利要我杀掉那些村民。"

彭·方和他的家人在壕沟边焦急地等待着，到那时，约有一百名村民被赶到那儿，起初他们是站着，后来美军怕他们逃跑便让他们坐下。方听到远处有枪声便有一种不祥的预感，他让妻儿趁士兵不注意时沿着河岸滑到沟里去。

卡利中尉让属下把这些人赶到壕沟那儿，然后开枪射击，而且要求米德罗听从他的命令。米德罗说："所以我也开始扫射他们……我可能杀掉了 25 或 20 个村民……男人、女人和孩子，甚至还有婴儿。”另外一名士兵罗伯特·梅普而斯拒绝对人群使用机枪，但是其他士兵都在射击、装子弹、再射击，直到壕沟里的村民不再有任何动弹。

方和他的家人正躺在成堆的尸体下面，他们都没事，只有他女儿的肩部受了枪伤。时间一点点过去，方没有说任何话，只默默祈祷他的女儿不要因疼痛而大声呻吟，祈祷美军尽快离开。

到 11 点钟，枪声停止。在村子西部的指挥中心，梅迪纳上尉正和他的士兵及包括卡利中尉在内的旅长在共进午餐。不知从哪儿冒出两个十岁左右的小女孩，显然她们是在村外的稻田里躲过这一劫的。士兵们给了女孩一些甜点。午饭过后，C 连将他们的壕沟炸毁，将仅存的房屋炸毁并离开了美莱村。

或者更准确地说，他们是离开了军事地图上标注的“美莱村”。
433 事实上，地图上的美莱村包括那个区域中六个不同的村子。

越南的地域名字很容易让外界迷惑，美莱这样的“村庄”实际上更像是美国的县或者城镇，每一个“村庄”又包括许多小村子，甚至这些小村子也会被分成多个更小的村子，它们各自都有自己的名字。美国军队并没有将所有的名字都标在他们的地图上，因此当善良的越南人民告诉军队情报处越共第 48 营在美莱村时，他们并没有意识到军队地图上的美莱村有六个村子。16 日清晨美军清洗的村子离越共第 48 营的大本营有 2 海里远。

434 村民不称它为“美莱”，它的官方名称是 Xom Lang，仅仅是个小村，这里的村民还给它起了一个更诗意的名字，叫 Thuan Yen，英语意为“和平”或者是“未曾遭受灾难的地方”。

反思美莱事件的真相公开之后，人们对越战的讨论更加激烈，最后导致林登·约翰逊下台。理查德·尼克松在任期内开始缩减战争规模。当尼克松把美国兵派遣到越南邻国柬埔寨时，反战运动更加猛烈，当总统实行他的“战争越南化”政策时，反战运动又稍微平息下来。所谓“战争越南化”，即是逐步撤回美国军队，将战争任务交给南越。到 1973 年，美国和北越签署和平协定，尼克松称之为“体面的和平”。但是这个协定在很大程度上是一种挽救颜面的姿态，无论怎样吹嘘，战争的结果都是美国失败了。因此，当两年后北越彻底征服南越时，明智的观察家都不会感到震惊。

陆军摄影师罗恩·黑伯利在美莱事件中拍摄的显示正在燃烧景象的照片，发表于1969年12月的《生活》杂志，提供了与《绿色贝雷帽》中完全相反的令人震惊的影像。在责骂一群一直调戏一个年轻女人（右后，用纽扣扣住她宽松的上衣）士兵后，老妇人被其他村民死死抓住。“小伙子们马上会枪杀这些人，”黑伯利回忆说，“我大喊，‘住手’，并按下快门。当我走开的时候，我听到M16开火了。我眼睛的余光看见尸体一个一个倒下，但我没有转过身来看。”

越战在人们断断续续的讨论中平静下来，对美莱事件的争议也是如此。屠杀如此残忍，以至于很多美国人起初都难以接受。《明尼阿波利斯论坛报》的一份调查显示，在600名被访者中近一半人认为关于大屠杀的报道不是真实的，剩下的人则为屠杀辩护，克利夫兰的一名女士说：“我们的士兵竟然杀了孩子，这太不可思议了，但是那些牺牲的战士也同样是孩子。”经过漫长的军事审讯，卡利中尉因至少杀掉22名村民构成犯罪，并于1971年被判终身监禁。但后来的上诉，使他仅在联邦拘留所待了40个月，便于1976年无罪释放。其他四名人员也被军事法庭审判，但均未被定罪。

战争的支持者们对于公开美莱事件感到很愤怒。他们指出，就在几个月前，越共在顺化首府屠杀了好几千人。他们还说，自从20世纪50年代末以来，越共就一直在暗杀南越政权任命的官员，相比之下，美莱事件却被指控为美国政策的失常，引用大法官威廉·威斯特摩兰的话，即“绝无仅有的军事行动”。尼克松总统承认这确实是一次大屠杀，但更是一次暴力事件。

在某种意义上，历史学家们确认了那种观点，战争很少有类似

大规模的屠杀。同时，国会听证会和反战老兵组织赞助的记者会也听取了许多士兵的证词。这些士兵曾多次迫使越南平民和越共
435 忍受酷刑，拷问他们，甚至将他们任意杀掉。这些反战士兵指出，即使美莱惨案这样大规模的屠杀在当时也没有被报道出来，直到一个同军事指挥层毫不相干的士兵向高级别官员请示调查这一事件时，它才得以公开。那么还有多少不为人知的这种残暴事件呢？

美莱事件的最终意义有多大，我们尚不清楚，但是它成为影响民众对越战看法的关键事件。一个历史学家曾说："确实是这样，它动摇了长期存在的'美国例外论'的神话。"作为民主文化的保护者，美国应该同世界上其他腐败国家有所不同。就像《绿色贝雷帽》中表现的那样，美国人不同于那些强暴女孩和屠杀无辜平民的人。另外，美莱事件如此引人关注是因为这次事件非常具体，具体到了个人，这和电影的目的是相同的。约翰·韦恩在《绿色贝雷帽》中将复杂的政治军事事件归结为具体的人物形象（"你们就是这场战争的全部。"卡比对哈彻克说）。同时，罗恩·黑博尔发表在《生活》杂志上触目惊心的照片打破了《绿色贝雷帽》中的经典神话形象。因此，不能将西部片和二战片史诗般的情节和主题复制到越战影片中。

在近十年的时间里，越战一直都是电影界很棘手的主题。好莱坞只敢间接影射越战，就像黑色喜剧《陆军野战医院》将背景设置为朝鲜战争，而对越战进行讽刺。然而，到 1978 年，电影界态度开始转变，一大批越战影片上映，这是受到了弗朗西斯·福特·科波拉导演创作越战片的鼓舞。科波拉回忆说："当我着手拍摄时，很多人说：'你疯了吗？你不能拍越战片，美国民众不喜欢。'"

然而，在科波拉实现他的宏图壮志前，迈克尔·西米诺先于他占领了越战神话影片的高地。当《猎鹿人》在 1978 年 12 月上映时，《纽约时报》问道："为越战片准备好了吗？"

西米诺告诉《纽约时报》，他参加了对越共新年攻势的反击战争。"对我来说，这是一部非常个性化的电影，我是特种部队医疗队的成员，我电影中的角色都是以我认识的人为原型的。"从第一次评论中可以看出，民众事实上已经准备好直接抵制影片了。"这

部影片敢于说出事情实际的本质，也是时候该有人讲述这个重大的话题了。"《新闻周刊》如此宣传道。《纽约》杂志则评论说："真正的意义在于真实，这部影片已经做到了。"

但什么才是真实的？对一个历史学家来说，片中的角色没有像《绿色贝雷帽》中那样循规蹈矩，对话更加自然，但是影片的情节和图像看起来像神话。影片中三分之一的情节发生在克莱尔顿而非越南，那是阿利根尼山脉中山脚下的一个以钢铁为主业的小镇。迈克尔（罗伯特·迪·尼罗饰）、尼克（克里斯托弗·华肯饰）和斯蒂芬（约翰·萨维奇饰）放弃了他们在美苏社区的碾磨工作，来到越南参战。斯蒂芬辞职后结婚了，然后他和朋友最后一次一起去 436
山上打猎。迈克尔，作为小组的领导者，将这最后一次打猎视为人生中具有决定意义的时刻，每个人都必须认真做，他告诉尼克：一枪打下一头鹿！纳迪·班波曾是詹姆斯·费尼莫尔·库柏的《猎鹿人》中的英雄，迈克尔代表了美国贵族的理想形象，电影画面强调了这些人之间的密切关系：工作时，火炉中猛烈的火焰；闲暇时，乡村酒吧的黑暗；婚礼上，苏联东正教堂闪闪发光的圣像；外出打猎，迈克尔搜捕猎物时所在的云雾笼罩的仙境般的山脉。

"一枪毙命"是《猎鹿人》的主题。Michael（Robert. De Niro 左）体现了美国的边疆思想。对他而言，在山坡上遭遇一只猛兽是明确而纯粹的时刻。相较而言，越共则被描述为没有人性的残酷的家伙，他们把"一枪毙命"看作类似于俄罗斯轮盘赌博。

的确，影片生动而且大胆。但是真实的情况呢？这个问题的答案不太明确。西米诺将这些事件拍摄得很长，来实现他的“传奇”色彩。克莱尔顿是个虚构出来的小城，是通过拍摄四个州的八个不同区域创作出来的。它壮观的东正教教堂位于克利夫兰，是克莱尔顿这类小城任何建筑物的两倍大；狩猎的场景不是在阿利根尼山脉，而是在大陆的另一边，即华盛顿州的喀斯喀特山脉；西米诺认为鹿太小，便从新泽西州的保护区空运了一些更大的鹿。“我们需要更大的鹿，”他说，“我告诉他们，如果我们杀掉了幼鹿，那么在剧院里将会是一片反对之音。”“观众想要更大体积的鹿和险峻的山顶，而且神话考虑的是期望而非现实。”西米诺曾说。

437 影片的前三分之一讲到三个人安静地坐在无人的酒吧中，其中一人在弹奏肖邦忧伤的钢琴曲，这画面让人难以置信。仍然是黑夜，我们听到微弱的直升机螺旋桨的声音。接着是在越南的画面——茂密的丛林、硝烟、盘旋在村子上空的飞机，现在情节快速发展，而且有点混乱。一个越共游击队员向暗堡扔了一颗手榴弹，里面的人立刻受伤了，我们看到迈克尔趴在附近的丛林中，好像有点被吓到。忽然他站了起来，用喷火器将那个越共烧伤了。援军出现了，斯蒂芬和尼克也在其中。

战斗结束后，画面突然切换到一座越共监狱中，那里关着斯蒂芬、尼克、迈克尔和其他一些犯人。残暴的监狱长让他们玩一个恐怖的俄国游戏，一个犯人用一支枪抵住另一个人的太阳穴，手枪里只装了一颗子弹，旋转色子然后开枪。输的人死，赢的人成为下一个挑战者。尼克差点在游戏中死掉，迈克尔由于敢玩装三颗子弹而不是一颗子弹的手枪，赢了他的挑战者。当他赢了之后，他用其余的两颗子弹杀了监狱长，然后和尼克、斯蒂芬逃了出来。

他们三人千方百计地到达了美军的控制范围，但是斯蒂芬失去了两条腿，而尼克也丧失了理智，加入了西贡的黑社会，那里的赌场也开设了轮盘赌博游戏。影片最后三分之一的情节是讲述迈克尔回到克莱尔顿重建被战争摧毁的社区，这是最后一片忠诚之地。最后，他返回越南，最后一次尝试去拯救尼克，现在尼克是轮盘赌博游戏的行家，并且已开始吸毒。他们两人在桌子上对视——迈克尔希望这最后一场游戏能让尼克动摇然后回家。但令他完全没有想到的是，尼克还是参加了游戏，这一次他输了。回到克莱尔顿，在尼克的葬礼之后，他的朋友们聚在一起。影片结尾，他们唱着“上帝保佑美国”——起先还有点犹豫，后来便充满感情地唱起来。

《时尚先生》杂志的作家简·威勒里在采访西米诺之后写道，轮盘赌博的场景是这部电影的核心喻体。当然，场景很虐人，给人留下了深刻印象，拍摄得却很生动——比《绿色贝雷帽》中的所有情节都更具感染力。西米诺解释说：“我想要观众明白身在越南是一种什么体验，每时每刻都面临危险是什么情形。你如何让观众聚精会神地观看战争的一部分而不是它的全部呢？”对西米诺来说，真实性是指以人物的情感为中心，吸引观众的注意力而不是再现战争历史过程。威勒里想要了解轮盘赌博的更多信息，但西米诺不愿意讲，只承认“他是在一个报纸上知道这个游戏的”。

皮特·阿内特抱怨说：“我发现越来越多的美国民众以为影片的最后场景可能发生在西贡一间阴险的黑房子里，在那儿贪婪的东方赌徒在威胁一个疲惫的美国大兵，要打掉他的脑袋。”

报道越战的记者们没有沉默，他们从没看过有关越共强迫犯人玩轮盘赌博游戏的报道，也没听说过西贡的赌场在经营该游戏。权威杂志《时代周刊》也只发现，有一两个行家曾经回忆起 20 世纪 20 到 30 年代一些类似的场景，记者皮特·阿内特曾因报道越战而获
得普利策奖，他抱怨说：“我发现越来越多的美国民众以为影片的最 438
后场景可能发生在西贡一间阴险的黑房子里，在那儿贪婪的东方赌徒在威胁一个疲惫的美国大兵，要打掉他的脑袋。”曾将美莱事件公之于众的西摩·赫什一脸嫌弃地从放映《猎鹿人》的剧院中走出来。

但如果《猎鹿人》的真实性不在于历史细节，那么影片描绘的神话是否反映了人们对越战的真实情感呢？要找到答案需要考察

那些影片情节引发的情感。就像我们处理《绿色贝雷帽》一样，通过考虑电影制作的方式来看看我们能得出什么结论。

《猎鹿人》的时长比《绿色贝雷帽》更长，准确来说是三小时零四分钟。但是它用多长时间展现了美国兵在越南的真实经历呢？如果我们去掉轮盘赌博部分的情节——它和真实的越战没什么关联——答案便是不足四分钟。在短短四分钟里，我们看到一个越共游击队员朝暗堡扔了一颗手榴弹；我们看到迈克尔向他还击，我们看到迈克尔、尼克和斯蒂芬变成了囚徒。换句话说，影片的结构表明《猎鹿人》几乎和越战没什么关系。然而它当然是有关联的。我们只需要想象一下，好莱坞脚本制作人将战争部分完全删除了，在全新的版本中，迈克尔、尼克和斯蒂芬离开克莱尔顿去委内瑞拉的丛林淘金。一到那儿，他们便被淘金对手抓住了。然后他们被迫玩轮盘赌博游戏……直到尼克在加拉加斯的密室中用枪自杀了。新片的结构和原来的完全相同。影片同样扣人心弦，但是这样一部电影能得到同《猎鹿人》那样的关注吗？或许不能。

很明显，西米诺想让观众感觉到他们已经经历了战争的痛苦：即战争给社区、友谊和生命带来的摧残和精神伤害。但是在展示伤害的根源时，影片甚至有些种族狂热。影片用四分钟展现了越战中美国士兵的行为，他将注意力放在那些残忍的恶人身上而非战争中真实的悲惨事件上。他们为我们而战，影片表现了我们被那些黑皮肤的惨无人道的越南人所摧残，在他们邪恶的手中，西部
439 片中被视为高尚的“一枪致死的惯例”被用作了折磨人的游戏。对越战毫无负罪感的观众可以唱着“上帝保佑美国”离开剧院，他们认为迈克尔世界中（同样包括他们自己的世界）的神话依然是完整的。因此，毫不吃惊，《猎鹿人》在 1979 年 4 月荣获学院奖，给迈克尔、西米诺颁发奥斯卡奖的是正在和癌症作斗争的、憔悴的约翰·韦恩。

最后，具有讽刺意味的是，越战的现实又一次出现在电影神话之前。《猎鹿人》的批评者们没有意识到，关于轮盘赌博游戏至少是存在官方记录的。美莱事件之后，欧内斯特·梅迪娜上尉继续

清洗越共嫌疑人的行动，C连也继续南进，那名越共分子拒绝说话，梅迪娜便将他380口径的手枪对准那人的太阳穴，然后旋转弹筒，后来梅迪娜坚持说枪里没有子弹，但是他的几个下属不认为是这样。“那个村民依旧拒绝说话，梅迪娜便抓住他的头发，将他扔向一棵大树，”一名目击者说，“他开了两枪，一次比一次靠近那人的头部，然后击中了那个村民。”那个村民倒下了，痛苦地呻吟，他是一名信仰共产主义的省长。梅迪娜很满意，还为此作了一幅画，他一只手拿着一只椰子喝着，另一只拿着手枪，枪正对准犯人的喉咙。

寻找新神话

显然，越战中痛苦的经历使得《猎鹿人》不可能遵循西部片古老的爱国神话或者二战片的战斗剧情。西米诺的电影得到民众的称赞是因为它承认了越战的痛苦，但它仍未表现出越战的真实情况。1979年，弗朗西斯·福特·科波拉的电影《现代启示录》更真实地描绘了越战的历史。

尽管《现代启示录》的核心情节和《猎鹿人》一样，都是虚构的，而且几乎是同样牵强，但它确实表现了美莱事件暴露出来的那种压力。科波拉的观众不会将片中的士兵和约翰·韦恩的面带稚气的大兵混淆，也不会同西米诺受伤的无辜越南人民相混。因此一些评论家认为《现代启示录》有所有影片中最令人毛骨悚然的战斗场面。罗伯特·杜瓦尔的角色是基瓦尔上校（他的名字反映了他的性格），他指挥了一次空袭，其残忍程度和美莱事件差不多。尽管袭击很悲惨，但有些不真实，因为直升机在攻击他们的目标村庄时，用扩音喇叭宣称要炸毁瓦格纳歌剧院。

正如参加美莱村行动的军队将11旅的眼罩落在了一具尸体的两腿之间，基瓦尔在他杀掉的村民的尸体上玩纸牌，一方面是用来 440
炫耀，同时也是为警告越共。C连完成屠杀之后，离开了他们的营地，并在中国南海海边洗澡，同样基瓦尔也迫不及待地冲浪，但是观众或许只注意到了空袭的悲惨，而没有意识到片中的场景在多大程度上破坏了美国人珍视的他们在战争中的人道主义神话。很多观众信奉影片对美国科技霸权的肯定。有一个生活模仿艺术的让人寒心的事例，在1991年海湾战争中，直升机中的美国士兵在攻击伊拉克时，用喇叭大声宣称将炸掉瓦格纳的唱片。

然而，基瓦尔上校的残暴行为只是反映美莱事件现实的一个前奏，威拉德上尉（马丁·西恩饰）被派去杀掉《绿色贝雷帽》中的上校库尔兹，他逃跑了，正独自穿越老挝边境。随着威拉德深入丛林，他变得更残暴，比库尔兹更残暴。当他乘坐的船只因为一艘农家小船的袭击而需要改变方向时，威拉德就将那个受伤的妇女杀害了，这样他的任务就不会被拖延了，而这个妇女是要到河流下游治病的。威拉德这种冷血的行为让其他士兵震惊不已。随后他继续深入丛林寻找库尔兹，他似乎可以和美莱事件中最残暴的人相提并论。

但是最后《现代启示录》被它自身的文学自负打倒了。科波拉想让他的电影不只是一部战争片，他模仿了约瑟夫·康拉德的文学经典《黑暗之心》（1902）。从非洲刚果河到欧洲帝国主义，康拉德描写了一个被派去调查一项殖民主义规则的人，最后变野蛮的故事，那个人也叫库尔兹，科波拉的意图是暗示越战也是美国的帝国主义噩梦，这是个有意思的观点。但是肥胖又古怪的马龙·布兰登饰演的库尔兹，只从战争的恐惧中分心了。他的精神失常，有点超离世俗，以至于和真实的美国大兵的经历没什么关系了，而且同赋予《现代启示录》影片神话的一部分情节也无关联了。

然而，很多美国人不愿去考察美莱惨案所展示的残暴的原因或背景。依旧信奉美国人勇敢、荣耀、庄重的传统神话更加简单些。这种观点最明显的鼓吹者便是罗纳德·里根，他从一名好莱坞演员变成了一个政治家，他通晓怎样制作电影神话。1980年，他正竞选总统，正值《现代启示录》上映一周年。里根号召美国人“站立起来”，而且称赞越战是“光荣的事件”。

好莱坞也在宣传他的战争观点，在里根时期的两部最著名的影

弗朗西斯·福拜·杜瓦尔指导的《现代启示录》鲜明而生动地展现了对西部的神话的想象，由罗伯特·杜瓦尔扮演的基尔戈上校取代《绿色贝雷帽》中无所不能的卡比上校，他对越南人的村庄发动了野蛮袭击。杜瓦尔的骑兵帽与西部电影有明显的关系，但美莱悲剧使他显得格外冷酷。在完成对美莱的征服后，他说："我喜欢在早上闻凝固汽油弹的味道。"

片中，西尔维斯特·史泰龙饰演忧郁的、印度德国混血的肌肉男约翰·兰博，是一名决心复仇的越南兽医。在《第一滴血》(1982)中， 441
兰博对残暴成性的州长和太平洋西北地区一个小镇的腐败很害怕，他不堪忍受暴打而离开。但是，在三年后的续集《第一滴血 II》中，他回到越南执行一项秘密任务，即调查那些越战时美军认为的在行动中失踪的士兵是否被当作俘虏囚禁了起来。影片中完全虚构的情节是兰博在深入敌人内部遇到的一个亚洲美女的帮助下，建立了一个失踪士兵大本营("太多死人了——到处都是死人——或许应该去美国——过平静的生活。"她评论一个美国人时说，那人表明他完全不能在任何地方和平地安顿下来)。

但是，当兰博在大本营使用无线电时，"特别行动组"的典型的官僚主义者将营救直升机召回，他认为兰博会失败，因此使围绕失踪士兵所产生的争议消失。不用说，兰博打败了越南士兵和他们的苏联盟友，营救了那些被囚禁的美国兵，然后将他们平安地运回了祖国。

电影的故事结构又一次表明人们不愿意直面真实的越战，尽管
442 制片人支持“越战是光荣事业”的观点，但是影片不是关于影片本身的，为什么？在一场脱离实际的冒险中，兰博必须在战时失踪人员这件事上成功，“成功”的定义便是完成营救几十名囚犯这样简单的任务。而且和《猎鹿人》一样，影片的核心在于美国士兵为我们做了什么，而不是关注美国在越南到底做了什么这个含糊的问题。

此外，20 世纪 60 年代的特种部队的传奇已被改写。1968 年，鲜活的生命死去了，惨案发生了，《绿色贝雷帽》很仔细地表现约翰·韦恩努力约束他残暴的南越同盟。到 20 世纪 80 年代，这一代人距离越战真实的痛苦已比较远，兰博代表着一个健壮的男人最后变成一个彻底的杀人机器的故事。越战岁月，史泰龙正值应征年龄，他在瑞士一所私立女子学校教书，同时在迈阿密学习戏剧，而且参演了一部隐晦的色情片——《意大利种马》。

部分原因在于，随着时间的流逝和记忆的消退，使得大部分观众接受了兰博的不可思议的神话。美国人不再每天从新闻上看到越战信息，时间久了，关于越战分歧的政治讨论也逐渐降温。到 1986 年，这为与众不同的越战片打开了大门。《野战排》的导演奥利弗·斯通曾在越南作战 15 个月，而且受伤两次，回国后他写了一部关于越战的剧本，但是在 1976 年时没人愿意拍摄。十年之后，制片人愿意冒一次险。

《野战排》成为直面越战，并将越战当作历史的第一部票房很高的电影。

《野战排》成为直面越战，并将越战当作历史的第一部票房很高的电影。在片头，克里斯·泰勒（查理·希恩饰）从货机中下来，踏上了越南湿热的领土，但是发动机和吉普车的声音及机场都一片沉寂，电影配音中充斥着沉重忧伤的音乐，这使得我们和我们看

到的画面存在很远的距离。音乐是塞缪尔·巴伯的《弦乐柔板》，这个乐章在1945年富兰克林·罗斯福去逝播放时深得民众之心。在《野战排》中，哀伤的乐曲是在哀悼死去的战士和流逝的岁月。银幕上显示："少年人啊，你在幼年时当快乐。"这更加深了这种哀伤之情。这句话出自《圣经·旧约》的《传道书》，它不是祝词，而是警示，是一个青春不再的人说的。我见日光之下所作的一切事，都是虚空，都是捕风，泰勒和其他士兵穿过跑道，他们看到装满士兵尸体的袋子被搬到飞机上，然后被运回祖国——那些士兵已经努力了，或许是白白努力了一场。

起初，《野战排》的风格和老的二战影片很像，不同肤色的士兵一同体验战争的艰难，但是这是越战，《野战排》意识到了它的不同。巴尼是个崇尚暴力的乡巴佬，他会直接咬开易拉罐；拉什是个倔强的波多黎各人；金是来自田纳西州小山村的入伍兵；勒纳是个 443
天真的白人士兵；朱尼尔是来自北部城市的善于交际的黑人士兵；克里斯·泰勒是自愿应征入伍的，他是个受过高等教育的观察家，他很奇怪，是个新来的。由于越战实行责任轮流制度，所以那些应征入伍的士兵只在越南待一年，军队的成员经常变化，因为每名士兵服役满365天就会离开。在这种体制下，很难保持士气，因为新来的被当作生手，他们犯的错误被看作是可导致老兵牺牲的大错；并且，那些老兵总想逃避危险系数大的任务。

《野战排》也描写了在越南作战的痛苦。泰勒被一群蚂蚁折磨得很难受；在一次艰难的行军中，他不堪湿热而昏倒了；他焦急地注视着伸手不见五指的黑夜，努力找寻敌人。1968年的元旦，野战排到达了敌军的暗堡地带，在丛林营地的中心，火把依然在燃烧，虽然这是越共不久前点燃的，伊莱亚斯中士（威廉·达福饰）探进复杂的隧道，在黑暗中一点点地前进，生怕被埋伏的游击队抓到。其他成员则在营地周围散开，每个人都生怕掉队。突然，一个陷阱爆炸了，一名士兵牺牲了。

从丛林中出来后，士兵们从村子出发，越共已经从那儿撤走了，是真的吗？野战排在路上发现又一个战友被残暴地杀死了，每个人都很害怕。村民们安静地干着农活儿，但美军认为村民至少是在帮助游击队，甚或他们就是游击队员。脸上有疤的巴尔内斯中士（汤姆·贝朗热饰）生气地走在村子里，他发现了密封的军火，并将妇女赶到猪舍；泰勒将一个男人从暗堡里拉出来，他很愤怒，他朝那人的双脚射击，让他恐惧地蹦跳起来，然后邦尼用他的枪使劲压那人的头，外面是女人和孩子们在哭，因为巴尔内斯在问村长是谁。哭喊声、恐惧和愤怒让这些人烦躁，他们快要控制不住滥杀无辜的心理了。巴尔内斯中士杀死了朝他喊叫的妇女，然后用枪对准村长的女儿，就在他要开枪的时刻，伊莱亚斯打了他一下，让他停止。巴尔内斯回过头，冷酷地看着伊莱亚斯。“你死了。”他说。野战排的中卫下令将村庄烧掉，然后士兵们撤出了。

《野战排》与众不同的原因在于它不同于《绿色贝雷帽》《猎鹿人》和兰博的刺激故事，甚至也不同于《现代启示录》，他回答了一个从根本上来讲是属于历史而非神话性质的问题。展现在我们面前的是美莱事件——或者更准确地说，是制作出来的“美莱”事件，幸好有伊莱亚斯的参与才能避免的“美莱事件”。但由于影片展现了野战排长长达好几个月的任务，我们才得以了解事件的背景。这一背景真实地反映了美国兵在越南的经历，越战的悲惨不再是他们为我们做了什么的问题，同样也不是将视角反转，即我们为他
444 们做了什么这个问题。《野战排》让我们明白：在一场内战中，民众被割裂，战争变得很危险而且具有争议性，对那些不了解越南文化的外国人来说尤为如此。那些喊着“没有越共，没有越共”的妇女，或许正为藏在附近的越共煮饭；就那些接过特种部队的糖果、说着“OK! OK!”的孩子或许转身就朝他们扔手榴弹。到过美莱村的一名士兵赫伯特·卡特说：“我以前很喜欢孩子，但现在我再也受不了他们了。”

如果领土从来都不是永久性的占领，那么如何衡量战争的胜利呢？死亡人数是一方面，“任何死去的士兵，不是白人就是越共”。军队里流传着这样一句玩笑话，很多C连的士兵回忆说，当他们到达越南不久，他们很吃惊地看到身旁经过的运兵车的天线上挂着

20 个人耳朵，甚至林登·约翰逊都忍不住鼓励士兵“带一张浣熊皮回来”。当特种部队以杀死的人数来衡量胜利时，当敌友不分时，当 C 连至少有六人因陷阱被炸死时，灾难酝酿成熟，即将爆发。罗纳德·格莱斯克回忆说：“灾难开始积聚，我不知道为什么，每个人都达到他们恐惧的极点……我记得我在一封寄回家的信中写道：我原来很同情这些人，但现在我不在乎他们了。”就在美莱事件的两天前，C 连的乔治·奥尔森（一位虔诚的摩门教教徒），给他父亲写了一封信，讲述美莱事件后的情景：

> 这一切将本已糟糕的一天变得更糟。在他们返回的路上，C 连的士兵看到一个妇女在农田干活儿，他们便朝她射击，那个妇女受伤了，然后那些士兵一直将她踢死并向她的头部一阵扫射，他们杀掉了路上遇到的所有的孩子，为什么以上帝的名义，还要发生这些？他们看起来都是正常的，有些还是我的朋友。有时候他们就像动物，这是屠杀，我为自己没去做任何事而羞愧。
>
> 这不是第一次了，爸爸，我之前已经看到好多次了，我不知道为什么告诉你这些，我猜我只是想忘掉这些事。

值得称赞的是，《野战排》反映了这些史实，然而它并没有深刻回答它提出的问题。其中提到了美莱大屠杀，但是影片中美莱事件的场景是以无辜的士兵为结局的，背景是燃烧的房屋，野战排将害怕的村民护送到安全地带。刚才已准备掠夺和屠杀的特种部队士兵，现在却将孩子们抱在怀中——就像在真实的美莱村，梅迪纳上校和卡里中尉给村里的两个小女孩甜品，《野战排》再一次回到了善恶的对立面。 445

在另外一次任务中，巴尔内斯杀掉了高尚的伊莱亚斯，影片的神话式寓意很浓：身后是一个教堂，伊莱亚斯像耶稣一样死去，他的手臂张开，就像被钉在十字架上。但是在这儿，并不是要我们去区分善与恶，善良的伊莱亚斯和邪恶的巴尔内斯同样是一名士兵，

在《野战排》中，没有道德原则的巴恩斯（汤姆·伯林格饰）中士威胁要杀死一名年轻的村民。可与原书第427页《绿色贝雷帽》中的约翰·韦恩出现的一个场景作对比。美莱事件明显改变了美国人对电影中关于战争的想象。

美莱事件的经历使得《野战排》放弃了“美国例外论”的神话——由于美国人特殊的生活环境，美国人是更高尚的，美国人也必须同所有民族一样，同他们内心的邪恶作斗争。

伊莱亚斯是一个神圣的形象，巴尔内斯是一个不道德的现实主义者……这些都是具有神话色彩的和戏剧性的概念，而非历史性的概念。但是他们用完全不同于《绿色贝雷帽》或《硫磺岛浴血战》的方式反映越战的情形。《野战排》的含糊之处揭示了将传统神话加在越战影片上是很困难的，越战需要属于它自己的神话。

最后，不能说《野战排》比《绿色贝雷帽》拍得好，尽管大多数历史学家认为《野战排》更真实地描绘了越战的场景。电影神话会更多考虑影片剧情的需要，而较少考虑历史证据的要求。对历史学家来说，他们必须忠于他们的信仰，即理性检验荧幕上的形象并用同样的怀疑精神检验影片涉及的原始或二手资料。

但是，理性的怀疑方法就足够吗？如果实话实说，人们是不那么热爱祖国并为祖国而献身的，最好的历史承认那些神话传递的

根深蒂固的情感。鉴于此，我们不仅考察了美莱事件的事实，而且考察了美莱事件对我们作为一个国家的自我形象产生的无形 446
影响。

好莱坞的艺术家急切地想要成为美国民众的神话缔造者，他们创造了无数个影响民众生活的神话。理性分析历史的能力给了我们希望和方法，即鉴赏优秀神话所揭示的事实的方法。

最后一次回到 Son My，作为历史学家，我们不能抹去已经发生的痛苦的记录，但是将美莱事件作为美国大兵在越南的一次极端行动来研究是有价值的。如果没有美莱，没有埋伏，没有敌人带来的恐惧，并不是每一个人都会选择那样残暴，即便是在美莱村。

拍摄视角，村庄上空的侦察机：一级准尉是休斯·汤姆逊，佐治亚州迪凯特市人，他在视察这片区域，他看到稻田旁有一名受伤的女孩，便决定用手榴弹的烟雾去标记女孩的位置，以便地上的人可以提供医疗帮助。汤姆逊惊讶地看到一个军官走向那个女孩，然后开枪将她杀掉了。他转向北面，看到在壕沟旁流血的一个小男孩，便用烟雾记下他的方位。突然一个中尉走过来，朝男孩开了一枪。

汤姆逊十分生气，他尽力和地面部队联系，但是没能联系上。然后他用无线电向 11 旅总部表示抗议。后来当他盘旋在村子外围的上空时，他看到壕沟里有一堆尸体。汤姆逊向身旁的飞行员提醒“耶稣变水为酒的圣经故事，壕沟变成灰色，淌着人们的鲜红的血”，汤姆逊看到尸体堆中有些孩子还活着。他几乎疯了，将直升机着陆，抱起一个大约两岁的孩子，吃惊又有些恍惚。他又叫来一架直升机救走了十多个孩子。他回到直升机上，又看到了那个中尉，就是之前杀掉他标记的男孩的中尉，他正在摧毁一个里面满是妇孺的暗堡，后来汤姆逊认出了那个中尉便是卡利。

这一次汤姆逊将直升机着陆，走向卡利，让他将村民移走，卡利回答，将他们带走的唯一方法是手榴弹。“你只需在这儿控制好你的人，”汤姆逊愤怒地反驳，“而我会把妇女和儿童带走。”汤姆逊命令他直升机中的一名枪手用机枪对着卡利，如果卡利阻挡他便开枪。然后汤姆逊走回来，置身于卡利的军队和妇孺间，直到一架直升机到来，将妇孺撤离。

后来，汤姆逊因他的行为被授予飞行优异十字勋章。一些挑剔的历史学家可能会查阅军队记录中的嘉奖令，没有直接表述“汤姆逊将生死置之度外”的情形，他们只说汤姆逊发现那些孩子在越共基地周围，并提供了友好帮助。通常，关于历史的原始材料既不清晰，也不会像电影中夸张的事件那样令人欣慰。历史学家仍然需要竭尽全力地去筛选种种迹象与那些时髦的叙事方法。

447

补充阅读

我们讨论的所有电影都有盒式录影带和 DVD。有关越南电影，参见 Albert Auster 和 Quart 的 *How the War Was Remembered*：*Hollywood and Vietnam*（New York，1988）；Linda Dittmar 和 Gene Michaud 编的 *From Hanoi to Hollywood*：*The Vietnam War in American Film*（New Brunswick，NJ，1990）；Pat Aufflerheide 的“*Vietnam*：*Good Soldiers*”，参见 Mark Crispin Miller 编，*Secing through Movies*（New York，1990）。许多关于越南的纪录片很值得看。*Hearts and Minds*（1974）展现了某一局面是如何传达出一种可解释信息的；*Vietnam*：*A Television History*（1983）是由 13 部分组成的系列公共广播节目。对于战争中越南一方，它们比美国的记述给予了更多关注。前线是另一部公共广播节目，在《记住美莱》（WGBH 电视，1989）中，重新审视了美莱事件。两部影片旨在引导读者自己思考美莱和越南战争。David Anderson 编的 *Facing My Lai*：*Moving Beyond the Massarce*（Lawrence，KS，1998），其作者都是优秀的历史学家、军人、老兵和新闻记者，该书就包含他们对美莱大屠杀及其意义的看法。James S. Olson 和 Randy Roberts 合编的 *My Lai*：*A Brief History with Documents*（New York，1999）收集了关于该事件的主要文件。

探讨越南战争本身的书籍浩如烟海。Robert Schulzinger 的 *A*

Time for War：*The United States in Vietnam*，*1941 –1975*（New York，1997）包含了美国方面的行动。而 *Marilyn B. Young* 的 *The Vietnam Wars*，*1945 –1990*（New York，1991）则更多关注越南方面。关于越南战争的一项非常审慎的研究是 George Herring 的 *America's Longest War*：*The United States in Vietnam*，*1950 –1975*，第四版（New York，2001）。Michael Lind 的 *Vietnam*：*The Necessary War*：*A Reinterpretation of America's Most Disastrous Military Conflict*（New York，2002）介绍了自由派和保守派对越南战争的阐释。最后，Robert Brinham 的 *Is Iraq Another Vietnam*？第二版（New York，2009）探讨了许多被讨论的问题。

452

索　引

（本部分条目后的数字为原书页码，即本书边码）

索　引

上海三联人文经典书库

已出书目

1.《世界文化史》(上、下) [美]林恩·桑戴克 著 陈廷璠 译
2.《希腊帝国主义》 [美]威廉·弗格森 著 晏绍祥 译
3.《古代埃及宗教》 [美]亨利·富兰克弗特 著 郭子林 李凤伟 译
4.《进步的观念》 [英]约翰·伯瑞 著 范祥涛 译
5.《文明的冲突:战争与欧洲国家体制的形成》 [美]维克多·李·伯克 著 王晋新 译
6.《君士坦丁大帝时代》 [瑞士]雅各布·布克哈特 著 宋立宏 熊莹 卢彦名 译
7.《语言与心智》 [俄]科列索夫 著 杨明天 译
8.《修昔底德:神话与历史之间》 [英]弗朗西斯·康福德 著 孙艳萍 译
9.《舍勒的心灵》 [美]曼弗雷德·弗林斯 著 张志平 张任之 译
10.《诺斯替宗教:异乡神的信息与基督教的开端》 [美]汉斯·约纳斯 著 张新樟 译
11.《来临中的上帝:基督教的终末论》 [德]于尔根·莫尔特曼 著 曾念粤 译
12.《基督教神学原理》 [英]约翰·麦奎利 著 何光沪 译
13.《亚洲问题及其对国际政治的影响》 [美]阿尔弗雷德·马汉 著 范祥涛 译
14.《王权与神祇:作为自然与社会结合体的古代近东宗教研究》

（上、下）［美］亨利·富兰克弗特 著 郭子林 李岩 李凤伟 译
15.《大学的兴起》［美］查尔斯·哈斯金斯 著 梅义征 译
16.《阅读纸草，书写历史》［美］罗杰·巴格诺尔 著 宋立宏 郑阳 译
17.《秘史》［东罗马］普罗柯比 著 吴舒屏 吕丽蓉 译
18.《论神性》［古罗马］西塞罗 著 石敏敏 译
19.《护教篇》［古罗马］德尔图良 著 涂世华 译
20.《宇宙与创造主：创造神学引论》［英］大卫·弗格森 著 刘光耀 译
21.《世界主义与民族国家》［德］弗里德里希·梅尼克 著 孟钟捷 译
22.《古代世界的终结》［法］菲迪南·罗特 著 王春侠 曹明玉 译
23.《近代欧洲的生活与劳作（从15—18世纪）》［法］G.勒纳尔 G.乌勒西 著 杨军 译
24.《十二世纪文艺复兴》［美］查尔斯·哈斯金斯 著 张澜 刘疆 译
25.《五十年伤痕：美国的冷战历史观与世界》（上、下）［美］德瑞克·李波厄特 著 郭学堂 潘忠岐 孙小林 译
26.《欧洲文明的曙光》［英］戈登·柴尔德 著 陈淳 陈洪波 译
27.《考古学导论》［英］戈登·柴尔德 著 安志敏 安家瑗 译
28.《历史发生了什么》［英］戈登·柴尔德 著 李宁利 译
29.《人类创造了自身》［英］戈登·柴尔德 著 安家瑗 余敬东 译
30.《历史的重建：考古材料的阐释》［英］戈登·柴尔德 著 方辉 方堃杨 译
31.《中国与大战：寻求新的国家认同与国际化》［美］徐国琦 著 马建标 译
32.《罗马帝国主义》［美］腾尼·弗兰克 著 宫秀华 译

33.《追寻人类的过去》 [美]路易斯·宾福德　著　陈胜前　译
34.《古代哲学史》 [德]文德尔班　著　詹文杰　译
35.《自由精神哲学》 [俄]尼古拉·别尔嘉耶夫　著　石衡潭　译
36.《波斯帝国史》 [美]A. T. 奥姆斯特德　著　李铁匠等　译
37.《战争的技艺》 [意]尼科洛·马基雅维里　著　崔树义　译　冯克利　校
38.《民族主义:走向现代的五条道路》 [美]里亚·格林菲尔德　著　王春华等　译　刘北成　校
39.《性格与文化:论东方与西方》 [美]欧文·白璧德　著　孙宜学　译
40.《骑士制度》 [英]埃德加·普雷斯蒂奇　编　林中泽　等译
41.《光荣属于希腊》 [英]J. C. 斯托巴特　著　史国荣　译
42.《伟大属于罗马》 [英]J. C. 斯托巴特　著　王三义　译
43.《图像学研究》 [美]欧文·潘诺夫斯基　著　戚印平　范景中　译
44.《霍布斯与共和主义自由》 [英]昆廷·斯金纳　著　管可秾　译
45.《爱之道与爱之力:道德转变的类型、因素与技术》 [美]皮蒂里姆·A. 索罗金　著　陈雪飞　译
46.《法国革命的思想起源》 [法]达尼埃尔·莫尔内　著　黄艳红　译
47.《穆罕默德和查理曼》 [比]亨利·皮朗　著　王晋新　译
48.《16世纪的不信教问题:拉伯雷的宗教》 [法]吕西安·费弗尔　著　赖国栋　译
49.《大地与人类演进:地理学视野下的史学引论》 [法]吕西安·费弗尔　著　高福进　等译　[即出]
50.《法国文艺复兴时期的生活》 [法]吕西安·费弗尔　著　施诚　译
51.《希腊化文明与犹太人》 [以]维克多·切利科夫　著　石敏敏　译
52.《古代东方的艺术与建筑》 [美]亨利·富兰克弗特　著　郝

海迪　袁指挥　译

53.《欧洲的宗教与虔诚：1215—1515》［英］罗伯特·诺布尔·斯旺森　著　龙秀清　张日元　译

54.《中世纪的思维：思想情感发展史》［美］亨利·奥斯本·泰勒　著　赵立行　周光发　译

55.《论成为人：神学人类学专论》［美］雷·S.安德森　著　叶汀　译

56.《自律的发明：近代道德哲学史》［美］J. B. 施尼温德　著　张志平　译

57.《城市人：环境及其影响》［美］爱德华·克鲁帕特　著　陆伟芳　译

58.《历史与信仰：个人的探询》［英］科林·布朗　著　查常平　译

59.《以色列的先知及其历史地位》［英］威廉·史密斯　著　孙增霖　译

60.《欧洲民族思想变迁：一部文化史》［荷］叶普·列尔森普　著　周明圣　骆海辉　译

61.《有限性的悲剧：狄尔泰的生命释义学》［荷］约斯·德·穆尔　著　吕和应　译

62.《希腊史》［古希腊］色诺芬　著　徐松岩　译注

63.《罗马经济史》［美］腾尼·弗兰克　著　王桂玲　杨金龙　译

64.《修辞学与文学讲义》［英］亚当·斯密　著　朱卫红　译

65.《从宗教到哲学：西方思想起源研究》［英］康福德　著　曾琼　王涛　译

66.《中世纪的人们》［英］艾琳·帕瓦　著　苏圣捷　译

67.《世界戏剧史》［美］G.布罗凯特　J.希尔蒂　著　周靖波　译

68.《20世纪文化百科词典》［俄］瓦季姆·鲁德涅夫　著　杨明天　陈瑞静　译

69.《英语文学与圣经传统大词典》［美］戴维·莱尔·杰弗里（谢大卫）主编　刘光耀　章智源等　译

70.《刘松龄——旧耶稣会在京最后一位伟大的天文学家》［美］斯坦尼斯拉夫·叶茨尼克　著　周萍萍　译

71.《地理学》［古希腊］斯特拉博　著　李铁匠　译
72.《马丁·路德的时运》［法］吕西安·费弗尔　著　王永环　肖华峰　译
73.《希腊化文明》［英］威廉·塔恩　著　陈　恒　倪华强　李　月　译
74.《优西比乌：生平、作品及声誉》［美］麦克吉佛特　著　林中泽　龚伟英　译
75.《马可·波罗与世界的发现》［英］约翰·拉纳　著　姬庆红译
76.《犹太人与现代资本主义》［德］维尔纳·桑巴特　著　艾仁贵　译
77.《早期基督教与希腊教化》［德］瓦纳尔·耶格尔　著　吴晓群　译
78.《希腊艺术史》［美］F·B·塔贝尔　著　殷亚平　译
79.《比较文明研究的理论方法与个案》［日］伊东俊太郎　梅棹忠夫　江上波夫　著　周颂伦　李小白　吴　玲　译
80.《古典学术史：从公元前6世纪到中古末期》［英］约翰·埃德温·桑兹　著　赫海迪　译
81.《本笃会规评注》［奥］米歇尔·普契卡　评注　杜海龙　译
82.《伯里克利：伟人考验下的雅典民主》［法］樊尚·阿祖莱　著　方颂华　译
83.《旧世界的相遇：近代之前的跨文化联系与交流》［美］杰里·H. 本特利　著　李大伟　陈冠堃　译　施诚　校
84.《词与物：人文科学的考古学》修订译本　［法］米歇尔·福柯　著　莫伟民　译
85.《古希腊历史学家》［英］约翰·伯里　著　张继华　译
86.《自我与历史的戏剧》［美］莱因霍尔德·尼布尔　著　方永　译
87.《马基雅维里与文艺复兴》［意］费代里科·沙博　著　陈玉聃　译
88.《追寻事实：历史解释的艺术》［美］詹姆士·韦斯特·戴维森　著　［美］马克·汉弥尔顿·利特尔著　刘子奎　宋佳红

王　菁　陈诗章　译

89.《法西斯主义大众心理学》［奥］威尔海姆·赖希　著　张峰　译

90.《视觉艺术的历史语法》［奥］阿洛瓦·里格尔　著　刘景联　译

91.《基督教伦理学导论》［德］弗里德里希·施莱尔马赫　著　刘　平　译

92.《九章集》［古罗马］普罗提诺　著　应　明　崔　峰　译

93.《文艺复兴时期的历史意识》［英］彼得·伯克　著　杨贤宗　高细媛　译

94.《启蒙与绝望：一部社会理论史》［英］杰弗里·霍松　著　潘建雷　王旭辉　向　辉　译

95.《曼多马著作集：芬兰学派马丁·路德新诠释》［芬兰］曼多马　著　黄保罗　译

96.《拜占庭的成就：公元330～1453年之历史回顾》［英］罗伯特·拜伦　著　周书垚　译

97.《自然史》［古罗马］普林尼　著　李铁匠　译

98.《欧洲文艺复兴的人文主义和文化》［美］查尔斯·G.纳尔特　著　黄毅翔　译

99.《阿莱科休斯传》［古罗马］安娜·科穆宁娜　著　李秀玲　译

100.《论人、风俗、舆论和时代的特征》［英］夏夫兹博里　著　董志刚　译

101.《中世纪和文艺复兴研究》［美］T.E.蒙森　著　陈志坚　等译

102.《历史认识的时空》［日］佐藤正幸　著　郭海良　译

103.《英格兰的意大利文艺复兴》［美］刘易斯·爱因斯坦　著　朱晶进　译

104.《俄罗斯诗人布罗茨基》［俄罗斯］弗拉基米尔·格里高利耶维奇·邦达连科　著　杨明天　李卓君　译

105.《巫术的历史》［英］蒙塔古·萨默斯　著　陆启宏　等译　陆启宏　校

106.《希腊-罗马典制》［匈牙利］埃米尔·赖希　著　曹　明

苏婉儿　译

107.《十九世纪德国史(第一卷):帝国的覆灭》［英］海因里希·冯·特赖奇克　著　李　娟　译

108.《通史》［古希腊］波利比乌斯　著　杨之涵　译

109.《苏美尔人》［英］伦纳德·伍雷　著　王献华　魏桢力　译

欢迎广大读者垂询,垂询电话:021—22895540

图书在版编目(CIP)数据

追寻事实：历史解释的艺术/(美)詹姆士·韦斯特·戴维森，(美)马克·汉弥尔顿·利特尔著；刘子奎等译. —上海：上海三联书店，2021.3
(上海三联人文经典书库)
ISBN 978-7-5426-6030-5

Ⅰ.①追…　Ⅱ.①詹…②马…③刘…　Ⅲ.①美国—历史
Ⅳ.①K712

中国版本图书馆CIP数据核字(2021)第034845号

追寻事实：历史解释的艺术

著　　者 / [美]詹姆士·韦斯特·戴维森　[美]马克·汉弥尔顿·利特尔
译　　者 / 刘子奎　宋佳红　王　菁　陈诗章
责任编辑 / 郑秀艳
装帧设计 / 徐　徐
监　　制 / 姚　军
责任校对 / 张大伟　王凌霄

出版发行 / 上海三联书店
(200030)中国上海市漕溪北路331号A座6楼
邮购电话 / 021-22895540
印　　刷 / 上海展强印刷有限公司

版　　次 / 2021年3月第1版
印　　次 / 2021年3月第1次印刷
开　　本 / 640×960　1/16
字　　数 / 530千字
印　　张 / 39.5
书　　号 / ISBN 978-7-5426-6030-5/K·429
定　　价 / 142.00元

敬启读者，如发现本书有印装质量问题，请与印刷厂联系 021-66366565